エビデンスベイスト
精神力動的心理療法ハンドブック

科学と臨床実践をつなぐ試み

R. A. レヴィ／J. S. アブロン　編著
安達圭一郎／石山貴章／久崎孝浩　編訳

HANDBOOK OF EVIDENCE-BASED PSYCHODYNAMIC PSYCHOTHERAPY

: Bridging the Gap Between Science and Practice

Edited by
Raymond Levy and Stuart J. Ablon

Translation from the German language edition:
HANDBOOK OF EVIDENCE-BASED PSYCHODYNAMIC
PSYCHOTHERAPY: Bridging the Gap Between Science and
Practice Series : Current Clinical Psychiatry by edited by
Raymond Levy and Stuart J. Ablon
Copyright © Human Press 2009
Human Press is a part of Springer Science+Business Media
All Rights Reserved
Japanese Translation Published by arrangement with Springer-
Verlag GmbH & Co KG through The English Agency (Japan) Ltd.

献　辞

　世界的にも屈指の精神力動的治療の研究者である故エンリコ・ジョーンズ博士に，彼の偉大な人生やご業績を偲びつつこの書物を捧げます。精神力動的心理療法に科学的な根拠を持たせようとした本書が，今後，精神力動論の世界にどのような貢献をしていくのか，生前のジョーンズ博士は大きな期待と誇りをお感じになっておられたことを知り，我々は心から勇気づけられました。

　それから，私の家族である，ノニー，ベン，ハンナにもこの書物を捧げます。本当に，心から愛しています。いつも彼らに背中を押してもらいました。

レイモンド・レヴィ

　いつも傍にいてくれるクリスティーナに，この書物を捧げます。

　また，ジャック，カーター，ペイジにも。彼らの父親であることに，心から誇りを感じています。

ジョン・S・アブロン

発刊に寄せて

　今や，精神分析療法や精神力動的治療は，その性質上とても悩ましい状況にあると言ってよい。ごく平均的な教育を受けた読者であれば，次のようなテーマに類似の内容を記したテキストと出会うことは決してまれなことではなかろう。例えば，「フロイトは死んだ」「精神分析は科学というよりも宗教である」「精神力動的心理療法にはその有効性を支持する研究が全くない」「認知行動療法は最も受け入れられている治療という点で，精神分析療法をはるかに凌いでいる」「精神力動的心理療法は時間もお金もかかりすぎる」「精神分析の基本的概念はあいまいすぎて，厳密な研究ができない」などである。今日の精神分析家の中でも，ある程度の知識がある者は，「あなたはフロイディアンですか？」と聞かれれば，はっきり「いいえ」と答える。

　一方，精神分析理論や実践の正当性は常にくつがえされてきたと宣言する有識者もいる。実際，精神分析的考えは文化的な本流からは逸れてしまったいきさつがある。19世紀末のウィーンにおいて，社会は「幼児性愛」「両親による幼児への性的誘惑」「我々は無意識によってコントロールされているため，意識的には混乱しているという言説」などのスキャンダラスな考えによって翻弄された。100年以上が経過した現在では，フロイトの名は *"Time"*，*"Newsweek"*，さらには *"The New York Review of Books"* で継続的に封印されてきたものの，ごくまれに復活することはあった。しかしながら，その内容も，フロイトは再び葬り去られるであろうことを引き続き宣言するようなものが一般受けしたのである。

　おそらく，精神分析的思考に固有の中核的臨床知が事実であるとする最も説得力のある根拠は，理論における不適切さや基本的なあいまいさなどが繰り返し公言されねばならなかったという状況の中にこそ見出されるのである。精神分析的考えが多くの人の感情を逆撫でする一例は，私の知るアカデミックな世界にいる人物が最近私にコメントした以下のような告白の中にとてもよく顕れている。「仮に精神分析理論が科学的に証明されたとしても，それでも私はそれを信じることはないだろう。なぜなら，私は母親とセックスをしたいと思ったことなど一度もないことをあなたに確信をもって告げることができるからだ」。

　一方，ある面では，精神力動的心理療法や精神分析に対する蔑視は，近年台頭してきたエビデンス（科学的根拠）に基づく医療や実証的に支持された治療という動向によって増強されてきたともいえる。科学や臨床実践におけるこうした動向においては，治療的接近は無作為統制試験（randomized controlled trial：RCT）を用いた知見によっ

てのみその有効性が確認されうるのである。RCTの方法論や研究計画は，薬物研究において，ターゲットとなる成分が偽薬よりも症状の改善に効果的であるかどうかを明証することに始まった。確かに偽薬は，多くの精神医学的症状に対してある程度良好な治療であることが示されてきたが，こうしたやり方が，どちらの薬剤がより効果的なのかを我々に学ばせる手助けとなったのは確かである。

　さて，心理療法研究にRCT適用が推奨されるようになると，我々はさまざまな問題に直面することになる。最も中心的な問題は，薬剤と心理療法は異なるという点である。そもそも薬剤は，心理療法家よりもいろんな意味でシンプルである。例えば，薬剤は，心理療法家のように生きているわけでもなく，呼吸をするわけでもない。薬剤には心理療法家のようなパーソナリティはない。さらにもっと重要なことは，薬剤と患者の間には，心理療法家と患者の間で展開するような複雑な人間関係は生じない。その他，重要なこととして，ある技法を種々の心理療法に機械的にあてはめても，有効な治療法になるとはいえないという点があげられよう。むしろ，心理療法の特定技法よりも，治療関係の質の方が治療結果に多大な影響をもたらすと思うのである。

　心理療法研究にRCTの方法論が適用されると，その他の問題も起こってくる。例えば，強い動機づけをもって自らのことを徹底的に理解しようと，長期の精神分析療法を求めているようなタイプの人間が，他の治療法や治療待ち患者に無作為に割り当てられることに対して無関心でいられるだろうか？　さらに，心理療法のマニュアル化は，一方で厳密な研究には欠かせないが，実践家が実際の臨床場面で行なう治療を全く反映しないような表面的な技法につながる可能性がある。もっといえば，いくら研究とはいえ，ある特定の精神疾患やその症状に焦点化することは，ともすれば多くの患者を，その疾患に発展しやすい基本的な性格を見つけ出したいという見当違いな方向に導いてしまう可能性もある。精神疾患と分かちがたい性格というものは，人間関係には両価性や葛藤は避けがたいこと，我々の人生は予測できない惨劇と裏腹にありその結果どうなるかもわからないことなど，人間として決して避けては通れない実存的な問題と同等といえるのではないか。

　精神力動的心理療法の組織的な研究で起こりうるこうした複数の問題に対抗して，精神力動的観点に立つ熱き研究者たちは，精神力動的研究を実行できるような科学的方法論について粘り強い模索をしてきた。目を見張る新しい方法論が明らかになるにしたがい，この勇敢な研究者集団たちは，精神力動的心理療法の有効性を示す際の多くのハンディに対抗すると同時に，精神力動的心理療法によって誘発される変化や治療的はたらきかけに関する決定的ともいえるプロセスのいくつかをも明らかにしたのである。

　確かに，精神力動的心理療法の実証的研究に対する反発のすべてが，精神力動的立場以外の派閥に属する人々からだけではない。ここ数十年間，認知療法家たちが次々に研究を繰り返している一方で，精神分析家や精神力動的立場にいる研究者はあまり

に無頓着でひとりよがりすぎた。現在でさえ，多くの精神分析家は，精神分析的作業はあまりに複雑であるため，実証的立場の研究者が量的分析を可能とする測定変数を含むような，どちらかといえば表面的で心を単純化したアプローチでは何も明らかにできないと考えている。それ以上に，精神分析的治療は科学というよりも解釈学に属すので，それゆえに実証研究は不必要という考えも横行している。こうした二者択一的考えが，精神分析理論や精神分析実践の両者に根強くあることは，本当に不幸なことである。

　我々が，主要な雑誌で「精神力動的心理療法には，実証的観点からの支持がない」という掲載を目にしたとしても，今やこの記事は単純に真実とはいえなくなった。その考えに懐疑的な人でも，専門事典なみに記述された本書の各所に，実証研究の存在を確認することができるであろう。確かにさらなる実証研究は必要であるが，精神力動的心理療法は科学という共同体に対して一定の説明責任を確立しつつあるといってもよかろう。

　また，本書に所収されている種々の研究は，効果の提示にとどまるものではない。心理療法におけるプロセス要因も考察されているのである。臨床家にしてみれば，どのような介入が望ましい治療成果を導きやすいのかについて知りたいものであろう。治療同盟の構築を促進するプロセス要因，さらには，患者自身がより豊富に自己の情動状態に気づけるようになるためのプロセス要因など，いずれも，とりわけ治療を行なっていくうえで有益な情報であろう。さらに，精神分析的概念があまりに主観的で定義すらままならないために，実証研究の土俵にすら上がらないという考えもまた，本書の中で論破されていくであろう。きわめて主観的な概念である「転移」ですら，組織的に測定することが可能であり，さまざまな治療実践において普遍化されてきているのである。最後に，フロイトの時代にはとっぴであった，神経生理学と精神力動的考えの相互交流が当時と比べて格段に進歩してきた。新しい神経画像法の開発や脳の構造に関する理解の促進によって，脳と心について新たな結びつきの始まりを予感させる。そこでは，神経生理学の知見がどのように心理学に応用されるのかということはもちろんのこと，心理治療技法に関する応用に対しても一定の成果が期待されるのである。

　以上をまとめると，精神力動的心理療法はこれまでに長い道のりを歩み続けてきたが，不名誉な恥の中に屈するのではなく，常に前を見据えてきたのである。精神分析家や精神力動的治療者がどうすれば，科学に根ざした原理を手中にできるのか。場合によっては,治療的活動そのものが不可思議と断定されるようなこともあったが,我々は今や，精神力動的介入を選択し，かつ患者の歩みをモニターするための実証的基礎を手に入れたのである。科学という共同体から両手を広げて迎え入れられることを期待してはこなかったし，これからもそうである。それは，我々の役割ではない。ただ，幸いなことに，今回このような書物を手にすることができ，精神力動的心理療法研究

の現在における学術的位置について，包括的な展望を得ることができた。本書は，これまでの研究成果を知りたい読者の要望に応えたのみならず，今後の方向性をもしっかりと地固めしてくれたと思う。著者たちに心から感謝したい。

ブラウン・ファウンデーション精神分析部門主席　ベイラー医科大学精神科教授
グレン・O・ギャバード（Glen O. Gabbard, MD）

序　文

　本書（*Handbook of Evidence-Based Psychodynamic Psychotherapy : Bridging the Gap Between Science and Practice*）に掲載された諸論文を読めば，精神力動論の今後にとり，実証的研究の実施がとても重要であることを確信させられるであろう。それは，きわめて単純な2つの理由からである。まず1つめは，精神力動的アプローチが，今やメンタルヘルス分野で周辺領域に追いやられてしまっているという現状と関係している。その一部は，実証的研究が盛んに行なわれている他の治療的アプローチがあるなかで，精神力動的アプローチにはこうした実証的研究が欠如しているということにある。実証的研究が進めば，現代の精神医学や心理学において精神力動論や精神力動的アプローチが重要な役割をもつことを確認できるようになるであろう。2つめの理由は，個々の臨床的問題に有効な精神力動的アプローチを発展させたり精選するうえで，今後，系統だった実証的研究を応用することが決定的な契機になりうるという点である。実証的研究は，まさに現在治療進行中の患者に対して抱いている我々自身の内面，あるいは治療同盟の進行状況をチェックし，今後どのように援助していくのが最も効果的なのかを知るうえでも，非常に役立つ機能をもっている。慣れ親しんだ精神力動論を参考にしても，臨床的によい方向に結びつきそうにないと感じたときに，臨床家は，系統だった実証的研究成果をも同時に参照することで，現在行なっている治療をよい方向に発展させる手段を見出すであろう。我々が本書を通じて強調したいことは，まさに，こうした臨床家と研究者が絶えまなく対話したり，探求を怠らない精神の中にこそ存在するのである。今回，我々は，数十年にもわたって多くの研究成果を公表してきたベテランの臨床家と研究者に参加いただいたことに，まさにわくわくする思いでいる。また，今まさに必要とされている課題に，一丸となって関心をもち続け書物として刊行することは，現場の要望に十分貢献するものと信じている。最後に，本書を通じて，精神力動的心理療法が多くの心理的諸問題に対して効果的な治療法である，という実証的根拠を示すことができれば望外の幸せである。

　　　　　　　　　　　　　　　　　　　　　　　　　　　レイモンド・A・レヴィ
　　　　　　　　　　　　　　　　　　　　　　　　　　　J・スチュアート・アブロン

謝　辞

　今回の発刊にあたり，多くの方々やグループに多大なご尽力をいただいたことに感謝します。まず，マサチューセッツ総合病院（MGH）精神科部長で本シリーズの監修者でもあるジェリー・ローゼンバウム（Jerry Rosenbaume）博士は，精神力動的心理療法の実証研究を成書としてまとめる機会を我々に与えてくださいました。心より感謝いたします。博士は，過去10年以上にわたって，我が研究グループの活動に対して常に援助的であり，幅広い視点から率直な疑問を投げかけるなど，我々自身が常に自覚的に仕事を進めることができるよう励ましてくださいました。
　また，MGH 精神科のもつ，他の追随を許さない先進的な姿勢にも感謝します。MGH 精神科の創造的な研究姿勢は，我々に，研究を継続する勇気と視野を広げる機会を与えてくれました。時に，精神医学研究，心理学研究，心理療法研究の中には，個人レベル，あるいは研究グループレベルで行なわれた研究であるにせよ，MGH に所属していないがゆえに，本書で取り上げることが困難と思われるものもありました。しかし，MGH 精神科には，創造的な臨床，診断，研究は断固として優先するという気概があります。我々も，その精神にのっとり仕事を進めることができました。
　さらに，我々自身の研究グループである「心理療法研究プログラム」は，我々にとってはまさにひらめきの源泉です。7人の専従スタッフ，複数名の精神科研修医，4人の研究助手が一体となって種々の領域の課題に取り組んできました。例えば，心理療法のプロセス研究や治療結果と関連する経過変数の研究，心理療法研究における生理指標の導入に関する研究，医師－患者間の共感的面接法の研究，精神分析的治療経過を構築する場合の精神分析的コーチのあり方を評価する研究，うつ病に対する短期のマニュアル化された心理療法前後における，偽薬効果や神経図像学的評価法を用いた変化の研究などがあります。各々の研究メンバーは，可能な限り生産的な仕事になるよう，協力的な姿勢で取り組んでいます。我々は，この「心理療法研究プログラム」メンバーによるアドバイスや指導に，いつも助けられてきました。
　もちろん，本書の各章をご担当いただいた臨床家であり研究者の皆様に，最も多大なご貢献を賜ったことは言うまでもありません。今回ご執筆いただいたほとんどの先生方は，すでに何年も精神力動的心理療法研究の最前線でご活躍いただいていますし，一部の先生方は数十年を超えておられます。しかし，こうした先生方のご研究も，しばしばメンタルヘルスの分野では，価値の低いものと位置づけられることもありました。こうした先生方こそ，我々を必要とする患者さん方に，エビデンス（科学的根拠）

に基づいて洗練され発展をとげた精神力動的心理療法による介入を提供するという目標達成のために企画された，本書の真の意味でのリーダーといえます。本書のすべての執筆者たちからは，本書へのさまざまな寄稿依頼にただちに快くご同意いただきました。ご執筆いただいた先生方の的確で熱意に溢れた姿勢にふれ，本当に多大な刺激を受けることができました。

最後になりましたが，私たちの研究助手であるジュリー・アッカーマン（Julie Ackerman）女史に感謝の意を表わしたいと思います。彼女は本書出版にあたり，大なり小なり寄せられる出版社などからの際限のない要求をまとめ，実行に移す段階で，原稿〆切時期にも注意を払いながら，絶え間のない厳密な援助を惜しみませんでした。加えて，彼女の心理療法に関するさまざまな問題に対する情熱的ともいえる関心のもち方や，将来は心理療法研究者として歩んでいきたいとの大いなる志が，本書出版の後押しになったと思います。我々の彼女に対する専門的な要望は，当機関の研究助手に求められる仕事の域をはるかに超えていたといっても過言ではありません。

マサチューセッツ総合病院　心理療法研究プログラム　臨床責任者
レイモンド・A・レヴィ（Raymond A. Levy, PsyD）

マサチューセッツ総合病院　心理療法研究プログラム　責任者
J・スチュアート・アブロン（J. Stuart Ablon, PhD）

目次

献辞
発刊に寄せて
序文
謝辞
序

Part I さまざまな精神疾患に対する効果性研究と実用性研究　　1

第1章　精神力動的心理療法：効果性研究と実用性研究の文献レビュー……2
1．はじめに　2
2．エビデンスに基づいた医療と実証的に支持された治療　2
3．特定の精神疾患に対する精神力動的心理療法のエビデンス　3
4．方法　4
　　精神力動的心理療法の定義　4
5．臨床家に参考となる疾患固有の精神力動的心理療法マニュアル　4
6．結果　4
7．特定の精神疾患に対する精神力動的心理療法の効果に関するエビデンス　5
8．大うつ病　5
9．うつ病性障害に対するSTPPと薬物療法の併用　8
10．病的悲嘆　8
11．不安障害　8
12．不安障害に対する精神薬理学的薬物療法が併用された場合のSTPP　9
13．外傷後ストレス障害　9
14．身体表現性障害　10
15．神経性大食症　10
16．神経性無食欲症　11
17．境界性パーソナリティ障害　11
18．C群パーソナリティ障害　12
19．回避性パーソナリティ障害　13
20．物質関連障害　13
21．複雑な精神障害をもつ患者に対する精神分析療法の実用性：実地研究によるエビデンス　14
22．精神力動的治療の効果量　14
23．長期力動的治療の準実験研究：統制群に対する優位性　14
24．プロセスと治療成果の関連性：変化のメカニズム　15
25．考察　17

第2章　パニック障害の精神力動的治療：臨床と研究評価……19
1．はじめに　19
2．パニック障害における精神力動的概念　20
　　無意識　20／防衛機制　20／妥協形成　21／自己表象と対象表象　21／トラウマ不安と予期不安　22／転移　22

3．パニック障害に対する精神力動的見立て　22
    4．パニック焦点型精神力動的心理療法　24
      局面1　24／　局面2　24／　局面3　25
    5．治療適用　26
    6．患者への導入　26
    7．転移　27
    8．徹底操作と終結期　27
    9．パニック障害に対する精神力動的治療の研究　28
    10．結論　32

第3章　パニック障害に対する実地治療：感情焦点プロセスの重要性 ……… 33
    1．はじめに　33
      ねらい：実証的に支持された変化のプロセスを特定する　36
    2．方法　36
      被験者　36／　治療者　37／　治療　37／　治療成果の評価　38／　患者による自記式尺度　38／　臨床家による測定尺度　38／　独立評定者による測定尺度　38／　評価プロセス　39
    3．結果　39
      患者の治療成果：実地の心理療法はパニック障害患者に対して望ましい結果をもたらすのか？　39／　典型例との一貫性：どの理論的オリエンテーションが，治療者や患者の治療プロセスに最も反映されるのか？　41／　典型例と治療成果との相関：どの理論的オリエンテーションが，最も望ましい治療成果を引き出すのであろうか？　42／　治療成果と関連する特定のプロセス：本治療におけるどのような要素が活発にはたらくと，治療変化が起こるのであろうか？　42
    4．知見の考察と臨床的意味　45
      治療について理解する：心理療法の実地研究において，理論的オリエンテーションのラベルを超えて治療プロセスに着目することの重要性　45
    5．結論と今後の方向性　50

第4章　摂食障害の精神力動的心理療法に対する実証的裏づけ ……………… 52
    1．はじめに：摂食障害に対する精神力動的心理療法　52
      摂食障害の診断　54／　無作為統制試験　54／　摂食障害に対する精神力動的心理療法の臨床試験　54／　摂食障害のための認知行動療法：対症療法的介入　57／　摂食障害における精神力動的心理療法の実地研究　59／　摂食障害患者のパーソナリティ病理と精神力動的心理療法　60／　精神力動的心理療法の臨床試験　63／　精神力動的治療を支持する他のエビデンス：パーソナリティ障害に関する文献　65
    2．考察　71
      ケースの考察　71／　全体的考察　72

第5章　境界性パーソナリティ障害に対する転移焦点型心理療法と他の
　　　　精神力動的心理療法に関するエビデンス（科学的根拠） ……………… 74
    1．境界性パーソナリティ障害に対する精神力動的心理療法　74
      実証的エビデンスは何によって構成されるか？　75／　境界性パーソナリティ障害に対する初期の精神力動的心理療法研究の発展　76／　現代の境界性パーソナリティ障害の心理療法研究　77／　対人関係的自己心理学アプローチ　77／　心理化療法　78／　転移焦点型心理療法　79
    2．転移焦点型心理療法のケース研究　84

転移焦点型心理療法のエビデンス　87
　　3．結論　92

第6章　防衛機制評価尺度を用いて心理療法における防衛機能の変化について研究する：4つの仮説と4つのケース⋯⋯⋯⋯⋯⋯⋯⋯95
　　　抄録　95
　　1．防衛とは何か？　97
　　2．防衛の階層　99
　　3．DMRSの量的評価法　100
　　4．心理療法と長期変化に関する仮説　102
　　5．ケース紹介　103
　　　　ケースA：大うつ病が再発した女性　104／　ケースB：境界性－自己愛性パーソナリティ障害を有した患者における2年半の治療エピソード　106／　ケースC：入院中の心理療法と13年3か月間のフォローを受けた女性　110／　ケースD：再発したうつ状態を18か月間の心理療法で治療した女性　114
　　6．考察　120
　　7．将来的な方向性　123
　　8．結論　124

Part II　心理療法のプロセスを測定する実証的心理尺度　　127

第7章　精神力動的心理療法のプロセス測定尺度⋯⋯⋯⋯⋯⋯⋯⋯128
　　　抄録　128
　　1．プロセス測定尺度　128
　　　　なぜプロセスを研究するのか？　128
　　2．近年開発された治療プロセス測定尺度　143
　　3．結論　148

第8章　逆転移とパーソナリティ病理：逆転移尺度の作成と臨床適用⋯⋯150
　　1．逆転移　151
　　2．データ収集：実践研究ネットワーク法　153
　　3．逆転移質問票：その作成と因子構造　155
　　　　因子構造　155／　逆転移を描写する：8つの次元　156
　　4．逆転移とパーソナリティ病理　159
　　5．自己愛患者に対する典型的な逆転移反応　162
　　6．考察　167

Part III　精神力動的心理療法の理論，方法，プロセス　　171

第9章　治療同盟，交渉，決裂の修復⋯⋯⋯⋯⋯⋯⋯⋯172
　　1．はじめに　172
　　2．心理療法研究の概観　173
　　3．治療同盟の理論と実証研究　174
　　　　同盟の概念化　174／　同盟の測定　176／　同盟の実証的研究　178
　　4．治療同盟における決裂とその修復　181

5．決裂の直視における解決プロセスの臨床事例　186
　　　　　再割り当て前（認知行動療法，セッション5，修正評価：3）　187／　再割り当て後（短期関係療法，セッション6，解決評価：3）　187
　　　6．同盟の再概念化　189
　　　7．要約と結論　191

第10章　精神力動的心理療法における情動焦点型技法について ················193
　　　1．はじめに　193
　　　2．理論　193
　　　3．精神力動的心理療法における情動焦点型技法の有効性に関する研究　197
　　　4．臨床的意義　206
　　　5．結論　211

第11章　情動焦点型短期力動的治療：実証的に支持された感情恐怖に対する解決方略 ···212
　　　1．はじめに　212
　　　2．短期力動的心理療法における感情への注目　213
　　　3．「感情恐怖」概念の歴史的起源　213
　　　4．感情恐怖の精神力動的起源　214
　　　5．感情恐怖の学習理論的起源　215
　　　6．心理療法における感情の研究　216
　　　7．活性的な感情群と抑制的な感情群　217
　　　8．感情恐怖治療における主要な目的　218
　　　9．感情恐怖研究で使用される方法と手続き　219
　　　　　心理療法における相互作用の分類システム　219／　治療目標達成尺度　220
　　　10．STDPの治療成果研究　220
　　　　　ベス・イスラエル医療センターのRCTによる結果　220／　トロンドハイムのRCTによる結果　222
　　　11．STDPのプロセス研究　222
　　　　　BIMCプロセス研究の結果：防衛への直面化　222／　BIMCプロセス研究の結果：感情経験　224／　トロンドハイム心理療法研究プログラムにおける詳細なプロセス分析　224／　トロンドハイムプロセス研究の結果：活性的感情群　225／　トロンドハイムプロセス研究の結果：抑制的感情群　226／　トロンドハイムプロセス研究の結果：自己感　227
　　　12．実践と研究における今後の方向性　229
　　　13．感情恐怖の解決の目的と介入をケースに基づいて素描する　230
　　　　　憂うつな老女　230
　　　14．結論　237

第12章　うつ病外来患者治療における治療効果の持続に寄与する要因 ······238
　　　1．方法　241
　　　　　NIMH主催「うつ病治療共同研究プログラム（TDCRP）」におけるうつ病治療　241／　TDCRPにおける依託／取り入れという2つのタイプの脆弱性　243
　　　2．結果　244
　　　　　治療成果　244／　治療プロセス　245／　治療活動のメカニズム　247／　治療的変化の持続　250／　精神力動的治療に対してもつ意味　252

Part IV 精神力動論と心理療法の神経生理学的基礎

第13章 精神力動的な概念と治療の神経学的モデル：精神力動的心理療法への影響 ………………………………………………………………………256

1. はじめに 256
   精神力動的療法と脳：簡単な歴史 256／ 根強い格差 258／ 心理療法研究における脳機能イメージングの方法とその活用 259／ 治療に関連した変化を生理手法で測定するための他の方法 261
2. 精神力動的構成概念の実験方法とエビデンス 261
   記憶と学習 262／ 感情 265／ 社会的認知と関係性 267／ 注意，自由連想，防衛 271／ 結論 273
3. 脳イメージング時代の心理療法 274
   不安障害における失調した神経機構の修復 275／ 心理療法と精神薬理学が脳機能に及ぼす対照的な効果 276／ さまざまな心理療法的アプローチが脳機能に及ぼす対照的な効果 279／ まとめと将来の方向 280

14章 精神力動的心理療法研究における生理的モニタリング ………………285

1. はじめに 285
2. 心理療法研究における精神生理学 286
   心拍（HR）の測定 287／ 皮膚伝導率（SC）の測定 287／ 心理療法研究における精神生理学の歴史 288／ 精神生理学と心理療法研究の近年の発展 292／ 精神生理学の臨床上の関連 294／ 臨床ケース報告 294
3. 現代的観点，今後の方向性，そして結論 298

文献 302
人名索引 348
事項索引 351
読者諸氏へ 355

【 原著者一覧 】

Part I

第1章	Falk Leichsenring
第2章	Frederic N. Busch and Barbara Milrod
第3章	Tai Katzenstein, J. Stuart Ablon, and Raymond A. Levy
第4章	Heather Thompson-Brenner, Jolie Weingeroff, and Drew Westen
第5章	Kenneth N. Levy, Rachel H. Wasserman, Lori N. Scott, and Frank E. Yeomans
第6章	J. Christopher Perry, Stephen M. Beck, Prometheas Constantinides, and J. Elizabeth Foley

Part II

第7章	Caleb J. Siefert, Jared A. Defife, and Matthew R. Baity
第8章	Ephi J. Betan and Drew Westen

Part III

第9章	Jeremy D. Safran, J. Christopher Muran, and Bella Proskurov
第10章	Marc J. Diener and Mark J. Hilsenroth
第11章	Leigh McCullough and Molly Magill
第12章	Sidney J. Blatt, David C. Zuroff, and Lance Hawley

Part IV

第13章	Joshua L. Roffman and Andrew J. Gerber
第14章	Carl D. Marci and Helen Riess

序

　ここでは，2つのポイントについてまとめておきたい。1つめは，精神力動的心理療法の効果性（efficacy）や実用性（effectiveness）を吟味するための実証的研究に焦点をあてること。2つめは，実証研究によって心理療法に関する理論や技法あるいはプロセスが前進することで，治療成果にどの程度の改善が見出せるのかというポイントに焦点をあてることである。

1．精神力動的心理療法の実用性について：すでにわかっていることと新たな方向性

　一般的に心理療法によって利益が得られるという点については，すでにいくつかのメタ分析[1]によって疑いようのない事実となっている。しかしながら，精神力動的心理療法の場合，その効果性が実証的方法できちんと確かめられた他の方法，例えば，認知行動療法，薬物療法などと比べても，その科学性という点において貧弱な治療法であるといわざるを得ない。そのため，心に障害のある多くの人々に対する精神力動的心理療法は効果がなく，劣った治療法という認識が広まってしまっている。おそらくこうした認識に対する反応であろうが，近年，精神力動的心理療法の領域でも，真剣に治療プロセスや治療結果を実証的に研究すると同時にそこに一定の価値を置くといった気運が高まってきている。確かに，それらすべてが精神力動的心理療法の領域に所属する人々の自発的な動機とはいえない。その一部は，精神医学や心理学の世界において，この領域が，数多くの実証研究を通じてその効果が確かめられた他のアプローチのために，今やその地位を失い，周辺に追いやられてしまっているという理由からであろう。動機はともあれ，精神力動グループの近年の動向は，臨床訓練プログラムの中に，データを用い学問的に受け入れられた科学的手続きでもって精神力動論や治療法の妥当性を吟味できるような研究能力を加える方向にある。こうした重大な変化をもたらすには，変化を可能とする専門家集団が必要となるともいえよう。そこで，臨床に基づく判断も研究に基づく判断も，ともに同等の価値を有するものとし，いわゆる科学に基づいた精神分析概念を再構成しようとの試みも始まった。今後，精神分析理論や実践が，データを用いかつ実証に基づいたものに生まれ変わるのであるならば，こうした意味での研究者養成を促進することは，我々専門家集団を変えていくうえでも避けては通れない道となるであろう。

　しかしながら，精神力動的治療の治療結果を実証的観点から検討しようとの気運が高まっていても，研究者は，「実証的に支持された治療（empirically supported treatment：EST）」という基準をクリアした一貫した力動的治療方法が存在しないという問題に直面する。現時点で，治療効果の最も有力な判定法（gold standard）は，治療効果に明確な根拠があることを示そうとする無作為統制試験（randomized controlled trial：RCT）である。RCTの中心的な特徴は，①被験者を2つの異なった治療グループに"無作為に"割り当て，割り当てられた2つのグループ間で症状が均等であることを確認すること，②各治療固有のマニュアルにのっとった"統制された手法"を用い，各々の治療に均一性（fidelity）があるかを確認することである。無作為化と治療の均一性をモニターすることの目的は，治療条件群で観察された効果性が，明らかにその治療方法に帰属することを確認するためである。RCT実験計画は，ESTといえる治療を実験的に導き出す唯一の方法とみなされてきた。フォナギー（Fonagy）らによると[2]，「実証的に効果があるとみなされるための研究法には3つの特徴がある：①診断に基づいた単一の疾患（通常は，DSMのI軸診断）を扱い，標本の同一性（homogeneity）を保つこと，②治療法はマニュアル化されると同時に治療期間も短期間または固定された期間とすることによって，実験操作（experimental manipulation）の純度（integrity）をあげること，③結果の評価は，研究や（時に）介入方法において最も主要で優先度の高い症状に焦点化すること。こうした特徴に横たわるねらいは，無作為割り当て，交絡変数の統制，治療手続きの標準化などの作業によって内的妥当性を最大限にまで高めることにある」。

　一方，ウエステン（Westen）らは[3]，RCTによる検証こそが，実証的に効果があるとする治療グループに参入するための難攻不落で最も権威ある守衛的役割をもつという考え方に対して，専門的立場から厳しく抗議を行なってきた（詳細は[3]参照）。この議論は，正当性をある意味独占してきたRCTに対して異議を申し立てたおそらく最初のものであろう。端的にいえば，RCTとはあくまでも研究者が設定した実験室ともいえる人工的な環境の中で，過剰に単純化された治療マニュアルという制限下での効果性研究なので，地域における臨床場面に直接的に適用することが難しいというものである。さらに，RCTでは特定の疾患（症状）に特化した患者を被験者にし，その治療効果を評価しようとするが，これまでの疫学調査では，特定の疾患（症状）のみをもっている患者はほとんど存在しないことが明らかになっている[4]。こうした知見から，実験室研究における成果をそのまま地域の臨床場面に般化することにはかなりの制限が考えられるし，事実たいていの治療においてそうであった[5]。加えて，これまでの研究知見を精査すると，実験室研究における治療マニュアルがどの程度本来の治療方法（brand name treatment）と一致しているのかという疑問すら湧きあがってくるのである[6-8]。

　ウエステンら，2005年アメリカ心理学会第12部門特別委員会[9]，さらにその他の研究者たち[2,5,10-12]は，「実証的に支持された治療法（EST）」と位置づける際には，実地研究（naturalistic study）などの実用性研究（effectiveness study）も判断の材料と

して導入するよう主張してきた。実用性研究は通常の臨床実践場面で行なわれ，しかも，研究計画（research protocol）作成の段階で，ターゲットとなる疾患のみをもつ患者だけではなく，高い頻度で併発が予想される疾患がある場合も被験者に含められるようになっている。個々の治療期間は，おおむね臨床的な要請に基づいて決定されるが，最も重要なことは，治療者自身が通常行なっている治療技法を用いることが推奨されるのであり，治療マニュアルに従うように強制されることはないという点である。ただし，実用性研究では，治療中に何が起こっているのかを明確にするため，継次的に複数のプロセス測定尺度（process measure）を使用する必要がある。そうすれば，実際の臨床場面という設定ゆえに，複雑な疾患を有する患者を対象とした治療において，どのような介入方法が促進要因としてはたらくのかを実験室場面以上に適切に観察することができる。こうした実地研究に対する最初の批判は，測定結果に対して，実験条件（この場合は心理療法）以外に影響する可能性をもつ要因を十分に統制できないというものである。しかし，こうした懸念は，効果研究（efficacy study）に限って発動される極端な振り子の振れと思われる。例えば，国立精神保健研究所（National Institute of Mental Health）は，治療仮説を吟味するうえでは，実地研究の方がより適切であるとしている[13]。

「研究に基づく特定の治療」という形で公の認知を得ようとする動きは，アメリカ精神医学会のように，RCTを厳密に適用した"ブランド化された治療"という名目で十分に開花してきた。アメリカ精神医学会は，以下のような3段階で治療の格づけを行なっている。レベル1：臨床的に確信をもって推薦できる。レベル2：中程度の確信をもって推薦できる。レベル3：患者を取り巻く環境によっては推薦も可能である。治療をどのレベルに位置づけるかは，特定の疾患をもつ患者に対するマニュアル化された治療による効果，つまりRCTの結果に基づいて決定される。

　アメリカ心理学会では，多くの論争を経て，実地研究によって得られたデータも，無作為統制試験とおなじく実証性を確認するデータの一部に含まれることが決定された。しかしながら，道のりは単純ではなかった。1995年に召集された最初の心理学的技法の促進・普及に関する特別委員会（Task Force on Promotion and Dissemination of Psychological Procedures）報告[14,15]では，18の技法が実証的に妥当な治療と定められた。しかしながら，当時は，心理療法は精神薬理学的治療よりも劣っているという一般的認識に対抗するために定められたようなものであり，その基準作成は，あくまでも，診断学的に特定の疾患患者を対象とし，かつマニュアル化された技法によるRCTで得られるデータに限られていた。しかし，今回の第12部門特別委員会報告によって，ようやく心理学的治療が確実に一般国民やメンタルヘルス領域にいる専門家の目にとまるようになった。つまり，2005年まではRCT以外の研究データは排除されてきた（当時はRCTが全く行なわれていなかった精神力動的治療のデータも排除の対象であった）のである。しかし，1995年報告に対する批判の結果，実地研究（プ

ロセス研究も含む)によって得られたデータも，特別委員会の2005年基準改訂[9]によって，実証的に支持されたと判定する際の基準に含まれることになったのである。具体的には，特別委員会は，ザケット(Sakett)らが提出した有名な医学研究所報告(Institute of Medicine Report)[16]に記載された「エビデンスに基づいた実践(Evidence-based practice)」という概念を採用し，最終的に「エビデンスに基づいた実践とは，臨床的な評価や患者が認める実用性という側面と質の高い研究成果との統合物である」(p.147)と結論づけた。この報告書が出版されることで，実証的に支持された治療(EST)といわれるために必要なデータの範囲は格段に広がりをみせるようになると同時に，精神力動的アプローチのESTへの仲間入りもその可能性が増すことにつながったのである。臨床的判断や患者が認める実用性，さらにはより広大な臨床的文脈がうまく統合されるようになったといえよう。このように，アメリカ心理学会内部においては，利用可能なデータの範囲は広がったのであるが，メンタルヘルス領域全般においても同様に受け入れられていくには，まだまだ遠い道のりが待っている。

　本書では，精神力動的治療の実地研究のみならず，RCTを用いた論文例を紹介していく。ブッシュとミルロッド(Busch & Milrod)が担当した章では，パニック障害と診断された患者に対する，マニュアル化された短期精神力動的治療(24セッション)の効果を吟味したRCT結果が紹介されている。この研究は，精神力動的治療に対して，厳密に計画されたRCTがどのように適用されるのかということを知るうえで格好の例である。他の章では，レヴィとワッセルマン(Levy & Wasserman)が，境界性パーソナリティ障害患者を対象とした3つの効果性研究によって得られた知見を報告している(その中には，転移焦点づけ心理療法も含まれている)。また，トンプソン-ブレナー，ワインジェロフ，ウエステン(Thompson-Brenner, Weingeroff, & Westen)は，摂食障害に対する効果性研究，実地研究のいずれかが用いられた精神力動的治療の研究レビューを紹介している。また，摂食障害患者に精神力動的治療を用いた事例がわかりやすく記載されており，加えて研究者(治療者ではなく)によってまとめられた事例の概要や治療的アプローチも付録されている。最後に，ライヒゼンリング(Leichsenring)からは，メタ分析の手法を使った，すべての短期精神力動的心理療法(short-term psychodynamic psychotherapy : STPP)研究をレビューするという労作を提供してもらった。長期精神力動的心理療法(long-term psychodynamic psychotherapy)やいわゆる通常の精神分析(psychoanalysis)ではまだ十分なエビデンスが確立されていないが，そこでは，STPPが特定の精神疾患患者にとって効果的であるということが示されている。フォナギーやロス(Fonagy & Roth)が述べるように，もしも，長期精神力動的心理療法までもがエビデンスに基づくようになれば，「エビデンスに基づくことそれ自体が，むしろつぎはぎだらけで寄せ集めの(力動的)治療法を生み出すことにもつながる」[2]。しかしながら，一方でフォナギーはより肯定的見解として，「実証的事実が強制されるような領域が存在しなくなる一方で，ほ

とんどの領域で系統的な調査（プロセス研究）が行なわれるようになり，そのようにして得られた治療結果が，今度は，さまざまな治療法間で比較されるようになるだろう」と続けている。明らかに，精神力動的心理療法の分野は，長期精神力動的心理療法の臨床プロセスや治療成果を吟味するうえでも，厳密な実証研究によるお墨つきが必要なのである。

2．実証的研究は臨床成果の予測や向上に影響力をもちうるか？

「臨床実践における心理療法研究から，我々はいったい何を学んできたのか？」という問は，臨床家どうしの会話が（実証）研究に関するテーマに転じたときに，必ず出現する最初の疑問であろう。もっぱら臨床家であると同時に研究者でもある著者たちによって書かれた本書は，臨床実践と（実証）研究は相互依存的であり，訓練場面では臨床と学問の連携という形での共存が重要であるという信念のもとで企画された。その他，いくつかの論文や著書も，精神力動的心理療法グループにおける臨床家と研究者との間に存在する「ギャップの橋渡し」が主なねらいであり（例えば[17-19]参照），こうした努力は，速度は遅いものの着実に成功しつつあるようにみえる。確かに，臨床と研究とのさらなる統合には，いくつかの壁が存在する。しばしば研究所見によっては，臨床活動の最前線にいる臨床家ですら見落とすような価値ある知見を，純粋な学問的世界，つまり臨床とは全く関係のない世界の中に遠く置き去りにしてしまうことがある。一方，臨床家は自己の臨床実践に関する理論，アプローチについて検証することを避けたいと感じたり，臨床状況の複雑さを測定可能な現象には置き換えられないと思いこんだりする。我々は，本書を通して，臨床研究が精神力動論やアプローチに貢献することを証明するまさに「エビデンス」であると見ており，複雑かつ意味深い状況が継続している場面において，臨床家がその状況に圧倒されそうなときにこそ，これらを説明可能な現象という灯の中に引きずり出し，彼らの探求心をサポートすると考えている。こうした最終目的に向かって，すべての章では，研究知見が臨床活動に対する（実証）研究の重要性を示唆するような臨床例を提供しながら，考察を行なっている。精神力動的心理療法にとっては，探求心こそが，発足以来長く続く，個人スーパーヴィジョン，個別ケース会議，理論発達などを通して強調される特質なのである。本書では，探求という王道と同等な程度に有効な実証研究例を紹介する。

精神力動論や精神力動的治療の領域では，現在は，すべての患者や治療者にとって重要な洞察にいたるような治療法を獲得したといえる段階ではない。こうした自覚をしっかりもっておけば，（実証）研究が水面下で重要な役割を果たすであろうことに開かれた状態でいられる。ジメンツ（Jimenez）[20]は「（実証）研究は，現在の患者の特質や分析家（治療者）との間で確立された関係性の様相を前提とした場合，どのよ

うなやり方で介入するのが最も適切であるのかを提供してくれるであろう」と説明している。さらに彼は、もはやすべての患者にフィットするような標準的なテクニックを探している段階ではないとも指摘している。むしろ、「技法を改善することで、教示の仕方も柔軟となり、結果的に各々の患者の特質に合う治療となる」[21]。臨床家によっては、それはそうだが、ある特殊な理論モデルの心棒者でさえこうしたアプローチの仕方について何もふれてはこなかったといいたいかもしれない。こうした批判の中で、(実証的)研究を行なうことの唯一の価値といえるのは、さまざまな精神疾患をもつ患者が存在し、さまざまな治療関係が想定される中で、(実証)研究が効果的な治療技法や治療プロセスを決定する際の助けになりうるということである。こうした目標を達成するには、(治療の結果、患者に改善が得られたということを教えてくれる)成果研究から、(治療の結果、患者がどのように変容していったかを見きわめる)プロセス研究への移行が必要となる。ジメンツ(Jimenez)によると、「プロセス研究は、患者のニーズと治療者の治療技法に基づいて、治療者・患者の最適な組み合わせを可能にするであろう」[20]と述べられている。

　精神力動的治療の実用性(effectiveness)研究が、エビデンスに基づく研究として位置づけられるようになってから、多くの研究者は(治療中の)治療者のふるまいに対して注目するようになってきた。本書のいくつかの章では、プロセス研究が中心に扱われている。シーフェルト、デフィーフェ、ベイティ(Siefert, Defife, & Baity)は、まず、プロセス研究を開始するにあたり、研究者の立場で重要と思われる10の測定尺度を詳細に紹介している。その他のいくつかの章では、これらのプロセス尺度のいくつかを実際に使用した研究が例示されている。カッツェンシュタイン、アブロン、レヴィ(Katzenstein, Ablon, & Lavy)は、パニック障害に対する実地研究により得られた結果と治療プロセスを検討し、肯定的な治療成果に関連する要因を、心理療法プロセスQ分類(Psychotherapy Process Q-set : PQS)を用いて実証的に確認した。こうした研究手法が、パニック障害を対象としたミルロッド(Milrod)のRCT結果を補完し、パニック障害患者全般に対する情動焦点型(emotion-focused)アプローチの有効性を支持する手だてともなっている。その他の著者たちも、パニック障害患者に対する3種類の代表的な技法を用いた治療プロセスと肯定的な治療成果との関連性を示す実証知見を紹介している。例えば、ディーナーとヒルセンロス(Diener & Hilsenroth)は、不安に対する情動焦点型治療の理論や研究所見をレビューし、いくつかのプロセス変数を特定している。加えて、彼らは幅広い精神疾患患者に対する感情焦点による介入の臨床例を呈示している。マックローとマギル(McCullough & Magil)も、患者の感情に治療焦点をあてた短期力動的心理療法を計画し、プロセス変数に着目している。実際のやりとり(narration)を用いた詳細な事例報告を通して、著者たちは、自己の感情を防衛したり分裂排除したりする患者に対する特異なアプローチの有効性を支持するような実証知見を記述している。このアプローチのねらい

は，自己の情動（マックローが「感情恐怖」と名づけたもの）をありのまま経験することに対する抵抗を最小限に抑えることである。治療的アプローチを呈示する際に実際のやりとりを用いることで，読者はあたかも自分が治療者の行なっている思考や治療技法の一部分に参加しているような気持ちになるであろう。さらにこの章では，もともとは行動的アプローチのグループでトレーニングされたものの，その後，治療プロセスに着目する中で概念化し発展させてきた感情に基づくモデル（affect-based model），つまり治療者・患者の相互作用に関心を移してきた臨床家兼実証的研究者の観点から，幅広いスペクトラムをもつ疾患に対する興味深い治療アプローチについて知ることができるだろう。最後に，ブラット，ズロフ，ホーリィ（Blatt, Zuroff, & Hawley）は，研究を通して，心理療法による肯定的な結果と関連する特有のプロセス変数を見つけ出そうとするのならば，研究者自身が自己の好みの治療ブランドにこだわらないよう呼びかけている。彼らは，臨床研究者に「我々が提供できる治療の中心的な特質をはっきり見定めること，そして，治療的変化を引き起こしたり維持させるうえで必要な要因を特定する」よう訴えている。これらの章では，うつ病の外来治療に特化した形で，治療変化の維持に貢献する要因研究が記述されており，そこでは，ブランド名を超えたところに内在する心理療法に固有のプロセス変数を決定するよう強調されている。

加えて2つの章では，治療における複雑な現象を評価するための実証的な測定尺度が紹介されている。そして，この尺度が最終的に治療プロセスにおけるガイド的役割を担うに足る臨床的に有用な段階に到達したことを報告している。例えば，ビータンとウエステン（Betan & Westen）は，パーソナリティ障害患者たち（ここでは，自己愛性パーソナリティ障害と診断された患者の事例が付録されている）との治療過程で，治療者たちが示した反応を8カテゴリーに分類し作成した逆転移測定尺度を紹介している。著者たちが述べるように，この尺度を用いた研究では，「逆転移反応はパーソナリティ病理をもつ患者との治療過程において一貫して出現し，しかも予測可能なパターンをもっている」ことが示唆されている。このような測定尺度が存在するということは，臨床家が，こうした患者との治療プロセス中に起こってくるさまざまな感情を確実に見つけ出し，しかも安心して迎えることができるかもしれないという点で，あらかじめ，治療同盟の維持，あるいは治療の継続という側面で十分な準備ができるようになることを意味している。さらに，この章では，心理療法家がこうした患者を治療する際に起こしがちな逆転移の特異的な布置が明らかにされている。同じように，サフラン，ムーラン，プロスクロフ（Safran, Muran, & Proskurov）は，治療同盟を修復する際に関連してくる特異的なプロセス変数である決裂修復尺度（Rupture Resolution Questionnaire）を紹介している。彼らのグループは，治療同盟に関する臨床的あるいは実証的研究を繰り返し集中して行ない，「特殊な技法は，治療結果変数の5〜15%しか説明しない」という知見を繰り返し示してみせた。（それを受けて）彼

らは，介入（技法）というものはすべて対人関係を土台とした活動（relational acts）であり，言わば，ある特定の2人の関係性という文脈の中でしか位置づけることができないということを印象づけている。治療同盟は治療成果の最も確固とした予測因子であるという事実は残されている。そこで，著者たちは，実証的観点から治療者，患者間に起こった決裂を修復するための相互作用のあり方を示す4つのステージを提唱している。さらにサフランの研究は，最前線で活躍している心理療法家に対する直接的な支援を目的としている。（最後に）こうした方法の有効性を示す非常に優れた臨床事例が紹介されている。

　プロセス研究に加えて，今後中心的な領域となるのが神経科学的研究である。数年をかけて，神経科学的方法は，伝統的なプロセス研究や効果研究と統合され続けていくであろう。そしてそのことが，（心理的サポートにおいて）さまざまな治療法の組み合わせがある中で，また新たな治療法の選択肢が開発される手助けとなるであろう。ロフマンとゲーベル（Roffman & Gerber）の担当した章では，心理療法と神経科学は歴史に残る出会いとなると宣言されている。心理療法と関連する神経科学的知見をレビューした記念碑的研究の中で，彼らは心理療法技法の改善に貢献すると目される，脳イメージング研究から見出された現在のデータについて解説を行なっている。心理療法と神経科学的研究との関連性を扱った2番目の章で，マーシとレイス（Marci & Reiss）は，精神力動的心理療法のセッション中に行なわれた生理学的モニター研究の歴史をレビューし，神経イメージング法による結果を補うことで，近年発展の著しい対人関係的神経生理学（interpersonal neurobiology）や社会的神経科学（social neuroscience）の分野に貢献するであろうとの最新の見解を紹介している。生理学的モニタリングが施された臨床ケースが呈示されるようになれば，心理療法結果の向上につながる技法に関する情報が，我々に一段ともたらされるようになるであろう。

Part I

さまざまな精神疾患に対する効果性研究と実用性研究

第1章

精神力動的心理療法：
効果性研究と実用性研究の文献レビュー

1．はじめに

　実際に患者と出会い，現象学的診断あるいは精神力動的診断のいずれを行なうにせよ，精神力動的アプローチの立場に立つ臨床家は，どのような治療技法が最適かを決定し，それを患者に伝えなければならない。そのためにも，各々の精神疾患に対してどのような治療技法が効果的かを知っておくことはとても有益である。本章では，精神力動的心理療法の効果性，および実用性に関する文献レビューを紹介する。まず始めに，特定の精神疾患に対する精神力動的心理療法を用いた無作為統制試験(randomized controlled trials：RCT) をレビューする。その後，長期力動的治療の実用性研究を紹介する。方法としては，MEDLINE や PsycINFO といった検索エンジンや現在の学術雑誌を通して，1960～2006年の期間に発表された精神力動的心理療法に関する研究論文を対象とした。さらに，一般のテキストやジャーナル論文も利用した。

2．エビデンスに基づいた医療と実証的に支持された治療

　これまでに，薬物療法や心理療法の両面で，そのエビデンス（科学的根拠）を示すために利用可能な研究方法について，いくつかの試案がつくられてきた[1-5]。こうしたすべての試案に共通するのは，治療の効果を端的に示すための最も優れた方法はRCT としてきたことである。RCT（効果性研究）は，統制された実験条件のもとで実施される。それゆえ，治療結果に影響する治療法以外の要因は完全に統制される。こうした理由から，RCT は研究の内的妥当性を維持する最もふさわしい方法なのである[6]。しかしながら，近年，心理療法の実証研究において RCT のみにこだわるこ

とに対して疑問の声があがるようになってきた[7-14]。RCTを土台とする薬理学的研究に追従することは，心理療法研究の観点からすれば疑問が多いのである。実際，心理療法の実証研究において，無作為抽出，治療マニュアルの使用，特定の精神疾患に限定すること，時に行なわれる予後不良患者の排除といったRCT条件を踏襲するのであれば，RCTがはたして臨床実践のありのままの再現となっているのかという疑問が考えられる[7-14]。さらに，数年を要するような長期の心理療法に対して，治療マニュアルの使用，あるいは無作為統制群の設定といったRCTの方法論をそのまま適用することは非常に困難である[12,15]。RCTに対して，実地研究（実用性研究）はまさに臨床実践という条件下で行なわれるのが特徴である。それゆえ，得られた結果は，患者，治療者，治療プロセスを含んだ臨床実践のありのままの姿に基づいているといえる（外的妥当性）[16]。もちろん，こうした実用性研究は，RCTほどには情余変数を適切に統制することが難しい方法であるには違いない（内的妥当性）。しかしながら，実用性研究の内的妥当性の問題は，得られた結果に影響する情余変数の除去以外にも，他の方法を用いた準実験的計画で，ある程度は改善することができる[6,9]。いくつかの研究では，実用性研究はRCTと比較しても効果量に差がないというエビデンスが示されている[16-18]。

　これまでの論考によれば，効果性研究と実用性研究とでは，明確にしたい目的が異なっているといえそうである。例えば，RCTは厳密な統制下（実験室状況）で，治療の効果性を吟味するのであるが，一方，実用性研究は，実際の臨床場面における技法の実用性検討に重点を置くのである[9]。結論からいえば，効果性研究における知見を，実際の臨床場面にダイレクトに置き換えることはできないし，その反対もまたしかりである。したがって，RCTと実用性研究はライバルの関係にあるのではなく，相互に補い合う関係にあるのである。何人かの研究者も，エビデンスを追求したRCTのみが治療という営みを明らかにする唯一の方法ではないと強調してきた。こうした観点からいえば，今後は，実証的に支持された治療（empirically supported therapy：EST）という概念とRCTとは区別して考えるべきなのである[9,13]。

3．特定の精神疾患に対する精神力動的心理療法のエビデンス

　目的の1つは，精神疾患患者に適用可能な短期精神力動的心理療法（short term psychodynamic psychotherapy：STPP）と長期精神力動的心理療法（long-term psychodynamic psychotherapy：LTPP）のRCT研究をレビューすることである。ここでは，アメリカ心理学会『心理学的技法の促進・普及に関する特別委員会』[19]で審議され，チャンブレスとホロン（Chambless & Hollon）によって修正された効果的治療法の基準[20]を用いた。つまり，このレビューの1つのねらいは，チャンブレスとホロンによる基準[20]下で，精神力動的心理療法のエビデンスを検討することにある。例えば，初期

にはフォナギー（Fonagy）ら[21]やライヒゼンリング（Leichsenring）[22]のレビューがある。また，ここ数年間，LTPPに対するRCT適用が非常に難しかったため，本章の別の箇所で，LTPPの実地（実用性）研究をレビューする。

4．方法

精神力動的心理療法の定義

精神力動的心理療法は，解釈から支持という一連の治療操作を行なう。解釈よりになるか支持よりになるかは，患者のニーズに大きく左右される[23-25]。また，ギャバード（Gabbard）[23]は，長期とは，24セッション以上または6か月以上の期間をもつ方法とした。本レビューでは，STPPとLTPPの定義はギャバード[23]の見解を適用した。STPPに関しては，さまざまなモデルが開発されつつあり，そのあたりは，メッサーとワレン（Messer & Warren）[26]によってレビューされている。また本章では，LTPPに対するギャバードの定義を，精神力動的心理療法全般の作業仮説として採用した。ギャバードは，「治療者が治療者，患者間の相互のやりとりを注意深く観察し，治療者の洗練された注意（sophisticated attention）によって初めて浮き彫りになる二者空間（two-person field）における転移や抵抗を慎重に解釈していく，こうしたプロセスを有する治療」と述べている[23,p.2]。

5．臨床家に参考となる疾患固有の精神力動的心理療法マニュアル

すでに述べてきたようなRCTによる効果性研究はさておき，治療マニュアルそのものは，現場の臨床家にとってもきわめて有用である。通常マニュアルには，各々のアプローチに固有の介入法やその指針が書かれている。それゆえ，臨床実践の実行がそれだけ容易になる。さて，精神力動的心理療法を用いたマニュアルには，以下の疾患に対して固有のモデルがある。うつ病[27-29]，慢性うつ病[30]，不安障害[31-33]，外傷後ストレス障害（posttraumatic stress disorder：PTSD）[34,35]，病的悲嘆[36]，神経性大食症[37]，身体表現性障害[27,38,39]，境界性パーソナリティ障害[40,41]，回避性・強迫性パーソナリティ障害[42]，物質関連性障害[43,44]である。紙面の都合上，ここではマニュアルについて詳細に考察することはできないが，例えば，ギャバード[45]の著作には，臨床的に推奨できる固有な治療技法が紹介されている。

6．結果

精神力動的心理療法のエビデンスを示す31のRCT研究がレビューされた。詳細は表1.1に呈示されている。

治療期間：精神力動的心理療法の期間は，7セッションから46セッションにわたっていた（表1.1）。STPPの治療期間は，7〜24セッションである。この基準に従えば，19研究（61％）がSTPP，12研究（39％）がLTPPであった。なお，効果性研究が行なわれたLTPPは，無期限タイプのLTPPではなく，あくまでも期間限定型のLTPPである（表1.1；この違いについては[46]参照）。

精神力動的心理療法のモデル：今回取り上げた研究では，異なったモデルの精神力動的心理療法が用いられていた。代表的なものとして，ルボルスキーによって開発されたモデル[27,34,46]，シャピロとファース（Shapiro & Firth）[27]のモデル，ホロビッツ（Horowitz）[34]のモデルなどがある。

7．特定の精神疾患に対する精神力動的心理療法の効果に関するエビデンス

今回の精神力動的心理療法研究に関するレビューには，さまざまな精神疾患を対象とした研究が取り上げられている。しかしながら精神力動的な視点からいえば，ある特定の精神疾患（例えば，うつ病，広場恐怖）に対する治療結果は，たとえ同じ精神疾患といえどもさまざまな精神力動的側面（例えば，葛藤，防衛，人格構造）によって大きく影響される[47]。こうした精神力動的な要因は，治療結果に大きく影響すると同時に，現象学的視点に立つ「精神疾患の分類と診断の手引（DSM）」の診断カテゴリーよりも，どうかすると治療結果に重大なインパクトをもつかもしれないのである[36]。

8．大うつ病

認知行動療法（cognitive-behavioral therapy：CBT）を用いる治療者は，患者に対してより積極的に関与しつつ患者の抑うつ的な認知の修正をめざす。一方，精神力動的な治療者は，抑うつ症状と関連する葛藤や自我機能に焦点をあてる。現在のところ，うつ病に対するCBTとの比較でSTPPの効果性を科学的に検証したRCTは4つある[29,48-50]。そこでは，異なったタイプのSTPPモデルが適用されている（表1.1）。結果として，STPPとCBTは，抑うつ症状，一般的な精神症状，社会的機能に対して同程度の効果をもつことが証明された[51]。より詳細な結果，考察は他の論文で述べる[52]が，上記のメタ分析によると，STPPは，抑うつ症状，一般的精神症状，社会的機能において，治療前後で高い効果量を示し[51]，フォローアップでもその結果は安定していることが証明された[53,54]。これらの結果は，ワムポルド（Wampold）らによるメタ分析結果と一致していた[55]。近年マイナ（Maina）らは，少人数の軽うつ病患者（気分変調性障害，特定不能のうつ病性障害，うつ気分を伴った適応障害）を対

○表1.1 特定の精神疾患に対する精神力動的心理療法（PP）の無作為化比較研究

研究	症候群	PPの人数	比較群（人）	PPの種類	治療期間
Tahompson et al. (1987)	うつ病	24	BT：25，CBT：27，治療待ち：19	Horowitz and Kaltreider	16-20セッション
Shapiro et al. (1994)	うつ病	58	CBT：59	Shapiro and Firth	8セッションと16セッション
Gallagher-Thompson and Steffen (1994)	うつ病	30	CBT：36	Mann；Ross, and DelMaestro	16-20セッション
Barkham et al. (1996)	うつ病	18	CBT：18	Shapiro and Firth	8セッションと16セッション
Maina et al. (2005)	気分変調性障害	10	支持的精神療法：10，治療待ち：10	Malan	15-30，平均19.6
Milrod et al. (2007)	パニック障害	26	CBT（リラクゼーションの実施）：23	Milrod et al.	24セッション
Knjinik et al. (2004)	社会恐怖	15	プラセボ統制群：15	Knjinik et al.	12セッション
Crits-Christoph et al. (2005)	全般性不安障害（GAD）	15	支持的精神療法：16	Luborsky；Crits-Christoph et al.	16セッション
Leichsenring, Winkelbach, and Leibing (2006)	全般性不安障害（GAD）	25	25	Luborsky；Crits-Christoph et al.	30
Bögels et al. (2003, 2004)	社会恐怖	22	CBT：27	Malan	36
Brom et al. (1989)	外傷後ストレス障害（PTSD）	29	脱感作法：31，催眠療法：29	Horowitz	18.8セッション
Dare et al. (2001)	神経性無食欲症	21	認知分析療法（Ryle）：22，家族療法：22，日常的な治療法：19	Malan；Dare	平均24.9セッション
Gowers et al. (1993)	神経性無食欲症	20	通常の治療法：20	Crisp	12セッション
Fairburn et al. (1986)	神経性大食症	11	CBT：11	Rosen；Stunkard；Bruch	19セッション
Garner et al. (1993)	神経性大食症	25	CBT：25	Luborsky	19セッション
Bachar et al. (1999)	神経性無食欲症，神経性大食症	17	認知療法：17，栄養学的カウンセリング：10	Barth；Goodsitt；Geist	46セッション
Svartberg et al. (2004)	C群パーソナリティ障害	25	CBT：25	Malan；McCullough；Vaillant	40セッション
Muran et al. (2005)	C群パーソナリティ障害	22	短期関連療法：33，CBT：29	Pollack et al.	30セッション
Munroe-Blum and Marziali (1995)	境界性パーソナリティ障害	31	対人関係的集団療法：25	Kernberg	17セッション

研究	障害	N	治療条件	比較	著者	期間
Bateman and Fonagy (1999, 2001)	境界性パーソナリティ障害	19	通常の治療法：19		Bateman and Fonagy	18か月
Clarkin et al. (2007, in press)	境界性パーソナリティ障害	30	弁証法的行動療法：30、支持的精神療法：30		Clarkin et al.	12か月
Giesen-Bloo et al. (2006)	境界性パーソナリティ障害	42	CBT：44		Clarkin et al.	隔週セッションを3年間
Emmelkamp et al. (2006)	回避性パーソナリティ障害	23	CBT：21、治療待ち：N=18		Malan；Luborsky；Luborsky and Mark；Pinsker et al.	20セッション
Woody et al. (1983, 1990)	アヘン依存症	31	薬物カウンセリング(DC)：35、CBT-DC：34		Luborsky＋薬物カウンセリング	12セッション
Woody et al (1995)	アヘン依存症	57	薬物カウンセリング：27		Luborsky＋薬物カウンセリング	26セッション
Sandahl et al. (1998)	アルコール依存症	25	CBT：24		Foulkes	15セッション（平均8.9）
Crits-Christoph et al. (1999, 2001)	コカイン依存症	124	CBT＋集団薬物カウンセリング：97、個人薬物カウンセリング：92、個人薬物カウンセリング＋集団薬物カウンセリング：96		Mark and Luborsky＋集団薬物カウンセリング	4か月、個人による各36セッションとグループによる各24セッションまで
Guthrie et al (1991)	過敏性腸症候群	50	支持的な傾聴：46		Hobson；Shapiro and Firth	8セッション
Creed et al. (2003)	過敏性腸症候群	59	パロキセチン：43、通常の治療：86		Hobson；Shapiro and Firth	8セッション
Hamilton et al. (2000)	機能性胃障害	37	支持的精神療法：36		Shapiro and Firth	7セッション
Monsen and Monsen (2000)	身体表現性疼痛障害	20	通常の治療法／治療なし：20		Monsen and Monsen	33セッション
Burnand et al. (2002)	うつ病	STPP＋クロミプラミン：35	精神力動的心理療法とクロミプラミン単独の薬物治療：39		Androli；Safran	10週間
De Jonghe et al. (2001)	大うつ病性障害	STPP＋薬物治療：106	STPPと抗うつ剤の併用：85		Werman；Strupp and Binder；Rockland；de Jonghe et al.	16セッションまで
McCallum and Piper (1990)	遷延性悲嘆	STPP＋薬物治療：45（？）	薬物治療を受けながら治療待ち：35（？）		Piper et al.	12週間
Piper et al. (2001)	複雑性悲嘆	STPP＋薬物治療：53	薬物治療と支持的集団精神療法の組み合わせ：54		Piper, McCallum, and Joyce；McCallum, Piper, and Joyce	平均10.7、平均10.6
Wiborg and Dahl (1996)	パニック障害	STPP＋クロミプラミン：20	クロミプラミン：20		Davanloo；Malan, Strupp, and Binder；Wiborg	9か月間

象に，STPPと短期支持療法（brief supportive therapy）の効果性を吟味するRCTを行なった[56]。治療終了の時点では，いずれの治療を受けた患者であっても，治療待ち患者（waiting list）よりも有意に軽快していた。また6か月後のフォローアップでは，STPPの方が短期支持療法よりも優れていた。

9．うつ病性障害に対するSTPPと薬物療法の併用

多くの臨床家は，心理療法と精神薬理学的治療との併用を考慮に入れる。2つのRCT研究で，精神薬理学的治療を併用したSTPPの効果性検討がなされている。最初に，バーナンド（Burnand）らは，STPPとクロミプラミン（三環系抗うつ薬）との併用はクロミプラミン単独よりも有効であると報告している[57]。また，ド・ヨンゲ（de Jonghe）らは，RCTでSTPPのみとSTPPに抗うつ剤を併用した治療との比較研究を行なった[58]。その結果，併用による有効性は懐疑的であるとした。数名の独立した観察者による評定では明らかな差が認められなかったのに対して，自記式の評定でのみ併用治療の優位性が認められたのである。他のタイプの心理療法（例えばCBT）による効果性研究も含めて，より広い観点から検討すると，慢性のうつ病や重症のうつ病に対しては，心理療法や薬物療法を単独で行なうよりも，併用した治療の方がより効果的であるというエビデンスがいくつか存在している[59-61]。しかしながら，うつ病の日常診療において，心理療法と薬物療法との併用を必須にすべきといえるほどの強力なエビデンスがあるとは言い難い[59-61]。

10．病的悲嘆

マッカラム（McCallum）らとパイパー（Piper）らによる2つのRCTでは，遷延化，または複雑化した悲嘆に対する短期精神力動的集団心理療法の効果が検討された[36,62]。最初に，パイパーらの研究では，統制群である治療待ち患者よりも短期精神力動的集団心理療法を受けた患者の方が有意に軽快したことが示された[62]。第2のマッカラムらの研究では，治療効果に有意な交互作用が認められた。悲嘆症状に関して，非常に重要な他者との別れに伴う悲嘆の場合，解釈的な治療の方がより有効であったのに対して，さほど重要ではない他者との別れに伴う悲嘆の場合は，支持療法の方がより有効であった。また，悲嘆症状全般に関していえば，臨床的に有意な変化は，支持療法よりも解釈的治療の方で起こっていた[36]。

11．不安障害

不安障害に関する4つのRCT研究がある（表1.1）。パニック障害（広場恐怖を伴

うものと伴わないもの）については，ミルロッド（Milrod）らが STPP はリラクセーションの実施よりも治癒可能性を高めるという知見を最新の RCT で示した[63]。社会恐怖（社交不安性障害）については，精神力動的心理療法を適応した2つの RCT がある。最初の研究では[64]，短期精神力動的集団心理療法は全般性社交不安障害の治療において，信頼性のある偽薬を使った統制群よりも優れていることがわかった。第2番目の RCT では，同じように全般性社交不安障害の治療において，LTPP は CBT と同程度に有効であることがわかっている[65]。全般性不安障害の無作為統制実用性（feasibility）研究において，STPP は，継続的な不安尺度得点の推移という面では，支持療法と同等の効果をもつが，症状の軽減という面では，有意に優れていることがわかった[66]。ただしこの研究では，サンプル数が相対的に小さい（$N=15$ 対 $N=16$）うえ，治療技法の面であまり明確な差別化がなされていないため，統計的な結果をそのまま鵜呑みにするのは難しいかもしれない。途中経過を報告したその他の RCT では，全般性不安障害に対する STPP と CBT の比較研究がある[67]。現段階でわかる範囲でいえば，STPP と CBT は，第1段階での測定結果においては，同程度に有効であった。しかしながら，第2段階におけるいくつかの測定結果では，CBT の方がいくぶんか優れていた。1年後のフォローアップについては，まだ公にされていない。したがって，この違いが長期間にわたって継続するかどうかは明らかでない。

12. 不安障害に対する精神薬理学的薬物療法が併用された場合の STPP

不安障害に対しても，心理療法には精神薬理学的治療が併用される。ウィボーグとダール（Wiborg & Dahl）は，パニック障害に対してクロミプラミンを併用した場合の STPP の効果研究を行なった[60]。治療は9か月間続けられた。フォローアップの段階では，STPP とクロミプラミンの併用は，クロミプラミン単独よりも優れていた。しかしながら，例えば CBT のような他の心理療法の研究では，不安障害に対して心理療法と薬物療法の併用が有効であるということが常に支持されているわけではない[59]。そうした中，パニック障害と強迫性障害に対しては，いくつかの研究で単独治療よりも併用治療の方が優れていることが見出されている[59,69]。強迫性障害では，強迫観念のある患者，あるいはうつ病併発で深刻な状態にある入院患者において，併用治療の優位性が確かめられている[70]。臨床家が併用治療を導入するにあたっては，患者の特異性（症状など）を十分に考慮して決定すべきであろう。

13. 外傷後ストレス障害

PTSD 患者に対する STPP の効果に関するブロム，クレバー，ディフェアース（Brom,

Kleber & Defares）のRCT[71]では，行動療法および催眠療法も加えて比較検討された。その結果，すべての治療法は等しく効果的であると同時に，統制群である治療待ち患者よりも優れていた。STPPの効果は，3か月後のフォローアップでも認められた。しかしながら，PTSD患者に対する精神力動的心理療法の効果研究は，今後とも蓄積される必要がある。

14. 身体表現性障害

現段階では，RCTの基準をきちんと満たした身体表現性障害に対するSTPPの効果性研究は4つある（表1.1）。過去6か月以上，日常診療に全く反応を示さなかった過敏性腸症候群患者を対象としたガスリー（Guthrie）らのRCT[38]では，標準的医療にSTPPを加えて吟味された。そして，標準的医療のみの場合と比較された。その結果，STPPは2/3の患者に有効であった。その他のRCTでは，STPPが通常診療よりも有効であり，さらに，重症の過敏性腸症候群治療において，薬物療法（パロキセチン：SSRI）と同程度に有効であることが示された[72]。また，フォローアップ期間で，STPPでは通常医療（treatment as usual：TAU）と比較して健康維持のための経済的負担削減が可能となった。しかしながら，パロキセチンではこうした負担削減には至らなかった。ハミルトン（Hamilton）らのRCTでは[39]，型通りの薬理学的治療にはことごとく失敗してきた難治性の機能的消化不良患者を対象として，支持療法との比較が行なわれた。治療終結段階では，STPPは統制群よりも有意に優れていた。また，12か月後のフォローアップでも効果は安定していた。モンゼンとモンゼン（Monsen & Monsen）[73]は，慢性疼痛患者を対象として，33セッションの精神力動的心理療法と統制群（未治療またはTAU）を比較した。その結果，精神力動的心理療法は，痛み，精神症状，対人関係上の問題，情動知覚といった測定尺度結果で統制群よりも有意に優れていた。また，12か月後においてもその結果は安定していたどころか，改善に向かっていた。以上より，特定の精神分析的心理療法は，身体表現性障害の治療に推奨される技法である。

15. 神経性大食症

神経性大食症の治療においては，STPPを用いた3つのRCTがある（表1.1）。STPPによる有意かつ安定した改善が，フェアバーン（Fairburn）ら[74,75]やガーナー（Garner）ら[37]のRCTで示された。症状に直接関係する尺度（むちゃ食いエピソードと自己誘発性嘔吐）では，STPPはCBTと同程度に有効であった[37,74,75]。一方で，精神病理に関する尺度では，CBTはSTPPよりも優れていた[42,87]。しかしながら，フェアバーンら[74]の行なった比較的長期間のフォローアップ研究では，両治療法ともに

同程度に効果的であり，部分的には行動療法的接近（behavioral form therapy）よりも優れていた[75]。以上より，神経性大食症におけるSTPPの有効性を正当に評価するためには，より長期のフォローアップ研究が必要である。ベイチャー（Bachar）らのRCTでは，STPPはTAU治療（栄養学的カウンセリング）や認知療法よりも有意に優れていた[76]。この結果は，神経性大食症を併発する患者，あるいは神経性大食症と神経性無食欲症の混合した患者でもあてはまった。

16. 神経性無食欲症

さて，神経性無食欲症に関しては，エビデンスに基づいた治療研究はほとんどない[77]。このことは，精神力動的心理療法，CBTともにあてはまる。ゴワーズ（Gowars）ら[78]によるRCTでは，4セッションの栄養指導を加えたSTPPは，神経性無食欲症の患者に改善をもたらしたことを報告した（表1.1）。体重とBMI（肥満指数：body mass index）の回復程度は，統制群（TAU）よりも有意に優れていた。デア（Dare）ら[79]は，神経性無食欲症患者に対する平均24.9回の精神力動的心理療法，認知分析療法（cognitive-analytic therapy），家族療法，および日常的な治療法といった4つの治療法の比較を行なった（表1.1）。精神力動的心理療法は有意な症状の改善をもたらすと同時に，STPPと家族療法は，体重増加に関して日常的な治療よりも有意に優れていた。しかしながら，改善そのものはわずかなもので，フォローアップの段階で栄養不良状態の患者が数名いた。そのため，神経性無食欲症患者の治療に関しては，今後さらなる取り組みが必要であるし，実用的な治療モデルが開発される必要がある。

17. 境界性パーソナリティ障害

モンローーブラムとマージアリ（Munroe-Blum & Marziali）[80]は，STPPが境界性パーソナリティに関連する尺度，例えば全般的精神症状や抑うつ得点で，有意な改善を示すと同時に，その効果は対人関係的集団療法（interpersonal group therapy）と同程度であることを示した（表1.1）。ベイトマンとフォナギー（Bateman & Fonagy）は，境界性パーソナリティ障害患者に対する，精神分析的部分入院治療について研究した[81,82]。治療は最大で18か月間続けられた（このタイプは，本レビューにおける定義ではLTPPに該当する）。その結果，LTPPは治療直後，18か月後のフォローアップ両時点において，標準的な精神科医療よりも有意に優れていた。ギーゼンーブルー（Giesen-bloo）ら[83]は，LTPP（転移焦点型心理療法（transference-focused psychotherapy：TFP））とCBT（スキーマ焦点型療法（schema-focused therapy：SFT））を比較した。治療期間は，週2回の3年間であった。その結果，両治療法とも，統計的にも臨床的にも有意な改善が認められた。しかしながら，SFTはTFPよりもいくつかの

結果測定において優れていた。さらに，TFP には，有意に高率の治療中断数が報告された。しかしながら，この研究には方法論的に重大な欠陥があった。ギーゼンブルーらは，両治療法のもつ治療としての一貫性（coherence）や適切さ（competence）を測定する際，両治療法に対してカットオフ値60を治療のもつ適切さ指標としている。彼らが公表したデータでは[83, p.651]，SFT のもつ治療としての適切さレベルの中央値は85.67である。一方，TFP の中央値は65.6と報告されている。SFP のもつ治療としての適切さレベルは，研究におけるカットオフ値60をはるかに超えている一方で，TFP の適切さレベルはカットオフ値をちょうど超えた程度である。さらに，SFT の適切さレベルは，TFP のそれよりも明らかに高いのである。したがって，両治療法に同じ適切さ指標を用いることはできない。つまり，この研究結果は明らかに疑わしいにもかかわらず，データ分析の結果，さらには考察においても「治療としての適切さの違い」は考慮されなかったのである。それゆえ，この研究には研究者のもつ忠誠心効果（allegiance effect[訳注1]）[84]が深刻な形で浮上してくる。方法論的に厳密なレベルにある他の RCT で，精神力動的心理療法（TFP[41]），弁証法的行動療法（dialectical behavior therapy：DBT），および精神力動的支持療法の比較研究が行なわれた[85]。その結果，TFP と DBT は同程度に効果的であることが示された[86]。愛着が安定に向かった者（secure attachment）の増加，あるいは内省機能（reflective functioning）が改善した者という観点からみると，TFP は DBT や支持療法よりも優れていた[87]。ライヒゼンリング（Leichsenring）らのメタ分析によると，精神力動的心理療法と CBT はパーソナリティ障害に対して効果があり，さらに併発した症状のみならず中核的なパーソナリティ病理に対しても，精神力動的心理療法の効果量は大きかったのである[88]。とりわけ，境界性パーソナリティ障害においてはこのことがあてはまった。

18．C 群パーソナリティ障害

C 群パーソナリティ障害の治療における精神力動的心理療法の効果性に関するエビデンスがある。スヴァートバーグ（Svartberg）らの RCT では[89]，40セッションの精神力動的心理療法が CBT と比較された（表1.1）。その結果，両治療法とも DSM-Ⅳ の C 群パーソナリティ障害（回避性，強迫性，依存性パーソナリティ障害）をもつ患者に対して有意な改善を起こした。しかも，改善は症状，対人関係における問題，中核的なパーソナリティ病理に及んでいた。さらに，この結果は24か月後のフォローアップにおいても安定して継続していた。つまり，効果性という観点でいえば，精神力動的心理療法と CBT との間には有意な差は全く認められなかった。ムーラン（Muran）らは，C 群パーソナリティ障害と特定不能のパーソナリティ障害をもつ患者の

[訳注1］　心理療法の効果性研究で注目されるようになったバイアスで，研究者たちが理論的に傾倒してしまっている（文字通り忠誠心をもっている）治療法に対して，常に最も効果的と判断してしまう傾向

治療において，精神力動的治療，短期関係性療法（brief relational therapy），CBT の比較を行なった[90]。治療は30セッション継続された。効果測定尺度における平均変化量に関しては，治療直後，フォローアップの両時点で有意な差は認められなかった。さらに，症状，対人関係での問題，パーソナリティ障害に特有の性格パターン，治療者が把握した主訴，すべての面において，臨床的にみて明らかな変化が達成されたかという点でも有意な差は認められなかったのである。ただし，治療直後の時点で，1つの効果尺度（自記式の主要な訴え）において，CBT と短期関係性療法は精神力動的心理療法よりも優れていた。しかしながら，この差は有意な差とまでは至っていなかった。変化を示した患者数という面でみると，1点を除いて，治療直後，フォローアップ両時点で有意差はみられなかった。治療直後の段階で，CBT は STPP よりも対人関係問題尺度（Inventory of Interpersonal Problem）得点において，有意に優れていた[91]。それでも，この差はフォローアップの段階では消失していた。結果としていえることは，治療技法間で効果性にわずかな有意差はあるが，それがフォローアップの段階まで至ることはないということである。

19. 回避性パーソナリティ障害

回避性パーソナリティ障害（avoidant personality disorder：AVPD）は，上記の C 群パーソナリティ障害に含まれる。最近の RCT で，エンメルカンプ（Emmelkamp）ら[92]は，AVPD の治療において CBT と STPP との比較を行なった。著者たちは，CBT が治療待ち患者（統制）群や STPP よりもより効果的であると報告した。しかしながら，この研究には方法論的にいくつかの問題があり，その結果は疑問視される[93]。研究計画，統計処理，結果の考察において，再び研究者の忠誠心効果[84]の関与が浮上した。

20. 物質関連障害

ウッディ（Woody）ら[94,95]はアヘン依存患者の薬物カウンセリングに併用する形で，STPP と CBT の効果研究を行なった（表1.1）。その結果，薬物カウンセリングに STPP を併用した場合，薬物関連症状や一般的精神症状の測定尺度において有意な改善がみられた。7か月後のフォローアップでは，薬物カウンセリングに STPP，あるいは CBT いずれを組み合わせても，薬物カウンセリング単独より等しく効果的であった。その他の RCT においても，アヘン依存患者に対して，薬物カウンセリングに26セッションの精神力動的心理療法を併用した場合，薬物カウンセリング単独より有効であった[96]。6か月後のフォローアップの時点で，精神力動的心理療法を受けた患者たちの得た成果が最大となった。クリッツークリストフ（Crits-Christoph）ら[97,98]の RCT

では，コカイン依存患者に対して22セッションの集団薬物カウンセリングに36セッション以上の個別精神力動的心理療法が併用された。その結果，こうした併用治療は有意な改善を起こすと同時に，集団薬物カウンセリングにCBTが併用された場合と同程度の効果を示した。しかし，いずれの併用治療も集団薬物カウンセリング単独よりもより効果的であるとはいえなかった。さらに，個別の薬物カウンセリングは，薬物依存の治療に関する2種類の尺度で有意に優れた値を示した。心理学的，あるいは社会学的な効果変数に関していえば，すべての治療は同程度に効果的であった[97,98]。サンダール（Sandahl）[99]らのRCTでは，アルコール依存患者に対するSTPPとCBTの効果比較が行なわれた。その結果，アルコール依存尺度においてSTPPは有意な効果を示し，15か月のフォローアップまでその効果は安定していた。STPPは断酒日数，全般的な精神症状の両面において，CBTよりも有意に優れていた。

21. 複雑な精神障害をもつ患者に対する精神分析療法の実用性：実地研究によるエビデンス

すでに考察したように，数年を要するようなLTPPにRCTを適応することは困難である。そこで，こうした長期治療に対しては実用性研究（実地研究）がふさわしい研究法となる[9,12,13,15,100]。アメリカ国立精神保健研究所（NIMH）は，とりわけこの実用性研究を推奨している[101]。

22. 精神力動的治療の効果量

精神力動的治療に関しては，すでに信頼性や妥当性が確認された効果測定尺度を用いた実用性研究がいくつか紹介されており，コーエン（Cohen）[102,103,104-109,110,111]の定義に準拠した高い効果量が，精神分析療法の事前・事後テストで確認されている。これらの効果は，症状，対人関係における問題，入院期間，その他の効果測度で算出された結果に基づいている。ある特定の障害に有効であることを確認するために，いくつかの実地研究におけるデータを集めた研究で，ヤコブセン（Jakobsen）らは，うつ病性障害，不安障害，身体表現性障害，パーソナリティ障害で高い効果量をもつことを報告した[112]。

23. 長期力動的治療の準実験研究：統制群に対する優位性

既述のように，実用性研究の内的妥当性問題は準実験計画でかなりの程度改善されうる[6,9]。定義によると，準実験研究では無作為割り当ては用いなくてもよい[6]。ただし，観察された効果が他の観点からは説明不能であることを示すために，別の原理

を用いるのである（詳細はシャディッシュ（Shadish）ら参照）[6]。実用性研究に関するエビデンス・レベルは，これまでに述べてきた基準（RCTを最高峰とする基準）[1-5,20]とは異なった基準で再定義される必要がある[9]。近年，実用性研究のエビデンス・レベルを定義する提案が作成された[9]。

心理学的技法の促進・普及に関する特別委員会（Task Force on Promotion and Dissemination of Psychological Procedures）[19,20]の基準は，以下の通りである。(a) 治療が統制群（偽薬または未治療）よりも優っていることが証明される。(b) すでにエビデンスが確立された治療と同程度の実用性をもつことが証明される。いくつかの統制された準実験計画による実用性研究では，精神力動的治療は(a)，(b) のいずれか，またはその両方の基準を満たしていることが示された。これらの研究では，精神力動的治療群との比較が可能となるように，一定の測定尺度を使ってマッチングさせたり，層別化したり，あるいは治療前の状態の違いを統制させたいわゆる統制群が用意されている。これらの研究のすべてにおいて，精神力動的治療は各々の統制群よりも優れていることが確認された。研究結果は，以下のように要約できよう。①精神力動的治療では，未治療あるいは薬物処方の乏しい統制群よりも有意に優れた効果を示す効果量が得られた[104,109,111,113]。②長期精神力動的治療は，短期精神力動的心理療法よりも有意に実用性があった[105,108,109,111,113]。③ルドルフ（Rudolf）ら[105]やグランデ（Grande）ら[114]によると，長期精神力動的治療において特に期待されている治療結果，つまり，パーソナリティの構造的変化に関して，短期精神力動的心理療法よりも有意に優れていた。④これらの結果は，ある特定の精神障害ではなく多くの合併症を抱える患者の治療で認められた。現在も精神力動的心理療法に対する統制された準実験的研究が継続中である[106,115,116]。

24. プロセスと治療成果の関連性：変化のメカニズム

これまでに述べた研究では治療成果に焦点があてられており，精神力動的心理療法のプロセス変数には注目してこなかった。しかし，すでに治療プロセスに関する研究によって，精神力動的治療で起こる変化のメカニズムに関するデータが得られてきた。第1に，精神力動的治療の結果は治療技法や治療者の熟練度と関係するというエビデンスがある[117,118]。例えば，解釈の正確さ（訳者補記：Crits-Christoph P., Cooper A., & Luborsky L., 1988. The accuracy of therapists' interpretations and the outcome of dynamic psychotherapy. *Journal of Consulting and Clinical Psychology*, 56, 490-495.），治療者の"計画的"介入の一貫性[119]，さらには，STPPや平均的な治療期間の精神力動的心理療法の結果を左右するような支持的技法そのものではなく，感情にみちた適切な口調（competence delivery of expressive）などである[120]。これらの知見は，心理療法に共通する要因ではなく，精神力動的心理療法に固有な技法が，精神力動的心理療法による治療成果変数の多くの割合

を説明することを示唆している[117]。しかしながら，精神力動的な技法を使う頻度が治療成果と関係するというエビデンスがあるわけではない[117]。第2に，技法，治療成果，さらには患者要因の交互作用に関するエビデンスがある。例えば，質的に低いレベルの対象関係にある患者に対するSTPPにおいて，転移解釈の頻度は，思わしくない治療成果や貧弱な治療同盟と関連するように思われる[36, 121-124]。質的に高いレベルの対象関係を維持している患者は，少ないかあるいは中程度の頻度の転移解釈によって利益を得るであろうが，研究結果によると，高い頻度の転移解釈による患者への利益はないことが示唆されている[121, 125, 126]。第3に，治療同盟に関していえば，同盟のあり方が治療成果の最大の予測因子であるというエビデンスがいくつか報告されている[117, 127-130]。解釈の正確さは，標準的な期間の治療において治療同盟の育成と有意に関連していることがわかっている[131]。したがって，解釈の正確さがその効果を持続させる唯一の方法は，しっかりとした治療同盟を形成することである[131]。第4に，患者の治療プロセス変数（patient process variables）でみると，精神力動的心理療法が中心的に取り組んでいる側面の変化は，症状の変化と関連することがわかっている[132]。例えば，パイパー（Piper）らは，感情表現が，病的悲嘆の状態にある患者に対する短期精神力動的集団療法の治療成果を仲介することを示唆した[133]。第5に，患者自身の変数（patient's variables）に注目すると，以下のような変数がSTPPの治療成績をあげる予測因子となる。例えば，動機づけの高さ，期待の現実味，目標に対する焦点づけ（circumscribed focus），質の高い対象関係，パーソナリティ障害の欠如などである[36, 118, 134]。今後の研究では，どのようなタイプの精神疾患に対して，どのようなタイプの精神力動的心理療法が効果的であるのか，あるいはその逆なのかに焦点があてられるべきであろう。例えば，バーバー（Barber）らは，物質関連障害患者に対しては，精神力動的心理療法における治療同盟と治療成果には関連性を見出さなかった[135]。さらに，アブロンとジョーンズ（Ablon & Jones）の「治療のブランド化にこだわればこだわるほど，誤った方向に向かってしまう（Brand names of therapy can be misleading.）」という警告は，精神力動的心理療法にもあてはまる[136, p.780]。つまり，精神力動的心理療法における技法モデルの違いは，本当に実証的な意味での違いから導かれているのかという疑問が，今後においても保持されなければならない。実際の治療セッションにおいてこうした疑問に答えるには，どのようなプロセス変数が治療成果と結びつくのかを実証的に明らかにしていくことが必要である。こうした研究によって，実証的に支持されたプロセス変数が特定されるのである[136]。実証的研究のレビューにおいて，ブレイギーズとヒルセンロス（Blagys & Hilsenroth）はCBTと比較して，精神力動的心理療法，精神力動的・対人関係的心理療法，対人関係療法に有意に高頻度で観察される7つの特徴を明らかにした[137]。研究方法に関して，力動的治療者は，個人のプロセス尺度（process items）が集団を用いた研究結果すべてと一貫して関連すると期待すべきではないし，典型的な一事例分析がより豊

富な知見をもたらすということも同様に期待すべきでないだろう。

25. 考察

　チャンブレスとホロン（Chambless & Hollon）[20, 138]による特別委員会の改訂基準に従ったところ，特定の精神疾患に対する精神力動的心理療法の効果に一定のエビデンスを示した31研究が抽出された。本章でレビューした31研究で，精神力動的心理療法は偽薬治療や支持療法，あるいはTAUよりも有効であると同時に，CBTと同程度の有効性をもつことがわかった。これらの結果は，精神力動的心理療法は治療待ち患者群やTAUよりも有効であると同時に，その他の心理療法と同程度に有効であるとする最も新しいメタ分析と一致している[139]。このメタ分析のデータにおいてとりわけ重要なことは，精神力動的心理療法とCBTのみを直接比較した場合，特に後者の結果[訳注2]が得られたことである。また，このメタ分析では，ターゲットとなる問題，全般的な精神科的問題，さらには社会的機能においても大きな効果が認められた。加えて，こうした効果はフォローアップの時点で安定しているのみならず，より増大している傾向も示された[139]。対照的に，この結果が精神力動的心理療法における唯一特定の精神疾患に対するRCTに基づくものではないことにも注目すべきである。例えば，解離性障害あるいはいくつかのパーソナリティ障害（例えば，強迫性や自己愛性）に対してもあてはまるのである。さらに，PTSDに関してはさらなる研究の必要性が示唆された。児童期や青年期の治療に関しては，ある特定の精神疾患における特定の精神力動的治療の有効性を示すエビデンスが，現時点で数件存在する[21]。さらなる研究が喫緊の課題である。

　いくつかの実用性研究では，長期力動的治療群が未治療群や不十分な治療しか受けていない患者群，あるいはより短期の治療群よりも優れており，効果量も大きいことが示された。これらの研究では，複数の合併症をもつ患者が対象者であった。合併症のある精神科患者はもちろんのこと，今後は，特定の精神疾患患者に対する長期力動的治療の実用性をさらに検討する必要がある。現在，うつ病性障害に対する長期力動的治療の実用性を検討する研究が進行中である[115]。

　本レビュー結果より，特定の精神疾患患者に対するさらなる精神力動的心理療法研究が望まれる。その際，治療成果とこうした疾患の精神力動的治療で活発にはたらく要因との両方を加味することが必要である。精神力動的心理療法により固有の測定尺度も用いられるべきであろう[140]。多くの研究で，精神分析的心理療法とCBTは同程度に有効であることが確認された。今後は，両治療法で共通に作用する要因や1つの治療法に特異的に作用する要因に力点を置いた研究が必要である。そうすることに

[訳注2]　つまり，CBTと同程度の有効性をもつこと。

よって，予想以上の治療成果が得られたときに，それが本当に精神力動的心理療法のみによって達成された成果なのか（つまり，「実績以上の価値の上乗せ」に対する疑問）もまた吟味することができる。さらに，実験室場面で効果が証明された治療であっても，地域における治療においてその実用性が確認される必要がある。

第2章

パニック障害の精神力動的治療：
臨床と研究評価

1．はじめに

　パニック障害の薬理学的治療[1-3]と認知行動療法[4-6]は，ともに有効な治療法であることがわかってきた。とはいえ，患者すべてが，これらの治療にうまく反応し，終結を迎えられるわけではない[4-8]。例えば，治療後の維持期に薬物療法を中断した場合，再発は頻回となる[9-12]。このように，2つの介入方法が長期的に効果的かどうかは疑問が残る[4,13]。さらに，こうした2つの治療を併用しない場合の（実証）研究をみると，患者は頻繁に持続的症状や機能障害を示した[14]。実際のところ，これらの治療に，職業遂行機能の低下，対人関係面における困難さ，QOLの低下といったパニック障害の関連症状に対して明確な治療効果があるのかどうかを検証する系統的なデータはほとんどないのが現状である[15,16]。この障害の高い発症率や健康的損失[17-20]を考えると，パニック障害やその関連障害に最も効果的な治療法を，引き続き開発していくことが重要である。

　さて，精神力動的心理療法はごくふつうに実践されてきたが，パニック障害に対する検証はほとんどなされてこなかった。この精神力動的心理療法は，パニック障害患者がもつ心理的脆弱性，例えば，パーソナリティの混乱，対人関係面での問題，内的情動体験を明確化し抱えることの困難さ，分離と自立にまつわる無意識葛藤，重要な愛情対象への怒りなどの否定的感情，さらには性的葛藤といった諸側面に対して価値のある治療法である。特に，認知行動療法や精神薬理学的治療がこの領域において注目されていなかった時代，理論面において，パニックに関連する心理社会的障害に対しては，現在にはない大きな影響力をもっていたのである。同時に，パニック再発への危険性を低下させるとも思われていた[21]。限られたものではあるが，パニック障

害に対する精神力動的治療の実証研究について以下に概観したい。

パニック障害に関する精神力動的概念は，今後，パニック発症に至る神経生理学的脆弱性および心理学的脆弱性を明確にする中で見出される精神力動的着想に引き続いて，その概観が明らかになるであろう。我々の研究グループは，こうしたパニック障害の精神力動的見立てを，精神力動論，系統的な心理査定，治療の介入に役立つ要因の臨床観察などに基づいて発展させた[21-23]。理論および介入方法については，かつてパニック障害へのアプローチとして開発されたパニック焦点型精神力動的心理療法（panic-focused psychodynamic psychotherapy：PFPP）マニュアルの内容[23]を，今後の臨床，および研究遂行の目的として採用した。

2．パニック障害における精神力動的概念

無意識

精神分析理論によると，少なくともある部分では，症状は無意識的幻想，葛藤，情動が土台となっている[24]。端的にいえば，臨床，さらには研究による観察では，パニック患者は，親密な愛着対象に対して復讐願望ともいえるような怒りの感情や幻想を伴う特別な内的困難性を抱えているとされる[22,23,25]。これらの願望は，愛着対象に対する脅威の感情を引き起こす元凶となり，後に圧倒的な不安の引き金となる。たいてい，患者は，これらにまつわる強い感情や復讐心幻想の強さに十分に気づいていない。したがって，こうした内的世界を意識化し脅威の軽減を図ることが，パニック障害に対する精神力動的心理療法の重要な構成要素となる。

防衛機制

危険なものとして経験される幻想や情動は，幻想を偽装させたり，意識にふれることができないようにするなど，無意識的過程としての防衛機制を発動させることで回避される[26]。臨床観察や研究による観察では，パニック患者は次のような特定の防衛機制を多用する。反動形成，やり直し，否認である[27]。反動形成ややり直しは，特にパニック患者においては，怒りの感情を無意識的に親和的な感情に置き換えたり，愛着対象に対する脅威を減少させるなどの役割を演じる。反動形成によって，脅威の感情は正反対の感情に置き換えられる。例えばパニック患者の否定的感情は，しばしば他者への関心，あるいは他者に対する援助の努力という形に置き換えられる。また，やり直しによって，無意識的な否定的情動や幻想は，無理矢理に元の状態に戻される。否認は，特定の感情，葛藤，あるいは幻想の存在を全く認めようとしないという形で顕れる。例えば，誰かが患者を傷つけるようなことをした後であっても，患者自身は「怒っていないよ」と報告するのである。精神分析療法では，防衛は患者が身体的症状を引き起こすような情動から回避し続けることができるように，患者の注意をそら

すうえで有効であるとされる。例えば，やり直しの例として，「私は彼のことが憎い」に引き続いて「私は本当は彼のことを愛している」と言うことによって，患者は怒りの感情の増大を避けるのである。

妥協形成

精神分析的見地からいうと，精神症状は，葛藤的願望とそうした願望に対する防衛との間の妥協形成物である[24]。この妥協形成の要素をこまかく分けることによって，症状の意味とその誘因になっている無意識的要素を明らかにすることができる。このように，パニック症状は依存やいたわりに対する願望を示すのみならず，不安や身体症状にまで目を向けると，核となる人間関係におけるマイナス側面が否認された状態を示すともいえる。ある意味では，他者を強迫的に援助しようとする衝動の中に見て取れる，怒りの無意識的表現と同じようなものである。さらに精神分析理論に従えば，進路決定や性愛パートナーの決定など人々がとても大切な選択をするときの内的過程と同様に，幻想や夢も願望と防衛が織りなす妥協形成なのである。

例えば，ブッシュ（Busch）ら[28]は，自らの誕生日祝賀パーティーに向かうときの運転中，パニックを発症した18歳の少女について報告している。彼女は運転ができなくなり，母親が迎えにくるまでの数時間をただ待ち続けなければならなかった。心理療法によって，彼女がこの誕生日を「自立」と結びつけ，同時にこの「自立」が，これまで激しく衝突し怒りを露わにしてきた両親やきょうだいから自由になりたいという願望に裏打ちされていることも明らかとなった。パニック発作は複数の願望と防衛の間の妥協だった。彼女の自立に対する葛藤的願望は，今まであたりまえだった運転技能を，危険を伴うことに対する恐怖幻想と彼女自身の中にある不適応ファンタジーを侵入させることによって不可能にしてしまったのである。さらに，彼女の残忍な願望は，罪悪感として彼女自身に向かった。つまり，今や彼女は車による移動が不可能となり，無力を感じるようにもなったのである。パニックは，彼女を永久に不満だらけの家族に拘束するという形で，彼女が「自立」とその背後に攻撃的幻想を抱いていることへの罰として発症したのである。

自己表象と対象表象

系統的心理査定によって，パニック障害患者は自己の両親を支配的で怒りっぽく，批判的ととらえがちであることがわかってきた[29,30]。こうした両親への評価は，他人の行動に対する見方（内面化された期待）にも影響する。さらに，気質的に恐れの感情を抱きやすい傾向があるため，パニック患者は，自らが安全かつ幸福であるためには他者が鍵になると位置づける。患者に，自己と他者の間で生じる経験をどのように知覚しているのかについて認識させることは，彼らが人間関係の中に不合理な危機意識をもち込みやすいことを理解させる手助けとなる。

トラウマ不安と予期不安

フロイト（Freud）は，不安には「トラウマ」不安と「予期」不安の二種類があるとした[31]。トラウマ不安がパニック発作と結びついた状態は，自我が「精神的危機に起因する恐怖」によって圧倒された状態として理解できる。それとは対照的に，予期不安は，「このままだと愛着関係が崩壊しそうである」，あるいは「復讐心をもった自分に何らかの危険が起こりそうだ」といった心理的に重大な危機が身に迫っていることを自我に知らせる一服の薬のようなものであり，言い換えれば，圧倒されそうな状況にあることを自我に未然に知らせるセンサーとしての機能（appraisal system）といえるのである。つまり，予期不安は，潜在的危機を無意識的に追い払うためにはたらく防衛機制を発動させる引き金となるのである。したがって，PFPPにおける治療者は，患者に対して，いつの間にか囚われてしまっている幻想よりも，現実に起こっているありのままの危機に着目させ，その程度を再評価するよう援助するのである。

転移

患者が他者との間で経験する葛藤は，治療中，治療者との間でも必ず何らかの形で賦活され再現されるだろう。例えば，パニック患者は，治療者が自分の怒りを許容できず，逆に判断を下すようになったり，拒否するようになると思うかもしれない。この現象は転移とよばれ，パニック症状の土台となる内的葛藤や自己／対象表象にダイレクトに接近するための大切な要素となる。治療者は，患者自身が中心的な葛藤を把握できるようになるために，出現した転移状況を積極的に利用しようとする。

3．パニック障害に対する精神力動的見立て

ブッシュ（Busch）ら[21]とシェア（Shear）ら[22]は，神経生理学的基礎，心理学所見，精神分析理論をもとにパニック障害の精神力動的見立てを発展させた。この見立ては，ケーガン（Kagan）ら[32]が指摘したように，ある特定の個人は，恐れを抱きやすい気質に不安傾向が加わることによって，パニック障害を発症してしまうという点を重視する。例えば，恐れを抱きやすいがゆえに他者に依存するようになった子どもたちは，不安になれば，安心感を保証してもらうためにいつでも両親がかたわらにいてくれることを望むようになる。さらに，安心感をもつためには養育者の存在が欠かせないこともあるため，こうした子どもたちに自己愛的な恥（プライドの傷つき）を抱かせるきっかけともなる。こうした恐れと結びついた依存は，生化学的脆弱性，あるいは重要な他者（通常は両親，または他の養育者）との早期の不適切で（または）トラウマ的な人間関係から生み出される可能性がある。どちらの場合でも，重要な他者は，いずれは子どもを見捨てたり拒んだりするといった「信頼できない」存在と認知されるようになるのである。

重要な対象を拒否的であてにならない存在と認知した結果（さらに依存に伴う自己愛的傷つきも加わって），子どもは身近な愛着対象に対して怒りをもつようになる。この怒りは，危険な体験となる。なぜなら，こうした幻想は，対象喪失への怖れや恐れと結びついた依存を増幅させるという形で，子どもが依存心を向ける人々との関係にダメージを与えていくからである。このようにして，恐れと結びついた依存と怒りの悪循環が成立する。しかも，大人になっても，大切な愛着対象との信頼関係にわずかでも疑いを察知したり経験したりすれば，悪循環が再現されるのである。さらに，例えどのような状況であれ，患者が実際に怒りを経験すれば，心的危機状態を軽減させるために，やり直し，反動形成，否認といった予期不安やそれに基づく防衛が発動される。予期不安のはたらきが未熟である場合，さらに，こうした幻想によって生み出された恐れや混乱の程度が強い場合，自我は圧倒され，不安がパニックとなる。以降，パニック発作は，怒りの認識を妨げ，他者からの注目を集めることに躍起になる。

以上述べたような恐れと結びついた依存の起源に関する見立ては，限定された最近の知識に基づくにすぎない。確かにPFPPの開発過程でその臨床的価値は示されてきたが，パニック発症に対して神経生理学的要因と心理的脆弱性がどう相互作用しながら影響していくのかという問題を明らかにするためには，さらなる解明が必要である[33]。例えば，ゴーマン（Gorman）ら[34]は，動物実験でパニック様反応を誘発する刺激と認められた「扁桃体を中心とした過剰恐怖ネットワーク」を取り上げた。扁桃体は，すばやい危険反応などを可能とする経路である脳幹→視床経由，およびより緩やかなスピードで情報処理を行なう皮質領域経由の2種類により刺激入力される。ゴーマンらは，心理療法が，自動的パニック反応（前者の経路）以上に，後者のシステムである皮質への影響を増大させることによって作用すると考えている。一方，パンクゼップ（Panksepp）[35]は，ゴーマンら[33]の指摘したネットワークと部分的に重なる回路である「分離に伴う苦痛と愛着に関連する脳のパニック（PANIC）システム」に着目している。さらに，複数の研究で（例えば[36-39]），パニックの神経生理学的メカニズム，さらには脳内における危険反応や愛着システムと心理的要因との関連性などを明らかにするデータが蓄積されつつある。

精神分析理論における比較的近年の発展を眺めると，パニック発症や症状固定へのプロセスを説明する他の構成要素が提示されつつある。心理化（mentalization）とは，動機や希望，感情と関連づけながら自己自身や他者のことを理解する能力である[40]。実際，パニック患者は，経験的に自らの不安に対して心理化する能力が低下しているようにみえる。また，ルデン（Rudden）ら[41]は，パニック患者にはパニック経験を取り巻く感情や幻想にアクセスする能力が欠如しているとも述べている。心理化の欠如は，内的葛藤の中でもとりわけ恐怖を誘発する領域そのものを否認する，あるいはそうした領域に接触しないですむよう無意識的に形づくられた患者の防御能力に反映される。つまり，内省を通じて，こうした幻想や情動状態に接触できるようになるほ

ど，危険な状況から解放されていくのである。

4．パニック焦点型精神力動的心理療法

　PFPPとは，精神分析的心理療法の中でも，すでに臨床試験によって効果性が見込まれた[42]，パニックに特化されたマニュアル的技法である[23]。種々の面で自由度の高い伝統的な精神力動的心理療法や精神分析とは異なり，PFPPは，パニック症状やパニック障害に関連する力動的側面に焦点をあてる。最終的には，パニック障害の症候学ではなく，各面接セッションで出現する材料とパニックの力動的側面とが結びつけられていくのが特徴である。そして，治療は，さまざまなパニック症状の意味をしっかり特定していくようにしながら進められる。つまり，まずはパニック特有の感情，葛藤，幻想がどのような防衛活動によって意識から遠ざけられているのかに注目することから始める。そして，ひとたび防衛のプロセスが意識化されるようになると，遠ざけられていた感情はほとんど脅威でも有毒でもないことがわかってくるのである。明確化，直面化，解釈といった精神分析技法は，こうしたプロセスのために用いられる。パニック障害を対象としたより構造化されたマニュアルをもつ治療とは異なり，PFPPの3段階（図2.1）は必ずしも連続的ではなく，各段階において必要となる時間量は患者によって異なる。とりあえず，これまで行なわれてきた治療成果研究でのPFPPは，週2回で12週間（24セッション）という期間限定の心理療法であった。

■ 局面1

　PFPPの第1局面で，治療者は，個々のパニックエピソードについて，それがパニック固有の内容であり意味をもつものなのかを把握することから始める。さらに，患者と治療者はパニック発作の発症と症状の固定化に関与したストレッサーと感情を調べる。患者の生育史は，特異的な内的両親表象，トラウマ経験，怒り感情の表出や操作の困難さ，などパニック発症に関与したと思われる固有の脆弱性を洗い出すために詳細に吟味される。治療者の批判を加えない態度に助けられながら，患者は，復讐願望や見捨てられ恐怖のような，とても耐えきれなかった無意識的幻想や感情を言語化するようになる。こうした情報は，怒り，自立性の発達，さらには性に関する内的葛藤を明らかにするのに有用である。この段階での目標は，パニック症状の軽減である。

■ 局面2

　第2局面では，パニックの発症や症状の固定化を引き起こした患者自身の脆弱な部分に関する内的力動を探求し，同定する。すでに述べてきたように，こうした問題の典型例には，怒りの感情を認識することやコントロールすることへの葛藤，自立に対する両価的感情，対象喪失や見捨てられることへの恐怖（例えば，分離不安），さら

【局面1】
　急性パニック：
　　救援措置としてパニック症状の無意識の意味を明らかにするために心理学的意味づけを行ないパニック焦点型精神力動的心理療法を実施する。
　形　式：
　　A　初期評価と早期対応
　　　　1）パニック症状発現時の状況と感情の検討
　　　　2）パニックシステムの個人の意味づけに関する検討
　　　　3）パニックエピソードの感情と内容の検討
　　B　パニック障害における共通の精神力動的葛藤
　　　　1）分離と自律性
　　　　2）怒りの認知；対応と表出での処理
　　C　局面1で予想される反応
　　　　1）パニック減少
　　　　2）広場恐怖症の減退

【局面2】
　パニックに対する脆弱性：
　　パニックを減少させるために中核となる無意識的葛藤を理解し，変化させる。この葛藤はよく転移を通して対応される。
　方略：
　　A　転移に注目する
　　B　徹底操作―多様な状況で同じ葛藤が浮かび上がることを呈示する
　　C　局面2で予想される反応
　　　　1）対人関係の向上
　　　　2）分離，怒り，異性経験における不安や葛藤体験の減少
　　　　3）パニック再発の軽減

【局面3】
　終結期：
　　終結期では内在する感情を言語化するために治療者と患者が直接葛藤を再体験する。患者の終結に対する反応は最後の局面3で最少に抑えられなければならない。
　　A　終結期での転移で分離，怒りのテーマを再体験する。
　　B　局面3で予想される反応
　　　　1）治療の中で経験した感情により症状の一時的な再発の可能性がある。
　　　　2）分離と自律に対応できる新しい能力

●図2.1　パニック焦点型精神力動的心理療法の概要

には，性的興奮に対する葛藤などが含まれる。こうした力動性は，患者の現在や過去の人間関係に対する感情や幻想，あるいは治療者との間で発展した転移関係の中で露呈される。症状の意味や防衛（機制）の使われ方も，内的力動を理解するための重要な役割を担い続ける。これらの葛藤のさらなる理解は，すでに述べた悪循環を阻止し，パニック再発への脆弱性を低減させることができる。

局面3

最終局面で我々は，患者の怒りや自立性に対する葛藤を治療の終結という文脈中

で取り組むことが可能となる。患者は，積極的に自己の体験に集中するよう促され，とりわけ治療者との別れ（治療者の喪失）にまつわる直接的な感情を言語化するよう援助されるのである。こうした気づきや理解が増すと，これらの感情をよりうまくコントロールできるようになり，結果的により深刻なパニック状態への進行を防ぐことにつながる。あまり恐れを感じることなく怒りを表現できるようになることは，しばしば重要な治療の成果となる。さらに，対人関係場面で自己主張する力やコミュニケーション能力が増大すれば，それだけ心理社会的機能が上達したことを意味し，パニックへの脆弱性が軽減したことにつながる。

5. 治療適用

　元来，精神力動的心理療法は，言語化能力，内省能力，症状の起源に対する好奇心といった部分で，一定の資質をもった患者に対して適用可能と考えられている。こうした資質は，精神分析が順調に進展しているかどうかをみるための指標[43]と同一のものである。しかしながら，自己の経験する葛藤や情動を身体化しやすいパニック患者は，内的世界を言語化することに限界があるため，症状の根底にある情動的起源を追及することは，すなわち恐れの感情を増大させることにもなりかねない。とはいえ，我々の研究は，こうした資質なしでも，PFPPによって症状の軽減が可能であることを確認してきた[44,45]。

6. 患者への導入

　いくつかの要因さえ押さえていけば，短期治療として，さらには従来の「曝露を主目的とした心理療法」とは異なった援助的な介入技法としてPFPPを効果的に用いることができる。具体的には，早期のセッション中に，治療者はパニック発症に先立つ状況や感情の探索に専念する。これは通常，治療を開始するにあたって，患者が最も気がかりだったことでもある。患者は，「症状」「症状が出始めたときの状況」「パニック前，中，後の一連の感情」「生育史」などがどのような関係にあるのかを理解しはじめると治療に専念するようになる。

　　43歳の既婚女性で，2児の母親でもあるAさんは，相談1か月前にパニック発作を発症したと報告した。初診時の段階で，AさんはDSM-Ⅳにおけるパニック障害の診断基準に該当し，その他特定不能の軽うつ症状を示した。彼女は，大学へ向かうために家を出た直後に一連のパニック発作を起こしたが，自然におさまったことを想起した。そのことについて，まずAさんは，発作時に気分が沈んでいたわけではなかったと述べた。しかし，詳しく探索していくと，治療者は，Aさんと上の娘（15歳）が激しくぶつかった後に最初のパニック発作が起きたことをつきとめた。Aさんは，娘のしつけのことで悩んでおり，もはやこの娘に何らかの制限を加えることは無理なのではないかと思っていた。同時に，制限を設けることを「意地悪なこと」とも思ってい

た。Aさんは，パニックがこの葛藤によるものとすぐに理解した。彼女は，自分自身を「あまり自己主張ができず」，他者に立ち向かうことがいつも難しい人間であると振り返った。

　家族内の葛藤と発症との関係性がわかってくると，Aさんは，彼女の問題の源について興味をもつようになった。娘のことについて話し合ううちに，アルコール依存症の父がよく爆発的に怒っていてたいへんだったことを思い出した。治療者は，Aさんが，たとえささいなことでも，父に対して反発することに恐怖を感じていたのではないかと伝えた。

　Aさんは，「はい，私は，そのことを恐れていたと思います。そして，いつも人によく思われようとしています。私を好きになってほしいとも思っています。でも，娘に対してもそのようにふるまうことが，娘のためになることなのかどうかはわかりません」と答えた。Aさんの場合，他者への怒りが「よく思われたい」という反動形成に結びついていることは明白であった。そして彼女は，「私は娘に対してもっと上手に制限を課すべきだったとわかりました。昨日，娘に対して毅然としていられたとき，私はとても気分がよかったです」と述べた。

　Aさんとの治療開始2セッションで得られたこれらの情報によって，彼女は，パニック障害の起源について意味深い洞察をした。具体的には，娘との葛藤，しつけとして制限を課すことの困難さ，怒ることへの恐怖などであった。こうした洞察を通じて，以降，さらに症状探索への興味を彼女はもつようになった。

7．転移

　治療の進行に伴い，治療者は，転移という姿であらわれる患者の葛藤を探索する機会をもつようになる。こうした機会は，しばしば，怒りあるいは治療者との分離恐怖という文脈の中で出現する。

　　後のセッションで，Aさんは，娘のことで不満を語った。その内容とは，家族で外出する際に，娘は自分の外出の準備のために，家族を長時間待たせようとしたというものである。治療者は，いつもの通り，彼女の娘との緊張について探索したが，Aさんには，治療者が支持的でないばかりか，自分を「悪い母親」と見ているかもしれないという感情が残った。彼女は，セッション後不安になった。その夜，彼女は夫に慰めてもらおうとしたが，彼にとってもストレスの多い日であったため，彼は新聞を読みたいと答えた。そのとき，彼女はパニック発作を起こした。その後のセッションで，治療者と患者は，彼女が治療者と夫に怒りをもっていたこと，さらに，彼女が依存している人々に対して怒りという不快感をもつと，それが発作につながるということを確認した。

8．徹底操作と終結期

　患者の生活全般における種々の領域の中から最も中心的な葛藤を特定し，徹底操作が行なわれる。徹底操作によって，中心的葛藤にまつわるさまざまな問題の理解が進むと同時に，無意識的葛藤そのものが統合される。

　　例えば，Aさんの認識した「自己主張のできなさ」は，発達途上におけるいくつかの核となる経験に起因していた。具体的には，神経質な父への恐れ，彼女より攻撃的で大胆な姉への恐れ，何か問題があっても夫に対して自己主張や対峙ができない母親との同一化などであった。これらの発達状況の各々により，自己主張すれば，さまざまな人間関係に混乱をもたらすのではないか

という心配をもつようになったのである。彼女は,「よい女の子」でいることが他者からの注目を集め,安全な愛着を確保する唯一の方法であると思っていた。

　また,Aさんは,恐怖の根底にあるいくつかの幻想に気づくようになると,より積極的に他者に対して,ある種の関わり方やふるまい方を「試してみる」ようになった。娘に対してより望ましい制限を課すようになったことで,これまでの娘のかんしゃくと要求や期待は減少した。さらに,Aさんは,彼女の母や姉からの要求や期待にも同じように従ってきたことに気づくようになった。「よい子でいること」は,他者が,彼女の望む世話や関心よりも,要求を突きつけたり傷つけたりする方向に動くことを理解するようにもなった。怒りがあっても気楽でいられるようになるにつれ,Aさんは,罪悪感や不安をもつことなく,母が決して「よい人ではない」ことを認められるようになった。彼女の批判の中には,彼女の母が自己中心的で,Aさんの子どもにほとんど興味を示さなかったことも含まれていた。

　ある日,姉からの電話で,「今日お母さんから,『誰か,私を医者のところまで連れて行ってほしい』と言われたの。私は仕事中で(無理だから,あなたにお願いしたいんだけれど…)」と頼まれた。Aさんは,いつもの安請け合いをせず,予定があるので行くことができないと伝えた。彼女の姉は怒りだし,電話を切った。最初Aさんは,罪の意識を感じた。治療場面で罪悪感について探索すると,彼女は,姉の怒りが何らかの形で誰かを傷つけることにつながるのではないか,と恐れていることがわかった。しかし同時に,Aさんは,母が別の方法で医者のところに行くことができることもわかっていた。彼女は,治療において自己の罪悪感について自由に話し合うことで,Aさんは,自己主張することに対して開放感を味わうと同時に自由な気持ちになり,不安は減少した。彼女は,自身の反射的に「よい子」になろうとする傾向に気づき,たいていの人間関係の中でもっと自己主張できるようになっていった。

　終結期は,治療者と協力して,直接パニックの底にある中心的葛藤を吟味する重要な機会である。この段階における治療者との関係の喪失に関する怒りや恐怖は,治療初期で注目された葛藤を増強することが多い。実証研究におけるPEPPでは,治療を終えるにあたって,たいていの場合,患者は進歩したことについては喜ぶが,治療者に対する失望や不満を表現することが困難であることも多い[44,45]。

9．パニック障害に対する精神力動的治療の研究

　パニック障害の患者を対象に,マニュアル化された精神分析療法を適用した系統的な研究はほとんど見あたらない。ウィボーグとダール(Wiborg & Dahl)[46]は,クロミプラミン単独投与群と,クロミプラミン投与＋マニュアル版の精神力動的心理療法群を無作為統制試験(RCT)で比較した。クロミプラミン投与＋マニュアル版の精神力動的心理療法群(週1回,3か月)は,クロミプラミン単独投与群に比べ,研究後18か月間の再発率をより減少させた(9％：91％)。

　一方,我々の研究グループは,PFPPに関する公開試験を実施した[44,45]。主な結果は以下の通りであった。まず,この試験に登録された段階でパニック障害と診断された(DSM-Ⅳ)21名の患者のうち,4名が中断となった。残りの17名のうち,16名がパニックや広場恐怖症の標準的な寛解基準[47]に達した。さらに,有意な心理社会的改善も認められた。また,すべての治療的改善は,6か月のフォローアップ時でも維持されていた。特記すべきことは,研究開始の段階で,DSM-Ⅳで大うつ病と診断さ

れた8名の患者は，パニック同様，抑うつ症状からも解放された。以上より，本結果はRCTによるものではないが，PFPPがパニック障害に有効であることを示唆している。

近年，我々研究グループは，認知行動療法（cognitive behavior therapy：CBT）ほど有効性が確認されていない[49]応用リラクセーション療法（applied-relaxation training：ART）[48]群とPFPP群を比較するRCTを行なった[42]。この研究は，パニック障害に対する精神力動的心理療法を検証可能な形で効果的（efficacy）とした最初のものである。

今回，広場恐怖の有無にかかわらずDSM-Ⅳのパニック障害診断基準に該当し，少なくとも過去1週間の間に1回はパニック発作を経験した患者を，本研究における主要な登録基準とした。なお，投薬治療を受けている患者は，研究期間中，処方の変更を行なわないことに同意してもらった（対象者の15％）。さらに，参加条件として，患者は，研究とは直接関係のない心理療法をすべて中止するよう同意を求めた。患者には，重度の広場恐怖をもつ者，大うつ病を併発する者，パーソナリティ障害を併発する者が含まれた。精神病，躁うつ病，物質障害は除外された（寛解して6か月以上の期間が必須）。

患者は，研究計画や治療者のオリエンテーションについて何ら情報をもたない独立した評定者により，ベースライン期，治療終結期，治療後2，4，6および12か月の段階で症状が評価された。主な結果測定尺度は，パニック障害評定尺度（Panic Disorder Severity Scale：PDSS）[50]（図2.2）であり，他の領域については，心理社会的機能としてシーハン障害尺度（Sheehan Disability Scale：SDS）[51]，抑うつの程度としてハミルトンうつ病評価尺度（Hamilton Depression Rating Scale：HAM-D）[52]，パニックを伴わない全般的な不安傾向としてハミルトン不安評価尺度（Hamilton Anxiety Rating Scale：HAM-A）[53]がプロセス測定尺度として使用された。効果判定は，この分野における標準的定義に準拠し，ベースライン時のPDSS得点から40％減少した場合に「効果あり」とした[47]。

PFPPとARTは，1週間に2回（12週間），計24セッションの治療であった。ARTには，パニック障害の理論的説明，漸進的筋弛緩法（progressive muscle relaxation：PMR），手がかり統制型リラクセーション法（cue controlled relaxation），曝露法が含まれた。PMRでは，治療者によるリラクセーション深化を行ない，特定の筋肉群に対する緊張と弛緩の繰り返しを課した。訓練は1日2回の宿題とした。曝露法では，パニック発作出現に備えて積極的な対処技法としてリラクセーションを用いた。

PFPP治療者（$N=8$）は，精神分析訓練を少なくとも3年以上受けた精神科医と博士号を取得した心理学者である。彼らはすでにパニック障害に対する精神力動的治療の経験を2年以上もっていたが，新たにPFPPのためのトレーニングコース（12時間）を修了した。一方ART治療者（$N=6$名）も，博士号を取得した心理学者と専

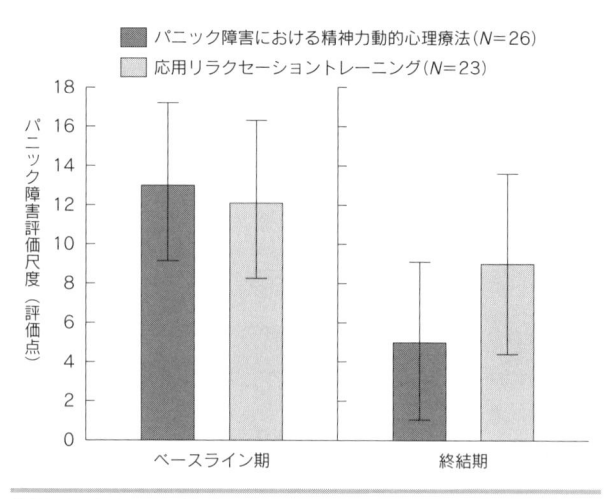

●図2.2 初期結果測定時のパニック障害評定尺度

門医研修を終えた精神科医で，すでにARTのためのトレーニングコース（6時間）を修了し，パニック障害患者に対するARTやCBTの臨床経験を少なくとも2年以上もっていた。両群の治療者は，毎月のグループスーパーヴィジョンと，必要に応じた個別スーパーヴィジョンを受けた。

評価に一貫性をもたせるために，すべての心理療法セッションはビデオ録画された。研究における治療計画（マニュアル）と実際のセッションが一貫性をもっているのかを調べるために，各群別にビデオで録画された3セッションをPFPP一貫性評価尺度（PFPP Adherence Rating Scale；著者から取り寄せ可能）とART一貫性尺度（ART Adherence Scale）[54]で評価した。各群ともに，マニュアル化された治療方法と高水準で一貫していた。

男性患者の割合は，ART群がPFPP群より有意に高かった（47%：15%；フィッシャー（Fisher）の直接確率法，両側検定 $p=0.03$）。その他，この2群間で有意となるような個人属性上，あるいは臨床上の相違は認められなかった（表2.1参照）。重要な点として，パニック障害の重症度において無作為に割りふられた両群間で，ベースライン時の，PDSSスコア[50]，SDS[51]，HAM-D[52]，HAM-A[53]に差がなかったことは押さえておく必要がある（表2.2）。さて，先述した効果判定基準（ベースライン時のPDSS得点が40%減少）[47]でみると，PFPP群はART群よりも有意に効果のあった人数の割合が高く（73%：39%；$p=0.016$），SDSでみた場合の心理社会的障害は有意に減少していた（$p=0.014$）。HAM-Dでみたうつ的症状（$p=0.07$）とHAM-Aでみたパニックとは異なる不安傾向（$p=0.58$）では，両群間に有意な差はなかった。

このように，パニック障害に対する単独介入として，最初にマニュアル化された精神分析療法のRCTにおいて，PFPPの効果を確認したといえる。しかも，ARTでは

●表2.1　臨床および人口統計的特徴

項目	パニック障害における精神力動的心理療法 ($N=26$)		応用リラクセーショントレーニング ($N=23$)	
	平均	SD	平均	SD
参加年齢（歳）	33.4	9.6	33.5	8.5
パニック障害程度 ($r=1-8$)	5.7	0.8	5.8	0.8
I軸障害の併存	2.2	1.4	2.4	1.6
パニック罹患期間（年）	8.4	9.8	8.8	9.6
	%		%	
性（男性）	15		47*	
重度広場恐怖の緩和	69		86	
大うつ病の併存	19		26	
抗精神薬使用	19		17	
第2軸診断	42		56	
クラスターB診断	11		21	

注）＊　$p<0.05$

●表2.2　治療前後の臨床重症度の変化[a]

項目	パニック障害における精神力動的心理療法 ($N=26$)		応用リラクセーショントレーニング ($N=23$)		分析			効果量[b]
					t	df	P	
	人数	%	人数	%				
回答状況	19	73	9	30	5.74[c]	1	0.016	—
	平均値	SD	平均値	SD				
パニック障害評定尺度　ベースライン期	13.2	4.0	12.2	4.0				
パニック障害評定尺度　終結期	5.1	4.0	9.0	4.6	3.30	47	0.002	0.95
シーハン障害尺度　ベースライン期	14.7	8.8	14.6	6.0				
シーハン障害尺度　終結期	7.3	7.8	12.7	6.4	2.54	46	0.014	0.74
HAM-D　ベースライン期	15.9	7.3	14.2	6.3				
HAM-D　終結期	9.0	5.6	11.5	6.7	1.84	47	0.071	0.53
HAM-A　ベースライン期	16.0	6.9	16.0	6.0				
HAM-A　終結期	8.9	5.7	11.1	6.4	0.54	47	0.500	0.16

注）a　臨床重症度の変化における治療前後のグループ比較
　　　人数は，データ欠落のため一定していない（ART実施者1名が治療後のシーハン障害尺度に正しく回答しなかった）
　　b　コーエン（Cohen）のdは，グループ間効果量である。
　　c　X^2検定

8名が中断となったが（34%），PFPPでは，26名のうちわずかに2名の中断（7%）であり，患者にとって十分に耐えうる治療であった。PFPPの中断率は，アメリカに

おけるパニック障害に対する種々のRCT研究の中でもとりわけ低い。本研究における被験者は，パニック障害の治療結果に関する主な研究[47,49,55-57]で対象とされる被験者よりも，うつ病や深刻な広場恐怖を併発するなど，相対的に重症度の高い患者であった。にもかかわらず，一般に治療によく反応したといえる。PFPPは，CBTや薬物治療の臨床試験における比較治療としてよく用いられてきたが，本研究では，これらの治療との直接比較は行なわなかった。しかし，最近の研究は，CBTと直接PFPPを比較する方向に進んできている。

10. 結論

　パニック障害は，重要な公衆衛生上の問題である。したがって，今後もこの病気への治療的介入を開発し，きちんと評価し続けることは重要である。PFPPは，パニックそのものや，他のよく吟味された治療では十分に扱われてこなかった障害の側面を治療ターゲットにできる有効な代替治療である。今後，さらに治療効果の比較研究を行なうことが，パニック患者にとって最も援助的な介入方法や介入の進め方を決定するうえでも重要となる。

第3章

パニック障害に対する実地治療：
感情焦点プロセスの重要性

1．はじめに

　認知行動療法（CBT）がパニック障害に対して有効な治療法であることは繰り返し指摘されてきたが[1]，CBTがすべてのパニック障害患者に有効なわけではない[2,3]。したがって，精神力動的心理療法の有効性に関する実証的な土台をつくっておくことは，依然として重要となる。ブッシュ（Busch）[4]は，雄介にも次のように語る。「パニック障害治療に活用可能な『実証的に支持された心理療法（empirically supported psychotherapy）』の種類を数多く用意することで，さまざまなパニック障害患者のニーズに十分応じることができるようになる」。繰り返しになるが，ブッシュらが指摘したように，CBTは一方では多くの人々にきわめて有効ではあるが，すべてのパニック障害患者に有効とはいえないのである[2,3]。

　ある患者には，パニック障害患者のために開発されたCBTでもある曝露型アプローチ（exposure-based approach）の実行は難しい。また，他の患者の場合，CBTアプローチの要ともなるセッション間の課題に取り組もうとしないこともある。ミルロッドら[3]は，CBTのRCTに参加した患者の38％以上が，試験治療の終了に引き続いて，症状の軽減が得られないばかりか再発まで起こしてしまっている[5]ことに注意を促した。また，CBTでは症状のもつ個人的な意味については何ら探求されないだろうとの懸念があるため，患者によっては，治療の選択肢からCBTをはずす場合もある。CBTを求めている，あるいは現在CBTを受けている患者にとっても，CBTの長期予後について疑問が残っている場合がある。ミルロッドとブッシュ（Milrod & Busch）[5]は，CBTの短期治療で得られた治療成果が長期に維持されるとの実証的エビデンスが欠如していることを強く問題視している。彼らはまた，治療である限りは，症状軽

減に加えて，予後のどの時点においても治療効果が維持されると同時に，パニック障害の種類にかかわらず出現する問題に対して効果的であるようなパーソナリティ機能の広範囲な変容をも目指すべきであると力説する[4,6]。パニック障害患者の中で，CBTに反応しない者や他の探求的治療を希望する者のために，利用可能な治療オプションを幅広く用意する努力は，パニック障害を抱えて生きていくことで降りかかってくる莫大な心理的，情緒的，社会的損失の観点からみても，臨床上重要なことである[7,8]。

ミルロッドら[9]は，パニック障害患者に対するマニュアル化された精神分析的心理療法のRCTを最初に行なった。彼らは，DSM-Ⅳ基準を満たす49名のパニック障害患者を無作為にパニック焦点型精神力動的心理療法（panic-focused psychodynamic psychotherapy：PFPP）群と応用リラクセーショントレーニング（applied-relaxation training：ART）群に振り分けた。いずれの治療も週に2回の頻度で12週間行なわれた。この研究では，治療マニュアルが遵守されたかを確認するために，治療担当者には各ケースあたり3時間の調査回答を課した。その結果，PFPP群は，ART群よりも，有意に症状の重症度が軽減し，心理社会的機能の改善が増大した。このRCTはパニック障害患者に対する精神力動的心理療法の有効性を確認した初の研究であった。同時に，この研究は，精神力動的心理療法のオリエンテーションをもった治療が症状や苦痛を効果的に軽減すること，さらにこうした治療でも実証的に検証可能であるということを示した点で，歴史に残る意義ある貢献をしたといえる。

ミルロッドらのRCT研究は，一方では，確かに精神力動的心理療法はパニック障害患者に対して望ましい結果をもたらすという結論を下すことにつながった。しかし，この方法にはいくつかの課題も残されている[10]。じつは，実証的に妥当な治療法を確定する最良の方法については，臨床研究の文献でも，論争の最中にある。RCTを用いた研究では，内的妥当性を優先すると，それが他のサンプルにも一般化可能か（generalizability）という問題にぶつかる。このことは，RCTでは，治療が均質の患者群を用いた人工的な条件のもとで行なわれるため，臨床現場で実際に出会う患者とはほとんど類似しない患者が集まる可能性があるという理由による。また，RCTを用いた研究は，治療プロセスと治療成果とのつながりについて検討するのではなく，異なった介入における結果を比較するのが目的である[11]。

近年，最先端をいく研究者たちは，RCTをより実り豊かなものとする意味でも，補強策として，実地での治療における実証的に妥当とされる変容過程を特定することに重きを置くようになってきた[10,12-14]。こうした研究者たちは，これまでのRCTが，地域における治療場面において治療者や患者は実際どのような行動をしているのかという点についてはほとんどふれてこなかったので，RCTにおける治療計画発展のためにもこうした潜在的に重要な臨床的情報が俯瞰されるべきであると主張する。本研究では，おなじみの治療パッケージから目をそらし，まずは経験を積んだ臨床家たちが，共通の診断名で同じような問題を示す患者を治療するときに，いったい何をした

かという点を明らかにしてみたい。我々は，地域で「ごくふつうに行なわれる」と表現するのが最も適切な治療が，はたして望ましい治療成果につながるのか，あるいは望ましくない治療成果につながるのかという問題を解明することにとても関心がある。実地治療における変容過程の正体をとらえるために，我々は，実証的手続きを経て作成され，かつ臨床とも深く関連した治療プロセス尺度を使った。そうすることで，なぜ，どのように患者が改善したのかを学ぶことができると考えたのである。実証的観点から妥当と思われる変容が特定されれば，我々は臨床と直結した治療を開発したり修正したりするための確かな基礎を得ることができる。

　先行研究では[11,15]，治療成果とプロセスとの関連性を研究せずして，この治療が実用的であるかどうかを結論づけることは危険であるとされている。RCTの参加者が心理療法後に改善したとすれば，その改善は，マニュアルによって規定された特定の介入がきちんとした管理下で一貫して実施されたためと仮定される。しかし，この仮定はあくまでも，他の技法をいっさい用いず，特定の治療技法を一貫して使いこなせるだけの臨床家の能力に強く依存する。こうした観点から計画的な研究を行なっていけば，RCTにおける基本的仮定の脆さが明るみになる。いくら厳格にマニュアル化された心理療法をもってしても，他の治療的アプローチからいつの間にか「取り込まれた（borrowed）」要素が，治療的変容を促進する積極的な要因の1つとなる可能性は大きい。つまり，治療プロセスそれ自体を研究しない限り，治療後の改善と関連する要素を決定することなどは不可能といわざるを得ない[11]。治療研究を行なうにあたり，一方では，有効性が確立しつつある治療計画や既存の治療がもつ有効性を最大限に利用するためにも，治療の有効性について知ろうとすることは重要である。しかし，もう一方では，治療プロセスに内在するどのような側面が望ましい治療成果に寄与しているのかを理解しようとすることも等しく重要である。

　本研究では，我々は，日ごろの臨床活動で，パニック障害をもつ患者群に対してあたりまえに精神力動的心理療法オリエンテーションでもって治療すると答えた臨床家たちを集めた。我々の研究目的は，治療プロセスと治療成果の関連性を調べることである。とりわけ，精神力動的心理療法はパニック障害患者に対して「実証的に支持された治療（empirically supported therapy：EST）」でないうえ，一方で，パニック障害患者に対する実験室条件でのESTは確かに存在する（例えば，CBTの一種であるパニックコントロール療法，[16]参照）にもかかわらず，精神力動的心理療法を行なう治療者はいったいどのような方法でパニック障害患者と関わってきたのか非常に興味深い。精神力動的心理療法のオリエンテーションをもった臨床家とパニック患者との組み合わせに深く関心をもつ他の理由は，RCTにおける統制群が，服薬群や待ち受け患者群，さらには心理教育などの純粋な支持的介入群といった典型的なケースを設定してきたという事実に基づいている。パニックコントロール療法[1]のようなESTは，地域における通常の治療や有効とされるその他の心理社会的治療を統制群として，

有効性が系統的に吟味されることはむしろまれである。そのため，CBT的アプローチが精神力動的心理療法のアプローチやその他の未公認のアプローチよりも真に効果的であるかどうかは，もともとアメリカ精神医学的実践ガイドライン（American Psychiatric Practice guidelines）で指摘されてきた[17]以上に不明確なのである。本章の目的は，①精神力動的心理療法の立場を自認し，かつ望ましい治療的変化を予測する要因として患者の感情に注目する臨床家を対象に，パニック障害に対する実地の治療をレビューし呈示すること，②得られた示唆に基づいて臨床的意義を考察すること，である。本探索的研究では，こうした治療を特徴づける心理療法プロセスを実証的に記すために心理療法プロセスQ分類（Psychotherapy Process Q-set : PQS）[18]を用いた。

ねらい：実証的に支持された変化のプロセスを特定する

治療による変化のプロセスを実証的にとらえるために，我々は，①パニック障害患者に対する実地の心理療法を縦断的に追跡し，変化の程度を吟味すること，②治療を最もうまく特徴づける基本原理を特定すること，③望ましい治療成果を最も効果的に予測する基本原理を特定すること，④望ましい治療成果を予測するプロセス変数を特定すること，の4つを目的とした。とりわけ，我々は以下のような仮説をもっている。①パニック障害に対する実地の短期心理療法は，治療成果の面で，従来行なわれてきた治療と同レベルに高い効果性を示すであろう。②治療は，相当の部分が精神力動的心理療法のプロセスで占められており，対人関係療法（interpersonal psychotherapy : IPT）やCBTの要素は有意に少ないであろう。③望ましい治療成果は，（IPTやCBTよりもむしろ）精神力動的心理療法的プロセスによってある程度は予測されうるであろう。④望ましい治療成果を予測するプロセス変数は，精神力動的心理療法的アプローチで通常行なわれる感情に焦点をあてることや他のプロセス要素（例えば，治療同盟や治療関係に注意を向ける，防衛機制を解釈する，危険視されている無意識的な感情や願望を特定する，現在の症状・行動・感情を過去経験に結びつけるなど）を含むであろう。

2．方法

被験者

被験者は，ボストンにあるマサチューセッツ総合病院（Massachusetts General Hospital : MGH）精神科外来に通院中の患者のうち，DSM-IV（SCID-IV）でパニック障害と診断された24～55歳の患者17名であった。また，本研究における被験者の除外基準は，現在薬物あるいはアルコール乱用，双極性障害，精神病，自殺念慮がある者，および被験者登録8週間以内に処方（薬剤，投薬量）の変更があった者（予定者も含

む）であった。被験者に登録された17名のうち，88.2％が女性，11.8％が男性であった。さらに，77.8％が自己を白人系人種とし，22.4％がハイチ系，スペイン系，アジア・インド系人種とした。合併症状としては，約6％が大うつ病，66.7％が広場恐怖を伴うパニック障害，38.9％が全般性不安障害，11.1％が社会不安障害，5.6％が強迫性障害（OCD）の診断基準を満たした。また，被験者の61.1％が当初からある種の向精神薬を服用していると回答した。最後に，被験者の76％が，最初から心理療法を継続してきたと回答した。

今回は実地の治療であるため，研究登録前2か月までに処方変更がなく，研究開始時点でパニック障害の診断基準を満たしていれば，研究期間における向精神薬服用の継続を認めた。研究期間中，52.9％（$n=9$）は服薬治療を受けた（5人：ベンゾジアゼピン，2人：ベンゾジアゼピン＋抗うつ薬，1名：抗うつ薬，1名：多剤併用型）。患者たちには，治療の変化が処方変更による変化と混同されないために，研究終了までは現在の薬物療法を変更しないよう依頼した。しかしながら，研究の途中1名の患者が精神科医の責任で薬剤を変更した。わずかな変化が薬の変更によるものなのか，心理療法によるものなのか明確でないため，精神科医による指導に従い，この患者は保留とされた。また，研究期間中2名の患者が明らかな状態改善を理由にベンゾジアゼピンの服用を中止した。

治療者

本研究に参加した7名の臨床家は，すべてマサチューセッツ総合病院精神科外来の関係者であった。7名のうち，精神科医1名，精神科レジデント（実習医）1名，心理士2名，心理士インターン（研修生）またはポスドク（博士研究員）3名であった。臨床家は，平均12年の臨床経験を有していた。すべての臨床家が，自らの本来の理論的オリエンテーションを精神力動的心理療法的立場とした。本研究における主要な目的の1つは，理論的オリエンテーションが他ならぬ精神力動的心理療法の立場と自己申告した場合を条件とし，実際の臨床場面で起こっている治療プロセスのタイプを実証的に特定することである。したがって，各臨床家が，精神力動的心理療法的立場の中でも特にどのような理論的立場にあるのかについては，改めて回答を求めなかった。

治療

地域で実践されている精神力動的心理療法を再現してもらうために，臨床家たちには，実際の臨床実践の中で通常用いている治療を行なうよう依頼した。先述のように，精神力動的心理療法のような未公認の治療は，通常医療やパニックコントロール療法[1]などのESTに耐えられないか，あるいは治療効果があらわれないパニック障害患者によってしばしば利用される。22〜26セッションの治療回数以外は，治療に関するその他の制限をいっさい加えなかった。この治療回数は，治療終了後に治療者がそ

の後の継続の有無を自由意思で決定できるようにするためであった。

治療成果の評価

成果測定尺度は，患者のさまざまな心的機能をさまざまな視点（患者，治療者，独立した評定者）から測定できるよう選択された。患者用の質問紙は，治療終了後6か月の時点でも実施された。独立した評定者は，治療開始前の患者の重症度や症状の緊急性について，各々の患者の発作をもとに行なった1対1の話し合いに基づき，質問紙を用いて評定した。本研究におけるいくつかの成果測定尺度は，1994年のNIH会議報告書[19]で標準化された尺度として使用されたものであった。他の測定尺度は，探索的な心理療法のもつ特質という観点から選択された。

患者による自記式尺度

パニック症状把握のために，不安感受性指標（Anxiety Sensitive Index : ASI）[20]とパニック障害重症度尺度（Panic Disorder Severity Scale : PDSS）[21]を用いた。また，全般的な心理的・身体的機能を測定するために，症状チェックリスト90項目改訂版（Symptom Checklist-90-Revised : SCL-90-R）[22]と楽しみ・満足の質尺度（Quality of Enjoyment and Satisfaction Questionnaire : Q-LES-Q）[23]を使用した。

臨床家による測定尺度

患者のパニック症状を測定するために，臨床場面における全体的印象尺度（Clinical Global Impression Scale : CGI）[24]を用いた。また，全体的な心理機能を評価するために，機能の全体的評定（Global Assessment of Functioning Scale : GAF）[25]を用いた。さらに，患者の防衛機制や対象関係の様相を把握するために，防衛機能尺度（Defensive Functioning Scale : DFS）（DSM-Ⅳ）と社会的認知・対象関係尺度（Social Cognition and Object Relation Scale : SCORS）(Westen, D., 1995. Social Cognition and Object Relation Scale : Q-sort for projective stories（SCORS-Q）. Unpublished manuscript, Cambridge Hospital and Harvard Medical School, Cambridge, MA ; Hilsenroth, M., & Pinker, J., 2004. Social Cognition and Object Relation Scale : Global Rating Method（SCORS-G）. Unpublished manuscript, The Derner Institute of Advanced Psychological Studies, Adelphi University, Garden City, NY)が使用された。

独立評定者による測定尺度

治療開始前，および治療後における患者のパニック症状の頻度や重症度を把握するために，多施設パニック不安尺度（Multicenter Panic Anxiety Scale : MCPAS）[26]を用いた。本尺度は，既述の患者用尺度PDSSと内容的には同じである。しかしながら，患者とは違った視点という意味で，独立した評定者からも評価してもらった。

評価プロセス

　治療プロセスに関しては，PQS[18]を利用して検討した。PQSは，治療者と患者のふるまい，行動，考えについて，治療者や患者を主語にして記述した100の項目で構成された尺度である。PQSは非常に優れた尺度である。例えば，精神力動的心理療法，来談者中心療法，論理・情動療法，IPTなど名だたる心理療法を用いたサンプルで，一貫して信頼性や妥当性が確認されてきた[11,27-30]。尺度の性質に関するジョーンズ（Jones）[18]の論考を読むと，本尺度のもつ実証的特質がより深く明らかになる。手短にいえば，PQSには，得点分布が正規化されている，すべての治療セッションで適用できる，どのような治療理論でも対象になるなどのユニークな特徴がある。

　さらに，PQSでは，各治療理論に応じた理想的な心理療法プロセスの典型例が開発されてきた。先行研究では，ある治療のプロセス評定が治療プロセスの典型例とどの程度相関しているかを調べることで，その治療が本来の治療オリエンテーションにどの程度準じた治療原理になっているかを実証的に測定する道が開かれてきた（典型例の開発についてより詳細な情報が必要な場合は[11,15]参照）。本研究では，精神力動的心理療法的立場，CBT的立場，IPT的立場のプロセスの典型例を使用した。

　本研究では，PQS評定の訓練を積んだ評定者チーム8名（研究専門の心理学者，臨床心理学の大学院修士課程修了者）に録音テープを用いての評定を依頼した。さらに，治療の代表的な時期としてセッション12（たいていの治療における中間点）を選択し，Q分類してもらった。各セッションについては，少なくとも2名の評定者が独立して評定した。本サンプルにおける治療セッションのQ分類（$N=17$）では，信頼性係数の平均値は$\alpha=0.85$を示した。この結果は，一般的に受け入れられている基準（0.70）をはるかに上回る値であるため，上記手続きによるQ分類結果を，治療プロセスと治療成果に関する研究を行なううえで信頼性があるものと判断した[31]。

3．結果

患者の治療成果：実地の心理療法はパニック障害患者に対して望ましい結果をもたらすのか？

　時点別にみた治療成績については，統計的有意性の検定，効果量，臨床的観点からみた意味のある変化といった複数の方法で検討した[32]。表3.1には，患者，治療者，独立した評定者による質問紙結果を，各々治療前後の平均値で示した。また同時に，薬物療法の有無に分けて，心理療法結果の比較を行なった。現在薬物療法を受けていない患者でも，すべての測度において，心理療法開始前と同等，あるいはよりよい結果を示した。さて，6か月後の追跡調査では，治療終了後の結果と有意な差は認められなかった。言い換えれば，患者は治療終了後6か月を経ても，すべての測度において，治療による成果を維持していたことになる。つまり，パニック障害治療における

●表3.1　パニック障害患者に対する実地の心理療法の結果：ベースラインから治療終了まで

	患者評価			治療者評価		評定者評価
	SCL-90-R	ASI	PDSS	CGI	GAF	MCPAS
治療前平均値	0.87	30.30	10.40	4.20	59.80	5.03
治療後平均値	0.54	17.60	5.88	2.60	71.60	3.30
統計的有意性	0.01*	0.00*	0.00*	0.01*	0.00*	0.00*
効果量	0.74	1.30	1.10	2.40	1.80	1.10

注）有意な治療前後平均値は被験者内 T 検定を用いられ決定された。効果量は，公式：治療前平均値－治療後平均値／治療前標準偏差を用い算出された。

SCR-90-R＝ホプキンス症状チェックリスト，ASI＝不安感受性指標，PDSS＝パニック障害重症度尺度，CGI＝臨床場面における全体的印象尺度，GAF＝全体的機能評価尺度，MCPAS＝多施設パニック不安尺度
$N=17$，$^*p=0.01$

実地の心理療法は著名な効果を示すとした第1の仮説は支持されたといえる。

1）統計的有意性の検定

　有意性の検定結果や効果量をみると，両時点間で明らかに変化していることがわかる。繰り返しのある t 検定を行なったところ，治療前後で統計的に有意な平均値の差がみられた。治療前よりも治療後で，患者の予期的不安，顕在性不安（ASI と PDSS）はともに有意に低下し，全般的な機能（SCL と Q-LES-Q）は有意に上昇した。患者からの視点と同様に，臨床家や独立した評定者からの視点においても，治療前から治療後にかけて，パニックや不安が有意に低下した。つまり，臨床家，独立した評定者ともに，患者のパニック発作の重症度は低下し，全般的な機能は改善したと評価した（CGI, MCPAS, GAF）。ただ，臨床家の行なった防衛機能評定では，治療前後で有意な差はみられなかった。しかしながら，臨床家評定による「価値観や標準的な道徳意識に対する情緒的なコミットの程度（あたりまえのことをあたりまえと位置づける能力の程度；$p=0.02$）」や「自己効力感の変化（$p=0.02$）」といった患者の対象関係の側面は，統計的に有意な変化を示した（$p<0.05$）。

2）効果量

　変化を表わす別の指標として，効果量を算出した。効果量は，治療前の平均値から治療後の平均値を引き，その値を治療前の標準偏差で除した値である。効果量をみると，治療前から治療後の実質的な変化が示されている。いくつかの先行研究[3,33]で指摘された基準でみると，53％の患者が回復に達した。

3）臨床的観点からみた意味のある変化

　今回の患者グループに対する統計的知見が臨床的に意味のあるものなのかを明確にするために，ジェイコブソンとトラウクス（Jacobson & Truax）[34]によって提唱されたより厳格な方法を用いて吟味した。この方法では，臨床的な有意性を導き出す際に，「健常群」（つまり，I軸診断に該当しない成人）の平均値と「臨床群」（つまり，こ

の場合では，パニック障害と診断された患者）の平均値を用いて比較検討する。患者の変化が，臨床的観点からみて意味のある変化といえるのは，治療後の得点が「臨床群」の平均値よりも明らかに「健常群」の平均値に近い場合に限られるのである。この分析が可能なのは，すでに「正常群」の平均値がわかっている２つの評定尺度に対してである。その結果，SCLにおいて患者の64％，ASIにおいて患者の70％が臨床的観点からみて意味のある変化を示したことがわかった。

典型例との一貫性：どの理論的オリエンテーションが，治療者や患者の治療プロセスに最も反映されるのか？

治療は精神力動的心理療法の典型的プロセスに最も近づくであろう，という我々の第２の仮説は支持されなかった。専門家たちによって明らかにされた理想的な治療プロセスの典型例との一貫性をみるために，各典型例と実際の治療セッションにおけるQ分類結果との相関を調べた。いずれの患者においても，PQS各項目のQ得点は，典型例における各項目の因子得点と相関があった（典型例を作成する詳細な方法論については[11,15]参照）。その際，ピアソン（Pearson）の相関係数をフィッシャー（Fisher）の z 変換に従って，z 得点化した。図3.1には，３つの典型例との相関が示されている。CBTの典型例との相関が最も高く（z 得点 $M=0.50$, $SD=0.14$），続いて各々，精神力動的心理療法（z 得点 $M=0.35$, $SD=0.16$），IPT（z 得点 $M=0.32$, $SD=0.09$）となった。CBT典型例との一貫性と精神力動的心理療法典型例との一貫性（$t=-2.4$, $df=16$, $p<0.05$），およびIPT典型例との一貫性（$t=6.2$, $df=16$, $p<0.001$）の間にはそれぞれ統計的な有意差があった。一方，精神力動的心理療法典型例，IPT典型例，各々との一貫性の間には差がなかった（$t=0.70$, $df=16$, $p=0.496$）。

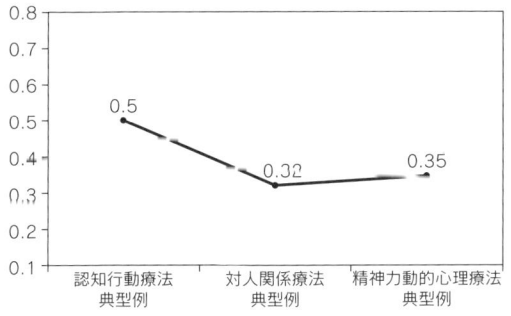

注）認知行動療法と他の典型例との一貫性における相違は，統計的に有意である。対人関係療法と精神力動的心理療法との一貫性における相違は，統計的に有意ではない。

○図3.1　理想的治療経過の典型例との一貫性

典型例と治療成果との相関：どの理論的オリエンテーションが，最も望ましい治療成果を引き出すのであろうか？

精神力動的心理療法典型例に近い治療ほどより望ましい治療成果を予測するであろう，という我々の第3の仮説は部分的にしか支持されなかった。表3.2には，各治療典型例との一貫性が，主な治療成果尺度得点（SCL，ASI，PDSS）をどの程度予測するかについて，偏相関係数を示した。偏相関係数は，治療前の重症度を統制して算出された。正の相関は，望ましい方向の治療成果を意味する。精神力動的心理療法典型例との一貫性は，3つの結果尺度のうち1つにおいてのみ（SCL）有意な正の相関を示した。一方，IPT典型例との一貫性は，2つの結果尺度（SCL，ASI）で有意な正の相関を示した。CBT典型例との一貫性は，望ましい治療成果と全く関係がなかった。

表3.2 パニック障害患者の実地の心理療法結果と典型例との関連性

	評定結果		
	SCL-90-R	ASI	PDSS
認知行動療法典型例	−0.18	−0.03	−0.39
対人関係療法典型例	0.62**	0.64**	0.22
精神力動的心理療法典型例	0.50*	0.22	0.03

注）正の相関は評定結果において関連性がみられる。すべてのピアソン相関係数は，治療前のスコアをコントロールした偏相関である。

SCL-90-R＝症状チェックリスト90項目改訂版，ASI＝不安感受性指標，PDSS＝パニック障害重症度尺度
$N=17$, $*p<0.05$, $**p<0.01$

治療成果と関連する特定のプロセス：本治療におけるどのような要素が活発にはたらくと，治療変化が起こるのであろうか？

望ましい治療成果を最も有効に予測するプロセス変数は，情動／感情への焦点化，および精神力動的心理療法に典型的な要素である治療同盟や治療関係への注目，防衛機制の解釈，危険視される無意識的感情や願望の特定，さらには現在の症状，行動，感情を過去経験に結びつけることであろう，という我々の第4の仮説は部分的にしか支持されなかった。重要なことは，治療成果と関連する11の変数のうち，約半数は，何らかの形で患者や治療者が情動と向き合っている場合だったという点である。つまり，治療を活性化する要素とは，患者が自己の内面にあって否認してきた否定的な情動，性的願望，依存することへの恐怖の存在を認め，再体験し，注目し続けるよう援助することであった。このパターンは精神力動的心理療法理論や過去の先行研究で，パニック患者の情動に着目することを重視した情動焦点型アプローチと一致していた。

望ましい治療成果と密接に関連する特定の治療プロセスを確認するために，Q分類の各項目得点とSCLでみた患者の治療成果得点との偏相関を算出した（統制変数は治療前SCL得点）。相対的にサンプル数が少ないため，有意性の検定よりも効果量を算出し治療プロセスと治療成果との関連性を吟味した。$r > 0.3$をカットオフ値として，治療成果と関連するプロセス変数を抽出した。さらに，タイプⅠエラー（第1種の過誤）[訳注1]の可能性増大に対する危険性を避け，同時にタイプⅡエラー（第2種の過誤）[訳注2]の可能性を減少させるために，コーエン（Cohen）の基準[35]に従って項目選択を行なった。

　表3.3には，SCLでみた治療成果と相関のあった28のPQS項目リストを掲げた。治療状況，経験，質に関する患者をメインにした記述項目数（$N=11$）と治療者をメインにした記述項目数（$N=10$）はほぼ同数であった。また，いくつかの項目（$N=7$）は，治療者と患者の相互作用を記述した内容であった。さらに，いくつかのプロセス関連項目は，ある種の主題でグルーピング可能であった。興味深いのは，患者や治療者が感情とりわけ否定的感情に焦点をあてることに関する項目群は，望ましい治療成果と関係したということである。例えば，「患者が自己批判的内容／恥や罪悪感を表現する（Q71）」「患者が治療者に対する否定的感情を言語化する（Q1）」「治療者が患者の罪悪感に焦点をあてる（Q22）」「治療者は患者がいまだ受け入れられない感情に注意を向けさせる（Q50）」「治療者は患者の感情を深めるよう努力する（Q81）」である。

　その他，一般に治療関係を強固にするうえで重要とされてきた側面にふれた項目群は，SCLにおける望ましい治療成果の強力な予測因子となった。例えば「ユーモアにあふれている（Q74）」「患者は自己を内省している（Q97）」「患者は治療作業に没頭している（Q73）」「患者は治療の原理や治療によって期待されることを理解している（Q72）」「治療者は治療のプロセスを正確に把握している（Q28）」「治療者は支持的スタンスをもっている（Q45）」「治療者は患者の感情状態に敏感であり，そこに波長を合わせることができており，かつ共感的である（Q6）」である。また，「治療者に依存することに対する患者の葛藤（Q8）」も，やはり望ましい治療成果と関連していた。一方，精神力動的観点にとって特徴的とされる2つの項目も望ましい治療成果と強く関連していた。つまり「性的感情について話し合う（Q11）」と「終結について話し合う（Q75）」である。以下の項目も，望ましい治療成果と関連していた（「セッション中に沈黙がある（Q12）」「治療計画や料金について話し合う機会をもつ（Q96）」「患者はセッションを開始することに困難を感じている（Q25）」）。

　望ましくない治療成果と関連したプロセス項目の多くも，主題別に区分できた。いくつかの項目は，精神力動的心理療法やCBTに顕著な特徴を示していた。例えば，

[訳注1]　帰無仮説が正しいにもかかわらず，帰無仮説を棄却する誤りのこと。
[訳注2]　帰無仮説がまちがっているにもかかわらず，帰無仮説を採択する誤りのこと。

表3.3 治療成果と相関のみられた項目

効果量	心理療法項目	PQS(#)
0.70	治療者は患者の感情を深めるよう努力する	Q81
0.52	ユーモアにあふれている	Q74
0.50	患者が治療者に対する否定的感情を言語化する	Q1
0.49	患者は自己を内省している	Q97
0.49	患者は治療作業に没頭している	Q73
0.49	治療者に依存することに対する患者の葛藤	Q8
0.47	患者は治療の原理や治療によって期待されることを理解している	Q72
0.47	終結について話し合う	Q75
0.43	治療者は患者がいまだ受け入れられない感情に注意を向けさせる	Q50
0.42	治療者は治療の経過を正確に把握している	Q28
0.40	性的感情について話し合う	Q11
0.38	スケジュールや料金についての話し合い	
0.37	患者は，新しい理解や洞察を獲得する	Q32
0.37	患者が自己批判的内容／恥や罪悪感を表現する	Q71
0.34	治療者が患者の罪悪感に焦点をあてる	Q22
0.34	治療者は患者の感情状態に敏感であり，そこに波長を合わせることができており，かつ共感的である	Q6
0.32	セッション中に沈黙がある	Q12
−0.45	患者の感情や認識を過去と結びつける	Q92
−0.47	セッション時以外のふるまい方／宿題について話し合う	Q38
−0.37	患者はセッションを開始することに困難を感じている	Q25
−0.36	認知に関するテーマを中心に話し合う	Q30
−0.34	治療者は患者自身が問題の責任を引き受けるべきだとほのめかす	Q76
−0.33	治療者は支持的スタンスをもっている	Q45
−0.33	治療者は教師のような（説教的な）やり方でふるまう	Q37
−0.32	治療者は患者が自立的にふるまい意見を述べることを奨励する	Q48
−0.54	患者は治療者に自身の問題を解決してくれるよう依頼する	Q52
−0.62	患者の自己イメージが話し合いの焦点になる	Q35
−0.67	治療者は患者が他者と関わるときに新しいやり方を試すよう奨励する	Q85

注）正の相関は，SCL-90-R の結果において関連性がみられる。

PQS＝心理療法 Q 分類結果
$N=17$

「セッション時以外のふるまい方／宿題について話し合う（Q38）」「認知に関するテーマを中心に話し合う（Q30）」「患者の感情や認識を過去と結びつける（Q92）」である。さらに，望ましくない治療成果に関連する項目には，治療者自身の本来のスタンス（治療姿勢）に関するものもあった。例えば，「治療者は患者自身が問題の責任を引き受けるべきだとほのめかす（Q76）」「治療者は教師のような（説教的な）やり方でふるまう（Q37）」「治療者は患者が自立的にふるまい意見を述べることを奨励する（Q48）」「治療者は患者が他者と関わるときに新しいやり方を試すよう奨励する（Q85）」である。以下の項目も，望ましくない治療成果と関連していた（「患者は治療者に自身の問題を解決してくれるよう依頼する（Q52）」「患者の自己イメージが話し合いの焦点になる（Q35）」）。

その他，感情とは関わらないが精神力動的心理療法のプロセスとして特徴的な項目群は，治療成果を何ら予測しなかった（例えば，「患者の感情や認識を過去経験と結びつける」「防衛機制や転移の解釈に焦点をあてる」など）。以上のように，精神力動的心理療法による治療を活性化する要素とは，支持的雰囲気の中で治療同盟を重視し，治療者自身が自己のスタンスにこだわらないことであるといえよう。

4．知見の考察と臨床的意味

　精神力動的心理療法治療者と自認する臨床家が行なう実地の治療についてさらなる探求が必要である。つまり，こうしたマニュアル化されない実地の治療においても，統計的・臨床的に意味のある改善が患者に起こるのか，精神力動的心理療法治療者を自認する臨床家による実地の治療を用いてさらに探求されるべきなのである。本研究では，こうした治療の有効性は，まず，患者の対人関係機能や社会的機能，あるいは不安に関する現在の状況や今後の予測といった自記式尺度上の改善によって確認された。それは，治療前と治療後の比較，あるいは治療前から予後にわたる比較を通した改善として認められたのである。患者の自己報告による改善は，身体的健康，感情の質，日常活動の質，さらには生活全般における満足度といった領域にまで及んだ。また，患者報告と同様に，独立した評定者による患者の重症度，発作の頻度も，治療前後で平均50％も低下することがわかった。

　本探索研究における効果量の大きさは，類似の成果測定尺度を用いた先行研究での報告[3,33]とおおむね同等〜わずかに低いレベルの範囲にあった。治療後，予後いずれの時点においても，患者の症状レベルと不安への感受性は，パニック障害のある患者群の平均値よりも健常成人群の平均値により近似していた。しかも，患者，臨床家，独立した評定者のいずれの尺度においても効果量はすべて改善の方向で一致していた。一方，こうした心理療法の治療成果を扱った同様の先行研究でも，臨床家データによる効果量は，患者や独立評定者データによる効果量のおよそ2倍になることが報告されてきた。こうしたことから，本探索研究の結果は，精神力動的心理療法治療者を自認する臨床家による実地の治療を用いてさらに検討されるべきであろう。

▶ 治療について理解する：心理療法の実地研究において，理論的オリエンテーションのラベルを超えて治療プロセスに着目することの重要性

　精神力動的心理療法のオリエンテーションを自認する臨床家による治療実践は，CBT的プロセスの特徴と最も類似していた。同様に精神力動的心理療法的プロセスやIPT的プロセスの特徴とも一致していたが，その程度は，CBT的プロセスのそれよりも有意に低かったのである。こうした知見は，一見なぞの多いものである。ここでは，精神力動的心理療法のオリエンテーションを自認する臨床家であっても，精神

力動的心理療法実践よりも典型的な CBT に類似したプロセスを示しやすいことが示唆されている。さらに，一方では，精神力動的心理療法や IPT 的プロセスは最も一貫して望ましい治療成果と関連していた。以上のことを考慮すると，こうしたなぞの原因は，しばしば引き合いに出される見解，つまりさまざまな治療的アプローチが相互に排他的であるということ自体の結果とはいえない。臨床的にいえば，精神力動的心理療法的臨床家によるふだんの実践場面では，常に精神力動的心理療法と関連するようなプロセスのみが示されるわけではないというさほど驚くに値しない事実に突き当たるのである。公的に認められた臨床家は，患者に無意味であるような治療プロセスを促進したりしない。優れた治療では，治療者がどのような介入を選択するかは患者の特徴で決まるといってよい。現場の実践家が時に言うように，訪れた患者を「現実問題としてどう支援するか」は，しばしば，治療を受けている患者の特殊性に併せて，技法や介入法，さらには治療的スタンスをも広く混ぜ合わせることで成立するのである。合併症があったり，複数の問題が絡む患者がごくあたりまえな実地場面では，臨床家は事例が要請する特殊性に応じて，さまざまな学派の中から最適な介入法を引っ張り出すことが多いと報告されている。

　実証的観点からの先行研究では，(CBT と比べて) 精神力動的心理療法の臨床家は，短期療法を行なうときに幅広い種類の介入法を援用することが指摘されている[15]。また，短期療法に関する他の研究では，精神力動的心理療法の臨床家は精神力動的心理療法的プロセスと同程度に CBT 的プロセスを促進しやすいこともわかっている[15]。本研究においても，臨床家たちは，我々が CBT 的オリエンテーションに典型的なプロセスと位置づける側面をうまく取り入れていることが明らかになった。そして，そのことは，今回の研究計画が22～26セッションという時間制限を課しているにもかかわらず，パニック症状以外にもかなり特異的な問題をもつ患者を治療するという事態と結びついていた可能性がある。精神力動的心理療法とは異なった治療法が EST に含まれるという今回の知見から1ついえることは，治療にはさまざまなオリエンテーションをもったプロセスが寄与するということである。本研究のように，経験を積んだ精神力動的心理療法治療者がパニック障害患者を対象にマニュアルなしで治療実践を行なった場合，CBT に特有のプロセスが最も多くあらわれ，それに引き続いて IPT，PD に特有のプロセスがあらわれたという事実は，「純粋な」理論的オリエンテーションというものが臨床的な現実よりも概念にとどまっているということを示唆しているのである。

1) パニック治療における情動焦点型プロセスの重要性

　治療成果を予測するプロセス変数をみたところ，望ましい治療成果には，典型的な CBT 的プロセスよりも典型的な IPT 的プロセスや精神力動的心理療法的プロセスとの一貫性の方が格段に大きく影響していた。この知見には，2つの異なったレベルの意味が想定される。第1は，治療プロセスによっては望ましい結果が得られると仮定

することそのものが，そもそもまちがっているという想定である．本探索的研究では，全体として治療を特徴づけているプロセス（CBT）が，望ましい治療成果を予測したプロセス（IPTや精神力動的心理療法）と直接関係しているわけではなかった[11,15]．重要なことは，治療者の自認する理論的オリエンテーションも治療プロセスを最も特徴的に表わしている要素も，いずれも，患者の好転を説明する援助法に関する有益な情報をもたらさなかった点である．

情動焦点的なプロセスが潜在的にもつ変容誘発効果は，こうした情動焦点型プロセスが典型的なCBTよりも精神力動的心理療法やIPTにより特徴的であるという従来の知見によっても支持される．それは，本研究における個別のPQS項目分析では，望ましい治療成果にとって，（とりわけ否定的な）感情を特定し，表現するといった感情への焦点化が最も有力な予測因子であるという結果によって示唆されている．本研究における治療成果と関連する個別のプロセスをみると，実地でも有益なパニック障害治療とは，患者自身が否定的感情，性的願望，依存することへの怖れなどを認識し，体験し，表現することであり，同時に治療者の元来のスタンス（癖）をできるだけ減らし，支持的態度を維持しながら治療同盟を育むという文脈を重視することである．

感情に注目することは，いかなる理論的オリエンテーションであっても，パニック障害治療にとって重要な役割を演じてきた．シェア（Shear）は，多くのパニック患者が主観的に経験する無力感は，十分に統合されていない感情に由来すると言い続けてきた．結果として，シェアは臨床家や患者が，パニック発作が起こったときに出現する，これまでには説明できなかった感情反応，つまり恥，罪悪感，怖れ，怒り等の反応パターンに焦点をあてるよう主張したのである．感情反応を明らかにし，発作のきっかけとなる可能性が高い否定的感情を特定できれば，患者の無力感を低下させ，逆に自己効力感を高めることにつながるので，こうした介入は成功を促し，したがって最も治療的なのである．

ミルロッドら[6]の，「内的力動として原初的に内在する統合されていない怒り」に関する描写は，パニック障害を因果的に説明するうえで際だつ感情による支配のもう1つの例である．ミルロッドの考えによると，患者が意識的／無意識的幻想の結果体験する怖れや怒りの感情は，発作のきっかけになりうるということである[6]．そして，多くのパニック患者にとって怒りを表現する／体験することは，直接怒りを感じてきた愛する対象を喪失してしまうという内的経験を伴うことが強調されている．加えて，何人かの患者にとっては，重要な対象あるいはそうした対象表象への怒りは，過剰な罪悪感や対象から報復される不安をかき立てる結果になりうるのである．

パニック障害における感情の役割は，CBT的観点からも考察されてきた．著名なCBTの理論家であるバーロウ（Barlow）は，パニック患者には身体症状が起こる危険性から回避するために自らの感情経験を制限する傾向があることを指摘した．この

主張は，失感情症（alexithymia：感情を認識したり言語化することの困難さ，空想体験の低下，具象的な言い回し，外的世界に縛られた思考などを特徴とする）とパニック障害の結びつきを実証的に確認したいくつかの先行研究によって支持されている。ある研究[36]は，パニック患者の中にはOCD患者に比べてより多くの失感情症者がいるとした。バーロウと同様に，こうした研究者たちは，パニック患者における失感情症の高い出現率が，感情経験を最小限に食い止めたいとの患者の願望に由来すると結論づけた。また，こうした感情経験の最小化は人が怖れや不安を感じたときに出てくるごくふつうの身体的変化を回避する手助けになるとも仮定している。ただし，パニック患者にとっての怖れや不安は，その後深刻な問題に発展する可能性を秘めているのである。いずれにせよ，パニック患者の示す感情経験の制限が本来備わった特性なのか，それとも障害の結果として二次的に獲得した特性なのか，疑問は残る。

認知的テーマは望ましくない治療成果と関連するという本探索研究の知見は，確かにパニック患者の治療においてシェア[37]のいう感情焦点という枠組みを用いたプロセス／介入が重要であるとの考えを間接的ながら支持するものであろう。というのも，この結果から説明できることの1つは，認知的テーマが，先行する感情役割とはあまりにもかけ離れたテーマであるので，望ましい治療成果と結びつきにくいということである。シェアの情動焦点理論では，治療成果は感情反応を特定し詳細に探索することによって得られるとされる。その他，認知的テーマと望ましくない治療成果との関連性を説明するものとして以下の点があげられる。つまり，患者自身が認知的テーマを混乱した思考や感情に対する知性化や防衛の方法としたかもしれないのである。この仮説は，記述レベルではあるが，サンプルのうち半分以上の患者の防衛機能水準は妥協形成（compromise formation：知性化や情動の隔離など）によって特徴づけられると臨床家たちが見立てたという事実を根拠に支持されるであろう。

要約すると，本研究における患者においては，治療者に対する否定的感情を言語化することや内的思考／感情を探索することが望ましい治療成果と関連するのである。また，治療者にすれば，望ましい治療成果につなげていくためには，患者にとって受容困難な感情を見つけ，患者の罪悪感に着目し，こうした感情を深めることに専心することが重要である。

以下に2人が共同して感情焦点を継続できるよう治療者が専念したセッション場面を完全な形で抜粋した。

患　者：今何を感じているのか，自分でもわからない。たぶん，嫌なことをしなければならない自分に少しだけ哀れみを感じているんだと思う。それが嫌でたまらない。そんなふうに感じたくない。このことをこれ以上考えたくない。仕事が忙しい1週間でした。とにかく，それでとてもストレスを感じていました。
治療者：自分に哀れみを感じる。もう少し説明してもらえますか。

患　者：（ストレスを感じている人なんて）世の中には600万人もいます。だから，私の経験は，決して特別なことなんかではありません。ただ，全くあがく必要のない過去に戻りたい。自分に哀れみを感じるなんて馬鹿げている。完全なたわごと。
治療者：どうでしょう……自分に哀れみを感じるということは，今現在，哀れみを感じさせる理由でもあるのでしょうか。それとも，別の何かと関係しているんでしょうか。
患　者：ずっと野暮で情けなかったのか？
治療者：フーン……過去に何かみじめさを感じさせるようなことがあったように聞こえますね。
患　者：（沈黙）確かに過去，みじめに感じることがありました……実際，身に起こったことすべてがひどくみじめでした……とても嫌。
患　者：ここの治療は，私がどう感じるかということばかりなんですね。私たちは，いつ別の段階に入るんですか？
治療者：この話題からどの話題に移りたいと考えていますか？
患　者：わかりません。ただ，私には馬鹿げた感情にしか思えません……
治療者：私たちは，過去のみじめな感情について話し合っています。先ほど，野暮で情けないとか言いましたよね？
患　者：どんなに話し合っても，起こったことは変わりようがないです。とても嫌なこと。ただ単にこんなふうに甘えて不満を言っているだけ。
治療者：まだ「決着」がついていないのにご自分を無理矢理そう思いこませている気がします。しかし，完全にそこから脱却できていない。たぶん，あなたの一部には，まだそのみじめさを感じ続ける必要があるようですし，次の段階に行くためには，何であれその出来事に関することを感じ続けてしまうのです。
患　者：そうですね。次の段階に移るために何でもしないといけないですね。これらすべてが私を弱々しく取るに足りない存在と感じさせるのです……負け犬のように。でも，それが私の感じ方なんです。
治療者：何があなたを弱々しく，また取るに足りないと感じさせるのでしょうか？　それから，負け犬と……
患　者：困りました……今困っています。だって，不満なんか感じてはいけない。それからみじめさも。少し怒りを感じます。

　この抜粋の最初の部分で，患者は自分自身の感情を理解することに困難さを抱えている。彼が話すように，彼は自分に哀れみを感じているということに気づく。この感情（彼にとってはこれ以上経験したくない感情）に気づくやいなや，彼は仕事がどれだけ忙しかったかという話題にすり替えてしまう。治療者は，患者に，自分に対する哀れみの感情に集中するよう励ます。しかし，しばらくの間，患者はそうすることが困難な時間を要する。患者の感情に寄り添っていると，治療者は，この自己への哀れみはより深いレベルの感情のための「モーゼの暗号（Morse code）」[訳注3]になっているのではないかと考える。最初患者は，不肖ながら同意するが，その後，彼自身が自己の過去に対してみじめさを実感することによって確信に変わっていく。今回取り上げた抜粋では，患者がずっと心の隅に追いやってきた感情を認識し，より深く体験する手助けとしての治療者の努力がみごとに描写されている。

2）研究における限界

　実地研究自体がもともと抱えている方法論的な限界は，本探索研究にもあてはまる。

[訳注3]　3500年前，エジプトで起こった数々の奇跡はモーゼの功績とされてきた。しかし，モーゼの行為には謎の部分が多く，その謎を解き明かすためのヒントは「モーゼの暗号」として伝承されている。

本研究において，特定介入のもつ因果的な影響性を明言することは，無作為割り当てをした比較群がない以上，困難といわざるをえない。他の限界は，本研究で得られた結果を今後の研究に当てはめた場合の普遍性の問題である。こうした問題は，患者数に対する臨床家の人数配分，患者サンプルの増加，患者の人種や性別などをより多様化することなど，人数分布を考慮した研究計画を用いることも含むであろう。我々のサンプルでは，89％が女性で78％が白人であった。さらに，PQS を用いて典型例をつくること自体に対する批判もある。確かに，PQS は，さまざまな治療理論に応じて，治療成果の重要な予測因子を特定することに成功してきたという実績はあるが，一方で，わずか100 の Q 分類項目で，ある理論的立場のプロセスを包括的に評定できるのかという疑問もある（例えば[38]）。

5．結論と今後の方向性

　本探索研究の知見がエビデンスの蓄積に貢献するのはわずかであるが，精神力動的心理療法の臨床家がパニック患者を効果的に治療できるということを示唆する文献は次々に増えてきている[9,39]。アメリカ精神医学会がパニック障害に対する精神力動的心理療法的アプローチの臨床的信頼性を低い段階に位置づける[17]のは，こうした治療法の有効性が十分に調べられてこなかったと同時に，逆に無効であることが証明されたわけでもない[10]という事実に基づいていることに注意を向ける必要がある。本研究における精神力動的心理療法的オリエンテーションをもつ臨床家は，情動焦点的プロセス要素，CBT 的プロセス要素，さらには精神力動的心理療法的プロセス要素などを含む幅広い治療的アプローチを用いていた。

　本章では，パニック障害に対する実用的な治療を考えた場合，情動焦点的プロセスは変化を促進する重要なプロセスであることを示してきた。同時に，情動焦点的プロセスは CBT から精神力動的心理療法を区別するポイントともいえる[40,41]。短期精神力動的心理療法の現代的な治療モデルが，症状やパーソナリティはもちろんのこと，とりわけ感情への対処にポイントを置くようになったこと[42,43]を強調することは，これらの治療がパニック障害に対する有用な治療方法として数えあげられるようになったことを意味している。

　本研究知見から，複数の分析レベルから治療プロセスを検討することの重要性も示唆された。本探索研究から，我々は，実力のある臨床家であっても，臨床家がもともと拠り所としてきたオリエンテーションと実際患者を前にして治療を行なう場合に優勢にあらわれる治療プロセスとは一致しないということを学んだ。また，最も優勢にあらわれるプロセスが，最も必要性の高いものではないということも学んだ。さらに，マクロなレベル（例えば，典型例を用いた分析）やミクロなレベル（例えば，個々の項目を用いた分析）を含む複数のレベルから「プロセス」を詳細に吟味しなければ，

我々は，本来まちがいであるにもかかわらず，本研究で行なわれた治療を精神力動的心理療法（臨床家の自認したオリエンテーションゆえに）あるいはCBT（このプロセスが最も特徴的にあらわれていたために）と決めつけていたかもしれない。さらに，患者の改善に向けた援助法を理解するときに，まちがった決めつけをしていたかもしれない。診断するときの弊害（時にそれが治療不能という結論を導き出すこともある）とも似て，治療的なオリエンテーションに関するブランド名が，治療的変化を促す要因がいまだ特定されていない段階であっても，こうした治療に対するニーズを高めてしまうと同時に，患者の改善に対する誤った推測にも結びつくと思われる。

　本探索研究は，近年，心理療法に関する文献で採用されてきた研究方法の選択肢を増やすという意味で大きな貢献を果たした。特に，本研究は，不十分な理論体系しかもたないが実証的に根拠のみられたアプローチについて，どのようなプロセスが患者の変化に関わっているのかを特定するうえで有用な方法となる。また，臨床家が自らの経験にかなった治療法のみならず，効果の検証がなされた治療法をすでに学んでいると仮定したからこそ，我々は，経験を積んだ臨床家がごく自然に当初の研究計画案とは異なった技法を用いたこと，つまり，患者を治療する際に自ら得意とする技法から離れたときに彼らはいったい何をしたのかについて研究できたのである。治療を評価する際に最も推奨される方法は，実験室外の臨床場面に応用する前段階で，治療法をパッケージ化し統制された条件下で検証することである。しかし，本研究結果は，その逆（つまり臨床場面での実情を実証的に把握し，実験室場面でより明確に吟味する）がそれ以上に意味あるかもしれない[10]という興味深い可能性をも示唆している。つまり，実地研究が目指していることは，変化を促すプロセスをもとに新たな治療法を開発したりその有効性を実証的に検討する以前に，地域の臨床家が治療成果と関連する要素を特定することがでるようになることにある。確かに，経験を積んだ臨床家の実践から生まれ，かつ実証的で妥当な「変化のプロセス」に基づいてつくられた治療の方が，実験室研究で開発されたマニュアル治療よりもかなりの程度実践家に受け入れられやすいと思われる。したがって，治療研究におけるこうしたアプローチは，科学と実践の溝を埋め，コンサルテーション場面への般化可能性を増すという意味で大きな進歩の手助けとなるであろう。本研究は，ESTであることを確認する際のRCTを補う有用な研究手法の一例である。そして，この研究が，治療プロセスの研究者と経験を積んだ臨床家にとって，実地の治療場面でみられる実証的で妥当な「変化のプロセス」を調べることを通しながら，お互いから多くを学べる機会となることの例証となれば幸いである。

追記　進んで研究にご参加いただいたMGH心理療法研究プログラムの臨床家の方々，プロセス評定にボランティアでご協力いただいたバークレイ心理療法研究プロジェクトの会員の皆様に心より感謝申しあげます。

第4章

摂食障害の精神力動的心理療法に対する実証的裏づけ

1. はじめに：摂食障害に対する精神力動的心理療法

　既存の研究では，摂食障害（eating disorder : ED）は，パーソナリティ病理，家族歴，生育歴，社会文化的状況，併存障害，遺伝的素因などが関与する多因子疾患であると考えられている。しかも，各要因のウエイトは個人によってさまざまであることも示唆されている[1-5]。一方，対人関係において独特な問題を起こす，症状（行動）変化に対する抵抗性が強い，情動体験を引き出すことが困難である，などの理由から，ED患者の治療は複雑化しやすい[6,7]。また，EDの心理療法では，顕在的な症状のみならず，動機，感情制御，洞察，抵抗といった内的過程にも目を向けることが必要である[8]。その点，数ある「会話療法（talk therapy）」の中でも，精神力動的心理療法は，ED患者特有の複雑な問題に対処するうえで，疑いなく最も多くの技法を有する治療法であると思われる。

　精神力動的心理療法の技法と理論は多岐にわたる。力動的治療では，個人の潜在的な連想ネットワーク，関係パターン（そしてそれに伴う自己および他者の内的表象），さらには衝動および感情制御の仕方に着目する。力動的治療を受ける患者は，潜在的な感情，表象，動機，ならびにその患者に固有な感情制御の仕方（防衛）に目を向けるように励まされる。加えて，治療プロセスで明らかになったこうした葛藤（ぶつかり合う動機）を，よりうまく制御する方法を学ぶよう促されるのである。すなわち，自己のパーソナリティを理解し，変容させることがねらいとなる。力動的治療では，こうした潜在的な人間関係のネットワークや感情のつながりの発展過程を吟味しつつも，一方では，現実の治療者－患者関係を，患者固有の（潜在的な）人間関係パターンまたは否認された種々の体験の変化したもの，あるいはそこを理解するための情報

源とみなすのである[9]。

　対症療法（symptom-focused）では，こうした複雑な障害に完全に対応できないという認識が広まりつつあるのにもかかわらず，EDに対する力動的治療の臨床試験（treatment trials）はほとんどなされてこなかった。ちなみに，対症療法の臨床試験データでは，患者の大半は脱落するか回復しないことが報告されている[6,10]。神経性大食症（bulimia nervosa：BN）に対する認知行動療法（CBT）等の短期療法は，初期の一連の無作為統制試験（RCT）で効果的であるとしてもてはやされた[11,12]。しかし後に，こうした治療によってわかったことは，主として治療待ち受け群または，あらかじめ力動的手法を薄めに設定した力動的治療を受けた患者群と比較したうえでの「有効性」であること[10,13]，成功率はせいぜい中程度であることなどであった。実地研究では，地域でEDを治療する熟練した臨床家たちは，単独または他の介入法と併用しながら精神力動的心理療法を主要アプローチとして用いる例が多いことが示唆されている[14,15]。臨床家たちは，複雑な併発症状がある患者，情動制御に問題がある患者，対人問題を有する患者，さらには情動体験をかたくなに回避する患者の治療に対して，精神力動的心理療法または統合的治療がきわめて有用であると考えている[14-16]。

　EDに対する精神力動的心理療法を支持する根拠は，本章で概観するさまざまな情報源から得られるであろう。RCTおよびパイロット研究は少数であるが，全体的にみると，EDに対する精神力動的心理療法では，力動的技法を大幅に減じた場合（統制群）よりも積極的に力動的技法を用いて実施する場合の方が，EDに対するその他の外来心理療法と比較しても同程度に有効であることが示唆されている[17-20]。この領域では，例えば治療に期間制限を設けない，精神力動的治療の範囲内であればある程度は自由度をもたせた方法でパーソナリティの問題に注目する，といった種々の選択肢を用いて力動的治療の臨床試験を重ねる必要があるのは明らかであろう。近年，地域住民を対象とした精神力動的心理療法によって明らかに症状が変化した，という実地研究によるエビデンスが加えられつつある[8,14,15,21]。EDに対する精神力動的心理療法の有効性が確立していくためには，今後，精神力動的実践とみなされる関連療法を受けた患者群と，それとは異なる治療を受けた統制群を用いたRCT研究がさらに積み重ねられる必要がある。実際，精神力動的手法を改良した対人関係療法（interpersonal psychotherapy；IPT）や支持療法は驚くほど有効である。最後に一方では，例えばパーソナリティ障害（personality disorders；PD）の種類，対人関係における問題の様相，治療動機や治療同盟の程度など，さまざまな条件を統制した精神力動的心理療法の有効性を検討するより広範囲かつ厳密な研究も求められる。例えば，EDに対する集団療法の特質がわかっていけば，ED治療の有効性がさらに高まっていくのである。

摂食障害の診断

摂食障害の分類には2つの主要な診断である神経性食欲不振症（anorexia nervosa：AN）とBNに加えて，「特定不能の摂食障害(eating disorder not otherwise specified：EDNOS)」がある。実際のところは，ED患者の大半はEDNOSに属する[22]。個人によって異なるが，ED患者には，主観的な苦痛と機能障害があるにもかかわらず，共通して体型，体重，食べることに対する過度のとらわれから逃れられない。

ANは低体重（身長から割り出した理想体重の85％未満）によって鑑別される。ANには2つの下位カテゴリーがある。「制限型」はカロリー摂取制限または運動のみによって低体重を来たしている患者であり，「むちゃ食い／排出型」は，むちゃ食いまたは排出行動を日常的に繰り返す患者である。

BNは，AN基準を上回る体重増加および日常的なむちゃ食いと自己誘発性嘔吐やその他の代償行為（例えば，激しい運動，絶食，利尿剤や下剤の使用）による排出を繰り返すのが特徴である。一方，EDNOSは，むちゃ食い障害(binge eating disorder：BED，排出行動を伴わないむちゃ食い)にみられるような顕著で不規則な摂食行動，「噛み吐き」行動，夜間摂食症候群等すべてのカテゴリーを含んでいる。さらにEDNOSには，他のED症状パターン（85％の体重基準を下回らないものの，身体イメージに対する強い関心，排出のみの繰り返し，大幅な体重減少，体重減少に対する強い関心，ANが示すその他の症状）のいくつかも含まれる。

無作為統制試験

EDに対するRCTから得られたエビデンスは多くない[6, 23]。最近のレビューおよびメタ分析では，臨床試験を繰り返しても，成人ANに対する適正水準の有効性が認められた心理療法はないとされてきた[23]。1回以上の試験で，他のマニュアル化された条件よりも有効性が認められたのは，BNに対するCBT，より限定的ではあるがBNに対するIPTおよび青年ANに対する家族介入のみであった[23]。近年提出された特別委員会報告によると，ED研究にとって障害となる要因として，臨床試験を行なう場合に質的に異なるいくつかのアプローチ法が存在すること（例えば，地域によっては出現率の低いEDタイプがあること，障害特有の問題として，治療動機が低かったり，葛藤そのものを感じないなど)，さらに，ED（特にAN）に対して何らかの心理療法を用いることを強く支持するデータが不足していることの2つがあげられた[6]。BN治療，最近ではBED治療のデータはAN治療データよりもいく分豊富であるが，他の主な精神疾患上の障害に比べると乏しい。

摂食障害に対する精神力動的心理療法の臨床試験

文献で最も多く引用されるのはCBTと行動療法のRCTである。ところが精神力動的心理療法に対する臨床試験は，実際には，一般の文献レビューで言及，あるいは引

用される数よりも多く存在するのである。しかし，①精神力動的（または力動理論の影響を受けた）治療群の成功可能性を真の意味で吟味しているのか，また②「うわべは精神力動的と思われる」治療を受ける群を，即，力動的治療の最少介入群，つまり統制群として用いることができるのかという2つの点で，研究者たちの計画には透明性が欠けている。そのため，厳密な臨床試験を選び出すことが非常に困難なのである。後者②の研究の場合，「うわべは精神力動的（または支持的）と思われる」アプローチを用いているという意味において，精神力動的治療を構成するアクティヴな側面（例えば，否認または否定した感情を積極的に追求する，対人場面で抱える困難さの起源を過去に立ち返って積極的に話題にする）が強調されていないとみなされている。その代替として，質問への回答を拒否する，ED症状について直接的な議論はしない，こちらから話題を呈示しないなどの方法によって，非能動的要素（例えば「中立性」）を優先するマニュアル的なアプローチもある。こうした力動的介入を最小限におさえた統制群は，精神力動的な実践を正確に反映したグループではない。したがって，治療的効果がみられないのは，熟練した臨床家が通常行なう精神力動的心理療法に共通するアクティヴな技法が欠けているからである，という観点に立っている。さらに加えて，「精神力動的心理療法とはアクティヴな治療である」と定義づけられた関連研究を1つにまとめること自体も，こうした治療的アプローチがどのような名称で呼ばれているのかという問題と相まっていっそう複雑化している。つまり，現時点でこの領域は多岐にわたるため，力動的治療という場合，1つか2つの精神力動的実践に関する特定の理論（例えば「自己心理学」）に着目することが多い。我々はANに対して積極的な精神力動的アプローチを用いたRCTを3件，BNに対して積極的な精神力動的心理療法を用いた研究を1件，BEDに対する研究を1件探し出した。加えて，BNおよびBEDに対して統合的な精神力動的心理療法を行なった1件のパイロット研究では，特筆すべき成果が得られた。

　ANに対する精神力動的心理療法の3件の臨床試験では，一貫して望ましい結果が認められた。トレジャー（Treasure）ら[20]は，成人AN患者30名を認知分析療法（cognitive analytic therapy：CAT）と名づけられた力動的介入群と教育的行動療法（educational behavioral therapy：EBT）群のいずれかに無作為に割りふった。CATは対人関係に密着するが，そこには治療者−患者関係（転移），および患者の生育史における対人関係的側面からみた不適応的な対人関係パターンの発展過程が含まれる[24]。CATは，拒食症状が「反復的な対人的スキーマの維持」に一役買うという理論に基づく[24]。対人的スキーマとは，例えば見捨てられることや重要な局面にもかかわらず意見の食い違う場面から回避してしまうなどである。CATの臨床試験では，CAT群，EBT群ともに，外来AN患者を対象とした他の臨床試験と同様に，全体の63％に良好または中等度の回復が認められると報告された。また，CAT群とEBT群に治療後の肥満指数（body mass index：BMI）に有意差は認めなかったが，自記式の質

問紙尺度を用いた場合の治療成績では，CAT群が有意に良好であった[20]。デア（Dare）ら[18]は，ANの臨床試験でCATともう1つの力動的治療である焦点化精神分析療法（focal psychoanalytic therapy）を用いた。また，そこには家族療法も含まれており，ほとんど介入を行なわないグループを統制群とした。焦点化精神分析療法は，マラン（Malan）[25]によって提唱された短期力動的治療に基づいた。マランは，個人の心的葛藤の文脈から，症状の無意識的意味を積極的に解釈することを強調した心理療法家である。成人外来患者84名（終了時54名）を4群に分けたこの研究では，精神分析的心理療法群と家族療法群がともに統制群よりも有意に優れていた[18]。最後に，ベイチャー（Bachar）ら[17]は，混合ED群を対象とした自己心理学的介入の大規模臨床試験（詳細は後述）にAN患者8名を組み入れた。AN群は独立比較には明らかに小さすぎるものの，客観的評価に基づくEDの全体的な治療成績をみると，自己心理学的介入によって大幅に有意な改善が認められた[17]。

　上述の自己心理学的介入の臨床試験[17]は，我々のレビューによれば，BNに対するRCTのうち現存する唯一正真正銘の精神力動的心理療法を用いた研究である。この臨床試験はコフート（Kohut）の研究に基づいており，心理療法家たちは，むちゃ食いを，過去から現在に至る対人関係の中で十分に満たされなかった感情的欲求を満たすための自己対象機能とみなした。さらに自己心理学的技法に従って，この心理療法では，自己愛的な賞賛（support）欲求や治療者との転移関係を「変化を誘発する源泉（mutative nature）」として重視する。加えて，この臨床試験では，認知的介入をベースとした「最小介入＋栄養指導」群を統制群としている。そして，AN患者（$N=8$）とBN患者（$N=25$）を混合し，両群に分類して比較した。サンプルが小規模であったため，自己心理学的介入群と認知的介入群の間での厳密な比較は困難であったが，統計的分析では，自己心理学的介入群は統制群よりも有効であることが認められた[17]。

　一方，BED患者を対象に，集団精神力動的対人関係療法(group psychodynamic interpersonal psychotherapy：GPIP)と集団CBT（CBT delivered in groups：GCBT）を比較するための，より大規模な臨床試験が行なわれた[26]。この研究における精神力動的介入は，むちゃ食いは対人的相互作用によって誘発された否定的気分の一症状であるとの前提に基づいた。否定的な相互作用は循環的な関係パターンを産みだすと同時に固定させると考えられる[27]。そして，ベンジャミン（Benjamin）とボウルビィ（Bowlby）が提唱したように，自己と他者に関する否定的内的表象の存続にも寄与すると考えられるのである[26]。さらに，GPIPは，ヤーロム（Yalom）の研究の影響も受けている。つまり，集団場面を用いるのは，そこでは，実際の社会的関係パターンが最も観察可能な形で再現されるからである[26]。このRCT研究では，計135名の患者のうち，GCBT群とGPIP群は，待ち受け患者群（統制群）よりもED症状が改善したが，いずれの比較においても有意ではなかった。また，フォローアップ時，GPIP

群は，GCBT群よりも気分および自尊心の側面で抑うつ症状が有意に減少していることが認められた[26,28]。

複数の著者が，精神力動的心理療法は認知行動療法的介入と統合されれば，非常に有効な介入となりうることを示唆しており[29-31]，実際に地域で開業する臨床家たちの大半が，自らの担当するED患者を対象に種々のアプローチを統合するという選択を行なっている[8]。BN患者（$N=14$）およびBED患者（$N=8$）を対象とした最近の注目すべきパイロット研究では，自己モニタリング，指定された食事の摂取，毎週の体重測定を組み合わせたEDに対するCBTと，中心的葛藤や症状の無意識的力動的意味の吟味，さらには発達途上で抱えた困難と現在のED症状の関係に対する洞察の形成といった精神力動的心理療法の，時間制限的統合療法の検証が行なわれた[19]。このパイロット研究には比較統制群が存在しないが，治療終了時のデータでは，すべての患者が臨床試験を終了し，BN患者14名のうちむちゃ食いを継続したのは3名のみ，排出は13名中4名であり，回復率は70～80％であった。個人CBTの一般的回復率が40％弱（もっと高い安定率を示す推計もあるが）[10]であることを考えると，統合的アプローチは今後とも期待できる方法であり，研究面でさらなる注目を浴びることになるであろう。

摂食障害のための認知行動療法：対症療法的介入

ED治療のためのCBT理論とその基礎データをレビューしておくことは，次の2つの意味で価値がある。その1つは，力動的治療におけるデータと比較できるという点であり，もう1つは，精神力動的アプローチとうまく統合できそうな対症療法的介入の基礎的考え方がわかるという点である。すでに述べたように，フェアバーン（Fairburn）ら[32,33]は，BNに対するCBTの個人治療用マニュアルを作成し，複数回にわたる大規模な臨床試験を行なってきた。また，その後，個人CBTに関する小規模な臨床試験が，少なくとも9つ報告されてきた[10]。フェアバーンによって標準化されたBNに対するCBTマニュアルでは，20週間を超える構造化された介入が含まれている[34]。セラピストは，患者に対して，すべての食行動，とりわけむちゃ食い／排出エピソードをもれなく記録するよう伝え，各セッションにその記録をもってくるように要求する。治療プログラムにおける最初のステップは，規則正しい摂食時間を維持することに始まり，そして徐々に摂食量とメニューの適正化を図っていくことである。そうすることで，患者は，ダイエットに悪いと自ら思いこんで制限してしまっている食事を再び摂れるようになるのである[34]。また，患者たちには，体重増加（体重増加に対する不安を増長させる強迫観念や強迫行動の一要素）や体重減少（体重増加への不安が増長した結果予想される回避行動の一現象）が起こらないように留意させながら，自主的に毎週体重を測ることを求めた[35]。CBTに基づいた食行動の適正化と体重管理とによって，ある程度はむちゃ食い／排出行動の減少が観察される。次

のステップでは，いまだ残存しているむちゃ食い／排出行動を対象に，こうした行動が出現する前後の文脈や誘発要因の詳細な観察を行なう。そこでは，むちゃ食い／排出行動の引き金となるような認知，行動，感情にまつわるほぼ定式化された介入に力が注がれる[34,36]。さらに次は，近年マニュアルに追加されたステップであるが，身体像の歪みに焦点をあてる方法である。つまり，頻繁に鏡を見る，あるいは何度も手で触るなどの体型「チェック」，または逆にそういった「チェック」をいっさい行なわないなど，いわゆる患者の「チェック」行動や回避行動に注目し，こうした行動の低減を通して身体像の歪みに迫るのである[35,37]。

　BNのためのCBTは，最も多くのRCT研究に基礎を置いてはいるが，今やその限界も広く指摘されつつある。RCTによるCBT研究のメタ分析データによると，治療プログラムに順調に登録された患者のうち，わずか40％が治療を終了し，治療後評価によって回復が確認された[10]。一方，回復しなかった患者の症状レベルは深刻なままであり，1週間に数回はむちゃ食い／排出を続けていた[10]。加えて，BNに対する第一世代のCBTのRCT研究では，比較的厳しい患者選択基準が採用されているが，詳細に吟味すると，多くの重症患者や処遇困難患者が除外されてしまっている可能性がある。例えば，境界性パーソナリティ障害（BPD）を伴ったBN患者では，物質乱用がごくふつうに観察され，同時に自己破壊行動，不規則なむちゃ食い／排出症状（"潜在的な" BN）も認められる[14,38]。しかし，こうした行動は患者登録基準から除外される傾向にあったため，今日までに公表されてきたいていのCBT臨床試験においては，ほとんどのBPD患者は除外されてきたのである。CBT研究者によると，より緩やかな実験プロトコール（摂食障害と同時に起こるさまざまな問題行動も含む）を用いたオープン試験が現在進行中であるとのことである[39]。さらに，短期CBTは，パーソナリティ病理を含めないことになっている。また，気分変動の激しい患者や対人関係能力に困難さを抱えた患者に対する新たな介入技法も取り入れた，より汎用性の高まった新しい世代のCBT的接近法においてさえ，こうしたパーソナリティの問題に対しては，根の深い問題でありかつ回復に対する障害物となることを理由に，積極的なアプローチは避け，短期療法の将来にむけた第二段階の問題と位置づけている[40]。

　BNに対するマニュアル化されたCBTは，BNに他の問題が併発している患者に対しては，広く適用外とされてきたが，以上のような臨床試験の成果をみると，精神力動的治療を使ってこうした患者たちの症状を軽減させようとする場合の構造化された治療的介入法について，2，3の重要な課題を残してくれている。CBTは以下のような前提から成り立っている。つまり，行動的な症状というものは，例えばいったん動き始めたら後戻りできない，言わば半永久的で融通の利かない落とし穴に落ちるような状態である[34]。BNに対するCBTでは，カロリー制限や厳格なダイエットの強制は，患者をむちゃ食いの方向に追いやってしまい，さらにこうしたむちゃ食いが嘔

吐や過激な運動という埋め合わせ的な手段を使うような段階，つまり過剰に体重を意識する段階に至らしめると考えられている。言い換えれば，こうした埋め合わせ手法が，むちゃ食いによって引き起こされる身体の変化（肥満）から解放してくれるという信念が，将来のむちゃ食いを促進し，悪循環のように，むちゃ食いがさらなる病的制限の引き金になるのである。食行動や大食行動の（同時にそのときの感情や対人関係的な文脈も併せた）慎重な自己モニタリング，系統的なふつう食の導入，病的な体重コントロールが全く無効であることの教育，そして補償的，埋め合わせ的行動の除去に向けた支援などを通して，人を悩ませたり混乱させる顕在的な ED 行動を軽減させることができるのであり，そのこと自体が治療の目標となろう。また，場合によっては，より洞察志向的な関わりが可能になってくる転機ともなろう[19]。

摂食障害における精神力動的心理療法の実地研究

　RCT は治療評価研究の中心的方法として近年まで特権的な位置にあったが，実地研究は，従来の RCT 領域では決して明らかにならない治療の本質的情報を与えてくれる[13]。地域で行なわれている治療の実地検証であれば，非常に多くの治療者／患者ペアにアクセス可能であるし，それゆえに，多くの治療変数（例えば，治療者のオリエンテーション，個々の介入，治療期間など）や患者変数（例えば，初診時の診断名とその重篤度，併発症状とその重篤度など）について同時に吟味できる。特筆すべきは，RCT の場合，平均的人数の患者に対する治療を情報源とするが，実地研究の場合，より広範囲に参加を呼びかけることができる。さらに，RCT の場合，これまでのパイロット研究で，ある程度有効性が確認されたごく限られたいくつかの介入技法について一貫して検証を行なってきた。しかしながら，研究に取り上げられた技法は，実際のところ，特に技法にこだわらない治療者であれば利用可能な莫大な数の介入技法の中でも，とりわけ研究者の好みによって選ばれた特定の技法といえるのである。

　系統的な実地研究は，地域における ED 患者を対象とした精神力動的治療に関する重要な知見を示してきた。経験のある臨床家に地域で治療を受けた大食症の症状のある患者に関する研究[14]では，多くの臨床家は，ED 患者を治療する際，単独かまたは他のアプローチとの組み合わせで精神力動的心理療法を用いていることが報告された。また，ある研究では，145の臨床家サンプル（訓練後5年以上の臨床経験をもつアメリカ心理学会，またはアメリカ精神医学会の会員）のうち，治療開始の段階から力動的治療を使ったと回答した者は35％，CBT と回答した者は37％，残りは折衷派であった[8]。治療成果に関する基礎データをみると，治療後の改善率や回復率あるいは全体的機能レベルに，自己申告に基づく精神力動的治療と CBT の間に有意な差はなかった。ただし，精神力動的心理療法は CBT よりも有意に治療期間が長かった[8]。

　治療的介入に関する質問紙（BN に対する心理療法プロセス比較尺度,[8, 41]参照）を

含めた追加分析によると，ED 患者に対する力動的治療実践と CBT 実践では相当部分が重複し一体化しているが，一方では明らかな違いも認められた。また，因子分析を行なったところ，「実態が乏しくかつ葛藤的な感情を明確化させるための介入」「何度も繰り返されると同時に家族関係に起源をもつ関係パターンの探索」「怒り／攻撃性や性愛を伴う問題のさらなる探索」「今の人間関係や新しい人間関係のもち方に関する情報収集を意図した患者／治療者関係の利用」など，精神力動的アプローチは多面的であることが確認された[8]。それとは別に，地域で実践されている CBT では，「定期的かつ適量な摂食方略の育成」「セッション内外における特定の症状に対する対処」「食べ物や食事することに対する非合理的かつ非論理的な思いこみへの挑戦」を目的に，はっきりとしたアドバイスを行ない，同時に宿題（自己モニタリングを含む）も課した[8]。他のデータ分析では，多くの治療者は，ED 患者を治療する際，1 つだけのアプローチを用いるのではなく，むしろ統合されたアプローチを用いた。さらに，患者に併発症状があるときには，一段と統合された（または，折衷的な）心理療法が用いられるようであった[8]。最後に，重回帰分析による結果では，ED の治療結果は治療介入の種類によって変動はなかったが，全体的な機能は，精神力動的な介入グループであることと治療期間の両方が正の有意な予測因子であることが確認された[8]。

摂食障害患者のパーソナリティ病理と精神力動的心理療法

　ED におけるパーソナリティの混乱にメスを入れる研究には，治療への重要な含みがある。パーソナリティを ED の症状増悪に関与する危険因子とした前方視的（prospective）研究はそれほど多くはない。しかし，最近のレビューでは，完全主義と強迫特性が AN と BN の危険因子であることを示唆している[42, 43]。また，全体的にみると衝動特性は ED の危険因子と断定できるほどの一貫性はない。例えば，行動面での衝動性（例えば，違法行為）が ED の危険因子になるという報告がある一方で，自己報告による衝動性は危険因子とはならないといった報告もある[44, 45]。多くの研究の蓄積により，大方の意見として，ED の患者集団は実証的に抽出された意味あるいくつかのパーソナリティタイプに分類できることがわかってきた。つまり，ED 患者がもつパーソナリティの特殊性（DSM-IV のパーソナリティ障害とは若干異なる）に合わせて，可能性の高い治療目標や治療／介入方法を決定できるのである。

　クラスター分析の手続きを用いた複数のタイプ分類研究によって，ED には 3 ～ 5 のパーソナリティグループがあることが判明した。つまり，最小限のパーソナリティ病理をもつ高機能タイプ，境界傾向や演技性を伴った情動調整困難タイプ（例えば，情緒不安定），不安，抑うつ，社会回避傾向を伴った回避－不安定タイプ，強迫観念や強迫行動，さらには固着傾向を伴った緊張－強迫タイプが一貫して示されてきた[15, 46-50]。加えて，2 つの研究で行動調整困難タイプの存在が明らかになった。このタイプの者は，情動調節の不全に基づく症状を示すよりも，刺激を捜し求め，反社会

的で，調整困難な衝動的行動特性をもつことが明らかになった[47,50]。

　以上の研究も含めた主なパーソナリティタイプ分類研究において，タイプ間の実質の違いは，適応機能，併発症状の有無，発症因子，治療成果にあるとされてきた。我々の行なった複雑性 ED と BN を併発している成人を対象とした研究では，パーソナリティタイプは，機能の全体的評定（global assessment of functioning：GAF）得点と強く関係することがわかった[15,49,51]。高機能群の治療前 GAF 得点は，情動調整困難群よりも 10〜20 点高く，その差は有意であった。また，緊張−強迫群はその中間程度に位置した。さらに，入院歴（ED 以外の問題による）は，情動調整困難群，および回避−不安定タイプに入る何人かの患者群で共通して多く認められた[15,49,51]。

　これら ED 患者のパーソナリティタイプ間における差異は，併発症状，発症要因，全般的な治療反応性の側面でも認められた。ED 患者のうち情動調整困難タイプのパーソナリティと認められた者は，明らかに外傷後ストレス障害と物質使用障害を併発していた。さらに情動調整困難タイプの者では，一親等の親族にトラウマ経験や顕在的（反社会的）障害があるという明らかな家族因があった[8,14,15,48,49]。対称的に，回避−不安定タイプと緊張−強迫タイプの者は不安障害を併発しており，一親等親族の内向性（非社会的）障害と関係があった[15,48,50]。高機能パーソナリティタイプの患者は，併発症状が少なく，全体的な家族因もなかった[8,15,48,49,51]。ED の特異的症状と関係するパーソナリティタイプも認められた。例えば，緊張−強迫タイプと回避−不安的タイプの患者は，現段階，あるいは過去に AN 的症状を示し，一方，情動調整困難タイプと行動調整困難タイプの患者は，むちゃ食い／排出行動を示した[46,48-50]。しかしながら，ED と診断されたからといってすべての患者がいずれかのパーソナリティタイプに分類されるわけではない。最後に，パーソナリティタイプによって，治療反応性や長期予後に差異がみられた。BN を対象とした研究で行なわれた重回帰分析の結果では，情動調整困難性と緊張−強迫性は，ED 全般の治療結果にマイナスの影響をもち，その程度は ED の重症度や主な I 軸診断による予測性をはるかに超えていた[15]。加えて，近年の縦断研究によると，初期の段階で AN の診断を受けた患者のうち，回避−不安定タイプに入る者は長期予後が不良であり，一方，情動調整困難／衝動性タイプと回避−不安定タイプに入る者はともに全般的な治療成績が不良であるというエビデンスが提出された[51]。こうしたパーソナリティタイプによる明確な差異をふまえると，各パーソナリティタイプに理想的で治療反応性を最大限に高められるような治療法は，決して単一ではないと思われる。先に述べたように，パーソナリティに病理のある場合，地域の臨床家は精神力動的介入を用いがちであり[8]，研究データからは，そうする方が理にかなっているということもわかっている。

　最も重要なのは，精神力動的心理療法は，パーソナリティ病理を抱えた ED 患者に対する見込みの高い治療法であるということである。実地研究による分析では，精神力動的心理療法と他の介入法を統合した治療的なアプローチが，とりわけ情動調整困

難タイプ群において，GAF得点の変化とED症状の軽減に有意に関係することがわかってきた。ある研究で，我々はCBT治療者によって治療された情動調整困難タイプの患者を検討した[原注1]。そこでは，我々は，治療者が自らの実践の中に，「過去の人間関係に焦点化する」「情動制御に焦点化する」「治療関係に焦点化する（転移を扱う）」といった力動的介入をどの程度取り入れているかを評価した。中程度から高い程度の情動調整困難を伴う患者が，統合的な治療を受けた場合，GAF得点で平均27点（$SD=15$）の変化を示し，一方，同じパーソナリティタイプの患者がED症状に対する対症療法を受けた場合，わずか平均15点（$SD=10$）の変化であった（$t^{[36]}=-3.23$；$p=0.03$）。統合的な治療を受けた情動調整困難タイプの患者のうち70％にEDの回復がみられ，一方，EDの対症療法を受けた患者の場合は，わずか30％の回復であった（ピアソンの$\chi^2=6.4$；$p=0.01$；$N=40$）。表4.1には，CBT治療者が自らの実践に精神力動的介入をどの程度導入したかを表わす「要因統合得点（integration factor score）」を示した。要因統合得点とGAFおよびED治療結果との相関（r）は非常に高く，統計的に有意であった。

❶表4.1 CBT治療者によって治療を受けた情動調整困難タイプにおける統合得点と治療成果との相関

		GAFスコアの変化	むちゃ食いをやめる
統合要因スコア	R	0.43	0.42
	p	0.004	0.007
	N	44	40

同様に，青年期EDに対する新しいデータでは，精神力動的心理療法の使用が，パーソナリティ病理をもつ患者の全体的な機能を高め，より優れた治療結果と結びつくことが示唆された[21]。さらに，CBT，精神力動的方法，家族介入，情動制御，トラウマに焦点づけられた介入などを区分できる尺度を用いて検討したところ，精神力動的心理療法は，パーソナリティ病理を抱える患者に対して全般的な機能の回復を約束する唯一の治療法であることもわかった[21]。

要約すると，EDの精神病理に関する基礎的な科学研究によって，これらの患者には，明らかに純粋な4つまたは5つのパーソナリティタイプがあることが観察された。これらのサブタイプのうちの4つは，各々特有の長期にわたるパーソナリティの機能障害を示すことが，成人対象研究，青年対象研究のいずれにおいても実証的に特定された。また，これら4つのパーソナリティタイプは，異なったパターンの併発症状や

[原注1] ここでは，CBT治療者に焦点をあてた。なぜなら，CBT治療者は実際の臨床場面では精神力動的心理療法の技法を取り入れる程度がよりバライエティに富んでいるからである。精神力動的心理療法家は，精神力動的技法のみにこだわるため，異なった立場を統合した介入と治療成果との間に，関連性を見出しにくいのである。

治療反応性を呈すこともわかった。現段階では，エビデンスというには限界もあるが，精神力動的心理療法は，情動調整困難タイプや回避－不安定タイプといったサブタイプの治療により有効な手助けとなることが示唆された。

精神力動的心理療法の臨床試験

精神力動的治療単独の臨床試験を行なうには限界があるが，多くのRCTで，精神力動的実践と関連する介入の有効性が公表されると同時に，EDの症状に焦点化した厳格な対症療法以外にどのような方法が有効なのかについての認識も深まってきた。EDに対するRCTで明らかな根拠を示した関連治療とは，支持的心理療法，IPT，弁証法的行動療法（dialectical-behavioral therapy：DBT）であった。

1）対人関係療法

対人関係療法（IPT）は，理想的な実践技法をマニュアル化する試み，およびうつ病やBNを対象とした研究におけるさまざまな治療の統制群としての技法に端を発する[33,34,52,53]。BNに対するIPTは構造化された短期療法である。具体的には，対人関係の文脈からBN症状の進行具合を評価し，引き続き，対人関係における困難さに関連する次のような4つの領域の1つを治療焦点とする方法である。その4つとは，「役割の変化」「悲嘆」「対人関係の欠如」「役割をめぐる不一致」である[54,55]。CBTと同様に，今やIPTはRCTデータによって支持されたと判断される数少ない心理療法の1つである。IPTがどのような経緯を経て発展してきたかという歴史的側面については，他の文献で詳細にレビューされている[13]。要するに，初期のフェアバーンによる臨床試験において，「力動的」治療の支持的短縮版として時間制限的な介入統制群に位置づけられてきたのである[56]。後の臨床試験では，IPTは焦点化力動的治療（focal dynamic treatment）の代用として用いられるようになった。しかしながら，治療者は，IPTの初期評価段階以降にED症状について言及することを禁じられたのである[54]。限られた介入であったにもかかわらず，臨床試験でIPTを受けた患者は治療によって改善し，治療後の改善も続いた。そして，結局，CBT群と同じレベルにまで改善するとともに，2番目の統制群よりも格段に高い改善レベルに達したのである[33]。これらの結果は，同じ比較群を用いたより大規模なBN治療で再検証された[32]。

現在のED研究者たちは，ED患者においては，対人関係に関する問題が高頻度であるため，IPTがBN治療に有効であると推奨している[57]。IPTを吟味すると，IPTは力動的治療と共通した特徴，すなわち，対人関係機能や対人関係パターンに焦点をあてるという特徴を有する。しかし，プロセス研究では，力動的治療のたいていの技法よりもCBTと類似していることが示されている[58]。1つの主要な違いは，IPTが「現在に焦点化する」という点である。そして，診断面接後は，過去の対人関係についていっさい言及しないのである[52]。我々の行なった実地研究では，個人診療でED患者に対してIPTを実践する治療者はCBTや力動的介入の両方を用いる傾向があ

り，自己をCBT治療者と力動的治療者の間のいずれかに位置する治療者であると自認する傾向があることが示唆されている (Thompson-Brenner & Westen, Unpublished data)。

2）支持的心理療法

支持的心理療法は，近年，ANに対して，かなり有望な治療とみなされるようになった[59]。IPTの歴史と同様,「支持的臨床マネージメント」は，近年のANへの臨床試験において，CBTとIPTに対する統制群と位置づけられてきた。著者の記述にあるように，支持的臨床マネージメントは，健康的な食事習慣や体重回復などに関する通常の臨床的なマネージメントに教育的手法を織り交ぜて行なわれる。その際，全体的に支持的，肯定的，受容的，さらには励ましの姿勢をもって，まずはパンフレットの配布程度から始めるべきものである[59]。この方法は，初期のBNに対する臨床試験で用いられた，効果のないよく似た名前の統制群[60]とは異なり，むしろ，ANの治療に特化して開発された方法である。予想外に，支持的臨床マネージメントによる介入は，複数のED評価尺度得点において，IPTよりも優れた結果をもたらした。EDの治療成績に関しては，CBTとIPT間に有意な差はなく，CBTと支持的臨床マネージメント間にも有意な差はなかった。全体的な機能評価については，支持的臨床マネージメントはCBTやIPTよりも治療後のGAF得点が優れており，CBTとIPTの間に差はなかった[59]。

EDの研究者たちは，このANの臨床試験で確認された支持的治療の成功について，再度，事後の説明を試みた。1つの可能性としては，支持的心理療法では，精神力動的心理療法とは違って，治療早期の症状介入が積極的に行なわれず，その代わりに，治療への動機づけが低かったり，回復に向けて自己の動機を高めようかそれとも治療に抵抗しようかというアンビバレントな状態であっても，それが許容されるのである。もう1つの可能性としては，治療者の温かさに満ちた，肯定的で励ましの（つまり，支持的）姿勢が，時に人間関係に強い恐怖心を抱き，自尊心が低くなりがちなAN患者にとって，とりわけ変化のきっかけになる可能性があるということである[51]。うまくいけば，支持的心理療法の適用に関する肯定的知見は今後も再現されていくであろうし，真の意味で積極的な支持的治療が開発されるためにも，治療を促進する要素がさらに発見され，それらが組み合わされ，活発に議論されるようになるであろう。さもなければ，支持的心理療法は主となる技法やその関連技法を最大限活用する積極的技法というよりも，IPTのような時間制限的治療の仲間として組み込まれていくのかもしれない。

3）弁証法的行動療法

いくつかの臨床試験によって，BNとBED[62-64]をもつED患者に対する弁証法的行動療法（DBT）短縮版[61]の有効性について検討されてきた。DBTは本来，BPDの治療のために開発された心理療法である。そして，以下にレビューするように，BPDはしばしばEDとの併存が指摘されてきた。DBTに含まれる構造的介入（例えば，

日記カードや宿題訓練）は，主にCBTに由来するものであるが，感情を特定したり受容するといった治療目的は，力動的実践の諸側面と軌を一にする[61]。DBTも，治療関係や，治療抵抗性の行動または「転移」に力点を置くなど，精神力動的心理療法と類似している[61]。さらに，DBTは主として現時点をうまく乗り越えることに主眼が置かれるが，弁証法的あるいは相互作用的な精神病理学モデルそのものは，過去の人間関係が感情制御の発達や維持に中心的な役割を果たすという考えに立脚しているのである。このように，DBTでは，不適切な環境の有害性が強調されると同時に，治療における適切な感情表現も重視されるのである[61]。

　DBTは，より包括的な日記カードの使用，栄養教育の実施，さらには，身体へのとらわれやむちゃ食い衝動に端を発する苦痛への対処指導など，EDに対する治療法として適用されてきた[65,66]。BNに対するDBTは，ある RCT研究において相当な改善をもたらしたことが報告されたが，回復率でみるとCBTと比較して高くはなかった[62]。

■ 精神力動的治療を支持する他のエビデンス：パーソナリティ障害に関する文献

　限定的ではあるが，パーソナリティの問題やEDに対する精神力動的心理療法の併用治療に関する実地のデータが存在し，また，治療継続の困難さも含めPD患者の対人関係の特徴を記述した文献やPD患者に対する精神力動的心理療法の適用事例に関する文献も数多く存在する。

1）パーソナリティ障害

　ED患者の中で，「精神疾患の分類と診断の手引き（DSM-Ⅳ）」が定めるPDの発症率はとても高い。最近，サンソン（Sansone）ら[67]はED患者におけるPDの発症率に関する文献を広範囲にレビューし，以下のような「傾向」を指摘した。まず，ANの制御型患者では，強迫性パーソナリティ障害（OCPD）の併発は約22％，回避性PDが19％，BPDが10％であった。ANのむちゃ食い／排出型患者では，B群とC群PDが大半を占め，約25％がBPD，約15％が回避性および依存性PDと診断可能であった。一方，BN患者をみると，BPDの平均発症率は26％であったが，ある研究では37％や42％という高水準の発症率が報告された。OCPDとA群PDは，BED患者において最も発症率が高かった（各々約15％）。逆にPD患者におけるEDの発症率は，同様に顕著である。ザナリニ（Zanarini）ら[68]は，男女合わせて379名のBPD入院患者サンプルのうち，DSM-Ⅲ-R基準でANに該当する者が21％，BNが26％，そしてEDNOSが26％であることを見出した。さらに，他のPDをもつ125名の入院患者のうち，13％の者がAN基準に適合し，17％がBN，そして9％がEDNOSとなった。

　PD治療において，精神力動的心理療法の適用を支持するエビデンスは数多く存在する。この話題に関する詳細なレビューはこの章の範囲を超えるが，2，3のことは述べておく価値がある。ライヒゼンリングとライビング（Leichsenring & Leibing）[69]

は，近年，1974～2001年の期間に行なわれた，開始当初は重症とされたA群とB群PD患者を対象としたRCT研究の包括的なメタ分析（精神力動的治療群：$N=14$；認知行動療法群：$N=11$）を行なった。その結果，まず精神力動的治療は，CBTより治療期間が長かった。続いてライヒゼンリングらは，各々の研究における治療成果に対し，重みづけをした効果量と重みづけをしない効果量を算出した。そして，精神力動的心理療法群は，全研究における治療結果および外部観察者による評定結果の平均効果量がCBTより大きいと結論づけた。また，パーソナリティの変化に関する効果量も大きいことが，本レビューから明らかになった。つまり，精神力動的心理療法群では，平均15か月というパーソナリティ病理の長期変化が示されたのである[69]。精神力動的心理療法の症状軽減効果（もはやPDの基準を満たさない）に関する3つの研究では，PDの回復率は59％と算出された。ベイトマンとフォナギー（Bateman & Fonagy）[70]は，同様の文献をより多く系統的にレビューし，PD全般，とりわけBPDにおいて，精神力動的心理療法（長期のCBTと同様に）の実用性を支持する根拠があると結論づけている。

2）対人関係の問題

　ED患者にPDの高い発症率があることを考えれば，PDに特徴的な対人関係や感情の傾向がED患者でも同様に観察されることは驚くべきことではない。実際，ED患者の，対人関係面における長年にわたる困難さが観察されてきた[71-74]。また，いくつかの研究は，対人関係における感受性が過食症状の直接的な維持因子であることを示唆している[75]。さらに，BEDを患う女性は，長期にわたって社会的に孤立したり，親密な人間関係を構築したり維持することがきわめて困難であるなど，人間関係面で重度の悩みを抱えているとも述べられている[45, 73, 74]。このようにED患者は，回避性PDに特有の人間関係の欠如を示すかもしれなし，同様に，BPD特有の重度な葛藤的人間関係を示すかもしれないのである[46, 47, 50, 51]。

　PDに関する文献のレビューにあたっては，治療成果の測度があまりにふぞろいのため，併発症状の有無や対人関係などPDに関連する諸問題の程度を比較することは困難であるという点に注意を要する[69, 70]。こうした問題に関する実地データのレビューでは，地域で経験豊かな臨床家によって実践されるED患者への精神力動的心理療法は，治療者・患者関係と同様に，人間関係における問題そのものや，家族歴や生育歴をもとにそうした対人問題の起源に特別な関心を寄せることが示されている[8]。しかしながら，患者の過去や転移に注目する精神力動的アプローチが，現在の人間関係に力点を置き，過去の人間関係や転移には目を向けないIPTのような他の（実用性のある）アプローチよりも効果的かどうかという率直な疑問に答えるようなデータはない。CATや自我心理学的介入などのような転移を基礎に置いた治療は，ANやBNの患者に対する臨床試験[17, 20]において有効性が示されていることから，力動的アプローチは，とりわけPDを患う地域の現場サンプル[8]において成果があるといえ

る[21]。しかしながら，精神力動的対象関係論が対人関係に注目してきた歴史は，他のどの伝統的学派よりもはるかに長い[76]。したがって，ED 患者を対象に実証的に検討されれば，対象関係論に立つ治療は他の限定された治療よりも優れていることが効率的に証明されるであろう。

転移焦点型心理療法（transference-focused psychotherapy：TFP）と心理化療法（mentalization-based therapy：MBT）は，BPD の治療を目的に，構造化されたマニュアルをもつ独自の力動的治療法であり，実証的評価も高い。どちらもパーソナリティ障害患者の対人関係に力動的観点から焦点をあてることによって，対人関係面で成果を出すことが可能となっている。ベイトマンとフォナギー[77-79]は研究の中で，部分入院中の女性 BPD 患者に対する精神分析的 MBT が効果的であったことを示した。MBT は，患者自身の内的表象と連続性をもつ対人関係に気づいたり，そうした対人関係を改善すること，愛着の質を改善すること，感情を制御すること，さらには対人関係の機能を円滑にすることなどに焦点をあてた治療法である[80]。TFP を開発し評価してきたクラーキン（Clarkin）ら[81,82]は，転移関係や患者の自己感および他者感を探求し続けることを重視する TFP により，治療開始1年前と比較して，自殺行動や自傷行動が減少することを明らかにした[81]。BPD に対する精神力動的治療の臨床試験から得られたこれらの知見は，ED と対人関係の問題をもつ相当数の者にも，類似したアプローチが同様に役立つことを意味しているといえよう。

3）治療抵抗

ED 患者は，洞察志向であれ，対症療法であれ，いかなる形の「会話療法」に対しても複雑な心準備をもって臨み，治療への適応が複雑化しやすいという他の顕著な特徴も示すのである。広範囲な研究で，ED 患者は，感情表出という面で未熟な技能しかもち合わせておらず，加えて感情そのものに対する不快感が強いといったように，感情を取り上げることに特別な困難さをもつ（「失感情症」）ことがわかっている[83,84]。また，AN 患者では，彼らが治療関係に懐疑的になりやすく，改善することに対して両価的感情を抱きやすいなどの理由から，治療段階で広範囲にわたる抵抗が頻繁に観察されることも指摘されてきた[85]。これらの患者は，治療者が，彼ら固有の苦しみ，飲み込まれる／支配されることへの怖れ，さらには治療関係を結ぶことへのためらい等の感情をいずれ理解できるようになるのだろうかという不確実な経験をするようになる[85,86]。こうした抵抗やそこに横たわる感情について解釈することは，治療同盟を確立したり，患者を治療に集中させるうえでとりわけ重要である。例えば，うつ病患者に対する CBT や精神力動的治療では，防衛的態度が高いほど作業同盟の構築は遅れることがわかっている[87]。このレビューから話題がそれるが，言うまでもなく精神分析的心理療法は抵抗が治療の焦点であるという前提に立つし，精神力動的立場にいる理論家や臨床家は，実践におけるこうした側面を重視した経験を数多く積むのである。制限つきの研究ではあるが，こうした考えを支持する知見もある。たとえば，

フォアマンとマーマー（Foreman & Marmar）[88]は，治療者による防衛や抵抗の解釈が治療同盟の改善やよりよい治療結果の予測因子となることを見出した。精神力動的心理療法は対症療法よりももっと容易にこれらの問題に対処できるであろうし，したがって，精神力動的介入が標準化され，ED 患者を対象に実証的に吟味されれば，再度，その有効性が証明されることにもつながると思われる。

ケースの描写：神経性大食症に対する精神力動的心理療法

　ルースは1人の子どもをもつ30才の既婚女性である。ふだんは，主婦とパートタイムのフリーライターをしている。ルースには，BN と BPD の診断がついていた。彼女の BN エピソードは青年期に始まり，未治療のまま15年が経過している。大学時代にはアルコール乱用の既往もあるが，この問題はすでに AA（Alcoholics Anonymous）で回復した。彼女は，批判めいたことに対しては敏感に反応し頻繁に憤りを示すなど，非常に烈しく不安定で調整困難な感情を経験している。ED をもつ多くの人々と同様に，彼女もまた完全主義者である。しかしながら，彼女の完全主義には BPD の特徴があり，彼女の自己表象の分裂（sprit）といった方が適切である。もし彼女が「悪い」と思い込んでいることをしようものなら，彼女は自分がまだ「良い」人間であるかもしれないという気持ちを心の中に抱えることが非常に困難なようであった。また，自分自身を脱価値化したとき（または，他者に脱価値化されたと気づいたとき）に起こる自己批判と怒りのパターンは，食べ物や彼女の人生におけるその他の問題や周囲の人々にも及んだ。彼女は，6か月間，統合的な心理療法を続けている。彼女は病的摂食問題の克服を試みつつある。つまり，これまでの嘔吐や制限という方法に頼らず，食行動の失敗が起こってもそれを共感的に受けとめ，通常の食事を再開するという形で摂食問題を「打ち破ろう」としている。彼女は，これまでの自己批判のパターンを受け入れ，表現しようともしている。我々は，彼女が人から判断されたという感情をもつと怒りとして反応してしまうというパターンを，投影性同一化を土台とした複雑な対人交流，あるいは投影の顕れと理解できるように，ゆっくりとセッションを続けている。具体的には，彼女は自分自身に対する批判と他者からの批判が同一のものであると信じられるようになり，自己のふるまいを通して，周囲の人々に，彼女自身や個人的な過去経験との関わりの様相に端を発する判断を起こさせ，表現させているということも信じられるようになってきている。
　ルースは，彼女がいつも過敏で感情的であり，それが理由で大家族からの非難にさらされてきたと報告している。さらに，彼女は，彼女の母が極端な抱え込み型の人物であり，いつも大家族からの要求を1人で抱え込みてんてこ舞いだったこと，それがゆえに情緒的な，時には身体的な育児放棄の目に遭ったことなどを報告している。以下の記述は，セッションの残り15分からのものである。

セッションの抜粋

治療者：今週の食事はどうでしたか？
患　者：昨日はひどい1日でした。でも，すぐにはそれに対処できませんでした。私は，よいこだけを見ようとしています。あなたならこうするだろうと思うことをするようにしています。大丈夫，いや恐い…，大丈夫。水曜日，私はパーティーに行きました。そして，パンを食べました。最悪だと感じました。それから，昨日は雪が降ったので，2人の騒がしい子どもたちを車で学校まで送っていきました。そうしたら，学校が休みだって。何てこと。2人の騒がしい子どもたち！　考えるだけで，私はパニックになりました。家に戻り，私は，2人にイングリッシュ・マフィンをつくりました。台所に行って，みんなでイングリッシュ・マフィンを食べました。頭の中では，パンを食べてしまったという声が聞こえました。それでも，私は，こんがり焼けたパン，ボウルいっぱいのオートミール，ヨーグルトを食べました。食べたのはそれで終わりです。しかし，本当を言

えば一日中，私はしてはいけないことをしたかったんです。そして私は，まさに，いけないことをしてしまったのです。私は，すでに，気持ち悪くなるくらいたくさん食べていました。しかし，それから，ふつうに昼食をとりました。私は，自分の生活を取り戻したのです！ そして，夕食にシチューを食べました。

治療者：なるほど。どう思われますか！ 子どものことで，とても圧倒されていたようですね。パンを食べるという行為は，圧倒されている気持ちの一部だったし，圧倒されている気持ちをさらに強めたかもしれませんね。しかし，ひどく興奮したり，悪い感情を膨らませる代わりに，自力でふつうの日に戻すことができましたね。

患　者：ひどい状況じゃなかったんですね！ こうやって眺めてみると，うまくいったんですね。あなたなら，わたしのために何をしていたかしら？ 私のしたようにしたかしら。過去2週間，私がむちゃ食いをしたのは，2回だけでした。

治療者：それはすごいよ，ルース。

患　者：でしょ！ 本当にすごいです！ うん，まさに今が最高。先週2週間は，すべてがうまくいきました。でも，ベンはいつも私を元に引き戻そうとするの。だから，不機嫌な顔で話をすると，彼はいつも「大丈夫さ，ルース」と返してきます。私は思わず泣きたくなるんです（泣き始める）。彼が問題なのは，健康的な食生活をしないこと。彼のコレステロールは本当に高いんです。ある朝，走りに行ったとき，彼は巨大なボウルいっぱいのオートミールを食べていました。私は1／4カップでしたが，彼は，たぶん，カップすべてを食べたと思います。しかも，調理される前のオート麦をそのまま食べていたんですよ。それで，私は，「ベン，あなたは健康的な食生活をすべきよ」と言ったんです。そしたらいつものように「大丈夫さ，ルース」だったんです。私は泣きたかったわ。

治療者：なるほど…。確かにベンの健康は重要です。しかし，あなたにはEDがあるので，あなたは食べ物についてあれこれ配慮しなければなりませんし，あなたは何事もすべて計算通りにしないといけないと感じていますね。そして，あなたは冬の日の朝6時半に走っていますが，もちろん，ベンがこのことを心配していないということもまた，個人的にはあなたをイライラさせるかもしれませんね。そして，そのことが原因で，あなたは若干，彼に文句をいってしまう。

患　者：いいえ，そうではありません。私は，走ることが好きです。しかし，彼は，私が強迫的すぎると言います。確かに私は強迫的すぎることを認めなければなりません。でも，それが，私にとってはとても重要なことなのです。でなければ，イライラしてしまいます。でも，いつも叱られてばかり。昔の家族から植え付けられた心の痛みのようです…。みんながいつも私のこと批判して…。私の家族はよく「あなたは，あまりにも肥りすぎだから，目立ちすぎ！」って言われてました。ベンなんてくそったれ！ 私は，悪くない！ あなたのことを心配しているのは，私の悪意からしゃない！（声を荒げる）。

治療者：おお，ルース，とても複雑な状況をお話ししてくれましたね。あまりにも複雑で，しかも，あっという間にものごとが進んでいます。細かく分けてみていきたいので，2〜3分いただけますか？

患　者：もちろんです。

治療者：あなたのお考えと若干異なるとは思いますが，しばらくお時間をいただきますね。私にはこう思えるんです。あなたは彼の健康を心配しているようです。と同時に，何分，問題が食事に関することなので，あなたにとっては少し余分な興奮につながっているのかもしれません。もちろんそうでないかもしれませんが，ただ，あなたの心配は，あなた自身がものごとを悪く受けとめてしまいやすいというところからきているようにも思います。それでも，もしも，ものごとがとても穏やかに進めば，あなたは，自分自身に対して「大丈夫」といい聞かせることができたことでしょう。でも事態は全く逆だったんですね。ベンが突然あなたに対して反発をするやいなや，それはあなたには姉妹や母からの言葉のように感じるんでしょう。まさにあなたの耳には，ガミガミ女たちが声を合わせて「おまえが悪い」と叫ぶのが聞こえるようなものです。あたかも，そうした声をかき消すかのように，あなたはベンに叫び返さずにはいられなかったのでしょう。

患　者：はい。私が感じているのは怖れであることはわかっています。今は周囲のことを自分の思いどおりにしようとしています。しかも2人ともそうしようとしています。私にとっ

ては朝がとても苦痛に感じるので，私は子どもをスケジュールどおりにさせたかった。で，もしも私が食べ物に関して悪いスタートを切ってしまえば，もはや丸1日穏やかでいることはできません。そして，ベンはいつもこう言うのです。「8時半までに子どもが家を出るなんて無理だよ」。「時間を決めてもベッドにだってつけないさ。もちろん俺もがんばるつもりだけど，どうせ無理さ」。もちろん彼は何もフォローしてくれません。

治療者：彼がそんなつもりでやっているんなら無理でしょうし，偶然というよりもなるべくしてそうなったようなものであることはよくわかります。しかし，このことを象徴のレベルで考えたらどうなるでしょう。彼が無理だといえば，完全に無理なことになってしまう。ある意味では，完全なストレス直行便ですよね。

患　者：わかります。本当のことだと思います。しかし，私にも責任があるということを否定したいとも思いません！

治療者：わかりますよ。ルース。あなたは，本当にあなた自身も含めてすべての状況に責任をとろうとしている。

患　者：すべてを自分の思い通りにしたくはありません。

治療者：わかりました。あなたは，まわりを巻き込むことなく，怖れに対処できる方法を見つけたいんですね。そして，人々があなたに対して怒ったり，受動的だったり，攻撃的だったり，とにかくどう反応されても，自分を冷静に保つことが難しいんですね。

患　者：私はAAの第4ステップを思い出しました。第4ステップは自らの憤りを確認することです。そして，フォローアップの質問はすべてその人自身に関することです。例えば，憤りに至るプロセスでその人はどのようなきっかけづくりをしたのか，さらに，憤りが長引くことになったのはその人のどのような行ないが関係しているのかなどです。それで，私はとても一生懸命こうした問題に取り組みますが，時々，私は私の憤りを手放したくなくなるのです。

治療者：それが，ありのままのあなたすべてであり，あなたの誤りのすべてなんでしょう。それが原因でこうなってしまうんだと思います。

患　者：はい（泣き続ける）。私の誤りで起こってしまうことが多いんですね。

治療者：あなたは，あまりに怒っているかもしれません。

患　者：私は，あまりにおかしいのかもしれません。それに，肥っていて，嘘つきで，イライラしやすい。

治療者：おかしい，肥っている，イライラしやすい，うそつき。

患　者：（泣いたり笑ったり）ご存知のように，私はAAが好きです。AAでは，ある人がグループの人々の前に堂々と立ち，話します。いいですか。「私は，後ろの方でおならをしてしまいました」。そして，別の人が，おならをした人には何も言わず，それこそが会話の脱線とよばれるものだし，そんなことは許されないと言うでしょう。しかし，グループのみんなはこう言うに違いありません。「私も以前，ここでおならをしました。あのね，私はよくおならをします」(お互いに笑う)。それで，とても安心させられるのです。

治療者：それは，とてもおもしろいですね。しかし，あなたを本当に悩ますのはそんなことではないですよね。あなたが言ったのは，他のメンバーのことです。大切なのは，あなた自身があなたを追いつめてしまっているということを認められるようになれば気分がよくなるということです。

患　者：その通りです。私は，自分で立ちあがることができて，自分がものごとを追いつめてしまう，たとえ何であれ，追い込んでいるのは私であると認められるようになりたいです。

治療者：そして，恥ずかしいと感じないでください。理解できたと感じてください。

患　者：わかりました。

2．考察

ケースの考察

　この統合化されたセッションで，治療者は食べ物の問題を取り上げ，そして，患者は，治療者と患者がともに設定した症状に焦点化したいくつかの目標について語る。最初，ルースは，規則正しい食事を心掛けている。実際，彼女は，もしも事態が予測しない状況になったり，規則通りの食事ができていないと彼女が感じるときには，行動目標はいつものルート，つまり規則正しい食生活にすみやかに戻すことであり，むちゃ食いやその補償としての嘔吐ではないことを知っている。第2に，彼女はこうした行動を続けようとする自らの姿勢に疑問をもつようになり，食べ物に対して「悪いこと」とレッテルを貼ることや，ある行動に対して「悪いこと」とレッテルを貼ることが，付加的な症状ともとれる感情表出に結びつくことを観察するようになっている。しかしながら，力動的な観点からみると，悪いと感じる彼女の問題は食べ物の問題をはるかに越え，彼女は即座に，いかに自己表象が対人関係を複雑化させるかという議論に熱中してしまうのである。夫との関わりについて，彼女は考えをめぐらし，自身が夫の食生活に批判的だったと報告している。しかし，ひとたび彼が怒って反応すると，こうした批判は，彼女の（彼女自身が幼少期以来信じてきた），「肥った」「おかしい」「イライラしやすい」「うそつき」という「すべて悪い（all bad）」感覚と一致してしまうため，彼女は極度に混乱してしまうのである。ここで治療者は，彼女が自分自身を「良く」もあり「悪く」もある統合された（分裂していない）表象に向かうための中間的な経路を見つけ出せるように援助するのである。そのための第1ステップは，夫とのケンカの根底にある投影，記憶，自己批判などの内的機制を明確化することである。すでに実証研究のレビューでみてきたように，地域でED患者を治療している臨床家は，（このケースのように）さまざまなアプローチを統合すると報告している。そして，特に精神力動的治療者は，不明瞭で矛盾する感情を確認するための援助を行ない，何度も繰り返される人間関係のパターンとその起源にある家族関係を調べ，今回のケースでみられた，怒り／攻撃性の問題を探索するのである。そのうえ，実証研究で示唆されたように，地域の治療者は，患者・治療者関係を現実の人間関係の情報源として，また新たな人間関係のモデルとして用いる。このケースでは，ルースは，治療者を彼女のよさを強調する部分的な内在化された声であり，さらにAA（そして治療者も同様に）を彼女が自身の欠点を明らかにすることが快適と感じる新しい場所であるとほのめかしている。こうした食行動と複雑に錯綜した場面において治療的にふるまうことは，深刻で混乱した感情，複雑なアイデンティティ問題，過去の外傷経験，さらには混沌とした人間関係をもつ患者（つまり情動調整が困難なタイプ）にはきわめて援助的となる。

全体的考察

　ED に対する精神力動的心理療法は RCT で十分に吟味されてこなかったが，さまざまな研究データによると，積極的な精神力動的介入は ED 患者，とりわけパーソナリティ病理のある大部分の ED 患者に非常に有用であると思われる。積極的な精神力動的介入には，否定／否認された，あるいは無意識化された情動や動機を追求すること，当初は受け入れられなかった自己表象を取り出し受け入れること，幼少期から続く反復的な人間関係のパターンを話し合うこと，患者と治療者の人間関係を吟味することなどがある。従来，精神力動的観点とは異なる立場の研究者によって行なわれた臨床試験（RCT）では，CBT のような対症療法に対する統制群として治療者の消極性を全面に押し出した形で，力動的的技法を広く取り除いた治療が用いられてきた。しかし，精神力動的観点に立つ研究者によってなされた，転移関係，症状の象徴性，鍵となる葛藤，自己愛的脆弱性，関係の力動性といった要因を前面に出した積極的な力動的治療が ED 症状の改善に大きく寄与する可能性があることを示した臨床試験（RCT）は全くない。実地研究では，この種の介入が，パーソナリティ病理，とりわけ情動調整が困難な PD や BPD がある患者の症状変化や全般的変化に大きな手助けとなることが示唆されている。

　将来は，ED 患者を対象とした精神力動的介入にしっかりと焦点をあてた研究が行なわれることになるであろう。また，そうすることでさまざまな技法の補完的効果が改めて明らかになるであろう。また，ED 患者に対するマニュアル化された精神力動的治療の RCT は，効果のレビューを行なう研究者に最も好まれるような結果を提供することになるであろう。しかしながら，注意深い観察，摂食症状の話し合い，栄養制限，摂食のルール等，今日まで行動療法や CBT の範囲内と考えられてきた介入法は，精神力動的介入と統合されることで一段とその有効性が証明されてきたし，そこに焦点をあてることの正当性も明らかになってきた。ただしここで留意すべきは，RCTを行なう際，各代表的治療法間の重複を最小限にする目的で，介入法を細分化しておくことが，各介入法に特有の有効性を知るうえで重要な知見につながると考えられがちなことである。そうすることは，心理療法の潜在的な共変的効果[訳注1]を見失うことになるであろうし，各タイプの心理療法を地域で行なわれている実践としての心理療法とは全く異なる「型にはまった実践」におとしめる可能性もあるのである。統合的治療（それぞれの治療は同等に効果的であることが判明するかもしれないが）は，治療マニュアルに縛られずに実践活動をしている経験豊富な臨床家の間ではまさに標準的な方法であることが観察されているし，研究者による検討もあたりまえになされる必要がある。さらにまた，ED の実地研究は，重要な情報を臨床家や研究者に提供する。力動的治療に対する次世代の RCT 研究法が開発される前に，まずは，実地研

[訳注1] 治療の成果に複数の要因が同時に作用しながら影響を与える場合の効果のこと。

究による知見が，最も効果的な力動的介入や患者に最適な治療法を指し示す方法として，慎重に考察されなければならないのである。

第5章

境界性パーソナリティ障害に対する転移焦点型心理療法と他の精神力動的心理療法に関するエビデンス（科学的根拠）

1．境界性パーソナリティ障害に対する精神力動的心理療法

　境界性パーソナリティ障害（borderline personality disorder：BPD）に対する精神力動的心理療法は統一されたアプローチではないため，それについて述べるのは難しい。実際，精神分析という用語は，さまざまな理論や技法の適用を包含する複合的なものであり，単純にひとことでは語り尽くせない。さて，こうした精神分析学派は，大きく自我心理学派，対象関係学派，自己心理学派，愛着理論に基づく4つの立場に分類できる。

　この精神力動的モデルは，行動モデル[1]，認知モデル[2-4]，対人関係モデル[5]，統合的モデル（例えば，弁証法的行動療法（dialectical behavior therapy：DBT））[6]といった他のBPD治療モデルと対比されるとともに，それらによって補完されうるものでもある。精神力動的アプローチの特徴は，心的機能には意識的側面と無意識的側面があること，生物学的力と対人的影響の相互作用が意識的・無意識的経験に関与すること，の双方に明確な注意を向けるところにある。

　精神分析的あるいは精神力動的な訓練を受けた人たちは，精神分析的アプローチを実証しうる無作為統制試験（randomized controlled trial：RCT）を計画することへの抵抗や科学の本質に対する認識論的・哲学的な異議（例として，いくつかの議論[7-9]参照）といったさまざまな理由から研究に対して関心をもっていない，と一般にはいわれている。過去の精神分析学派の人たちの多くは研究の価値に懐疑的であったが，最近の心理療法研究のいくつかは精神分析家によってなされている[10-18]。さらに，精神分析家や精神力動的臨床家は，精神力動的仮説を実証することや精神力動的な考えを背景とする治療の基盤となる強力なエビデンスを確立することにしだいに興味を

もってきている[8,9,19-25]。心理療法の成果研究に対して高まる関心は，特に BPD 研究で有益な結果を産み出してきた。BPD といった重篤なパーソナリティ障害は精神分析的臨床研究の支柱とみなされるようになってきた。

多くの精神力動的治療が BPD 患者の治療に効果的かもしれないが，本章の目的として，カーンバーグ (Kernberg)[26,27]の転移焦点型心理療法 (transference-focused psychotherapy：TFP) にまず焦点をあてる。TFP の効果や実用性のエビデンスを検討する前に，メニンガー財団心理療法研究プロジェクト (Menninger Foundation Psychotherapy Research Project：MFPRP) から得られた知見を記して，メアーズ (Meares)[28]の対人関係的精神力動的心理療法 (interpersonal psychodynamic psychotherapy：IPP) やフォナギー (Fonagy) やベイトマン (Bateman)[29]の心理化心理療法 (mentalization-based psychotherapy：MBP) の実用性に関するエビデンスをレビューしたい。また，心理療法研究のエビデンスをまとめる際の問題をまず述べ，最終的にその議論から導かれる結論を要約して結びたい。

実証的エビデンスは何によって構成されるか？

RCT は一般に判断基準とみなされ，方法論上の強みとなる[30]が，多くの重要な制約にも苛まれている[24,30-34]。RCT への注目によって，期せずして，実証的治療であるかどうかを評価する際，他のやり方によるエビデンスをも重要視する結果となった。つまり，効果研究の多くの制約によって，信用が証明され商標登録されるようなエビデンスに基づく評判のよい治療セットを追求するよりも，「実証的に支持された治療原理」あるいは「エビデンスに基づいた治療に関する説明原理（例えば，「なぜ治療がうまくいったのか」など)」を探求する研究の方が推奨されるようになった[31,35-37]。

ギャバード (Gabbard) ら[38]や他の研究者[34,39]は，外的および内的妥当性を考えるために治療のエビデンスに関する段階モデル，あるいはその階層性について考察した。そして，ある特定の心理療法が確固とした「実証的に支持された枠組み」をもつということを示すためには，この段階モデル内で多面的な情報源からエビデンスを得る必要性があることを示唆してきた。内的妥当性は高いが外的妥当性が低い場合を想定すると，治療のエビデンスの階層は，まず，臨床的な特質を明示し議論することから始まり，臨床ケース研究，類似したケースをまとめた研究，統制群のない事前－事後研究，ランダム化されていない統制群を用いた準実験研究，そして RCT へと漸次的に進むのである。RCT の範疇においても，対象となる統制群に関する階層があり，治療待ち患者を統制群として用いることから始まり，通常の治療を受ける統制群，偽薬群，そして最終的に治療効果が十分に確立された他の治療を受ける統制群と比較することまである。レヴィとスコット (Levy & Scott)[34]は，単に RCT に焦点を向けるよりも，特異な技法や作用機序の検討とこうした階層性に基づいた研究を組み合わせることによって[40,41]，より幅広く高い妥当性をもったエビデンスがもたらされると

した。他に，実地研究（naturalistic study）は実践と研究の橋渡しを担う意味で必要だとする見解もある[42,43]。研究や実践，訓練が，RCTで妥当性が保証された心理療法に限定されることになれば，BPD治療研究の正当な方法は確立されず，特殊な患者群に見合った心理療法に接近することすらできなくなるであろう。

■ 境界性パーソナリティ障害に対する初期の精神力動的心理療法研究の発展

　重篤な患者の心理療法の効果をはじめて系統的に研究したものの1つはMFPRPであり，それはワーラーシュタイン（Wallerstein）によって開始され，カーンバーグによって完遂された。このメニンガー研究[44,45]は1954年に開始され，追跡的なアセスメントを30年間続けたものである。42名の治療対象患者のうち，半数の患者は伝統的な精神分析療法を，もう半数の患者は，支持的感情表出的な精神力動的心理療法（supportive and expressive psychodynamic psychotherapy）を受けている。患者には，治療開始時，終了時，それから複数の追跡時に評価を行なった（100％の患者が，治療後2～3年の追跡調査を受けた）。ワーラーシュタインは42名の患者全員の詳細な事例史から，支持的なテクニックは精神分析などすべての心理療法に含まれており，はじめに予想した以上によい治療成果を得た理由はこの支持的テクニックにあると結論づけた。この結論によって，支持的テクニックと表現テクニックの双方は統合され，それは多くの力動的心理療法にみられるようになった[46-48]。一方，カーンバーグ[45]はMFPRPのデータを別の観点から分析し，転移への介入を重視する熟練した治療者の治療を受けたBPDの患者は，支持的テクニックを多く受けた患者に比べてより大きな治療成果を示したとしている。ワーラーシュタインとカーンバーグ双方の結論は食い違っているように思われるが，相互に排他的というわけではない。支持的テクニックは程度の差はあれ，すべての心理療法で用いられてきた可能性があるが，カーンバーグの分析では，転移への解釈は一部のBPD患者では用いられていなかったのである。しかし，どちらの論もRCTに由来するものではないため，いずれにしても多くの問題が説明されないままになってきた。

　MFPRPは画期的な研究であるが，患者が治療条件によって無作為化されていないというだけでなく患者の診断が不確かであるために，結果の解釈が難しい[原注1]。しかし，MFPRPから導かれる明確な教訓や結論もいくらかある。すなわち，①伝統的な精神分析はBPD患者にはおそらくあまり役立ちそうではない，②精神力動的心理療法が支持的技法中心になった場合，つまり支持的心理療法（supportive psychotherapy：SPT）は低水準のBPD患者に対して効果がなさそうである，③1つの技法をすべての患者に適合させる必要はない（精神分析的技法は患者の病理によって修正されうる）などである。最後の点は，今後，臨床技法は特定の発達精神病理にも応用される必要

[原注1]　様々な治療が失敗した患者たちの大半に対して，BPDという分類づけがなされてきたのではあろうが，現代の疾病分類基準に則った診断ではなかったのである。

があるという意味で重要である（この詳細については [49] 参照）。

現代の境界性パーソナリティ障害の心理療法研究

　MFPRP で確認されたことは，長期力動的心理療法に関する研究を遂行することは困難だということである。この領域の多くの人が，そうした研究を遂行することはきわめて難しいと考えていた。しかし1991年に，マーシャ・リネハン（Marsha Linehan）が BPD 患者に対する長期 RCT の結果を公開した。その研究では DBT とよばれる統合的な認知行動療法（CBT）について通常の治療との比較を通して検討している。この萌芽的研究は現在の訓練や心理療法の流れに大きな影響を与えてきた。しかし，この研究が指し示すもう1つ重要なことは，長期間の治療に RCT 研究が可能であること，それゆえ，あきらめかけていた BPD 患者への長期力動的心理療法の厳密な実証研究にとって，新たな模範となったことである。

対人関係的自己心理学アプローチ

　ラッセル・メアーズ（Russell Meares）はホブソン（Hobson）の対話モデル[50]に依拠して，BPD 患者の心理療法として対人関係的自己心理学（interpersonal self-psychology：IP）アプローチを発展させた。このアプローチの主要な目的は再帰的な意識（reflective consciousness），ウィリアムズ＝ジェームズが言うところの自己意識（self-consciousness）[51]の発現を促すことにある。このアプローチの基本的信条は，自己意識には特定形式の対話を通じて到達し，特定他者との関係性を反映しているということである。また，このアプローチに最も近接した北アメリカ学派はコフート（Kohut）[52]やその後継者[53]に由来する。リネハンが最初の RCT の結果を公開してすぐに，メアーズら[28]は BPD 患者の対人関係的自己心理学アプローチを検討した事前－事後研究の成果を発表した。その成果は，治療終了までに，患者の就業時間は増加し，来院回数，自傷エピソード数，入院回数や入院期間は減少するというものであった。（統制群がないために限界はあるものの）この研究結果は，BPD 患者への精神力動的治療の発展可能性と研究可能性の双方を支持するものであった。その後の研究[54]で，ある研究者たちは1年間で週2回の IP を受けた BPD 患者と統制群である治療待ち BPD 患者（これらの患者は後に，SPT，危機介入，認知療法，薬物療法といった通常の治療を受けた）を比較した。IP を受けた患者の30％が治療終結の年には DSM-Ⅲ[55]の BPD 診断基準にもはやあてはまらなくなり，一方，通常治療（treatment as usual：TAU）を受けた患者すべてはいまだ BPD 診断基準に適合していた。こうした結果は，精神力動論に基づいた心理療法が，ごくふつうの臨床現場（その意味では，高い生態学的妥当性をもっている）における BPD 患者に対して概して有効であることを証明している。IP を受けた患者を治療終了の5年後に追跡したところ，良好な予後を維持していた[56]。治療終了5年後の時点で，その40％の患者は BPD の診断基

準にすでに適合しておらず，(入院期間は減少していなかったものの) 通院時間は減少し，就業時間は増加していた。最近の同じデザインの研究[57]でも同様の結果が示されており，こうした研究の結果は，対人関係的自己心理学アプローチの有用性とともに，より厳密な RCT の必要性を考えさせるところである。

■ 心理化療法

ベイトマンとフォナギー (Bateman & Fonagy)[58]は心理化 (mentalization) の発達理論を基礎とした心理化療法 (mentalization-based treatment : MBT) を発展させた。これは，哲学 (心の理論)，自我心理学，クライン理論，愛着理論を統合したものである。フォナギーとベイトマン[58]は，BPD 患者に対して効果をもつ諸治療に共通してみられる変化のメカニズムの１つとして，患者の心理化能力，すなわち自分自身や他者の願望，欲求，意図といった心的状態を考える能力をあげた。この心理化とは，情動が出現しやすい対人的状況において，愛着システムとともに賦活される潜在的かつ無意識的な心的プロセスであり，そこには，自己および他者の心的状態に関する整合性のある統合された表象が関係している。従来，心理化という概念は内省機能 (reflective function : RF) 尺度によって操作的に把握されてきた (Fonagy, P., Target, M., Steele, H., & Steele, M., 1998. Reflective Functioning Manual : Version 5.0, for Aoolication to Adult Attachment Interviews. Unpublished Manuscript, London : University College London. 以下，Fonagy et al., 1998)。

ベイトマンとフォナギー[29]は，BPD 患者に対する18か月間の精神分析的オリエンテーションをもったデイケア・プログラムと一般の定期的な心理療法の効果を RCT で比較した。精神分析的オリエンテーションをもったデイケア・プログラム，つまり，ここで言うところの MBT[59]に割り当てられた患者は統計的に有意な，自殺行為や自殺企図，さらには入院日数の減少だけでなく，うつ症状の改善，社会・対人的機能の向上を示した。

患者は，治療終了後18か月間３か月ごとに評価された[60]。その結果，MBT を受けた患者は実質的な改善を維持していただけでなく，ほとんどの測定尺度で統計的に有意な改善が安定的に持続していた。すなわち，BPD 患者は MBT 治療が終了してしばらくの間，機能的改善を維持していることが示唆された。また，治療終了後18か月の時点で，一般の定期的な心理療法を受けた BPD 患者のうち12.5％程度の患者が BPD 診断基準を満たさなかったのに対して，MBT を受けた患者ではそのうち59.1％が BPD 診断基準を満たしていなかった。この結果は特に重要である。なぜなら，リネハンの DBT 研究の結果は全般的にみれば示唆に富むが，DBT を受けた患者を追跡したところ，患者の治療効果の持続はさまざまで，治療初期に鮮明な疾病を示した患者では機能障害を示していたからである。例えば，リネハン[61]は，(DBT を受けた患者はなおも DBT を受けていたが，TAU を受けた患者のほぼ半数は他の心理療法を受けていなかったにもかかわらず) 治療終了６か月後の入院日数や１年後の自傷行為数

にDBTを受けた患者とTAUを受けた患者の間で差異がないことを示している。このようにMBTでは，初期の疾病利得の持続性は明確ではないが，改善の持続だけでなく改善に伴う仮眠効果（sleeper effect）もあるように思われる。

MBTの8年追跡研究が最近終了し，その研究結果を間もなくみることができるはずである。現時点で，MBT研究がいまだなしていない最も重要なことは，仮定している変化のメカニズムを検証することである。ベイトマンとフォナギーはMBTでみられる改善の背後にRFの変化を仮定しているが，現在のところ，MBTを受けたBPD患者のRFレベルに変化が生じたという結果は報告されていない。

■ 転移焦点型心理療法

1980年代初頭から，ニューヨーク・プレスビタリアン病院(New York Presbyterian Hospital)のウェイル・コーネル医療センター（Weill Cornell Medical Center）で，医師のクラーキンとカーンバーグを中心とする境界例心理療法研究プロジェクトが発足され，BPD患者に対する対象関係論的治療が組織的に調査されてきた。このグループは，境界パーソナリティ構造を有する患者に対する有用な精神力動的心理療法となるように，これまでの治療技法に修正や精緻化を繰り返し行ない，TFPとよばれる方略・技法マニュアル[26,27,62]を開発した。

TFPのターゲットは，養育者との愛着関係を内在化することで形成された内的表象である。そして，自己や他者の内的表象が，経験される情動価（よい，悪い）に沿って分化または統合される度合いによって，パーソナリティの組織化が異なってくると考えられている[63]。カーンバーグによれば，境界パーソナリティは，パーソナリティ構造が重篤に障害されているレベルにあり，未分化かつ未統合の自己および対象表象（それは，カーンバーグが言うところのアイデンティティ拡散状態であり，自己と他者の一貫しないとらえ方として顕れる），原始的な防衛機制の使用（例えば，分裂，投影同一化，万能的支配など），さまざまなレベルの現実検討の混在（例えば，自己自身の社会的価値に関する弱い観念）によって特徴づけられるという。

TFPの主要目標は，自殺衝動や自傷行為を減少させ，より望ましい形での行動抑制，情動制御を可能にし，ひいてはより快適な対人関係，人生のゴールを追求する能力を促進させることにある。この目標は，自己および対象表象の発達的統合，原始的な防衛機制の修正，患者の内的表象世界の分裂を永続させうるアイデンティティ拡散の解決を通して達成されると考えられている。この心理療法では，患者の原始的な（例えば，分裂して分極化した）対象関係を高次の（例えば，複雑で分化・統合した）対象関係へと移行させるうえで，転移分析が基本的手段となる。このように，症状の短期治療に焦点を向けた心理療法とは対照的に，TFPは症状そのものではなく症状の文脈的側面ともいえるパーソナリティ構造の変化という野心的な目標をもっているのである。そして，CBTや短期心理療法のマニュアルに相対して，TFPのマニュアル

は逐次的方式というよりも原則方式であるため，臨床家には柔軟性と臨床的判断が求められる。カーンバーグらは，セッションの録画ビデオやスーパーバイザーの評価を利用しながら，若手の訓練生のみならず熟練した臨床家に対してもさまざまな側面からTFPの原則を徹底させ，その運用能力の向上に努めてきた。

TFPは，心理療法の条件（物理的環境，料金など），治療の方法，患者と治療者の役割を明確にした治療契約に始まる。TFPがはじめに目を向けるのは，今ここで起きている転移状況において，治療者・患者関係から現われでる主要な感情的なテーマである。また，治療の最初の1年では，TFPは次のような階層的な目標に焦点をあてる。つまり，自殺や自傷行為への衝動をコンテインするという目標，患者の脆弱で壊れやすい恒常性が治療そのものをどのように妨害していくかを把握するという目標，今ここで起きている転移関係の中で経験され，表現されている主要な対象関係パターンを特定し，その概略を知るという目標などである。

TFPは，精神分析の中でも転移分析に焦点をあてることを重視するクライン学派[64]に近似している。しかし，TFPは，それが週2回実施されること，治療契約を重視すること，焦点をあてる目標にあらかじめ決められた優先順位があること（例えば，自殺衝動や治療阻害行為）など，より構造化された治療枠を伴うという意味でクライン学派の精神分析とは区別されうる。TFPの治療契約や治療の優先順序はクライン学派の精神分析を含む典型的な精神分析的心理療法や精神分析のそれよりも大きな役割を負っているのである。さらに，転移の解釈は転移とは関係のない事柄や長期的な目標（例えば，より望ましい行動抑制）と一貫して結びつけられる。クライン学派のアプローチとは異なり，TFPのアプローチは，患者に深く関わり，よりコミュニケーションが豊かで，相互作用的なものである。そして，技法における中立性は構造の維持が望まれる程度に応じて改変される。TFPはまた他の表現的な精神力動的アプローチ（expressive psychodynamic approach）とは，今ここに焦点をあて続けること，陰性転移の即時的解釈に焦点をあてること，さらには，患者の攻撃性や敵意だけでなく理想化という防衛機制の解釈にも重きを置くという点で異なる。

TFPとDBT（自殺衝動の強いBPD患者のために発展したCBT）の明確な違いのいくつかは治療枠に関係する。例えば，セッション場面以外での治療者に対する二次的疾病利得を回避すること，および患者の自律性発達を促進することのために[65]，TFPの治療者は緊急時以外にセッション間で患者と関わりをもたない。しかし，DBTの患者はセッション間でも治療者に電話をかけることが，むしろ勧められる。他の違いとしては，TFPでは技法的な中立性が強調されるのに対して，DBTでは保証する，コーチする，激励するといった方略が用いられる，などがある。こうした違いがあるにもかかわらず，TFPとDBTはともに，明確で厳密な契約を要し，段階的に現われるアクティング・アウトに注目し，治療関係に常に注意を払い，構造化された治療原理を用い，治療者の基本としてスーパーヴィジョンのグループを活用することを求め

る。

　TFPでは，仮定されている変化のメカニズムはカーンバーグ[63]の発達を基盤としたBPD理論に由来する。つまりBPDの障害を，未分化で統合されていない情動および自己・対象表象（あるいは観念）の表われとして把捉するのである。部分的自己表象と対象表象は情動と結びつき「対象関係単位（object relation dyads）」とよばれる心的単位を構成する。この単位は心的構造を構成する表象的要素である。BPDでは，統合されていない内的対象関係単位は，まず心的構造内で「分裂（split）」される運命にある。そして，否定的情動を伴った単位はそのまま「分裂排除（split off）」されるか，理想化された肯定的自己・対象単位から隔離されるのである。TFPを受けた患者において想定される変化のメカニズムは，こうした分極化された情動状態や自己・対象表象（対象関係単位）が全体的に一貫したものに統合されることである。こうした分裂排除された自己・対象表象と認知・情動の単位を十分に探索し，統合させることを通して，患者の生活での気づきや経験は豊かで調和されたものとなり，患者はものごとを柔軟かつ現実的で，よい方向に考える能力を高めていくのだと，カーンバーグは主張している。分裂し分極化された自己・対象表象が統合されると，より複雑で分化した現実的な自己・他者感が形成され，それはより望ましい情動調整とその結果として生まれるより明確な思考を可能にするのである。それゆえ，分裂した表象が統合されると，患者は自己のアイデンティティを整合性の高いものとして経験するようになる。また攻撃的情動に圧倒されることのないバランスのとれた関係を構築し，同時に親密さを生み出す能力をより多く感受できるようになるのである。その結果が，自己破壊的行動の減少，全般的な機能の向上につながるのである。

　TFPの治療者は明確化，直面化，解釈の3つを使って，分裂し統合されていない認知・情動を再び統合する機会を患者に与える。加えて，治療者の熱心かつ相互交流的で，感情的に強靭な態度は，患者にとって感情的に抱っこされている（コンテインされている）こととして経験される。なぜなら，治療者の態度そのものは，治療者が患者の否定的な情動状態に十分耐えうる存在であることを患者に伝えていることに等しいからである。また，患者の中には「自己の感情状態（例えば，自分は無能で責任能力がなく，うまくふるまうことのできない未熟な大人であるといった感情）に思いをはせ，その感情にうまく対処できる能力」があるに違いないという治療者の期待は，患者にとって，まさに認知的に抱っこされている経験になるものと思われる。そして，治療者が患者の優勢な情動的テーマや転移で生じる今ここでの患者のエナクトメントに対してタイミングよく，明確で気転のきく解釈をすることは，しばしば，表象が分裂排除され続けているまさにその理由を明るみに出すこととなり，その結果，患者の分極化した内的自己・対象表象の統合が促進されるのである。

　治療の流れに関して，TFPの構造化された枠組みは，患者と治療者との間で進行する関係の中に，患者のもつ自己・他者の歪んだ内的表象を賦活させる十分な契機と

なる。すなわち，この枠組みこそが転移を生み出すのである。未統合な自己・対象表象は患者の生活全体に浸透しているので，治療状況でも賦活されることが期待される。また，こうした部分的な自己・対象表象は，現実生活場面で，患者が他者との関係をどのような経験として位置づけようとするのか，さらには患者自身にどのような行動が喚起されようとしているのかというところに，一貫して影響をもつのである。この心理療法の特徴は，治療者が患者の内的表象どうしの相互作用を代理的に経験することに加えて，同時にその表象を批判することなく観察し指摘する（これは，精神分析のなかでは"第三者の立場"とよばれる）ところにある。こうしたことは，治療者が治療の枠組みや治療契約をしっかりと構築することによって実現される。そこでは，治療者は患者に対して明確な治療構造や抱える環境を提供することに加え，（空想とは異なる）現実に起こっている出来事を患者と共有しようとする。そこが達成されて，ようやく患者のアクティング・アウトそのものを吟味することが可能になってくる。具体的には，治療者は，患者の断片的な部分表象に直接応答するのではなく，患者がその断片化された自己表象やそれと対をなしている潜在的な対象表象を認識できるようになるための手助けをするのである。繰り返しになるが，そのような介入は，治療者がすでに確立した一貫した治療の枠組みや契約によって可能となる。このことは患者のアクティング・アウト行動を検討するための治療構造や共有可能な現実を提供するのみならず，治療者の非建設的で非治療的なやりとりを最小限にもしてくれるのである。

　このように，治療者との関係の中で患者の内的対象関係が展開されるようになると，患者が自分自身の経験について明確な表象を抱いていないかもしれないため，TFPの治療者は内省と明確化によって患者の内的経験を明らかにしようとする。しかし多くの事例で，こうした技法だけが患者を統合へと導くわけでない。なぜなら，明確化のみでは，患者の部分的な内的表象を分断したままにしている葛藤に立ち向かうことができないからである。患者が分裂した構造を乗り超えるためには，まず，統合を妨げている状況に対する直面化（相互に矛盾している患者の言語的または非言語的要素について尋ねるという技術）が必要となる。さらに，こうした状況に対する解釈は，患者がその時々に同一化している部分的な内的対象関係単位をその都度認識する手助けとなる。患者が不規則な同一化に気づくようになれば，それだけ患者が異なる部分表象を統合する能力を増加させることにもつながる。

　実践レベルにおいては，患者が状況に圧倒されたりコミュニケーションを破壊したりすることなく感情を経験することができるように，TFPにおける治療者との関係は統制された条件のもとで構造化されている。患者とともに治療の枠組みを維持することによって，患者は内的対象関係のパターンを安心して再賦活させることができる。治療環境の安全性と安定性によって，患者はすでに同一化した内的パターンに照らしながら他者との間で現在進行している状況を振り返ることができる。愛着理論が言う

ところの，愛着対象による導きによる安全基地と同様の環境によって，患者は自分自身の知覚が現在現実に進行していることよりも内的な表象に基づいていることに気づくようになる。治療初期には混沌にみえたものを認知的に構造化するという治療者の助けは，患者の感情をコンテインするというはたらきにもつながるのである。

　TFPでは，現実世界において，患者が情動をうまく制御できずにふるまうときに決まって他者を怒らせてしまう（患者は他者から恐れられる反応をしばしば引き起こしてしまう）という悪循環を抑止することで，患者の変化を促していく。治療者の客観的で無批判的な態度によって，患者は内的な経験のパターンを再賦活し，それに耐えて新たな理解のあり方を探索するようになる。TFPでは，教育的な手段でこうした患者の行動を抑止しようとするのではなく，その行動の背後にある内的な心的表象に患者の目を向けさせ，患者がその行動を理解，修正，組織化していくことを目的とするのである。

　患者の変化のプロセスにとって重要なのは，内省あるいは自己省察の発達である。すなわち，患者の内省力が増大することは変化のメカニズムの本質的要因と想定するのである。患者の分裂は，内的な自己・対象表象，自己と他者との関係，原始的な感情の優位性と関係するのみならず，患者自身の内省力や十分な認識能力の成長をも妨げる結果となる。心的構造を分裂させたままにしておくことが主要なはたらきである原始的な防衛機制は，特定の認識を消去したり歪曲したりする。思考のプロセスがあまりにも強力に歪曲されていれば，感情，特に最もネガティヴな感情は認知的に認識されることなく，そのまま行動によって表出されてしまう。

　TFPによる治療に伴い，患者は分裂排除が優勢で競合的な自己状態から内省的で統合された自己へ，また行動に移しやすい状態から内省することへと移行するようになる。同時にこれらの内省性は2つのレベルへと拡大する。第1レベルは，そのときに自分自身が感じていることを統合し内省するレベルである。患者は感情を経験・統合し，コンテインする能力および情動を状況にあてはめて理解する能力を増大させるのである。第2のより高次な内省レベルは，自己・他者のそのときの情動状態の理解を，時間を超えた一般的な自他関係の文脈にあてはめて理解する能力である。それは，統合された自己感・他者感（この感覚によってその時々の感覚が対比され広い視野で見直される）が確立されたことを示すものである。

　TFPで重要な戦略の1つは，心理療法を開始する前に治療契約を設定することである。治療契約を行なうことで，患者と治療者の責任が明確になり，治療者の明瞭に思考し熟考する能力が守られ，患者の精神力動を開放できる安全な場所が提供され，治療の後半になって生じる患者の治療契約からの逸脱の意味を解釈する場が与えられ，治療が患者の生活において心のよりどころとなるような整った治療枠が提供されるのである。具体的な治療契約としてみた場合，患者の責任としては，通院（所）と治療への参加，料金の支払，自己批判なく思考や感情を述べることがあげられる。ま

た治療者の責任としては，スケジュールに配慮すること，常に怠りなく理解しようとし必要な場合には意見を述べること，自分自身の関与可能な限界を明確にすること，治療に対する危機を予測することがあげられる。基本的に，治療契約は治療で期待されることを明確にするのである[66]。しかし，治療契約の意味や価値についてはいくらか論争がある。APAガイドラインは，特に安全性の問題を重視して治療契約を結ぶよう推奨している。しかし，ある臨床家や研究者[67]は，APAガイドラインの使用に反証するエビデンスを提出し，治療上ほとんど効果をなさないことを示唆してきた[68]。例えば，クロール（Kroll）[68]は，自殺禁止の契約が採用される程度を検討するという研究計画を立てた（その採用率は57%であった）。そして，自殺あるいは危険な行為に走る患者を受けもっていたのは，自殺禁止契約を結んだ精神科医のうち42%であった。つまり，この研究計画では自殺禁止契約が有効であると評価することは困難である。一方，他の研究データでは，自己破壊的行動や治療を脅かすことに対する契約の有用性を示唆している[69-73]。例えば，ヨーマンズ（Yeomans）ら[69]は36名のBPD患者の事前－事後研究で，「治療者の契約提示の仕方」や「患者の治療契約に対する反応に対して治療者がどう対応するか」が，治療同盟の発展や治療期間の長さと関係することを見出している。さらに，私たちの初期のTFP研究[70]では，治療契約を強く主張しなかった場合には，患者のドロップ・アウト率は高かった（治療3か月目で31%，6か月目で36%）。カーンバーグらは，ヨーマンズら[69]の知見に基づき，治療契約をさらに体系化しその重要性を強調した。そして，私たちの後半の研究[71,73,74]では，1年間にわたるドロップ・アウト率は低かった（それぞれ19，13，25%）。こうした結果をまとめてみると，こまかい配慮を行ないつつも，明確に交渉した治療契約は部分的に望ましい効果，すなわちドロップ・アウトの低さと治療の長期継続をもたらすことが示唆される。治療契約がもつ，特に自殺企図や自殺傾向などの問題に対する有効性を解明するためにも，今後さらに研究を進める必要があるだろう。

2．転移焦点型心理療法のケース研究

　TFPの治療契約の一例として，うつ病のために10年間複数の病院で通院や入院治療を受けた後でTFPを紹介された35歳の女性のケースを提供したい。慎重なアセスメントの結果，彼女は強い自己愛性を有したBPDと診断された。治療の契約段階では，治療者は患者の主な問題と直接関係する治療の前提条件について説明した。契約プロセスの第1段階では，患者のうつ気分が，自分自身と他者に対する不正確な思い込みに由来するかもしれないことを患者と話し合った。患者はその可能性を探ることに関心をもっていた。この診断についての話し合いに引き続き，契約についての話し合いを行なった。治療者は，患者が人生において何らかの仕事に着手しない限り，探索的な治療による改善は見込まれないと説明した。患者は，仕事に圧倒されると再び

うつの深みにはまり込んでしまうのではないかと案じた。しかし，治療者は，現時点で患者はうつ症状を示していないと指摘した。患者はそれに対して，それはこれまでの幅広い治療のおかげであり，一見感情的に安定しているようでも，脆弱であることには変わりなく，自分の能力以上のことを試みると崩れてしまうレベルのものであると返答した。治療者は，患者が基本的にⅡ軸障害に該当することに確信を得て，患者は能力の範囲内であればいくらか責任を取ることができると信じて，次のように言った。「治療の選択はあなたしだいです。私が言っていることが不合理で無意味に感じられるならば，あなたは，その代わりにあなたにいろいろなことを要求しないですむような，より支持的な治療を選択することもできるでしょう。しかし，変化も生じないように思われます。私は，あなたが他者に深く関わるような状況に入り込むと強くストレスを感じ，また過去にさまざまに努力して失敗してきたことも理解しています。あなたが仕事に携わるようになって，そうした症状を示したときに，私たちは，あなたに不安や苦痛をもたらすようなことを探ることができると，私は言っているのです。私たちが，今後，面接場面や他の状況で探ろうとする内容は，あなたのさまざまな症状と関係していると思います」。

　患者はこうした治療原則に同意した。そして，治療契約では，治療期間中，患者が現実的にどのような仕事に従事するのがよいのかを検討しなければならない。患者は最初，週1日の午後に地域の図書館で子どもに本の読み聞かせを行なうという仕事を提案した。しかし治療者は，それでは知的な大人の女性が収入を得るには十分ではないと感じ，さまざまな職能訓練の可能性を検討しながら非常勤事務職から始めるのはどうかと提案した。患者はそれに対して次のように応答した。「事務職をするくらいなら死んだほうがましだわ」。この患者の反応から，治療者の診断的印象に確信を得た。2セッションにわたる両者の話し合いによって，患者は専門職の助手的な仕事に関わる訓練を受けることを約束し，実際に患者はそれを始めた。

　ひとたび治療枠が定まると，心理療法が始まり，主たる取り組みは，患者の内的世界を構成する分裂排除された自己・対象表象群を患者が認識してそれらの統合を推し進めることである。例えば，抑うつ，慢性的な自殺念慮，度重なる他者との口論により社会的関係や仕事を持続できないといった問題を抱え，32歳でTFPを受け始めた女性のケースがある。その患者が会話ではじめに言及する二者関係においては，弱く，傷ついた，いつも他者から非難・中傷を受ける自己イメージが表われていた。しかし，患者の治療者とのやりとりは患者のノンストップの話で彩られ，治療者の感情は抑止され自由に話すことができない状態になった。こうした状況を探求することによって，患者を非難し最終的に見捨てる他者に関係する脱価値化された自己イメージが露わになった。そうした原始的防衛機制ゆえに，患者は批判的で患者を見捨てる悪い対象を治療者に投影し，治療者をその悪い対象としてコントロールする必要性があったのである。以下の解釈によって，患者は投影同一化から解き放たれ，より自由で相互的な

やりとりを展開し，さらに探求への道を歩むようになった。

　毎回のセッションで患者は早口で会話するのに対して，治療者は次のように言った。「あなたは，私が話をさし挟む余地もなく切迫して話しまくることでいかに治療セッションを埋めようとしているか，気づいていましたか（たいてい，治療者が話しかけようとすると，患者は治療者に話をかぶせようとする）。あなたは私をコントロールして，私が自由にふるまうのを妨げているように思えます」。

　患者［怒った口調で］「あなたの思うままにさせておけば，あなたは他の人みたいに私を見離すでしょ！」

　さて，話は戻ろう。こうした恐れを探求することによって，患者は，自分自身の行動が「結果的に治療者をどのように経験するかという側面をも決定づけてしまう内的な他者イメージ」によってもたらされた不安に由来すると理解するようになった。治療の次の段階では，患者の治療者に対する非難が顕著になったが，患者自身はそれを認識していなかった。患者は自分が治療者の欠点や失敗（例えば，時おり，治療者が退出すること）を公平なやり方で咎めていると思っていた。治療者は，患者が，批判的で人を見下すような人物に同一化しエナクトメントしていることを理解でき，さらに，それが非難され蔑まれているという自分自身の感情と関係していることに気づくように，そしてどちらの自分も本当の自分ではないことを理解できるように支持していった。患者は，自分自身が非難・攻撃者であるという自覚はなく，他者との関係（しばしば患者が招く状況）の中に被害者－攻撃者の関係をエナクトメントしていたが，他者との間で経験する出来事が自分自身の内面にある両者の関係をエナクトメントしていること，また自分が被害者でもあり非難・攻撃者でもあるという矛盾の中で生きていることに気づくようになった。こうした認識を通じて患者は自分の内なる厳しい非難者をなだめるようになった。

　さらに治療が進むと，患者の治療者に対する愛着の兆候がみられるようになった。例えば，治療は時間のむだだと反抗しながらも時間通りに来る，治療者が退出するのは無責任だと非難しながらもセラピーが終わると寂しいようすを見せるなど。患者は治療者に対して経験しているある種の熱望を他の誰もが満たしてくれることはないという恐れを抱いているために，治療者との間で愛着を形成することは困難なはずだ（それゆえに，患者は自分が言った以上のことを率先して行なったり，治療者との対話の中に明らかにポジティヴな関係をもち込もうとしたりする）と解釈していた。治療者がこの想像されるポジティヴな関係についてありのままに述べることによって，患者は治療者をこれまで経験したことがない完璧な供給者・保護者であるとして，その理想的関係の空想を話すようになった。それまで患者は，ネガティヴで拒絶的な他者イメージによって現実が暴かれ親密さへの熱望が恥ずかしさを伴って打ち砕かれることを恐れていたため，治療者との理想化された関係について表現することにとまどっていたのである。分裂した両者について検討し内省する能力を得ることで，患者は自分

自身，他者，そして関係に対して統合され均衡した見方ができるようになった。

転移焦点型心理療法のエビデンス

今や，TFPの実用性や効果に関するエビデンスが多く積み重ねられている[71,75,76]。最初の研究[71]では，TFPの実用性が事前一事後計画で検討された。参加者は，ニューヨークの都市部の病院でさまざまな治療状況（例えば，入院，デイ・ケア，外来通院など）の患者から募った。参加者は全員，18～50歳の女性で，構造化面接によってBPDの診断基準に合致することが確かめられた。この研究で選ばれたすべての治療者（熟練した治療者から博士課程修了後の訓練生まで）はTFPのマニュアルを身につけた能力の高い治療者かどうかをスーパーヴァイザーから評定された。評定には，3人の熟練したスーパーヴァイザーが独立してあたった。

「治療における一貫性（adherence）と能力（competence）の結果について，すべての治療が終了した後に，3人の熟練スーパーヴァイザーが治療者のTFPの一貫性と能力について順位をつけた。すべての治療者は治療期間中にTFP習得の指導を一定して受けたので，順位の幅は意図的にカットされた。このように治療者の能力の順位幅は限られるものであったが，その順位と患者の最終的な状態との間には関連がないことがわかった」。この研究では，どの治療者もカーンバーグと少なくとももう1人のスーパーヴァイザーのスーパーヴィジョンを週1のペースで受けていた。

この事前－事後研究の主な結果をまとめると，TFPを受けたBPD患者は自殺関連行動，救急外来の利用数，入院回数，入院日数が減少し，全般的な機能を増大させていた。効果量は大きいもので，他のBPD治療で示された効果量と同様であった[29,77]。1年間でのドロップ・アウト率は19.1％で，自殺した患者はいなかった。この結果は他のBPD治療の結果に匹敵するものであった。リネハン（Linehan）らの研究[77]では16.7％のドロップ・アウトで1名（4％）の自殺者，スティーヴンソンとメアーズ（Stevenson & Meares）の研究[28]では16％のドロップ・アウトで自殺者なし，ベイトマンとフォナギー（Bateman & Fonagy）の研究[29]では21％のドロップ・アウトで自殺者なし，であった。治療終結後に患者は全員，治療によって悪化したり逆効果を示したりすることはなかった。したがって，TFPは心理療法として十分に受け入れられるものと思われる。さらに，参加者の53％が週2回の1年間の外来通院後にはBPDの診断基準をもはや満たさなかった[70]。この比率は他の研究で見出された率に匹敵するものであった[28,60]。さらには，その53％の患者では全般的な機能の回復とドロップ・アウト率の低さが示された。こうした結果は，BPD治療におけるTFPの将来的な実用性を示唆するものであり，TFPのさらなる研究が求められることを物語るものである（表5.1参照）。

第2の研究[72]は，BPD治療でのTFPの実用性をさらに支持するものであった。その研究は，BPDと診断されTFPを受けた26名の女性とTAUを受けたBPD女性患者

❶表5.1　クラーキンら[71]の転移焦点型心理療法の事前−事後研究の結果　($N=17$)

	平均（%）		p 値
	治療前	治療後	
BPD 診断	100	47.10	―
自殺類似行為	5.18	4.24	0.45
肉体的危険性	1.72	1.14	0.02
身体状態	1.89	1.12	0.01
入院回数	1.24	0.35	0.02
入院日数	39.21	4.53	0.06
機能の全体的評定	45.57	59.85	<0.001

BPD 診断については，精神科診断面接マニュアル（SCID-Ⅱ）から，精神障害の診断と統計の手引き（DSM-Ⅲ）による BPD の診断名をもつ患者の比率を割り出した。自殺類似行為，肉体的危険性，身体状態はすべて，その時点以前の12か月間の外来患者[109]に対して，顕在的攻撃性尺度修正版（Overt Aggression Scale-Modified Version）の下位尺度である自殺傾向尺度に基づいて評定された。肉体的危険性は自殺関連行動や自傷行為の深刻さを示す。身体状態はそうした行為を遂行した後の身体状態を指す。入院回数は医療記録をもとに評価され，その時点以前の12か月間における入院回数総数を示す。機能の全体的評定は，DSM-Ⅲの機能の全体的評定の得点を表わす。

を比較するものである。治療群と対照群の間に，人口統計的変数や診断に関わる変数，BPD 症状の重篤度，救急外来の利用数，入院回数，入院日数，そして機能の全体的評定の得点について治療前で有意差はなかった。1年間での治療離脱率は19%であった。TAU を受けた患者に比べて，TFP を受けた患者では自殺企図回数，入院回数，入院日数が有意に減少し，全般的な機能は有意に増大した。TFP を受けた患者の被験者内効果量および被験者間効果量は好ましい効果量を示唆し，その被験者内効果量の幅は0.73～3.06で，平均して1.19であった（それは効果量が大きいと判断された研究よりもはるかに大きいものであった[79]）（表5.2参照）。

ただ，BPD に対する試作的な心理療法とそれに代わる確立された心理療法とを比較した RCT はこれまでに，境界性パーソナリティ障害研究基金（Borderline Personality Disorders Research Foundation）で一部運営されるパーソナリティ障害研究所（The Personality Disorders Institute）による，BPD 患者に対する TFP の効果を DBT や SPT と比較したものだけである。実用性についてあらかじめ実証的な支持を得ている DBT は比較のための積極的な心理療法として選択された。TFP と DBT で想定される患者の変化メカニズムはかなり異なるものと思われる。DBT は治療環境の中で感情制御スキルの学習を促しながら，患者に変化を起こそうとする[80]。一方，TFP は，患者の矛盾した情動的な自己・他者観念は，今ここでの治療者との関係の中に出現するという作業モデルを立て，こうした治療関係を理解し統合することを通して患者の変化を促すと想定している。SPT[81,82]はこの2つの積極的な心理療法との比較のために選択されたが，患者への配慮と支援に対する統制としてだけでなく TFP がもつ要素の統制として用いられた。

この研究では，BPD 患者はニューヨーク市と隣接したウェストチェスター郡から

●表5.2 転移焦点型心理療法と通常治療の研究結果

	TFP ($N=32$)				TAU ($N=17$)				
		終結症例	離脱症例						
	治療前	治療後	治療後	変化の有意性	治療前	治療後	変化の有意性	群間比較	
救急外来の利用	1.18	0.42	0.59	<0.01	1.53	1.73	ns	TFP>TAU	<0.01
入院回数	1.72	0.46	0.91	<0.001	2.47	1.93	ns	TFP>TAU	<0.01
入院日数	61.1	7.08	25.87	<0.001	48	53.4	ns	TFP>TAU	<0.01
BPD診断基準合致数	7.74	4.41	5.15	<0.001	7.69	—	—	TFP>TAU	—
機能の全体的評定	45.57	61.0	59.85	<0.001	44.8	44.66	—	TFP>TAU	<0.01

救急外来の利用は，その時点以前の12か月間での利用回数を表わす．入院回数は，その時点以前の12か月間で入院した回数の総数を示す．BPD診断基準合致数は，SCID-Ⅱに基づいて評定されたもので，その障害の重篤度の多面的な評定を示す．機能の全体的評定は，DSM-Ⅲの機能の全体的評定の得点を示す．

募集された。参加者の98%は患者の個人的な開業臨床家，診療所，家族からの紹介であり，18～50歳の90名の患者(男性6名，女性84名)が臨床的な構造化面接を受けて，3つの心理療法のいずれかにランダムに割り当てられた。結果は，3つの治療群のいずれでも全般的な機能や社会的機能の有意な改善と抑うつや不安の有意な減少を示した。また，SPTでなくTFPとDBTを受けた患者群は自殺衝動，抑うつ，怒り，全般的な機能において有意な改善を示した。さらにTFPを受けた患者群だけが言語的攻撃，直接的攻撃，衝動性において有意な減少を示した[75]（表5.3参照）。

この参加者サンプルによる先行報告の中で，私たち[76]は患者変化のメカニズムである愛着の組織化とRFの変化について検討した。愛着の組織化は成人愛着面接(Adult Attachment Interview: AAI)（George, C., Kaplan, N., & Main, M. (1985). The Berkeley Adult Attachment Interview. Unpublished Manuscript, Department of Psychology, Berkeley: University of California.）とRF評定尺度（Fonagy et al., 1998）で評定された。12か月の治療後の結果として，TFPでは安定した愛着として分類された患者の数が有意に増大したが，他の2つの心理療法ではそうした結果は得られなかった。また，受けた心理療法によって語りの一貫性(narrative coherence)やRFに有意な変化がみられたか否かの違いはあったが，TFPでは語りの一貫性とRFともに有意に増大しており，1年間の集中的なTFPによって患者の語りの一貫性やRFが増大することが示唆された。私たちが得たこの結果は重要である。なぜなら，TFPはBPDに有効な心理療法というだけでなく，理論的に予測された通りに作用し，BPD患者の変化のメカニズムに対する理解がいっそう進んだからである。さらにいえば，TFPではDBTやSPTに比べ，患者の愛着安定性，語りの一貫性，RFが向上していた。多くの治療法が理論主導的なメカニズムに基づいてそれに特異な効果を及ぼさないことが報告されているならば，私たちの得た結果は特に重要である[83-91]（表5.4参照）。

また，この研究には方法論的な強みもある。例えば，結果を測定するのに，行動的

● 表5.3　クラーキンら[75]のランダム化臨床試験の結果

症状尺度	変化の有意性		
	TFP	DBT	SPT
一次的症状			
自殺衝動	<0.05	<0.05	ns
怒り	<0.05	<0.05	ns
興奮	<0.05	ns	ns
言語的攻撃	<0.05	ns	ns
直接的攻撃	<0.05	ns	ns
運動衝動性	ns	ns	ns
注意衝動性	<0.05	ns	ns
非計画的な衝動性	ns	ns	<0.05
二次的症状			
不安	<0.05	<0.05	<0.05
抑うつ	<0.05	<0.05	<0.05
機能の全体的評定	<0.05	<0.05	<0.05
社会的適応	<0.05	<0.05	<0.05

自殺衝動，怒り，興奮，言語的攻撃，直接的攻撃は，顕在的攻撃性尺度修正版[109]に基づいて評定された。バラットの衝動性尺度（Barratt Impulsivity Scale[110]）からその各因子が評定された。不安は，状態－特性不安尺度（State-Trait Anxiety Inventory[111]）に基づいて評定された。抑うつは，ベックうつ病調査票（Beck Depression Inventory[112]）に基づいて評定された。機能の全体的評定は，DSM-Ⅲの機能の全体的評定の得点を示す。社会的適応は，社会的適応尺度（Social Adjustment Scale[113]）に基づいて評価された。

● 表5.4　レヴィら[114]のランダム化臨床試験の結果

心的構造に関する尺度	TFP		DBT		SPT		比較
	治療前	治療後	治療前	治療後	治療前	治療後	
RF	2.86	4.11	3.31	3.38	2.8	2.86	TFP＞DBT=SPT
語りの一貫性	2.93	4.02	3.00	3.25	3.25	3.16	TFP＞DBT=SPT

RFはフォナギーら[115]のRF評定尺度に従って評価された。語りの一貫性はAAIコード化システム[116]に基づいて評価された。

変化，観察者評定による変化，現象学的な変化，構造的変化（例えば，愛着表象，対象関係，そして心理化スキル）といった多方面で測度を用いている。さらに，この研究は，自殺関連行動をするBPD患者だけではなく，BPDスペクトラムともいえる，幅広いBPD患者を対象としている。加えて，すべての治療者はそれぞれの治療モデルについて経験を通じて熟知しており，この研究が始まる前には訓練としてケースをもち，この研究の中でそれぞれの心理療法に対する治療的な一貫性と能力について評価を受けている。つまり，こうした研究の外的妥当性をふまえて，外来専門病院や個人的な治療オフィスといった地域の精神医療環境で行なわれてきたのである。

　アムステルダム（Amsterdam）で行なわれた研究において，ギーゼンブルー（Giesen-Bloo）ら[92]やアーンツ（Arntz）[96]はTFPと，対象関係理論やゲシュタルト・アプロー

チに従って認知行動的技法あるいはスキルを基盤とした技法に基づいた統合的アプローチである，ヤング（Young）のスキーマ焦点型療法（Schema-Focused Therapy：SFT）[93]を比較した。この研究は，積極的な心理療法の2つを3年にわたって検討した点が特徴的である。患者はどちらの治療法でも改善したが，いくらかSFTの方が効果的であった。しかし，この結論には多くの難点がある。

まず，ランダム化したにもかかわらず，TFP条件では治療開始ごろに自殺を図った患者が2倍いた（TFP：SFT＝76％：38％；つまり，TFP条件ではSFT条件よりも，治療開始ごろに自傷行動をした患者が多くいる傾向にあった（$p=.09$））。自殺傾向は治療の結果に影響する[94]。

第2に，研究終了まで継続した症例のみを対象とした分析（completer analysis）ではなく研究途中で脱落した患者も含む分析（intent-to-treat analysis：ITT分析）で，TFP条件とSFT条件の間に差をみている。この差の主要な要因として，TFPを受けた患者がそもそも治療から脱落しやすかったということが考えられる。ITT分析は一般化可能性といった外的妥当性に言及するが，継続・完了症例を対象とした分析は治療を十分に受けているかという問題や研究の内的妥当性や純度（integrity）に言及するものである。継続・完了症例を対象とした分析とITT分析で結果が異なるのであれば，それは脱落症例がランダムに割り当てられていないために生じる妥当性の低さを示唆する。そしてこれは，ランダム化による統制を台無しにしてしまう[95]。継続・完了症例を対象とした分析では，SFTで統計的に有意な患者の回復は示されなかった[4,96]。

第3に，この結果は，TFPの治療者がTFPマニュアルに精通していないため，TFPの技法を十分に発揮していなかったことを示唆する。これら一連の研究では，TFP技法への遵守の程度（一貫性）の中央値は65.6点であると報告されている。60点を基準とすれば，TFP治療者の約50％はTFP技法を遵守していないとなる。対照的に，SFTでは一貫性の中央値は85.6点であり，60点を基準とすると，SFTの50％の治療者どころか，大半の治療者が技法を遵守していたことになる。TFPの一貫性は元々が，SFTに比して有意に低かったものと思われる。つまり，きわめて周到に配備された治療と不十分に配備された治療を比較した研究を報告しているといっても過言ではない。十分に配慮された治療が配慮不十分な治療に勝るのは驚くべきことではないが，それは公平な検討ではないし，このことは2つの心理療法の結果の違いを説明するものかもしれない。研究者の期待効果をもたらす可能性のある方法論上の選択の仕方の1つは，研究者の期待や確信に基づいて熟練度の異なる治療者を選択することである[97]。

第4に，治療の純度とは，熟練した治療リーダーがいること，実績があり技法に一貫性をもった熟練した治療者を選ぶこと，卓越したスーパーヴィジョンが行なわれていること，技法への一貫性が継続的に監督されていること，技法を遵守していない場合への対応について計画されていることである[98]。こうしたところが，これらの研

究では問題である。スーパーヴィジョンは同僚によるスーパーヴィジョン，すなわち介入によって行なわれている[98]。SFTでも同じことであるが，介入は，技法を厳格に遵守した治療者であれば十分機能する。しかし，技法を遵守していない治療者ならば十分機能しえず，それは盲人が盲人を案内するのと同じようなものであろう。ここでは，治療の純度はスーパーヴィジョンによって管理されていることが示されているが，誰がそのような管理をしていたのであろうか。ヨーマンズ[99]は，以上の研究で示された遵守度評定の結果と同じように，治療者の半数は技法を遵守していないことを報告している。しかし最も気がかりなことは，ヨーマンズの報告[99]にあるように，筆頭研究者に何度も電子メールやファックスで，技法を遵守していないという問題を報告しているのに，その問題にどのような対応もなされていないことである。

第5に，治療者や評価者は進行中の研究結果について知っていた。研究が完了する前に一部結果が公刊された[93,96,100,101]が，それは他の混乱をもたらした可能性があり，TFPの治療者の意欲を削ぐ，あるいはSFTの治療者の意欲を高めた可能性がある[101]。このようなことを考えると，TFPがSFTに比して効果がないと結論づけるのは，時期尚早であり信頼できるものではないだろう。

エビデンスの積み重ねによって，TFPはBPDにとって有効な心理療法である可能性が示唆されている。RCTによるデータで，もっと多く検討されれば，厳密な試験のもとで心理療法がいかに影響を及ぼすかについてより多くの理解を得ることができるであろう。RCTはランダム化によって測定されない変数を十分に統制し，配慮と援助についても統制し，さらにTFPをすでに確立され配慮された代替の心理療法と比較するため，その結果は治療の効果や実用性を強く示唆するものであろう。結果の評価にくわえて，RCTは，TFPを受けた患者に変化をもたらす作用メカニズムを検討するようデザインされた，プロセスと治療成果の関係を明らかにする研究（process-outcome study）をも生み出してきた[76]。

3．結論

まとめとして，本章でレビューしたデータから導かれる多くの結論を示しておく。基本的には，BPDの治療として有効で実証的に支持された精神力動的な治療モデルは多くある。さらに，かなり効果的であっても検討されていない原理を共有した治療モデルが他にあるかもしれない。私たちは，そのような治療アプローチの支持者がRCTデザインで治療方法を検討していく方向に進めていくことを願っている。

特に本章では，以下のことを理解することができた。

1．精神力動的心理療法の熟練治療者でも，患者のドロップ・アウト率が高い場合がある[69,70,103]。

2．修正されていない伝統的な精神分析は，BPD，特に低レベルのBPDに対する治療にさほど役立つわけではない[45]。
3．精神分析は特定の病理に沿って修正され，また首尾よくさまざまな方法で修正することができる[28,29,75]。
4．BPDの精神力動的治療の原理や目標を明文化・マニュアル化することができる[27,58]。
5．精神力動的心理療法は，熟練の精神分析家だけでなく，訓練者，早くに訓練を受けた治療者，熟練の治療者，そして看護師にも教えられる可能性がある（経験を積んだ精神分析家のみが対象ではない)[28,29,71]。
6．治療を邪魔することなくセッションの映像や音声を収録することができる[71,75,89]。
7．支持的技法をどの程度BPD治療に組み入れることができるか，あるいは組み入れるべきかについてほとんどわからないが，支持的な力動的心理療法がBPD患者に有効であるというはっきりしたエビデンスはほとんどない[75,76]。カーンバーグは，特に低レベルのBPD患者に支持的技法を用いないことに賛同しているが，ベイトマンとフォナギーは支持的技法をより統合していくべきだと論じている。
8．データは，治療者が治療構造を確立し，BPD患者とともに治療枠の問題について明示して検討することによって，ドロップ・アウト患者を減らすことができることを示唆している。明確な治療契約は，確固とした治療構造と治療枠が確立・維持されるならば必ずしも必要ないが，かなり役立つものである[71,75,76]。
9．BPD患者に対する力動的心理療法による治療をRCTで検討することができる[20,75,76]。
10．いくつかのBPDに対する力動的治療は以前から実証的な支持を得ていると思われる[29,75,76]が，他の力動的治療も実証的支持に関して将来期待できると思われる[28]。
11．高いIQやRFあるいは良質な対象関係を有するBPD患者だけでなく，任意に選別された重篤なBPD患者への治療も行なうことができる[29,71,75,76,104]。
12．BPD患者はほんの1年でも重要な変化を示すことがある[29,71,75,76]。
13．本章は，結果を幅広くまた長期継続的に把握しており，他の治療で示される以上のパーソナリティ変化を示しているかもしれない[29,71,75,76]。
14．長期的な治療は，BPD患者のパーソナリティ構造の組織的変化をみるためには必要不可欠である。
15．スーパーヴィジョンはBPD治療の重要な要素である。単に精神力動的治療だけでなく，実証的支持を得ているBPD治療すべては，治療者に対するスーパーヴィジョンを組み込んでいる[29,71,75-77,92]。さらに，いくつかの研究では，グルー

プ間の差異[92, 105]がスーパーヴィジョンの充実度の違いに関係しているようである[98, 106]。
16. 実証的支持を得たBPD治療はすべて，十分に構造化され，守るべき事項への遵守に意が注がれ（例えば，治療契約や枠組みへの配慮），焦点が問題行動なのか，対人関係パターンの一側面なのかはどうあれ，明確な焦点をもっている。また，治療者に対しても患者に対しても首尾一貫したものである。さらに，治療者と患者の愛着関係を強め，治療者が受動的役割より積極的な役割をとりやすくなる。そして，患者にとって利用可能な他のサービスが十分に組み込まれている。

次章では，こうした力動的心理療法の治療作用の要素あるいはメカニズムを特定する[41]。実用性や効果性とは別に，実質的な治療の作用メカニズムを理解するために行なわれる研究は，間接的かつ限定的とならざるをえない[107]。それゆえに，BPDの既存の心理療法の実用性や効果性が支持されていても，臨床家や研究者はいまだに，変化の基本的なプロセスが明らかでないことに対峙している。仮定される変化メカニズムを検討すれば，理論的な問題に対する答えを導くことができ，また理論的に明示される変化メカニズムが実際に治療効果と関連することを示してモデルを実証することができる。また，精神力動的心理療法の作用の機序は，どの心理療法にも共通してある，治療への期待といった意図されないメカニズム[108]によって影響されることもあるし，他の心理療法にはない特異な技法によって影響されることもあるだろう[34]。そして，BPD患者に変化をもたらす方法が他にあるかもしれないし，あるいは，BPD患者の各タイプによって異なる効果を発揮する治療方法があるということもあるかもしれない。

さらに，BPDの基本的な精神病理学的メカニズムを明らかにすることで，臨床的アプローチが実証されるであろう。例えば，BPDの症状の基盤にアイデンティティ拡散あるいは欠陥したRFがあるという精神病理学上の範例的な考えを用いて結果を示すことは，TFPで強調される治療目標の重要性を確立するうえで役立つであろう。

最後に，BPDが慢性的疾患であることを考えると，治療で生じる変化の長期的持続性を確立することは重要である。すでに，MBTとIPアプローチが長期持続的な効果をもつというエビデンスや，その治療効果の安定性は精神力動的心理療法に特異なものかもしれないというエビデンスが先だって示されている。私たちがこの長期持続的効果という目標を追い求め到達することができるならば，私たちのアプローチの付加価値を示すことができるし，ドードーという絶滅した鳥が歩んだ道と同じように，断絶した道を突き進むことも避けることができるかもしれない。

第6章

防衛機制評価尺度を用いて心理療法における防衛機能の変化について研究する：
4つの仮説と4つのケース

抄録

　防衛機制（defense mechanism）は，精神分析のさまざまな考え方の中でも，力動的視点を重視する心理学に対して最も堅実に貢献してきたオリジナルな概念の1つである。防衛のもつ有効性には7つの階層的なレベルがあり，それらは包括的防衛機能（overall defensive functioning：ODF）として集約できることが，先行研究で示されてきた。本章では，防衛機制を量的に評価することによって，心理療法の進行具合や心理療法の治療成果をいかに明確に知ることができるのかを吟味したい。そこで，短期心理療法や長期心理療法を施した4つのケースを提示する。そのうち1つのケースでは長期間の追跡を行なった。それぞれのケースは防衛機能が時期や状態（例えば，抑うつ状態か否か）によってどのように変化するのかが示されている。そこで，ケースを通じて，4つの仮説を実証したい。仮説の1つ目は，個人が変化すると，その個人の防衛機能の全体的なレベルが向上し，防衛機能がばらつく可能性が低下すると同時に，ストレスに対する弾力性（resilience）が増大する，というものである。2つ目の仮説は，防衛レベルの変化は順を追って進行し，その過程では，階層的に低いレベルの防衛が，階層的には真ん中あたりの防衛，そして階層上，最上位に位置づけられそうな防衛に変わっていく，というものである。3つ目の仮説は，個人やグループによってそれぞれの変化の可能性は異なり，いまだ決定的とはいえないが，どのような現場であるのかなどさまざまな治療条件によってその変化のばらつきは変わるかもしれない，というものである。例えば，抑うつ状態では，初めのばらつきは大きいが，しだいに一定の水準で収束するかもしれない。他方，パーソナリティ障

害（personality disorder：PD）の場合，治療初期において，治療的変化が始まるまで，あるいはその変化が少しでも軌道に乗るまでの準備期間（priming）が長いかもしれない。そして，変化を増大させる治療がより効果的なものとして理解されると考えられる。最後の４つ目の仮説は，これまでの研究の多くに沿うものであるが，防衛機能が改善すると症状は低下し，代わって他の機能も回復する，というものである。単一ケースでは仮説を証明しえないが，本章で示す４つのケースは，この領域が研究価値をもつこと，そして実証的なエビデンスを提供するものであることを示している。さらに，逐語的なインタビューや心理療法セッションの中から防衛というものを特定することによって，防衛機能に対する介入の明らかな効果を経時的に分析することができる。それは将来的に研究する価値のあるテーマである。

　初期の精神分析が最も早期に主張したことの１つは，心理的葛藤が暴発したときに，防衛機制によって動因や情動の表出が抑制・管理されたり，ときには象徴的に意味のある方法でその矛先が変えられたりする，というものであった。『防衛の神経精神病（*The neuropsychoses of defense*）』が刊行された当初，フロイト（Freud）[1]は抑圧，反動形成，置き換えなどの防衛機制について説明しているが，決して系統的な研究に関心をもっていたわけではなかった。その後，アンナ・フロイト（Anna Freud）[2]はさまざまな防衛機制を体系化した。さらなる理論的発展の中で，ウェルダー（Waelder）[3]は，防衛には，隠された願望から自己を守る以上のはたらきがあり，願望充足とも関係する，と主張している。シェイファー（Schafer）[4]はさらにその考えを拡大させて，防衛は，禁止された願望に対する防衛はもちろんであるが，願望充足を促進し苦痛を減退させようとするものでもあると指摘している。ハルトマン（Hartmann）ら[5]は，いくつかの自我機能は中立的あるいは葛藤とは無関係（conflict-free）であり，禁止された願望に対抗するものとはいえないと指摘している。そしてハルトマンらは，防衛やその他の自我機能（例えば，現実検討能力）が，現実要素への適応度を改善しようとして動因あるいは外的世界の対象や事象に対抗することを重要視している。ハーン（Haan）[6]は，ハルトマンらの考えを拡張して，防衛機制を内的な葛藤に対処するための防衛と個人の動因を外的世界から生じる要請や制限に適合させるためのメカニズムに分けている。このようにハーンは，防衛とそれに関係したコーピングメカニズムを区別している。その後，ラザラスとフォークマン（Lazarus & Folkman）[7]は，防衛に対する多くの考えを拒絶し，外的ストレスに対処するための，意識的なメカニズムとしてのコーピングを研究する立場をとっている。意識的なコーピングの研究はその後多くなされているが（レビュー[8]

参照),防衛機制に関する研究は少し遅いペースで進んでいる(レビュー[9]参照)。

　精神分析的な心理学においては,防衛機制はパーソナリティや性格を構成する1要素として広くとらえられている。例えば,カーンバーグ[10]は,精神病レベル,境界例レベル,神経症レベルといったパーソナリティ構造の違いに関する記述の中で,アイデンティティ形成や現実検討能力に加えて,特定の防衛を性格の基盤として位置づけている。近年,防衛評価法の進歩が認められ(以下に詳述する),DSM-IV[11]の付録Bとして,パーソナリティの力動的側面である防衛がコード化されるようになった。防衛を評価する前提とは,個人が同じレパートリーの防衛を用いる傾向にあり,その防衛がパーソナリティの防衛的構造を形成しているということである。また,防衛評価の進歩によって,防衛の変化を追跡することができ,治療者は患者に対する治療効果を治療中や治療後にわたって理解することができる。本章は,そのような問題に言及していきたい。

　本章は,防衛機制評価法の1つである「防衛機制評価尺度」(Defense Mechanism Rating Scale：DMRS)を検討し,心理療法のプロセスや治療成果に関する研究の中で,その尺度がどのように用いられているのか提示したい。また,4つのケースを縦断的にみていくことで,そのときそのときの日常の中で作動する現実的機能としてだけではなく,治療成果をも示す力動的な変数として,防衛というものを理解すべきであることを示すつもりである。さらに,現在,防衛機能とコーピングメカニズムは分けて考えられているが,両者が全く別のものでないのならば,機能の全体的なレベルで共有できるところを基盤として,両者を関係づけられることを示唆するデータを提示する。また,実際に両者を結びつけることができないのならば,再度両者を関連づけることができるようなデータを提示したい。

1. 防衛とは何か？

他でも記されている[9,12-14]ように,防衛機制概念の次のような側面については,研究者間でおおよその合意を得ている。
1. 防衛機制は,内的あるいは外的ストレッサー,または感情的葛藤に対する自動的心理的反応(DSM-IVの付録B「防衛機能尺度(Defensive Functioning Scale)」(pp.751-757)参照)である。防衛反応は,内的欲求や動因が内的な禁止や外的な現実的制約と対立するときに常に生じる。つまり,フロイト[15]が言うところの不安信号(signal anxiety)によって誘発される。
2. 防衛は一般的には,意識的な努力がなくても自動的に作動する。たいていは,

防衛的作用に完全に気づくことはないが，ときに部分的に気づくことはあるかもしれない。

3．個人がいくつかの状況で繰り返し用いる特定の防衛が，性格特性の構築に一部関与している。個人は，そのときに活発な動因や葛藤に関連するさまざまなストレッサーに対して，一貫して特定の防衛パターンあるいはレパートリーを用いる傾向がある。ある時点で個人が使用する防衛には，状況に対する一定の効果が期待されるものであるが，ストレッサーの程度や特異性によって異なってくる[16]。一方，平均的に使用される防衛は，その個人の生来的特性といえる。ストレッサーのタイプと使用される防衛の選択に特異的な関係があるか否かは，実証的検討を要する問題である。

4．あるレビューでは，多くの著者によって記述された42の異なる防衛機制が1つずつ表に記述されている[17]。どのような観点からこれらの防衛機制を取りあげたのか，その理由はわからないが[18]，それら防衛についての明確で重複しない定義，確かな適用，そして実証された知見によって合意を得てきた。現在，こうした合意のプロセスは進んでいるが，まだ終わっていない。

5．防衛は適応に影響する[14,18]。各種防衛はある状況ではかなり適応的なものかもしれない。そうはいえ，各種防衛の全体的な適応性には明確な階層構造がある。下層にある防衛はたいてい不適応的であるが少数の状況では役に立ち，一方，高層にある防衛はさまざまな状況で広く適応的である。

6．防衛がかなり不適応的である場合，その防衛によって，個人はストレッサー，不安，またはそれに関係した葛藤を意識しないですむ。しかし，意識したり，自由に反応の仕方を変えたり，好ましい結果を柔軟に最大化したりすることはできなくなる。逆に，防衛がかなり適応的なものである場合，防衛は内的あるいは外的な動因，ストレッサーや制約に対する意識を最大化し，結果として願望の表出や充足を増加させるとともに，望ましくない結果を最小限に防ぐ。つまり，個人の選択の見通しや統制の感覚を大きくさせるのである。ただ，いわゆるコーピングメカニズムは防衛と多くの特徴を共有しているので，ある人たちはハーン (Haan)[6]の提唱以降，最も適応的な防衛をコーピングメカニズム (coping mechanism) とよぶが，一方，力動的立場の人たちの多くは防衛という呼称を保持している。この，防衛 vs コーピングという用語の問題は，個々の研究者の好みや定義の仕方，あるいは科学観が絡む問題である。

7．防衛は特定の発達経路の中で出現してくるのかどうかという疑問は実証すべき問題である。防衛について説明する際に，歴史的な背景や利便性ゆえに，例えば未熟や成熟といった発達用語が使用される。実際に，前言語期の乳児が成熟したあるいは適応レベルの高い防衛を高い割合の確率で使用しているかもしれない[19]。そして，もしそうならば，私たちは，ある大人たちがなぜPDに関連し

て適応性の低いレベルの防衛を使用するのか，その理由についてもっと多くのことを理解しなくてはならない．ただ，大人の期間でも，ある低レベルの防衛が適応性の連続線上で高レベルの防衛に移行していくということはあるようである[14]．例えば，若いころにあった行動化（例えば，権威者に対する反抗）が後に反動形成（権威者の側につく）に移行し，結果的に愛他性（力の強くない者を助けることで権威者から正しい反応を得る）にたどり着く，ということもある．こうした連続性は，治療セッションの中で患者がいかにやりとりを通して変化していくかという意味で，また患者が時間に沿っていかに発達するかという意味で，治療におけるパーソナリティの変化パターンに対する理解に重要な示唆をもたらすかもしれないので，研究対象としての価値がある．私たちの臨床例では特にこの問題に取り組む．

8．防衛のはたらきを見つけ出したり理解したりすることは，治療の問題や治療に必要な援助法を理解するうえで役立つ．階層の下層側にある防衛は，PDや抑うつの患者がストレスや葛藤に対して不適応的な操作を加えることと関係してくる．そして，ある特定レベルの防衛は，ある種の障害や疾病群の中心的な精神病理と関係しているかもしれない．例えば，境界性パーソナリティにおいては分裂と投影同一化が[10,20,21]，反社会性または自己愛性パーソナリティ障害（narcissistic personality disorder : NPD）においては万能や脱価値化が関係している[22]，といった具合である．これらの防衛が使用されるときは，患者の中核的な問題によって振り回される臨床家に対する，警告としての即時的マーカーという意味で役に立つものである．

2．防衛の階層

防衛は，適応性や心理的健康の測度との実証的な関連性に基づいて階層的に配列されてきた．そして，多くの研究によって，一般に受け入れることのできる階層が構成された[12,14,18,23,24]．例としては，DSM-Ⅳ[11,25]にある防衛機能尺度やDMRSの階層（表6.1参照）がある．共通の目的をもった防衛は8つのレベルの1つにグループ化される．例えば，未熟な防衛といわれる否認（disavowal）レベルには，3つの防衛，すなわち否認，合理化，投影が含まれている．これら3つの防衛は，ある人の特定の感情，行為，考え，あるいは動因に対する拒絶という共通の機能をもつが，他者からみれば容易にそれとわかるものである．しかし，これらの防衛は，拒絶された内容をどう操作するかという点で異なる．否認は積極的に拒絶されたものを徹底回避し，合理化は社会的に望ましいと思われるものでそれを覆うことで回避する．一方，投影はそれを他者に帰属するという形で回避し距離をおこうとするが，結果的にそれに対する興味を保持したままでもある．防衛のレベルには，防衛の機能不全（いわゆる精神病

的防衛）という最下位レベルから適応度の高いレベル（いわゆる成熟した防衛）まである。より健康な人は適応度の高い防衛を高確率で使用し，より低い確率で最下層の防衛を使用するのである。DMRSは，病的否認，歪曲，妄想的投影といった精神病レベルの防衛の箇所が未完成であるが[18]，それはこれまでに，多くが精神病でないサンプルで使用されてきたためである。

●表6.1　DMRSにおける防衛レベルとそれぞれの防衛機制の階層構造

Ⅰ．成熟した防衛
　7　適応度の高いレベル（成熟）：他者との連携，愛他性，予測，ユーモア，自己主張，自己観察，昇華，抑制
Ⅱ．神経症的防衛
　6　強迫的レベル：知性化，隔離，打ち消し
　5　その他の神経症レベル：(a) 抑圧・解離，(b) 反動形成・置き換え
Ⅲ．未熟な防衛
　4　軽度のイメージ歪曲レベル（自己愛的）：自己あるいは他者イメージの脱価値化，自己あるいは他者像の理想化，万能感
　3　否認レベル：否認，投影，合理化，自閉的空想（拒絶的な防衛ではないが，このレベルで得点化される）
　2　重度のイメージ歪曲レベル（境界例的）：他者像の分裂，自己像の分裂，投影性同一化
　1　行動レベル：行動化，心気症，受動的攻撃
Ⅳ．精神病的防衛
　0　防衛機能不全レベル（精神病的）：歪曲，病的否認，妄想的投影，病的解離

全体的な防衛成熟度（ODF）：防衛機能は，上記表の0～7でそれぞれ重みづけされた防衛得点の平均によって表わされ，0～7の得点幅をもつ。

3．DMRSの量的評価法

　私たちは現在DMRS-第5版を用い，量的な方法に基づいて防衛を得点化している[26]。DMRSは観察者評定による量的評価法で[9]，DSM-Ⅳの付録Bにある質的な暫定的防衛表（Provisional Defense Axis）とほぼ同じである[11,27]。30の防衛それぞれは治療セッションで生じるならばいつでも特定できる。この方法は，質的あるいは擬似量的な評価（ヴァイヤン（Vaillant）[14]にみるような，最も顕著な防衛についての評定）に基づく他の観察者評定法とは異なり，面接全体に対する包括的な評定がなされる[9]。3つのレベルについて得点化がなされ，そのどれもが連続的な比率尺度である。

1．個別の防衛得点：面接内で生じたある防衛の回数をそこで生じたすべての防衛の回数で割った比率あるいはパーセンテージ。
2．防衛レベル得点：それぞれの防衛は，適応性レベルで階層的に配列された7つのレベルに割り当てられる。そして，それぞれの防衛レベルは比率あるいはパーセンテージで表わされる。

3．全体的な防衛機能：ODF 得点は各防衛レベル得点の平均であり，その階層レベルで重みづけられ，得点範囲は 1 ～ 7 である。

なお，防衛レベル得点は，成熟，神経症，未熟，精神病の下位レベルに分けることができるが，DMRS を使用したほとんどの論文では 4 番目の精神病レベルは含まれていない。

全体的な防衛機能（以下，ODF）の収束的かつ弁別的妥当性は他の機能や症状の尺度に比べて高い[18, 24, 27-29]。また，評定者間信頼性については，防衛の回数や ODF で級内相関係数が0.80以上でかなり高いが，防衛レベル得点や個別の防衛得点ではいくらか低い（レビュー[30]参照）。短期間の安定性は各週連続 5 回の心理療法セッションの評定で決められ[16]，変動のおよそ半分は特性に依拠し，残り半分の変動はセッションによる状態の変化に依拠することが示唆された。ODF の安定性は級内相関係数で0.48であり，また個別の防衛得点の安定性は範囲0.08-0.73でその中央値が0.47であった。対照的に，各セッションの防衛の回数は大きく変動し（安定性は級内相関係数で0.18），防衛の回数比率（50分セッションの回数）は状態に強く依存していることが示唆された。

DMRS を使用した研究は健康・神経症レベルの防衛機能からパーソナリティ障害レベルの防衛機能まで網羅してきた。現在ストレッサーがなく，精神科治療歴もない母親たちに，防衛について評価するための対人関係に関する逸話に基づいた（Relationship Anecdote Paradigm：RAP）インタビューに答えてもらった。多くの健康な母親は ODF が5.0～6.4で平均5.6以上であった。ペリーとホグレンド（Perry & Hoglend）[27]は，抑うつの患者のインテーク時の ODF 平均が4.68であったのが，治療とともに5.11にまで上昇することを明らかにし，症状の減退とともに患者の防衛機能は神経症レベルにまで回復することを示唆した。また，心理療法のパイロット研究[16]では，PD 患者の ODF は心理療法を開始して数か月は5.0以下でその平均は4.32（範囲3.31-4.97）であった。そして，サンプル数は少ないものの，PD 患者のうち，境界性パーソナリティ障害（BPD）患者の ODF は BPD でない PD 患者の ODF に比して有意に低かった（4.07：4.62）。こうしたデータは，疾患のない健康的な女性群や診断のついた女性患者群の序列が ODF のレベルと収束的な関連を有していること示唆している。そして，このことは，ODF や防衛に関する機能レベル得点が適応的機能の有効な尺度であることを示唆している。

うつ病（大うつ病と気分変調性障害を含む）患者に共通した防衛方略を検討した先行研究に基づいて，ホグレンドとペリー（Hoglend & Perry）[31]は，未熟レベルの防衛である，次の 8 つのうつ的防衛，つまり，行動化（acting out），受動的攻撃（passive aggression），援助拒絶を伴う愁訴（help-rejecting complaining），自己イメージの分裂（splitting of self-image），他者イメージの分裂（splitting of others' images），投

影同一化（projective identification），投影（projection），脱価値化（devaluation）について検討した。これらの防衛を多用していた大うつ病の患者はあまり防衛を使用していない患者に比して，6か月までの治療に対する反応は少なかった。このことから，これらの防衛が抑うつの開始や維持に特定の働きをし，さらには抑うつに対する潜在的かつ動的な脆弱性の指標になる可能性が示唆された。この考えは，以降で示す私たちのいくつかのケースでも検討される。

4．心理療法と長期変化に関する仮説

1. **個人は日々一定レベルで，かつある程度幅のある防衛機能をもっている。そしてそれは，その個人の防衛の適応性レベルを表わしている**。特に PD はストレッサーに高い反応性をもつ神経症または健康・神経症レベルの個人に比べて，防衛機能の一般的レベルが低い。また，PD 患者の多くはそのときその場で変動するさまざまなレベルの防衛レパートリーをもっているが，顕著なストレッサーはその患者の心理的葛藤に作用したりそれを始動させたりして結果的に一定レベルから防衛レベルを引きさげるかもしれない。例えば，我々[16]が以前発表した受動的攻撃性の高い PD 男性のケースは，初回治療からの数年間，平均して高いレベルの行動（action）や防衛を行なっていたが，セッションごとにそれは変動していた。行動やその他の未熟な防衛の使用の急増はたいてい，権威の問題や彼の物の見方の不当さと関係していたが，そうした問題がないときにはいつも神経症レベルで機能していた。治療から3年経って，ODF は有意に上昇し始め，週ごとの変化は減少してきた。こうした防衛構造の安定化，あるいはストレスに対する弾力性の増加は，防衛機能が全体的に改善するとともに，状態に左右されない個人の特性として機能するようになることを示唆している。

    このように，防衛機能の改善は全体的なレベルの増加と変化のばらつきの減少（これはストレスへの弾力性の増加を示唆する）であると仮定したい。
2. **防衛機能のすべてのレベルにわたってその改善はたいてい徐々に生じる**。先ほどのケース例では，患者が改善すると，治療を通して行動レベルの防衛は線形的に減少し，一方，軽度なイメージ歪曲による防衛(minor-image-distorting defense；例えば，理想化)は，3年後に減少し始める前までは一時的に増加していた。こうした低レベルの防衛が減少すると，抑圧，反動形成，置き換えといった神経症レベルの防衛に依存するようになったが，すでに高いレベルにある強迫的な防衛はそのままであった。最終的に，適応レベルの防衛の有意な増加はみられなかった。このケースは，成人は年をとると，まず未熟な防衛を神経症レベルの防衛に変え，いくらか年がたつとさらに神経症レベルから成熟なレベルにまでの防衛を発展させるというヴァイヤンの見方を説明するものである[18]。

このように，未熟レベルの防衛が多い個人は各レベルの防衛の比率を徐々に改善させていくと仮定したい。行動や重度なイメージ歪曲による防衛（major-image-distorting defense）といった最下位レベルの防衛は最初に減少し始め，次に否認や軽度なイメージ歪曲による防衛などの他の未熟な防衛が一時的に増大した後に減少し始めて，一方，神経症レベルの防衛は増大する傾向にある。最終的に，上記のような改善が十分に進んだら，適応レベルの防衛が有意に改善し始める。これは仮定されうる全体的な発達のサイクルであるが，むろん，さまざまな理由で，ある時点で発達の速度が落ちたり止まったりする可能性がある。

　心理療法に関する論文は適応レベルの防衛の有意な増大の前に防衛機能の後退の期間があることを示唆しているが，神経症的な防衛が高レベルにある個人でも同じく段階的な発達をたどるかもしれない。

3．**各個人あるいは（例えば，特定の障害をもつ）個人グループは，ある生育歴あるいは治療条件のもとで特定の変化率（rate of change）をもっているかもしれない**。例えば，大うつ病の症状にある患者では，病気の状態から回復までの変化率が，回復からそれ以降の変化率とは異なりより速いだろう。患者や障害は変化率で分類することができ，そうなればそれは効果的な心理療法のタイプや目標について有用な情報源になるかもしれない。例えば幼少期のネグレクトや虐待といった，変化率を予測しうる要因を検討する研究をさらに進めていけば，発達途上で体験した経験を病理や自然経過あるいは治療に対する反応と結びつけることができるかもしれない。

4．**防衛機能が改善すれば，症状は減退し，社会的役割の適応性は改善する**。この仮説は防衛機能と適応性尺度の横断的関係を一般化したものである（レビュー[12]参照）。一般的な仮説として，精神病理や適応において防衛が潜在的になす心理的役割は，種々の症状や機能に関するさまざまな尺度においても見出されるはずである。また，結果として，健康的な防衛機能が持続する期間は他の心理的機能の持続的な改善を予測するはずである。防衛の変化が他の心理的機能の回復を媒介しているのか，それともそれに単に関連しているのかということについては，さらなる研究が必要であろう。

5．ケース紹介

　本章の残りでは，いかに防衛機能が時間とともに変化するのかを説明するために4つのケース報告を紹介する。これらのケースに関しては，力動的インタビューやRAPインタビューあるいは心理療法セッションに対する量的評価の結果を用いて，そのプロセスを図解する。

ケースA:大うつ病が再発した女性

　最初のケースは,急性再発した大うつ病の成人12名に対するパイロット研究の中から取り上げる。この研究では,患者は抗うつ薬投与（antidepressive medications：ADM）群か心理療法群（20セッションの認知行動療法か力動的心理療法）に分類された。研究目的は抑うつから完全に回復した患者の比率を推定することで,完全な回復とは,ハミルトンうつ病評価尺度17項目版（Hamilton Rating Scale for Depression-17：HRSD-17）で6点以下が8週以上続き,1年間の追跡で健康を維持していることと定義した。さらなる研究目的として,抑うつの潜在的な心理的媒介要因,特に防衛が終結という安定状態をもたらし,さらに1年間の健康レベル継続に寄与するのかについて検討することであった。具体的には,初期の抑うつ的防衛が健康のカットオフ値以下（＜7％）にまで下がり,ODFが健康・神経症レベル（＞5.64）にまで到達するかを検討した。短期間の心理療法とADMが有効であるならば,サンプルの中央値は終結時またはフォロー時に回復の領域にあるはずである。

　患者は29歳の既婚女性で,特別支援教諭であり,流産後,うつ病の治療を求めた。彼女は自分の感情をコントロールできないことを深く恥じており,失意が顕著であった。また彼女は流産に対して怒りを表わさないが,流産のせいで今後子どもをもつことができないかもしれないという恐れを表現した。彼女はずっと1人ぼっちの子どもであり続け,時に孤独感を味わった。そして,うぬぼれと両親に迷惑をかけないことが彼女の顕著な特徴になった。彼女は支えになってくれるとても素敵な男性と結婚したが,当初はその男性に興味をもてなかった。しかし,彼女が良い気分でいられるよう,彼がいつも配慮してくれていることに気づいてからは,好きになっていった。研究プロジェクトでは,彼女は20セッションの認知行動療法（CBT）治療者との面接に無作為に割り当てられた。この治療内容は他で詳述されており[32],分析プロセス尺度で得点化も行なわれている。治療は認知行動モデルに基づいているが,患者の感情表現に対する拒否という側面に焦点化し,感情を明確化させ,患者が自分自身の体験を通して感情的生活について考え探求しようとする手助けを行なった。治療は成功したものと考えられた。患者は復職し,妊娠し,そして妊娠が悪い結果に終わることへの恐れを克服した。患者のHRSD-17の得点はインテーク時の24から終結時の9（マイルドな抑うつ状態）にまで下がり,さらに1年間のフォローでは6（抑うつを示さないカットオフ値）にまで下がった。同じく,ベックうつ病尺度（Beck Depression Inventory：BDI）では,12（抑うつ状態のカットオフ値を超えている）から7（抑うつ状態でない）へ,さらに1年間のフォローで0にまで下がった。

　このケースを取り上げたのは,患者である彼女の防衛機能の変化が全サンプルの中央値に近似し,20セッションの治療に対する平均的な防衛機能の様相をとてもよく表わしているためである。インテーク時,終結時,そしてフォローして1年後の患者の力動的なインタビューに対して,時期を伏せて,防衛や他のデータが得点化された。

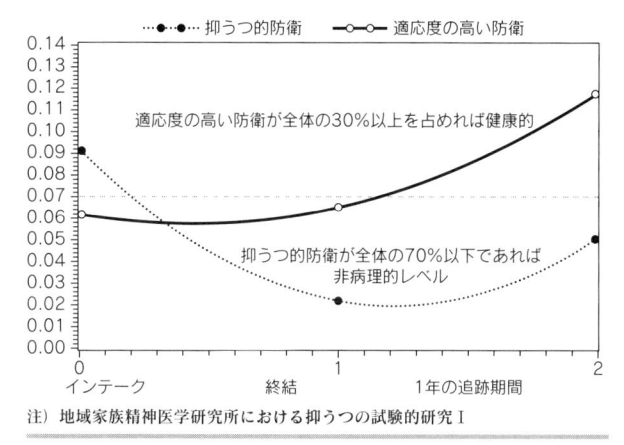

注）地域家族精神医学研究所における抑うつの試験的研究 I

◑図6.1 抑うつ的防衛は20セッション後に標準的なレベルにまで下がり，その後1年でわずかに回復した。適応度の高い（成熟）レベルの防衛は終結後の1年の追跡期間の間に増加し，標準的なレベルの3分の1にまで達した

インテーク時では，患者は17%の未熟な防衛を有し，そのうち9%は8つの抑うつ的防衛であった。患者の神経症的防衛は防衛機能全体の78%を占め，一方，適応的レベルの防衛は6%であった。図6.1に示されているように，患者の抑うつ的防衛は終結時に2%にまで下がり，その1年後には5%にわずかながら上がっていた。同時に，神経症的防衛は終結時に89%にまで上がり，フォローして1年後にはインテーク時と同じ78%まで下がった。図6.1は適応的な（成熟した）防衛が終結時には7%のまま変わらなかったが，1年のフォロー後には12%にまで上がったことを表わしている。図6.2は3つの期間でのODFを表わしている。患者のODFは神経症レベル以下の抑うつレベル4.97から始まり，終結時には5.33に，そして1年後のフォローでは5.38にまで上昇した（ともに神経症レベルの中間にある）。こうした結果から得られる繰り返し条件の効果量（effect size：ES）は1.13で，それはサンプルの平均と等しくまた中央値（ES＝0.99）に近いものであった。

　このケースは先ほど示した仮説に沿う形で改善した。この患者では抑うつレベルから始まって神経症レベル内に移行した。つまり，抑うつ的防衛から神経症的防衛に交替していったのである。1年後のフォローでは，神経症レベルの防衛が減少したおかげで，適応的な防衛がいくらか上昇した。治療中に患者のポジティヴな変化が生じるとともに抑うつ的症状は大きく減退した。予想外だったのは，1年後のフォローにおける，症状のさらなる低下を伴った適応的防衛の増大である。防衛という視点でみると，患者は性格的にはいくらか抑うつ的（抑うつ的防衛）であり，強迫的で反依存的であった（反動形成，置き換え，打ち消し，知性化，隔離）。しかし終結時と1年後のフォローでは，神経症的防衛は患者の防衛レパートリーの大部分を占めるように

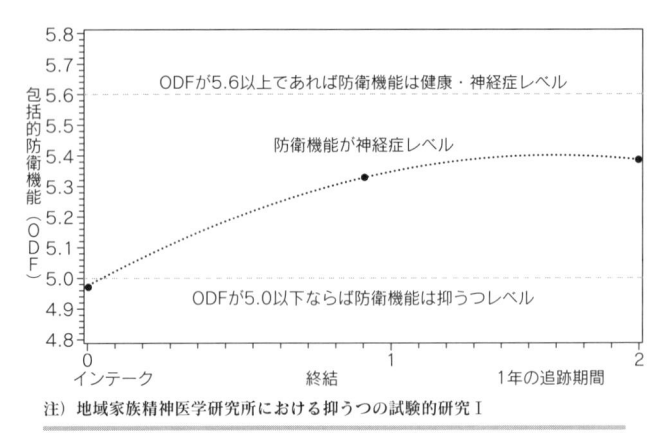

```
5.8
5.7
5.6 ────────────────────────────────────── ODFが5.6以上であれば防衛機能は健康・神経症レベル
包
括 5.5
的
防 5.4                          防衛機能が神経症レベル
衛
機 5.3
能
( 5.2
O
D 5.1
F
) 5.0
    ────────────────────────────────────── ODFが5.0以下ならば防衛機能は抑うつレベル
4.9
4.8
   0                          1                          2
   インテーク                  終結                        1年の追跡期間
```

注）地域家族精神医学研究所における抑うつの試験的研究 I

○図6.2 20セッションの治癒後に ODF は抑うつレベルから神経症レベルにまで上昇したが、1年の追跡期間で健康・神経症レベルにまで達しなかった

なった。こうしたことから，この治療は患者の抑うつ的な性格の治療として成功し，おそらく，抑うつ症状になる以前の神経症レベルの防衛の状態にまで回復させたと結論づけることができる。この患者に限ったことであるが，1年という時間枠で患者は改善を示したが，健康・神経症レベルの防衛機能にまでは至らなかった。

ケースB：境界性－自己愛性パーソナリティ障害を有した患者における2年半の治療エピソード

このケースでは，防衛機能階層レベルが変化するようすを説明する。このケースの患者は24歳の独身女性で，入院治療まで要するような，悪性の退行，自殺念慮，行動化が著しかったときに受けていた心理療法が終結した後に紹介されてきた。その治療の終了時，患者は以前の治療者の事務所に毒物を郵送して，訴えられた。この出来事に対する法的手続きが終わった後に，他の場所を紹介されたのである。患者は，自ら同意して，治療者が転職するまでの2年と少しの期間，週1回の力動的心理療法を受けた。また補助的に CBT を最初の1年間受けていた。これらの治療が終了した後，患者はさらに力動的心理療法を受けるために他の治療者を紹介された。インテーク時の患者のⅠ軸診断は過去に過食症を伴う気分変調性障害であり，Ⅱ軸診断は BPD および自己愛性パーソナリティ障害（NPD）であった。患者は薬物療法を受けていなかった。

このケースを取り上げたのは，BPD と NPD を有した患者の変化プロセスを明らかにするためである。この患者は当初未熟なレベルの防衛を高い比率で示していたが，改善したいというモチベーションが強く，数年で大きな進歩を遂げた。心理療法が始まったときの患者は，以前のような退行経験を繰り返したくない，勉学を再開したい，

アパートで一人暮らしがしたい，そして親密な対人関係を築くうえでも寛容になりたいというモチベーションが強かった。患者は自身の成育歴の中で多く経験してきたことを重要なこととして理解していたが，学校にとどまることと入院しないことを治療開始当初から強く胸に抱いていた。

治療の1年目では，患者は定期的に治療に参加した。治療の焦点はその時々の外的な問題に向けられた。つまり，転移を，より深く過去に遡って探求するのではなく，現在への直接的な影響の中から理解し，うまくコントロールすることに力点を置いた。実際，治療の1年目には，多くの退行的エピソードがみられた（例えば，試験の後に教員とのやりとりの中で意欲を失ってしまう）。そして，たいていこうした失意は，行動化（例えば，飲酒），受動的攻撃（例えば，学校に車を止めて車中で一晩を明かす），投影性同一化（例えば，教員を非難し，自分の行動を教員のせいにする），分裂（例えば，失意のエピソードについて話し合ったときに自分自身をすべて悪と見なす）といった防衛で対処された。退行したままの願望には限界がつきものであることを治療者とともに同意できると，彼女は好ましい反応を示した。ただ，こうしたことで，時にセッション数が増加する惧れがある。治療の焦点は，すでに彼女の防衛レパートリーの中にある，合理化（例えば，"試験は難しすぎて誰も上手くいかなかった"）や万能感（例えば，"とにかく私はクラスの誰よりも上手くできる"）といった防衛を使用することに切り替えることであった。このように，1年目はセッションからセッションへの移行に伴って防衛機能も大きく揺れた。その動きは図6.3から図6.5に示されている。

私たちは各防衛レベルについて，時間（セッションの数）を独立変数とする線形単回帰モデルを適用した。表6.2には，患者の防衛レベル得点における線形回帰モデルの結果が示されている。患者の行動化的防衛および重度のイメージ歪曲による（境界例的）防衛レベルは，最初は，全体の防衛機能に対してそれぞれ13〜14％あたりであっ

●表6.2　ケースA：79セッション（2年）にわたる防衛レベルとODFの変化

防衛レベル	切片／最終の推定量	傾き	t, $df=14$	p 値	R^2／調整済みの R^2
7　高い適応度	9.7％, 15.6％	0.0738％	0.96	0.35	0.067／−0.005
6　脅迫的	9.1％, 15.7％	0.0831％	1.95	0.07	0.227／0.168
5a　ヒステリー性	2.0％, 6.5％	0.0574	1.71	0.11	0.184／0.122
5b　置き換え・反動形成	1.7％, 15.5％	0.175％	2.50	0.02	0.340／0.289
4　軽度のイメージ歪曲	22.3％, 14.8％	−.0944％	1.11	0.29	0.086／0.016
3　否認	27.2％, 29.2％	−0.0255％	0.34	0.74	0.009／−0.07
2　重度のイメージ歪曲	13.9％, 0.8％	−0.166％	3.61	0.003	0.499／0.462
1　行動	13.4％, 1.6％	−0.151％	4.58	0.0005	0.618／0.588
要約された得点					
Ⅱ．神経症的	12.8％, 37.7％	0.316	2.87	0.01	0.389／0.342
Ⅲ．未熟	77.5％, 46.7％	−0.390	3.41	0.005	0.472／0.431
防衛の数	40.5, 45.2	0.0585	0.43	0.67	0.014／−0.067
ODF	3.55, 4.64	0.0138	3.88	0.002	0.537／0.501

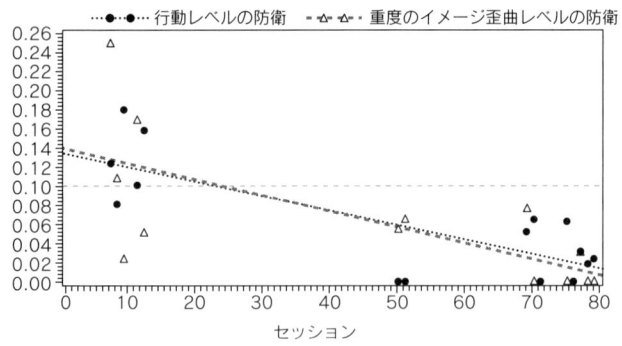

〔回帰方程式〕
行動レベルの防衛の比率＝0.135−0.00151／セッション
重度のイメージ歪曲レベルの防衛の比率＝0.139＝0.00166／セッション

◯図6.3 高いレベルにあった行動レベルおよび重度のイメージ歪曲（境界例的）レベルの防衛は79セッション（2年以上）にわたって一定して減少し，もはやBPDとは断定できないレベルにまで達した

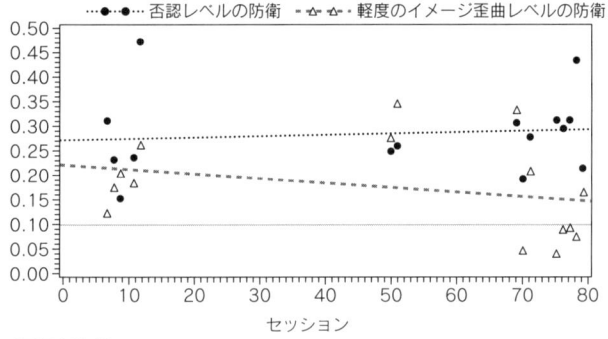

〔回帰方程式〕
軽度のイメージ歪曲による防衛の比率＝0.223−0.000944／セッション
否認による防衛の比率＝0.272＋0.000255／セッション

◯図6.4 否認レベルの防衛（例えば，合理化）はわずかに増えたが，軽度のイメージ歪曲レベルの（自己愛的）防衛は増加しても79セッションにわたって減少した。BPDが減退すると，患者は一時的にNPDに関係した防衛に頼るようになる

たが，2年半の治療が終了するころには，双方ともに有意に減少し，全体の防衛機能の2％以下になった（図6.3参照）。未熟な防衛の上位2番目に相当する防衛は，わずかに異なる動きを示していた。否認的防衛群は患者の防衛レパートリーのおよそ4分の1を占めており，有意ではないがさらに増加した。また，軽度のイメージ歪曲による（自己愛的）防衛は初め増加したが，2年目の終わりには有意ではないが減少した（図6.4参照）。その間に，患者の3つの神経症的防衛レベルは増加し，置き換え／反

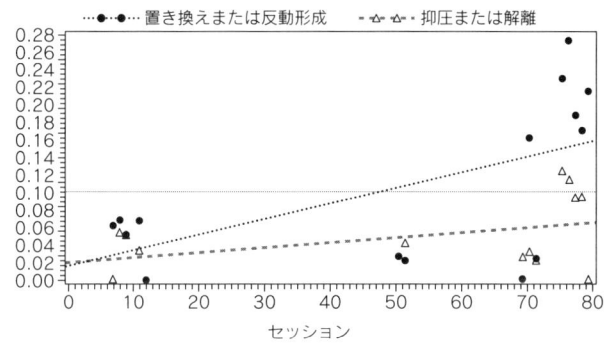

⋯•⋯ 置き換えまたは反動形成　　- △ - 抑圧または解離

〔回帰方程式〕
　ヒステリー性の防衛の比率＝0.0195＋0.000574／セッション
　置き換えまたは反動形成による防衛の比率＝0.0170＋0.00175／セッション

◯図6.5　79セッションにわたってヒステリー性の防衛（ほとんどは抑圧）と他の神経症的防衛（置き換えと反動形成）は増加し，それはパーソナリティ障害レベルの防衛機能から神経症的防衛機能に移行していることを反映している

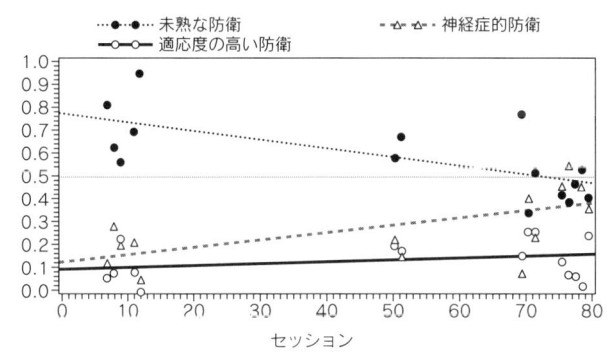

⋯•⋯ 未熟な防衛　　- △ - 神経症的防衛
—◯— 適応度の高い防衛

〔回帰方程式〕
　適応度の高い防衛の比率＝0.097＋0.000738／セッション
　神経症的防衛の比率＝0.128＋0.000320／セッション
　未熟な防衛の比率＝0.775－0.00400／セッション

◯図6.6　3つのカテゴリに分類された防衛レベルすべてについて，未熟な防衛が減少すると，神経症的防衛はそれと同じ比率で上昇し，一方適応度の高い（成熟した）防衛は少しずつ上昇した

動形成では有意な増加を，抑圧／解離（ヒステリー性）と強迫的防衛は有意ではないが増加傾向を示した（図6.5参照）。最終的に，相互に関連した3種類の防衛レベルの変化を図6.6に示した。未熟な防衛が有意に減少すると，神経症的防衛は有意に増加し，適応的な（成熟した）防衛のレベルは有意ではないものの増加した。その結果，ODFは有意に改善し，モデルで推定されるODFの初期値は3.55であったが，79回目のセッションでの推定値は1.09上昇して4.64であった。さらに，ODFがとりうる値

の変化として表わされるODF変化量は，インテーク後の1.21から1年後の1.00，そして2年後の0.72まで減少した。最終的な結果として，患者のODFは治療の最終までに，神経症的防御よりいくらか下の自己愛的防御のレベルにまで到達した。こうした結果は，適応的防衛は治療時間枠内で高くはならなかったものの，最下位レベルの防衛が大きく減退して，未熟ではあるがより高次のまたは神経症的な防衛に切り替わるとともに，患者の安定化という目標が達成されたことを意味している。

　このような結果は仮説に一致している。患者が改善すると，患者のODFは増加してODFのセッションからセッションへの変化量は減少した。そして，患者の防衛機能はもはや境界性パーソナリティではなく自己愛性パーソナリティのレベルで固定化したのである。健康・神経症的な防衛機能を発展させるために，さらに介入を進めていく必要があった。しかし，治療の終結時には学業を修め，患者の人生の目標でもある就職のことを考えるようになっていた。また，患者はみごとに仕事に就き，そのときにはあるボーイフレンド（しかし，患者はそのボーイフレンドに対して，いくらか落胆していたが）とあまり深入りしない表面的なつき合いを始めていた。そして患者は，終結の前年には重大な退行を示すことはなく，治療期間中に救急外来や入院目的で病院に行くこともなくなった。ただ，キャリアアップのために次の就職先に就くよう親から圧力をかけられたときには，患者は不安定になった。それでも，患者の治療が次期治療者に移行する際，終了時に防衛機能が後退するようなことはなかった。こうして患者は，ODFの改善が他の機能や社会的役割の改善とも関連するという3番目の仮説をも例証していた。

ケースＣ：入院中の心理療法と13年3か月間のフォローを受けた女性

　このケースは，20歳前半の女性が，重篤なストレッサーを受けて自殺企図に至った後，オースティン・リッグス・センター（Austin Riggs Center）に入院し，集中的な力動的心理療法を受けたケースである。患者は最近ある男性と結婚したが，以前人間関係で痛手を受けた反動もあり，その男性に対して両価的感情を抱いていた。患者はパートで大学に働きに出かけており，徐々に強く症状を示すようになった。患者のⅠ軸診断では，大うつ病性障害，気分変調性障害，過去のコカインやアルコール依存歴，広場恐怖を伴うパニック障害，過去の神経性大食症歴が該当した。また，Ⅱ軸診断では，境界性，依存性，自己破壊性のPDが該当した。患者は入院する前の数年間，支持的な治療者に週2回の心理療法を受けており，退院後もその治療者との心理療法を続けていた。患者はその3年間で3度入院した。その理由は，いずれも，もっと自立したいという願望に対する罪悪感や，結婚生活を持続させ，従順な娘のままでいさせたいとする家族からの期待に対する抵抗願望への罪悪感であり，自殺をはかったこともあった。しかし，3度目の入院で大きな前進があり，それはずっと棚上げになっていた結婚生活に終止符を打つと決めたことであった。その後，患者の退行現象はお

さまり，大学の仕事を再開して，自立した大人としてのアイデンティティを確立するまでの数年間は親密な関係を避けていた。患者は治療者との面談を続け，しだいに回数を週1回に減らし，7年目までの数年間は週1回で面接を行なった。そして，患者の職場での立場は上がり，異性との交際も始め，最終的に結婚して子どもも産んだ。フォローして14年目には，患者はⅠ軸診断による障害から回復し，機能の全体的評定（global assessment of functioning：GAF）で健康な大人のレベル（GAF>71）にまで回復し，他の社会的役割においても適応性を示すようになった。

　このケースを取り上げたのには2点の理由がある。1点は難治の障害をもつ患者の防衛機能の変化量が安定したものになるまでにどれほど時間がかかるかということを例証するためである。もう1点は健康・神経症的機能にまで回復するのにどの程度の時間がかかるかということを例証するためである。13年3か月フォローした期間中に，患者の防衛を17回評価し，そのうちの7回は力動的インタビューを通して，10回はRAPインタビューを通して行なわれた。フォローが長いので，私たちは，防衛機能の長期的な変動が明確になり安定する時点がいつなのかを決めなくてはならなかった。そのため，未熟レベルの防衛，神経症レベルの防衛，適応レベルの防衛それぞれの成長線の傾きをフォローして3年目まで，5年目まで，7年目まで，そして13年3か月まで集計した図を4つ示している。4つの図すべてを見て比較しやすいように，最初の3つの図の成長線の傾きは，各々フォロー14年までの変化を推定して描かれている。

　図6.7は，患者が結婚生活を終えることを決める前にフォローした，最初の3年間での防衛の変化を検討したものである。この時期がかなり荒れていた時期であることは，未熟な防衛が増加し，変化量も大きいことから示される。神経症的防衛は実際減少し，予期せぬことであるが，適応的防衛は増加している。成長線の切片は，実際の変化率，つまり1年あたりの全体的機能のパーセンテージ変化量をもとにモデル推定されたインテーク時の防衛レベルを表わしている。その切片は3つのレベルの防衛それぞれの図に対して表記されている。図6.8は最初の5年間のデータに基づいた変化の傾きを図示しており，結婚生活を終えた後の安定した時期を含んでいる。5年間では，異なった傾きが認められた。未熟な防衛は1年に3％の割合で減少し，適応的防衛はゆっくりと増加し，神経症的防衛はかなりゆっくりしたペース（1年に0.25％の割合で）で増加している。図6.9を見ると，適応的防衛と未熟な防衛の傾向が7年間と5年間で類似しているが，勾配は7年間の方が5年間に比べて急になっていることが示されている。さらに，神経症的防衛はゆっくりしたペース（1年に－0.35％の割合）ではあるが，減少方向に転じている。最後に，図6.10は13年3か月間すべてのデータに基づいて図示したものである。この長い時間枠でみると，未熟な防衛は全体の防衛機能の15％未満にまで減少し，神経症的防衛は40％にまで，適応的防衛は約50％にまで増加している。示してはいないが，患者のODFは最初の2回のインタビューで

······ 未熟なレベル　－△－ 神経症レベル　─○─ 適応度の高いレベル

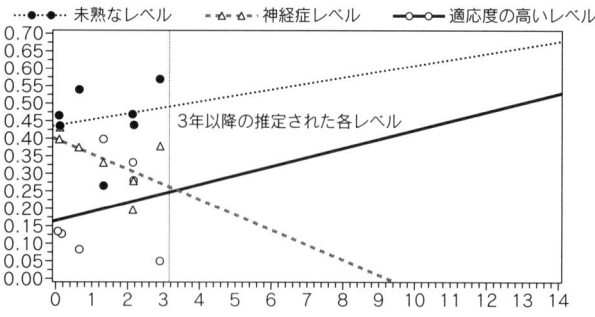

3年以降の推定された各レベル

〔回帰方程式〕
適応度の高い防衛の比率＝0.167＋0.026／年
神経症的防衛の比率＝0.402－0.043／年
未熟な防衛の比率＝0.432＋0.017／年

↑図6.7　3年以降，未熟な防衛は増加する一方，神経症レベルの防衛は減少して，患者はいくらか不安定で退行していたと思われる。しかし，適応度の高い防衛は増加した

······ 未熟なレベル　－△－ 神経症レベル　─○─ 適応度の高いレベル

5年以降の推定された各レベル

〔回帰方程式〕
適応度の高い防衛の比率＝0.161＋0.028／年
神経症的防衛の比率＝0.356＋0.0025／年
未熟な防衛の比率＝0.483＋0.031／年

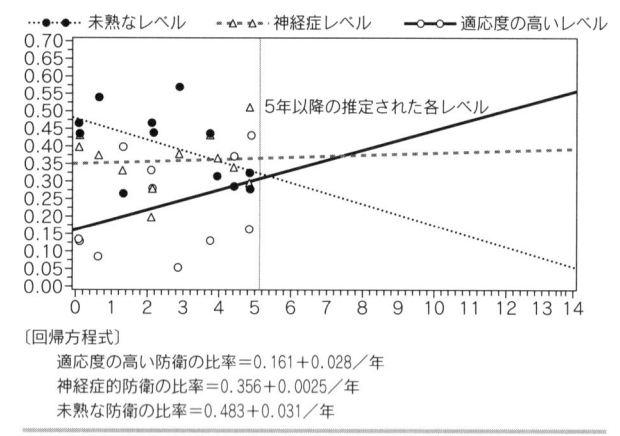

↑図6.8　追跡5年以降では，未熟な防衛は減少して追跡12年後には標準的なレベルに達することが予測されるが，神経症的防衛と適応度の高い防衛は増加する

は重篤なBPDに相応する4.38と4.53であったが，最後の2回のインタビューでは6.00と5.68であり，患者の防衛機能は健康・神経症レベルに到達していることが示唆された。13年と少しにわたるすべての計測データを導入した線形単純回帰モデルでは，ODFの初期値は4.41と推定され，フォローが終了した時点のODF推定値は6.06で，1.65の有意な上昇を示していた（$df=1.15$, $F=20.01$, $p=0.0004$）。インテーク時から6年半までのフォローの前半での変化のばらつきは，6年半から13年3か月までのフォローの後半に比べてかなり大きかった（ODFの振幅は前半で3.79，後半

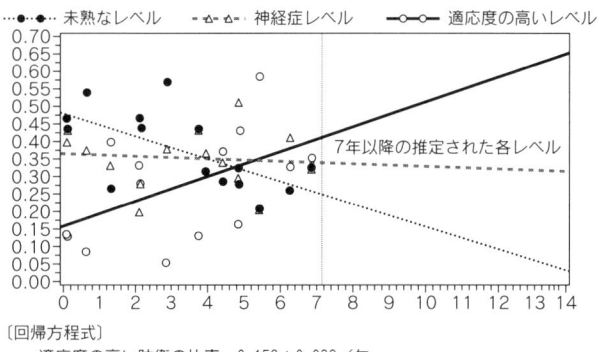

〔回帰方程式〕
　適応度の高い防衛の比率＝0.152＋0.036／年
　神経症的防衛の比率＝0.365－0.0035／年
　未熟な防衛の比率＝0.484－0.033／年

●図6.9　7年後，未熟な防衛は追跡5年後と同じ比率で減少するが，神経症的防衛はわずかに減少した。適応度の高い防衛は追跡5年時に比べて増加の速度がわずかに速くなった

〔回帰方程式〕
　適応度の高い防衛の比率＝0.192＋0.022／年
　神経症的防衛の比率＝0.340＋0.0052／年
　未熟な防衛の比率＝0.469－0.027／年

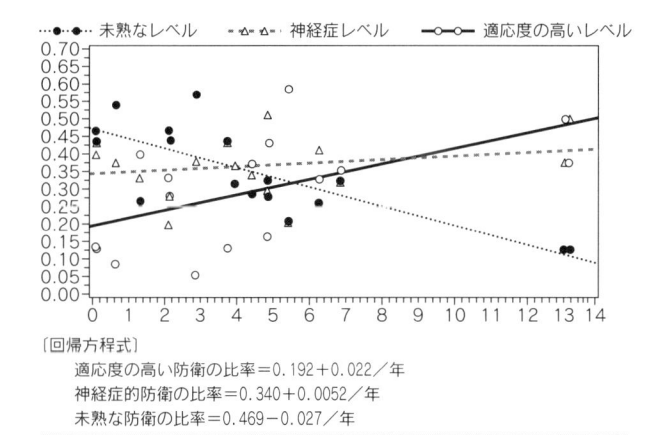

●図6.10　追跡13年以上経って，未熟な防衛，神経症的防衛，適応度の高い防衛それぞれは追跡5年間で確立された追跡をたどって標準的なレベルに達した

で1.62であった）。

　図示したことによって，時間がたつにつれて，患者の変化のばらつきはフォローして5年までには減少傾向になり比較的安定した傾きになることが示唆される。このことは，フォローして5年目，7年目，13年3か月目での傾きが類似していることからも明らかである。こうした結果は，私たちの第1の仮説に整合している。また，患者は，仕事や親密な関係といった人生の他の領域で健康的な機能を発達させており，それは第4の仮説に符合している。最後に，フォローして3～5年の間に患者の変化率

は一定になり，それは第3の仮説に符合している。

　しかし，患者は第2の仮説からはいくらか外れていた。最初の3年間で，患者の未熟な防衛と神経症的防衛は不安定な傾きを示していたが，適応的防衛は4つの期間いずれにおいても維持されていた。改善が生じにくいと思われた適応的防衛が3年にしてまず改善し始めた。改善のパターンはフォローして5年たつと第2の仮説に準じるものになったが，神経症的防衛よりも適応的防衛の改善が大きく非常に興味深い内容である。これらの成長線の傾きはフォローして7年目または13年3か月目の場合でもおおよそ保持されていた。事後説明になるが，この患者の治療は他のケースと比べていくつかの点で明らかに異なっていた。第1に，患者は初めての入院の前に外来で集中的に心理療法を受けていた。第2に，最初の3年間では，患者は数か月間の入院を3回繰り返しており，オースティン・リッグス・センターでの入院中に同じ治療者に集中的な（週4回の）心理療法を受けていた。第3に，患者の不安定さは，患者が結婚生活を断ち切り，自立した大人として真っすぐに生きていく，という人生で重要なことを決定してから減退するようになった。フォローして3年の時点でみられる2つの平行した成長線の傾きは患者の特徴をとらえていると思われる。第一の未熟な防衛の傾きは，依存的な対人関係に関連して繰り返し危機を招くBPD患者に共通した経験を表わしており，それは3〜5年をかけて安定していった。第2の適応的な防衛の傾きは自己内省のプロセスを表わしており，患者はそのプロセスをすでに取り入れており，入院期間中に強めていった。このように，患者は，人生を変える決断をする必要もあって，洞察力とそれに関連した健康的な防衛を発達させていったと思われる。患者が治療を受け始めたとき，患者は典型的なコースを辿る，すなわち未熟な防衛が減少し始めてしばらくは適応的な防衛は有意な変化を示さないと見込んでいたが，このケースでそれが確実ではないことがわかった。

ケースD：再発したうつ状態を18か月間の心理療法で治療した女性

　このケースは，長い間夫と1人の子どもと暮らしている38歳の女性で，気分変調性障害に加えて大うつ病を再発したために治療を求めていた。彼女はうつ的また自虐的なパーソナリティ特性を有していたが，PDにまでは該当しなかった。彼女は，大学時代の10代後半にうつ症状を初めて経験したが，親戚の重篤な病気などといった家庭や仕事上の大きなストレスを数多く経験する昨年までは，特に何らかの症状にみまわれることはなかった。彼女を知っている人は皆，彼女を有能で不平不満を言わない人としてみていた。傍からみると彼女は最近生じているストレスフルな出来事に上手く対処しているようにみえたが，ストレスフルな出来事への対処という問題は彼女から離れず，彼女は自分が多くのことを抱えすぎている，災難がすぐにやってくるという感覚を抱いていた。そうした状態が何か月間か続いたあと，彼女は一般医にみてもらい抗うつ剤を処方してもらったが，それはいくらか助けにはなったものの数か月間大

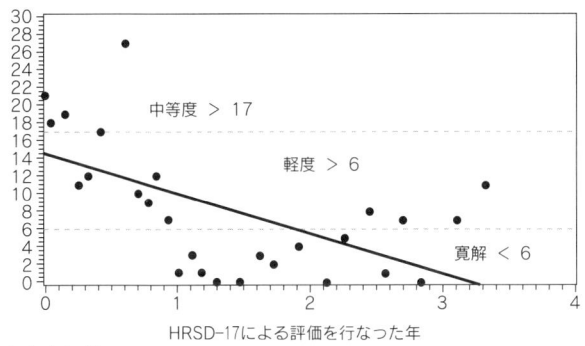

［回帰方程式］
HRSD-17の得点＝14.5－4.5／年

○図6.11 ハミルトンうつ病評価尺度17項目版（HRSD-17）の得点はかなり減少し，患者がおよそ2年で十分に回復（得点が6未満）したことを示唆している。しかし，2年半から観察評定の半数はやや重篤なレベルにあり，未治癒の症状が残っていることを示唆している

きな改善はなく，心理療法を受けようと思っていた。

インテーク時，患者はいまだうつ状態を示し，HRSD-17得点が21，BDI-Ⅱ得点が19で，それは重篤なうつ状態を示唆していた。患者は熟練の臨床家との18か月間の力動的心理療法を受け，はじめは週1回のペースであったが，最終的には週2回のペースになった。患者も治療者もその心理療法が有効なものであったと評していたが，加えて，治療者だけはこのケースの場合，より長期間の治療が必要だったとも話している。終結は患者がより深い性格的な問題に取り組み始めたころに起こったが，この終結は患者にも治療者にとっても早まったものであった。この心理療法を通して患者はゆっくりと改善し，治療開始12か月までには目立った症状から回復していった。治療の最後の6か月間とその後24か月間のフォロー（全体で30か月）にわたって，HRSD-17の8項目中4項目は6点以上であり，それはいくらか症状を有しながらも回復している時期であることを示唆していた。診断を満たすほどのうつ症状再発は認められなかったが，それは患者がうつに対する脆弱性をいくらか残していることを示唆していた。図6.11はこの30か月間のHRSD-17の得点変化を示している。

このケースの場合，患者に症状の回復やコーピングなどの他の領域の回復が認められながらも，患者の性格的特徴のために防衛機能がいくらか後退する可能性を例証している。心理療法はより深い作業がなされる前に終了したので，防衛機能の脆弱さの問題をいくらか残し，それが未寛解の症状に関係していたのかもしれない。

```
1＝力動的インタビュー -○-○-  2＝RAPインタビュー -●-●-  3＝治療セッション -△-△-
```

健康・神経症レベルは5.64以上

神経症レベルは 5.0以上 5.64未満

未熟（抑うつ・人格障害）レベルは5.0未満

防衛の評価をした年

〔データのタイプによる回帰方程式〕
力動的インタビューにおける包括的防衛機能＝5.47−0.004／年
インタビューにおける包括的防衛機能＝5.18＋0.24／年
治療セッションにおける包括的防衛機能＝5.37−0.19／年

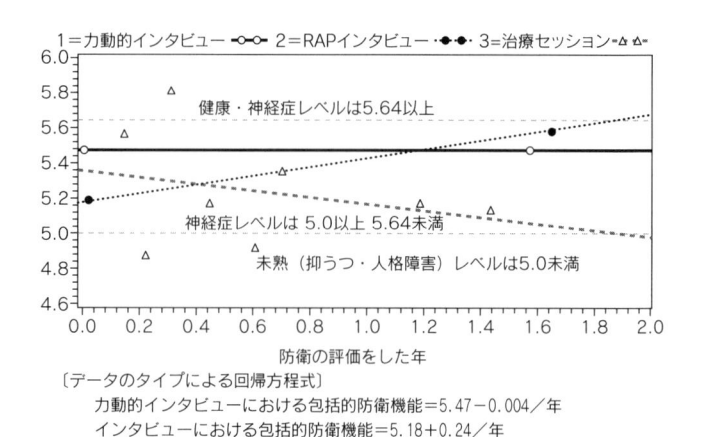

◐図6.12 18か月の治療において，包括的な防衛機能（ODF）は力動的インタビューでは変化がなく，対人関係の描写を求めるインタビュー（RAPインタビュー）では増加したが，治療セッションを通してみると安定化と減退が示された

1）防衛

　このケースにみる重要な性格の問題は，治療期間中に防衛がどのように変化していくのかという側面に反映されていた。全体的な防衛機能は終結から2か月後の最後に評価された83セッションまでゆっくり上昇したが，有意な変化ではなかった。3つのタイプのデータ（力動的インタビュー，RAPインタビュー，治療セッション）を合わせて線形回帰モデルを適用したところ，患者のODF初期値（切片）は5.29，変化率は1年に0.026で，有意ではなく，16か月時点の推定されたODF最終値は5.33であった。このことは，患者が初めから終わりまで神経症的な防衛機能を有していたことを示唆している。図6.12はインタビューのタイプでODFの変化を分けたものであるが，なぜ分けたのかといえば，それはそれぞれが異なる変化のパターンを示していたからである。力動的インタビューではODFはほぼ同じままであるが，一方，対人的な相互作用を反映しているRAPインタビューでは1年ごとに0.243の増加を示している。しかし，治療セッションはおもしろいパターンを示しており，ODFははじめ変化のばらつきが大きいものの，治療の18か月目の最終では低いレベルにある（1年ごとに−0.194減少）にもかかわらず安定的になっていくのである。治療中には，患者が安定していくにつれて，防衛機能が適度に低下していった。それは，防衛の情動的意味を探求したこと，またそのことによって，患者が神経症的問題やそれに関係した防衛をあらわにすることができるようになり，洞察力が高まったという，集中的な力動的探求のプロセスに関係していた。治療がより長いものであれば，ODFがいったん向上しなくなっても，治療が潜在的な性格の問題と取り組むようになり，向上す

―○― 未熟な防衛：1-4 ・・●・・ ヒステリーレベルの防衛 ・・△・・ 強迫的レベルの防衛

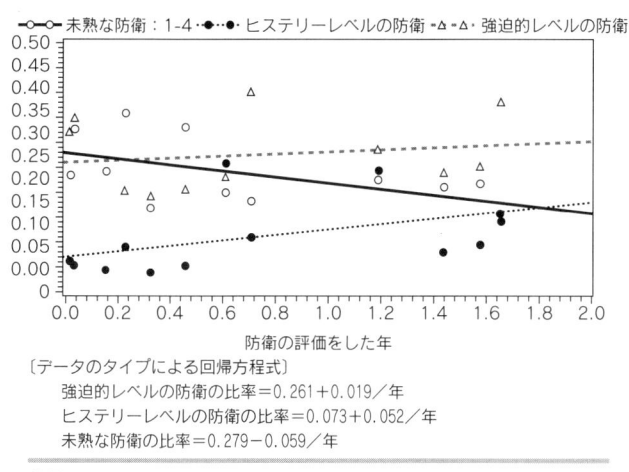

〔データのタイプによる回帰方程式〕
強迫的レベルの防衛の比率＝0.261＋0.019／年
ヒステリーレベルの防衛の比率＝0.073＋0.052／年
未熟な防衛の比率＝0.279－0.059／年

図6.13 18か月の治療の間に，未熟な防衛は減少し，ヒステリーレベルの防衛と強迫的レベルの防衛は増加した。これは，患者が神経症的な防衛機制に依拠するようになったことを示唆する

ることが期待できたであろう。さらにこまかく検討すれば，そのような変化が生じているという考えが正しいことを示すことができるが，今回の18か月という時間での治療終結ではそれはかなわなかった。

上記の，3つのインタビューのタイプによるODFの違いはそれぞれのインタビュー構造の程度と関係がある。ベックとペリー（Beck & Perry）[33]は，RAPインタビューは力動的インタビューよりもより構造的であるが，一方の治療セッションは最も構造化されていないことを示した。彼らは，構造化されていないインタビューほど防衛機能のレベルが低下すると仮定しているが，このケースではそれが的中していた。

前半と後半のODFのばらつきの幅を比較して検討した（前半：0.93，後半：0.45）ところ，ODFは有意に高くならなかったものの，ばらつきは少なくなることが示された。

図6.13は3タイプの防衛を検討したものである。抑うつ的防衛を含む患者の未熟な防衛は減少が有意傾向にあり（$p=0.07$），一方，抑圧の使用頻度は顕著に増大したが有意ではなかった（$p=0.14$）。このことは，患者が低レベルの防衛方略を切り捨てるようになって，これまでかなり根深く抑圧されていた素材に取り組むようになっていったことを示唆している。抑圧の増大は，そうした素材が意識により近いところにあり，いくらか探究できるところにまで手が届くようになったことを表わしている。それとともに，葛藤に関連した感情に対する耐性は十分ではないが，患者が抱える葛藤を自分自身で理解しようと試みるようになると，強迫的な防衛のわずかな増大がみ

られるようになった。成熟した防衛には有意な変化はみられなかったが，終了時には患者は健康・神経症レベルに移行する途中にあったと考えられる。患者がより長い治療を受け続けて終結していたら，患者の未熟な防衛は減少し続け，特に抑うつ的な防衛は抑うつ状態にない人のカットオフ値である7％以下にまで減少していたかもしれない。また，患者はヒステリー的な防衛や強迫的な防衛を切り捨てて成熟した防衛を増大させていただろう。

2）コーピング

このケースではコーピングメカニズムについても評定した。抄録で少し説明したように，ハーンは内的な葛藤への反応である防衛機制と外的現実への適応のための対処であるコーピングメカニズムを区別したが，それはラザラスとフォークマン[7]による防衛とコーピングの明確な区分に引き継がれている。コーピングメカニズムは，個人がある環境の中で遭遇するストレッサーや問題に対応するおおよそ意識的なプロセスとして定義されている。最近のコーピング研究の実証方法に関するレビュー[8]によれば，コーピングには階層構造があり，コーピング行動パターン（coping action pattern：CAP）によって12のカテゴリーに分類され，さらにその12のカテゴリーはコーピング行動パターンの目的によって大きく3つのグループに分けられるという。有能感（competence）グループはある環境の中で自己自身の行動を調整しようとするコーピング，相互関係（relatedness）グループは自己信頼と社会的資源を調整しようとするコーピング，自律性（autonomy）グループは個人の好みと利用可能な選択肢を調整しようとするコーピングである。各グループは2つの適応的なコーピングメカニズムと2つの不適応的なコーピングメカニズムからなっている（最初に適応的なコーピングがあげられている）。有能感グループは問題解決，情報探索，無気力，逃避から，相互関係グループは自己信頼，サポート探索，委任，孤立から，そして自律性グループは順応，交渉，服従，対決からなっている。このように，防衛の場合と同様，コーピングメカニズムは階層構造をなし，より適応的なコーピングで対処している人ほどより高い心理的・社会的機能を有していると仮定されている。

今回のケースでは，コーピングの階層構造を利用して心理療法のセッションとインタビューから逐語録を起こすためのマニュアル(Perry et al., ms in preparation)を開発した。コーピングはポジティヴなCAP（適応的なコーピング）とネガティヴなCAP（不適応的なコーピング）に分類された。さらに，全体的なコーピング機能得点(overall coping functioning：OCF)は，各逐語の中で患者が使用した適応的コーピングの全体的な比率として算出された（範囲0–1.0）。図6.14はインタビューと治療セッションのOCF得点を表示している。インテーク時には患者のOCF得点は，急性うつ病患者の平均値である0.50よりも低く，コーピングについてポジティヴなものとネガティヴなものを等しく使用していることが示唆される。単純線形回帰モデルによって変化の比率（1年ごとに0.129）が有意である（$p=0.007$）ことが明らかになった。治療終了

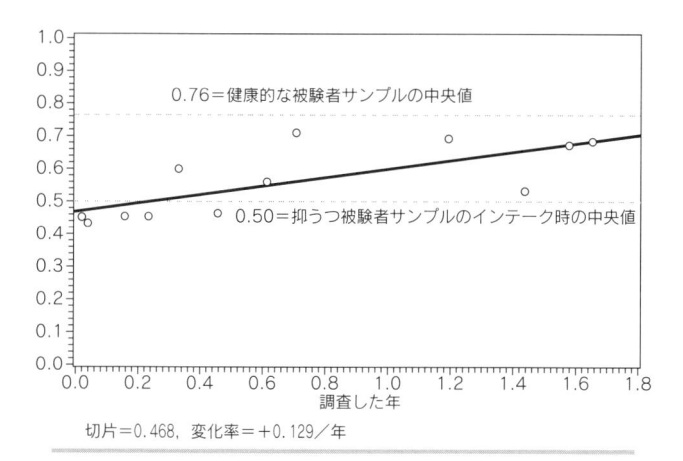

●図6.14 包括的コーピング機能（OCF，肯定的なコーピングメカニズムの比率）は18か月の治療を通して上昇したが，標準的なレベルには達しなかった

切片＝0.468，変化率＝＋0.129／年

までに OCF は0.687にまで増加することが推定され，患者のコーピングの3分の2はポジティヴなものになることが示唆されたが，精神疾患にない母親の平均である0.75（筆者が評定したデータ）よりは低かった。このように，患者はある程度改善したが，健康的なレベルにまでは回復しなかったかもしれない。

さらに，治療における機能の変化の指標としてコーピングと防衛の関係に着目した。防衛の頻度の中央値は58.5であるのに対して CAP の頻度の中央値は24であり，CAP に対する防衛の比率は2.4であった。さらに，12回のインタビューにわたって，防衛とコーピングの頻度の間には高い相関がみられた（スピアマンの相関係数 $r_s=0.73$，$n-12$，$p-0.007$）。驚くべきことではないが，治療セッションにわたって ODF はあまり変化しないので OCF との相関はほとんどなかった（$r_s=0.16$, n.s.）。しかし，未熟な防衛と OCF との間には有意な負の相関がみられ（$r_s=-0.72$，$p=0.008$），未熟な防衛が減少すると OCF は増加した。成熟した防衛とまではいかないが神経症的防衛への切り替わりがみられ，神経症的防衛は OCF との相関が有意傾向にあった（$r_s=0.51$，$p=0.09$）。図6.13に示している患者のいくつかの防衛を検討したところ，抑圧の増加は OCF と正の相関を示し（$r_s=0.62$，$p=0.03$），防衛の問題が顕在化してくると，いくらか抑圧的であっても患者の全体的なコーピングは改善することが示唆された。同様に，知性化と孤立は OCF と相関を示した（それぞれ $r_s=0.58$，$p=0.05$，$r_s=0.48$，$p=0.12$）。治療が進み抑うつが表に出てくると患者の防衛機能は神経症レベルにまで回復したと先ほど述べたのと同じように，こうした結果から，OCF のいくらかの改善は，患者がこれまでに利用してきたコーピングのレベルをも回復させることを意味するものであるといえよう。ここで1つ検討すべきことは，その後何年も

フォローして防衛機制とコーピングメカニズムが持続するかということである。時間だけが，状態の変化とより弾性の高い特性の回復とを明確に区別することができるのである。ともかくこのケースでは，未熟な防衛は改善し，コーピングの向上とも高い相関を示した。運悪く，適応的なレベルの防衛が変化する前に治療が終了したので，その変化によってOCFが健康的なレベルにまで引きあげられるのかどうかを決定することができなかった。しかし全体的にみて，防衛機制とコーピングメカニズムの収束性と弁別性をある程度示すことができた。

6．考察

　これまでに示した4つのケースによって，防衛がどのように変化するのかに関する4つの仮説を吟味した。各ケースは異なるタイプの障害あるいは治療的接近であることを示すために選択されたが，あまりにもケースが少なく仮説の妥当性を厳密に検証することはできなかった。しかし，各ケースのデータが仮説を支持しているか否かを推定して考察することはでき，仮説の妥当性を予備的に示した。むろん，十分な妥当性（特に第4の仮説）を示すためには，より大きなサンプルと異なる治療条件やデザインが必要だったであろう。表6.3は各仮説に対してそれぞれのケースで得られた結果を示している。

　仮説1は，患者が改善するとODFは向上するというものであった。ケースAからCはこの仮説を実証したが，ケースDはODFが若干上昇したという防衛機能の限定的な変化しか示さなかった。ケースAは1年間のほんの3時点でしか評定されなかったが，終結時には抑うつ的な未熟レベルから神経症レベルにまで防衛機能は変化し，その後1年間のフォローではそれが維持された。重要なことであるが，この変化が，これ以降抑うつエピソード以前の状態に逆戻りしたことを表わすのか，それともより高いレベルの新たな防衛機能へと変化したことを反映しているのかは明確ではない。ケースBとCは，特性の真の変化である，患者のODFが有意に上昇しそのまま維持されるという変化を示したという点で異なる。患者が改善すると，ODFが上昇するとともに，防衛機能のばらつきに減少がみられた。ケースAでは3時点から推測するのは難しいが，ケースBからDではODF最小値から最大値までの幅が時とともにその半分以下にまで減少した。このことは防衛が改善するとその分弾性的になる（それは通常の防衛機能レベルからの逸脱が小さいということで示される）という副次的な仮説を支持している。すなわち，ストレスが治療以前や治療初期のときほどに防衛機能を大きく揺さぶらなくなるということである。

　仮説2は，防衛の階層は段階的に改善するということであった。まず，行動的な防衛や境界例的な防衛といったより低いレベルの防衛がそれよりも高いレベルの防衛に切り替わる。それが十分に進行した後に，自己愛的あるいは神経症的な防衛といった

●表6.3　各ケースにおける仮説の支持・不支持の結果

防衛機能に関する仮説	ケースA [20セッション[a] 1年[b]]	ケースB [79セッション[a] 2年強[b]]	ケースC [数百セッション[a]13年強[b]]	ケースD [83セッション[a] 1年半[b]]
1a. 改善：全体的な防衛機能（ODF）のレベルが上昇する	"はい" ODFは0.41上昇 最初＝4.97 最後＝5.38	"はい" ODFは1.09上昇 最初＝3.55 最後＝4.64	"はい" ODFは1.65上昇 最初＝4.41 最後＝6.06	"どちらともいえない" ODFは0.04上昇 最初＝5.29 最後＝5.33
1b. 改善：防衛機能の変化は少なくなる	データ不十分	"はい" 各年で変化量は減少	"はい" 治療初期に比べ後期には変化量が減少	"はい" 治療初期に比べ後期には変化量が減少
2. 改善は段階的に防衛の階層構造にしたがって生じる　適応度の高いレベル　神経症レベル　未熟なレベル	"はい" わずかに増加 増加 減少	"はい" ほとんど変化なし 増加 減少	"はい" 一定の増加 増加[c] 減少[d]	"はい" ほとんど変化なし 増加 減少
3. 個人あるいは個人の障害の特質によって，ある得的の条件（特定の成育史あるいは特定の治療技法）における変化率は異なる	うつ病の再発：ODFは数か月で神経症レベルにまで回復した	BPD・NPD：2年以上にわたって有意義な改善を示した	BPD・SDPD・I軸診断に基づく障害：13年かけて標準レベルに達した	うつ病の再発：ODFは治療開始16か月までには安定化した
4. 防衛機能の改善は症状改善や機能回復と関連する	"はい，抑うつ的ではなくなり，社会的役割の機能も回復した"	"はい，顕著に，学校，仕事，対人関係における役割機能は回復した"	"はい，ほとんどすべての機能の療育において健康レベルに達した"	"部分的にではあるが，未熟な防衛が減少して，抑うつの改善とコーピング機能の回復がみられた"

注）　[a]　調査期間中の治療セッションの数
　　　[b]　治療とその後の追跡期間を含めた調査期間
　　　[c]　治療初期3年間の退行は13年にわたる神経症レベルの増加の前に起きたもので，それは減少として把握している
　　　[d]　治療初期3年間の退行は13年にわたる未熟な防衛の減少の前に起きたもので，それは増加として把握している

BPD：境界性パーソナリティ障害
NPD：自己愛性パーソナリティ障害
SDPD（self-defeating personality disorder）：自虐性パーソナリティ障害

より高い中間レベルの防衛は減少して，成熟した防衛が増大する。このように全体的な階層は一度に変わることはなく，まずより低いレベルの防衛が影響を受け，その後中間レベル，高いレベルへと続く。4つのケースはこの段階的変化を部分的に実証し，3つのケースは十分にそれを実証した。各ケースは，中間レベルの防衛の増加とともに未熟な防衛が減少することを示したが，より高い適応的なレベルの防衛の変化は示していなかった。ケースCはインテーク時から適応的レベルの防衛が増加し始めたという点で典型的なケースではなかった。しかし，このケースそのものも患者の治療が実地研究に入る数年前から始まっているという点で典型例ではなく，このケースは治療全体を観察できた他の3つのケースに比べると治療のより遅い段階にあったのかもしれない。ケースAとCでは，かなり長期の治療とフォローの結果としてケースの後半には，成熟した防衛の比率がいくらかあるいはかなり増大した。ケースBとDは改善したが成熟した防衛の増大はなかった。それは，両ケースの治療は治療者が報告した治療課題を解決する前に終結したためと思われる。このことは仮説4とも関連し，変化を調整する患者の要因が働いていた結果と思われる。このように4つのケースは防衛が段階的に変化するという考えを支持したが，健康的レベルの防衛にまで引きあげる治療がなされたわけではない。そうした治療がなされれば，階層全体の変化図をみることができたであろう。

　仮説3は，患者あるいは患者群のタイプや治療条件は防衛機能の変化率と関係があるというものであった。4つのケースは，ある特定期間にわたる変化率や変化量と関係がありそうないくつかの要因にしか注目することができなかった。日常的経験のみがこの仮説を支持していたのだろうが，調整要因（例えば，患者の特性）や媒介要因（治療のタイプ，セッションの回数，治療契約，治療の長さ，またフォローアップなど）の定義とその確認は今後の課題である。

　ケースAは，短期間の抑うつ症状と発症前のパーソナリティの良好な機能が特徴的であった。ODFは20週目には神経症的レベルにまで達し，抑うつ状態はなくなった。しかし，抑うつ的な防衛は健康を示す基準値をいくらか上まわり，適応レベルの防衛は上昇し始め，ODFの上昇は少なくともいくらか状況依存的であり，終結後もゆっくり変化する可能性が示唆された。これは，ホグレンドとペリーの知見[31]と一致するものであり，ホグレンドとペリーは抑うつ患者が6か月後には神経症的レベルにまで（平均ODF=5.11），防衛機能を回復させることを明らかにしている。ケースDはこうした現象をもっと明確に表わしていた。ケースDの抑うつはより長期間持続しており，18か月の治療ではあったが，本来ならば，より長期的で自由度の高い治療で取り組むべき性格（character）の問題を抱えていた。このケースのプロセスでは，深く抑圧していた問題が出現すると治療が後退するような時期もあった。契約によって18か月で治療は終了したが，患者も治療者もまだ治療の途中段階にあると感じていた。結果として，低いレベルの防衛は減少し，神経症的レベルの防衛は増大した

が，適応的レベルの防衛は現われなかった。このように，抑うつの変化パターンと防衛の変化パターンは同じではなく，性格問題への取り組みは治療の中で防衛機能に負の影響を与えるが，一方，相互作用における防衛（RAPインタビューによる）は改善しているようであった。

ケースBとCはBPD患者であり，ともに研究に入る段階では，退行した状態にあった。変化は遅かったが，しばらくして，特にケースBではほんの1年後に変化率は安定していき，13年と少し経って変化率は大きくなった。重要なことに，この治療の期間のほとんどは，同じ治療者との治療であった。このように，PD，特にBPD患者であり抑うつ症状をもっていたこの2つのケースには違いをみることができる。ケースCでは，防衛機能の変化率が安定するまでの治療開始後数年間は，退行的で不安定な防衛機能を示していた。この2つの抑うつケースでは，性格の問題が少ないほど防衛機能の回復が早かった。より大きな性格の問題を抱えていたケースDでは，未熟な防衛は回復したが，より深い治療作業に進むと防衛機能は神経症的レベルにまで退行した。このケースでは，PD患者のケースに比べて防衛機能の低下は深刻なものではなかった。

仮説4は，防衛機能の改善は症状や他の機能の改善と関係があるというものであった。4つのケースはすべて，こうした関係を表わしていた。いまだわからないのは，健康・神経症的レベルの防衛機能にまで達すること（例えば，ODF＞5.64）によって，大うつ病を繰り返し発症するといった重篤な精神病状態から保護され，愛する人の死や失職といった困難な環境ストレッサーに直面した際でも高いレベルの機能が維持されるのか，ということである。防衛機能が健康・神経症的レベルにまで高まったときに，健康な機能を発達させた人はそのままそれを維持しているのかを，今後検討すべきであろう。

7．将来的な方向性

これら4つのケースはさらにいくつかの仮説を示唆している。その仮説とは，防衛の変化に対する調整要因と媒介要因の潜在的な相互作用に関するものである。
   A．例えば大うつ病のようなエピソードとして症状を発する障害は，その障害の段階に応じて変化率が変わるかもしれない。障害が治療中あるいはフォロー中に緩和すると，緩和後の変化率は抑うつ時の変化率に比して遅いかもしれない。
   B．治療の長さはある期間にわたって変化率に負の影響を及ぼすかもしれない。短期間治療（例えば20以下のセッション）は長期間の治療に比べて変化率は速いものかもしれない。速い変化率は治療開始に伴う状態の変化によるもので，長期間の治療になると性格的な問題が表面化して消えてしまうのかもしれない。しかし，その後，さらに変化は生じないかもしれないし，遅いペースで生じてくるのかも

しれない（つまり，上記 A の示す変化率の速さの変化）。
C．いくつかの患者の要因は，治療でも自然な状況でも変化率を減弱させるかもしれない。その要因の候補としては，患者が PD，特に BPD であること，I 軸疾患の併存，長期間の病理，発達の速い段階での治療開始，治療以前の症状の多さなどがあげられる。こうした要因が確認できれば，それは，次に述べる，治療の期間や頻度（強さ）に示唆をもたらすであろう。
D．防衛機能の改善を目標とするどのような治療も，その最適な期間は変化率を調整する患者の要因が関係しているであろう。例えば，ケース B は顕著な改善を示したが，指針となる治療とするには，2 年以上がさらに必要であったが，治療者は終了せざるを得ず中断した。ケース C はかなり長い治療が必要であった（セラピーの強度は減退するとしても，約10年は必要であった）。
E．先の C と D の指摘とも関連するが，より重篤な患者では治療開始後に誘導期間が続く。誘導期間の初期には，基礎的な性格の問題にしっかりと取り組む前に，患者と治療者は治療契約を行ない，繰り返される治療作業に対する危機や妨害に対処する必要がある。この誘導期間には，変化率が無視されるぐらいに防衛機能が一貫して変化しないように思われる。ケース B では，以前受けた失敗治療で経験した苦痛を伴う退行現象があったため，治療に対する強い意欲をもっていた。一方，ケース C では，より機能不全の状態にあり，安定した変化率にまで達するためには 3 〜 5 年は必要であった。誘導期間後，患者が基本的な治療課題に取り組むようになると，患者の変化率は時間に伴って線形的にいくらか増減し，治療は継続されるであろう。もちろん，最適な環境にある各患者は，変化率がゼロにまで減少すると健康・神経症的な防衛機能にまで達するであろう。
F．効果的な治療は自然の流れに比べてより大きく防衛機能の変化率を増大させるはずである。これに関係して，十分な治療は，終結時に防衛機能が健康・神経症的レベルにまで到達しなくても，その変化率が正の値で持続するところにまで患者を治療することなのかもしれない。これはふつう，治療遅延効果とよばれる。患者は自分で治療作業に取り組み続ける力を放棄する場合がある。しかし，どの程度の誘導期間を伴う，どのような患者群に対するどの程度の強度の，どのようなタイプの治療がこうした遅延効果を引き起こすうえで有効なのかはいまだわからない。しかし，支持的，経験的，対人的，認知行動的，力動的，精神分析的心理療法のどれもが防衛機能に影響を及ぼすであろうが，その変化率は心理療法のタイプによって異なることはいえそうである。

8．結論

本章では，他の結果と関連させた防衛機能の変化だけでなく，それそのものの変化

を検討した。防衛がいかに変化するかという問題は心理療法プロセスの研究の領域にあり，本章では逐次ふれてきた。それは，他[13,34]でも議論してきたように，きわめて探求する価値のあることである。突き詰めていくと，治療者の介入に対する防衛反応を検討することで，ある特定レベルの防衛機能はある介入との相互作用によって異なる結果に至るということを明らかにできるとよいであろう。そのためには，相互に影響を及ぼすであろう防衛と介入をともに検討する必要があり，その一歩として，治療介入について把握する方法が用いられるようになった[35,36]。例えば，4セッションの精神力動的介入を対象とした研究では，初回セッションで，患者の防衛機能のレベルに治療者が的確に合わせることがその後の3セッションにわたる治療契約に良い変化をもたらすことがわかっている[37]。こうしたタイプの研究では，治療プロセスの即時的な効果の指標として治療のある時点での防衛が検討されるが，全体的な結果をみるためには治療内外でのセッションやインタビューにわたって防衛が比較されたりまとめられたりすることになる。防衛はパーソナリティ構造がそのときそのときでいかに機能するかをみるための頑健な尺度であり，ある時間にわたって防衛が測定されればパーソナリティ構造が変化したかどうかを明らかにすることができる。このように私たちは，患者の機能を調整するために，心理療法のなかで現われる防衛を記録したり，パーソナリティ構造の変化をみるために時間に伴って防衛を評定したりすることができる。そうしたことをすれば，防衛の研究は，理論，研究，臨床にわたる重要な精神力動的取り組みの1つになるであろう。最後になるが，本章を通じて，我々の治療がいかに作用するのかについてさらなる理解を深めていくために，プロセス研究と効果研究の橋渡しをしていこうという研究の方向性を示した。

謝辞　個々のケースの記載にあたっては，精神分析研究基金（Fund for Psychoanalytic Research：ケースA, D）と国立精神保健研究所ROI-MH40423（ケースB）の2つの助成機関，ならびにオースティンリッグスセンター・エリクソン研究所（The Erikson Institute of Austin Riggs Center：ケースC）の許可を得た。

Part II

心理療法のプロセスを測定する実証的心理尺度

第7章

精神力動的心理療法のプロセス測定尺度

抄録

　　精神力動的心理療法に焦点をおいた研究は，ここ30年で大きく発展してきた[1]。近年，心理療法のプロセス研究も大きく関心を集めるようになってきた。この章では，精神力動的心理療法のプロセス研究に有用ないくつかの心理尺度をとりあげ，その概略を説明したい。我々は，心理療法過程で認められる現象を測定するために構成された10の心理尺度をレビューする。各々の心理尺度について，尺度の目的，回答形式，方法についてのおおまかな原理と，それらの尺度が過去の研究の中でどのように使用されてきたのか，そのいくつかの例を呈示したい。この章では，すべての尺度を包括的に述べることを意図しているわけではない。その代わり，精神力動的心理療法を実証的に研究したいと望む研究者にとって関心の湧くような尺度を念頭に，いくつかの異なったタイプの心理尺度やその測定方法についてのサンプルを呈示したい。

キーワード

　　精神力動的心理療法，プロセス研究，プロセス測定尺度，心理療法研究，心理療法過程

1．プロセス測定尺度

■ なぜプロセスを研究するのか？

　歴史的には，心理療法の実証研究を行なう場合，その有効性を明らかにするために最も有力な判定法である（gold standard）無作為統制臨床試験が用いられてきた。

しかしながら，近年，強調点は，心理療法の有効性よりも，その実用性を説明する特定の要因を明らかにする方向に移行しつつある。研究者たちは，今や，心理療法の結果を左右する特定の治療要因，介入のあり方，患者—治療者関係に注目している[2,3]。こうしたタイプの研究法はプロセス研究（process research）とよばれてきた。

プロセス測定尺度が有益となる状況は数多く存在している。例えば，プロセス研究は，治療のどのような側面が患者の治療成績に寄与しているのかを明らかにするという意味において，無作為統制試験（randomized controlled trial：RCT）の重要な補助的役割を担うとされる[4-6]。RCTでは，治療者が行なうある特定の治療における一貫性をみるために，プロセス測定尺度がしばしば用いられてきた。しかしながら，特定の治療技法における一貫性を測定するために使われてきたプロセス測定尺度そのものは，こうした特定の技法のみに通用する尺度に絞られてしまっている傾向がある[7]。ある測定尺度が，特定の治療における一貫性を測定する際に有用であっても，他のタイプの心理療法（例えば精神力動的心理療法）や臨床現場に密着した治療にとっては不適切，あるいは無意味なものであるかもしれない。さらに，同時に異なったタイプの治療（例えば，精神力動的治療で出現するプロセスと認知行動療法（CBT）で出現するプロセス）を比較しようとする場合も，同様に不適切な尺度であるかもしれない。

治療における一貫性に焦点をおいた測定尺度とは対照的に，さまざまなタイプの心理療法プロセスを研究するうえで有用な，より包括的なプロセス測定尺度が数多く開発されてきている。本章では，患者—治療者関係のような，広範囲の治療的介入を評定できるように作成された数種類のプロセス測定尺度をレビューする。以下にレビューする測定尺度は，すべて，精神力動的心理療法に適用可能であるが，それぞれがいくつかの側面で異なっている。例えば，実施のタイミング，評定方法，実施にあたって必要とされる訓練の程度，実施所要時間，実施に必要な労力などに関しては，それぞれの尺度で異なっている。ただし，精神力動的心理療法のプロセス測定のみに最適な尺度ではない。したがって，どの尺度を使用するかは，研究者の意図する目的に基づいて選択される必要がある。

1）心理療法プロセスQ分類

心理療法プロセスQ分類（Psychotherapy Process Q-Sort：PQS）[8]は，エンリコ・ジョーンズ（Enrico Jones）らによって開発された。PQSはすべての治療理論にあてはまる用語が使われており，そのうえで治療プロセスが数量化できるように作成されている。そうした意味で，さまざまなタイプの心理療法過程を比較する場合に特に有用である。初期には，精神力動的心理療法，CBT，対人関係療法，ヒューマニスティック心理療法，ゲシュタルト療法，論理・情動療法などを含むさまざまな心理療法研究で使われてきた[9-11]。

PQSは，治療者の治療活動や介入の内容（例えば「治療者は患者の罪悪感に焦点をあてている」），患者の反応（例えば「患者は治療者の手助けで理解が進んだとは感

じていない」),セッション内容(例えば「時間設定,あるいは面接料について話し合った」),治療者の態度(例えば「治療者は距離をとっている,あるいはよそよそしい」),患者の態度(例えば「患者は不安や緊張を感じている」)などを記述した100の項目で構成されている。評定者は,1回の治療セッションすべてを見直した後にPQSに答えるようになっている。通常のQ分類法[12]と同様に,基本的には個々の項目内容は小さなカードに印刷されており,いくつかのカテゴリー(piles)に分類される。

　PQSは,外部の評定者(external raters)[訳注1]が各々の項目にある記述内容と,実際のセッションとの類似度に基づいていくつかのカテゴリーに分類することで得点化がなされる。マニュアルによると,まず各々の項目は「あてはまらない」「どちらでもない,あるいはちぐはぐ」「あてはまる」の3つのカテゴリーに分類される。各々のカテゴリーはさらに3つ以上のカテゴリーに細分化される(したがって,合計で9つのカテゴリーができる)。各々のカテゴリーは,カテゴリー1(全くあてはまらない)～カテゴリー9(非常にあてはまる)となる。中央にあるカテゴリー5に分類されるような項目は,そのセッションの特徴を示すうえで,どちらともいえない,あるいはあまり重要でないと判断される。一方,カテゴリー1(全くあてはまらない)に分類されるということは,その項目が当該セッションの特徴を示すうえで,重要ではない,あるいは関連していないのではなく,セッション自体に(項目に)記述されているような特質が欠けているという点で重要な意味をもつのである。PQSマニュアル[8]には,項目内容と「全くあてはまらない」あるいは「非常にあてはまる」と評定される代表的項目の例があげられている。さらに,評定のばらつきを一定にするために,強制的に正規分布するように評定法が決められている。つまり,評定者は,各項目をどのカテゴリーに分類するか決定する際に複数の候補を想定すること,そして9つのカテゴリーでは異なった数の項目を分類するよう強制される[13]。カテゴリー1とカテゴリー9には,各々わずか5項目しか入れてはいけない。そして,順次中央に向かってカテゴリーに入る項目数は増えていくのである(カテゴリー5には18項目)。

　PQSを使うことで,研究者は,ある心理療法セッションが他の心理療法セッション(例えば精神分析療法,CBT,対人関係療法など)とどの程度共通しているのかを,各治療法におけるセッションの典型例の比較というやり方で検討可能となる。タイプの異なった心理療法におけるセッションの典型例は,熟練した臨床家たちに,彼らの行なう心理療法技法(例えば精神力動的心理療法や対人関係療法)にとって最も典型的(ideal)と思えるPQS項目を答えてもらうことで得ることができる。熟練者たちの評定得点に対してQ技法による因子分析を行ない,得られた因子得点が特定のオリエンテーションをもった心理療法セッションの典型例として利用されるのである[2,3]。個々のセッションがある理論的オリエンテーションに基づく原理をきちんと

[訳注1] 治療者以外の評定者

反映しているのであれば，そのセッションのプロセス評定がそれら理想的な典型例と相関しているはずである。こうした方法によって，研究者は特定の治療的アプローチの一貫性の程度を数量化することができるようになる。加えて，よく使われる一貫性尺度とは違い，PQSによってさまざまな治療的接近（例えば精神分析的心理療法，対人関係療法，CBT）そのものの状況を知ることが可能になると同時に，個々のセッションあるいは一連の治療セッションの進行具合を評定することも可能になるのである[4]。

　PQSの信頼性は，いくつかの研究[2-4]で満足のいく結果が得られてきた。PQS全100項目の評定者間信頼度係数は，$\alpha=0.83-0.89$と十分な値であった[4,13]。また，項目間でも同様に十分な信頼性が確認されている（$\alpha=0.50-0.95$）[4,11]。一方，PQSの収束的妥当性・弁別的妥当性の両面においても，いくつかの研究で満足のいく結果が確認されてきた。PQSの弁別的妥当性研究では，PQSはさまざまなタイプの心理療法を正確に弁別することが繰り返し示されてきた。例えば，ジョンズとプロス（Jones & Pulos）はPQSを使って精神力動的治療とCBTのプロセスを比較し，両治療法とも症状軽減に有効であるものの，介入方法は相互で全く異なっていることを明らかにした[11]。さらに，PQSは患者の治療成果（outcome）をも予測することがわかっている。例えば，アブロンとジョーンズ（Ablon & Jones）[13]は，国立精神保健研究所が主催したうつ病治療共同研究計画（National Institute of Mental Health Treatment of Depression Collaborative Research Program）における心理療法セッション研究にPQSを活用し，CBTや対人関係療法セッションで各々固有に認められる患者のふるまいが患者の治療成果と関連することを明らかにした[13]。さらに，PQSを使えば，治療のもつどのような特殊性が患者の治療成果と関連するのかを容易に明らかにできる。例えば，アブロン（Ablon）らのパニック障害に対する現場実践における研究では，いくら治療者が自らを精神力動的立場にあると位置づけたとしても，彼らの行なったセッションには，CBTのプロセスで望ましいとされている対処法が取り込まれていることが明らかになった。とはいえ，CBTとは必ずしも関係のない治療的介入（例えば，その場の感情に注目し表現することに焦点づける方法）が，患者の治療的改善と最も強力に結びついていた[4]。

【要　約】

　PQSの長所（strength）は，まず項目内容そのもの（評定対象となる介入方法や態度さらには相互作用のあり方が，多岐にわたり数多く用意されている）にある。また，Q分類法を採用している点，数多くの典型的な心理療法をカバーできる点，多彩な研究目的に応用できる点も長所である。PQSは，治療者の理論的オリエンテーションや接近法に関係なく，彼らの行なう心理療法セッションのユニークな側面を詳細に映し出してくれる。PQS項目は，評定者にとってみても，

最小限の推測で評定できるような記述内容になっている。それゆえ，異なった理論的オリエンテーションをもった評定者であっても，有用な心理尺度として使うことができる。100項目用意されているということは，一方では集中して取り組む時間が要求されるが（while time-intensive），数多くの種類の介入，態度，患者・治療者関係について詳細な評定が可能となる。また，100項目あることで，さまざまな種類の治療的オリエンテーション（例えば，精神力動的心理療法，CBT，対人関係療法）の中から，さまざまなバリエーションの介入技法を詳細に評定できるのである。こうした理由から，PSQは多くの異なったタイプの心理療法を評定するうえで適切な方法といえよう。またQ分類法を採用している点，さらには分布を固定している点などから，評定者バイアス（例えば，光背効果）を減少させることができるし，評定者が各々の項目に対して多様に評定できる機会が与えられている。加えて，広範囲な心理療法的アプローチにおける典型例が開発されてきていると同時に，一部の理論に偏らない言語で項目が作成されていることから，PQSは心理療法プロセスの比較研究に非常に有効な心理尺度となっている。研究におけるPQSの使用範囲はきわめて幅広い。つまり，PQSはある特定の心理療法における治療者の一貫性評定といったマクロな研究から，どのような介入技法が治療成績と関連するかといったミクロな研究に至る非常に多くの研究目的をカバーしうる尺度である。言い換えれば，研究者が種々のタイプの治療比較に関心をもった際，例えば治療者の違いによる治療の様相，特定の治療アプローチにおける一貫性，さらには，患者の治療成績と関連する技法的側面の特定などについて，PQSは非常に有効で有益な情報をもたらす測定尺度といえよう。

　以上のような長所の一方で，PQSにはいくつかの短所（drawback）も存在する。PQSを使いこなすにはかなり集中的なトレーニングが必要となる。なぜならば，評定者が100項目すべてに対して精通し，かつ熟練する必要があるからである。さらにPQSを使って評定する場合，評定者自身が心理療法の実践にある程度の専門性と経験を有していなければならない。そのため，PQSの著者たちは，評定者が少なくとも心理療法関連領域を専攻とする修士課程修了以上のレベルにあることを強く推奨している。さらに，PQS評定にはかなりの時間とエネルギー消費が要求される。たった1セッションを評定するにも，評定者はそのセッションをまるごと振り返り，100項目すべてを分類しなければならない。したがって，評定に要する時間は，通常90〜120分である。

２）心理療法プロセス比較尺度

　心理療法プロセス比較尺度（Comparative Psychotherapy Process Scale：CPPS）は，ヒルセンロス（Hilsenroth）ら[14]によって開発された。主として精神力動的－対人関係（psychodynamic-interpersonal：PI）療法あるいはCBTに包括される技法を治療者がどの程度用いているかについて，その程度に関連する心理療法プロセスを簡

便に測定する尺度である。CPPSは，短期PI療法とCBTの固有な技法に注目した実証研究レビューに基づいて開発された[15, 16]。項目は，PI療法やCBTの中核的特徴に注目し，その固有性を反映するように記述されている。さらに著者たちも述べるように，CPPSはマニュアル化された治療との一貫性を測定する尺度とは異なり，CBTやPI療法の包括的で固有の特徴に焦点をあてている。そのため（マニュアルに基づかない）現場に即した（naturalistic）心理療法過程を測定するのに有効である[14]。

CPPSには，各々10項目で構成された2つの下位尺度がある。1つは精神力動的－対人関係的（PI）尺度，もう1つは認知－行動的（CB）尺度である。項目は0（全くあてはまらない）から6（非常にあてはまる）の7件法で評定される。評定者は，ビデオテープでとある心理療法セッション1回分をすべて視聴した後，各々の項目がどの程度あてはまるかを評定する。下位尺度であるPI，CB尺度ごとに10項目の合計得点を算出しさらに10で割ることによって，各尺度別に0－6点までの平均得点が得られる。CPPS項目には，PI療法，あるいはCBTに典型的な介入となるような記述がなされている（例えば「治療者は，患者自らが主導する形で，重要と感じる問題，出来事，経験について話し合うことを許している」）。加えて，下位得点は，評定されたセッションがPIあるいはCBの典型的介入にどの程度あてはまるかを示している。

CPPSがもつ心理尺度としての特性については，すでにいくつかの研究で検討されており，近年，ヒルセンロスらによってその概略が発表された[14]。両尺度の内的整合性は非常に優れていた（範囲：$\alpha=0.92$-0.94）。また，治療者以外による外部評定者間の相関も適切であった。例えば，外部評定者による評定を検討した研究では，CPPS各項目の級内相関係数（intraclass correlation coefficients：ICC）[17]は，良（0.60－0.74）から優（0.75以上）の区分に達することがいくつかの研究を通して明らかになっている[14, 18]。その他にも，PIおよびCB尺度の優れたICCを示す研究がいくつかある[14, 18]。

ヒルセンロスら[14]は，さらにCPPSの妥当性データの概略も公にした。まず，CPPS下位尺度は，類似の治療プロセス尺度と関連することが示されてきた。また，CPPS下位尺度，あるいは各項目すべてが，精神力動的心理療法と他のタイプの心理療法をうまく弁別した。同様に，CBあるいはPI療法の各熟練者に典型的な治療セッションを想像してもらい，その内容をCPPSで評定してもらったところ（CBの熟練者には典型的なCBセッション；PIの熟練者には典型的なPIセッション），PI，CB両尺度において有意差が認められた。加えて，各下位尺度を構成する項目が優れた内容であるとの同意も得た。一方，治療者自身の評定（治療者評定版を使用）とスーパーヴァイザーによる評定（外部評定者版を使用）に高い相関が示された。最後に，精神力動的心理療法を受けている患者たちに患者版CPPSへの回答を求めたところ，CB尺度得点よりもPI尺度得点で有意に高い値を示した。

【要　約】

　CPPSには多くの長所がある。例えば，広範囲の研究で使用可能な点，心理尺度としての性能が優れている点，尺度そのものが簡潔である点，複数のバージョンが用意されている点などである。したがってCPPSを使用することで，どのような治療セッションでもどのタイプの治療（PIまたはCB）に入るかおおよその分類が可能であるし，治療者がPI，あるいはCB技法をどの程度使いこなせているかも評定できる。また，PIやCB的介入の治療的効果を吟味したり[18]，実際のCBTやPI療法において，種々の固有技法の中でどのような技法が数多く使われているかも比較できる[14]。一方，CPPSを使うことの最大の利便性は，その簡潔さにある。本尺度にはわずか20の項目しかないため，評定をするうえで必要な時間，あるいはエネルギー効率が最もよい。さらに，項目内容が明確で弁別力に優れているため，評定者は短期間でCPPSに精通し信頼のおける評定ができるようになる。また，CPPSには複数のバージョン（治療者版，患者版，外部評定者版）があるので，研究者は，各々の心理療法において，患者，治療者，さらには外部評定者結果が治療成績をどの程度予測できるのかを吟味できる。

　さて，CPPSがもつ心理尺度としての優れた性能は数多く確かめられてきた[14]。最後に，CPPSの作成者たちが述べるように，CPPSは実際の臨床場面(naturalistic treatment setting) で生起する心理療法セッションを研究，あるいは分類する際に使用されるのが最もふさわしいであろう。それゆえ，CPPSは現場で行なわれている治療（real-world treatments）を対象に研究を進めている研究者にとって，とりわけ魅力的な簡易尺度になると思われる。

　ところで，CPPSはPI療法とCBTの中核となる技法を実証的に抽出したうえで作成されたため，項目内容がこの2つの治療的アプローチと関連した介入に絞られている。そのため，CPPSはその他のタイプの心理療法を研究するにはあまり適切でない可能性があるし，2つの治療的アプローチと関連しない介入技法においては，誤った評定がなされる可能性もある。項目そのものは，心理療法をより全体的にとらえるように記述されているが，同時に，PI技法とCB技法を弁別するのにふさわしい記述内容でもある。したがって，CPPSはCBTとPI療法を区別するのには最適であるが，研究者が治療成績と関連する特定の微視的プロセスをとらえようとするには，おのずと限界があるように思われる。

3) 治療における焦点づけ分類システム

　治療における焦点づけ分類システム（Coding System of Therapeutic Focus：CSTF）は，ゴールドフリードら(Goldfried, M.R., Newman, C.F., & Hayes, A.M., 1989. The coding system of therapeutic focus. Unpublished Manuscript) によって開発された。CSTFは理論的に中立な記述を用いた測定尺度であり，元来，心理療法における治療者の言語的介入や焦点づけの様相把握を通して心理療法プロセスを評定しようとの意図で作成された。また，

CSTFによってCBTとPI療法という異なるタイプの心理療法を比較分析するための「共通の測定基準（common metric）」を提供しようとした[19]。

CSTFは介入における焦点づけそのものをとらえようとする尺度であり，そうした介入がどのような過程を経て生起したかといった側面をとらえるわけではない。治療者の焦点づけは全部で39領域あり，それらは以下の5つのカテゴリーに分類される。①クライエントの動き（functioning：例えば，感情，思考，ふるまいなど）カテゴリー，②治療者のはたらきかけで達成される個人内（例えば，クライエントの思考と感情を関連づけるなど），あるいは対人的（例えば，クライエントのふるまいと他者のふるまいを関連づけるなど）連結カテゴリー，③焦点づけられた時間枠（例えば，過去に焦点化する，あるいは未来に焦点化するなど）カテゴリー，④クライエントの生活における焦点化された人物（例えば，配偶者や親など）カテゴリー，⑤全体的な介入（例えば，支持的あるいは情報提供など）カテゴリー[19]。これらの次元は，さらに特定のコードカテゴリーに分類されることもある[20]。さて，CSTFの分析単位は治療者の反応（therapist turn）である（患者の発言後に治療者が発したすべての言葉）。各々の反応は独立にコード化される。その際，治療者の反応に対して各々のカテゴリー要素が「ある」あるいは「なし」という方式でコード化される。治療者の反応をコード化していくことで，文脈的な情報が明らかになると考えられている。

CSTFは外部評定者によって評定されるようになっている[19,20]。CSTFを実施する場合，評定者はまず心理療法セッションの逐語録を通読する必要がある。初期の研究[21,22]では，個別の評定者がすべてのカテゴリーをコード化し，すべてのカテゴリーを混みにした形で評定者間信頼度係数が算出されていた。しかしながら，それに引き続くCSTF研究では，スタイルズ（Stiles）[23]によって推奨された一致度係数が使われるようになった。この方式になってから，一貫して中程度から良好の評定者間信頼度係数が得られるようになった。例えば，ゴールドソリードら[20]は，CSTFのカテゴリー別評定者間信頼度係数において良好な結果を報告した。そこでは，ほとんどのカテゴリーでICCが0.6以上であった（0.54-0.98）。以降の研究でも，同様に高い水準の評定者間信頼度係数が報告されてきた[19,24]。ただし，こうした十分に満足のゆく信頼度係数は，きちんと訓練を受けた評定者の場合に得られた結果であることに留意すべきであろう。これらの先行研究では，基本的に評定者たちは相対的に高いレベルの訓練（48〜90時間の訓練）を受けた専門課程の大学院生であった[19,20,24]。

CSTFの弁別的妥当性，予測的妥当性を裏づける複数の研究がある[19-23]。例えば，CSTFは，臨床現場におけるPI療法とCBT間[19]，さらにマニュアルに基づいたPI療法とCBT間[20]双方において，一貫して，予測された理論的差異と同列の結果を示した。さらに，CSTFを使った他の研究では，PI治療者はCB治療者よりも，感情，個人内のパターン，さらには他者の反応への期待に焦点化すると同時に，それ以上に，治療関係，クライエントの親子関係に力点をおいていることを示した[20-22]。加えて，

CSTFによる治療者の介入評定が治療成果を予測するうえで有用であったことは，CSTFが予測的妥当性のある測定尺度であることを何よりも物語っている[24, 25]。

【要　約】

　　CSTFは古くから豊富な研究がなされ，非常に優れた妥当性データを有する。また，CBTやPI療法におけるさまざまな治療プロセスを研究する際に，こうした研究を促進するようなユニークなコードシステムが採用されるなど，多くの長所がある。そのため，CSTFは現場に即した臨床場面[19]に限らず，厳密に統制された臨床場面[22]においても十分使用可能な尺度となっている。こうした非常に優れた研究結果が土台となり，今後においても，先行研究から得られた幅広い成果を支持するような知見が蓄積されることであろう。この尺度は，CBTやPI療法における種々の治療パターンを研究するうえで非常に有効であることが証明されてきたし，PQS同様，治療における多くの焦点領域をコード化するというCSTFの特徴が，心理療法の比較研究に対する関心を引き出すことにもつながっているといえよう。

　　以上のように，CSTFには多くの長所があるものの，一方でいくつかの短所もある。尺度としての有用性を確立した先行研究では，評定者には尺度開発に携わった専門家によるかなり長期間の訓練が課せられたのである。さらに，直近の先行研究では，信頼度の高い評定ができる者のみを集めたチームを結成し，評定データを収集している。すべての研究者が，こうした評定者たちを集められるとは限らないであろう。さらに，CSTFには，セッションにおける患者反応のためのコードは用意されていない。そのため，研究者が治療的介入に対する患者側の反応を調べたい場合には，CSTF単独では不十分である。最後に，何人かの尺度作成者が述べたように[26]，各々の治療者反応すべてに対して，常に複数カテゴリーの評定を行なう必要がある。したがって，CSTFを使ったコード化にはかなり集中的な取り組みが要求される。CSTFのコード化は，我々に対して治療プロセスの綿密な分析を約束するものの，研究者によっては，負担過多で煩雑な作業とみなされることもある。こうした問題に対して，サモイロフ（Samoilov）ら[26]は，「心理療法のプロセスをより簡易にコード化できる」行動・洞察に対する治療焦点づけ尺度（Therapeutic Focus on Action and Insight：TFAI）を開発した。TFAIについては，改めて詳述する。

4）解釈・支持技法尺度

　解釈・支持技法尺度（Interpretive and Supportive Technique Scale：ISTS）は，オグロニチャックとパイパー（Ogrodniczuk & Piper）[27]によって開発された。ISTSは，治療者が行なう解釈技法や支持技法の使用頻度やその一貫性を測定する簡易尺度である。基本的には，支持的－表出的治療（supportive-expressive treatment）の治療

マニュアルやそれに関連した理論的，あるいは臨床的文献に基づいて作成されている[28]。支持的介入や解釈的介入を評定するその他のプロセス尺度とは違い，ISTSは1つの理論的あるいは技法的アプローチにこだわらず，精神力動的心理療法も視野に入っている。

　ISTSは，14項目で構成されており，セッションにおける各項目の重視の度合い（emphasis）を0（全く重視されていない）～4（とても重視されている）の5件法で評定するようになっている。7項目は解釈的介入（例えば，「治療者との人間関係を他者との人間関係と結びつける」），残りの7項目はより支持的介入に注目した内容（例えば，「かかりつけ医と同じように指導する」「患者をほめる」）になっている。ISTSは，14項目すべての合計点でも，2つの下位尺度別でも点数が算出されるようになっている。解釈的下位尺度は解釈的介入を意味する7つの項目の合計点で算出され，一方，支持的下位尺度は支持的介入に注目した7項目の合計点で算出される。各々の下位尺度は0–28の範囲にある。加えて，著者たちは，治療者の介入を，解釈と支持を両極とする一連続線上で評定する形式も開発している。その場合，『（解釈的下位尺度得点）－（支持的下位尺度得点）＋28』で算出された数値が用いられる。28点より低い値は，支持的治療よりであること，逆に28点を超える場合は，より解釈的治療が優勢であることを意味する。また，中央値（28）に近いほど，支持的要素と解釈的要素が接近していることを示している。

　ISTS項目は，評価的というよりもより叙述的（中立的）スタイルで記載されており，評定者に要求される熟練度が最小限となるように工夫されている。したがって，臨床経験がなくても，学部卒業レベル以上であれば外部評定者として評定可能である。外部評定者は，まず1回の治療セッションを概観してから，評定作業に入る。評定は1セッションあたり1度ですませるのがよい。著者たちによると，1セッションあたりの評定所要時間はおおよそ1時間程度である。オグロニチャックとパイパー[27]は，最初にISTSに関するいくつかの標準化データを報告した。まず，ISTS全項目は非常に優れた内的整合性をもつことがわかった（$\alpha=0.86$–0.95）。同様に，解釈的下位尺度は$\alpha=0.86$–0.92，支持的下位尺度は$\alpha=0.81$–0.95と優れた値であった[27,29]。評定者間信頼性では，ICC得点が全項目で0.93–0.97，解釈的下位尺度で0.84–0.88，支持的下位尺度で0.69–0.93であった[27,29]。また，ISTS各項目の平均ICC得点は0.54–0.74と報告されている[27]。

　オグロニチャックとパイパー[27]は，さらに妥当性の検討も行なっている。それによると，ISTSは治療者が使う技法を予測することが示されている。例えば，第2研究において，治療セッションをISTSと治療者介入評定システム（Therapist Intervention Rating System：TIRS）で評価した[30]。仮説どおり，ISTSの解釈的介入尺度得点はTIRSで測定される治療者の解釈使用頻度と強く関連しており，また支持的介入尺度得点はTIRSで測定される非解釈的介入頻度と関連していた。同様に，ISTSを使っ

た外部評定者の評定はどのような介入を行なったかという治療者自身の認識と強く関連していた。例えば，マニュアルどおりに解釈的介入を行なった治療セッションと同じくマニュアルどおりに支持的介入を行なった治療セッションをISTSで比較した場合，前者の方が後者よりも解釈的下位尺度得点で有意に高い数値を示すことが確認された。一方，ISTSに因子分析を行なった結果では，単一因子構造であることが示されている。因子負荷量でみると，支持的介入尺度7項目すべてが正の値を示し，解釈的介入尺度7項目すべてが負の値を示した。以上の結果から，尺度としての有用性は十分にあり，解釈的介入と支持的介入を両極とした連続線でとらえることの根拠も示されたといえる。

【要　約】

　　ISTSの長所は，少ない項目数ながら標準化データが優れており，同時に評定も容易というところである。その他に，ISTSが簡便で十分な信頼性・妥当性をもっていることから，研究としては多様な用途が考えられるという長所もある。著者たちも述べるように，この手のプロセス尺度の中でISTSは最も優れた評定者間信頼性をもつ尺度の1つであり，同時に，この結果が限られた訓練しか受けていない学部学生による評定から導き出されたという意味でもとても魅力的である。このことは尺度のもつ簡潔明瞭さ，使いやすさを物語っている。もちろん，ISTSの精度を十分に見きわめるためには，さらなる尺度研究が必要である。ISTSは，さまざまな精神力動的治療において治療者の解釈的介入，あるいは支持的介入の重視の程度がいかに治療成績と関連するかを研究するときに，とりわけ有用であると思われる。ISTSは，他の多くのプロセス測定尺度よりも時間や労力を節約できる。加えて，項目の明瞭さ，さらに介入の"重視の程度"にポイントをおいた評定法（"有効性"にはあくまでも言及しない）によって，ほとんど臨床経験のない人であっても評定が可能である。

　　もちろん，非常に手軽なプロセス尺度にはつきものであるが，その簡便さゆえにあきらめざるを得ない側面もある。まず，どうしても限られた種類の介入しか評定ができない。しかも，介入にしてもより包括的とならざるを得ない（特異的な治療的介入の評定には適さない）。さらに，CBTタイプの治療と関わりの深い介入を評定するための項目も含まれていない（もちろん，CBT介入の多くはもっぱら支持的と評定されると思われるが）。ただし，例えば，評定者が尺度に熟練し信頼性の高い評定ができるようになる時間が早いといったようなISTSのもつ長所は，この尺度が包括的な介入技法をより手短にとらえることができるという面に焦点をおいているためではある。にもかかわらず，こうした長所も，より広範囲な技法について研究したい研究者にとっては，この尺度のもつ制限と思われるであろう。著者たちも，いちおうは，精神力動的心理療法で使えることを条件

に尺度作成を行なったことを明確に述べてきた。したがって，CBTを評定するにはあまり適したものではないし，異なったタイプの心理療法を比較する研究(例えば，精神力動的心理療法とCBTの治療セッションを比較する場合など) にも適さない。このような制限にもかかわらず，ISTSは今後が期待できる優れた尺度であることにはまちがいない。この尺度のもつ学びやすさや評定のしやすさは，新しい研究者，さらには時間，取り巻く環境などの理由でさまざまな制限のある研究者には非常に魅力的となろう。研究のための測定用具としてその有用性を十分に高めるためにも，今後引き続きISTS研究を継続することが大切である。最後に，オグロニチャックとパイパーが最初に行なったISTSの優れた標準化研究[27]は，尺度作成やオリジナル尺度のさらなる研究に関心がある未来の研究者にとって良き模範となるであろう。

5) ヴァンダービルト心理療法プロセス尺度

ヴァンダービルト心理療法プロセス尺度(Vanderbilt Psychotherapy Process Scale：VPPS)[31,32]は，心理療法のプロセスを客観的に評定するために作成された，比較的早期の測定尺度である。この文献の著者たちは，面接セッションがいわゆる「よい (good)」時間になるためには，どのような要素が予測因子となるのか，その鍵となる特質を明らかにしようとした。VPPSの開発者たちの貢献は，早期の段階で心理療法という営みの中で「活発にはたらく要素（active ingredients)」を検証しただけではなく，実証的なスタンスで治療プロセスを研究するための方法論を開発したことにある[32]。VPPS現代版 (current version of VPPS)[31,32]は，実証研究を繰り返して開発されたものであり，オリジナル尺度の発展版ともいえる。

VPPS現代版は80項目5件法尺度である（1：全く違う～5：非常にそう)。80項目中3項目は，治療関係，面接時間の使われ方（productivity of the hour)，患者側の感情的充足感（patient's emotional involvement)についての全体的な印象を評定するよう意図されている。すべての項目は，一次元的であり，また叙述的な言葉で書かれている[31]。いくつかの項目は治療者のふるまいについて記述されており（例えば，「患者に暖かさや親しみやすさを示した」)，またその他の項目では患者のふるまいが記述されている（例えば，「治療者とのやりとりに積極的に参加した」)。加えて，評定は患者や治療者のふるまいや感情に対して行なわれる。VPPSには以下の8つの下位尺度がある。①患者の（治療への）参加，②患者の敵意，③患者の探索的ふるまい，④患者の依存，⑤患者の病的ストレス反応，⑥治療者の暖かさや親しみやすさ，⑦治療者の否定的態度，⑧治療者の探索的ふるまい[31]。

VPPSの内的整合性は良好～優良レベルにあり（$\alpha=0.81$-0.96)，評定者間信頼性も同様に良好～優良レベルにあった（ICC＝0.79-0.94)[31,33,34]。引き続き行なわれた他の研究者たちによる結果も，類似の内的整合性，評定者間信頼性を示していた[35]。この尺度に関する多くの研究では，録音されたセッションの一部に対して評定が行な

われてきたが，もちろんセッション全体の録音内容でも評定可能である。両手順とも，満足のいく内的整合性と評定者間信頼性を示すデータがある[32,35]。また，評定の際に迷った場合の指針として，さらには外部の研究者たちにVPPSがより身近に感じられるようになることを目的としたVPPS評定マニュアルも作成されている。

　VPPSの妥当性は，異なる心理療法の弁別可能性を確かめるという研究の中で吟味されてきた。VPPSのオリジナル版は，精神分析的立場の臨床家，経験に基づいて情報を蓄積してきた臨床家，あるいは大学に在職する臨床経験のないアドバイザーの3者間に相違を導き出した[36]。VPPSの予測的妥当性は，いくつかの治療タイプにおける患者評定による治療成果の予測精度を通して検討された。とりわけ，下位尺度である患者の（治療への）参加尺度，患者の敵意尺度で予測的妥当性が示された[31,36]。類似の結果はその他の実験室研究でも確認されている。そこでは，精神力動的治療における治療者評定による治療成果が，VPPSの外部評定によって予測されることが確認された[37]。近年，外部評定者によるVPPS[31]に加えて，VPPSの治療者評定版（VPPS-T），患者評定版（VPPS-P）が大学病院の通院患者サンプルから得られたデータをもとに開発された[32]。治療者，患者バージョンは45項目（42項目＋3項目の全体的な評価項目）で構成されており，十分な信頼性・妥当性が確認された[32]。

【要　約】

　　VPPSは治療プロセスを測定する尺度としては比較的早期に開発されたものの1つであり，現在でもプロセス測定においてその有効性は維持されている。長所は，解釈が容易で理論にとらわれない項目構成になっていることと，患者評定版，治療者評定版，外部評定者版といった複数のバージョンが開発されていることである。先行研究では，すべてのバージョンでVPPSは治療成果と関連することが一貫して示されてきた。さらに，他のいくつかのデータでもおおむね一貫した結果が繰り返し報告されているという事実から，この尺度が現在でも十分有効であることがわかる。患者評定版，治療者評定版，外部評定者版が開発されていることから，同じ研究の中でもさまざまな視点からの査定が可能である。さらに，VPPSのこうしたいくつかのバージョンは45項目構成である。負担が少なく実施する際に最低限の訓練ですむのも特徴である。

6）精神力動的介入評価尺度

　精神力動的介入評価尺度（Psychodynamic Intervention Rating Scale：PIRS）は，クーパーとボンド(Cooper, S., & Bond, M., 1992. Psychodynamic Intervention Rating Scale. Unpublished Manuscript) によって開発され[38]，精神力動的心理療法において治療者がどの程度解釈的介入，あるいは支持的介入を行なっているのかを査定する。その場合，治療者の発言（治療者が実際何をしゃべったか）に焦点がおかれる。PIRSの適応は，介入全般の中でもより狭い範囲に限定されているので，ある意味ではカテゴリー分類が容易で

ある。またPIRSは，心理療法のプロセス測定尺度に関する多数の先行研究を展望して作成されている。著者たちは，精神力動的心理療法について研究する研究者のために，治療者介入をいくつかのカテゴリーに分類するための分類尺度を作成することで，先行研究（に不足している実証研究）への橋渡しを意図している。

　PIRSはカテゴリー分類評価システムを採用しており，治療者の発言を10種類の治療者介入カテゴリーに分類する。さらに，その10の介入カテゴリーは２つの大カテゴリー（支持的と解釈的）に属している。解釈的介入には，防衛解釈と転移解釈の２つのカテゴリーがある。支持的介入には，明確化，反映，直接的質問，承認，支持的言葉かけ，取り組みを促進するような（work-enhancing）言葉かけ，契約の取り決め，関連づけといった８つのカテゴリーがある[37-39]。PIRSマニュアルでは，各々の介入カテゴリーが明確に定義づけられており，評価者がきちんとカテゴリーを区別できるよう介入例も掲載されている[37]。

　評価者は，依頼のあったセッションについて，治療者の発言ごとにカテゴリー分類を行なう。各セッションにおけるカテゴリー得点は，全介入数のうち当該カテゴリーに分類された数（頻度）で決定される[40]。加えて，解釈的介入の場合，介入の深さ（depth）が１-５の５件法で評定される。評定得点が高いほど，介入がより徹底的である，または深いことを意味している[41-43]。

　PIRSの評定者間信頼性は，いくつかの研究で吟味されてきた。ミルブレイス（Milbrath）らは[39]，PIRSカテゴリーのκ係数は0.83-0.99の範囲にあると報告した。他の研究においても類似のκ係数が報告されている[40]。ハーソフ（Hersoug）らは[44]，解釈的介入の平均ICCは0.78-0.79，支持的介入の平均ICCは0.97-0.98であると報告した。

　元来，PIRSはマクロなプロセス（例えば，治療者の技法が一連のセッションを通して患者の治療成果にどの程度影響をもつか），ミクロなプロセス（例えば，セッション内における特定の治療介入の効果）のどちらの研究においても活用されてきた。例えば，ミルブレイスらは，死別反応を示す患者に対する心理療法のうち20セッションを無作為に抽出し，PIRSを使ってミクロ，マクロの両方のプロセスを検討した。その結果，ミクロなプロセスに関しては，治療者の解釈的介入に引き続いて患者の感情探索が出現すること，さらに治療者の解釈的介入はさらなる患者の感情探索に引き続いて起こってくることが明らかになった。さらに，治療者の支持的介入は感情よりも事実への直面化を促進することもわかった。一方，マクロなプロセスに関しては，解釈的介入と支持的介入の両方を行なうことが症状の軽減につながることも明らかになった[39]。また，PIRSを用いて，特定のタイプの介入と理論的に想定可能な治療成果との関連性を確認する研究も行なわれてきた。例えば，ハーソフらは[44]，治療者による支持的ではない解釈的技法こそが，患者の不適応的な防衛の軽減に役立つことを明らかにした。

【要　約】

　PIRS は，精神力動的心理療法の介入について研究することを目的とし，かつカテゴリー分類システムを採用したという非常にユニークな尺度である。したがって，他の治療法との比較を目的とした尺度ではなく，そうした意味では，他の治療的アプローチ（例えば CBT）と関連した介入にふれるような項目は含まれていない。しかしながら，PIRS は精神力動的介入の中核に焦点をおいているので，同じ精神力動的アプローチに属する異なったタイプの心理療法（例えば，関連づけ療法と対人関係的心理療法）を比較する場合は有効な尺度となる。また，PIRS は解釈的介入を 2 つのタイプ（転移と防衛）に分類した最初の尺度である。事実，この尺度を使った多くの先行研究では，解釈的介入について種類の異なった効果が吟味されてきた[40-44]。しかしながら，転移解釈カテゴリーは非常に広範囲にわたった定義づけが行なわれており，「治療関係」に関する治療者の言葉はすべてそのカテゴリーに含まれることになっている。さらに，正の転移解釈なのか負の転移解釈なのか明確に評定されない[44]。つまり，何人かの研究者はとりわけ種々のタイプの転移解釈，または「今ここ」での治療者によるコメント（例えば「たった今，あなたは私に対して怒りを感じているようですね」），およびより解釈的コメント（例えば「今私に対して感じている怒りは，子どものころのあなたが冷淡でちっとも気持ちをサポートしようとしない父親に対して感じている怒りと関連していると思います」）との明確な区別を研究したいと感じているようだ。PIRS は，治療的介入の即時的[39]あるいは総体としての影響，その両方を研究するために使用されてきた[44]。PIRS の初期の研究では，心理尺度としての有効性が次々に明らかになった。そして，複数の研究で示されてきた良好～優良レベルの評定者間信頼性によって，複数の研究所（実験室）を超えた共同研究が可能にもなってきた。

　ただし，PIRS の使用に関してはいくつかの問題点もある。例えば，PIRS では，治療者の発言は 1 つの介入カテゴリーに分類される。しかし，1 つの発言には同時にいくつかの介入の可能性がある点で問題が残る。さらに，いつも容易に 1 つの介入が 1 つのカテゴリーに分類できるわけではない。また，カテゴリカルデータが採用されているため，使える統計手法が限定される。多くの研究で，解釈的介入や支持的介入の使用は比率で表示される（例えば，解釈的介入数／全体の介入数）。治療者間における介入数の違いや，同一治療者であってもセッションごとの介入数の違いなどが，比率得点に大きく影響してしまうのである。

2．近年開発された治療プロセス測定尺度

1）分析プロセス尺度

　分析プロセス尺度（Analytic Process Scales：APS）はシャーフらによって開発された(Scharf, R. D., Waldron, S., Firestein, S.K., Goldberger, M., & Burton, A.M., 2004. The analytic process scales (APS) coding manual. Unpublished Manuscript, 以下 Scharf, et al., 2004)。APS は近年開発された尺度で，心理療法中に生起する「分析的プロセス」の程度を測定することが目的である。また，あくまでも「観察可能な臨床場面において明確に定義づけできる特徴」に焦点をおいている(Scharf, et al., 2004.)。APS の開発には，熟練した精神分析家と，とりわけ精神力動的心理療法や精神分析の実証研究に関心をもっている研究者たちが関わっている。この尺度は，精神力動的プロセスと関連した介入や相互作用の測定に焦点化しているが，シャーフらは，ある意味では，さまざまなタイプの心理療法（例えば，精神力動的治療や CBT）に内在する精神力動的プロセスをもとらえうる尺度作成を意図している。

　APS には全部で36の変数が含まれている。そのうち，14が患者のコミュニケーションについて評定する患者変数，4が患者のコミュニケーションに対する特定介入の望ましさや適切さについて評定する評定者変数，最後に18が治療者の介入について評定する治療者変数である。5つの患者変数は患者のコミュニケーション内容に関するもの（例えば「患者はどの程度，恋愛や性に関するテーマについて話していますか？」），3つは患者が示す気づきの質に関するもの（例えば「治療者の介入に対して，患者はそれが有益としつつも，どの程度納得しながら反応していますか？」），そして6つは患者のふるまいに関するもの（例えば「患者は，自己の葛藤が減少したことを，どの程度明確に評定者に印象づけていますか？」）である。4つの評定者変数は，患者のコミュニケーションを受けて，評定者自身が適切と思われる介入を測定するものである（例えば「治療者がこの話題に対する患者の念入りな姿勢を励ますことは，どの程度望ましいことと思われますか？」）。4つの治療者変数は，治療者が行なっている介入のタイプに関するもの（例えば「治療者はこの局面についてどの程度明確化していますか？」），7つは介入のねらいに焦点をあてたもの（例えば「治療者は患者の葛藤にどの程度焦点づけしていますか？」），4つは治療者の介入傾向に絞り込んだもの（例えば「治療者の介入には敵意が含まれているようだ」），そして3つは介入の質に焦点をあてたもの（例えば「この介入はどの程度良質なものですか？」）である。すべての APS 変数は5段階のリッカート式尺度になっている（0：違う～4：強くそう思う；中央の2はまあまあそう思う）。評定者間信頼性を高めるために，APS マニュアルには，架空のケースを使って「0」「2」「4」段階に評定する場合の簡潔な描写が例示されている。

従来からある尺度と同じように，APSは，外部評定者によって，録音資料あるいはテープ起こしされた資料の通覧後に評定される尺度である。APSの分析単位は，「心理療法として意味のある一局面（segment）」(Scharf, et al., 2004.)とセッション全体の両方である。APS評定者は最初に心理療法場面で生じた3タイプの意味ある局面について評定する（治療者が描写された局面，患者が描写された局面，つながりが描写された局面）。治療者が描写された局面や患者が描写された局面とは，話し手に意味ある変化が訪れた場合，あるいは心理的なテーマが大きく変化した場合の，始めから終わりまでの時間帯をさす。一方，つながりが描写された局面とは，セッション中に起こる「治療者と患者の貢献によって，これまで彼らを分断していたものが，心理的意味を十分に伴わないながらも何らかの断片として重なる」(Scharf, et al., 2004.)瞬間を意味している。14の患者変数と4つの評定者変数は，患者が描写された局面について評定される。一方18の治療者変数は，治療者が描写された局面に適用される。さらに36すべての変数を使って，つながりが描写された局面における治療者，患者の貢献度が評定される。

　個々の局面がすべて評定された段階で，評定者はセッション全体を評定するよう依頼される（全体セッション得点）。シャーフらによると，全体セッション得点の意味するところは，あたかも，セッションの観察者が仲間であるその治療者にセッション全体がどのようであったかを伝える際の「特徴」のようなものである。したがって，全体セッション得点は，単純に時間内の各局面に対する評定の合計でも平均でもない。その代わり，そのセッションの中の最も意味ある中心的な特徴を掴むことをねらいとしているのである。場合によっては局面かセッション全体のどちらかに絞ってもよく，例えば，単純に心理療法セッションの全体得点のみを依頼されることもある。

　APSの信頼性に関する初期の研究では[45-47]，APSはほぼ良好な評定者間信頼性をもつとされている。治療者変数におけるα係数の中央値は0.57-0.71, 患者変数では0.73-0.82と報告されている[45,46]。熟練した臨床家であっても未熟な臨床家（例えばインターン）であっても，APSを使って心理療法セッションに対する信頼性のある評定が可能である[46]。また，APSマニュアルに記載されている方法を使えば，心理療法セッションを意味ある局面に切り分ける作業も信頼性の高いものとなる（$\kappa = 0.86$）[46]。このように，APSの尺度としての地位は約束されているが，APSの支持者たちも述べるように[46]，APSの尺度としての有用性を評価するにはさらなる研究が積み重ねられる必要があろう。

　APS研究はまだ緒についたばかりである。例えば，バルドロン（Waldron）ら[47]は，APSを使って2人のCBT治療者によるセッションと1人の短期精神力動的心理療法（STPP）家によるセッションを評定し，比較した。その結果，CBTセッションに比べてSTPPセッションでは，有意に高頻度の精神力動的プロセスが認められることが報告された。さらにこの研究では，APSで評定される治療者のコミュニケーション

の質は，患者の創造性と関連することも示された（治療者の高い質は，患者の創造性の高さと関連する）。

【要　約】

　APS は比較的新しくしかも一定の有用性が確認された，種々の心理療法に含まれる精神分析的プロセスを測定するための治療プロセス測定尺度である。しかも，経験の豊富な精神分析家たちによって開発された唯一の尺度でもある (Scharf, et al., 2004.)。APS で測定される臨床技法は，精神力動的治療（例えば，明確化と解釈）と深く関連したものである。したがって，精神力動的治療について調べている研究者にとっては非常に魅力的である。しかしながら，他のタイプの心理療法について測定しようとする，あるいは複数のタイプの異なる治療技法を比較しようとする研究者にとっては，APS の使用に制限がかかることになろう。また，著者たちは APS が精神力動的治療や CBT でも使用可能であり，このことを示すエビデンスもいくつか呈示してきた[44,45]ことを強調するが，APS が測定しようとする対象はあくまでも精神力動的治療に関する技法（例えば明確化や解釈）であり，他のタイプの治療に関する介入技法を取り入れる努力はほとんどなされていない。したがって，プロセスの比較研究には不向きな尺度と思われる。逆に，他のタイプの治療に含まれる精神分析的なプロセスを吟味する場合に限っていえば使用可能と思われる。APS のユニークな特徴は，セッション間のプロセスを測定する変数が用意されている点である。著者たちは，正式な評定をする場合，事前に通して見ておいた方がよいセッションの数は最低でも 3〜4 回であるとしている。評定されたセッションに対しては，セッションにおける各局面の得点と全体得点の両方が得られる。各局面の評定をする場合は，各局面に対してすべての変数で評定される必要がある。APS は，広範囲の心理療法における 1 セッションのプロセスを理解することにおいてはかなり便利な尺度ではあるが，いくつかのセッションを評定しようとする場合，評定者が必要とする時間は他の測定尺度を使う場合よりも長いうえ労力もかかる。ただし，全体セッション得点を選択すればかなりの負担が軽減される。APS の尺度特性や使い勝手の良さを検討した初期の文献では，少数事例しか含まれていなかった。さらに尺度の妥当性について，一方ではある程度確立しているが，まだまだ初期の段階にあり，今後さらなる研究が必要である。そうした意味で，APS はまだまだできたてのプロセス測定尺度であることをしっかり認識しておくべきである。とはいえ，初期の研究では[45-47]，APS が有用な尺度であることは保証されている。

2）治療目標達成尺度

　治療目標達成尺度(Achievement of Therapeutic Objectives Scale：ATOS)は，マックローらによって開発された (McCullough, L., Larsen, A.E., Schache, E., & Kuhn, N., 2003. Achievement of Therapeutic Objectives Scale : ATOS scale. Unpublished Manuscript)。ATOS は，治療者の介入に焦点をあてるのではなく，治療目標の特定化，および患者の治療に対する適応的反応の程度を測定するために作成された。これまで議論してきた測定尺度とは異なり，ATOS は治療的介入に対する患者の同化（assimilation）行動の程度を測定するよう構成されている[6]。つまり，心理療法セッションで出現する「微細な成果（mini-outcome）」をとらえようとするのである。この尺度は短期力動的心理療法（short-term dynamic psychotherapy : STDP）に焦点をあてた研究をもとに作成されたが，著者たちは，項目作成にあたって，種々の心理療法の共通要素に着目しながらより理論的に中立な記述を心掛けている。そして，それぞれの治療に特有の目標達成に焦点化する（特定の理論に立脚した治療成果をとらえることとは正反対）ことで，さまざまなタイプの心理療法における使用を可能としている。実際，ATOS 実施マニュアルには CBT と STDP の両方に対する項目評定法が記載されており，加えて，他の治療法への ATOS 適応モデルも併せて記載されている。本章では，STDP への ATOS 適応に関して述べていくこととする。

　ATOS には STDP の治療目標に関する 7 つの下位尺度が含まれている。7 つの下位尺度とは，①防衛的行動の認識（洞察），②不適応的な行動（防衛）を変えたいという希望（動機づけ），③葛藤的感情への直面化（曝露），④適応的に感情を表現する能力（新しい学習），⑤セッションにおける否定的感情（例えば，不安，罪悪感，恥，悲痛）のコントロール（抑制の程度），⑥自己感の改善，⑦他者との関係改善である。また，評定者は10分刻みの局面ごとに，そこに中心的に認められる感情も選択する。ATOS 評定にあたり，外部評定者はまずビデオテープ全体を視聴する（テープレコーダーや逐語録でもよいが，著者たちはビデオの使用を強く推奨している）。先に述べた 7 つの下位目標にそって，評定者はセッションにおける10分間の局面を同時に評定する。各々の10分間の局面に対して，各目標別に 0（最も低い適応水準）～100（最も高い適応水準）スケール上で評定する。0～100スケールの主要となるポイントの評定基準は，各目標別にマニュアルに記載されている。マニュアルによると，特定の目標に関して「明確で鑑別可能な行動データ」が得られない場合は，その目標についての評定は差し控える必要がある。評定者は，自らの評定が合理的に行なわれていることを確認するために，記述可能な行動例（つまり，「泣いている」のように，患者の非言語的行動に注目し引用する）をメモ書きしておくことが要求される。特定の目標に関連するこうしたデータが得られない場合は，「データなし」という評定を与える。著者たちによると，信頼性のある評定ができるようになるまでには，最低でも 8～12時間の訓練が必要であり，本来ならば20～30時間の訓練が最適であるとしている[6]。

　ATOS の信頼性研究について，3 つの研究チームが合同して 5 つの組織的な継続研究を行ない，尺度の信頼性を確認してきた[6]。ATOS 現代版の最初の 4 つの下位尺度

について，マックローの研究チームでは，個別評定でほぼ良好～良好レベルの評定者間信頼性（ICC＝0.66-0.84）を，またグループ評定では中程度～ほぼ良好レベルのグループ評定者間信頼性（ICC＝0.43-0.77）を報告した。マックローの研究チームが行なった ATOS を用いた 2 つの研究では，局面における感情評定は完全に一致していた（κ＝1.00）。引き続き行なわれた継続研究で，イタリアの 2 つの研究チームに所属する 2 人の評定者間信頼性を調べると，最初の 4 つの下位尺度ではほぼ良好レベルな結果が得られ（ICC＝0.66-0.78），各局面における感情評定の一致度は良好レベルであった（κ＝0.74）。

【要　約】

　　ATOS はマックローと共同研究者によって10年以上もの歳月をかけて新しく研究・開発された有用な尺度である。同時に，セッションにおける治療目標に対して患者が示す直近の同化行動に焦点をあてた，きわめてユニークな尺度である。局面を扱うことによって，研究者は，同じセッションにおける治療目標別に，治療者の技法，患者・治療者間の相互作用，さらに患者の発言内容が，それに引き続く患者の行動にどの程度のインパクトをもって影響するかを吟味することができる。

　　ATOS の明確な長所として，尺度の改訂を行なうときには必ずマックローと共同研究者は実証データを用いたという意味での一貫性がある。例えば，50分のセッションではなく10分の局面に対して評定を行なうことを決定するいきさつには，「50分間にはあまりにもさまざまな様相がある」ことを示す初期の研究結果が関わっている。同様に，マックローと共同研究者は，近年，この尺度に熟達するために必要となる訓練時間数を非常に組織的に研究している。

　　ATOS の訓練時間は確かに比較的短い。しかしながら，それは，新しい評定者を訓練するうえで合理的で効果的と証明された先行研究に基づいて開発された，インターネットによる双方向的訓練プログラムがあってのことである[6]。まだまだ尺度としては新しいため，この尺度を用いた研究はその後ほとんど行なわれていない。加えて，研究者が ATOS を喜んで使用するためには，尺度の妥当性に関する情報がさらに要求されるであろう[6]。今後，心理療法セッションにおける微視的プロセスを検討するうえで，ATOS は刺激的で有用な尺度となるであろう。

3）はたらきかけ・洞察に対する治療的焦点化尺度

　　はたらきかけ・洞察に対する治療的焦点化尺度（Therapeutic Focus on Action and Insight：TFAI）[26]は，近年開発された治療プロセス尺度である。この尺度は，CSTF (Goldfried, M.R., Newman, C.F., & Hayes, A.M., 1989. The coding system of therapeutic focus. Unpublished Manuscript) の短縮版であると同時に，あまり労力を必要としない。TFAI は，「臨床的に効果の高かった」PI と CBT セッションに対する CSTF 評価データの探索的因子分

析結果に基づいて開発された[26]。

TFAIには，2つの要因（意味の構築と促進的はたらきかけ）に関する12の分類カテゴリーがある。CSTFとは，録音テープを使用する点，経験の浅い評定者(例えば，学部学生）でも信頼性の高い評定ができるような表現で項目が記述されている点で異なる。2人の学部学生を評定者として使った初期のTFAI研究では，良好な評定者間信頼性が得られた（意味の構築：ICC＝0.94，促進的はたらきかけ：0.88）。また，TFAIの評定値とCSTFの評定値の間には高い相関があり，CBTとPI療法をはっきり弁別した。

【要　約】

この尺度は非常に新しく，研究においてはまだまだ初期の段階であるが，いくつかの長所も存在する。初期に行なわれた尺度の標準化研究では，その有用性が確認されている。さらに，こうした標準化データは，録音テープが用いられており，しかも学部学生による評定に基づいている。CSTFよりも大幅に労力が削減されたものの，類似の側面に焦点をあてており，使用法も似通っている。とはいえ，TFAIを用いた知見とCSTFを用いた先行知見との比較研究が今後とも必要である。残念ながら，TFAIを用いた継続研究は今のところ全くなされていない。初期の研究で認められたTFAIの長所が生かされていないのは不幸なことである。したがって，尺度の有用性が決定される前に，今後の研究者のためにもTFAIの信頼性・妥当性・研究面での使い勝手の良さを実証的に検討することが必要であろう。

3．結論

心理学領域において，精神力動的心理療法の実証研究は最も優れた進歩を遂げた分野の1つである。こうした実証研究によって心理療法で出くわすすべての現象を網羅できるわけではないが，理論や実践の発展につながっていくであろうことは疑いえない。また，パラダイム，技法や手順，さらには尺度の改善に伴い，今後とも，心理療法による変化をより正確に理解できるようになるのもまちがいない。同様に，こうした変化を喚起するメカニズムについてもより詳細に理解できるようになるであろう。心理療法プロセスに対する適切な研究方法や測定尺度の進歩によって，上記のような進歩や知識の増加につながっていくのである。

精神力動的心理療法そのものや，そこに内在する要因について研究することは非常に興味深いが，本質的なことは，さまざまな治療成果との関連性でプロセス研究を行なうことである。伝統的な臨床研究は，治療反応を測定するための初歩的な方法で症状の軽減をとらえようとしてきた[48]。効果的な治療であれば，当然ながら症状の軽

減が起こる。しかしながら，精神力動的心理療法を行なうことの恩恵は，いまや症状の軽減を超えたところにあると考える理論家，臨床家，あるいは研究者の数が増大している。さらに，精神力動的治療が焦点化することや目的とすることは他のタイプの治療とは微妙に異なっているため，治療成果を研究するためには，従来の症状把握のための尺度に加えて精神力動的心理療法の治療目標に即した自前の測定尺度を用いる必要がある[48,49]。本章においては，残念ながら，精神力動的心理療法のプロセス変化を研究するのにふさわしい治療成果尺度（outcome measure）までふれることはできなかった。ただ，幸いなことにこうした測定尺度をレビューした論文はすでにある[48-51]。

　本章で我々は，とりわけ新たに心理療法研究を始めようとする研究者を対象に，これまでに心理療法プロセス研究のために開発されてきた魅力的な尺度のいくつかを紹介してきた。残念なことに，本章でとりあげることのできた尺度の数にはどうしても制限を加えざるをえなかった。同様に，各尺度の歴史，開発の経緯，先行研究における使用状況，さらには今後の尺度の可能性などに関する多くの情報についても制限してきた。すでに過去の文献で有用性がレビューされたプロセス測定尺度については，割愛した[30,52,53]。しかし，本章では，新しい研究者たちに，心理療法中に治療者，患者間に出現する現象を測定する幅広い種類の尺度を紹介しようとの目的をもっていた。さらに，本章で紹介したプロセス測定尺度が，研究者にとって今後の研究に採用したいと思われるような尺度であることを願っている。こうした研究が，心理療法の有効性を説明する種々の要因を理解するうえでますます貢献することは疑いえない。

第8章

逆転移とパーソナリティ病理：
逆転移尺度の作成と臨床適用

　30歳代前半の会計士であるマリオが，怒りの感情を抱えながら治療に訪れた。同時に彼は，治療内容の変更（面接時間，料金，介入法など）を申し出るつもりでいた。彼は，内心では狂おしいほど援助を求めているにもかかわらず，表面上は治療者（女性）や治療そのものに対する軽蔑の念をやっとの思いで隠しているかのようにふるまった。彼は孤立していた。つまり，新しくこの町に来て以来，彼には彼をこの世につなぎ留めておくような愛着心のもてる何者も存在しなかった。新しい職場でも，ほんの2，3か月で彼の上司や同僚たちとの間に葛藤が生じた。彼は急速に疑い深くなっていった。専門家，仲間，家族，見知らぬ人間，とにかく彼に近づいてくる人間であれば誰に対してもであった。彼は止むことのない自己の崩壊という内的経験に圧倒されていた。彼の恐れを包み込むためには援助を求め続けることが必要であった。しかし，援助を求めることは同時に他者が内面に侵入すること，あるいはそれによるダメージの恐れを刺激した。

　セッション開始当初から，彼は，治療者の治療スタイル，言葉の選択，さらには彼自身の反応に何らかの意味を見出そうとする治療者のいかなる試みに対しても批判的であった。そのため治療者は，いつもといってよいぐらい，自らの発言が患者の怒りを爆発させる引き金にならないよう細心の注意をはらった。彼は治療者に対して，彼が聞きたいと思っている言葉を一言一句まちがわないように繰り返すことを要求した。あたかも彼には，完璧で絶対的な繰り返し以外はいっさい耐えられないことのようであった。彼の要求を質的に違う別の何かに変容させるための言い換え，例え話，指摘などは，「治療者は無慈悲である」「不誠実である」さらには「人間的でない」といった言いがかりを誘発し，嵐のような批判をもたらした。こうした，治療者の人間性を奪い無力化しようとする患者の努力は，規則的に来談する期間，いっこうに弱まることはなかった。しかしながら，問題のないセッションでは，少なくとも30分は遅刻した。

　治療者の理解したマリオの幼少期の経験と現在の治療状況との関連性を交えながら，マリオには，「人（治療者）とうまくやっていきたい」あるいは「人（治療者）に対する恐れの感情をうまく克服したい」という要求が明確に存在することを解釈すると，時には彼の怒りは沈静化され，治療者との協力関係が増大していくようにみえた。しかしながら，場面が変わると，彼はこうした介入を治療者の治療放棄やあきらめ行為として経験し，彼の不安や激怒をいっそう強めた。

　こうしたマリオの示す対人関係上の暴挙ともいえる局面に対して，治療者は徐々に自己の能力を超えていることのように感じはじめた。彼女はとてもぎこちなく，息苦しささえ感じた。それは，マリオが彼女をコントロールしようとしていることに対する彼女の怒りの反応でもあった。各セッションでマリオの到着を待つ間，治療者は彼が時間内に間に合わないことを望むばかりか，間に合うことをもひどく怖れるようになった。さらに，彼の機嫌がどうなのかもひどく気にするようになった。

1. 逆転移

　フロイト（Freud）が逆転移の概念を最初に紹介したのは1910年のことである[1]。ヌーレンベルク精神分析会議（Nuremberg Psychoanalytic Congress）において，フロイトは，分析家の無意識的感情に与える患者の影響は分析治療そのものを妨害する可能性があることに注意を促した。彼の逆転移に関する見解は，転移に関する見解と類似のものである。つまり，分析家が示す過去の神経症的歪みを反映した反応であると考えたのである。フロイト自身は逆転移について，まず分析家は自己分析から始めなければならない，また「自己分析を継続できない者は誰でも（中略）分析作業によって神経症を治療することは不可能である」（p.145）ことを指摘し続けたものの，それ以外についてはあまり詳細に述べていない。こうした初期の「逆転移を治療妨害的な要因」とする狭義の見解によって，治療者の病理に基づいていないにもかかわらず，治療者が反応することは恥ずかしいことであり適応的でないとする考えが強くなった。また同時に，患者との自由な討議場面で治療者が身動きできなくなる一因にもなった。

　しかしながら時が過ぎ，逆転移の概念を広げる者が出てきた。つまり，分析家の患者に対する反応は診断的にも治療的にも重要な現象であり，したがって治療を促進する可能性をもつことが認められてきた[2-6]。ポーラ・ハイマン（Paula Heimann）は，逆転移を，分析家が患者に対して経験するすべての感情と位置づけた最も初期の１人であり，こうした考え方は一般に全体主義的アプローチ（totalistic approach）といわれている。彼女は，「患者に対する分析家の即座の情緒反応は患者の無意識過程を知る重要な指針であり，患者をより深く理解するためのガイドである」（p.83）と指摘した。この中で彼女は，分析家の逆転移は分析関係の中で生み出された産物であり，それは，「患者による創造（creation）であると同時に，患者のパーソナリティの一部でもある」（p.83）とした。ウィニコット（Winnicott）も逆転移の有用性に焦点をあてており，同時に，患者のパーソナリティや逸脱行動に対する自然な治療者反応を，特に「客観的逆転移（objective countertransference）」として区別した。

　投影性同一化（projective identification）という概念を紹介する際に，クライン（Klein）[7]は，分析セッション中に分析家に湧き起こる反応とは，患者が自身の力ではもちこたえられない感情[8]，あるいは患者の内的対象関係と一致した感情[9,10]を治療者の中に呼び覚まそうと努力した結果が反映されたものという見解を新たに世に問うた。同様に，ラッカー（Racker）[4]は，分析家による融和型同一視（concordant identification）と補足型同一視（complementary identification）を区別し，前者は患者が今現在感じている中心的な感情を分析家が経験すること，また後者は分析家が患者の内的対象と同一視することとした。現代フロイト学派では，サンドラー（Sandler）[11]

が役割共鳴（role responsiveness）という概念を紹介した。役割共鳴とは，患者が無意識的に創造しようとする内的関係の文脈に合うように，分析家がふるまってしまうことをいう。当初，サンドラーら[5]は，逆転移を自覚することが，患者に固有の資質によって分析家自身に感情的反応が起こってしまっていることを理解する最高の方法であると考えていた。ワハテル（Wachtel）[12,13]もこれとよく似た循環的精神力動（cyclic psychodynamics）という概念を提唱した。時に，患者にはこの循環的精神力動というメカニズムがはたらき，患者自身が恐れていること，願っていること，期待していること，ふるまいたいことなどが自己成就的予言となり，現実の対人関係に反映されることがある。

　以上のように，逆転移という概念が臨床的に意味ある経験，つまり患者のことや治療状況を力動的な観点から光をあてることにつながったのは喜ばしいことであるが，逆転移に関する実証研究となると，その数には限界がある[14-18]。近年，大規模の非臨床サンプルを用いた実証的研究によって，逆転移は患者が示す何らかの傾向(信念，感情，願いなど)に対する反応であることが間接的に支持されてきた。例えば，うつ的な人々は自己批判的傾向をもちやすいが，それがゆえに批判的で重要な他者との関係を維持する際に，そうした重要な他者からできるだけ拒否や批判を引き出さないように関わろうとする。こうした傾向に対する他者からの反応が逆転移であることを間接的に示唆する研究がある[19-24]。また，拒絶されることに敏感な（rejection-sensitive）人々は，わざとみすぼらしくしたり，怒りを顕わにする，あるいは距離をとるなどの行動により，拒絶そのものを避けるという「人間関係に関する自己の内的作業モデル」を確認，あるいは強化しようとする[25]。同様にそうした傾向に対する他者からの反応が逆転移であることを示唆するスワン（Swan）ら[26]の研究もある。

　逆転移に特化した実証研究をみてみると，類似した一連の研究では，逆転移とは患者に対する治療者の反応であり，しかもこうした反応は治療者の未解決な葛藤のみに基づくと定義されている。したがって，結果的に治療者は自己の回避的行動(例えば，患者の話題に対して，同意を示さない，沈黙する，無視する，まちがった解釈をする，対抗するなど）を逆転移と位置づけ，操作しようとしてきたのである[27-32]。これらの研究は，否定的な逆転移に焦点をあててきたため，逆転移を調べることで治療者のどのような側面が明らかになるのかといったテーマを解決するには，おのずと限界があった。さらに，逆転移反応と関連する治療者自身の特定の内的感情反応や思考については，明らかにされてこなかった。

　本章では，治療者が担当患者に対して露呈させてしまう認知的，感情的，そして行動的反応の程度を測定する尺度である逆転移質問票（Countertransference Questionnaire)[33]の因子構造や信頼性について報告する。我々の知る限りでは，この尺度は唯一，リアルタイムで臨床家の逆転移を研究したいときに使用でき（つまり生態学的妥当性を備えた），かつ広範囲な逆転移の様相を同時に測定できる尺度である。ナヤビッ

ツ（Najavits）ら[34]が，クライエントに対する治療者の感情的態度評定尺度（Ratings of Emotional Attitudes to Clients by Treaters : REACT）を開発したが，元来REACTは，物質乱用患者に対する治療場面で，治療者が患者に対して示す反応を研究するためにつくられた尺度であるため，臨床的にみると逆転移をとらえるとなると微妙なところがある。

その点，逆転移質問票は，さまざまな精神疾患をもつ人々に対する逆転移反応を測定できる妥当性・信頼性の確認された尺度である[33]。我々は，とりわけ患者のパーソナリティ病理と逆転移反応との関連性に関心がある。というのも，これまでの臨床研究から，こうした領域の実証研究は不可能であるという通説があり，本当にそうなのか検討したいからである。さらに，逆転移質問票のもつ臨床場面や実証研究場面での実質的な有用性を示すために，パーソナリティ障害患者に対する「平均的に想定される」逆転移反応のひな形を報告したいと思っている。逆転移の内容，さらには逆転移の領域が明らかになれば，治療者は患者に対する反応をより詳細に理解，あるいは予測することができるようになる。さらに，逆転移が臨床活動にどう影響するのかという問題がいっそう明らかになると同時に，診断学的にも貴重な情報となる。

2．データ収集：実践研究ネットワーク法

実践ネットワーク法を用いて，アメリカ精神医学会やアメリカ心理学会に所属する正会員の中から，経験のある（資格取得または専門医教育後3年以上が経過しており，1週間に少なくとも10ケース以上の治療に携わっている）精神科医や心理士を無作為に抽出し，彼／彼女らからデータを収集した。具体的には，こうした研究対象者（精神科医や心理士）に，かつて担当した患者の中から無作為に患者を選ぶよう依頼し，当該患者に関するデータを提供してもらった。さらに，上記のデータ収集法に加えて，彼／彼女らは臨床査定や臨床診断のトレーニングを十分に受けた臨床家兼観察者でもあるし，なおかつ標準化された測定用具を使うので，治療を求める患者[訳注1]とほぼ同質の大規模サンプルによるデータが得られたことになる。この方法により，これまで伝統的に問題視されてきた臨床査定に伴うバイアスを避けることができるのはもちろんであるが[35-40]，最も重要な障害物はむしろ臨床家自身の臨床判断にバイアスが潜む可能性なのである[41]。しかしながら，近年の実証研究では，心理測定尺度を用いて臨床家の観察結果や査定結果を量的に処理すれば，彼らの判断は信頼性，妥当性ともに優れていることが示唆されている[42-47]。

今回の研究サンプルでは，心理士が78％，精神科医が22％であり，男性の占める割合は58.6％であった。大多数は私設の事務所で患者を治療していたが（80.1％），そ

[訳注1] 母集団

の他，病院（31.5％），法廷（8.3％），クリニック（7.7％），学校（5％）場面も含まれていた。予想通り，精神科医の大半は病院勤務が初めてか2回目であった。専門とするオリエンテーションは，精神力動的立場（40.3％），折衷派（30.4％），認知行動療法的立場（20.4％）であった。

　研究には，質問紙への直接記入またはウェブサイト（www.psychsystem.net）での入力いずれからでも参加できた。どちらの方法で研究に参加しても，ここで検討される変数間に差は認められなかった（つまり，逆転移8因子得点のt検定）。研究参加者には，回答に要する3～4時間の拘束時間に対して，わずかではあるが謝礼金（＄85）を支払った。最終的な回収率はおよそ10％であった。参加依頼に応じたのは，心理士の方が精神科医よりも高率であったものの，訓練の違いや回収率の違いによって検出されるバイアスの程度を評価することはできた。つまり，回収率はおよそ3対1であったが，有意水準を1％に設定した場合，心理士と精神科医間に有意な差を示す変数は認められなかった（年齢，性，人種，社会経済的地位，教育水準，治療期間，逆転移下位因子得点；14のt検定）。

　逆転移質問票と同時に以下に示すような詳細な質問に対して，定まった順番で参加者からの回答を得た。本研究では，我々は臨床データ票（The Clinical Data Form：CDF）[28, 29]を使い，個人属性，診断名など因果関係をもつと思われる変数を評定した。具体的には，臨床家の基本的な個人属性データ（性，経験年数，訓練レベル，理論的オリエンテーション，勤務状況）と患者のデータ（年齢，性，人種，教育水準，社会経済的地位，Ⅰ軸診断）であった。臨床家には，その他，患者の適応機能，生育歴，家族歴を記述してもらった。さらに，Ⅱ軸障害を調べるために，DSM-ⅣのⅡ軸診断基準を無作為に並べた質問紙を作成し，「あり」「なし」で答えてもらった。

　研究対象者が実際に心理療法を行なっている患者の属性を把握すること，および外的妥当性を高めること，この2つを目的に，我々は臨床家たちに本研究の基準に合う担当患者の中で，過去1週間の期間中最後に出会った患者を選んでもらった。その基準というのは，精神病の既往のない少なくとも18歳以上の患者に対して，最低でも8セッションの治療をすませた場合をいう（8セッションというのは，可能な限り患者を正確に素描してもらうのに必要な期間と考えている）。各臨床家には，評定者バイアスを最小限におさえるために，1人のみを記述してもらった。さらに，患者が特定されるような個人情報（名前，イニシャル，社会保障番号など）にはいっさいふれず，これまでのセッションを通じて明らかになった使用可能な情報のみを利用するように伝えた。そうすることで，これらのデータ収集が患者の匿名性を侵さず，同時に現在進行中の治療に何ら影響しないことを保証した。

　できるだけ男女の比率が等しくなるようにサンプル収集を行なったところ，期待通り男女半々となり，平均年齢は40.5歳（$SD=13.4$）であった。また，93％が白人サンプルであった。さらに，大半は中流階級（56.4％）であるが，2.8％が貧困層，24.3％

が労働者階級，上流階級は16.6%となった。平均 GAF 得点は58.0（$SD=12.9$）。平均治療期間は19か月（$SD=30$），中央値は13か月であった。つまり，治療者は患者のことを十分に熟知する期間関わっていることを意味している。最後に，臨床家が報告した精神疾患の中で多かったのは，大うつ病性障害(49%)，気分変調性障害(37.7%)，全般性不安障害（25.6%），そして適応障害（24.7%）であった。

3．逆転移質問票：その作成と因子構造

逆転移質問票（Zittel, C., & Westen, D., 2003. The countertransference questionnaire. Unpublished manual）（http://www.psychsystems.net/lab よりダウンロード可）は，臨床場面や研究のいずれにおいても用いることのできる「心理療法における逆転移パターン」を測定するための標準化尺度である。項目数は79で，患者に対する治療者の思考，感情，行動傾向を幅広く測定できるように構成されている。我々は，逆転移や逆転移に関連する変数を取り上げた事例論文，理論的論文，さらに実証論文のレビューに基づいて項目群を作成し，複数の経験ある臨床家に，理解しやすさ，明快さの2つの観点からチェックしてもらうことで，最終的に79項目とした。ある程度別々の理論的オリエンテーションをもっている臨床家でも使用できるように，項目の記述にあたっては日常用語を重視し，できるだけ専門用語は避けた。項目は，ある程度特異的な感情（例えば，「彼／彼女とのセッションでは，退屈さを感じる」）から「投影性同一化」を思わせるような複雑な感情（例えば，「たいていの患者以上に，この患者に対しては，セッションが終わるまで全く気がつかないような状況にいつの間にか引きずり込まれてしまっているように感じる」）まで，広い幅の反応を測定するようにできている。

因子構造

カイザー基準（固有値1.00以上）とスクリーンプロット法を用いた主成分分析結果をもとに，7～9因子を想定しながら，説明率が最大となるように因子分析を繰り返し行なった。最終的には最尤法によって因子の抽出を行ない，8因子に対してプロマックス回転を施した。その結果，説明率は全分散の69%となり，各因子は最低でも5項目に対して十分な負荷量を示した。つまり，サンプルのサイズに影響されない安定した因子構造であることがわかった[48]。因子得点算出のために，第1因子，第2因子では負荷量が0.50以上の項目を選択し，以下第3因子では負荷量が0.40以上，第4～第8因子では負荷量が0.375以上の項目を選択した。そうすることで，信頼性（α係数）が最大となるようにした。8因子の因子間相関係数は-0.16～0.58で，中央値は0.30であった。

特記すべきこととして，我々は因子構造を確定する際に，特定の概念に固執する，あるいは臨床的な経験を参考にするといった理論的バイアスを排除する努力も行なっ

たことがあげられる。具体的には，精神力動的立場を支持する臨床家のデータ（サンプルの40%）を除き，残された108名のデータを使って，再度全く同じ手続きで因子分析を行なった。その結果，因子の順番がわずかに変わりはしたが，同じ因子構造が再現されたのである。この結果から，精神力動論を支持する臨床家だけを研究対象にしなければ，逆転移に固有の因子構造が得られないというわけではないことがわかる。

逆転移を描写する：8つの次元

因子分析によって8つの異なる因子が抽出された[33, p.893]。項目内容と因子負荷量を，以下に示すように因子別に簡潔にまとめた。因子分析研究では必ず起こってくるが，複数の因子に同時に高い因子負荷量示すいくつかの項目[25]は削除した。今後もこれらの項目を削除したままにするか，あるいは再利用するかは以下の事柄にかかっている。①こうした項目を加え，他をサンプルとした確認的因子分析で同様の因子構造が再現されるかどうか，②種類の違う障害を弁別するうえで，それらの項目が有用であるという証拠が得られるかどうか，である（以下参照）。

第1因子：圧倒／混乱（$\alpha=0.90$）は，患者を避けたい，あるいは患者から逃れたいという願望，さらに怖れ，拒絶，憤りなどの否定的感情を含んでいる。

私は，彼／彼女を担当していると腹が立ってくる	0.72
私は，彼／彼女がかつての担当患者でなかったらなあと願う	0.71
留守電を聞くときに，そのうちの1つは彼／彼女からではないかと不安を感じたり恐れを感じたりする	0.69
彼／彼女は私をこわがらせる	0.67
私は，彼／彼女によって使われたり操作されているように感じる	0.62
私は，他の患者と比べると，彼／彼女には電話をかけなおす気がしない	0.61
私は，他の患者よりも，彼／彼女にはセッション間の電話を多くしている	0.60
私は，治療が終了することばかり考えたり，想像する	0.59
私は，彼／彼女に虐待，あるいは酷使されていように感じる	0.55
私は，彼／彼女に対しては厳しい制限を押しつけた気がする	0.54
私は，彼／彼女に怒りを感じる	0.52
私は，彼／彼女から拒絶されているように感じる	0.50

第2因子：無力／未熟（$\alpha=0.88$）では，未熟，無能，望みのなさ，不安などの感情を示す項目が特徴的である。

私は，彼／彼女の援助に失敗したように感じる，または彼／彼女を援助する

力がないのではないかと思う	0.84
私は，彼／彼女を担当するには無能あるいは未熟と感じる	0.80
私は，彼／彼女を担当しきれない気がする	0.78
私は，彼／彼女には他の治療者，あるいは他の治療法の方がうまくいくのではないかと感じる	0.67
私は，彼／彼女からの要求に圧倒されているように感じる	0.62
私は，他の患者と比べて，彼／彼女の援助に失敗しているように感じる	0.62
私は，彼／彼女を担当するうえで不安を感じる	0.61
私は，彼／彼女とのセッションで混乱させられているように感じる	0.52

第3因子：肯定的（$\alpha=0.86$）では，患者との間に肯定的な治療同盟が形成され親密なつながりを経験しているのが特徴である。

私は，彼／彼女とのセッションを楽しみにしている	0.69
彼／彼女は，私の好きな患者の1人である	0.67
私は，彼／彼女のことがとても好きだ	0.67
私は，彼／彼女を担当することにわくわくしていると思う	0.58
私は，彼／彼女が治療の中で成しえた成果，またはこれから獲得していくであろう成果にとても期待をもっている	0.52
私は，彼／彼女が表出する感情に対して困惑を感じる	−0.48
もし彼／彼女が私の患者でなければ，彼／彼女と友達になっていただろうと想像する	0.44
私は，彼／彼女のことを理解していると感じる	0.43
私は，彼／彼女とのセッションを終えたときに喜びや満足を感じる	0.43

第4因子：特別視／巻き込まれ（$\alpha=0.75$）は，他の患者よりも特別な患者という感覚をもつことや，自己開示，セッション時間の延長，さらには患者に対して罪悪感，責任感，過剰な関心をもつといった境界の維持に問題が生じた場合の「軽い兆候（soft signs）」を示している。

私は，他の患者以上に，彼／彼女に対する自分の感情を多く語っている	0.64
私は，他の患者に対してよりも，彼／彼女に対して自分の個人的生活のことをより多く語っている	0.64
私は，彼／彼女のためなら，他の患者が相手ならば決してしないであろうことまでする	0.52
私は，彼／彼女がストレスを感じる，あるいは状態の悪化を訴える場合，それが	

あたかも自分の責任であるかのように罪悪感を感じる	0.39
私は，他の患者のときよりも，彼／彼女に対しては時間超過をしてセッションを終えている	0.39

第5因子：性愛化（$\alpha=0.77$）は，患者に対する性的感情，あるいは性的興奮を示している。

私は，気がついたら彼／彼女を相手にいちゃついてしまっている	0.99
私は，彼／彼女に対して性的魅力を感じる	0.89
私は，面接室で性的興奮をおぼえる	0.78
私は，彼／彼女に愛の告白をする	0.62

第6因子：集中力の低下（$\alpha=0.83$）は，セッション中の気晴らし，引きこもり，戸惑い，あるいは飽きの感情を描写している。

私は，セッション中，彼／彼女に対してうんざりしてしまう	0.82
私は，他ならぬ彼／彼女が語っている内容に対して気が散ってしまう	0.72
私は，彼／彼女とのセッションにあまり集中していないと感じる	0.53
私は，彼／彼女に対して忍耐力がない	0.46
私は，他の患者と比べて，彼／彼女とのセッション中に時計を見る回数が多い	0.46
私は，彼／彼女とのセッションに戸惑いを感じる	0.42

第7因子：養育／保護（$\alpha=0.80$）は，患者に対する通常の肯定的感情を超え，養育者的ともいえる保護，いたわりやいつくしみをもちたいという気持ちを示している。

私は，彼／彼女を守ってあげたいと感じる	0.69
私は，彼／彼女に対していつくしみやいたわりの気持ちを感じる	0.68
私は，彼／彼女に対してほとんど親のもつ感情に近い，温かい気持ちをもっている	0.67
私は，彼／彼女に対して，他の患者では決して得られないようなものを与えたい	0.53
私は，彼／彼女の人生に関係してきた人々に対して怒りを感じる	0.45

第8因子：批判される／誤解される（$\alpha=0.83$）は，感謝されていない，誤解されているという感じ，あるいは，患者による価値の切り下げ感を示している。

私は，彼／彼女に感謝されていないと感じる	0.75
私は，彼／彼女に批判されていると感じる	0.63

私は，誤解されているかもしくは価値を引き下げられている	0.60
私は，仮にまちがったことでも言おうものなら，彼／彼女は感情を爆発させてしまう，関係を決裂させてしまう，あるいは無断欠席をしてしまうと感じられるため，その意味ではあたかも彼／彼女の周囲にある「卵の殻を歩いている」感じがする	0.56
私は，何があっても攻撃的，あるいは批判的ととられるような言動をしてはいけない	0.44

　以上のような因子構造は，患者に対する治療者反応の微妙なニュアンスをとらえた，複雑な逆転移過程を描写していると思われる。8つの次元は，各々独自性があると同時に「正」「負」の逆転移といった大雑把な分類を優に超えているといえよう。例えば，我々は「負」の逆転移をより詳細にとらえられるようになった（例えば，圧倒されたり混乱させられる気持ち，無力や未熟な気持ち，集中力の低下，さらには患者に誤解されている感じ）。同様に，性愛化，特別視／巻き込まれ，さらには養育的／保護的の各因子は，すべて同一視や親密さを示すが，各々，臨床上想定される起源や治療に対してもつ意味は異なっている。

　本尺度によってとらえられる逆転移反応の複雑な様相は，臨床上観察されるものと一致している。明らかに，圧倒／混乱に関する強い恐れや恐怖の感情は，境界性パーソナリティ障害患者に対する逆転移反応についての臨床知見[49]，加えて混乱あるいは未解決の愛着パターンをもつ境界性パーソナリティ障害患者に関する実証研究知見[50,51]と一致している。自己愛的病理は，臨床家の内面で無能（第2因子），望みのなさ（第2因子）あるいは退屈（第6因子）な気持ちと密接につながることが繰り返し指摘されてきた[52-54]。

　臨床論文では治療者反応を説得的に記述した論文は豊富にあるが，逆転移の実証研究であれば臨床実践で起こりがちな臨床観察の主観性という問題を避けることができる。特に，臨床論文の場合，一般に，担当した限られた人数の事例に対する1人の著者の臨床経験に基づいて書かれている場合が多い。実践ネットワーク法を用いた逆転移質問票によって，我々は多くの臨床家の経験を蓄積することができる。そのことで，個別の観察，さらには臨床論文の綿密なレビューですら明らかにできなかった逆転移反応の共通パターンを見つけることができる。さらに，数ある特定領域の逆転移を描写することは，治療者が患者に対して示す無数の反応により敏感に気がつくようになるとともに，うまく操作できるようになるための手助けとなるであろう。

4．逆転移とパーソナリティ病理

　すでに述べたように，逆転移について幅広い知識をもつことは，患者に対する我々

の反応が患者や治療理解にとって有意義であることを確信させてくれる。実践場面における逆転移を議論する場合，その大半は治療困難例（例えば，トラウマ経験者[55]，物質乱用者，またはパーソナリティ障害）に対する治療に集中する。こうした治療困難患者は，激しい感情を示しやすいのが特徴であるし，すでに当然のこととして位置づけてきたように，治療者サイドにも反応を誘発しやすい。同じパーソナリティ障害の診断を受けた者であれば，感情，認知，対人関係，いずれの機能においても類似の様相を示すであろう（実際，DSM診断はこれらの次元を含んでいる）。それゆえ，実証的にも同じような関連パターンが期待されると同時に，治療者にも同一の反応が誘発されると期待されるのである。

逆転移とパーソナリティ障害との関連性を研究するために，我々は8つの逆転移因子とDSM-Ⅳで診断されるパーソナリティ障害群との関係を実証的に検討した。Ⅱ軸診断に関しては広範囲な併発がみられるため，分析ではまず障害群別に検討した。また，障害群別の分析に引き続き，各パーソナリティ障害との関連性を偏相関で求めた。我々の仮説，分析法，結果などの詳細についてはすでに刊行した[33]ので，ここでは主な結果のみを記す。

第一に，仮説どおり，A群（風変わり／奇妙）は「批判される／誤解される（第8因子）」と有意な関連があった。しかしながら，当初の予想とは反対にA群と「集中力の低下（第6因子）」との間に相関は認められなかった。妄想性，シゾイド，失調型パーソナリティ障害患者は，しばしば，他者に対して関心が乏しく，他者といることに居心地の悪さを感じるのが特徴である。このような社会的未成熟（social deficit）は，心地の良い人間関係を構築することの阻害となるため，こうした患者は時によそよそしく，冷淡で，引っ込みがちな人間と評される。そこで，治療者にしてみれば，集中力が低下してしまうことが予想されたのである。つまり，飽き飽きする，気が散る，困惑するなどである。しかしながら，妄想性，シゾイド，失調型パーソナリティ障害を担当する臨床家は，それらよりもむしろ，これらの患者から感謝されない，批判される，誤解される，さらには価値を切り下げられると感じていることがわかった。そうした意味で，我々の研究は，対人的引きこもりや不信感を示す患者に対する逆転移反応の重要かつ微妙なニュアンスを明らかにしたといえる。治療者というものは，自己のアイデンティティや有能感を確認するためにも，治療的ふるまいの中心的なメカニズムとして，患者との親しい絆づくりに重きを置くものである。したがって，自己の要求を表に出さない，あるいは他者から遠ざかろうとする患者を担当するときには，治療者は誤解されている，あるいは拒絶されていると感じるものであり，それを知っておくのは意味がある。こうした患者は，本質的に，治療者の才能，技能，さらには機能といった重要な側面を否認してしまう（無きものにしてしまう）のである。こうした知識によって，A群障害の患者を担当する際に，自尊心や人間性がどういった方法で攻撃されるのか，その方法に波長を合わせることが，より容易になるであろ

う．

　C群（不安）障害は，「養育／保護（第7因子）」，つまり患者を守りたい，あるいは世話したいといった願いと関連するであろうという仮説を支持する結果が得られた．これらの逆転移感情は，回避性パーソナリティ障害や依存性パーソナリティ障害患者に対して起こりがちであった．回避性，あるいは依存性パーソナリティ障害の患者は，人間関係において拒否されそうになると急に神経質になったり，強い不安に襲われたりするという点で類似している．彼らの幼少期経験は，未解決なままの要求，批判，さらには両親による予測不能な愛着によって特徴づけられる．また，彼らは必死になって健康な自己概念や人間関係をつくろうとする．そのため，臨床家たちは，患者自身が受けられなかった親機能を提供しようとする．さらには，人間関係において受動的，あるいは回避的とならざるを得ない場面で彼らの愛着機能を修復しようとするなど，基本的には補償的な感情の世界に引き込まれるのである．治療者が自己の養育能力の程度や「患者のために」という強い感情の存在をきちんと想定できれば，こうした見立てを，自己概念が形成された原因を他者に帰属させようとする患者の内的力動の変化に役立てることができる．ここで重要なことは，「養育／保護」そのものが逆転移感情を含んでいること，そしてB群障害と関連する逆転移感情とは異なり，治療者側に何らかの行動を要求するものではないということである．臨床家自らの行動化の可能性が低く，感情レベルでの逆転移経験であれば，患者の内的力動や治療的関わりにおける力動が混乱するということはあまり考えられない．最も，このことは実証研究によって確認されねばならない．

　予測通り，B群（劇的／不安定）障害は，「圧倒／混乱（第1因子）」「無力／未熟（第2因子）」「性愛化（第5因子）」と関連したが，「特別視／巻き込まれ（第4因子）」とは関連しなかった．実質的に我々が見出したことは，反社会性，境界性，演技性，自己愛性の4つのいずれかのパーソナリティ障害をもつ患者は治療者に緊迫した感情を引き起こすということである．これらの障害に関連した対人的要求や自己表象，他者表象の歪みを考慮すれば，こうした所見は格段驚くほどのことではない．我々の仕事は，こうした緊迫した複雑な感情が起こることに実証的な確証を提供することである．「圧倒／混乱」因子は，例えば，患者と会うことに対して怖れる，患者に対して怒りや憤りの感情をもつ，さらには積極的に患者を避けようとすること（迅速に折り返しの電話をしない，厳格な制限を課す）など否定的感情が多方面に現れていることを意味している．さらに，B群障害の患者に対して治療者は，これ以上援助ができないという感情ももつ．つまり，彼らは未熟感や無力感をもち，結果として患者によって圧倒され，不安になり，混乱させられてしまうのである．おもしろいことに，治療者は急激な無力感や恐怖感をもつにもかかわらず，同時に患者に性的魅力を経験してしまうのである．加えて，仮説通り，境界性パーソナリティ障害は，自己開示，セッション時間の終わり方，さらには罪悪感，責任感，患者への過剰な関心といった境界

維持の問題を測定する「特別視／巻き込まれ（第4因子）」と関連するのである。愛することや性的感情は，自己や対人機能に深刻な歪みを示す患者に対して治療者が日に日に感じてしまう敵意や不安を回避する方法であるのかもしれない。ギャバード（Gabbard）[56]が要約したように，「治療者の恋愛感情は，しばしば，攻撃性，侮蔑，残虐さ，さらには憎悪を含む否定的感情を否認するためのものである」（p.314）。このことは，とりわけ境界性あるいは演技性パーソナリティ患者との間で起こる患者の境界侵犯が治療者を傷つける鍵となることを意味しているのかもしれない[57,58]ので，今後，実証的見地からの確認が望まれる。

我々は予想していなかったのであるが，B群障害は「集中力の低下（第6因子）」因子と関連しており，その後のフォローアップ分析において，自己愛性パーソナリティ障害においてのみその傾向が強いことを確認した。事実，他のB群障害は治療者の集中力低下と何ら有意な相関はみられなかったのである。こうした知見に刺激されて，自己愛パーソナリティ障害に対する逆転移反応の原型を形づくろうとする我々の作業については，以下で考察したい。

5．自己愛患者に対する典型的な逆転移反応

我々の研究結果から，臨床家がDSM-Ⅳによって自己愛性パーソナリティ障害と診断された患者を担当する際に経験しやすい逆転移反応の様相が明らかになった。そこで，この障害をもつ患者に対する逆転移反応の中で，頻繁に出現する項目とあまり出現しない項目を表8.1と表8.2に詳細に示した。すでに発表した論文[33]には，詳細な分析を記載している。

自己愛性パーソナリティ障害をもつ患者は，臨床家に対して，戸惑い，イライラ，腹立ち，怒りなどの一連の攻撃感情と同時に，こうした感情を行動に移してしまうのではないかという心配を誘発する。臨床家は，こうした患者を，不安定で怒りの感情を爆発させやすいうえに，他人を脱価値化しやすく，批判的で，感謝の気持ちの乏しい人物と経験しやすい。当然のごとく，臨床家は同時に飽き飽きしたり，気が散ったり，集中力を欠いたり，逃げたくなったり，絶望したりすると報告した。さらには，治療の終結を願ったりもするのである。しかしおもしろいことに，自己愛患者に対する逆転移において，頻繁に出現する項目の中に臨床家の未熟で無能な気持ちは含まれなかったのである。臨床家は，わずかながら同情を感じ，セッションにおいても少しはポジティヴな予測をし，あるいは患者の進歩にわずかでも希望をもつのであろう。

カーンバーグ（Kernberg）[54]は自己愛患者の特徴として，強烈な自意識（self-absorption）と他者との表面的なつきあいをあげた。また，誇大的空想や他者からの過剰な賞賛，承認欲求に加えて，カーンバーグは自己愛患者のもつ「人を愛する，さらには人と関わりをもつ能力の深刻な欠損」（p.15）を指摘した。さらに，カーンバーグ[54]

● 表8.1　DSM-IVによって自己愛性パーソナリティ障害として診断された患者（$N=13$）に対する逆転移反応：頻繁に出現する治療者の反応として標準化された逆転移項目

項目	平均
私は，彼／彼女とのセッションに戸惑いを感じる	1.63
私は，彼／彼女によって使われたり操作されているように感じる	1.42
私は，彼／彼女に対して忍耐力がない	1.38
私は，彼／彼女に虐待，あるいは酷使されていように感じる	1.29
私は，彼／彼女を担当していると腹が立ってくる	1.24
私は，他の患者より彼／彼女について配偶者または大切な人とよく話す	1.17
私は，仮にまちがったことでも言おうものなら，彼／彼女は感情を爆発させてしまう，関係を決裂させてしまう，あるいは無断欠席をしてしまうと感じられるため，その意味ではあたかも彼／彼女の周囲にある「卵の殻を歩いている」感じがする	1.10
留守電を聞くときに，そのうちの1つは彼／彼女からではないかと不安を感じたり恐れを感じたりする	1.07
私は，彼／彼女に感謝されていないと感じる	1.04
私は，時々，彼／彼女が嫌いである	1.04
私は，何があっても攻撃的，あるいは批判的ととられるような言動をしてはいけない	1.04
私は，他ならぬ彼／彼女が語っている内容に対して気が散ってしまう	0.99
私は，彼／彼女に批判されていると感じる	0.98
私は，彼／彼女に怒りを感じる	0.98
私は，他の患者と比べて，彼／彼女とのセッション中に時計を見る回数が多い	0.97
私は，彼／彼女には激怒させられる	0.97
私は，彼／彼女とのセッションを恐れている	0.93
私は，誤解されているかもしくは価値を引き下げられている	0.91
私は，自分が彼／彼女に対して意地悪または残忍なように感じる	0.91
私は，彼／彼女を担当しきれない気がする	0.88
私は，面接室で性的興奮をおぼえる	0.88
私は，治療が終了することばかり考えたり，想像する	0.87
私は，セッション中，彼／彼女に対してうんざりしてしまう	0.86
私は，彼／彼女がかつての担当患者でなかったらなあと願う	0.85
私は，自分が置き換え可能な人物である（彼／彼女にとっては誰でもよい）ように感じる	0.84
私は，彼／彼女とのセッションにあまり集中していないと感じる	0.83
私は，他の患者と比べると，彼／彼女には電話をかけなおす気がしない	0.82
私は，ずっと手を縛られているように，または耐えられないほど拘束されているように感じる	0.80
私は，彼／彼女に妬みや対抗心を感じる	0.78
私は，彼／彼女のセッション中イライラするのを感じる	0.76

注）平均は SD（標準偏差）を単位としており，各項目における自己愛患者の平均がサンプルの平均を何 SD 分上回っているかで示してある

は，自己愛患者のもつ「一貫して治療者を独立した人間として経験することを否認しようとする」（p.232）傾向によって，治療者は難しい逆転移反応を起こしてしまうとも述べた。

　冒頭の臨床例に目を転じると，マリオの治療者は，自己愛患者に対する逆転移反応の典型例として我々が把握したものと同じ感情で包囲されてしまっている。マリオは治療者を自己とは異なる1人の存在と認識することができないため，治療者はイライラすると同時に憤りをも感じた。そのことによって，例えば，今後もずっとマリオを患者として引き受けなければならないことを嘆いたり，彼がセッションに遅れると気

❶表8.2 DSM-Ⅳによって自己愛性パーソナリティ障害として診断された患者（$N=13$）に対する逆転移反応：めったにない治療者の反応として標準化された逆転移項目

項目	平均
私は，彼／彼女のことがとても好きだ	−0.32
私は，彼／彼女に同情的である	−0.42
私は，彼／彼女が治療の中で成しえた成果，またはこれから獲得していくであろう成果にとても期待をもっている	−0.47
私は，彼／彼女とのセッションを楽しみにしている	−0.47
彼／彼女は，私の好きな患者の1人である	−0.52

注）平均は SD（標準偏差）を単位としており，各項目における自己愛患者の平均がサンプルの平均を何 SD 分上回っているかで示してある

持ちが楽になるなど，マリオが治療から離れていくことを意識的に願うようになったのである。治療者自身が自分でも何を考えているのかわからなくなったときには，すでに彼女は患者に対しても治療に対しても集中できない状態になってしまっていたのである。さらに，マリオの言葉を繰り返せなくなったときには，彼女は彼の鏡映的転移（mirroring transference）に基づく要求を拒否するようになっていたのである。つまり，彼女は，自分自身がマリオの自己感を確認するためにオウムのように彼の言葉を繰り返す単なる「非人格的機能（impersonal function）」[59]でしかないことに耐えきれなくなっていたのである。ブライバーグ（Bleiberg）[60]は，自己愛性の混乱状態にある子どもたちを担当した際に起こった類似の経験（恐れ，イライラ，絶望，退屈などの感情）を報告している。また，彼は担当した患者が「本当に手がかかった」ことを示したかったとも述べている。恐れと怒りの感情は，我々が呈示した実証的描写の中では類似の経験と位置づけられており，まさにめまぐるしく交互に出現する。そのため，事例にある治療者はいつの間にか自分自身がパワーゲームの中に巻き込まれていることに気づいたのである。そのパワーゲームとは，彼女自身がマリオとの関係の中で自己のアイデンティティや存在を保とうとする一方で，マリオは彼自身が失われてしまう恐れから他者を認めることができないという状況での出来事であった。シーガル（Segal）[61]は，「自己愛の世界では，人生を投げ出すような関係と健康な自己愛（self-love）が激しくぶつかり合う」（p.75）と述べた。患者の自己も他者も破壊しかねないあり様に対する逆転移反応の中で，治療者には，怒り，怖れ，回避の経験がつきまとうのである。

ギャバード[62]は，自己愛患者のもともとの対人関係スタイルから，周囲を気にかけない（oblivious）自己愛型と過剰に気にかける（hypervigilant）自己愛型を区別した。周囲を気にかけない自己愛型（顕かな：overt）は，他者に衝撃を与えることに無頓着なため，今ある人間関係でも何の躊躇もなく自信たっぷりに切ってしまうような患者をいう[59]。こうしたスタイルは，DSM-Ⅳ診断にある自己愛性パーソナリティ障害の誇大性や顕示性の特徴をよく表わしている。彼らは，「厚顔な（thick-skinned）」

自己愛者と近似している。一方，過剰に気にかける自己愛者（秘かな：covert）は「感じやすく（thin-skinned）」，他者に対して過敏で抑制的，さらに，恥をかくことで傷つきやすい。彼らの誇大性は，表面に現われる開けっぴろげな行動の中で示されるのとは正反対で，むしろ抑制された空想の中に出現しやすい。我々がとらえた逆転移の様相は，過剰に気にかける自己愛者よりも周囲を気にかけない自己愛者との関係で認められやすい。このことは，臨床家の報告がDSM-IV基準で自己愛性パーソナリティ障害と診断された患者との経験に基づいていることを考えれば，さして驚くに値しない。過剰に気にかける自己愛は，これまでにあまり注目されていなかったので，DSM-IVにも記述されていない。しかしながら，異なった逆転移パターンを誘発する可能性がある点で，重要な臨床分類である。

　さて，マリオは，周囲を気にかけない自己愛スタイルと過剰に気にかける自己愛スタイルの両方の傾向を示した。彼は恥を経験することで過剰に傷つく反面，他の人からいつも肯定され，特別視されることを望むばかりで，他の人との関係には全く配慮を欠いていた。分析空間が，マリオによる治療者の行動をコントロールしたいという気持ちで充満されてくると，シーガルが予測したように，マリオは，治療者との間で相互を尊敬することや相互を支え合う関係が生まれる可能性をも攻撃したのである。治療者は，あるときは露骨にそしてあるときは陰湿に，彼女の自己効力感や主体性，さらにはマリオと関係を構築したいという願いなど，彼女のもつ人間性にまで至る攻撃に直面したのであった。

　彼女の逆転移を治療的に「利用する」ためには，まず，マリオに対する彼女の感情をいったん遮断する必要がある。おそらく表面的であれば簡単そうにも思えるが，現実には，治療者自身が憎しみ，激しい怒り，崩壊感といったひどく不快な感情に直面化しなければならないのである。したがって，逆転移感情に直面化することは，身を危険にさらすような事態にもなりかねない。マリオの治療者には，まず，彼女の怖れや怒りを反映した思考パターンについてじっくり吟味するための余裕が必要である。同時に，プライドをおとしめられ，批判されてきたという感情がいかにマリオとのセッションに衝撃をもたらしてきたかということも，併せて吟味する必要がある。さらに，これまでに経験してきた目に見えない力によってコントロールされているという感情が，マリオ自身の内的自己体験や対人関係を理解するうえでいかに参考になるかという点にも目を向ける必要がある。このようなやり方で逆転移反応を内省すること自体が，マリオの初期経験と共感的につながる手段ともなりうるであろう。

　ここで，フォナギー（Fonagy）の概念である内省機能（reflective functioning）をとりあげ，有効であることを望みつつ，治療関係にまで広げて考えてみたい。内省機能[63]とは，心理化（mentalize）能力，つまり今現在の経験からいったん身を引き，相手や自分自身の信念，感情，さらには行動を喚起しようとする願望について考える能力と関係している。フォナギーらはこうした「心的状態について考える能力」を，

もっぱら子どもの発達において獲得される機能という視点から論じ，研究してきた。そこでは，こうした能力の発達は，養育者の心的状態や子どもの心的状態を熟考する養育者自身の能力に依存すると考えられている。さらに，彼らは，以下に述べるような実証的知見から両親の心理化能力を子どもにおける安全な愛着形成と結びつけて論じている。つまり，「我々は，いまだ十分に自らの意図をもてない幼児に対して，養育者があたかも意図をもっているかのようなスタンスをとり続けることのできる能力，つまり，幼児や養育者自身の中に内在するその子さらには養育者自身の心的状態に関連した考え，感情，さらには願いを通して幼児のことを考え続ける能力こそが，愛着の変容にとって鍵となる媒介物なのである……」(p.431)。彼らはさらに，他者や自分自身の心的世界について考える能力は，幼児が一貫した自己感や他者との関係を構築していくことを可能ならしめるとも指摘した。

　フォナギーらは，心理化能力に限界のある人たちは，感覚の一貫性を確立するために行動化や投影性同一化を起こしやすいのではないかと考えている。こうしてみると，他者（通常は両親であるが，この場合治療者まで拡大して考える）は自己の断片の受容器でもあるため，その結果，子ども（患者）は，断片化して他者の中に投げ込んだ自己の一部を自己とは全く関係のない（他者の一部）と感じることができるのである。このことは，子ども（患者）が意味ある一貫した自己を創造するためには，自己とは一致しないと感じる部分を排出することが必要であることを意味している。自己愛的力動をもっている多くの患者は，彼らの自己感を保つためのはかない奮闘を行なっているのである。翻って，子ども（患者）の尊大さや資格（entitlement）は，他者が自分のことを彼らよりも劣等な存在と感じさせるうえで役立つとともに，彼ら自身が断片化してしまう不安を解消するうえでも重要な役割を果たすのである。しかしながら，こうした感情のままでいるということは，筆者が思うに，母親（治療者）が「（子どもの）心的世界とふれ合う」(p.441)機会を失うことにつながると同時に，母親（治療者）自身の心的世界とふれ合うことも困難になるであろう。

　患者が示す治療者への挑発によってバランスが失われると，マリオの治療者は自分自身がいったい何を考えているのかわからなくなった。つまり，その瞬間，彼女は彼女自身の心的世界にふれることができなくなったのである。「内省機能」に関するフォナギーの知見は，強烈な逆転移感情をコントロールするための手がかりを与えてくれる。強い感情を制御し，それを意味あるものとするには，今現在の経験からいったん身を引き「そこに横たわる心的状態に端を発する行動について妥当な説明ができるべく」(p.430)あれこれと考える能力をもつことが必須である。内省とは，例えば，感情や行動を人間関係，あるいは発達状況という文脈の中でとらえるようなやり方で自己の経験について思索することである。

　自己愛的症状を呈する患者に対する逆転移反応を，実証的に描写することのメリットは，経験を文脈化する手助けになるという点である。第1に，怒り，望みのなさ，

さらには脱価値化されたような気持ちに囲まれてしまった治療者は，いったん彼女の逆転移経験をしっかり特定し，輪郭をなぞってみることができる。第2に，その結果は，自己愛患者を担当した治療者に典型的に起こりうる特定の逆転移感情パターンを示唆するのである。そして，患者がもつ自己・他者の内的表象や性格力動がより鮮明になってくる。こうした手続きによって，治療者は転移－逆転移の力動を文脈的に理解できるようになるのである。さらに，より強固に彼女自身の心的世界を保ち続けられるようになるにしたがい，彼女の思考の中に患者のもつ誇大性がはっきりと特定されるようになる。つまりマリオの治療者は，転移－逆転移における感情や行動化のはたらきという枠組みで，対象について熟考できるようになるのである。さらに，彼女は未熟であったり，無力であったり，あるいは見捨てられたと感じているのはいったい誰なのかを考え始めるようになる。もっといえば，誰が脱価値化され，コントロールされ，見捨てられているのか？　こういうふうに内省能力が修復されてくると，今や治療者はマリオの圧力に無意識に反応せず，ダイレクトに治療的能力を発揮できるようになる。彼女は，マリオの鍵となる力動や傷つきやすさをしっかり理解したうえで，どのように反応するのがよいのか選択できるようになる。例えば，マリオの治療者を脱価値化したいという欲求に注目することも可能である。つまり，マリオが彼女を客観的存在として認識することが期待できない段階であっても，あるいは投影性同一化の中にどっぷりつかっていても，マリオが否認する，あるいは治療者に再度戻そうとする混乱した気持ち，無力感，怒り／怖れ，さらにはその他の活発な感情（exploited feeling）を治療者自身が抱える，あるいは自然と代謝される援助をするという，いわば自己－対象という鏡映機能を提供できるようになるのである。こうした場面における治療者の経験に対する開放的態度の鍵となるのは，意味あることが志向され，また一部は治療関係や患者の内的世界を対人関係的文脈で理解しようと動機づけられた彼女の反応にかかっていると思われる。

6．考察

　実践現場における臨床家たちの価値ある経験を結集して作成された逆転移質問票のお陰で，我々は，治療者本人が揺るぎのない共感，肯定的配慮，援助（beneficence）を志向するほど，一方では混乱したり，恥ずかしさを感じてしまうような治療者自身の感情，願い，行動（例えば，患者を助けたいと思うこと，患者に怒りを感じてしまうこと，患者に性的魅力を感じてしまうこと）が，決して特殊ではないふつうに起こりうる現象ととらえることができるようになる。こうした治療者の傾向を考えると，本尺度は治療者のトレーニングプログラムにおける有効な道具となるであろう。治療者なら誰でも患者に対して強い反応を起こしてしまうということを知るだけでも，我々自身が無自覚に行なってきた否認，あるいは行動化の可能性を減少できる。さら

に，本尺度を使用することで，治療者は患者に対する微妙で始まったばかりの反応でさえ，そこに構造を与え，意味あることとみることができる。各項目や各因子には，感情，思考，行動が明瞭に網羅されている。つまり，複雑な力動でさえ，理解しやすい言葉で記述されているのである。我々が作成した尺度の最も中心的な貢献は，治療同盟や患者に対する共感的な関わりを混乱させてしまう逆転移反応を（客観的に）概念化するための枠組みを提供してくれる点である。逆転移反応に無自覚であれば患者の受けている援助が障害されてしまうし，逆に自覚できれば治療による確実な安寧が促進されるのである。つまり，こうした側面はすべての臨床家にとって重要となる。治療者にとって，自身の反応に随伴しているもの，例えば患者を理解するうえで意味のある無意識的な反応を学ぶことは，治療の生命線ともなる[64]。

　我々の知見から，パーソナリティ病理の治療においては，一貫した予測可能な逆転移反応のパターンが出現することが示唆されている。このことで，心理的に混乱した患者が繰り返し起こしてしまう人間関係上のパターンを診断的に理解するうえで有益な逆転移反応の展望が得られる。実際，パーソナリティ障害患者と関わっていると，ウィニコットの「客観的逆転移（objective countertransference）」やワハテルの循環的精神力動（cyclical psychodynamics）で指摘されているような，患者の生活と関わりの深い重要な人物によってみられがちな反応と類似した「平均的に予測可能な逆転移反応」[33]が顕わになることが我々の研究で支持された。

　心理療法に関する現代ポストモダン，あるいは二人心理学（two-person psychology）の見地では，客観的逆転移の概念はあまり重視されていない。それは，ポストモダンの立場からいえば，患者に対する治療者の感情や反応を理解するときに，治療者の主観性を差し引くことが不可能だからである。しかし，我々は，「治療者の生活史」や治療者の内的世界や内的葛藤といえるようなまさに「治療者の個人的な反応」が顕わになるような臨床家と患者の力動的相互作用を軽視しようとは思わない。もちろん，ゲルトナー（Geltner）[65]も指摘するように，いくら我々が患者に反応する特異的で個人的な様式に気づいたとしても，逆転移反応が患者のもつパーソナリティスタイルと組織的に関連しているそのパターンから相互の影響を取り去ることはできない。ジョーンズ（Jones）[66][原注1]は，心理療法のプロセス研究の中で，治療者と患者は相互的な影響パターンを分かちがたく繰り返すことを観察した。彼は，いかに「お互いの無意識的な心的過程が影響しあう」（p.467）かという観点を考慮に入れた，治療行動における二人概念化（two-person conceptualization）を発展させた。彼の概念は，患者の心的葛藤とそうした葛藤に対する治療者の反応が，治療的相互作用の中で顕在化することを加味している。ジョーンズは，患者における自己覚知とそれに基づく変

[原注1]　ジョーンズと我々の取り組みに関係があることを指摘してくれたレイモンド・レヴィ（Raymond Levy）に感謝したい。

化は，治療者が彼らの関係を通して患者を理解しようとするときに限って起こることを示唆した。彼の研究は，患者の変化と繰り返し起こる相互作用パターンの解釈が結びついていることを示唆している。逆に，彼は，無自覚と説明のつかない逆転移経験は結果的に治療の膠着状態に至ることを発見したのである。我々は，逆転移を概念化することに努力しなければならない。つまり，逆転移を，治療者の心的葛藤，あるいは未解決な問題の現われであり，患者の葛藤や治療者との関係性のあり様に影響を受けたものであると理解する必要がある。重複決定（overdetermination）の概念によって，人間の動機づけや相互作用の複雑さが明らかになる。

　今後我々は，臨床家がさまざまなタイプのパーソナリティ障害患者を担当する際に直面する可能性のある潜在的な逆転移を予測できるよう援助するためにも，さらなる逆転移パターンを特定したいと考えている。また，対象関係や自己経験に問題を抱える他の臨床疾患患者，例えば性的虐待の経験者や摂食障害の患者と関連するような逆転移パターンにも目を転じる必要があろう。逆転移反応の原型を実証的に明らかにするうえでさらにつけ加える必要のあることは，治療者の影響を理解することはもちろんのこと，治療者と患者の相互作用変数を理解することである。そのような研究によって，平均的に予測可能な逆転移反応の内容がより精緻化された形で理解されるようになる。また，患者－治療者の相性に影響する変数に対する我々の理解がいっそう深まることにもなるであろう。最後に，二人概念化など現代注目されている治療者の影響を鑑み，心理療法の成果研究において逆転移質問票を使うことは，今後いっそう重要性を増すであろう[原注2]。

[原注2] 　ここで記した2つの今後の課題に関しては，レオン・ホフマン（Leon Hoffman）からの示唆によるところが大きい。

Part III

精神力動的心理療法の理論，方法，プロセス

第9章

治療同盟，交渉，決裂の修復

1．はじめに

　「会話療法（the talking cure）」が心理的問題への治療として導入されて100年以上がすぎた。心理療法が一般的に効果的なのか，もしそうならばどのような要因が変化のメカニズムの根底にあるのかを特定するために，過去60年間にわたって相当な科学的努力が払われてきた。精神保健の領域において，一般大衆に対するさらなる説明責任の増大に伴い，ヘルスケアシステムとして我々が患者に提供してきた治療の実証的支持を強く求められるようになった。これは，アメリカ心理学会とアメリカ精神医学会が，実践ガイドライン作成と実証的に支持される介入や治療法を明らかにしようとしたことに端を発する。これらが焦点をあてているのは，単一のカテゴリーの障害に対するある種の治療技法とすでに有効性が確立されている治療技法との間における，治療成果の比較に関する高度な研究であるが，その一方で，治療関係については，無視されるか曖昧にしか扱われてこなかった[1]。しかし，心理療法の治療成果に関する量的な文献レビューやメタ分析が一貫して示しているのは，特定の技法は治療成果の分散の5～15％しか説明しないということである[1]。しかも，介入技法は単独な状態では使用されず，患者と治療者の関係性の文脈の中で適用される。言い換えると，すべての技法や介入は関係的な行為であり[2]，1人の人間としての治療者は，変化の主要因の部分的主体にすぎない[3]。それゆえ，治療関係についての実証的研究と，この関係を効果的なものにする要因を特定する試みこそが，臨床実践にとって重要で不可欠なことなのである。

　過去数十年にわたる心理療法の研究により，治療同盟が治療関係の最も重要な変数の1つであることがわかってきた。つまり，治療同盟は，ポジティヴな治療成果の強

力な予測変数であることが一貫して示されてきたのである[4]。よい治療同盟の構築と維持は，治療の成功に不可欠と思われる。同時に，同盟の決裂は重要な変化を引き起こす出来事として概念化されており，実証的研究のテーマとなってきた[5]。同盟の決裂を修復する重要性について，とりわけ先んじて強調したのは，もちろんコフート（Kohut）[6]だった。

以下の文献レビューでは，治療同盟に関する文献の現在の主要部分について議論する。そして，そこには，概念の歴史や，同盟の測定，同盟と治療成果との関係に関する実証的研究，同盟における決裂の概念，決裂とその修復についての研究が含まれる。

2．心理療法研究の概観

心理療法の実用性（effectiveness）についての科学的研究が始まったのが1920年代という早い時期だったにもかかわらず，実証という観点から妥当かつ方法論的にしっかりした心理療法の研究が盛んになってきたのは，20世紀後半である。24研究のレビュー後に心理療法には効果がないと結論づけたアイゼンク（Eysenk）の挑戦的な論文[7]に刺激され，研究の焦点はまず心理療法の効果性（efficacy）に向けられた。メタ分析の手法の発達により，各種技法によって治療されたさまざまな心理的問題をもつ患者数千人に対して，多面的な実証研究を吟味することが可能になった。心理療法の成果研究に関する多方面に及ぶ幅広いレビューによって，1つの基本的な結論にたどり着いた。それは，心理療法は，一般的に，効果的であるということだった[8-11]。さらに，心理療法は，自然に寛解した者やさまざまな未治療統制群よりも効果をもっていた。治療を受けた者の平均値は，未治療統制群に振り分けられた80％の被験者の素点よりも高かったのである[11]。心理療法によりもたらされた効果量は，さまざまな医学的介入（例えば，薬物）によってもたらされる効果量と同じかそれ以上であった。最後に，ランバートとバーギン（Lambert & Bergin）[11]によると，これらの結果は，「レビューされた論文のデータそのものの欠点やレビュー手法に帰属される」（p.149）ものではない。

心理療法の成果研究では，不安／うつ病性障害や対人関係の問題など幅広いスペクトラムの治療におけるさまざまなタイプの心理療法の実用性も調べられた。さまざまな心理療法を比較した実証的研究の数多くのレビューでは，それらの効果間に有意差は見出されなかったのである[10,11]。ルボルスキー（Luborsky）[12]はかつて「みんな勝ちで，みんな賞をもらうべきだ」と皮肉った。認知行動療法的技法が精神力動的アプローチと人間性アプローチよりも，少しではあるが一貫して優位であることを示したメタ分析のレビュー論文[13-15]もあるが，このような結果は方法論的な産物に帰すことができると論じられている[10,11]。最も最近では，ランバートとバーリー（Lambert & Barley）[10]が効果研究についての50以上のメタ分析レビューを吟味している。彼ら

は，「1つの治療法が他の治療法よりも優れていることを支持するような統計的有意差が見つかることもあるが，これらの差は，その実際的な効果に置き換えるとさほど大きいものではない」(p.19)と結論づけている。しかし，少数の専門的な技法は，いくつかの特定の診断カテゴリーに対して優れている（例えば，特定の恐怖症への曝露療法や，強迫神経症への反応妨害法）[16]ということを述べておかねばなるまい。

治療成果の面で，高度に多様化した治療法の間で差がないとする全般的な知見については次のように説明されている。つまり，これらの治療法には「共通」あるいは「非特異的」な因子が存在するのであり，それらが肯定的変化を導くのである[11]。共通因子には，例えば，治療者の共感，温かさ，受容，患者の信頼感や理解されているという感覚，そして治療同盟が含まれる。共通因子が，心理療法における患者の改善のかなりの量を説明するという実質的証拠はあるものの[10]，変化の共通因子モデルは，特定の技法は治療的出会いという対人関係の本質から切り離すことはできないと強調する論者によって批判されている[17,18]。バトラーとストラップ（Butler & Strupp）によると[17]，「技法は，そこに含まれる個々人の特定の相互作用から意味を得て，それによって効果的なものとなる」(p.33)のであり，心理療法は「治療の目標に向けた人間関係の体系的利用」(p.36)なのである。変化の共通因子モデルを採用するにしろ，バトラーとシュトルップが述べたより複雑な治療プロセスの観点を採用するにしろ，1つだけは明らかである。つまり，治療関係は，治療の成功に対してきわめて重要な貢献をしているのである。

莫大な数の研究的努力が，成功裏に進んだ治療関係の構築に内在する多くの変数を抽出することに向けられてきた。治療成果研究と治療プロセス研究の両方から見出された最も重要な因子の1つは，治療同盟である。

3．治療同盟の理論と実証研究

この節では，治療同盟（作業同盟（working alliance），援助同盟（helping alliance），あるいは単に同盟としても知られている）の理論的概念化，同盟の測定，同盟の実証研究をレビューする。

同盟の概念化

同盟概念の歴史は，古典的な精神分析の文献に始まる。分析プロセスにおいて，患者を積極的な「共同作業者」にする必要性を最初に示唆したのはフロイト（Freud）である[19]。フロイトはもともと，分析家と患者の関係性における無意識的な転移に基づく側面に関心をもっていた。しかし，彼は，「特に問題とならないポジティヴな転移」の存在を重視し[20]，分析家との現実的な共同作業に必要な動機づけが患者側に備わるまでは，分析を行なうべきではないとした。それは抑圧されたものの探求に

対する無意識の恐れや拒絶を克服するためである。もちろん，フロイトは転移神経症の解決が変化の主要な手段であると考えていたが，彼はまた，分析家の友愛的な役割を「精神分析の成功の手段」であるとも認めていた[21]。

ステルバ（Sterba）[22]は，フロイトの構造モデルをもとに「自我同盟」という用語をつくり出した。これは，観察機能と参加機能という「患者の自我分裂」を反映した用語である。この分裂により，患者は合理的で現実に基づいた自我の要素を用いて，自己観察と治療課題達成のために治療者と同盟を結ぶことができるようになる。

その用語をビブリング（Bibling）の功績と評価したゼッテル（Zetzel）[23]は，治療同盟と転移神経症を区別した。彼女は，同盟を構築する患者の能力は，発達早期の安定した信頼関係をつくる能力に起因すると論じた。ゼッテルは，もし治療開始にあたって患者がこの能力を欠いていたら，治療者は本格的な分析（すなわち無意識の葛藤の解釈）に入る前に，患者の「基本的ニーズと不安」[24]にこたえ，支持的な関係をつくる必要があると主張した。つまるところ，ゼッテルは同盟を治療効果に直接的な影響をもつものとして初めて概念化したのである。

グリーンソン（Greenson）[25]は継続して，治療関係における転移的側面と，認知的歪みのない本物の信頼感や尊敬の念を含む患者・治療者間の現実的関係との違いを明らかにした。さらに，グリーンソンは，患者と治療者が分析課題にともに取り組む能力である作業同盟と，個人的な絆に等しい治療的二者関係を構築する能力である治療同盟とを区別した。

同盟の概念により，精神分析に従事する者は技法の点でより柔軟になり，禁欲と中立性という伝統的な古典的観念[2]から解放された。しかし，精神分析家が，変化の主要なメカニズムは洞察であり，同盟は変化のために必要ではあるが十分な条件ではないと信じていることに変わりはない[18]。

異なる理論的観点から，ロジャーズ（Rogers）[26,27]は，同盟という用語を用いていないものの，治療関係の質を臨床的変化の必要十分条件と位置づけた。彼は，治療関係とは，共感や無条件の肯定的配慮，自己一致などの治療者に求められる条件の集合体であると概念化した。このように，ロジャーズは，治療関係を築く重要な責任を治療者に帰属し，その過程における患者の役割を扱っていない。

1970年代，治療プロセスに関する実証研究の発展に伴い，同盟の概念は純粋な精神分析の論議の特徴ではなくなり，さまざまなタイプの治療に適用可能なより一般的な構成概念になり始めた。精神力動的な観点からではあるが，ルボルスキー[28]は，一般的な治療プロセスにも適用可能な同盟の記述を行なった。彼は，同盟が２段階で進展すると提案した。治療初期（タイプⅠ）の同盟には，治療は有用であると同時に，治療者は支持や暖かさ，ケアする関係を提供してくれるという患者の信念を意味している。これは，治療開始のための条件といえる。治療後期（タイプⅡ）の同盟は，「患者の障害になっているものと全力をあげて戦うために，ともに作業しているという感

覚（p.94）」を意味している。つまり，これは，患者に示される，治療プロセス全般に対する信頼感や，治療に内在するいくつかのテーマ（例えば，問題の根源）への取り組み具合，さらには，治療者と共同する経験をも含むものである。

　ボーディン（Bordin）[29,30]は，同盟の概念についてさまざまな理論を越えて再定義するという重要な貢献を行なった。グリーンソンによる現実的関係と同盟の概念を基盤とし，また，ロジャーズによる促進条件の概念を反映させて，彼は同盟を3つの相互依存的な構成要素から成るものとして提唱した。それは，課題と目標と絆（tasks, goals, and bond）である。課題は，目標とする変化を促進するために，患者と治療者が治療の中で取り組む特定の活動を表わす。その活動は，治療の様式によって異なる（例えば，認知行動療法（CBT）における自動思考の記録の継続や，ゲシュタルト療法における「エンプティチェア（two-chairs）」課題や，古典的精神分析における自由連想法など）。目標は，望まれる治療成果のことであり，治療のターゲットである。絆は，患者・治療者関係における感情的な質を表わし，相互の信頼や尊敬，好みや信用の感覚を含むものである。ボーディン[30]によると，「絆は，活動を共有する中で（患者と治療者が）結びつきを経験することによって育成される」（p.16）。同盟の3つの構成要素すべてが，治療プロセス中，継続した形で互いに影響しあうと考えられている。つまり，治療の目標と課題に同意する力は，患者自身が理解され尊重されているという感情，そして治療的二者関係における相互信頼感を育む一助となる。逆に，ポジティヴな感情（絆）によって，患者と治療者は目標と課題における同意に向けた交渉を成功させることができるのである。

　心理療法の理論，研究，実践におけるボーディンの同盟の概念化は，その後多くの研究者によって重視されることとなった[2,31,32]。第1に，彼の「理論を越えた概念化」によって，同盟の概念は，伝統的な精神分析的治療以外の領域にも広がった。ウォルフとゴールドフレッド（Wolfe & Goldfried）によると[33]，同盟は，体験過程療法[34]，認知行動療法[35-38]，カップル療法や家族療法[39,40]，グループ療法[41]を含むすべての形式の治療様式を橋渡しする「典型的な統合変数」となった。第2に，ボーディンの公式化は，心理療法における技法と関係性の要因間の伝統的矛盾への代案を提示した。これらの2つの側面は治療の中で分離したものではなく相互依存的な要素であることを強調したのである。最後に，ボーディンのモデルに基づき，関係性の視点を強調して，サフランとムーラン（Safran & Muran）[2,18,42]は，近年，「交渉」としての同盟の再概念化を提案している。この再概念化については，本章における別の節で詳しく論じる。

同盟の測定

　ホーヴァスとベディ（Horvath & Bedi）[4]が指摘したように，我々が有する同盟に関する知識の多くは，測定道具によって定義された同盟に基づいた実証研究に由来す

る。つまり，同盟を測定するということは，「その構成概念を定義することにも貢献する（p.39）」のである。現在，24以上もの異なる同盟の測定法（measures）が心理療法の研究者に用いられている[4]。同盟を測定するための多くの実証研究で用いられている特に重要な測度群がいくつかある[4,43,44]。

　ペン尺度群は，ペン心理療法プロジェクト（Penn Psychotherapy Project）において，タイプⅠとタイプⅡの援助同盟というルボルスキーの精神力動的概念を実証的に検証するために，ルボルスキーとその同僚たち（HAcs[28]；HAr[45]；HAq[46]）によって開発されたものである。これらの尺度は，同盟の2つの側面を測定する。それは，①暖かさ，支持，関係の受容，②治療目標に向けた作業に治療者とともに協同し参加しているという患者の体験である。そして，ルボルスキーらは患者，治療者，独立した観察者の視点から同盟を評定するよう作成した。

　ヴァンダービルト尺度（VPPS[47,48]；VTAS[49]）は，ヴァンダービルトⅠプロジェクトにおける治療プロセス的側面を測定するために，シュトルップとその同僚らによって開発された。ヴァンダービルト心理療法プロセス尺度（Vanderbilt Psychotherapy Process Scale：VPPS）のオリジナルの80項目は，治療者・患者関係と心理療法プロセスを観察者が評定する尺度である。それは後に同盟を特化して測定する44項目に精緻化された（ヴァンダービルト治療同盟尺度（Vanderbilt Therapeutic Alliance Scale：VTAS））。これらの測定法における同盟の構成要素は，患者の参加度，患者の探求心，患者の動機，患者による責任の受容，治療者の暖かさと親切さ，ネガティヴな共同である。

　カリフォルニアートロント尺度群（California-Toronto scales）には，トロント大学とサンフランシスコのラングレー・ポーター精神医学校（Langley Porter Psychiatric Institute）出身の研究者たちによって開発された測度が含まれている。治療同盟評価尺度（Therapeutic Alliance Rating Scale：TARS）[50,51]は，精神力動的な同盟の概念化に基づいており，他の尺度（VPPS, VTAS, HAcs）の項目と組み合わされている。これは，同盟の情動的側面に最も焦点をあてており，その4つの構成要素を測定する。それは，患者のポジティヴな貢献，患者のネガティヴな貢献，治療者のポジティヴな貢献，治療者のネガティヴな貢献である。同盟と治療成果の関連性をみた研究の最近のメタ分析[43]は，TARSと治療成果との間に有意な相関がないことを明らかにした。著者らは，同盟と治療成果との関連性を調べる今後の研究においては，この測定法を使用しないよう助言している。カリフォルニアの研究者らは，因子分析研究に基づいてTARSを改定し，カリフォルニア治療同盟評価尺度（California Psychotherapy Alliance Scale：CALTARS）を作成した[52]。さらに，その後の改定により，カリフォルニア心理療法同盟尺度（CALPAS）がつくられた[53]。現在のCALPASは，ガストン（Gaston）[54]により概念化された同盟の4つの側面を測定している。①患者作業能力尺度（Patient Working Capacity scale）は，患者の自我の強さと治療の中で目標をもって

作業する能力を表わす。②作業同盟は，患者関与尺度（Patient Commitment scale）によってアセスメントされる。③治療者の同盟への貢献は治療者の理解・主体的取り組み尺度（Therapist Understanding and Involvement scale）によって測定される。④作業戦略同意尺度（Working Strategy Consensus scale）は，治療目標と課題に対する治療者と患者の協同的合意を表わす。CALPASには，患者用，治療者用，独立した観察者用の3つのバージョンがある。

作業同盟尺度(Working Alliance Inventory : WAI)[55]は，同盟が，絆，目標の合意，課題の合意という3つの要素から成るというボーディン[29]の同盟理論モデルを測定するために開発された。異なる観点から同盟を測定できるようにするため，ホーヴァスとその同僚らはWAIの患者・治療者・独立した観察者による評価バージョンを開発した。また，WAIの12項目短縮版も開発された[56]。続く研究[56]では，WAIは課題，目標，絆という同盟の特定の要素と同様に，1つの全般的な同盟も測定していると考えられることが示唆された。しかし，患者はこの尺度の課題と目標の次元間をほとんど区別しない[57]一方，治療者はこれらの次元間をより区別できることが証明された[58]。

種々の同盟測度（CALPAS, Penn, VTAS, WAI）を比較したいくつかの研究によると，すべての測度は高い内的整合性と評定者間信頼性が証明された[59,60]。同盟の文献に関する最近のメタ分析によると，さまざまな評価方法に基づく同盟尺度の信頼性の全体的な平均は，0.79となる（$n=93$, $SD=0.16$）。評定者間信頼性を用いた場合，信頼性の平均は0.77であり（$n=33$, $SD=0.15$），クロンバック（Cronbach）のα係数の場合は，同盟尺度の信頼性の平均は0.87である（$n=44$, $SD=0.10$）。ホーヴァスとベディ[4]は，異なる測度間の重複に関するこれまでの知見を要約し，さまざまな同盟測定法の相関を中程度～高度（0.34-0.87と評価）と報告した。ホーヴァスとベディ[4]はまた，最もよく用いられる測定法の因子分析研究によると，すべての測定法において，程度の違いはあるものの，基本的な3因子が存在することを報告した。それは，「個人的な絆，治療への活発な参加（協同的作業），方向性（目標）と内容（課題）への協同／合意」である。しかし，それぞれの尺度が同一の概念を測定しているかは定かでない。各尺度は中核的な側面を浮き彫りにはしているが，同時に相互で異なった関係的側面も測定している。

同盟の実証的研究

同盟の強さと治療成果の関連を調べた数多くの研究が，過去20年にわたって行なわれてきた。これらの研究では，同盟と治療成果を測定するためにさまざまな尺度が用いられており，さまざまな精神科疾患（例えば，うつ病，パーソナリティ障害，物質乱用）とさまざまな治療的立場（精神力動的心理療法，行動療法，認知療法）に焦点があてられている。メタ分析手法の進歩により，膨大な実証的証拠を統合し，文献の

中のパターンを特定することができるようになった。同盟の文献に関するいくつかのメタ分析レビュー[4,43,61]によって，同盟の質と治療成果とをつなぐエビデンスが得られた。ホーヴァスとシモンズ（Horvath & Symonds）[61]は，24の研究に基づき，同盟と治療成果の間の効果量（effect size）は0.26であることを明らかにした。マーティン（Martin）ら[43]は，79の研究をレビューし，0.22という若干小さい効果量を報告した。最も最近では，ホーヴァスとベディ（Horvath & Bedi）[4]が，マーティンらがレビューを行なった後で発表された追加の10研究を加えて，89研究に基づく結果を提示した。これらすべての研究を通して，同盟と治療成果との関連性は平均して0.21，効果量の中央値は0.25だった[4]。ホーヴァスとベディが指摘したように，これらの関連性はそれほど大きくはないが，「複数の研究を通じた同盟の影響は，治療的立場の違いによって説明される治療成果の分散をはるかに超えたものである」[4,p.61]。言い換えると，患者・治療者関係の質は，治療的立場よりも重要なのである。

早期の同盟研究の分析では，クライエント評定による同盟は治療者評定による同盟よりもより治療成果を予測すること，また，治療者評定は患者のそれとわずかな関連しか示さないことが指摘された[61]が，より最近の研究では，治療者の同盟の評定は，治療後期の治療成果をよりよく予測することを示しているものもある[58]。また，独立した観察者の視点からの同盟評定は治療成果と有意な関連をもつ一方，患者評定と治療者評定はいずれも予測力をもたないことを明らかにした研究者もいる[60]。ホーヴァスとベディ[4]の報告によると，患者の同盟評定と観察者の同盟評定は治療成果に対して類似した関連性をもつが（治療成果の評定法に関係なく），その一方で，治療者の同盟評定と治療成果はいくぶん関連性が低い。ホーヴァスとベディ[4]が他の研究者ら[59,62,63]とともに指摘したのは，各評定者の同盟の見方には質的に異なる側面が反映されており，それぞれが治療関係に関する特有の情報を提供しているということである。したがって，すべての観点から同盟の研究を続けることが重要となる。

同盟に関する文献の中で数年にわたって議論されてきた論点の1つは，「ハロー効果」の役割の可能性，つまり，同盟と治療成果の両方が同じ参加者によって評定されているという事実のために生じる過剰な関係づけである。ハーバスとベディ[4]は，評定者が同じである同盟と治療成果評定に基づく効果量と，評定者が異なる同盟と治療成果評定の研究に基づく効果量との間に違いはないという他の研究[43,61]の結論に同意した。

治療の異なる時点における同盟評定と最終的な成果の関係は，多くの研究者によって調査されてきた。ホーヴァスとシモンズ[61]によると，早期と後期の同盟測定は，治療の中盤期に得られた同盟測定や治療を通して平均された同盟よりも，よりよく治療成果を予測する。ハーバスとベディによると[4]，続く研究でもこの傾向が確認されている。治療早期に強固な同盟を確立することは，治療の成功にとって最も重要であり，3～5回の間のセッションの間に測定された同盟は，最終的な治療成果を一貫し

て予測するという強固なエビデンスがある[4]。さらに，初回セッション後の同盟の強さは，治療からのドロップアウトの予測にも優れていることが示されてきた[64,65]。これらの知見は，同盟と治療成果の関係が単なる人工物で，治療で得られるものの副産物にすぎないという指摘[32]に異議を唱えるものである。

いく人かの研究者は，治療の流れ全体を通した同盟そのものの発達過程を検討しようと試みた。ジェルソとカーター（Gelso & Carter）[66]は，うまくいった治療における同盟は，曲線的な軌跡をたどることを示唆した。つまり，最初に確立された強固な同盟は，治療中盤に至って，治療者が患者の機能不全に陥っている人間関係的なスキーマを繰り返し取り上げることによって弱化し，そして治療の終結に向けて再び改善するというものである。この仮説を支持するエビデンスはさまざまである。同盟が時間を通じて安定したままであることを明らかにした研究[67,68]もある一方，直線的に強化されるというエビデンスを示す研究[58]もある。キヴリガンとシャウネシー（Kivlighan & Shaughnessy）[69]は，連続した4セッションのカウンセリングにおける同盟の発達について調べ，同盟発達の3つのパターンを発見した。それは，安定した同盟，直線的な同盟発達，二次曲線的な同盟発達である。二次曲線的な同盟発達のパターンは，他の同盟発達パターンに比較して，治療成果尺度得点の著しい改善と関係していた。トレーシーとレイ（Tracy & Ray）[70]はまた，この二次曲線的傾向がうまくいった事例と治療成果の乏しい事例を判別する指標となり，治療がうまくいった場合は，高－低－高の軌跡が示されることを明らかにした。集団療法場面における治療者・患者関係について，こうした循環型の同盟発達モデルを支持する知見はないものの，バチェラーとサロメ（Bachelor & Salame）[67]は，同盟のさまざまな側面に対する治療者と患者の認知は，治療の時期や局面によって変動することを示唆した。彼らは，「参加者の関係性認知が多面的であるため，1つのアセスメント方法だけでは，治療全体を通じた彼らの認知の典型を抽出することは難しい」（p.49）と結論づけた。同盟の力動的で変わりやすい性質は，おおよそ成功した治療についての縦断的事例研究からきている[71,72]。これらの研究は，うまくいった事例における同盟の高－低－高の発達パターンを明確なものとし，成功治療における同盟の過程は，一連の決裂（rupture）と修復（repairs）という言葉によって特徴づけられることを示唆した。

スタイルズ（Stiles）ら[73]は，抑うつに対する短期CBTまたは精神力動的対人関係療法を受けた79人の患者の同盟発達パターンについて検討した。同盟の強さが急に弱化した後に以前のレベルまたはそれより高いレベルにすぐに戻ったという出来事（すなわち一連の決裂－修復）によって特徴づけられた同盟発達パターンをもつ患者は，他の患者に比較して，より大きな収穫を治療の中で得ていたことを彼らは発見した。同様に，パーソナリティ障害に対する認知療法を受けていた30人の患者の研究で，ストラウス（Strauss）ら[74]は，決裂－修復のエピソードを報告した患者の多くが，すべての治療成果測定で50%以上の症状の軽減を示すことを見出した。

4．治療同盟における決裂とその修復

治療同盟における決裂（同盟における緊迫（strains），仲たがい（breaches），崩壊（tears）ともよばれる）の概念は比較的新しいが，これまで，治療関係における難局や困難を徹底操作することは治療による変化過程の中枢と考えられてきた[2,75]。精神分析理論において，当初は分析過程への障害とみられていた患者の抵抗を徹底操作することは，やがて自我心理学派によって変化の中核的メカニズムとして概念化された[2,30]。コフートによると[6]，治療者側の共感の失敗は，治療プロセスの道筋の中で避けられないことであるだけでなく，実際に変化のプロセスの中で中心的な役割とみなされる。治療者が，患者の主観的経験を正当なものと認めつつ情動調律をすることで自身の共感の失敗に気づくことができれば，結果的に，患者はこうした「治療者の自己・対象機能」を内在化し失望にも耐えられるようになるとともに，融和した（cohesive）自己感覚を発達させることができる。アレキサンダーとフレンチ（Alexander & French）[76]は，変化は修正情動体験を通して生じると提唱した。それは，葛藤状況で治療者が患者の両親とは異なるように行動し，人間関係場面における患者の予測や信念を反証することによってもたらされる。類似の概念がマウント・ザイオン（Mt. Zion）心理療法研究グループのウェイスやサンプソン（Weiss & Sampson）ら[77]によって提唱され実証的に検証されている。つまり，人々が陥りがちな問題は，人間関係に対する病的な信念に起因すると理論化されているのである。これらの病的信念（例えば，怒りは報復をよぶ，依存は見捨てられることにつながるなど）は，過去の重要な他者との相互交流に由来する。ウェイスら[77]によると，治療者による患者の病的信念を反証するプロセスは，変化のメカニズムの中心を成すものであり，一方，患者は無意識のうちに，治療者に対して自らの信念を反証するための「転移テスト（transference tests）」を課す。彼らの実証研究によると，病的信念の反証は，即時の（すなわちセッション中の）成果と最終的な治療成果の両方に関係することが示された[77]。

同盟決裂の概念は，抵抗や共感の失敗，転移テストなどの構成概念とある程度は重複する[2,78,79]。しかし，同盟決裂の概念は，『現代の心理療法研究とのつながりや，理論を越えた位置づけにより，一定の実践的価値をもっている[78]』。それは，患者と治療者の両方によって生み出される1つのはたらきと考えられ，患者によるところが強調されがちな抵抗などの概念とは区別される。同盟決裂は，ある種の治療的エナクトメント，すなわち患者・治療者間の無意識的な相互影響によって生み出された一定の段階（period）として概念化される[18,80]。ジョーンズ（Jones）[81]はこのような無意識的エナクトメントを「反復する相互交流構造」とよび，彼と彼の弟子は，これを実証的に調査することにかなりの注意を傾けてきた。

同盟決裂は，患者・治療者間の共同プロセスにおける緊迫や崩壊，患者・治療者間の関係性の質の悪化，コミュニケーション状況の悪化，あるいは共同体制を育成することの失敗などとして広く定義される[5,75,78,80,82,83]。同盟決裂はその激しさや期間によって異なり，ベテランの治療者でも見逃すような小さな緊張から，解決されないと中断やネガティヴな結果に至るようなコミュニケーション上の大きな問題まで含まれる[5,83]。決裂は，治療のさまざまな段階で，またさまざまな頻度で生じうるのである。

　ボーディン[30]は，同盟における緊迫の力動を，治療的変化のプロセスで生じる重要な中心的要因とした。サフラン（Safran）らは，同盟決裂を研究する重要性について，理論的観点と実証的観点の両方から詳細に考察してきた[2,5,78,82-84]。彼らによると，同盟決裂は治療プロセスで必然的に生じるものであり，治療的変化への貴重な機会を提供しうるものである。サフラン[82]は，同盟決裂を「重要な治療的転機」とするための3つの要素について述べている。第1に，患者の敵対的コミュニケーションに対して，治療者もいっしょになって敵対的コミュニケーションで反応するようなネガティヴな患者・治療者関係は，不満足な治療結果，あるいは治療の失敗に終わる[85]。第2に，決裂は治療者に，患者の期待や信念について探求する機会を提供する。その患者の期待や信念は，彼らの不適応的な人間関係スキーマの中心を構成しており，さらに，こうしたスキーマは，治療者がいつの間にか患者の不適応な対人関係サイクルにはまり込んでしまったときに露わになるのである。最後に，決裂の探求と解決は，患者に修正情動体験の機会を提供し，不適応的な対人関係スキーマの修正を可能にする。

　治療同盟における決裂は，ごく最近になって厳密な実証的研究の対象となった。サフランら[5]は，同盟決裂に関連した現在までの研究をレビューし，そこでみられたいくつかの傾向について述べた。第1に，患者はしばしば治療者や治療プロセスに関するネガティヴな感情の表現を避け[86-88]，一方で，経験豊かな治療者でも患者との関係におけるこうした問題を見抜くことができない[87,88]。治療の行き詰まりについての回顧的な分析を，患者の観点[89]と治療者の観点[90]から行なった2つの研究がある。1つ目の研究によると，治療関係が貧弱な中で誤解が生じ，しかも患者が誤解されていることについてのネガティヴな感情を表現することができないと，彼らはやがて治療をやめてしまう。さらに，良質の治療関係の中で誤解が生じた場合，彼らは自身のネガティヴな感情について治療者とオープンに向き合おうとする。そして，患者と治療者の相互が一定期間の修復プロセスに取り組むことで誤解の解決となれば，そのことは治療者との関係性を強め，患者が成長することにつながる。2つ目の研究では，一方的な終結に至った決裂について，治療者自身の回顧による質的な分析が行なわれた。それによると，患者は治療を中断するまで自らの失望を表に出さず，治療者も中断に至るまでの間，全くそうした問題に気づかなかったと報告した。

　第2に，治療者が同盟における決裂に気づいていた場合でも，それを修復や改善に

導くようなやり方で処理することは難しい。実際,彼らは無意識にさらなる関係の悪化や乏しい治療成果に寄与するかもしれない。いくつかの研究によると[91-94],治療成果の乏しい事例では,同盟の決裂に直面した治療者は,柔軟性のない非建設的なやり方で模範的な治療モデルにますます固執することで問題を処理しようとする(例えば,CBTにおける歪んだ認知への挑戦や,精神力動的治療における転移解釈)。クリッチフェルド(Critchfeld)ら[94]は,対人関係プロセスに関するよく確立された測定法である社会的行動の構造分析を用い,全般性不安障害へのCBTにおける,治療結果良好群と,下降的治療結果群(終結時は高水準の機能だったのに12か月後のフォローアップでは低水準)と,治療結果不良群(終結時もフォローアップ時も低水準機能)の間の治療関係の特徴を比較した。下降的治療結果群と治療結果不良群の患者は,治療者に対するコントロールの高さを示すことが明らかになった。治療結果不良群の治療者は,この行動に対し,セッションをますますコントロールしようと試みることで反応し,勢力闘争とネガティヴな対人関係プロセスの悪循環に巻き込まれた。対照的に,下降的治療結果群の治療者は,患者がより対人的距離をとることを容認した。これらの結果は,対人関係プロセスの測定にSASBを用いたヴァンダービルト(Vanderbilt)の研究結果[95, 96]と同様である。シュトルップらは,治療結果の不良と関連する対人関係プロセスは,ネガティヴな相補性(対人関係を絶つようなコミュニケーション)と,治療者の敵対的コントロールの高さによって特徴づけられることを明らかにした。ヴァンダービルトの第Ⅱ研究では,マニュアル化された形式で精神力動的心理療法の幅広い訓練を受けた治療者は,患者・治療者関係や不適応的な対人関係パターンを取り扱うことに特に焦点をあてようとすることがわかった。しかし,治療者は,モデルの遵守にこだわるわりには,関係を絶つようなよりネガティヴなプロセスが展開してしまい,より権威的,防衛的となった。実際,先にも述べたように,治療関係の困難に直面すると,治療者はモデルへの固執を増し,それが同盟と治療結果にネガティヴな影響を与えると考えられる。

いくつかの小規模サンプルの質的研究で,同盟決裂の解決に寄与する要因を調べることが試みられた。フォアマンとマーマー(Foreman & Marmar)[97]は,死別に対する短期力動的心理療法を受けた52名の患者サンプルの中から,治療開始期の同盟が貧弱であった6人の患者を選択した。これらの患者のうち3人は治療プロセスの中で同盟を改善し,よい治療成果を得た。一方,他の3人は同盟を改善することなく不良な治療結果に終わった。この研究者らによると,治療者が患者の防衛や罪悪感,罰せられるという予期,治療者へのネガティヴな感情に直接介入し,治療者との関係の中で問題となっている感情を患者の防衛と結びつけたときに,同盟は改善されたのである。治療者の介入が関係性における問題を直接取り扱うことに失敗した場合,同盟は改善されなかった。

ランスフォード(Lansford)[98]は,特に,短期心理療法における6つの事例を考察

することで，同盟の弱化とその修復について研究した。そこでは，独立した評定者が，弱化した同盟を修復することの有効性について，セッションをいくつかの局面に区分し，観察評価を行なった。その結果，決裂の修復が成功する度合いによっては，治療成果を予測できることがわかった。また，彼女によると，患者自身が関係における問題を直視し，弱化した同盟を修復する作業を治療者とともに行なうとき，患者の同盟評定は最高レベルに達したのである。ランスフォードは，「もし同盟の弱化をうまく修復し解決できたならば，その人は，……人生で最も苦痛で困難なものを変化させることができたといっていいだろう」（p.366）と述べ，変化のプロセスで同盟の中の緊迫を取り扱うことの役割を強調した。

サフランら[2,5,78,83,99]は，治療プロセスにおける「同盟決裂とその修復の役割」と治療成果との関連性を調査する一連の研究を行なった。まず，心理療法研究のために開発された課題分析の枠組みに従って[100,101]，決裂の修復プロセスモデルを開発し精緻化した。つまり，課題分析の手法にならい，質的方法と量的方法の組み合わせを採用し，理論構築と実証的分析の間を行き来して漸進的にモデルを精緻化した[102]。

決裂の修復の予備的モデルは，精神力動論と対人関係理論[99]に基づいており，いくつかの段階を含むものだった。第1に，患者は治療者と自身の特徴的な不適応的対人関係パターンを再演する(例えば，見捨てられるという予期や患者の引きこもり)。治療者は無意識に相補的なやり方で反応し，非機能的な対人関係の循環に寄与する(例えば，患者の引きこもりに反応して，うんざりしたり，応答的でなくなったり，フラストレーションを感じたりする)。次の段階では，治療者はエナクトメントにおける自身の役割に気づき，現時点での相互作用について患者とメタコミュニケーションをすることによって，ネガティヴなプロセスから抜け出し始める。治療者は，患者の現時点での相互作用に関する体験を「今ここで」探求し，相互作用における彼ら自身の責任に対して言及する。

このモデルは，小規模的，集中的，質的，量的な一連の研究を通して精緻化された。それらの研究に含まれたのは，決裂と決裂修復のセッションを特定すること，モデルの構成要素の異なる側面を操作するためにさまざまな心理療法プロセスの測度を用いて探索的・質的にそれらのセッションを分析すること，異なるサンプルで解決モデルの仮説を検証することである（モデル開発のより詳細な議論は[78]参照）。結果として決裂修復の全体モデルは，4段階の治療者患者間の相互作用が含まれる。①決裂の兆候への気づき，②決裂経験の探求，③回避パターンの探求，④願望やニーズの出現，である。決裂の事象は，2つの主要なタイプに分類される。決裂の直視と，決裂からの撤退である[99]。決裂の直視は，治療者，および治療プロセスのある局面に対する憤りや失望といった，患者が示す攻撃的で批判的な言動として現われる。一方，決裂からの撤退は，治療者，治療プロセスのある局面，あるいは患者自身の内的経験から，患者自らが距離をとるという形で現われる。決裂に対する直視と撤退の各解決プロセ

スは，探求の道筋が異なる（段階2，3，4）。決裂の直視を解決する典型的なプロセスは，もともとの脆弱性や幼少期の願望を治療者がうまく扱えなかったことに対する，患者側の怒りに始まり，ついには失望や傷つきに至るといった進行性の感情を含んでいる。こうした事例における回避的操作は，概して，患者側に「治療者から拒絶されてしまうのではないか」といったさらなる傷つき体験への恐れを生み出す。決裂からの撤退を解決するプロセスには，自己主張できないことへの不満が明らかに表面化し，続いて主体的でありたいという願望に気づくというプロセスが含まれる。通常見出される回避は，自己の攻撃性への恐れと治療者からの報復の予期に関連している。

先に述べたように，こうした解決モデルを検証する小規模の量的研究が行なわれてきた（[78] 参照）。これらの研究結果によると，解決のセッション場面において，モデルで仮定したような要素が存在するという一貫したエビデンスが得られており，解決がうまくいったセッションとうまくいかなかったセッションの間には，統計的に有意な違いが見出されている[77]。ただし，これらの研究の明らかな限界は，こうした発見の根拠となる事例数が少ないことである。現在，多数の事例を用いて，モデルを実証する研究が進行中である。

先に述べた決裂修復モデルの発展過程で，サフラン[5,99]は，同盟における決裂とその修復が検出でき，かつ全体的治療成果との関係性をみるための自記式尺度を作成した。まず，心理療法のセッション後ごとに患者と治療者の両方が記入するセッション後質問紙（postsession questionnaire: PSQ）がある。PSQ は，同盟における決裂の存在と（「セッションの間に，あなたは治療者／患者との関係において問題や緊張を経験しましたか？」），その修復（「セッションが終わるまでに，どの程度その問題が解決したと感じますか？」―5件法）に関する直接的な質問項目で構成されている。同様に，決裂の修復質問紙（Rupture Resolution Questionnaire: RRQ）は，特に決裂修復プロセスに関連すると仮定された体験の有無を測定するように構成されている(Safran, J. D., Muran, J. C., Winkelman, E., 1996. Rupture Resolution Questionnaire. Unpublished measure. New York.)。これらの尺度について詳細に紹介しよう。いくつかの研究（レビューとして [99] 参照）で，PSQ は，決裂と決裂修復の検出力，予測的妥当性の面で有用な尺度であることが実証された。128事例の研究[103]において，患者と治療者が報告した修復（直接的問いにより測定）は，患者と治療者によって評定されたセッション内の探求，および治療同盟の深さと正の相関を示した。また，患者と治療者が報告した早期のセッションにおける決裂の修復は，患者のドロップアウトに対して負の予測をした。これらの知見は，中程度～高度の効果量（$r=0.22-0.48$）を示した。

提案された決裂修復モデルは，短期関係性療法（brief relational therapy: BRT）[2]や，決裂の修復研究で明らかになった原理と関係精神分析（relational Psychoanalysis）の原理を統合した短期治療の効果を調べた，一連の研究を通してさらに精査された。パーソナリティ障害患者128名の治療研究では，BRT，旧来の短期精神力動的心理療

法，CBTが比較された[103]。治療を終了した患者では，3つすべての心理療法が等しく効果的であることがわかったが，中断の確率からいえばBRTが他の2つの心理療法よりも有意に優れていた。別の研究では，治療同盟の確立が困難なため早期終結のリスクがある患者に対するBRTの効果が評価された[104]。60人の患者が力動的心理療法とCBTモデルのどちらかにランダムに割り当てられた。各患者は治療早期の段階で，治療者との同盟確立に困難があるか，あるいはドロップアウトのリスクがあるかをチェックされた。これらの患者には，これまでとは異なった治療条件のいずれかに再割り当てするという申し出がなされた。具体的には，BRTか2つの統制条件のいずれかである（特に後者の統制条件では，CBTで治療されていた患者は伝統的な力動的心理療法へ移され，旧来の力動的心理療法を受けていた患者はCBTに変更されるという処遇を用いた）。この研究の60名の患者のうち，18名が変更の条件を満たし，再割り当ての機会が提供された。そして最終的に，10名の患者が別の治療へ移ることに同意した。BRTに割り当てられた5名の患者のうち，3名は望ましい治療成果で終結した。また，1名は転職が理由で他のエリアに転居したため中期の段階で治療を終えた（治療成果は良好であった）。そして最後の1名はドロップアウトした。一方，統制条件に移行した5名は，全員がドロップアウトした。BRTは，治療同盟を確立し維持することが困難なために治療成果が思わしくないと予想される患者やドロップアウトのリスクがある患者のために，とりわけ決裂の修復を調整するうえで必要な介入技法を取り入れた治療法である。研究のサンプルサイズこそ小さいが，BRTが優位であることの予備的エビデンスとなった。

5．決裂の直視における解決プロセスの臨床事例

　シンディは，上記の研究（治療同盟の確立が困難で早期終結のリスクがある患者に対するBRT効果）に参加した事例である[104]。彼女は38歳のときに離婚し，女優として成功すべく努力を重ねていた。彼女は，自身が感じてきた自己信頼感の欠如，優柔不断な傾向，さらには忍耐力の欠如といった問題と取り組むために短期治療を求めた。シンディは，これまでの人生における人間関係は全体的に「不安定（shaky）」で，自らを「ネガティヴで怒りっぽい人間（negative and angry person）」であると述べた。彼女はまた，自分の家族と離れて暮らすことが難しいことや，以前に3回，長期治療を受ける機会があったが，その経験が有益だったかどうかははっきりしないことも報告した。

　下記に述べるのは，シンディが治療者との関係で問題や緊張があったと報告したセッションである。選ばれたセッションは，それぞれの治療条件で（CBTとBRT），「セッション終了までにどの程度（この問題が）解決しましたか？」（5件法）という問いに対してシンディが最も高い評価をつけたものである。2人のベテランの研究者

（本章の著者であるサフランとムーラン）がこれらのセッションのビデオテープを吟味し，各セッションで最も顕著な特徴が述べられていると双方で合意に至った語りを紹介する。

▌ 再割り当て前（認知行動療法，セッション5，修正評価：3）

　シンディは怒りっぽく，批判的な30代の独身女性で，よく大袈裟な態度でふるまっていた。あるセッションで，治療者（おおよそ同年齢の女性）がセッションに5分遅刻した。シンディは，治療者が「遅れて動揺している」ようだと取り乱した。なぜなら，そのことが彼女に「あなたは私と同じように動揺している」ことを暗示しているように思えたからである。治療者は動揺していることを否定し，自身に対するにシンディの思い込みについて詳細に探求しようとした。シンディは，治療者や治療そのものに対して信用ができないでいることを認めた。そのセッションの間中，治療者は自身に向けられた何か鋭いものを感じており，実際シンディは怒ったり脅したりを繰り返しているようにみえた。さらに，彼女は，この治療と同時期に体重管理を目的としたクリニックにも通っていることを認めたため，治療者は，シンディが治療をだめにしようとしているのかもしれないと推測した。この治療を受けようと思ったそもそもの動機について問われたシンディは，もしかしたら父親を叩きたくないからなのかもしれない，とありのままの想像を口にした。治療者は，「そのようなことを想像するのではなく…もしあなたがこの状態のままで治療が続いた場合，次に何が起こると思いますか？」と言った。シンディは，「これ以上，このことについて話すのはよくないように感じます。私のせいであなたは私に怒りを感じているようです。厄介な状況になったように感じます」と答えた。治療者はシンディに，彼女が，2人の関係の中で起こっていることをどの程度はっきりさせようとしているのか，また，この治療をもっと信頼できるものにするための方法を検証する気はあるのか，考えてみるようすすめた。「ひとまず疑うことをやめて検証してみませんか？　そのことで，あなたに何が起こるんでしょうか？」。シンディはその可能性を示唆したが，しかし，その姿は従順で服従させられたようにもみえる。治療者は，作業を実際にスタートさせ，問題解決の態度をとることが自分たちにとって大切であるとほのめかした。彼女が経験していることは何なのかを問われたとき，シンディは，叱責されたように感じ，自分が困惑しつつあるように感じると答えた。研究のプロトコルに従い，ここで，シンディには別の治療と治療者に移るよう申し出がなされた。

▌ 再割り当て後（短期関係療法，セッション6，解決評価：3）

　シンディは，「私にはここの治療が自分の助けになっているとは感じられません。時間を費やす意味が全くありません」という，怒りに満ちた激しい口調とともにセッションを開始した。治療者（おおよそ同年齢の男性）は，「いささか，グサリときま

すね。ここには，あなたの望んでいるような進展がなかったと感じておられることは理解しています…。おそらく…。記録テープを見て，自分も少し防衛的になっていたと気がついていたのです…。たぶんこれは，あなたが私の能力に疑問をおもちであると，私自身が感じたからだろうと思うのです。だから，若干私の仕事に影響がでているのだと思います」と答えた。シンディは「それはあなたの問題ですよ。でも，結局は私の方がグサッときてます。それを，あなたは暗に私のミスとほのめかしていることに腹が立ちます」と答えた。

　治療者は，「そうですねぇ，ただ，我々は2人で力を合わせてこの状況を乗り越えていくことが必要だし，それがあなたにとってより有益なことだと思うのです」と言った。シンディは答えた。「それだと，ここには何のプランもないのだと私には感じられます。私たちは方向性を見失っている気がします。あなたには仕事上の理想ってないんでしょ。私は，あなたが私（の問題）に対処できる人だと感じたいんです」。治療者は，「あなたは，あなたの望んでいるものがここで得られない，ということにひどく腹が立っているんですね」と，さらに強調してみた。これは，シンディの関心が移行するのに有効であった。彼女は治療者に，彼女がセッションとセッションの間に参加したコミュニティの会合で，彼女が怒りとともに，自分が無力で，恥ずかしく，「まるで子どものように」感じたのだと告げた。

　治療者が，彼女の気持ちを探求しようと試みたところ，彼女はヒステリックになり，怒りと涙の間を揺れ動いた。彼女は，自分が人生の中で経験した侮辱をうんざりするほど並び立てたところで，治療関係に焦点を戻し，治療者が先ほど「グサリときた」と言ったとき何を意味していたのかと治療者に尋ねた。治療者は，「もし私があなたを非難しているように感じたのなら謝ります。私はただ，ここで何が起きているのか理解しようとしただけなのです」と答えた。シンディは，「私は協力しているつもりです」と答えた。治療者は，「あなたがそうでないと言ったように聞こえたのでしょうか」と言うと，シンディは，「怒ってはいけない，というメッセージを受け取ったように感じたのかもしれません。そう思います」と答えた。治療者は，そのとき，確かにそう思わせるような会話をしたことを認識したが，ここはこうした責任をいったん脇に置き，「あなたが私に怒ったとき，私はしばしばそのことで考え込みました。あなたが怒るべきでなかったと言っているのではなく…，私は，時には自ら進んで深く考えようともしました」と言った。

　シンディはやわらぎ，彼女が彼のことを「見下していた」部分があるかもしれない，なぜなら，それが「安全な場」のように感じるからだと打ち明けた。「私はここでは力があるようにふるまうことができるけど，現実生活ではできない」と彼女は涙ぐみ，ついにはヒステリックな泣き方になり，そして突然泣きやんだ。治療者は言った。「あなたは私に助けを求めようとしていると感じるし，私もあなたの役に立ちたいと思っています。ただ，それがどの程度正しいのかがわからないだけなんです」。シンディ

は最初助けを求めていることを否定したが，セッションの後半には，自分が過度に演技的だったかもしれない，でも彼の助けと共感を本当に求めていたのだということを自ら語った。この求めは，本物に思われた。(臨床事例は次の論文から許可を得て再録：Safran, J. D., Muran, J. C., Samstag, L., 2005. Winston A. Evaluating an alliance focused treatment for potential treatment failures. *Psychotherapy*, **42**, 512–531)。

　このセッションには明らかに，前治療者とのセッションと同じテーマがいくつか含まれている。シンディの治療者に対する怒り，治療者の能力に関する彼女の疑問，そして，非協力的なことや怒っていることを責められるのではないかという彼女の不安である。しかし，対照的に，治療者はより防衛的にならずに応答している。彼は自分の感情とそれが相互のやりとりに影響していたことを認めたうえで，相互交流を探求しようとした。彼は，彼女の彼に対する怒りと，怒りの根底にある「満たされていない願望」について強調した。シンディは，怒りやわがまま，非難的な態度から徐々に変化し，自身の怒りに対する責任をいくらかでも受け入れるようになり，これまでに表現されてこなかった，より傷つきやすい感情を認め始めた。患者のわがままで非難的な態度から，隠された傷つきやすさを認めるという変化は，決裂の直視における解決プロセスの特徴である。

6. 同盟の再概念化

　ボーディン[29,30]による理論の垣根を越えた「同盟の3要素モデル」，現代の関係精神分析的思索[105,106]，そして同盟決裂と修復についての実証的研究に基づき，サフランとムーラン[2,5,18]は同盟を「間主観的な交渉（negotiation）の継続的プロセス，つまり2つの独立した主体相互のニーズの交渉（過程）」として再概念化することを提案した。先に述べた議論から，ボーディンによって述べられた同盟の3要素（絆，課題，目標）は，継続して相互に影響を与える。治療の課題と目標について不合意が生じた際，先行する患者−治療者間の強い絆によってその不合意を建設的に交渉することが可能になる。さらに，異なる観点間の交渉を通して決裂の修復に成功することは，患者の信頼感を強め，本物の関係を経験することを患者にもたらす[84]。そのうえ，治療者との建設的交渉のプロセスの中で，患者は自己自身や他者のニーズについて交渉する能力を発達させのである。サフランとムーラン[5]によれば，それは「人間存在にとっての絶え間ない挑戦」[5,p.236]を成すものである。

　サフランら[5,18]は，治療の課題と目標の交渉が，当事者が意識していようがしていまいが，心理療法の中で偏在的に生じる現象であることを強調する。とはいえ，同盟決裂があるときには，交渉のプロセス自体が，変化を生み出す治療プロセスそのものを特徴づけるプロセスとなる。サフラン[5]はまた，このプロセスは表面的な合意や承諾を目指すべきではなく，むしろ「葛藤や，見方，ニーズ，心積もりなどをもった

●表9.1　RRQ尺度項目

次の各文章が，今回のセッション中のあなたの体験を表わしている程度を評定してください。

	決してそうでない	ややそうである		まったくその通りである
1．私は自分の治療者と親密なつながりを感じた	1	2	3	4	5
2．私はこれまで十分に気づいていなかった治療者への感情に気づいた	1	2	3	4	5
3．私の治療者と私は，葛藤を処理し，より強いやり方でつながることができた。	1	2	3	4	5
4．私は，私の治療者と自分がもっている困難に，自分がどのように寄与しているかわかった	1	2	3	4	5
5．私は，自分に対してより本物で誠実であると感じるやり方でふるまった	1	2	3	4	5
6．私は，自分の治療者の限界を認め，受け入れた	1	2	3	4	5
7．私は，自分の治療者に対して自由にまちがえることができると感じた	1	2	3	4	5
8．私は，治療者との間に葛藤や誤解をつくり出すのを回避するやり方に気づいた	1	2	3	4	5
9．私は，危険な感情を見せることができ，治療者から拒否／非難されないということがわかった	1	2	3	4	5
10．私は，自分の治療者を守らなくてもよいと感じはじめた	1	2	3	4	5
11．私は，治療者に対して脆さや怒りを表現することに，より気楽さを感じた	1	2	3	4	5
12．私は，言うかためらっていたことを治療者に話した	1	2	3	4	5
13．私は，治療者に異議を唱えることができると感じた	1	2	3	4	5
14．私は，以前十分に認識していなかった自分の側面を受け入れ始めた	1	2	3	4	5
15．私は，しばらくの間感じていたことを治療者に話し，それは安堵感をもたらした	1	2	3	4	5
16．私は，自分自身を治療者から遠ざけたり押しのけたりしていたことがわかった	1	2	3	4	5
17．私は，治療者によりいっそう信頼を感じた	1	2	3	4	5
18．私は，自分の言ったことが治療者を混乱させたり傷つけたりしていることを恐れていたが，そうではなかったことがわかった	1	2	3	4	5

注）詳細は，以下の文献を参照のこと。Greenberg, L. S. (2007). A guide to conducting a task analysis of psychotherapeutic change. *Psychotherapy Research*, 17 (1), 15-30.

個人間の本物の対決」（p. 236）を反映するとも指摘している。

　先に述べたように，サフラン，ムーラン，ウィンクルマン (Safran, J. D., Muran, J. C., Winkelman, E., 1996. Rupture Resolution Questionnaire. In: Unpublished measure. New York.) は，決裂修復のプロセスに関連すると仮定されている体験があるかを識別するためにRRQという自記式測定法を開発した。RRQは，交渉としての同盟の測定法として概念化することができる。前節で述べた多くの測定法が患者と治療者間の合意に焦点をあててい

るのとは異なり，RRQ は，彼らの間にある葛藤の建設的解決に関連・由来する体験に焦点をあてる。まず，患者による治療関係の建設的交渉の体験を反映していると考えられる68項目が心理療法の研究者チームによって作成された。これらの項目は，10人のベテランの臨床家，それから60人の臨床心理学の学生または卒業したての臨床家からの評定を含む内容的妥当性検証の手続きを受けた。信頼性分析と項目分析の結果に基づき，18項目が RRQ 構成に確保された。患者は，セッション中に治療者との関係に問題や緊張を経験したとみられるたびに RRQ に答えるよう求められた。RRQ の項目を表9.1に示す。

　心理測定上の特性に関する研究では[107,108]，RRQ が適切な内的整合性（クロンバックの α 係数=0.87）を備えたしっかりとした信頼性のある尺度であることがわかった。並存的妥当性は，RRQ とさまざまな心理療法プロセスを測定する尺度との関連を調べることで確認された。RRQ は，WAI の患者および治療者評定による，セッションの有用性，治療的探求の深さ，治療同盟の強さと正の関連を示した。予測的妥当性は，RRQ と，患者および治療者評定による治療の全体的治療成果測定との関連を分析することで検討された。RRQ は，患者の機能の全体的レベル（治療者評定），患者の対人関係問題の深刻度の軽減（治療者評定），症状の深刻度の軽減（患者評定）を有意に予測することが明らかになった。相関係数は，中程度の範囲であった（0.28-0.41）。加えて，RRQ は，治療者評定による対人関係機能の改善の予測について，WAI 以上に独特で有意な貢献をすることがわかった。全体としてこれらの結果は，この測定法が心理療法プロセスと治療成果の将来的な研究にとって将来性のある尺度であることを示唆する。

7．要約と結論

　心理療法の治療成果とプロセスに関する60年以上にわたる実証研究は，次の結論を強く支持する。①一般に心理療法は効果的である。②異なるタイプの心理療法は，治療的変化をもたらすのに等しく効果的である。③治療技法よりも治療関係の測定結果の方が治療成果と高い関連性をもつ。④治療同盟の質は，治療成果の最も頑健な予測変数と考えられる。

　治療同盟の概念は，それを測定するために設計された多面的な尺度によって数年かけて精緻化されてきた。したがって，こうした測定尺度は構成概念の定義づけに大きく貢献したといえる。近年，継続的交渉として同盟を再概念化するには，さらなる実証的研究が必要である。同盟は力動的なものであり，同盟の変動（すなわち決裂と修復）は，治療プロセスにおいて変化に関わる重要な出来事と考えられる。同盟決裂と修復についての実証的研究は，今後大いに期待できる。しかし，この問題を調べた多くの研究には，質的で，小規模のサンプルに基づくものであるという限界がある。そ

れにもかかわらず，予備的証拠が示唆しているのは，治療同盟における決裂を識別し扱うプロセスが，患者のドロップアウトを防ぎ，高い治療成果を促進するのに重要な役割を果たしているかもしれないということである。経験豊富な臨床家でも同盟における決裂を識別し解決するのに困難を経験しているという証拠もある。決裂修復のメカニズムに関する継続的研究は，明らかに臨床実践に対して含蓄があり，同盟における問題をどのようにして効果的に取り扱うかについての指針を臨床家にもたらす可能性をもっている。

第10章

精神力動的心理療法における情動焦点型技法について

1．はじめに

　精神力動的対人関係(psychodynamic-interpersonal：PI)療法と，認知行動(cognitive-behavioral：CB)療法を比較した研究の中で，ブレイジスとヒルセンロス（Blagys & Hilsenroth）[1,2]は，PIとCBを区別する7種類の技法／プロセスを見出した。特に，PIでは，情動への焦点づけが多用され，患者に対して自らの感情表現を積極的に促していた。この情動への焦点づけを重視するプロセスが，CB[1,2]からPIを区別する最も顕著な特徴であり，精神力動的な治療では患者の感情に注目することが強調されているといえる。これらの知見から，私たちはさらに次の段階の研究を行ない，この潜在的に重要であると考えられる精神力動的なプロセスについて，その有用性を研究する。
　本章では，さまざまな観点から，精神力動的心理療法の中での情動焦点型技法の重要性について探求する。まず始めに，精神力動的な治療における情動焦点づけに関する理論をレビューする。ひき続いて，精神力動的治療に一般的にみられるこうした技法と，ある特定の状況に特異的に使用される情動焦点技法との関係性に言及した実証研究について検討する。最後に，研究結果と治療的介入の臨床例とを統合し，これらの研究が臨床的な意味を有することを強調する。そうして，全体を通し首尾一貫したわかりやすい方法でもって，私たちは実証研究から得られた知見が実際に応用できることを主張したい。

2．理論

　多くの理論家は，情動を定義づけしたりカテゴリー化することを通して，情動と，

認知，動機，欲動，一次過程，対象関係等といった他の心理学的概念との関係を詳述することに関心を向けてきた[3-10]。しかし，しばしばメタ心理学的な理論とされるこうした考えが，治療的にどのような意味をもつのかという点については，いつも明確であったとはいえない。結果として，続く簡単なレビューは，特に精神力動的治療における感情を取り扱うことへの注目（affective treatment focus）という歴史に集約されている。

ブロイアー（Breuer）とフロイト（Freud）のそもそもの定式化[11]では，トラウマとなった出来事を言語化することが情動の解放を促し，患者はヒステリーの拘束から解放される[12]のだと述べられている。ここで，「除反応（abreaction）」という言葉は，この特別な情緒体験が起こるプロセス（process）と関連しており，一方で「カタルシス」は，このプロセスによって引き起こされる成果（outcome）を意味する[13,14]。ブロイアーとフロイトは，ヒステリー症状が，通常の反射的行動（たとえば泣く，その出来事について話すなど）では発散されえない強い情動を生み出すような体験をしたときに生じること，そしてまた，情動が意識的な素材（material）と結びつくことによって徐々に衰退していくことを述べた[15]。そうしてフロイトは，この鬱積した情動には，催眠状態で患者に無意識の素材を思い出させるよう暗示し，言葉で語ることで解放させることが必要なのだと考えるようになった[15]。

フロイトの理論が新たに展開し催眠暗示から精神分析に移行しても，フロイトは患者の抵抗を特に強調しながら[12]カタルシス法に重きをおいていた。フロイトは，カタルシス法に対し2つの重要な修正を行なった。①催眠の必要性を放棄した，②患者の情動が，彼の考える変容のための理論（theory of change）の中できわめて重要であることを再認識した。その後，彼は，催眠の代わりに，患者による自由連想に対する抵抗を分析することに重きを置くようになった[12]。そして，変化するための主なメカニズムとして情動の解放を考える代わりに，洞察を深めていくことがまず大事であると考えるようになった。

フロイトの後の理論でも，特に転移についての議論において，患者の情動はある一定の重要性をもつものとされている。フロイト[16]は転移を，個人の性愛的な生活の雛形（template）であると定義した。フロイトは，陽性転移と陰性転移，あるいは愛情と敵意の感情とを区別することで，それぞれ感情と転移とのきわめて重要なつながりを示した。彼はさらに，無意識の転移を顕在化させることで，患者の感情的衝動がより直接的で明らかなものとなり，そうすることで適切に解釈されうるのだと論じた[16]。

しかしここで私たちは，フロイト[17]が彼の最後の論文の中で，治療プロセスの説明として，情動体験を表現することをまず第一に行なうというように（[11]の定式化にある），再度情動の重要性を強調していることに注目するべきである。

周知のように分析処置の意図は，患者が彼の幼児期の発達における抑圧——きわめて広い意味に解してのそれ——を再び除き去って，その代わりに，精神的に成熟した状態に応ずるような反応を補充することである。この目的のために，患者はその時には忘れてしまっているある特定の体験や，その体験によって引き起こされた感情的興奮を想起せねばならない……。次にまた「自由連想法」に身を委ねたときに，患者が思い浮かべる連想がある。我々はこの材料から抑圧された体験や，抑えつけられた感情的興奮とそれに対する反応から生じてきたものについて推定を下すことができる。そして最後に，分析状況の内外における患者の重要な行動あるいは些細な行動のうちに見出される，抑圧されたものに由来する感情の反復が示唆に富んだ材料である……分析医に対して現われる転移がこのような感情関係の再現を助けるのに特に適した間柄であるということを経験している（pp.257-258；強調部は本章の著者による）（フロイト著作集第9巻，小此木啓吾訳（1983）より抜粋）。[原注1]

　アレキサンダーとフレンチ（Alexander & French）は[19]，修正感情体験を最優先することの重要性について言及している。その中で，発生的（genetic）な（すなわち歴史的な）洞察が有用であるためには，修正感情体験を伴っていることが前提になるとした。彼らは修正感情体験についてその土台となる2つの側面に注目している。すなわち，治療場面でのよい関係性の中で（修正感情体験でいうところの「修正体験」につながるような），過去には耐えられなかった感情場面に曝す（修正感情体験でいう「感情」に相応する）のである。アレキサンダーとフレンチは[19]，これら2つの要素が，治療的に重要な2つの結果をもたらすとした。まず最初に，「治療者の援助は，患者が自己の感情を，知的に観察できると同時に，感情的反応の不合理さを感じることができるようになるという形で働くのである」[19, p.67;emphasis in original]。これはおそらく重要なことである。というのも，患者は彼／彼女の歪められた主観的反応を治療者に向ける中で，洞察と理解を得るからである（フロイトと似ているようだが，おそらく感情体験の重要性がより強調されている）。しかしアレキサンダーとフレンチは[19]，体験することで生じるさらに別の結果を強調し，このことがフロイトとは異なるアプローチへと至らしめた。

　　同時に，分析家の客観性と理解が，患者に，自己の感情反応に対する異なった対処を可能とさせ，過去の問題に対する新しい解決法へと導くのである。これまでの古いパターンは，子どもの側による両親の行動に対する適応の試みだったのである。この対人関係における結びつきの片方（両親の反応）が治療者の中性化（medium）によって変化した時，患者側の反応は無意味なものとなるのだ（p.67）。

　アレキサンダーとフレンチによると[19]，患者の不適応傾向は，機能不全の両親の行動に対処することから現われたものである。そのため，治療者がよりよいやり方で患者と相互交流を行なうと，患者の不適応パターンはもはや不要となり，消失するの

[原注1]　フロイトの技法がどのように発展したのかについては，[18]の論考を参照されたい。そこには，彼が意図した介入の根底には，「抑圧による抵抗に打ち克ち…記憶のギャップを埋めようとする」目的が読み取れる。

である。

　自己心理学における情動焦点づけ技法は，治療関係の崩壊→回復（disruption-restoration）という一連のプロセスに注目している。患者が，彼／彼女と治療者（もともと患者の自己感覚に陽性の影響を及ぼしてきた人物）との間で体験する関係性は，治療者側の何らかのミスによって，必然的に悪化することもあろう。そこで治療者が介入し，患者に何が起こったのか説明を与えることで（病因との関連も含め），「変容性内在化（transmuting internalization）」といわれる治療過程が動きだすのである。関係が崩れたことへの説明が共感的に与えられることで，患者は情緒的に受け入れられたと感じるのだ[20]。

　ワハテル（Wachtel）[21]は，患者が自己の不安に由来する困難を克服するために，（これまでずっと避けられてきた思考，願望，感情に対する）曝露法の適用を提案した。しかも，彼は，現実的にこの方法こそが，幼児期の願望や感情を想起させ，そこから離れることができるように支援するといった一時代昔の精神分析的理解よりも，治療目的そのものになると主張したのである。さらに，ワハテル[21]は解釈について，意味を明確にしたり，治療者の理解を伝えるのに有効な技法ではあるが，同時に，精神力動的心理療法において曝露を促進する最も基本的な手段ともなっているとした。ワハテル[21]はまた，トラウマとなるような曝露法が患者の恐怖を単にいっそう強めてしまうために，恐ろしい体験に対する単なる曝露法は，変化をもたらすためには不十分なのだと加えている。その代わりに，変化をもたらすためには，治療者は患者自身のコントロール感覚と安全であるという体験に注意を払い，それらを促進するよう努めなくてはならない。

　このアプローチと関連づけたマックロー（McCullough）[22]は，精神病理は，感情に対する葛藤（または恐れ），あるいは「感情恐怖」によってもたらされることを示唆した。より正確にいえば，適応的な感情（または衝動）が，防衛（不適切な思考，感情，または行動）やさまざまな不安（不安，罪，恥，そして痛みといった禁止された感情）によって妨害されると，病理現象が起こるということだ。治療に対するマックローのアプローチは，広い意味で，個人に内在する情動恐怖の系統的脱感作法といえる。系統的脱感作法は以下のようなステップに分けられる。①徐々に適応的な感情に曝露させながら，②葛藤回避という通常の防衛反応を取り除いていくのである。ただし，この感情恐怖に対するごく一般的な系統的脱感作法には，引き続き3つの固有の治療目標が立てられる，すなわち，①防衛の再構築，②情動の再構築，③自他イメージの再構築，である。防衛の再構築においては，治療者は，患者自身が（a）彼／彼女の防衛的な回避を理解し，（b）それらを放棄することを助ける。それゆえ，防衛の再構築という目的には，系統的脱感作法の第二番目の技法，つまり反応妨害法が含まれるのである。情動の再構築では，治療者の仕事は（a）感情体験と（b）感情表現を促すことであり，どちらも患者を徐々に恐ろしい感情へと曝露させていくのであ

る（すなわち系統的脱感作法における曝露法）。自他イメージの再構築においては，治療者はこれらの内的イメージに，より肯定的な価値（valences）を与えようとする。これは，患者に自分自身と他者に対するより良好で肯定的な感情に触れさせることで成しとげられるが，同時にそのような感情に拮抗して起こる恐怖や不安に対する指摘も重要となる[22]。

　フォシャ（Fosha）[23]の体験促進型－力動的心理療法（Accelerated Experiential-Dynamic Psychotherapy：AEDP）は，多くの点でマックロー[22]が提案した治療アプローチの概略とパラレルな関係にある。ただし，フォシャ[23]のAEDPは治療に対する統合的なアプローチだと考えられる。つまり，関係性を重視した精神力動的枠組みを維持していると同時に，体験を重視した治療も含まれているのである。広い意味で，AEDPの目標は「新しい感情体験」を促進することである。この目標はフォシャが「核となる情動体験」とよぶものを活用することで実現される。この核となる情動体験は治療プロセスの核心となるもので，感情，関係性における体験，自己状態，臓器的な身体状態，さらには，変容過程そのものをも含む多くの要素で構成されている。核となる情動体験は「状態変容（state transformation）」といわれる中間段階の結果として起こる。状態変容とは，ある心理的状態から別の心理的状態（これらの状態は，覚醒，注意，動機，情動，認知，コミュニケーションといった心理学的と考えられるあらゆるものからなっている）への重要な質的移行のプロセスであるとされている。このようにAEDPでは，状態変容を促すことが求められている。そして，その一方で状態変容によって，核となる情動は，現在進行中の感情的関係性の中にしっかりと位置づけられるのである[23]。

　シェア（Shear）の研究グループは[24]，パニック障害の治療のための「力動的な治療に通じた」情動焦点型治療の概要を述べた。まず，この治療には，心理教育的な内容が含まれている。つまり，心理教育によって，パニック障害と関連する感情と同時に，感情反応の分析とその結果についての情報提供を行なうのである。この2つめの内容によって，治療者と患者は，パニック障害が起こるきっかけや他の明らかにされていない感情反応を明らかにする。そして，先行する（対人関係における）体験の中で，これらのきっかけがどのような個人的意味合いをもっていたのかを明らかにしていく。そうして，患者にとって不明だった感情反応に対処する方略を見出すのである。治療目標は，否定的な感情反応への気づきと適応的な対処方法を増やすことにより症状を減少させることである[24]。

3．精神力動的心理療法における情動焦点型技法の有効性に関する研究

　私たちがレビューしてきたさまざまな理論家たちのうち，（情動への焦点化治療に

関する）自らの考えを実証的に評価したのはマックローだけである[原注2]。マックローとその研究グループは[26]，16名の患者を対象に，情動焦点化と治療効果との関連を検討した。この患者らはⅡ軸障害[原注3]に関する診断がなされており，短期力動的心理療法（short-term dynamic psychotherapy : STDP）か短期適応志向的心理療法（brief adaptation-oriented psychotherapy : BAP）のどちらかを受けていた。STDPは，どちらかといえば，より積極的に介入し，直面化を促す治療スタンスであったが，これらの短期力動的治療はどちらも，マン（Mann），マラン（Malan），シフニオス（Sifneos），ダヴァンルー（Davanloo）による技法に従ったものである。BAPでは，治療者は不適応的な関係パターン（過去，現在，そして患者－治療者関係の）を探り見きわめるが，一方でSTDPの治療者は積極的に，治療の中で情動的反応が明らかになるよう患者の防衛を取り扱い，患者の情動的反応を喚起させる。各治療セッションの録画を吟味すると，いずれの場合も，治療マニュアルが忠実に守られていることが確認された。マックローらは，（独立した評定者が行なった）いずれも患者の情動反応の後になされた3種の治療者介入法（患者－治療者関係の解釈，重要な他者との関係性の解釈，明確化）の評定値と，治療効果の合成得点（効果を測定する4つの尺度，すなわち社会適応尺度と3つのターゲット症状（Target complaints）の平均改善得点）との間に $r=0.51$, $p \leq 0.05$, $N=16$ の関連がみられたことを示している[26]。これらの結果から，治療者が介入を，患者の情動反応を促進させるものとして考えていることが示唆される。より明確に言うなら，治療者は，患者が情動反応を起こすだろうと考えられる方法で解釈や明確化を計画的に行なうことで，治療効果をあげているかもしれないということだ。同様にポーター（Porter）（[27]に引用）は，防衛反応より情動体験に引き続き介入が行なわれることによって患者がよくなることを発見した。

　マックローら[26]とポーター（[27]に引用）の結果では特に，情動を喚起する解釈や明確化が治療に対してもつ影響について焦点があてられている。しかしヒル（Hill）ら[28]は，患者の情動的反応に関与するあらゆる形態の介入が潜在的に及ぼす影響について研究した。この研究の中で，治療者[原注4]は短期心理療法（最大20セッション）を行なっている。クライエントは自尊感情と人間関係の問題を抱えた5人の女性で，そのうち3人は主に気分変調性障害，1人は気分循環性障害と診断されていた。クライエントは各セッションの録画テープを見た後に，治療者が話したことに対する自らの反応を，

[原注2]　シェア（Shea）ら[25]は，パニック障害患者を，CBT群，情動焦点型心理療法群，イミプラミン投与群に割り当てた際の様々なデータを公表した。しかしながら，情動焦点型技法に特有の効果を実証する際に，治療成果に関するデータのみを報告し，その他のプロセス尺度得点を公表しなかった。
[原注3]　この研究の元となった42名を対象としたより大規模なサンプルでは，対象者は強迫性，回避性，依存性，受動的・攻撃性，演技性，混合型の各パーソナリティ障害の基準に該当する患者で占められていた。そのため，妄想性，シゾイド，失調型，自己愛性，あるいは境界性といったⅡ軸診断に該当するパーソナリティ障害はいなかった。
[原注4]　治療者は自己の理論的オリエンテーションを，ヒューマニスティック（$M=3.75$, $SD=0.50$）あるいは行動主義（$M=1.50$, $SD=0.58$）よりもより精神分析的立場（$M=3.75$, $SD=0.50$）と位置づけた（5件法）。

クライエント反応システム（当初は40の重複するカテゴリーであったが，その後，21の比較的独立したカテゴリーに減った）を用いて5段階評定を行なった。各カテゴリーに対する全反応数をクライエントが評定した全反応数で割って，その比率が算出された。調査前－後の変化は，8つの自己記述式尺度の平均変化得点により測定された[28]。

　その結果，治療者介入後に「自分の感じていることに気づくことが増えた」「感情がより深まった」「以前よりも自分の感情をうまく表現できた」という3つの項目に対するクライエントの評定は，統計的に有意であるとはいえないまでも（サンプルサイズが小さいため），調査前－後で大きく変化し，治療成果との関連性が示唆された（$r=0.81$, $p<0.10$, $N=5$）[28]。これらの知見は，治療者の介入が，感情への気づきや感情体験を増加させたとき，あるいは，患者が自分の感情をよりうまく表現できるようにはたらいたときに，治療成果と正の関連がみられることを示唆している。

　ヒルセンロス（Hilsenroth）の研究グループは[29]，ヒルら[28]よりもさらに大きなサンプルを使った分析で統計的に有意な結果を示した。この研究の中で，Ⅰ軸にあるうつ病スペクトラム障害（大うつ病性障害，特定不能のうつ病性障害，気分変調性障害，抑うつ気分を伴う適応障害）の診断を受けている21名の患者が，4種類の治療マニュアル[21,30-32]に基づいた（しかし特定のマニュアルを指示されていない）週1～2回のSTDPを受けた。数人の患者がⅡ軸の，または臨床予備軍としてのパーソナリティ障害の特徴があるとの診断であった。研究期間を通じて，治療者は，セッションの録画ビデオによる積極的なスーパーヴィジョンを受けた。治療の正確さは心理療法プロセス比較尺度（Comparative Psychotherapy Process Scale；CPPS）[33]の評定結果を分析することで保証された。このCPPSは，2人の評定者が，各々ランダムに並んだ下位尺度をコーディングするものである。治療効果は，症状チェックリスト90項目改訂版（SCL-90-R）の下位尺度である抑うつ尺度や大うつ病エピソード（MDE）の症状[29]にあてはまる数など，多くの変数のうち信頼性のある変化指数により評価された。

　ヒルセンロスら[29]は，CPPSの「セッションの中で，治療者は患者が感情を体験したり表現するのを励ました」という項目と，信頼性のあるMDE抑うつ症状の変化指標で測定される治療成果との間に有意な相関があることを見出した（$R=0.62$, $R^2=0.39$, $p=0.003$, $N=21$）。さらに，「治療者は，患者が重要な主題を避けて気分を変えることについて取り上げる」というCPPSの項目は，信頼性のある患者評定による変化指標であるSCL-90-Rの抑うつ尺度との間に有意な相関がみられた（$R=0.51$, $R^2=0.26$, $p<0.02$, $N=20$）[29]。ヒルら[28]の結果も加味すると，これらの知見は，患者の情動体験とその表現を総じて促進させること（すなわち患者の情動に関連した介入や明確化に限らない）の重要性を示している。加えてヒルセンロスら[29]の結果は，「重要な主題を避けて気分を変える」といった患者の情動の変動に，このセッションの過程で気づかないふりをすることよりもむしろ，治療者が注目し取り組む努力をすることが，治療による良い変化と関連していることを示している。これらの知見は，

患者の情動に従った介入と治療効果との間には正の関連があり，患者の防衛的反応（すなわち患者が困難な問題を避けようとする）に従った介入と治療成果との間には負の関連がみられるとするマックローら[26]の結果と一致している。言い換えると，治療者の介入が，患者の情動反応をもたらしたときには患者は良くなり，治療者の介入が，困難な問題に対する患者の回避の試みにつながる場合には，患者はあまり良くならないということである。これらより，ヒルセンロスら[29]とマックローら[26]は，患者に感情の体験／表現を促し，患者の特別な感情／問題への回避に注意して関わることが有効であることを示した。

ジョーンズ（Jones）の研究グループは[34]，マウント・ザイオン（Mt. Zion）心理療法研究グループによって収集された過去のデータの中から，30人の患者に対する個人開業場面におけるSTPPの16セッションを選択し検討を加えた。心理療法プロセスQ分類（Psychotherapy Process Q-Set：PQS）を使用し，2人の評定者が，ランダムに抽出された1，5，14セッションの逐語録を評定した。治療成果は，全体的な変化の評価（Overall Change Rating，9件法）を含むさまざまな測度を用い，患者，治療者，臨床評定者3者による評定の平均値を使用した[34]。

その結果，治療成果と項目「治療者は，患者の気分や情動の変化に対して注意を促す」との間に統計的に有意な関係が示された（$r=0.31$, $p<0.05$, $N=30$）[34]。この結果は，先に述べたヒルセンロスら[29]の知見，すなわち「治療者は，患者が重要な主題を避けて気分を変えることについて取り上げる」という項目が患者の評定した治療成果と有意に関連していたとする結果と同様のものであった。加えてこの結果は，上記で述べたマックローらの知見[26]，すなわち治療成果と困難な感情／問題に対する患者の回避の試みにつながる治療者の介入とは負の関連があるとする結果とも一致している。このように，特定のプロセス変数と治療結果との間に一貫した関連性が認められたということは，こうした介入が臨床的に高い効果をもつことを意味しており，つまり，患者のセッション内での情動や変化の過程に明確に言及することの重要性が強調されることにもつながった。

キャスパー（Casper）の研究グループは[35]，ジョーンズら[34]が利用したマウント・ザイオン研究プロジェクトの過去のデータの中から，3つの事例（治療がとても有効であった1例，平均的な結果で終わった1例，ほとんど治療効果のなかった1例）を選択し，治療者が行なった解釈の，前後3分間における患者の語りを，患者体験尺度（Patient Experiencing Scale：EXP）を用いて検討した。評定にあたっては，治療のどの場面の語りなのか，その語りがどの解釈と関係しているのか，さらには，解釈前あるいは解釈後の語りなのかなどは伏せられていた。治療結果の分類（非常に効果的，平均的，効果なし）は，「標準的心理療法効果尺度」[35, p.311]を用い，患者が感じた変化の程度，治療者による評価，独立した評定者による評定のすべてを総合して行なった[36]。キャスパーら[35]の知見をわかりやすくするために，我々（著者）は，治療成

果と情動体験の平均値との関連を算出した。治療成果と解釈後の情動体験の程度との相関は $r=0.87$, $p=0.33$, $N=3$ であり，治療成果と解釈前後の情動体験の差（residual experiencing ratings）との相関は $r=0.98$, $p=0.12$, $N=3$ であった。これらの相関は（サンプルが小さすぎるため）統計的に有意ではないが，マックローら[26]やポーター（[27]に引用）の結果と一致しており，治療における解釈／明確化は効果的であること，しかも，患者の情動反応が増加するにしたがってその有用性も増すことが示唆されている。

ストラップ（Strupp）[37,38]は，ヴァンダービルト心理療法プロジェクトから，時間制限精神分析的心理療法を受けた2組の患者ペア（2組とも，1人の患者の治療は成功，もう1人の患者の治療は失敗とみなされた）を報告した。治療効果のデータには，インテーク時と終結時に行なわれた患者の自己評価によるMMPI抑うつ，精神衰弱，社会的内向性得点と，患者，治療者，そして臨床評定者によってなされた全体的な変化の評定，そしてインテーク時と終結時に患者，治療者，臨床評定者によってなされたターゲット症状（Target Complaint）に対する評定が含まれた。プロセス変数にはヴァンダービルト心理療法プロセス尺度（VPPS）から多くの項目が使用されており，治療者が患者の情動をいかに促進したかが測定された[37,38]。我々（筆者ら）が，独自に，治療者による患者に対する情動の促進度（VPPSの各項目平均）と治療成果（上述したインテークと終結時に収集した各生データから算出した変化得点の平均）との関連を検討したところ，$r=0.59$, $p<0.10$, $N=4$ であった（[39]から引用）。これらの結果から，治療者が患者の情動を促進することと治療全体を通じた改善との間に，大きな効果量を示す正の（これはサンプルが小さいため統計的に有意ではないが）相関[40]が示唆される。

コーディ（Coady）[41]は，時間制限（20セッション）個人心理療法を受け「比較的調子のよい精神科外来患者（relatively well-functioning psychiatric outpatients）」と判定された患者群の中から[42]9人の患者を選び，研究対象とした[41, p.262]。すでに，3つの治療効果尺度（デロガティス症状指標，ベック気分尺度，ワイスマン社会適応尺度）から因子分析により，1因子（one-factor solution）構造の効果判定尺度が作成されており，対象患者は，本尺度の因子得点の変化に基づいて「治療結果良好」か「治療結果不良」のいずれかのカテゴリーに分類された[41,43]。プロセスのカテゴリー分けは，治療者が患者の情動に焦点をあてたコミュニケーションをとっているか，特に「治療者がクライエントの感情を，それらがクライエントの生活や治療状況のあらゆる側面にみられるものであることを指摘しているか」という観点から行なわれた。これらのプロセス評定は次の手順で行なわれている。つまり，各クライエントの3回のセッションにおけるセッション開始に引き続く200の言語行動を単位化し，評定者に治療結果を知らせない状態で，各単位の評定を求めたのである。その結果，統計的に有意ではなかったが（サンプルサイズは $N=9$ と小さかった），結果良好群の治療者

は,結果不良群の治療者と比較して,クライエントの情動に焦点づけしたコミュニケーションをより高い割合で行なっていることが示されていた(結果良好群:$M=17.2$,$SD=6.7$;結果不良群:$M=10.3$, $SD=13.8$)[41]。これらの結果は,治療者が行なうさまざまな技法の中で,少なくとも彼らが治療関係,あるいはより生活全般において生じた患者の感情について話し合うことを保証することにより(言語的行動の約17%),治療成果が向上する可能性を示唆している。

　アブロン(Ablon)の研究グループ[44]は,パニック障害と診断された17名について研究を行なった。彼らは,精神力動的オリエンテーションと自認している臨床家により,平均21セッションの実地場面における(naturalistic)心理療法を受けていた。外部評定者はPQS[45]を使用し,録音テープを聞いた後に12回目のセッションを評定した。その結果[44],治療には実際,精神力動的なプロセスよりも認知-行動的なプロセスの方がより多く含まれていた。また,精神力動的オリエンテーションに根ざした対人関係的なプロセスは認知-行動的なプロセスよりもより多くの治療成果を予測していた。加えて,次に示す項目は,治療前の得点を統制した場合でも SCL-90-R と関連していた。つまり,「治療者は患者の感情を深めるよう強調している ($r=0.70$, $N=17$)」,「治療者は患者が受け入れられないとみなす感情に注意を向けた ($r=0.43$, $N=17$)」,「治療者は患者の罪の感情に焦点をあてた ($r=0.34$, $N=17$)」であった。

　これまでのところ,我々は患者の情動を促すことの一般的な有用性と,(患者の防衛的な反応と比較し)患者の情動表現に引き続いて,治療者が解釈/明確化を行なうこと特有の重要性について,その両方を支持する結果に焦点をあてて述べてきた。しかしながら私たちは,どのような臨床的な状況が情動焦点型治療(affective treatment focus)に特に適しているのかを決定するためのガイドラインについて述べてこなかった。このことに関しては,他の多くの研究からの結果がとりわけ重要である。ガストンとリング(Gaston & Ring)[46]は,行動療法,認知療法,短期力動的治療の治療成果に関する大規模な統制調査の一環で,短期力動的心理療法を受けた大うつ病性障害の高齢者10名(60~80歳)について研究した[46,47]。治療者は,ホロビッツ(Horowitz)の研究グループ[48]によって開発されたマニュアルを使用した。治療成果を測定する尺度には,ベックうつ病調査票とハミルトンうつ病評価尺度が含まれており,ともに治療の前後に実施された。これらの尺度得点は,研究対象者を,改善が得られた患者群 ($n=5$) と,改善しなかった患者群 ($n=5$) に分類するために使用された。治療者の介入は,セッション5, 10, 15について治療方略質問票(Inventory of Therapeutic Strategies:ITS)を用いて評価された。ITS は19項目あり,「重視していない」から「非常に重視している」までの5件法からなる。そして ITS では,「探求的」カテゴリーには,「感情」に関する内容の下位カテゴリーが含まれている。一方,独立した臨床評定者には,セッション5, 10, 15について,カリフォルニア心理療法同盟尺度(California Psychotherapy Alliance Scale:CALPAS)を用いて治療同盟を評定す

るよう求められている[46]。

　結果では予想に反して，改善が得られた患者の治療者よりも（$M=0.48, SD=0.39$），改善しなかった患者の治療者の方が（$M=1.07, SD=0.67$），感情に重点を置いていたことがわかった。ガストンとリング[46]は，この差が統計的に有意なものである（$t=-2.95, p<0.005$）と報告している。しかしながらそれはもっともな結果である。なぜなら対象者が10人の患者でありながら，彼らは，全部で30の観察（3回のセッションが各10人に対し行なわれている）を母数（$N=30$）として分析しているためである。そこで，もしrを算出する際に，$N=10$とした平均値や標準偏差を使用した場合，$r=-0.52$[原注5]，$p>0.10$（[39]を引用）という結果になる。ただし，統計的に有意ではなくとも，相関係数$r=-0.47$は中程度の効果量を意味しているため[40]，やはり注意する必要がある。ガストンとリング[46]はさらに分析を重ね[原注6]，より強固な治療同盟が結ばれ，かつ改善が得られた患者に対しては，治療者は「探求的」カテゴリーに入る治療方略（「感情」に関する下位カテゴリーを含む）を多用した（$r=0.65, df=13, p<0.01$）のに対して，治療者による探求的な方略の使用の程度と改善しなかった患者の治療同盟の程度との間には有意な関連性はみられなかった（$r=-0.30, df=13, p>0.05$）[46]と報告した[原注7]。このことは，治療者が患者の感情を探求することと，実際患者がよくなることが関連していることを意味するが，あくまでも健全な治療同盟が結ばれているという状況に限ることを示唆している。

　情動焦点型技法の特定の文脈での使用に関するさらなるガイドラインは，ホロビッツの研究グループ[50]から引用可能である。この研究では，ストレス反応性症候群に悩む52人の患者が12セッションの時間制限力動的心理療法を受けた。治療方法は，ホロビッツ自身の研究グループが開発したマン，マラン，シフニオスの治療原理を統合した技法であった。治療成果は，患者，治療者，独立した臨床家によって評定されたものを含む多くの方法で査定された。治療者の動きは①2，5，8，11セッションに対する3人の異なった評定者による行動チェックリストの平均値，②セッション4後に行なわれた治療者自身による治療者行動尺度の評定結果，③12セッションすべてに対して，治療者自身が治療者行動尺度を用いて評定した結果の平均値，を含むさまざまな方法で測定された。また，独立した臨床評価者が自己概念評価尺度を用いて，患者の自己や他者に対する体験様式における一貫性や安定性を測定した[50]。

　結果は，次に示す治療者行動のいずれもが良好な治療成果とほとんど関連していないことを示していた。つまり，「治療場面において，即座に，情動を伴う考えに対する感情を思い出すよう鼓舞する」「終結に対する反応や感情を話し合う」である。しかしながら，階層的回帰分析を行なったところ，「治療場面において，即座に，情動

[原注5]　デファイフ（DeFife）[49]によって開発されたソフトを使って算出した。
[原注6]　改善が得られた患者群15名，改善しなかった患者群15名と仮定し，仮説の再分析を行なった。
[原注7]　これら2つの相関係数間には有意な差が認められた（$z=2.67, p<0.01$）[46]

を伴う考えに対する感情を思い出すよう鼓舞する」ことが，自己概念変数（自己や他者に対する体験様式の一貫性や安定性）がより高いレベルの患者において，より効果的な治療成果を予測するという交互作用効果が示されている。一方，自己概念変数がより低い患者においては，ほとんど有効な治療成果に結びつかなかったのである（$\Delta R^2=0.07$, $p>0.05$）(ホロビッツによる私信，2003年10月22日)[50]。これらの結果は，自己や他者に対する一貫した安定性のある体験様式をより多くもっている患者にとって，セッション中ですぐに情動を思い起こさせようとする治療者の介入が，より良い結果をもたらすことを意味している。逆に，自己や他者に対してあまり一貫性のない不安定な体験様式しかもっていない患者に，このような情動体験を促進することには注意が必要であることをも示している。

　フォアマンとマーマー（Foreman & Marmar）[51]は，ホロビッツらの報告[50]より選択した6人の女性患者（いずれも，治療第2セッションの録画テープを観察した独立評価者によって，当初，治療同盟の構築にあたって強く否定的な発言をしていたと評定された患者）からなる小グループを検討した。方法は，1人の評定者が各治療を治療者行動リスト（この中には，治療者が，治療者－患者関係の中で生起した問題となる感情に取り組んだ程度を測定する項目や，その他，患者－他者関係の中で生起した問題となる感情に取り組んだ程度を測定する項目などがある）を使って評定するというものであった。手続きとして，治療前後の評定，プロセスの記録，各ケースの治療のうち3～6セッションめの録画テープといった3種類の概要を再調査した後，各行動がおおむねみられるかみられないかを評価した。患者は，患者，治療者，独立した評価者の3者により評定された症状と社会的機能を測定する尺度の変化得点に基づき，治療結果が「非常に良い」「良い」「悪い」に分けられた[51]。我々（筆者ら）は，情動焦点型の治療者行動2項目の平均得点と治療成果との相関係数を算出した。その結果は，$r=0.89$, $p=0.02$, $N=6$ であった。これらの結果は，少なくとも初期の段階で治療同盟の構築に対して強く否定的であった人たちでも，治療者が治療者－患者関係，あるいは患者－他者関係の中で生起する問題となる感情と積極的に取り組むことによって，より治療を発展させることが可能であることを示している。

　アンダーソン（Anderson）の研究グループは[52]，ヴァンダービルトⅡ心理療法研究プロジェクト[53]で，時間制限力動的心理療法[54]を受けていた患者の中から30名をランダムに抽出し，データの分析を行なった。ここでは，各患者ともに治療第3セッションの録音テープが分析対象とされた。セッションの真ん中15分を25の思考単位に分類し，それらには情動を意味する形容詞が，最も高頻度に出現したものと最も頻度が少ないものが含まれていた。その後，各単位はマイクロプロセスコンピューターにより，認知的あるいは情動的な発言のいずれかに分類された。また，患者は，4種類の治療成果評定尺度得点を組み合わせて，治療結果「良好」と「不良」に分けられた。すると，高い頻度で情動が出現している局面では，ほとんど認知的な発言を使用しな

かった治療者の患者が、より良好な治療成果を示した。これらの結果から、治療者は、高い頻度で情動が出現している局面を大いに利用すべきであること、そして、これらの局面では、治療者は認知に焦点化することを避けるべきであることが示唆された[52]。

治療者が特定の情動や特定の情動群の表出を促す効果に脚光をあてたデータが、2つの研究で示された[55,56]。ミンツ（Mintz）[55]は、マランの著書[57,58]に収載されている短期精神分析的心理療法を受けた18人の患者について検討した。治療成果変数には、全体的な改善評定と症状の改善評定の評価得点が用いられた。さらに、いくつかの分析のために、患者は2件法による治療成果評定に基づき、「改善なし」群と「いくらかの改善あり」群のどちらかにも分類された。ミンツ[55]で報告された1つのプロセス変数が、「陰性転移」の解釈であった。マランは、転移を「神経症に基づく感情」であると定義し[57, p.31]、解釈を「治療者が、患者がすでに話したことに加え、いまだ言葉にならない感情的な内容を患者に提示したり、ほのめかす介入」だとしている[57, p.236]。連続変量（continuous）として評定した治療成果と治療者の陰性転移解釈との間には、7つのうち3つに有意な相関関係がみられた。治療成果の評定を2件法で行なった場合には、治療者の陰性転移解釈との間に3つすべての有意な点双列相関（point-biserial correlation）が認められた[55]。これらの結果から、患者の改善には治療者に直接向けられた否定的感情を解釈することが関係する、ということが示唆された。

パイパー（Piper）ら[56]は、より大規模な効果比較研究の一部として、精神分析的なオリエンテーションに基づく短期心理療法を受けた21名の患者について研究した[59]。治療成果変数には、治療最後に治療者によって評定された「全体的な有効性」得点が使われた。また、プロセス変数には、治療者が行なった患者の葛藤的な不安に対する解釈の程度を（治療者介入評定システム、Therapist Intervention Rating System：TIRS）、8セッション分で平均した評定結果が用いられた。結果、患者の葛藤的な不安の解釈（全体の解釈における割合）と、治療の成果評定との間に$r=0.59$, $p<0.01$, $N=21$の統計的に有意な相関が認められた[56]。これらの結果は、治療者による患者の葛藤的な不安への積極的な焦点化が、より有効な治療と関連していることを示す。この結論はミンツ[55]のデータと一致しており、概して、否定的情動の体験／表現を促進することが有効である点を指摘している。

最近のメタ分析[60]において、短期力動的治療を受けた10人の独立したサンプルに関し、治療者の情動への焦点づけと患者の治療成果との関連性が検討された。その中で、重みづけされた全体平均の効果量は$r=0.30$, $p<0.01$, で、rの95％信頼区間は0.11－0.48であった。調整変数分析（moderator analysis）を行なったところ、同時に複数の治療成果変数を利用した分析では、情動への焦点づけと治療成果との間に統計的に有意な相関がみられたが、一方、単一のあるいは不明瞭な治療成果変数のみを利用した分析では相関がみられないことが明らかになった。加えて、スーパーヴィジョンのために録音やビデオ録画を使用することがより大きな正の相関をもたらしはする

が（$r=0.29$），各々の研究方法の質そのものは，効果量と関係がなかった。これらの知見はさまざまな研究や事例を超えて，治療者が患者の情動体験や表現を促進することが精神力動的心理療法における患者の改善と関係していることを意味する。特に，研究者が多面的な方法で治療成果を定義したときにあてはまる。さらに，実際の技術をより詳しく観察するためには，スーパーヴィジョンのセッション間に，録音テープやビデオ録画を使ってレビューしておくことが有効であることも指摘できる。

4．臨床的意義

力動的心理療法に関する実証的研究の結果（[26,28,29,34,35,37,38,41,44,60]，ポーターが[27]に引用）は，総じて，情動的な体験／表現を促進することの有効性を一貫して示してきた。そこでは治療者が（a）患者の感情への気づきを促進すること，（b）患者のセッション中の感情体験を深めること，（c）患者自らが感情表現できるよう手助けすること，に介入することが示されている。

次に我々は，これまでに述べてきた研究結果を，日常の臨床実践に活用するために，研究結果に基づいた介入と治療原理に関するいくつかの例を提供したい。次に示す対話は，患者自身の感情への気づきを増やす治療者の介入例であり，アブロンら[44]とヒルら[28]によって，治療成果と正の関連が見出された治療プロセスの1つである。

> 治療者：今，ここで，こうした話題について話しあっても大丈夫ですか？
> 患　者：ええ。問題ないです（大きな声で）。
> 治療者：そうですか。しかし，このことについて話し合っているときに，あなたの声が急に変わったように思ったのですが。今どのような気分ですか？
> 患　者：なんともありませんよ。ただ，私と妻との間に起こった出来事について説明しようとしているだけです。
> 治療者：そうですね，あなたは，あなたに起こった出来事について，私が正確に理解できるようとても一生懸命取り組まれています。しかし同時に，誰かの声が今のように急に大きくなったようなとき，何か不愉快であることをお話しされているのかもしれないと，私はよく思うのです。まさに今のあなたがそうではないですか？

患者の感情表現を促進することに関して[28,29]，治療者は泣き出した患者に次のうちの1つのように対応するかもしれない。

> 治療者1：もしその涙が話せるとしたら，何と言うと思いますか？
> 治療者2：泣きながら，今，あなたの体はどのような感じですか？
> 治療者3：涙は人によってさまざまなことを意味するし，同じ人でも時が違えば違うことを意味することもあります。今のあなたの涙にはどのような意味があるのでしょうか？

治療者は，患者が泣き始めたときにあまりにも早く介入しすぎることのないよう慎重に進めるべきである。そうでないと，患者はその介入を，患者の悲しみによる不快感について行なわれたものだと理解できないのである。実際，悲しみと「ともに」時を過ごすためには，治療者の，心配しながらもなお強く否定的な情動に耐えうる能力を必要としている。加えて，この治療技法を選択することにより，患者の中に起こる情動的な経験を知性化しようとする誘惑を禁止することもできる（[52] のように）。

　以上に示した例の多くは，患者の感情の明らかな表出（たとえば，患者の涙や声のトーンにみられる動揺）に応じた治療者の介入を焦点をあてたものである。しかしながら，私たちがレビューしてきた他の研究では，より先を見越して率先してアプローチすることの重要性が示唆されている。その中では，治療者は意識的に患者の情動反応という形で終わるやり方で，解釈や明確化といった介入を考案するのである（[26,35]，ポーターが [27] で引用）。続く治療的なやりとりはこのような解釈の有効性を示している。

> 患　者：先日，本当にばかな上司が私に言ったことを信じられないと思います！　完成させた仕事を届けるために彼女のオフィスに立ち寄りそれを手渡すときに，彼女は「そろそろ時間だから」と言ったんです。その鬼婆に向かって声を限りにわめきたいと思いました！なんとか彼女の右の頬を殴らないよう我慢したんです！
> 治療者：あなたの上司の発言は，あなたにとって特別傷つくものであったのだと想像します。特に，これまでのあなたの人生の中で，重要な他者から非難された経験があるからです。おそらくそのような怒りはまた，あなたが繰り返し，助けを求めた人から非難された失望から，あなたを守るものでもあったのでしょう。

　患者の情動表出を増すことを目的とした他の解釈の例は次のようなものである。

> 治療者：あなたは，他の人や自分自身さえもが，あなたを見捨てるかもしれないと直感すると，怒って反応するようですね。このことすべてがあなたにとって，いかに気を動転させ，おそらく恐ろしい思いをさせているに違いないかがわかりました。

　我々が行なった他の研究レビュー[26,29,34]では，治療者がセッションの間中，患者の感情に明らかな変化を起こさせようと試みることが知られている。続くやりとりはこのタイプの治療的介入を表わしている。

> 患　者：（しばらくたって）そう，私はこの男性と会ってすばらしい時間を過ごし，そしてたぶん私たちはまた終わるのでしょう…。
> 治療者：今日ここに来てすぐのときには，あなたはとりわけ饒舌で興奮しているようでした。し

> かし今，昨晩のあなたのデートについて話しているときには，静かになって，あなたが話していることからかなり距離をとっているように感じました。このことについてどう思いますか？

患者の感情に変化を促す他の例として次があげられる。

> 治療者：あなたの家族との関係について話題にすると不愉快のようですね。しかし，以前よりも今の方が穏やかですよね。

他の研究[55,56]では，否定的な情動の体験／表現を促すこと，特に治療者に対する否定的な感情や葛藤的な不安の表現を促すことの重要性が強調されている。続くやり取りは，陰性転移への注意と葛藤的な不安を組み合わせた介入を示している。

> 患　者：また遅れてしまって本当にすみません。ひどい交通渋滞に遭ってしまったんです。いずれにしても，一週間の大嘘をついてしまった……。
> 治療者：あなたの先週の出来事を話題にする前に，あなたが遅れてきたことについての最初のコメントにちょっと戻りたいと思います。あなたが指摘したように，ここ数週間を通して時間に間に合うことが難しかったようですね。
> 患　者：そうなんです。時間通りここに来ようとするのですが，とんでもなくついていないようです。
> 治療者：時々私が，遅れて来たときにそのことが何かを伝えているため注意深く見る価値があると思っていることを，あなたは知っていますね。ここでもそうだと思いますか？
> 患　者：いいえ，あなたに怒っているとかそんなことはありません。実際私は，すべてにおいてあなたに非常に助けてもらっています。
> 治療者：あなたが，すべてにおいて私があなたを助けているとおっしゃったときに，時として私は役に立っていないのではないかと思います。
> 患　者：あら，問題をもち出してセッションを始めさせずに私を待たせているのは，まさにあなたですよ。

その治療者と患者は，詳細にわたって患者の欲求不満について話し合い続けた。後に，治療者は次のように述べている。

> 治療者：私たちが，あなたをイライラさせる問題について話し合っているということについて，あなたもともに努力してくれているということにとても感謝しています。そうすることは，それほど簡単なことではありません。実際，これらの感情について話すことは，誰かを心配させ，不愉快にするかもしれないですよね。だから代わりに何か別のことに気持ちを向けたくなるのもわかります。別の出来事が，あなたの人生の中で続いているよ

> うに……。

　情緒焦点型技法を利用するにあたって，それらの効果を最大にするために，いつ，またはどのような環境のもとで行なうのがよいのかといった質問は，これまでみてきた他の研究の結果から明示される。ホロビッツの研究[50]（ホロビッツによる私信2003年10月22日）の結果は，セッションの中で患者の情動を促進することが，自己や他者に対する体験様式がより一貫しており安定性のある患者にとっては，有効であることを示唆している。加えてこのことはまた，自己や他者に対する体験様式に一貫性がなく不安定である患者に対して，このような情動体験を促進することへの警告でもあるのだろう。先の例のように，患者には，他者が良い面と悪い面の両方をもっていると思えるような力があると想定してみよう。このような患者に対し，治療者は以下のような介入を行なうことができる。

> 治療者1：あなたが一瞬顔を背けたことに気づきましたが，まさに今，どのような感情を経験しているのかなと思っているのですが。
> 治療者2：あなたは今日，いつもより集中できていないようです。もしかすると，私たちは，強烈な，それどころか恐ろしい感情に近づいているのではないでしょうか。

　さらに，他者の良い面と悪い面を統合することが難しい患者について考えると，彼らはしばしば周囲の人々を「すべて良い」か「すべて悪い」かのどちらかとみなすのである。そのことが顕著なセッションで，治療者が一瞬顔を背けたことに対し，患者は強い言語的攻撃で反応した。

> 患　者：あなたが私に注意を向けないことが信じられません！　あなたは単に大勢の中の1人にすぎないのですね！　私からお金だけとって，私が話すことに注意を向けないなんて。これまでずっとあなたを信じてきたけれど，たった今，あなたの本当の姿を知って，非常に怒っています！

　この場合治療者は，確かにこの行為を認め，それに対する患者の解釈を探求したとしても，患者の情動表現が増すよう励ますことは有害なことであり，おそらく患者の調子を狂わせ，彼女をますます混乱させることになるのではないかと判断する。その代わりに，治療者は（否定的感情がより高まった）その治療関係の中で，患者が体験した変化（shift）そのものに探求の目を向けるのである。

> 治療者：そうですね。私はちょっとの間，顔を背けて，実際あなたを困らせてしまったようです。でもそれと同時に，あなたの私に対する印象はほんの数分前からかなり劇的に変わったのだと思います。今のは，あなたが経験したことと合っていますか？
> 患　者：ええ，あなたが私を無視したことに相当腹を立てています！
> 治療者：ええ，あなたは怒っています。そして以前も，非常に強烈に感じてしまうあまり，あなたはすべてを否定的に感じ，この関係性においてどんな肯定的な感情をも体験できなくなりましたよね。

　ガストンとリング[46]の結果は，情動焦点型の技術を使用するかどうかの決定においてさらに考慮されるべきこととして，治療同盟の強さを示している。強い治療同盟のもとでは，情動探求的な技法は，患者の治療的進展を促進するうえで有効となりうるのだ。このことは，治療者が治療同盟を発展させることに細心の注意を払い，治療関係の決裂を修復し[61]，同盟が健全に結ばれていると思ったときに情動焦点型の技法を利用することを勧める。続いて，初回セッションの例を考えてみよう。患者は，自分の考えを出来事に対して筋の通った話にまとめることが難しく，治療を求めるようになったのだ。

> 治療者：ゆっくりやりましょう……今日あなたがなぜここにお見えになったのか，何かそのあたりの感触を得たいと思うのですが。お気づきだとは思いますが，最初のセッションで不安になるのは，ごくあたりまえなことですよ。
> 患　者：不安……。私は別に不安ではありません……。何をもってそう思ったのですか？　おそらくあなたが，その不安になっている１人なのではないですか？
> 治療者：（現在の治療同盟が非常に弱いものだと理解する）ええ，そうでしょう。一部そのように感じています。私は最初に人に会ったとき，いつもどのようなことが始まるのかといくらか神経質な気持ちになりますが，同時に彼らのことをもっと知ることや，いっしょに行なう作業について興味深く思います。だから，あなたはそのことを指摘したのかもしれませんね。おわかりになりましたでしょうか？　ここで何かあなたを神経質にさせるようなエネルギーを感じますか？

　治療者と患者は彼らのやりとりのプロセスを続け，その結果セッションはよりスムーズに進行してゆく。強い同盟が認識される中で，治療者は後に，患者が人生の中で多くの悲劇的な喪失体験を報告したことへの反応として次のように述べている。

> 治療者：愛する人の死はしばしば，何かやってみようとか，何かを感じようとするのを非常に難しくします。そのような喪失の後，いつも，あなたはどのようになっていましたか？
> 患　者：とてもひどくて……。とても孤独で無力になるんです。だれか頼れる人を捜すのですが，みんな去っていくことがわかっているんです。

　以上のように，私たちは実証的に支持された多くの情動焦点型技法について概説し

た。その中には，治療者が注意を払うことで，患者自身の感情への気づきが増し患者の感情的な体験／表現が促進されること，さらには，泣くことや患者の気分の変化，あるいは患者が示す治療者／治療に対する不満行動（たとえば遅刻など）など，患者に特徴的な反応について話し合うことが含まれている。治療者は，これらの患者の反応に対し明確な言及をし，考えうる患者自身の感情的な意味を映し返し，詳細にわたって現在クローズアップされている感情について話し合うよう要請される。加えて，治療者は，自身が行なう解釈／明確化を，患者の情動表出を増大させる方向で用いるよう要請される。このことは，表現されていない患者の気持ちを指摘することによって，それが患者の人生の文脈の中で理解できるようになればより可能となるのである。治療者は，その患者固有の過去経験について熟考し，自己と他者に対する安定的な体験をもつ患者に対して，より何度も／集中的に情動焦点型技法を利用しなくてはならない。治療同盟は治療的決裂を見極め修復するための重要な動機づけとなり，情動焦点型技法の使用を増大させることにつながる。これらの介入によって，患者自身が，これまで認められなかった気持ちに対する好奇心を高め，適切に表現し少しずつ体験できるようになると考えられる。

5．結論

　これまでの心理療法研究の結果から，力動的な立場の治療技法や治療プロセスに関する理論の中心は，明らかに情動への焦点づけに収斂するといえる。より具体的に言うと，治療者は，患者の感情的気づきを増やし，セッション内での患者の情動的体験を深め，患者の感情表現を促進することが必要なのである。研究結果は，一般に行なわれているこうした技法が，治療的改善と結びつくことを実証しており，とりわけ治療者が患者の情動表出を増大させることを目的に，自らの解釈／明確化を行なうことの有用性が根拠づけられたのである。加えて，治療者は，患者自身が治療関係における「今，ここ」[32, p.139]での情動を体験し表現することができるように促すのと同じように，セッション内における患者の感情の動きや変化に特に注意を払うことも重要である。これらの情動焦点型技法は，とりわけ，自己と他者に対して一貫性のある安定した体験様式をもつ患者に，また／あるいは，健全な治療同盟が築けている段階に適しているようだ。これらの知見は力動的な治療における現代の発展を支えるだけでなく，臨床的介入を行なう際に特別な情動焦点型技法が有効であることをも指し示している。

第11章

情動焦点型短期力動的治療：
実証的に支持された感情恐怖に対する解決方略

1．はじめに

　心理療法研究の分野では，現在大きな謎を解く真最中にある。これまでに，異なる心理療法でありながら効果の程度はほとんど変わらないということが頻繁に報告されてきた。にもかかわらず，患者の改善の大部分に対して一貫して寄与する要因は特定されてこなかった[1,2]。これまでに，終結時の患者の改善に関しては，治療契約が，それらの分散のほぼ22％を説明し[2]，インテーク時の患者の特徴が20～25％を説明する[1]とされてきたが，分散の残り半分以上を説明する要因は謎のままである。
　この残り半分以上の複雑かつ不思議な要因というのは，心理療法プロセスにおけるどのような要因なのであろうか。治療に大きく影響する何らかの要因として特定できるものはないか，あるいは，ある治療は強力な効果をもたないのか。さらに，患者に変化を引き起こすメカニズムを正確に把握する適切な方法を，我々はもっていないのであろうか。もっといえば，変化のメカニズムはより文脈に依存するため，個々の患者に独自なものとして考えざるを得ないのであろうか。最後に，現在の我々ではいまだ発見しえない，個々の心理療法に特異なメカニズムが存在するのであろうか。
　感情はそうした謎めいた変数の1つかもしれない。感情は，多くの理論的オリエンテーションの中で患者の変化に貢献する要因として，またいくつかの研究ではあたりまえの要因として考えられてきたが，心理療法における感情研究となると不明瞭な点が多いのである。本章では，心理療法における感情の影響について探求し，感情という複雑で混乱させる概念を操作的に定義し，以前には検討されてこなかった感情のさまざまな面に光を当てる可能性をもつ研究について報告したい。

2．短期力動的心理療法における感情への注目

　短期力動的心理療法（short-term dynamic psychotherapy：STDP）がよって立つ理論では，多くの患者の問題はある感情の周辺にある葛藤や恐怖に由来すると仮定されている[3-8]。中心となる前提は，精神力動的な葛藤はある感情に対する恐怖，あるいは「感情恐怖（affect phobia）」として考えられ，感情にまつわる恐怖（意識的なものも無意識的なものも含む）は，全てではないが患者が呈している問題の根底をなしている，ということである[8]。例えば，喪の問題が未解決の場合，その根底にある感情的葛藤あるいは恐怖症は「一度泣き始めたら，止まらないのが怖い」というものかもしれない。また，犯罪や災害などの被害者，あるいは虐待の問題の場合，その根底にある感情恐怖は「恐怖心はもちろんであるが，自分自身のことをあまりにもうしろめたく無価値な存在と感じているので，怒りなんてない」というものかもしれない。さらに，引きこもりや孤独の問題の場合，感情恐怖は「何年も心を閉ざしていれば，再びあのように傷つくことは決してないだろう」というものかもしれない。そして，低い自尊心の問題の場合，感情恐怖はしばしば「自分はあまりにも恥ずかしい存在なので，自分には同情されるような価値ある側面などない」という形をとる。

　後で述べるように，標準的にはどんな恐怖症も曝露と反応制止によって治療がなされる[9]が，力動的葛藤を感情恐怖として観ることで治療者は上記にあるような葛藤した感情を扱うことができる。つまり，患者に，ずっと回避し続けてきた感情のレベルを徐々に増大させながら（曝露のプロセス）体験させていくと，一方で，不安や他の阻害的感情（例えば，罪悪感，恥，あるいは痛み）は管理できるレベルにまで減退させることができるのである（つまり回避的反応が起きないようにすることができるのである）。その目的は，患者が以前から耐えきれない防衛的な感情に直面し，それを抱え，そして正しく理解できるよう手助けすることである。

3．「感情恐怖」概念の歴史的起源

　「感情恐怖」は歴史的には，（感情を深く理解するための）ゲシュタルト療法，（不適応的な認知を再構成するための）認知療法（cognitive therapy：CT）的アプローチ，（関係性を再構成するための）対人関係的介入（interpersonal intervention），（自己像を再構成するための）自己心理学といった心理療法において，「何が作用するのか」ということに関する統合的理解の中から発生してきた。しかし，感情恐怖の主要な起源は，感情を阻害する不安というものを通して苦痛感情から自己を守る，とする防衛の役割を検討してきた精神力動論，および学習理論（つまり，避けられてきた感情への曝露，あるいは防衛的回避の反応制止など）にある。この後者2つの理論的貢献に

ついて以下，焦点をあてる。

4．感情恐怖の精神力動的起源

精神力動論は，以下の3つを提示している。

1．内的な心的要素の記述
2．精神病理の原因論
3．葛藤の結果として，いかに問題行動が発生するかの記述

　心理療法の中で感情に注目するようになったのは，治療において感情に焦点をあてたより短期間のモデルを強調するようになった精神分析学派の動向に始まる。基本的に，フロイト（Freud）[10]は，神経症は不快な無意識的経験を回避する試みであり，明言していないものの，こうした「無意識的」材料の多くは空想に含まれる感情を詳細に見つめていくことで取り出せるものと仮定している。長いプロセスになりやすい精神分析を短期間にするために，フェレンチとランク（Ferenczi & Rank）[62]は治療者の受動的態度を積極的態度に改めることで，分析を短くするためのいくつかの方略を提案した。アレクサンダーとフレンチ（Alexander & French）[11]は，時間の短縮化（imposed time limitation），患者－治療者関係への焦点化，中心的な感情的葛藤への集中的な体験化（unrelenting experiencing of the focal affective conflict）といった短期的方略を拡張して，患者のより深く長期的な変化を促そうとした。マイケル・バリント（Michael Balint）とエニド・バリント（Enid Balint）との共同研究の中で，マラン（Malan）[12,3]は一貫して感情に注目し続けた。マランの言葉に，「毎回のセッションにおいていつ何時でもその目的は，耐えられる程度に患者自身の本当の感情を患者に経験してもらうことである」というものがある[3,p.84]。ディバンルー（Davanloo）[4]の見解も影響力をもっており，その中で彼は，遠ざけてきた感情を発見するために防衛への強力な直面化を促す方法を提示している。さらに，母子実験室での研究が隆盛になると，感情への注目の重要性はいっそう支持され（例えば[13-15]参照），乳児が制限されるのではなく誘導されることで発生するさまざまな感情のレパートリー（例えば，悲哀，喜び，興味，恐れ，嫌悪など）をもって生まれてくることが実証されている。トムキンズ（Tomkins）[16,17]の感情理論は我々の感情理論の基礎を提示している。
　エクマンとデビッドソン（Ekman & Davidson）[18]も述べるように，トムキンズの理論に基づいたさらなる研究では，感情恐怖モデルで用いられる感情の分類カテゴリーが支持されてきた。その分類は具体的に，①「悲哀」「怒り」「逃避反応を誘発させる恐怖」「（他者に対するやさしさや喜びも含む）喜び」「興奮」など，活性的な感

情群と，②「罪悪感」「恥」「感情的痛み」「凍りつくような恐れ／不安」など，抑制的な感情群である。

　こうした臨床や実証研究のおかげで，感情は精神力動論において理論的な中核となり，もはや動因の派生物ではなく基本的な駆動力として考えられるようになった[19]。

　こうして，フロイトの葛藤理論の更新版（最初の記述は1979年のマラン，操作的定義はマックロー（McCullough）[6]とマックローら[8]による）では，精神力動的葛藤はある感情の周辺にある葛藤から生じると考えられるようになった。基本的にそれは，動機づけシステムにおける感情要素間の対立である。不安，恥，罪悪感，痛みといった抑制的な力は，意図的であろうと無意図的であろうと，養育者による情動調律の失敗やネグレクトまたは虐待的な相互作用に対する主観的経験によって人生の早期から芽ばえるのである。そしてこの抑制的感情は，悲哀，主張，親密さ，自尊心といった自然で健康的な活性的感情反応の発露を阻むのである。感情恐怖の典型例としては，怒りに対する罪悪感，泣くことへの躊躇，親密になることへの痛み，自分自身に対する恥などがある。適応的な活性的感情反応が抑制的感情によって阻止されると，あまり適応的でない防衛反応が生じるであろう。怒りに対する罪悪感があるならば，怒りの表出に関する正当で健康的な限界ラインを設定できなくなり，受動的になったり，抑うつや不安が生じたりするであろう。泣くことに対して恥感情があるならば，健康的な悲哀の表出は阻止され，過食，病的な悲哀，いらだち，さらには抑うつが生じるであろう。このような不適応症状は，不快ではあるが，感情にまつわるより不快な葛藤を回避するための幾多もある方法のうちのごくわずかなものである。

5．感情恐怖の学習理論的起源

　学習理論は，次のことを掲げている。

1．「恐怖刺激」としての「無意識的な葛藤感情」の再定義
2．変化のメカニズム，すなわち，曝露と反応制止による恐怖刺激の脱感作

　ある統合的理論家たちは，精神力動的原理と学習原理がともに機能するような方法を提案してきた。コーテラ（Cautela）[20]の潜在的条件づけ理論は，感情恐怖概念の発展において最初のはずみとなった[21]。コーテラは，「強化」と「消去」の原理が，顕在的な行動と同じように思考や感情などの内的あるいは潜在的な行動にも影響することを教えている。

　ドラードとミラー（Dollard & Miller）[22]，スタンプルとリーヴァイス（Stampfl & Levis）[23]，フェザーとローズ（Feather & Rhoads）[24]といった理論家たちによると，不安はある特定の動因や衝動を体験するときに出現するものであり，曝露と回避反応

の制止を用いた脱感作などの行動的技法が，回避反応の根底にある動因と関係したイメージにも適用可能であるとされている。ドラードとミラーは，フロイト[25]が不安を「消去」によって一定して減弱させることができると主張していたことを指摘した (p.241)。1977年にワハテル（Wachtel）は『精神分析と行動療法』というタイトルの本を出し，彼はその本の中で，精神分析と学習理論を統合し，恐怖症の一形態として感情に対する恐怖というものを探求してきた。そして研究データが感情に対する恐怖というものを支持するずっと以前から，ワハテルは，感情喚起を伴わない知的な洞察は決定的に「治療的な実りをもたらさない」と述べた[26]。

こうした理論家たちすべてにおいて，感情，あるいは願望やニーズの充足は不安によって抑圧される運命にあるとする考えについては同意が得られている。それぞれの理論家は，不適切な不安を減退させることが問題行動に対して治療的変化をもたらすうえで重要であり，それは曝露と反応制止によってなされると考えている。そして，神経症的問題は幼少期に学習した恐怖から発達したものであり，それはその後の人生においても問題を引き起こすものだと考えている。こうして，感情恐怖モデルは，①積極的な介入を通じて患者の変化を加速化させる強力な情動焦点型短期精神力動的心理療法と，②精神分析と行動療法に共通項を見出そうとする統合的理論家たちによって生み出された。そして，こうしたアプローチすべては基本的に変化を引き起こす要因について共通理解をもっており，それは患者を怯えさせる感情あるいは「感情恐怖」にさらして脱感作させることである。

6．心理療法における感情の研究

ここ10年の間に，心理療法における感情反応はその影響に関する研究に基づいてさまざまにレビューされてきた。感情に関する研究は，全般的な感情喚起に焦点をあてたもの，ポジティヴな感情に焦点をあてたもの，ネガティヴな感情に焦点をあてたものに分けることができる。オーリンスキー（Orlinsky）ら[27]によれば，治療者の介入に対する全般的な情動喚起に関するレビュー研究のうち半数は全般的な感情喚起が患者の改善と関係することを示し，残り半数は患者の変化と関係ないとするもので，患者のネガティヴな治療成果と関係することを示す研究はなかったという。さらに，4つの研究は患者のポジティヴな感情経験と治療成果の間に関連性があることを示し，ネガティヴな感情に関する50の研究のうち20の研究では，それが治療成果と正あるいは負の有意な関連性を示すことが明らかになっている。オーリンスキーは最終的に，「患者が治療セッション中に苦痛なあるいはネガティヴな感情を経験することは，良きにつけ悪しきにつけ治療そのものに対して強い影響力があり，それは治療者がそうした患者のネガティブな感情をいかに効果的に扱うかによるのだ」[27,p.345]と結論づけている。

近年のメタ分析では，心理療法の中で生じる情動発露の利点については，より明確な結果が示されている。ディーナー，ヒルセンロス，ワインバーガー（Diener, Hilsenroth, & Weinberger）[61]は，先行研究で曖昧な点を排除するために，方法論的に問題のない研究を選出し，700以上の研究のうち10の研究が基準を満たしているとし，メタ分析の対象とした。その結果，治療者が感情を促すことは患者の変化と有意な関連を示したが，その効果量は小さいものであった（$r=0.30$）。この結果が示唆するように，また本章でも議論するが，感情研究の曖昧な点の多くは方法論上の問題だけでなく感情概念の混同にもよるのかもしれない。

　また，オーリンスキーらのレビュー[27,28]が述べるように，感情研究はポジティヴな側面とネガティヴな側面に焦点をあててきた。しかし不運にも，この分類は情動がなす多くの異なる機能を考慮に入れていない。すべての感情はポジティヴで治療促進的かつ建設的に機能するといえるであろうが，一方ではネガティヴで破壊的にも機能する可能性がある。このように，感情機能が複雑で重複することが，研究結果における混乱を導く最も大きな要因の1つなのかもしれない。

7．活性的な感情群と抑制的な感情群

　心理療法で患者の変化を強力に推進する潜在的力を分類すると，活性的感情群と抑制的感情群に分けられる。感情とは，ある行為を駆動させる機能（主張，悲哀，親密さ，信頼）あるいはある行為の抑制を図る機能（恥，不安）といってもよい。さらに，感情は防衛的な回避を引き起こすといった不適応的機能ももっている（例えば，感情発散的というよりも抑うつ的な涙もろさ，主張的というよりも攻撃的な怒りなど）。こうした感情の抑うつ的あるいは攻撃的な形態は患者の改善とは関連がないと思われるが，適応的な形態の感情（例えば，悲哀や主張）は問題解決につながるであろう。

　活性的と抑制的の2分類は，多くの研究者や理論家によって支持されている。グレイ（Gray）[29]は2つの動機づけシステムに関する理論を掲げ，彼はそれらを行動活性化システム（behavioral activation system : BAS）および行動抑制システム（behavioral inhibition system : BIS）とよんでいる。フォウルズ（Fowles）[30,31]は，心拍数がBASの活動を示し，皮膚電気反応がBISの活動を示すことを実証している。ウィルヘルムとロス（Wilhelm & Roth）[32]は，生体に危機が生じるとBASとBISがともに活動することを実証している。

　コノルスキー（Konorski）[33]やディキンソンとディアリング（Dickinson & Dearing）[34]もまた，「忌避と魅惑」という2モードの分類を提案している。ラング（Lang）ら[35]はこの分類による研究を進め，欲求満足（appetitive）システムと防衛的（defensive）システムと名づけた基本的な2つの動機づけシステムを明らかにした。この2つのシステムは，活性化と抑制を司る特定脳領域と関係していた。

近年,行動活性化システムと行動抑制システムに関する研究が増えてきている。カーヴァーとホワイト（Carver & White）[63]はこの２つの概念を測定する十分妥当性のある尺度を開発している。また，サットンとデビッドソン（Sutton & Davidson）[36]は右前頭葉の活動がBISに，左前頭葉の活動がBASに関係し，前頭葉のEEG活動がポジティヴ感情およびネガティヴ感情尺度のいずれとも有意に関連しないことを明らかにしている。こうした研究は，活性化と抑制という２つの動機づけシステムの妥当性を支持している。

　感情恐怖モデルは，精神力動的葛藤が行動活性化の基盤にある活性的感情群と行動抑制の基盤にある抑制的感情群の間の対立から生じるという前提に基づいている。精神力動的心理療法[3]の一般原則は，「防衛や不安は真の感情表出を阻止する」とされている。言い換えると，恐怖症は，外的刺激に対する反応，あるいは感情のような内的もしくは内部受容感覚的なシグナルに対する反応として生じうるということである。このように，感情恐怖において，不安は真の感情あるいは活性的感情の表出を妨げる抑制的感情といえる。この２つのシステムが対立するとき，防衛反応が，（精神力動的用語では）「妥協形成（compromise response）」，あるいは（学習理論用語では）「恐怖症的回避反応（phobic avoidance response）」として登場するのである。

　力動的原則を学習理論の原則に翻訳する利点は，行動の変化に関する豊富な研究を引用することができるというところにある。曝露と反応制止に関する原理は，フォアとマクナリー（Foa & McNally）[37]やバーロウ（Barlow）[38]によって発表された治療プロセスと同じように，活性的感情と抑制的感情の間の対立を解消するときに適用できるかもしれない。つまり①活性的な感情経験（怒り，悲哀，思いやりなどの身体的経験）にさらしたり，その経験の質を変える，あるいは②不安，罪悪感，恥や痛み，その他の回避的防衛の量を減らすことで抑制反応そのものを制止する，といった方法で患者の基本的な変化を引き起こすのである。また，直接的な曝露は，適応的な感情を伴う生理的喚起状態を起こすのである。要は，ある感情に関する思考や言葉，あるいは一般的な空想やイメージにさらすだけでは脱感作は生じない。脱感作が生じるには，感情を身体で経験することが重要なのである。

8．感情恐怖治療における主要な目的

　この情動焦点型STDPでは，主に４つの介入領域が強調されている（議論を通じてより知りたい方は[8]参照）。

・洞察の獲得：無意識的な葛藤感情を回避するパターンが，人生初期においてどのように始まったのか，さらに，そのパターンが現在に対してどのような利害関係をもっているのかを明らかにする。そうすることで，防衛反応を再構成すること

ができる。
・感情への曝露と感情の表出：抑制の軽減，真の感情に対する耐性の増大，さらには他者に対する適応的な（真の）感情表出が可能になるまで曝露を維持する。そうすることで，活性的な感情群を再構成できる。
・抑制的な感情群の調整：活性的な感情群を柔軟に経験し，かつ自由な感情表出が可能になるように，不安，罪悪感，恥，情動的痛みといった抑制的感情群を標準値内にまで軽減させる。
・自己感および他者感の再構成：自己イメージと結び付いた恥の感覚を軽減させると同時に，他者に対する適切な感情やポジティヴな自己感情に曝露させる。そうすることで，不適応的な内的自己および他者イメージを変容することができる。

9．感情恐怖研究で使用される方法と手続き

上記の治療モデルは，2つの無作為統制試験（RCT）によって検討された。1つめのRCTは，ニューヨーク市のベス・イスラエル医療センターで行なわれた[39,40]。64名の患者が無作為に2つの短期心理療法（強い直面化を伴うSTDPと防衛への適度な直面化を伴う短期適応的心理療法（brief adaptive psychotherapy：BAP））と治療待ち患者で構成される統制群（$N=17$）のいずれかに割り当てられた。2つ目のRCTは，ノルウェーのトロンドハイムにあるノルウェー科学技術大学で行なわれた。50名の患者が無作為にこのSTDPモデルかCTのいずれかに割り当てられた[41]。

両研究ともに，患者はパーソナリティ障害C群および抑うつ／不安にかかわるI軸診断基準の1つ以上を満たしていた。患者は40セッションの治療に無作為に割り当てられた。治療者は経験豊かな常勤の臨床家であり，その治療の方式に精通した人物によるスーパーヴィジョンを受けていた。治療成果は，ストレスを伴う症状（SCL-90[42]），対人的問題[43]，スヴァートバーグ（Svartberg）らが作成した中核的なパーソナリティ機能不全（MCMI[44]）という3つの側面から評定され，治療開始期，中間期，終結期，終結から1.5～2年後の間のフォローアップ期に行なわれた。この2つの臨床試験ではともに，変化のプロセスを特定するための研究データとして治療セッションの映像が録画され，またその試験後にプロセス研究を行なうためのプログラムが引き続き実施された。また，改善に導くような治療メカニズムを発見するために，いくつかの妥当性の高い心理尺度を開発した。

心理療法における相互作用の分類システム

心理療法相互作用の分類（Psychotherapy Interaction Coding：PIC）システム (McCullough, L., 1987. The Psychotherapy Intervention Codes (PIC). Unpublished manuscript；www.affectphobia.comで利用可能) は，心理療法セッションにおける治療者の介入と患者の反応の相互作用を刻々

と把握するために開発された。治療者の介入には，質問，情報，自己開示，明確化，直面化，指示・助言，支持，解釈というカテゴリーがある。患者の反応のカテゴリーとしては，防衛反応，情動反応，認知反応がある。PICシステムは，治療者の介入だけでなく，その特定の介入に対する患者の反応という形で治療が及ぼす影響をも評定するという初めての試みであった。こうしてPICシステムはプロセス評定の測度，また「微細な状態変化の測度（micro-outcome measure）」として用いることができる。治療者の介入はそれぞれ異なる行動として操作的に定義されたので，異なる治療技法を比較することが可能になった。

▌ 治療目標達成尺度

治療目標達成尺度（Achievement of Therapeutic Objectives Scale：ATOS）は，治療が患者に及ぼす影響の評価方法をより充実させたもので，患者が治療を通じてどの程度のことを学習・吸収したかについて0～100で回答するものであった。別の言い方をすれば，ATOSは患者が心理療法の特定の目的にどの程度到達したかを評価するものである。例えば，①患者は不適応的な防衛行動を認識することで，どの程度洞察が可能となったか，②患者は不適応的行動から脱却することで，変化に対する動機づけをどの程度高めたか，③患者はそのセッションで活性的感情群と抑制的感情群をどの程度経験したか，④治療以外の関係の中でそれらの感情をどの程度表出したか。このように，ATOSは治療が患者に及ぼす影響の程度を測定するのである（ATOS[8]）[原注1]。ATOSは，各セッションを10分間隔に区切ったそれぞれの局面で評定されるようになっており，その評定結果は，終結期やフォローアップ期での変化に関する他のさまざまな測度と関連がある。5つの信頼性研究[45]と1つの妥当性研究[46]によって，ATOSは心理尺度として適切なものであることが示されている。

10. STDPの治療成果研究

2つの臨床試験によって，STDPがⅡ軸診断のパーソナリティ障害C群に対して有効な治療であることが示された。コーエン（Cohen）[47]が提示する手続きに従って分析したところ，効果量は大きいものであった。

▌ ベス・イスラエル医療センターのRCTによる結果

ベス・イスラエル医療センター（The Beth Israel Medical Center：BIMC）の研究結果（表11.1）は，STDPとBAPを受けた患者群ともに終結期には症状および対人

[原注1]　感情恐怖に対する治療モデルの詳細は，www.affectphobia.com.にアクセスいただきたい。このウェブサイトには，①心理療法のビデオ録画情報，②ビデオ録画や逐語録に基づいた治療プロセスのATOS評価マニュアル，③DSMの診断名や治療前の患者の性格を知るための心理療法アセスメントチェックリスト（Psychotherapy Assessment Checklist：PAC Forms 患者自己記述版）がアップされている。

●表11.1 情動焦点型短期力動的治療の2つの臨床試験と短期力動的治療（STDP）における変化の効果量の比較

研究のタイプ 患者の数 セッションの長さ 評価の期間	症状 (SCL-90)			社会的適応 (IIP／社会的適応性尺度)		
ベス・イスラエル医療センター研究　Winston et al. [68, 69]						
無作為統制試験：患者数＝ 32＋32／40セッション	STDP	BAP	統制群	STDP	BAP	統制群
統制群＝17	強い直面化	弱い直面化	治療待ち患者	強い直面化	弱い直面化	治療待ち患者
治療前から治療後まで	0.96	1.11	0.46	0.80	0.70	−0.07
治療前からフォローアップ終了まで	0.65	0.63	0.25	0.97	0.97	0.36
トロンドハイム研究　Svartberg et al. [41]						
無作為統制試験：患者数＝ 25＋25／40セッション	STDP	CT	統制群	STDP	CT	統制群
治療前から治療後まで	0.65	0.73	−	0.58	0.74	−
治療前からフォローアップ終了まで	0.87	0.95	−	1.00	1.09	−
STDPのメタ分析　Leichsenring et al. [48]						
17研究のメタ分析	STDP	CT	統制群	STDP	CT	統制群
治療前から治療後まで	0.90	1.04	0.12	0.80	0.92	0.21
治療前からフォローアップ終了まで	0.95	0.97	−	1.19	1.05	−

的機能に大きな改善を示した。SCL-90の効果量はSTDP−強い直面化群で0.96，BAP−弱い直面化群で1.11であった。対人的機能に関しては，対人的問題目録（Inventory of Interpersonal Problems：IIP）の効果量の変化がSTDP−強い直面化群では0.80，BAP−弱い直面化群で0.70であった。1.5年後のフォローアップ時では，症状の効果量は維持され（得点の変動が大きいので，それぞれ0.65と0.63にまで落ちたが，その差は有意ではなかった），対人的機能も改善していた［両群ともにES（効果量）＝0.97］。しかし全体的にみると，得点の変動が多いため，STDP−強い直面化群とBAP−弱い直面化群の間に有意差はなかった。治療待ち患者で構成される統制群では，症状や対人的機能の改善との有意な関連はなかった。

▌ トロンドハイムの RCT による結果

　表11.1に示すように，CT と STDP はともに終結期では，SCL-90で示される症状に対して良好な改善をもたらし（STDP：ES＝0.65；CT：ES＝0.74），IIP で示される対人的機能に対しても良好な改善をもたらした（STDP：ES＝0.58；CT：ES＝0.74）。2年後のフォローアップ期では，こうした改善は維持されるだけでなく，SCL-90でみる症状の変化に関してわずかな改善がみられ（STDP：ES＝0.87；CT：ES＝0.95），対人的機能に関してもわずかな改善がみられた（STDP：ES＝1.00；CT：ES＝1.09）。しかし全体的にみると，フォローアップ期においては，どの尺度も STDP と CT の間に統計的な有意差がみられなかった。

　両研究の結果から，STDP はパーソナリティ障害 C 群の患者に対して効果的な治療であったことが示唆された。両臨床試験での効果量は大きかったが，ライヒゼンリング（Leichsenring）らが行なった短期心理療法のメタ分析ほど大きいものではなかった（表11.1参照[48]）。それは，今回の2つの RCT で対象とした II 軸診断のパーソナリティ障害 C 群患者では，治療困難なケースが多かったためかもしれない。

11. STDP のプロセス研究

▌ BIMC プロセス研究の結果：防衛への直面化

　1980年代最初のプロセス研究は，STDP の「不安喚起」モデルへの効果に焦点があたっていた。つまり，防衛への強い直面化によって感情反応は増大し症状は改善されると考えられていた。しかし，PIC システムを用いるようになって，BIMC 研究室から報告された一連の研究では，支持的で，共感的な，明確化技法の方が直面化による介入よりも患者の感情を豊かに生み出すことが実証された。例えばサラーノ（Salerno）ら[49]は，患者－治療者関係における治療者による直面化の全体的な多さは，患者の症状改善を予測しないことを明らかにしている。その後の研究[50]では，ある感情に対する防衛を打ち破るのは持続的な直面化であろうと仮定して1～9分持続した直面化が検討された。しかしやはり，期待とは裏腹に，持続的な直面化は患者の改善を予測しなかった。こうして，患者の真の感情を導くためには，防衛の扱いにおいて柔軟かつ巧みになるだけでなく，不適応的な防衛を特定してあきらめさせるような優れた共感的技法が必要だという認識が高まった。

　分類データの探索的分析では，支持的あるいは共感的な発話を伴う治療者の直面化[51]が感情の表出を高めることが示唆されている。また，治療同盟に対する評価の高さは，特に低機能あるいは反抗的な患者では，症状の改善の可能性を高めた[51]。直面化や解釈に理解やケアを反映する発話が伴う場合には，患者は，治療者による直面化や解釈に痛みを伴う内容が含まれていても，それらをうまく取り入れることができるようであった。後ではっきりするであろうが，短期療法におけるその時々の「古

の知恵」が不安を誘発し、結果的に患者は防衛を打ち破って真の感情に至るようになった（例えば、ディバンルーの不安喚起技法）。

続いて、ジョセフ（Joseph）[52]は、患者の防衛反応と感情反応を喚起させる治療者の能力について、すべての治療者の介入のあり方（例えば、質問、明確化、直面化、解釈、自己開示、支持など）を比較した。マキネン（Makynen）[50]やサラーノら[49]のように、ジョセフもまた直面化は他の介入方略以上に患者に防衛反応を喚起させることを実証した。さらに、明確化は情動を有意に喚起させる唯一の介入方略であった。治療者の傾聴と患者の発話内容を映し返す方略によって、患者はあまり防衛的にならずより開示的、感情的に応答することができるようである。こうした、直面化以前の共感と明確化を支持する研究は、防衛を変容させようとするSTDPの初期の技法に対する疑問を浮上させる。なぜなら、STDPの初期の技法はしばし、集中的な直面化が行なわれるからである。しかし、STDPの治療者は積極的、集中的、関係的であり、それは伝統的な精神分析的アプローチとはかなり異なっている。

この研究の数年後に、より穏やかな直面化を用いることが取り入れられた。今では、情動喚起における問題点は直面化そのものではなく、STDPの不安喚起方略で直面化があまりにも強く、多く、即座に行なわれてきたことだと考えられる。低機能の患者に対しては、自己の構造を構築し自己への思いやりを高めれば、そうした患者は攻撃されたと感じずに直面化を行なうことができる。時に我々は直面化に支持的な言葉を織りまぜる（例えば、「それはよくわかっていてやったことだったのかもしれないですね（支持）、今やあなたはいつも葛藤をどのように回避しているのかわかりますね（直面化）」）。また別のケースでは直面化に対して患者の強さへの理解を組み込んで直面化を受け入れやすいように配慮することもある（例えば、「あなたは一方で専門的世界の中で功績をあげて名声を得ましたね（強さ）。しかしあなたが語る個人史からは、周囲に完璧を求めることで親密な関係を築くチャンスを壊しているように見受けられますが（直面化）、どのようにお考えですか」）。こうした発話によって曝露のプロセスになるべく速やかに移行することができるが、一方、支持的な要素は患者の自己感に関係した脆弱さを強めるだけでなく保護することにもなる。患者はしばしば、「私がしてきた馬鹿げたことを全部見つめなければならないときに、あなたは私自身の強みを思い起こさせてくれたのでとても安心しました」と声をあげる。そのとき治療者は、「なぜそれを馬鹿げたことというのですか？」または「そのときによくわかっていてしたことではなかったのですか？」と言って応答するかもしれない。

このように、「たくさんの砂糖」は直面化という薬効によい方向ではたらくことが認識されてきた。我々の臨床経験からは、曝露のプロセスを長引かせないということだけでなく、治療はより円滑に移行することや穏やかな直面化によって治療の破綻を避けられることを学んできた。ただ結局のところ、こうしたより発展した形の直面化に関する研究を今後も推し進めていく必要がある。我々は、情動を喚起させることに

よって症状が改善するだろうと信じている。

■ BIMCプロセス研究の結果：感情経験

BIMCの3つの研究は感情経験を維持する必要性を支持したが，1つの研究はそうではなかった。ポーター（Porter）[53]は，患者の全体的な感情経験の頻度が患者の症状改善と関連せず，また全体的な防衛の頻度が患者の症状悪化を予測しないことを示した。こうした結果は理論や直感，また臨床経験に反していた。しかし，その後のある研究は，患者の感情や防衛を治療者の介入に対する反応と限定したときに，それらが患者の症状変化の予測因となることを明らかにした[54]。この研究は患者の反応に対して文脈を考慮に入れることの重要性を強調するものである。トーキ（Taurke）[55]は，治療者の介入に対する反応とは限定していないが，防衛に対する情動全般の表出比率が大きくなればなるほど，患者の症状改善も大きくなることを示した。最も改善がみられた患者では治療開始時に防衛反応5回につき感情表出を1回経験していたが，終了時に防衛反応2回につき感情反応を1回経験するところにまで変化した。さらに，あまり改善のみられなかった5名の患者では，治療開始時の感情と防衛の比率1対5からの変化はなかった。これらの研究は，マラン[3]の，患者の感情表出に対する防衛の比率が低くなることでその患者の症状が改善するという主張を強く支持していた。

全体的にみると，BIMCプロセス研究は，患者の感情表出を阻害している防衛方略を打ち壊し，感情表出の喚起を高めるための技法が重要であることを示唆し，しかもその技法は当初の考え以上に穏やかなものでないといけないことを示しているようである。こうして，本章で述べた感情恐怖に対する短期的な不安調整治療の目的は実証的エビデンスから発展してきたのである。

■ トロンドハイム心理療法研究プログラムにおける詳細なプロセス分析

2001年から，トロンドハイムでの心理療法研究プログラム（Trondheim Psychotherapy Research Program：TPRP）では，スヴァートバーグとスティルズ（Svartberg & Stiles）のRCTで得たビデオ映像をATOSで分類したデータの詳細なプロセス分析に取り組んできた。これらの研究はSTDPの変化プロセスを評価するよい機会となり，またBIMCで始まった研究を発展させたものでもある。現在，さまざまな研究が進行中であり，①症状変化に関連したATOSの変数，②防衛機制と症状変化，③診断カテゴリーによって異なる反応，④特定の感情と症状変化との関係，が検討されている。プロセス研究は必要なデータを集めるのに年数がかかるため，研究達成への労力は大きい。本章では，患者の症状変化に関連してATOSの3つの変数の予備的な結果を報告する。

TPRPでは，治療中の患者の成長の結果として起こることが何かを特定するために，

主として後半のセッションに焦点をあてている。それゆえ，40セッションの治療の中でセッション6とセッション36が評定された。ATOSの変数は，抑制的感情のレベル，活性的感情のレベル，適応的自己感のレベルである。データとして，CTとSTDPともに25名の患者のうち23名が分析可能であった。データとして使用できなかったのは，ビデオテープが壊れたりセッションが録画されていなかったりしたためである。我々は，「活性的感情と自己感は時間とともに上昇し，抑制的感情は時間とともに減少し，結果として，治療の後半（例えば，36セッション）でのこれら3つの変数のレベル平均は患者の症状変化を予測するだろう」という仮説を立てた。そして，症状変化に関する合成・平均化した標準得点を算出し，①症状の組み合わせ，②対人的問題，③性格病理（（SCL-90＋IIP＋MCMI-C）／3）の少ない者から多い者までをランクづけした。治療開始時の合成された標準得点は同じ方法で計算され，共変量として用いた。ATOSそれぞれの変数は，症状変化に関する治療開始前の合成得点とセッション4での患者によって評定された治療同盟の得点（作業同盟目録；ホーヴァスとグリーンバーグ（Horvath & Greenberg））[64]を共変量とする階層型重回帰モデルに投入された。

■ トロンドハイムプロセス研究の結果：活性的感情群

表11.2に示すように，セッション6でのSTDP群の活性的感情レベルの平均は29.4（$SD=12.7$；$r=8-52$）であった。セッション36までに活性的感情レベルの平均は9.2上昇して38.6（$SD=16.0$；$r=10-70$）となった。CT群では，セッション6での活性的感情レベルはSTDP群とほぼ同じで，平均30.4（$SD=10.5$；$r=15-52$）であった。セッション36までにCT群の活性的感情レベルの平均は2.1上昇して32.5（$SD=17$；$r=5-64$）となった。さらに，表11.2では，CT群ではセッション6での抑制的感情レベルが症状変化と有意な関連を示したのに，STDP群ではそうではなかった。この結果は，CTが治療初期に症状に焦点をあてるために症状が急に変化するということを示す他の研究結果に合致するものである。対人的力動モデルでも同じ変化が示

●表11.2 セッション6とセッション36における活性的感情・抑制的感情・自己感のATOS平均レベル，および短期力動的治療（STDP）と認知療法（CT）の終了時の合成標準得点との関係

ATOS 変数とセッション番号	STDPにおけるATOSレベル	CTにおけるATOSレベル
活性的感情：セッション6	29.4（$SD=12.7$）	30.4（$SD=10.5$）
活性的感情：セッション36	38.6（$SD=16.0$）*	32.5（$SD=17.1$）
抑制的感情：セッション6	57.8（$SD=16.7$）	56.2（$SD=15.2$）**
抑制的感情：セッション36	46.9（$SD=17.9$）	44.4（$SD=15.1$）**
自己感：セッション6	34.7（$SD=12.9$）	36.4（$SD=13.3$）
自己感：セッション36	48.0（$SD=21.4$）§	48.5（$SD=16.7$）§

注）合成標準得点との関係：
  *$p=0.03$，**$p=0.000$
  §$p=0.01$，CTとSTDPを合わせたときのみ。各療法では有意な関係はみられなかった。

51〜60	適度な感情喚起：適度な感情；適度な長さと適度な抑制。例えば，目に涙をためる，適度な怒り，表情・発声・身体表現に現われる穏やかな感情。適度に感情を込めて空想や記憶を話す。適度な安心感。
41〜50	弱い〜適度な感情喚起：表情・発声・身体表現においてかなり調整されたマイルドな感情。例えば，わずかな間涙で目をにじませる，怒りで少し声をあげる，短い間やさしい言葉を言う，率直に話す。いくらか感情を込めて空想や記憶を話す。マイルドな安心感。
31〜40	弱い感情喚起：表情・発声・身体表現に低くまたすばやく表出される感情。例えば，拳を握る，ため息，顔を歪める，言葉に詰まる，自分のことで悲しみ・怒り・不安をわずかに表出するがすぐやめる。 情動表現を少し込めて空想や記憶を話すが，その内容は制限・抑制・圧縮されている。
21〜30	わずかな感情喚起：表情・発声・身体表現に短時間示される視覚的・聴覚的に微弱な感情的シグナル。内的な身体状態のわずかな変化を患者が報告するかもしれない。空想や記憶を話すときに感情表出がわずかである。ほとんど安心感はない。
11〜20	感情喚起はないが，平然と感情について話す：表情がほとんどない。平坦で感受性が乏しく平然とした声色，堅く動きの乏しい動作。患者は内的な身体状態の変化を感じるかもしれないが，それが感情なのかどうかを確信できない。平然として無情に情動的内容の空想や記憶を話す。安心感はない。

◐図11.1　ATOSにおける活性的感情レベルについての抄録

されるが，それは治療の後半になってからである（例えば，ブラット（Blatt））[56]。

図11.1は活性的感情尺度の抄録であり，臨床的評価はこのようになされる。両群ともに，セッション6ではわずかな感情喚起のレベル（つまり，最小限のあるいはほんのわずかに目視できる感情のサイン）の上限に近いところにある。それがセッション36までには，STDP群の患者の平均は弱い感情喚起のレベルの上限，つまり41〜50の弱い〜適度な感情喚起のレベルに入りそうなところにまで上昇した。一方，CT群は30セッションの間にほんの2.1しか上昇しておらず（実際に，CTでは感情のこうした表現形式に焦点が向かない），セッション36でCT群の活性的感情は症状変化との間に有意な関連は見られなかった。弱い〜適度レベルとは「かなり調整されたマイルドな感情」という意味である。驚くべきことに，STDP群では，相対的に弱いレベルの活性的感情の割合は症状変化と有意に関連し，症状変化の分散の8％を説明していた。この回帰モデルでは，治療同盟得点も強い要因として症状変化の分散の22％を説明し，また治療開始前の症状変化の合成得点も17％を説明していた。

トロンドハイムプロセス研究の結果：抑制的感情群

STDP群のセッション6での抑制的感情の平均レベルは57.8（$SD=16.7$；$r=28-91$）で，セッション36までにその平均レベルは10.9減少して46.9（$SD=17.9$；$r=20-28$）になった。CT群はSTDP群と同様に，セッション6で抑制的感情の平均レベルは56.2（$SD=15.2$；$r=17-84$）で，セッション36までにそれは11.9減少して44.3（$SD=15$；$r=12-68$）になった。

ATOS（図11.2）に基づいた抑制的感情の評定では，CT群の患者もSTDP群の患者も抑制的感情の適度なレベル（つまり，「不安，罪悪感，恥，苦痛などの感情が，

71～80	強い抑制：強い抑制的感情。体を震わせる，気後れ，ため息，発声や非言語的行動における用心深さ。抑制され押し込まれた非言語的行動。きわめて不快。
61～70	多大な抑制：多大に抑制された感情。体を震わせる，気後れ，ため息，発声における用心深さ。非言語的行動におけるいくらかの抑制。かなり不快。
51～60	適度な抑制：適度に弱い声の調子を伴った適度な抑制的感情，身体表現と抑制の混在（適度な身震い・躊躇・ため息，用心深さ，緩慢さ）。適度に不快。
41～50	弱い～適度な抑制：いくらかの抑制的思考あるいは感情。身震い・躊躇・ため息や発声・行動を抑制することよりも感情を表現することの方が多い。不快というほどではない。
31～40	弱い抑制：低い抑制。身震い・躊躇・ため息・発声の抑制・身体表現の抑制がわずかにみられる。不快感は少ない。
21～30	ほとんど抑制なし：最小限のあるいはつかの間の抑制。声の調子や非言語的行動はわずかに不快を示す。

◆図11.2　ATOSにおける抑制的感情レベルについての抄録

身体表現，発声のトーン，あるいは言語表現を通して認められる」）を示していた。それが，両群ともに11から12ほど減少して弱い～適度なレベル（41～50）に至った。しかし，抑制的感情の減少がCT群のみで症状改善と有意な関連性（$p=0.001$）を示し，STDP群では有意な関連性は認められなかった。CT群では，抑制的感情は症状変化の分散の22％を説明し，治療同盟の説明率（17％）を超えるものであった。

なぜSTDP群で抑制的感情の減少が症状変化と関連しなかったのかについては，セッション16と26のいくつかのビデオテープを評定して初めてわかった。CT群では抑制的感情は治療中安定して減少していたが，STDP群ではセッション16で不安が防衛への直面化に対する反応として強いレベルにまで上昇し，活性的感情が出現するとそれは減少して弱いレベルでとどまるようになった。この抑制的感情の上昇そして減少の理由は，STDP群での抑制的感情が直接症状変化に関係していなかったことにあるのかもしれない。しかし，この予備的な結果を確かめるために，さらなるデータの集積を待たなくてはならない。

しかしながら，CT群の不安減少のポジティヴな結果は再び，STDPにおいて不安喚起のために直面化を使用することの価値に疑問を投げかける。さらなる研究で，STDPでも同じような不安の急速な減少が症状改善をもたらすのかを検討する必要がある。仮に不安あるいは恥のレベルが今回の研究でみた以上に弱いレベルにまで減少したとしたら，それが両群で症状変化に対してどのような影響を及ぼすのかを想像できて興味深い。CT群では症状変化と抑制的感情の減少との関連は強い。仮に抑制的感情が両群ともに弱いレベル（31～40）あるいはほとんどないレベル（21～30）にまで低下したとしたら，症状変化はどの程度変動するのであろうか。

トロンドハイムプロセス研究の結果：自己感

STDP群のセッション6でのポジティヴな自己感の平均レベルは弱い～適度なレベル，数値では34.7（$SD=12.9$；$r=29-40$）であった。セッション36までにはその平

61〜70	いくらか適応的な自己感：自分自身の強みに対していくらか誇りをもち，自分自身の欲求や願望をいくらか認める。限界を認識し受け入れる能力がいくらかある。いくらか憐れみや自己受容をもっているが，自己非難や恥の意識もある程度抱えている。
51〜60	不適応的自己感よりわずかに多く適応的自己感が混在している：不適応的自己感よりも適応的自己感がわずかに多い。自分自身の中で恥よりも誇りの方がわずかに多い。無価値化や誇大感よりもわずかに憐れみや自己受容が多い。自分自身の欲求や願望を適度に受け入れる。自己非難や恥の意識よりも憐れみや自己受容が少し多い。
41〜50	適応的自己感よりわずかに多く不適応的自己感が混在している：適応的自己感よりも不適応的自己感がわずかに多い。自分自身の中で誇りよりも恥の方がわずかに多い。自分自身への憐れみや誇大感よりも無価値化や誇大感への重要度がわずかに強い。自分自身の欲求や願望をいくらか認める。自分自身への憐れみよりも自己非難や恥の意識がわずかに多い。
31〜40	いくらか不適応的な自己感：自分自身をいくらか恥じている。自分の強みに対する誇りは少ない。自分自身の欲求や願望は他者との関係でいくらか認める。限界を認識して受け入れる能力はいくらかある。自分自身の限界に対していくらか自分自身を憐れんだり自己受容したりするが，自己非難や恥の意識が強い。
21〜30	かなり不適応的な自己感：自分自身をかなり恥じている。誇りはほとんどなく誇大感をいくらかもつ。欲求や願望をほとんど認めない。自分自身の限界を認識して受け入れる能力も衝動性を抑制する能力もわずかしかない。自分自身の限界に対していくらか自分自身を憐れんだり自己受容したりすることはわずかである。自己非難や恥の意識がかなり強い。

◐図11.3　ATOS における自己イメージレベルについての抄録

均レベルは13.3上昇して48.0（$SD=21.4$；$r=38-58$）にまでなった。CT群ではセッション6の時点で自己感の平均レベルは弱い〜適度なレベルで36.4（$SD=13.3$；$r=30-42$）であった。セッション36までに，それは12.1上昇して48.5（$SD=16.7$；$r=42-55$）にまでなった。

　両群の患者はともにATOS（図11.3）で「いくらか不適応的な自己感」を有すると評定された。30セッションを経て，両群は「適応的自己感よりわずかに多く不適応的自己感が混在している」のレベルにまで改善した。治療の最後では，患者は平均してみると，次に強いレベルの「不適応的自己感よりわずかに多く適応的自己感が混在している」レベルに近づいた。比較的短い時間で重要な達成に至ったのである。短期療法の醍醐味は，自己にまつわる感情に積極的・集中的にはたらきかけることである。セッション6では，自己感のレベルは症状変化と関連がなかった。セッション36では，自己感レベルはCT群，STDP群ともに症状変化との関連は有意傾向にあった（STDP：$p=0.065$，CT：$p=0.085$）。両群を合わせた場合，自己感のレベルは症状変化の合成得点と有意に関連し（$p=0.009$），8％の説明率であった。この回帰分析では，症状変化の分散に対する治療同盟の説明率は16％，治療前の症状の合成得点は29.5％の説明率であった。自己イメージはすぐには変化しないと一般に考えられているが，このデータは30セッション以内で平均的に自己感が不適応的なレベルから適応に近いレベルにまで改善することを示し，そしてその変化が症状変化に有意に影響することを示していた。

　他の2つの感情変数でもそうであるが，仮に患者の自己イメージの平均レベルが

ATOS（61〜70）「いくらか適応的な自己感」のレベル，つまりある程度，自己自身に誇りをもち，自己の欲求を認め，自己への思いやりや自己受容をもつレベルにまで上昇したならば，その変化は症状改善にどの程度影響するのかがわかるとおもしろい。

まとめると，予備的な ATOS データによって，まず，弱い〜適度なレベルの活性的感情は STDP 群で症状改善と関連することがわかった。この結果は，感情への曝露が感情的葛藤の解決につながるとする STDP 理論に合致したものである。第2に，弱い〜適度なレベルの抑制的感情（例えば，不安，罪悪感，恥，苦痛）は CT 群で症状改善と強い関連性があった。繰り返しになるが，この結果は，CT が不安あるいは恥の減少に焦点をあてるため，臨床上よく観察されることでもある。さらに，セッション36での CT 群の弱いレベルの抑制的感情は症状改善の分散に対して治療同盟の説明率（17％）以上の説明率（27％）を示した。最後に，両群を合わせてみると適度なレベルに近い自己感は症状改善と有意に関連していた。さまざまな名前をもつ各心理療法は同じ基本的な変化メカニズムに依拠していることはよく知られている[35,57-60]。しかし，活性的感情と抑制的感情の影響については相互にかなり異なってはいるものの，理論的には整合したプロセスを示した。そして，そのプロセスは CT 群と STDP 群ともに最終的には同じレベルの症状改善に至るものであった。

今回のデータが全40セッションのうち2セッションをもとにしたものであること，また特定の治療群の分析であることを忘れてはいけない。まだ我々は，ある1つのセッションが治療の始まり／終わりを示すのか，またセッションの多くにおいて何が生じているのかを正確に把握する必要があるのか，よくわからない。今後数年は，心理療法の主要な要因を特定するために何千ものセッションをさまざまな指標を用いて評定していくことになる。しかし，今回の結果は STDP 理論に合致したものであり，我々が正しい方向に向かっていることを支持している。

12. 実践と研究における今後の方向性

これらの予備的なプロセス研究の知見は，治療者の訓練のための指針になるかもしれない。感情反応が31〜40の弱い〜適度なレベルでは，悲哀は十分に処理されておらず，怒りや自己自身への思いやりも十分に解放されていないままである。患者がわずかでも強いレベルの感情にさらされることになったらどうなるのだろうか。治療者のスキルが向上し，患者の葛藤した感情を喚起させる能力が増大したとしたら，どうなるのであろうか。こうした問題は我々が心理療法家として直面して挑戦すべき問題である。ATOS のような指標は患者の成長と変化をフィードバックするものであり，さらには治療の専門的スキルの発展に一役担っているかもしれない。

今後，どの程度のレベルの感情経験や自己の再構成が症状改善にとって適切なのかをさらに検討していくつもりである。このことについて我々は，強い〜適度なレベル

(ATOS 評定で61〜70）が適切な曝露であり（十分に感情を感じるがそれほど強くはないので，混乱したり圧倒されたりすることはない），そこまで到達すれば，それは症状改善に大きく有意に寄与すると考えている。現在も研究は進行中で，セッション6と36だけでなく最初の評価セッションも評定しているので，時間に沿った変化を分析することができるようになるだろう。他にも多くのプロセス研究が計画されており，それらも TPRP として進行中にある。

13. 感情恐怖の解決の目的と介入をケースに基づいて素描する

▌憂うつな老女

次では，「長年にわたる抑うつ状態」，幼い子ども時代から続く「みじめさ」，数十年にわたるうまくいかない「数えきれないほどたくさんの」治療について訴える69歳の既婚女性に対する治療の中で，感情恐怖治療における目的や介入がどのように適用されていったかを述べていく。臨床的実践において，たいていの感情恐怖はいくつかの基本的な感情カテゴリー（例えば，悲嘆，怒り／主張，親密さ，自己へのポジティヴな感情）に関係している。

最初の10セッションでは，患者は以前の40年間の治療の中で決して経験することのなかった感情にさらされて，劇的な変化が起こった。治療者は患者の自己自身への思いやりや人生の中での喪失に対する悲嘆に目を向けた。当初の患者はかなり抵抗し懐疑的であったが，治療者がそこへの焦点から逸れることはなく，セッション5までには患者はもはや自分自身を「できそこない」と感じることはなくなった。患者は自分の両親が批判的・完璧主義で幼いときから自分自身の精神をダメにしてきたことに目を向けるようになった。患者は40年間の治療の中で泣いてきたことを述べたが，それは，無力で絶望的で涙をより滲出させるものであり，悲嘆を解消するプロセスではなかった。初めの治療セッションでは，治療者は，患者の自己攻撃的な防衛を明らかにするだけではなく，自己自身への思いやりに患者をひたらせることに焦点をあてていた。

【目的】不適応的なパターンへの洞察を獲得すること（防衛を明らかにする）
　　洞察の獲得とは，患者が無意識的な防衛反応が起きてもすぐにそのことに気づけるようになることであり，また，その防衛反応に関係した感情，過去の起源，現在の関係性のあり方を探求することでもある。
【介入】
　　・治療者の同情的・協同的なスタンス
　　・防衛を洞察するにつれて増大する不安や恥を調整する

- これまでみられた防衛パターンは，患者にとって当然かつ一度は必要なものであったことを保証する

▼治療者は，そのセッションでの患者の悲哀がどのようなことなのかについて話し合いを始めつつ，患者の防衛に取り組む。

患　者：私はまわりの人からみた自分のイメージが気になります。まわりの人たちは私のことをどのように思っているんでしょうか？
治療者：そのことについて考えてみましょう。さまざまな感情すべてに対してあなたが安心できるようにしなくてはなりませんね。例えば，あなたがここにきて泣きだしたときに，私はあなたのことをどのように考えていたと思いますか？［治療者は，患者が悲哀を露わにすることに対する恥ずかしさに耐えてそれに取り組むことができるように，実際の関係づくりを行なっている］
患　者：わかりません。
治療者：そのことをそのまましばらく眺めてみましょう。［悲嘆に対する障壁に患者を立ち止まらせる］
患　者：（涙ぐみながら）私はこれまでたくさん泣いてきました。だからといって，そのことで，何も起こりはしないと思うのです。
治療者：ええ，その起こりもしない何かが起こるのを，あなたは恐れているんじゃないでしょうか？［同情的で保証的な治療者のスタンス］
患　者：そうです。（少し黙って）だからといって決してやめられません。たぶん。［悲嘆に対する不安］
治療者：そのような怖さはよくあることですね。［不安の調整：治療者は患者の経験を標準的なこととみなすことで患者の不安を鎮める］　でも問題は，人は悲嘆に暮れるようになると，怯えて，そこから抜け出せなくなると思い込んでしまうことです。［防衛の保証］　人は悲嘆を抜け出して，もう一方の側に行くということがわからないのですね。それで私はここにいて，あなたを悲哀から抜け出せるよう導こうとしているのです。［不安の調整—治療のプロセスについての心理教育］
患　者：でも，私は何年もその悲哀の中に浸ってきたのですよ（笑い）。
治療者：それであなたはずっと慢性的な弱いうつ状態なのですね。そこから抜け出さないといけませんね［防衛の不利益を明示］

【目的】不適応的なパターンをあきらめること（反応制止）
　　防衛の不利益な点を明示することで，防衛反応をあきらめるモチベーションが高まる。
【介入】
- 治療者の積極的なスタンス
- 防衛の不利益な点への注目
- 防衛反応をあきらめることに関係した不安の調整

▼治療者は防衛パターンの起源をより詳しく見つめはじめる。そして，一方で，自己攻撃的な信念体系に穏やかに取り組み，変化に対するモチベーションを高める方向に患者を導いていく。

患　者：私は思うのです……何かやっかいな問題をもって生まれてきたのではないかと。
治療者：はっきり言いますと，私には，あなたが完璧を貫こうとしているけれど，かといって「決して自分は十分にできていると思っていない」ように聞こえますが。
患　者：ええ，「私には，どこかうまくいってないところがあるんです」（ため息）。
治療者：むしろ「あなたがこのような習慣を学んできた背景には，そうさせてしまう状況があったと思っている」ということでしょうか。[不安の調整：自己攻撃的で恥に満ちた信念への取り組み]
患　者：私は自分をむしろ道徳的な人間だと思うのです。（一休み）でも他の人たちは，あえてそこにこだわらなくても，立派になっていきました。
治療者：……あなたには自分自身への思いやりがいかに乏しいか，おわかりでしょうか？[続けて，自己攻撃的な防衛を明示]「自分自身への非難」から離れないと，これ以上ここでは何も達成できないでしょう。あなたは一方で「私にはおかしいところがある」あるいは「私は何かやっかいな問題をもって生まれてきた」と言いながら，他方で自分自身を知的で活発な子どもともみているようです。いったい誰が両親にあなたの足を引っ張らせたのでしょう。まさに，悲劇です。[治療者は，苦境にある患者に悲哀や自己自身への思いやりを喚起させようとする]
患　者：両親は私に「まだまだがんばれるはず！」と言ってました。
治療者：ご両親の道徳的で完璧主義的な基準があなたの中にはあるのですね。そしてあなたはどれだけ両親のことを心の中に抱え続けてきたかわかりますか？（防衛の直面化とその発達的な起源の明示）力を合わせれば，あなたがご自身のお孫さんに接しているのと同じようにあなたご自身にも接することができるようになります。お孫さんが失敗したときあなたはどのようにそのお孫さんに言うのでしょうか？[自己の再構成：患者の自己感を改善するための視点の転換]
患　者：私は孫にはとても穏やかに接するかと思います……でも（一休みして顔をふさぎ）……私にはそれだけの価値はないです。
治療者：あなたには価値がないのですか？　ちょっと待ってください（一休み）。どのようなことがあってそのように苦しさを感じるのでしょう？[悲哀にさらされていることに積極的に焦点をあてる]
患　者：（手で顔を覆ってすすり泣く）私には，どうして自分に価値がないと思うのかわかりません。でも実際に，私は心の奥底にひどく残酷なところがあると信じてやみません。[治療者の繰り返しの直面化と明示によって，患者は自分自身の自己攻撃の破壊性を理解しはじめる]
治療者：あなたのこれまでの人生につきまとっていた問題は，今のようにご自身への思いやりが大きく欠けていることです。あなたはこの何年もの間ずっとそれを抱えてきたのでしょう。[自己攻撃的な防衛を穏やかに指摘]

▼患者は防衛の不利益に関連した悲哀を経験するところにまで近づいてきたが，患者の自己攻撃的な信念はまだそのままである。次に，自己の再構成によって，患者はモチベーションの段階，つまり中核にある感情恐怖に取り組める準備の段階に移行する。

【目的】自己感の再構成（感情にさらされることに対する強さを構築）
　　　　自己自身へのポジティヴな感情や他者に対する適切な感情にさらすことを段階的にあげていく。そうすることで，患者はしだいに葛藤的感情に耐えられるようになる
【介入】
　　・治療者の同情的なスタンス
　　・自己攻撃的な思考・感情・行動を明らかにする
　　・治療者を含む他者から患者自身へのポジティヴで同情的な感情にさらす

（続き）
患　者：自分自身は大丈夫と思えることでさえ本当に想像できないのです。
治療者：もし，あなたのそばに女性がいて，自分の人生を語り，65年間自分はつまらない人間として人生を送ってきたと言ったら，あなたはその女性にどのように言いますか？［視点を転換し，自己への同情的感情にさらす］
患　者：(ため息)「自分の人生ですから自分らしく生きなさい」と言うでしょう。そしておそらく泣くでしょう。
治療者：その女性のためになぜ泣くのか教えてください［同情的感情に集中的にさらす］
患　者：その女性の人生がむなしいからです。そのような人生，むなしいだけだと思います（目をそむけて沈黙）。
治療者：それでは，今あなたはどのように感じているのでしょうか？　例えば，あなたにお会いして今日この話を聞いた私はどのように思っていると思いますか？［治療者のポジティヴな感情にさらす：ソクラテス式発問］
患　者：(遠くを見て恥ずかしそうに) とても幼いと思っている。
治療者：とても幼い？　それはどういう意味ですか。［引き続く自己攻撃への焦点化］
患　者：「なんてことだ，もっと成長しなさい！」という意味です。
治療者：そのように知的に理解したり，それを止めたいと考えたりすることはできるのですね。でも，感情的には難しいのでしょう。［治療者の確認的な同情のスタンス］　あなたの感情は条件づけられたパターンで，たばこや飲酒と同じようなものですから，治す必要があるのです。［治療者は，患者自身の感情を用いて患者の視点を変える］今日のこの話を私が聞いているとき私自身がどのように感じていたかわかりますか？［治療者の同情的感情に積極的・集中的に曝露させる：ソクラテス式発問］
患　者：そうですね，1つ計画があるということでしょうか（笑い）。［反応は感情的というよりも知的なもの］
治療者：ええ，そうです。でも私の気持ちはどうでしょうか？［感情への焦点化］
患　者：わかりません（うつむく）。［防衛的回避］
治療者：しばらく，そのことを考えてみましょうか？［治療者の同情への継続的な焦点化］
患　者：私の心の中では，『なんて意気地なしなの』と言っています。［不安そうな笑顔，そして批判的な自己攻撃］
治療者：あなたは他の[想像上の]女性には批判的にならないはずです。でも，そのかわり，攻撃をあなた自身に向けるのです。［自己攻撃を明らかにする］　だから，毎回，私はあなたが光のように攻撃の方向を変えることを理解していくつもりです。しかしながら，私はたった今，あなたに対して強く感じるものがありました。だから，ぜひあなたに今の私の気持ちを理解しようとしてほしいのです。今私はどのように思っていると思いますか？［患者が治療者の反応に対する自分自身の内面を探るまで積極的に治療者の同情心にさらす：ソクラテス式発問。治療者は，あくまでも患

> 者自身が自らの内に治療者が感じるものと同じ感情を見出すまでは,彼女の感情を認めないのである。]
> 患　者：（おどおどしながら）私は,あなたからの共感を望んでいるんでしょうか？
> 治療者：その通り,あなたと同じ気持ちでいるのです［一度明快な答えが出たら,それを強く支持する］。でも,それだけではありません……そう思うとこのように苦しい気持ちになります,それが心の痛みです。［感情の共有］　そう,その言葉……心の痛みがこみ上げてくるのです。涙,そして体に生じる悲しいという感じです。［感情を把握するためのモデル提示］　しかし私は,あなたが経験している苦しみとそっくり同じ体験をしているわけではありません。ただ,あなたが人生の中でどれだけ苦しんできたかということ,それが私にはとても痛々しいのです。そのようにして多くのことを失ってきたことで,あなたは心のどこかに痛みを伴った悲しみを抱えているのです。そして,私はその悲しみに光を当て続けるのです。あなたが自分を痛めつけることにもはや耐えきれなくなるまで。あなたならきっとできます。どう感じますか？
> 患　者：（少し見あげて）……希望を感じます。

▼自己自身に対する防衛と感情を再構成するプロセスはしばしば時間がかかり何度も繰り返す必要があるが,その繰り返しの程度は患者が示す葛藤の強さ,患者の防衛のかたくなさ,患者の強さの程度に依存する。このケースの場合,悲哀や自己自身への同情に対する患者の恐怖への敏感性を積極的にまた一貫して引き下げようとする取り組みは,治療開始から5セッションで始まった。治療者自身の感情を注意深く配慮しながら用いることは,自己感に大きな影響を与えるツールであった。私たちは,自己に向けられた他者の反応から自分自身が何者なのかを学ぶのである。

> 【目的】しだいに活性的感情の強度をあげて患者をその感情にさらす（曝露）
> 　　　治療者は,患者が耐えうる程度に段階的に脱感作を行なうために,認知的,行動的,心理教育的な介入方略だけでなくゲシュタルト療法的な方略や実存分析的な方略も取り入れている。
> 【介入】
> ・治療者の積極的なスタンス
> ・イメージ,記憶あるいは空想の中で恐れている感情に徐々にさらしていく
> ・身体的覚醒を伴う情動経験への焦点化
> ・防衛的回避の防止（「体で感情を感じていてください」）
> ・不安の調整（「悲哀を感じることで最も難しいことはどのようなことですか？」）

▼セッション10：ここで,治療者は患者を子ども時代の喪失経験（愛情・心づか

いを受けることなく親から共感してもらうことがなかったこと）に悲しんでいる最中に導いていく。

> 患　者：私は悲しい。何てことでしょう。私はやり抜いて，乗り越えていきます。［患者はかなり気持ちが前向きになってきている］
> 治療者：そのままその気持ちを感じてみましょう。［感情にひたることを勇気づける］
> 患　者：(身もだえしながら) もう無理です (休息)。私には絶対に無理。［気持ちが失せていく］
> 治療者：少し体で感じてみましょう。［防衛的回避の制止と感情と身体感覚の結合］　あなたの何がいちばん傷ついているのでしょうか？ ［不安の調整］
> 患　者：私の身体。［自分の胸を指差す］
> 治療者：あなたの心がいちばん傷ついているのですか？　それでは，悲哀にもう少し浸ってみましょう。［支持］
> 患　者：私は嫌です。［悲哀への恐怖反応］
> 治療者：悲哀に浸ることのどこが難しいのですか？ ［患者の悲哀への恐怖を探ることで，患者がその感情に浸る際の不安を和らげる］
> 患　者：そんなことよくわかっているのに，何度も何度も。［悲痛なようす］
> 治療者：ええ，それではもうしばらくそれに付きあってみましょう。［反応制止：患者を悲哀の場に留める］　あなたの目には涙が溢れています。もうしばらくつき合ってもらえませんか？
> 患　者：(ため息) どうしたらよいかわからない。
> 治療者：それに言葉を置いてみましょう。あなたは何を感じているのでしょうか，その傷ついた心になり変ってお話できますか？ ［患者が自分自身の経験に名前をつけるのを手助けする］
> 患　者：ママが恋しいという感じ。そのような感じ。
> 治療者：そうなのですね。
> 患　者：それがとても悲しい。［悲痛なようす］
> 治療者：あなた自身を思い描いてみましょう。そして，ずっと過去に遡ってみましょう。［イメージを通して悲哀にさらす］　何が浮かんできますか，どのような思い出が浮かんできますか？ 「ママが恋しい」というのはこれまでのセッションの中でもとても深い内容ですね。ママに何を望んでいたのでしょうか？ ［母親への願望に関するイメージを維持する］
> 患　者：(涙ぐみ) 抱きしめてほしかった (そして，泣きはじめる)。

▼このプロセスには，徐々に患者を悲哀に浸らせるという特徴がみられる。感情を取り扱う場合，しばしば，防衛を組みなおして不安を和らげた後の短時間の感情が特徴的である。この後，以下に示すように，患者は悲哀に満ちたより深い悲嘆のプロセスを経験する。感情恐怖の的確な解決にはたいてい，同じ感情イメージの繰り返し想起が伴うのである。

> 治療者：ママがあなたを愛していたということを想像してみましょう。［感情にさらす：感情によって人がどう行動するのかについて想像する］　理想のママを思い描いてみましょう。
> 患　者：ママは私を抱きしめると思います。

治療者：ママはあなたをどのように抱きしめるのでしょうか［感情にさらす：より詳細なイメージを促す］
患　者：私をただ抱きしめるだけだと思います（うつむく）。
治療者：今，少し想像から離れていますか？［防衛的な抵抗の指摘］
患　者：ええ，実際に起こっているように想像できないのです。
治療者：でも，理想のママをイメージできるかどうかやってみましょう。［感情の曝露：自分自身が愛情を受けていることに注意をとどめる］
患　者：（ため息）ママは私を抱き包んで，もう大丈夫？　と言っています。
治療者：そのママはあなたをやさしくさすって，あなたをしっかり抱きしめているのでしょうか？　そのように言ってくれる人がいてあなたはどのような気持ちですか？
患　者：（悲しそうな声で）とても心地よいです。
治療者：そうですね，本当にそのママとの深いやりとりができたら，あなたは体でどのように感じるのでしょうか。［イメージと身体的経験の結合］　ママはあなたを抱いて，額と額をくっつける。そして，あなたの頭をなでる。あなたはどのような感覚になるのでしょうか。
患　者：（しみじみと泣きはじめる）
治療者：そのまま話を続けましょう（沈黙，患者は泣いている）。
患　者：私は心が痛いです（目を覆ってすすり泣く）。私は決して1人ぼっちではないですのですね（しみじみと泣く）。……私は今までに会ったことのない本当のママを失ってずっと悲しんでいるのだと思います。

▼このセッションはATOSで評定して，患者の悲哀の経験レベルは70代で，悲哀は40分間続いた。患者の抑制的感情のレベルは70から80の間（子ども時代の深刻なネグレクトで大きな心の痛みを抱え，自分自身を恥じていた）であった。患者の恥や心痛が減退してよりいたわりの心をもち，自分自身を受け入れるようになるまで，悲嘆のプロセスに患者は取り組み続けた。患者は適切な悲哀に浸るようになって，抑うつ状態から抜け出し，抗うつ剤を中断し，以下の例に示すように，自分自身や世界を新たな形で経験するようになった。

患　者：私の娘がやってきて，「ママ，よくなったね。本当によくなったね」と言ってくれました。
治療者：あなたはどのように変わったと思っていますか？
患　者：抑うつ気分が晴れました。
治療者：どうして抑うつ気分が晴れたのでしょうか？　私たちがしてきたことの中でどのようなことがあってそうなったのでしょう？
患　者：私は，自分自身を非難したりみじめに思ったりするというこれまでの昔話を言わなくなり，より深く現実を理解しました。あなたは，私をそこから引き離すことはしませんでした。（笑い）
治療者：いつもの昔話とは何ですか？
患　者：ご存知でしょう。私はいつも非難されて決して褒められて満たされることがなかったことを。［患者は30年以上セラピーの中で，「いつもの昔話」を言い続けてきた。患者は何がいけないかわかっていたが，知的な話はできてもそれに関連した感情を見つめることは決してなかった］
治療者：私たちは今どのように違うのでしょうか。

> 患　者：より深い関係になりました。あなたは私の困難を見逃すようなことはしませんでした。

▼最後に，患者のある日のことについて話した内容を以下に示したい。

> 患　者：私は早起きして，違う道を運転しました。運転中に私は，すべて何て美しいのだろうと感じました。家並みが美しく，太陽も晴れやかで，春ももうすぐやってきて，そして（一休み）。違う，本当に私はこれまでと違うと。

▼治療終結の1年半後のフォローアップでは，患者は治療で得たものを維持しており，抗うつ剤も服用しないままであった。患者は，まもなく夫の病状悪化や成人した子どもの悲劇的な死といった多くの危機を経験したが，患者は予想以上に適切な対応をし，こうした困難によって自分自身をまた「できそこない」と感じることは決してなかった。

14. 結論

　実証研究は，臨床的実践に影響を及ぼすことはないと繰り返しいわれてきた。しかし，この治療モデルは研究成果によって常に詳細な指針となって発展し何度も改定されていった。感情恐怖の治療モデルは，実証研究の知見によって取りこわされては再構成されてきたのである。我々は，思わぬデータに直面し悪戦苦闘することもあったが，「データは我々の友」という言葉を思い出すことで我々はよい方向に進み，治療の基本的なプロセスをより詳細に理解するようになった。

　25年間のプロセス研究は，感情こそが，短期心理療法において根本的な変化を促す要因であることを示唆してきた。それは，治療に対する意欲や洞察以上に強い影響力をもっている可能性がある。また，ある種の感情の再編成はときに治療同盟よりも強い影響因かもしれない。我々が治療スキルを改善すれば，感情変数は治療結果の変数の変動をより多く説明し，治療同盟の変数に対抗するものになるかもしれない。そのような結果が得られれば，本章で示した介入のあり方を実証的証左に基づくものとして勧めることができるであろうし，短期心理療法における取り組みで重要な要因を支持することにもなる。

　最後に，これからの治療者や熟練の臨床家においては，実証的エビデンスが患者の症状，対人関係，性格の病理を解決するための主要因として感情を示唆していることを信じていただきたい。それゆえ最後に，必ず感情を理解しなさいという言葉で結ぶ。

第12章

うつ病外来患者治療における治療成果の持続に寄与する要因

　公にも，また科学的な観点からも，実証的に支持された治療（empirically supported therapy：EST）が要請されるこの時代，メンタルヘルス領域とりわけ心理療法に関する以下のような諸点を明確にしておくことはきわめて重要である．つまり，我々と他の対人援助職とはどう異なるのか，我々が治療しようとする障害の独自性とは何か，我々が提供可能な治療技法の主な特徴とは何か，さらには，建設的で継続的な治療変化に寄与する変数とは何かなどである．医療とりわけ精神医療においては，現時点でいくら優勢とされる疾病モデルであっても，メンタルヘルス領域全般でみると，その有効性はきわめて限定的である．例えば，メンタルヘルス領域において，臨床的にみられる障害を理解するために作成された「DSM-Ⅳ」では，明白な行動上の症状に焦点をあてた疾病モデルが網羅されている．しかしながら，DSM-Ⅳでは，ごく初期段階の臨床症状をスクリーニングすることが難しいため，その有用性がしだいに疑問視されるようになってきた[1]．さらに，最近の研究では，症状の軽減のみが精神疾患の治療における主要目的となっていることに対しても疑問視されるようにもなってきた[2]．加えて，医師と患者との関係という側面が多くの医療場面において重要な役割を果たすが，最近のエビデンスとしては，心理的問題や精神疾患の治療過程においても，こうした治療上の関係が重要な役割をもつことが明らかとなってきた（例えば[2-6]）．

　アメリカ精神医学会によるDSM-Ⅳ[7]は，一見際限のない疾病または障害を提示し，しかも，これらの分類を定義する一連の症状を採択するかどうかについて，（実証的研究を経て確立されたわけではない）任意の基準を設けている．DSM-Ⅳは本質的に病因論に基づくものである．したがって，疾病や障害の症状の進行にはさまざまな経路がある（等結果性）と同時に，類似の要素が異なる疾病や障害の原因となることもありうる（複数要素）．類似の症状パターンが異なった因果的な経路から発現した

り，さまざまな要因や状況から推測される類似の要素が異なる障害においても抽出されるかもしれないのである[8]。このように曖昧な分類システムの結果として，さまざまな疾病や障害の定義を同時に満たす症例が多く発生し，そのことが臨床現場および研究における「障害の併存」という厄介な問題を引き起こす原因にもなってしまっている。こうした診断上の混乱によって，心理的問題の発症に関わる原因を発見すること，あるいはどの障害に対してどの治療が適切であるのかを決定することなどが困難になってしまっている。とりわけうつ病領域でこうした問題は顕著であり，重症度にとどまらない診断的特徴の確定，うつ病発症の原因理解，さらにはESTの確定といった面で混乱が生じている。

　研究知見を概観すると，相対的に高い率のうつ病再発という問題もあり[10,11]，心理療法，薬物療法，あるいはこれらの2つの治療法の組み合わせのいずれにおいても，たいした成果が得られていないようである[9]。一方で，例えば，国立精神保健研究所（National Institute of Mental Health：NIMH）が中心となって進めたうつ病治療共同研究プログラム（Treatment of Depression Collaborative Research Program：TDCRP）に参加した患者のおよそ20％で，治療終了後18か月間再発がないばかりか，症状が減少し完全寛解に至ったという画期的な研究結果もある[10]。これらの研究結果は，見かけの症状に基づいた診断分類にとどまらず，うつ病発症の契機となった要因に始まり，うつ病症状そのもの，さらには，うつ病者の脆弱性もしっかりと同定し治療していくことを考慮に入れた総合的アプローチの必要性を示唆している。つまり，行動に現われた症状に基づいて診断し，こうした症状軽減のみを目指す治療の時期は終わり，今や研究者たちは患者の脆弱性の問題に目を向けはじめているのである。例えば，イングラムとプライス（Ingram & Price）[12,p.ix]は「脆弱性プロセスの研究こそが，今後の臨床的研究や治療にとって中心となることは疑いえない」と指摘している。うつ病の発症に関係する患者の脆弱性，さらには，長期にわたる継続的な治療的改善と関係するような患者の脆弱性など，こうした脆弱性を明確に理解することが不可欠なのである。現段階では今目の前にある症状の軽減が主要な目的となるが，もしも，我々が治療終結後の再発を予防する治療法を開発できたならば，症状軽減に加えて，治療プロセスにおける患者の（再発への）脆弱性軽減も補足的な治療目標となるに違いない[13]。

　また，心理療法，薬物療法，あるいはこれらの併用によるうつ病に対する短期治療後の再発率が高いことから，短期の治療のみでは効果がなく，治療期間を延長するか，治療後のフォローのための維持プログラムを設けることが必要であるという認識がもたらされた[14]。別のアプローチとして，うつ病の脆弱性要因として注目されている不適応的な認知―情動を伴った対人関係スキーマやパーソナリティ特性（例えば[15-25]）に焦点化された代替的治療法も開発されてきた。多くの研究（[19,26]のsummaryを参照）で，自己価値観（とりわけ自己批判的完全主義）への過度なとらわれ

や，他者との関わりのあり方（とりわけ依存的感情）がうつ病における脆弱性の根幹となっていることが明らかになってきた。また，こうした「依存性／社向性（sociotropy）」と「自己批判的完全主義／自律性」というパーソナリティ要因[15,17,27,28]は，うつ病の病因，臨床プロセス，そして治療に重要な役割を果たすことが多くの研究で実証されてきた。これら歪められた認知—情動を伴う対人関係的な自己スキーマや他者スキーマは，うつ病発症の環境要因となる（例えば[19,30,31]）。症状の軽減に焦点をあてたうつ病の短期治療は，これらの不適応的な認知—情動を伴う対人関係スキーマの効果を一時的に停止させるかもしれない。しかし，これらの脆弱性は，しばしば治療終結後のストレスフルな生活体験によって容易に再活性化させられる。したがって，うつ病に対する脆弱性をつくり出す不適応的な対人関係スキーマや他のパーソナリティ要因を変容するための，系統的な治療法を積極的に開発する必要がある[32,33]。

また，治療プロセスに対して，治療者自身や治療関係の質が中心的な役割を果たすというエビデンスも増加している[6,34,35]。治療者自身や治療関係の質は，精神力動的治療において常に中心とされてきた（例えば，転移—逆転移，現代の間主観性の重要性）。しかし，最近は認知行動療法的アプローチでも，治療者の役割能力[36]や治療関係が治療的介入の重要な側面であると考えられるようになってきた（例えば[23,37]）。例えば，精神力動的治療のような内的過程重視と類似した考えをもつ治療技法（例えば[38-42]）の1つであるスキーマ焦点型認知療法（schema-focused cognitive therapy）[25]は，終結後の継続的な治療変化をも視野に入れながら，表層的な認知レベルや症状だけでなく，より深層で変動の少ない認知—情動を伴った対人関係スキーマやパーソナリティ特性の変化に影響する要因も重視して扱っている[19,43-45]。

本論文の目的は，うつ病治療における以下の点について検討することである。①症状や脆弱性要因（例えば，治療プロセスにおける認知—情動を伴った対人関係スキーマやパーソナリティ特性）が変化することの役割，②症状や脆弱性要因の軽減に対するいくつかの治療法（例えば，投薬療法と2種類の心理療法「認知行動療法（CBT）および対人関係療法（IPT)」）の実用性，③治療プロセスにおける治療者および治療関係の役割。

以上のことに対して，本論文では，治療終了時とその後のフォローアップ時の成果をアウトカムとし，治療のタイプ，患者変数[19,46]，治療者変数（例えば[47]）および治療プロセスの様相（すなわち，治療同盟)[48,49]の影響について比較検討する。今回我々は，これらの論点について，NIMH主催のTDCRPで得られた興味深いデータを分析し，まとめたものを要約して報告したい。これらの課題に対する我々のアプローチは，短期的でマニュアル化されたうつ病の治療についての包括的な研究の中で収集されたデータをさらに分析したものであるが，我々はこれらの結果が力動的心理療法にとっても重要な示唆となると考え，本論文の結びの前にこれら示唆されることについて再び取り上げたい。

1．方法

NIMH主催「うつ病治療共同研究プログラム(TDCRP)」におけるうつ病治療

　TDCRPによって，重症うつ病外来患者への短期心理療法に関する，おそらく最も広範囲かつ包括的な無作為統制試験(RCT)データが提出されたと言ってよい。TDCRP担当者がこの注目すべきデータに関する主要な検討を行なった後，つまり1994年以降になると，こうして得られた実証データはさまざまな科学研究グループによって再利用されるようになった。

　TDCRPは，短期的な外来患者にマニュアル化された2つの心理療法(CBTとIPT)，抗うつ薬（イミプラミン，調査時に選択された抗うつ薬）の投与と臨床指導[原注1]の併用，そして二重盲検法によるプラセボ投与に臨床指導の併用という4群を16週間にわたって比較した。しかもその際の研究計画は，非常に厳密かつ慎重に無作為化されており，多様な可能性が考慮されていた。このTDCRPによるデータには，治療前，治療中，治療後における患者の大規模で多様な評価測度が含まれていた。これらは，まず，博士号レベルの臨床評定者（clinical evaluator：CE）によって，治療前，治療期間中（4週間隔），治療終了後（6，12，18か月目）に行なわれた。さらに，治療者と患者からも定期的な評定と報告を得た。このように，大規模で定期的な評定が治療プロセスで行なわれたのである。

1．治療同盟の質に対して患者がどのように体験しているのかを測定するために，患者に，早期の治療段階（第2セッション後）でバレット-レナード関係性尺度（Barrett-Lennard Relationship Inventory：B-L RI，1985年）への評定を求めた。B-L RIは，治療のための必要十分条件としてロジャーズ（Rogers）が提唱した内容[50-52]に基づく尺度で，治療者の共感性や理解のあり方を，患者自身がどのように経験したかを測るために4つの下位尺度で構成されている（共感的理解の程度，配慮の程度，無条件の肯定的配慮の程度，純粋性の程度）。

2．クルプニック（Krupnick）ら[48]に基づき，ヴァンダービルト治療同盟尺度（Vanderbilt Therapeutic Alliance Scale：VTAS）[53]修正版を用いて，治療セッションのビデオ記録（3，9，15回目）を評定し，治療同盟の醸成に寄与する治療者／患者要因を系統的に吟味した。クルプニックら[48]は，TDCRPの治療成果と患者の治療プロセスに対する積極さ（例えば，「治療者に対して開放的で正直である」「治療者の課題設定，目標，責任のもち方に同意している」「治療課題に積極的に

[原注1]　臨床指導（clinical management：CM）には，「服薬管理」と「ごく通常の支持的な雰囲気を醸し出し，かつ患者の治療状況を評価する」という2種類の内容が含まれていた。「患者に支持と闘病への勇気を与え，必要とあれば直接的な助言をする。こうしたCMは，まさに近似的に"小支持的療法"といえるだろう」[88]。

取り組む」）との間に，有意な関連性があることを見出した。しかしながら，治療者要因は治療成果と有意な関連性はなかった[48]。

　治療の進捗状況は，①治療期間中は4週間隔と終結時，②フォローアップとして，終結後6か月間隔で3回，治療の諸側面が評価された。使用尺度は，①うつ病に関するインタビューと自記式尺度（ハミルトンうつ病評価尺度（Hamilton Rating Scale for Depression：HRS-D）とベックうつ病調査表（Beck Depression Inventory：BDI）），②全体的な臨床機能に関するインタビューと自記式尺度（DSM-Ⅳから機能の全体的評定（Global Assessment Scale：GAS）とホプキンス症状チェックリスト（Hopkins Symptom Checklist：SCL-90）），③社会適応に関するインタビュー尺度（社会適応尺度（Social Adjustment Scale：SAS））であった[54]。TDCRP研究者（例えば，エルキン（Elkin），パーロフ（Parloff），シェア（Shea），ドハーティ（Docherty））や彼らの同僚たちは，当初，主要な治療評価尺度としてHRS-Dを使用したが（例えば[55]），ブラット（Blatt）ら[56]は，治療終結時における5つの尺度（HRS-D，BDI，GAS，SCL-90，SAS）得点各々が同一因子内において高い負荷量を示す（＞0.70）こと，つまり5つの尺度間の相互相関は非常に高いことを見出したのである。したがって，ブラットら[56]は，うつ症状を中核とした全体的な臨床機能レベルを反映した評価指標を構成するために，これらの5つの尺度の標準化得点を用いたのである。さらに，TDCRP研究者は，ベースライン期から治療期，そしてフォローアップ期のすべてを通して機能不全的態度尺度（Dysfunctional Attitudes Scale：DAS）[57]得点を彼らの評価に加えた。ある研究によると（例えば[58]），DASは，上述した脆弱性の2次元（依存性と自己批判的完全主義）を測定することが確認されている。

　治療成果や治療プロセスの諸側面におけるこれだけ豊富なデータがあれば，当然のごとく我々は，次のような疑問を明らかにしたいとの衝動にかられるのである。つまり，薬物療法や2つのタイプの心理療法（CBTとIPT），さらには，治療プロセスの諸側面は，症状変化やうつ再燃とどう関係するのであろうか？　同時に，治療期間，さらには18か月というフォローアップ期間を通した症状変化と脆弱性要因との間の長期にわたる関係はどうだったのであろうか？

　初期の分析で，TDCRP研究者は「いずれか1つの心理療法がより有効性があるとか，心理療法はイミプラミン処方＋臨床指導よりも有効性の面で劣っている，などといったエビデンスは何ひとつ見出されなかった」とした[9, p.971]。16週間の治療成果を比較したところ，薬物療法（イミプラミン）が症状の急速な軽減をもたらしたが[50]，治療終結時（例えば[9]），および治療終結後18か月のフォローアップ時[18,82]の症状軽減に対しては，3つの治療群に有意な差はみられなかった。さらに，TDCRP研究者[10]は，とりわけ薬物療法群において，治療終結時よりも18か月のフォローアップの段階で再発していたケースが数多くあったことを報告した。

1）うつ病の現象学的サブタイプ

　症状に基づいたうつ病分類に対する不満の高まりと呼応して，うつ病発症に関与する素因によってうつ病タイプを分類しようとする複数の臨床家兼研究者（すなわち [15, 17-19, 27, 28, 60-64]）が登場してきた[65]。こうした主張は，さまざまな理論的見地（すなわち，アタッチメント理論，CBT，精神分析的対象関係論）に基づいている。精神力動的観点に立つ臨床家兼研究者（例えば [17, 27, 28, 60, 61, 63, 64, 66]），認知行動論的観点に立つ臨床家兼研究者[15]の双方から，うつ病をもたらす2種類の主要な体験が特定された。つまり，①満足を与えてくれる対人関係の欠如（例えば，重要な対象の喪失）と②効果的で揺るぎない肯定的自己感の欠如（例えば，失敗感情，罪悪感，無価値感）である。そして，依託抑うつ（anaclitic depression；依存的，あるいは社向的），取り入れ抑うつ（introjective depression；自己批判的，あるいは自律的）といったこれら2種の抑うつ体験について，標準化された尺度を用いた研究が幅広く行なわれてきた（抑うつ体験尺度（Depressive Experiences Questionnaire：DEQ）[27] (Blatt S. J., D'Afflitti, J., & Quinlan, D. M., 1979. Depressive Experiences Questionnaire (DEQ). Unpublished research manual, Yale University.），その他，社向性―自律性尺度（Sociotropy-Autonomy Scale：SAS）[15]，個人スタイル質問紙（Personal Styles Inventory：PSI）[67]，DAS[57]など）。その結果，うつ病の症状，うつ病の発症に影響する人生初期の体験や現在の体験のありよう（[18, 19, 26, 65, 68, 69]のsummary参照），さらにはその時々の治療プロセスにおける反応の様相[2]などは，依託抑うつと取り入れ抑うつで決定的に異なることが明らかになった。

　先行研究（例えば[70-73]）は，入院患者と外来患者双方を長期間の集中的治療に導入するといった研究計画で，こうした患者要因の意義を確認してきた。そこで我々は，TDCRPのデータを用い，うつ病の短期治療条件における，これら患者要因の役割を検討した。こうした側面を探求することによって，うつ病の短期治療における治療成果に対して，治療的局面，患者変数，治療プロセスがどのような複雑な相互作用を経て影響していくのか，多くの知見を得ることができると思われる。また，TDCRPデータの分析に，依託／取り入れという2分類を導入することによって，治療終結時とフォローアップ時における症状軽減に加えて脆弱性要因の軽減といった治療成果に対しても，種々の治療方法（薬物療法とマニュアル化された2つのタイプの短期心理療法）がどの程度有効であったのかをより明確にすることができるようになる。と同時に，うつ病の外来患者に対する短期の治療において，治療的変化の過程や治療行為のメカニズムについてより多くのことを知るようになる。

■ TDCRPにおける依託／取り入れという2つのタイプの脆弱性

　TDCRPデータの分析に依託／取り入れという分類を導入する試みの中で，我々は，まずTDCRPで初期に行なわれる臨床インテーク評価を再検討してみた。しかしながら，これらの報告は主にうつ病の自律神経症状に焦点があてられており，患者の生活

経験の側面からの記述はほとんど欠如していたのである。しかし，幸いなことに，TDCRPの患者には，インテーク時，治療中，治療後のフォローアップを通してDAS[57]が実施されていた。DAS[57]は，個人が特性としてもつ抑うつへの傾向を40の質問項目で査定するものである。TDCRPにおける治療前データの因子分析[74]では，DASの先行研究（例えば[58,75-77]）と一致した2つの因子が見出された。①承認への欲求（need for approval：NFA）と②完全主義（perfectionism：PFT）である。最初の因子は，他者からのNFAであり，抑うつにおける依託，依存あるいは社向的な傾向に対応する。第2因子は，あえて非現実的で高い自己の到達基準を設定し，その結果，自分に対して厳格で批判的な態度をとってしまう患者の傾向を査定する。その点で，この因子は，抑うつにおける取り入れ，自己批判，自律といった傾向と対応するのである（例えば[78-80]（Powers, T. A., Zuroff, D. C., & Topciu, R., 2002. covert and overt expressions of self-criticism and perfectionism and their relation to depression. Unpublished manuscript））。そこで，治療前でのDAS得点は，新たに，TDCRPデータに依託／取り入れという2つのタイプの特性的脆弱性の程度をつけ加えるデータとして採用された。

2．結果

治療成果

終結時，フォローアップ時いずれにおいても，TDCRPにおける3つの治療間で有意な治療成果の違いはみられなかったが，DASのPFT因子で測定された自己批判的完全主義の治療前レベルと，4つの治療段階すべてにおける成果との間に高い有意な相関が見出された[81]。DASの自己批判的PFT因子で測定された取り入れの程度は，4つの治療群すべてにおいて，TDCRPにおける5つの主要な尺度すべての症状改善得点（治療終結時）に対する負の予測因子（$p\text{'s}=0.031-0.001$）となった[81]。治療前PFTは，また治療終結時における5つの尺度を用いた合成症状改善得点[56]に対しても負の予測をした（$r=0.29, p<0.001$）。それとは対照的に，依託的パーソナリティ特性を測定するNFAは，5つの合成症状改善得点同様に（$p=-0.11$），5つの尺度すべての症状改善得点に対して有意な傾向の正の予測因子となった。このように，DASのNFAによって測定される依託的な対人関係への関心は，治療成果を促進する傾向にあった。一方，DASのPFTによって測定される取り入れに基づいた自己批判的完全主義といった自己定義や自己価値観の問題は，治療が薬物療法（IMI-CM），心理療法（CBTとIPT），あるいはプラセボ（PLA-CM）であったかを問わず，うつ病の短期治療に対する反応を有意に妨害した[81]。さらに，治療前のPFTは，治療者による評定，独立した臨床評定者（CE）による評定のいずれにおいても一貫して有意な否定的治療関係を引き起こすことが示された。同時にこの傾向は，患者による治療終結時の「治療に対する満足感」評定，独立したCEによる治療終結時とフォローアッ

プ時における「患者の臨床的状態」「患者の治療継続要求」評定においても一貫していた[82]。このように，治療成果に対する治療前のPFTがもつ治療妨害効果（disruptive effect）は，治療終結時における他種類の報告（患者，治療者，CEによる評価）から明らかとなった。また，これらの治療妨害効果は治療終了の18か月後に行なわれたフォローアップ時の評価においても持続した。

治療プロセス

　TDCRPにおける治療の進捗状況は，16週間の治療期間中4週ごとに評価された。そのため，PFTが，いつ，どのようにして治療の進捗を妨害したかは，十分に評価可能であった。PFTのレベルによって患者を3群に分類し，治療プロセスにおける5つの評価時期で，治療による症状改善度が比較された。治療成果の合成得点（5つの成果尺度得点の組み合わせ）を従属変数とし，PFTレベル（3）×時期（5：繰り返し要因）の2要因分散分析（ANOVA）を行なったところ，PFT×時期の交互作用が有意であった。交互作用の内容を見ると，まず，治療前のPFTは，治療後半の時期で，治療成果に否定的な影響を及ぼした。また，治療前PFT得点の低い患者（1/3）だけが，治療の後半においても改善し続けた。一方，自己批判的PFTが中間〜高いレベルの患者（2/3）は，治療の種類に関係なく，9〜12セッションに始まる治療後半の時期では，全く症状改善を示さなかった[83]。これらの結果から，自己批判的PFT（取り入れ）患者は，本人の意思とは関係なく治療の終結時期が決定されていることに対して否定的な影響を受けやすいことが示唆される。つまり，PFT的取り入れ患者は，治療の終了を目のあたりにすると，本人自身や治療過程全般に対して，失敗感，不満感，そして幻滅の感覚を体験しやすいのかもしれない[83]。また，PFT的（取り入れ）な患者は，しばしば自らの主体感をコントロールし，継続させる必要があるため[17,19,26,84,85]，外部から一方的に押しつけられる治療終了に対して，否定的に反応するのかもしれない[83]。これらの点は，4つすべての治療条件において，治療過程の後半で，TDCRPの相当数の患者（約2/3）に治療妨害反応が出現することで端的に示されている。

　さらなる分析によって，治療成果に対する治療前のPFTレベルの影響は，治療場面における人間関係および治療外の社会的関係の両方で起こる対人的混乱の程度によって強く規定されていることがわかったのである。ズロフ（Zuroff）ら[86]は，クルプニックら[48]が作成した治療同盟の評価法を用いて，治療同盟における完全主義傾向が強い患者であればあるほど，治療後半に至るにしたがい治療への参加頻度が減少する（9セッションあたりで始まる）ことを明らかにした。さらに，この減少は，治療前のPFT傾向が終結時の治療成果に対してもつ影響性を大きく規定していたのである。シャハール（Shahar）ら[87]は，さらに，治療前のPFTが，治療外のソーシャルサポートの著しい減少を招き，そのことがPFTと治療成果との結びつきを強く促

進することも見出した。さらに，シャハールら[87]は，患者の社会的ネットワークを評価するために，独立したCEによる社会的ネットワーク票（Social Network Form）[88]に対する評定を用いて，治療前の自己批判的PFTが高いレベルにある患者は，治療期間全体にわたって，社会的関係に対する満足度が低い傾向にあり，こうした社会的関係の混乱が，今度は治療終結時の否定的な治療成果につながることを明らかにした。このように，PFT的（取り入れ）患者は，治療面接の内外双方において，対人関係の困難を経験すると思われる。つまり彼らは，治療過程の後半に至るにしたがい，有効性の乏しい治療同盟を構築する[86]と同時に，狭く限局された社会的ネットワークを構築するようになる[87]。これらの結果は，精神分析的概念における転移と一致して，治療的関係からの撤退と社会的ネットワークにおける他者からの撤退が同時並行的に起こることを示している。さらに，こうした治療場面における関係からの回避，および一般的な対人関係からの回避は，患者をストレスフルな生活上の出来事にさらした状態にもしてしまう。このように，治療前のPFTレベルが高い患者は，フォローアップ期間中になるといっそうストレスフルな生活上の出来事にさらされるようになり，こうした脆弱性がうつ病の増悪をもたらすのである[89]。

　要約すれば，依託／取り入れ次元で患者を区別することで，TDCRPにおける多数のうつ病患者（約2/3）が，治療の後半になると症状に変化がみられなくなり，フォローアップ期間中も引き続き脆弱性をもち続けたことが確認された。このように，うつ病に対する短期治療の成果は，治療の種類とは無関係に，患者の特性（治療前の自己批判的PFTのレベル）によって大きく決定づけられた。投薬を含む，このような短期治療に対するPFTの否定的影響は，元来自己批判的PFT（取り入れ）傾向が強くても，長期間の精神力動的な集中治療を受けている外来患者[70,73]，精神力動的オリエンテーションで広範囲な治療を受けている重篤かつ治療抵抗性の強い入院患者[72]，パーソナリティ障害のための9か月間にわたる入院治療プログラムを受けている入院患者[90]であれば，比較的良好なプロセスをみせたことと好対照である。

　分離，自律，コントロール，独立心を強調することで，自己の存在価値に執着をもつ取り入れ型患者の場合，TDCRPにおける短期治療は相対的に治療効果が貧弱であったが，集中的かつ探求的な精神力動的治療は，入院および外来いずれの治療セッティングでもかなり有望な治療効果を示した。これらの結果は，取り入れ型患者が長期精神力動的治療に対して良好な反応を示したとするフォナギー（Fonagy）らの研究結果[91]やギャバード（Gabbard）らの知見[92]と一致している。これらとは対照的に，依存的で他者志向性の強い依託型患者は，治療過程における支持的側面や，より直接的に治療者と関わるような文脈に対してよりいっそう良好な治療反応を示した[70,73]。これらの知見は，パーソナリティ障害をもつ患者を対象としたヴェルモート（Vermote）の研究[90]における以下の結論と一致している。つまり，依託型の患者は長期（9か月）の入院治療において主として支持的支援に対して治療反応を示した

のに対して，取り入れ型の患者は治療プロセスにおける探索的さらには解釈的手法に対して治療反応を示したのである。

今後は，長期の集中的治療と短期治療の双方において，依託／取り入れの区別がもたらす役割を，繰り返し再検討し，定着させる必要がある。また，今後の研究では，当初から研究計画の中に依託／取り入れの区別を加えておき，これら2つのタイプの患者が種々のタイプの治療に対してどのように反応するか，その相違を中心に評価していく必要がある。

治療活動のメカニズム

NIMH主催TDCRPデータの一部によって，うつ病の短期治療効果に対してもつ治療前自己批判的PFT傾向の否定的影響を緩和させる治療プロセスが明らかになってきた。B-L RIは，治療早期（第2セッション後）と治療終結時に，治療関係の質を評価するために，TDCRP計画の一部として実施された。B-L RIは，治療者の共感的理解，無条件の肯定的配慮および純粋性が治療的変化の「必要十分条件」であるというロジャーズ[50-52]の主張に基づいた尺度である。バレット―レナード（Barrett-Lennard）[93]は，患者が治療関係をどのように知覚しているかを測るために，4つの尺度（共感的理解の程度，配慮の程度，無条件の肯定的配慮の程度，純粋性の程度）を開発した。いくつかのレビュー研究[94-96]では，B-L RIの信頼性と妥当性は，許容レベルであることが示唆されている。例えば，これまでの研究においては，これら下位尺度が治療的変化を予測し，独立した評価者による治療者能力評定と大きく関係することが確認されている[93]。

第2セッションの終了時に，TDCRPにおける患者が，B-L RIで，自分の治療者を「共感的である」「世話をしてくれる」「話を聞いてくれる」「誠実である」と評価する程度が高いほど，5つのうち4つの尺度（BDI, SCL-90, GAS, SAS）で症状の改善がみられ（$p < 0.05$），同様に，合成得点でも症状の改善が得られた[56]。一方，第2セッション終了時点でのB-L RIによる治療関係の認識の仕方と治療前のDAS完全主義レベルとの間に相関はみられなかった（$r = -0.09$）。自己批判的PFT傾向が高い患者でも，自分の治療者を肯定的にとらえることができたが，治療自体からはさほど多くの利益を得ることはできなかったようである。また，驚いたことに，DASのPFTとB-L RIとの交互作用は，治療成果に有意な予測効果をもたらさなかった。しかしながら，探索的分析によって，DASのPFTとB-L RIの交互作用は，終結時の治療成果を曲線（二次曲線）的に予測することがわかった。第2セッション終了時のB-L RIレベルは，自己批判的PFTが低い場合と逆に高い場合では，治療成果に対してほとんど影響を示さなかった（それぞれ$P's < 0.10$および0.15）。しかしながら，このB-L RIレベルは，中程度の批判的PFTの場合，治療成果に対するPFTの否定的な影響を有意に（$p < 0.001$）軽減させたのである[56]。

さて，TDCRP 計画は，優れた治療者とそうでない治療者の特徴の違いをも明らかにした。ブラットら[47]は，TDCRP に参加した28名の治療者（IPT と薬物療法が各10名，CBT が8名）の患者ごとに，TDCRP の5つの主要な尺度を用いて合成された治療終結時の成果得点を集計した。18名の精神科医と10名の臨床心理士（博士号レベル）には，すでに平均で11年の臨床経験があった。TDCRP では，配属された治療法における訓練が義務づけられ，一定の基準を満たした治療者のみが，研究に参加している。また，各治療者は，治療マニュアルに沿っているか，定期的にセッションの録画テープによる検証を受けると同時に，研究期間を通してコンサルテーションを受けることが必要とされた[9]。

治療成果に対する治療者変数の影響度を検討するため，ブラットら[47]は，TDCRP で集中的な治療を受けた患者から得られた平均治療成果得点（合成症状変化得点）を算出し，治療者を3つのグループ，つまり成果があった群，中程度の成果があった群，そして成果の乏しい群に分類した。加えて治療者は，自己の臨床経験やうつ病治療に対する態度を評価する質問紙に回答した。その結果，まず，治療法に関わりなく，3群間で有意差が認められた。治療の有効性に違いをもたらしたのは，治療プロセス全般にわたって治療者がどれだけ心理療法に傾倒していたかであった。つまり，成果のあった治療者は，生物学よりも心理学志向が強かったのである。自らの臨床実践において，うつ病患者には，圧倒的に心理療法を用い，生物学的介入（すなわち，薬物療法，および電気ショック療法（electroconvulsive therapy：ECT））を用いることはまれだったのである。具体的に述べると以下の通りとなった。

TDCRP の治療者には，通常の治療実践において，心理療法を単独で行なう時間，薬物療法を単独で行なう時間，心理療法と薬物療法の組み合わせを行なう時間，各々の割合を回答してもらった。成果の乏しい治療者は，成果のあった治療者といくぶん類似しており，心理療法を単独で使用する割合が高かった（全時間の42.1％）。成果のあった治療者は，主として心理療法を使用し（全時間の73.8％），ときおり心理療法と薬物療法の組み合わせ（19.6％）を行なっていた。中程度の成果があった治療者は，薬物療法単独（全時間の14.4％）か，心理療法と薬物療法の組み合わせ（56.1％）であり，心理療法単独の場合は相対的に低かった（29.4％）。このように，中程度の成果をあげた治療者は，より生物学への志向性が強いと思われる。成果の乏しい治療者は，成果のあった治療者と同様に，主として心理療法への関心が高かったが，成果のあった治療者よりも，心理療法と薬物療法の組み合わせが多かった。さらに，成果のあった治療者は，中程度の成果があった治療者や成果の乏しい治療者よりも，うつ病患者の治療においては，患者が治療的変化を明確に示し始めるまで，より多くの治療セッションが必要であると予測していた。また，成果のあった治療者が治療した場合，治療成果で患者間のばらつきが有意に少なく（標準偏差がより小さい：$p<0.023$)，中程度および成果の乏しかった治療者よりも中断患者の数が著しく少なかっ

た。成果の乏しい治療者の患者間で治療成果にばらつきが大きかったのは，彼らが限られた患者にしか効果的治療ができなかったことを意味しており，逆に成果のあった治療者は，無作為に割り当てられた患者のほぼ全員に対して効果的治療ができていたことを示している。このように，治療者による3つの治療成果レベルの違いに注目することはきわめて重要である。というのも，これらの違いは，3つの独立した研究施設で，明確なマニュアルをもった3つの治療条件に関して，高度な訓練を受けた治療者たち，という等質のグループによって生じたためである。もちろん，3つの治療者グループ間で，うつ病の原因やうつ病治療に不可欠な技術に関する一般的な考え（態度）に，有意な差はみられていない。

こうしたTDCRPにおける治療成果の比較研究結果，および第2セッション後に患者が認識した治療関係の質に関する研究結果は，いずれも，治療者の質が治療成果に影響を与える重要な要素であることを示唆している。TDCRPデータに対するこれらの分析結果をみると，治療成果は，治療マニュアルに記述されている技術や戦略よりも，患者や治療者の個人的資質，さらには効果的な治療関係を構築する能力といった治療過程における対人関係に著しく影響されるという従来の結果[5,32-35,48,97,98]と一致していることがわかる[原注2]。これらの結果は，近年実施された広範な文献レビュー（例えば[5,11,99-101]）とも一致しており，重症うつ病に対して短期外来治療を行なう場合，患者と治療者によって構築される治療早期における治療関係の質が，治療結果に大きく影響することを示唆している。以上に述べてきた結果は，治療的変化などを円滑に進めるうえで，治療関係が非常に重要であること，さらに，治療前の患者のパーソナリティ特性（特に治療前における自己批判的PFTのレベル）と治療関係との交互作用の内容も同様に重要であることを意味している。

ゾッファーとシャハール（Soffer & Shahar）[102]は，最近，TDCRPの治療プロセスにおけるこれらの変数を回帰分析に投入し，こうした変数の治療終結時における治療成果の分散説明率は22％に及ぶと報告した。治療終結時における治療成果（合成症状変化得点）に対して統計的に有意な予測をした変数は，治療前の症状レベル（$\beta=0.20$，$p<0.05$；全分散の4％），治療前の自己批判的PFT（$\beta=0.30$，$p<0.001$；全分散の9％），第3セッションにおける治療同盟に対する患者の貢献度（$\beta=-0.20$，$p<0.01$；全分散の4％），そして患者の治療前の社会的ネットワーク（$\beta=-0.20$，$p<$

[原注2]　うつ病に対する短期の認知療法や薬物療法において，患者のパーソナリティタイプが治療成果に影響することを示した研究はその他にもある。ペーズロウ（Peselow）ら[107]によると，217名の外来うつ病患者を対象に薬物療法への反応を調べてみると，SASで高自律性／低社向性（取り入れタイプ）を示す患者は，高社向性／低自律性（依託タイプ）を示す患者よりも，抗うつ薬に対する反応が優れていた。そのため，ペーズロウら（1992年）は，自律傾向は人間に固有の特性であるとするベック（Beck）[15]の主張を支持してきた。一方，レクター（Rector）ら[108]によると，外来うつ病患者に認知療法（$N=51$）または薬物治療（$N=58$）を行なったところ，DEQによる自己批判性は薬物療法に影響はなかったが，認知療法で有効性の減少に結びついたとのことであった。さらにゼッテル（Zettel）ら[109,110]によると，外来の社向型（依託タイプ）と自律型（取り入れタイプ）うつ病患者に対して，集団認知療法と個別認知療法を行なったところ，社向型患者は集団認知療法で良好な治療反応を示し，一方自律型患者は個別認知療法で良好な治療反応を示したのである。

0.01；全分散の4％）であった。一方，プラセボ条件との比較で行なった3種類の治療法変数による説明率は，全分散の1％程度にしか及ばず，統計的に有意な予測因子とはいえなかった（$\beta=-0.12$, $p=0.11$）。これらの結果は，少なくとも TDCRP において，治療成果は，患者の治療前のパーソナリティ特性，治療同盟の質，そして患者の治療前の対人関係の質によって影響を受け，患者が受けた治療の種類には影響されないことを如実に物語っている。

治療的変化の持続

　TDCRP の短期治療で認められた，治療前におけるうつ病患者の自己批判的 PFT レベルが一貫して治療に対して否定的影響をもつという結果は，取り入れ的パーソナリティ特性の治療妨害効果を指摘したその他の大規模な種々の文献と符号している（例えば [19, 86, 103]）。これらの研究知見によって，患者の脆弱性の1つであるパーソナリティ要因（すなわち，自己批判的 PFT）の変化が，治療において，症状の変化以外にどのような役割を担うのか，その様相を明らかにすることがますます重要になってきている。うつ的な体験に陥りやすい傾向（脆弱性）を軽減させることに短期治療がどの程度有効であるのか，また，うつ病の治療において，脆弱性を軽減させることが症状軽減にどの程度つながっていくのか，こうした双方のことを評価することはとても重要である。ホーリィ（Hawley）ら [104] は，縦断的なデータ分析のために近年開発された先駆的な統計手法である潜在得点変化分析（Latent Difference Score Analysis：LDS）を用いることによって，TDCRP におけるこれらの問題に取り組んだ。LDS は，縦断的なデータにおける時間効果を評価するために，潜在成長曲線（latent growth curve）の特徴と交差遅延回帰モデル（cross lagged regression models）の方法を取り入れた構造方程式モデリングである [訳注1]。結果として，ホーリィらは，TDCRP の短期うつ病外来治療では，DAS の自己批判的 PFT 尺度によって測定されるパーソナリティ構造上の脆弱さが症状の変化率に対して有意な影響をもつことを明らかにした。詳細にみてみると，治療の早期では，うつ病症状は急速に減退するものの，その後は緩やかなプロセスをたどった。それとは対照的に，脆弱さの指標である自己批判的 PFT 傾向は治療全体を通じて漸減すると同時に，最も重要なのは，うつ病症状の変化を有意に予測した点である。これらの知見から，TDCRP における短期療法は，我々が取り入れ的パーソナリティの特質である自己批判的 PFT 傾向をうまく操作し，しかも，その結果として，うつ病症状に変化を引き起こせるのであれば，そのときが最も効果的となることを意味している。さらに，短期治療によってうつ症状が軽減し

[訳注1]　縦断的データの分析を行なうときに用いられる統計解析法。2時点の縦断データにおける因果関係を調べる場合は交差遅延回帰モデルが，3時点以上の縦断データにおける因果関係を調べる場合は潜在成長曲線が用いられる。通常こうした因果関係の分析では，構造方程式モデリングに組み込まれることが一般的である。詳細は，次の文献に詳しいので参照されたい。『岡林秀樹　2006．発達研究における問題点と縦断データの解析方法　パーソナリティ研究, **15**, 76-86。』

ているにもかかわらず再発が起こるのは，おそらく，治療早期の症状軽減に目を向けすぎたためであり（例えば[10]），脆弱さの問題をないがしろにしたためであると思われる。

さらにホーリィら[104]は，治療同盟の質が，自己批判的PFTの縦断的変化を有意に規定する，言い換えれば，うつ病症状の変化の予測因であったことを見出した（[13]も参照）[原注3]。ホーリィらは，脆弱性（自己批判的PFT）とうつ病との関係性について，以下の通り結論づけた。①治療の焦点は，症状の軽減にとどまらず，脆弱性を生起させるパーソナリティ傾向の軽減にあること，②治療同盟の質は，脆弱性を軽減させるうえで重要な役割を担うこと，③治療同盟の質は，症状軽減に対して間接的な影響力しかもたないが，そのじつは，パーソナリティの脆弱さに対する規定因子としてはたらき，結果として，症状の軽減に寄与すること。

その後のLDSで，ホーリィら[105]は，TDCRPデータをもとに治療終結後の再発促進要因を検討した。その結果，治療終結後6，12，18か月のフォローアップ時におけるストレスフルな生活事象の頻度は，うつ病症状の増悪と有意に結びつくことが見出された。しかしながら，この結果は，薬物療法を受けている患者でのみ支持された。つまり，いずれかの心理療法（CBTあるいはIPT）を受けていた患者では，フォローアップ期間におけるこうしたストレスへの易反応性は存在しなかった。心理療法は，薬物療法と比較して，患者に対して持続的な適応能力[106]をもたらし，自己や重要な他者についての不適応的な表象あるいは認知／情動的なスキーマの修正にいっそうの寄与をする（例えば[44]）といえよう。そうすることで，患者は治療終了後に起こるストレスフルな生活事象にうまく対処できるようになるのである。一方で，薬物療法は，より早急な症状軽減を可能とするが[59]，再発率も非常に高い[10]。それは，再発傾向（脆弱性）の源泉でもある自己批判的PFTといった，うつ病の不適応的なスキーマや素因に全く注意を向けないからである。

以上TDCRPデータのさらなる解析によって，治療成果を評価する場合には，症状の軽減のみならず，患者の個人的特性である脆弱性の変化や柔軟性の発達をも対象とすべきであることが明らかになった。特に後者の個人的特性は，治療終結時やその後のフォローアップ時におけるストレスフルな生活事象に対する対処能力を高めたり[2,6,106]，不適応的な表象やスキーマの修正に役立つのである。さらに，ESTとして見きわめるときに，症状を軽減させることにのみ連目し，さまざまな治療法を比較するこれまでのやり方に疑問を投げかけることにもつながっている[2]。ESTと識別するには，治療プロセスに対するより複雑なメカニズムにメスを入れる必要がある。そのためには，当然ながら多次元にわたる評価指標を用いた縦断的アプローチを採用する

[原注3] 同様に，コックス（Cox）ら[111]は，自己批判的完全主義／自律性レベルの変化そのものは，全般性不安障害患者に対する短期集団CBTの治療結果と有意に関連することを見出した。しかも，自己批判的完全主義の変化の程度によって治療結果は異なっていたのである。

必要がある。具体的には，治療終結時やその後の症状軽減以上に，治療過程全般に影響する要因，治療関係の質，治療前の患者特性などの次元にも注目しなければならない[2]。また，こうした知見は，臨床実践に対しても大きな提言ともなる。つまり，治療行為は，単なる症状軽減を超えた広範囲の個人のパーソナリティ要因（例えば，不快な体験に対する脆弱性）に及ぶべきなのである。結果として，うつ病治療における過剰な薬物療法への信頼に制限がかかり，心理療法的アプローチの進歩をもたらしつつあるといえよう。その際に，とりわけ重要なのが，治療同盟の質を高める工夫なのである。

精神力動的治療に対してもつ意味

マニュアル化されたうつ病の短期治療について調べた NIMH の TDCRP データを用いた我々の追加分析で明らかになった知見は，精神力動的治療の治療プロセスで確認された内容と一致している。つまり，治療成果の基準は症状軽減であるとする考えには限界があり，拒否感や挫折感を伴うストレスフルな生活事象に対する脆弱さを誘発するパーソナリティ特性を低下させることも同様に重要な治療成果となることを示唆しているのである。精神力動的用語に置き換えてみても，パーソナリティ構造やパーソナリティ機構の一側面である自己批判や失敗の感情は，それらが治療終了後の再発において重要な役割を担っていることから，治療場面でも特に注意すべき材料である。さらに，ホーリィらの研究結果[104]にもあるように，治療中の症状軽減は，パーソナリティ特性としての脆弱性によって有意に媒介されるのである。そして，実用性のある治療とは，初期の段階ではこうした脆弱性因子の軽減であり，それが治療中の症状軽減につながり，ひいては治療終結後の再発防止につながるのである。主な脆弱性要因である自己批判的 PFT 傾向の低下は，患者の現実や空想における関係性をも規定する自己や重要な他者の心的表象，あるいは認知／情動的スキーマの内容，さらにはもっと大きな単位である構造的組織体そのものの変化をも引き起こす変数といえそうである[44]。薬物療法は症状のより急速な軽減をもたらすが，心理療法は適応能力を強化し発達させ，同時にすでに歪められ，損なわれた自己や他者の認知／情動的スキーマの修正を促進するため，薬物療法以上に脆弱性の低下に有効である。

治療初期における，治療者の関係構築能力や資質は，心理療法のブランドにかかわらず，治療終結時およびその後のフォローアップでの治療成果を決定づけるまさに中心的な変化要因である。つけ加えると，治療成果は，患者自身が治療者に対して，自らを治療関係（治療同盟）づくりに促してくれるとても有能で理解力のある人物であると体験する程度にもよるのである。治療関係が治療成果の予後を予測するという事実は，治療関係が治療プロセスにおける影響要因の1つであることを示唆している（[18, 19, 26, 65, 68, 69] の summary 参照）。

精神力動的に見立てると（例えば[44, 40]），内在化（internalization）は，治療同盟が

PFTなどの脆弱性の低下や治療的進歩の持続に貢献するメカニズムの1つといえるかもしれない。さらに，患者の治療関係づくりへの積極度と，現実における社会的ネットワークづくりへの積極度は，鏡のような関係にあるという知見は注目されるべき点である。治療関係や社会的ネットワークからの患者の離脱は，治療成果に対して有意な否定的影響を与えた。このように，治療関係とより広範囲の社会的関係とのパラレルな変化は，精神力動的概念である転移と完全に一致している。さらに，こうした治療内外における対人関係からの離脱は，主として高レベルの自己批判的PFT（取り入れ型）患者に生じる。したがって，患者の治療前のパーソナリティ特性は治療成果に多大な影響を与える。一般的には，高レベルの自己批判的PFT（取り入れ型）患者は，長期で集中的な精神力動的志向性をもった心理療法[70,73,91,92]への治療反応性とは対照的に，短期治療では相対的に反応性が乏しい。逆に，効果的な治療同盟を構築する能力は，患者の実際の社会的ネットワークにおける対人関係能力を高め，こうした両方の能力によって治療的変化が持続することになる。

　マニュアル志向の短期治療データに基づいた上記の研究結果が，治療プロセスに対する精神力動的見立てと一致しているということは，注目に値する。今後は，患者変数，治療者変数，プロセス変数，各々の相互関係に注目し，それらの変数が治療成果の諸側面（症状，脆弱性，適応能力）にどう影響していくのか，うつ病患者に限らずさまざまな疾患の患者を対象に検討していく必要があろう。とはいえ，マニュアル化されたうつ病短期治療による治療プロセスから得られたさまざまな知見が，治療プロセスに対する精神力動的見解と一致するのは非常に興味深い。ということは，精神力動論は，何も長期で集中的な治療にのみ適用可能な考えではなく，マニュアル化された短期治療に対しても十分応用可能な理論なのである。

Part IV

精神力動論と心理療法の神経生理学的基礎

第13章

精神力動的な概念と治療の神経学的モデル：精神力動的心理療法への影響

1．はじめに

　心理療法と神経科学は歴史的な転換期（crossroad）を迎えている。19世紀後半における分析的思考（analytic thinking）の開始以来，その支持者は，心理療法が脳機能にどのように影響するのか，心理療法と脳機能の関係は心理療法の作用や有効性と関連しているのか，という問題に苦闘してきた。精神力動的研究と神経科学的研究は数十年にわたり同時並行で進展してきたにもかかわらず，これらの領域間での有意義な相互作用は最近までほとんどなかった。というよりむしろ，「心に基づいて（mind-based）」考える研究者と「脳に基づいて」考える研究者の間には，観念的，方法論的に厚い壁が根強く存在していたのである。

　しかしここ10年の間に，これらの領域の間には，心理療法の将来に強力な（そしてきわめて肯定的な）影響をもたらす目覚ましい相乗作用が生じはじめている。本章では，この転換がどのように起こったのかについて，新技術が脳機能の理解に果たす決定的な役割に焦点をあてて論じる。力動的治療の中心となる原理は脳イメージング実験の計画，解釈，分析にどのような情報を提供してきたのか，逆に，心理療法のプロセスをさらに洗練・改善するうえで脳イメージングデータはどのような可能性をもっているのかについて論証する。心理療法が脳機能にどのように影響を及ぼすかについて最新の文献を要約しながらこの科学的取り組みのメリット，デメリットを確認し，最終的には臨床実践（clinical practice）に変化を促すような方法について論じる。

精神力動的療法と脳：簡単な歴史

　精神力動と脳機能の接点について関心がもたれるようになったのは，精神分析学に

関心がもたれるようになったのと同じくらい昔にさかのぼる。1895年，フロイト（Freud）は科学的心理学（「神経学者の心理学（The Psychology for Neurologists）」と翻訳されている）に関するプロジェクトに着手した。その試みは，神経学的な用語で無意識を定義しようとするものであった[1]。親友のウィルヘルム・フリース（Wilhelm Fleiss）に宛てた1895年4月26日の手紙に述べられているように，

> 科学的に私は危険な状態にある。つまり，「神経学者の心理学」に夢中になっている。神経学者の心理学は，私が事実上の過労になって中断しなければならなくなるまで，いつも私を完全に消耗させる。こんなに深く没頭したのは初めてだ。神経学者の心理学はモノになるのだろうか。そう願っているが，難しくてなかなかはかどらない[2]。

実際，時間の関係から神経学的な研究は限界に達して，フロイトは「無意識への王道」である夢分析研究にとりかかるために，1896年にこのプロジェクトを断念した。神経学者の心理学のプロジェクトの覚書は，フリースに個人的に送られ，フロイトの死後しばらく発表されないままであった。しかしそのプロジェクトの中でフロイトは，正常な過程（記憶，注意，判断など）と異常な過程（ヒステリー，抑圧，置換）の両方にどのような神経活動の基盤があるのかについて，将来を予見する理論的な枠組みを発展させた。

20世紀，心理療法メカニズムの科学的探求は，そのほとんどが観察的研究に限定されており，たいていは患者と治療者の個人的な相互作用を記述するような方法（事例研究）であった。この研究は，精神分析的な理論とプロセスにおける複雑で（たいていは）内面に根拠をもたせるような（internally valid）システムに発展したが，医科学のその他の発展との統合に失敗し，依然として神経機能の研究から完全に距離を置いたままであった[3]。（注目すべきは，心理学と医学が完全には分離しなかったことである。実際，1940年代の成果によって，精神医学者は多くの一般的な医学的疾患が心因性のものであると考えるようになった）[4,5]。

1950年代と1960年代の向精神薬の導入によって，精神医学と医学の間に全般的な和解が起こったが[6]，精神分析の理論と実践はほとんど孤立したままであった。その後，数年を経て，新たな神経科学的方法が，脳の発達，記憶，精神病理，精神力動的な原理と密接な関連のある他の要素に新たな光をあて，それと同時に，認知心理学者たちが同様の現象を理解するための綿密な科学的方法を発展させた。しかし，脳研究者と心理療法の研究者が，科学的な共同研究を通じて共通の基盤を本当に見出しはじめたのは，「脳の10年」とよばれる1990年代になってからである。

特に，生きた脳内の活動を理解する新しい方法である脳機能イメージング（functional neuroimaging）は，この新たな関係においてきわめて重要な役割を果たしてきた。脳機能イメージングは，健常者と精神疾患患者の両方において，認知・感情のプロセスと脳活動の特性との間の相互関係を直接的に示す機会を初めて提供した。結果

として我々は，フロイトが100年前に思い描いた課題に新たに立ち向かっていくことができるようになった。その課題とは，神経科学者でノーベル賞受賞者のカンデル（Kandel）がその記念碑的論文で思い起こしているように，「もし存在するのだとすれば，無意識はどこにあるのか。その神経生物学的な特徴は何か。精神分析的治療の結果として，無意識的な願望がどう変容し意識化されるのか。[5]」というものである。

根強い格差

しかし，脳機能を理解するための新しいツールの利便性が心理療法の研究に及ぼす影響は，認知心理学，神経精神医学，精神薬理学と比べるとゆっくりとしたものであった。会話療法が，精神的な病をもつ多くの人々の実質的な救済となり，他の治療的介入と比べて効果と費用がしばしば同様であるという長年の合意にもかかわらずそうなのである[7-9]。この点において，心理療法が精神薬理学にどの程度遅れをとってきたかは図13.1に非常にはっきりと表われている。図13.1は心理療法と薬物療法における1990年以降の脳イメージング研究を要約したものである[10]。

こうした理由には，技術的，科学的，歴史的，さらには政治的ともいえる多くの原因が存在している。本書で一貫して記述されているように，心理療法の研究は常に他

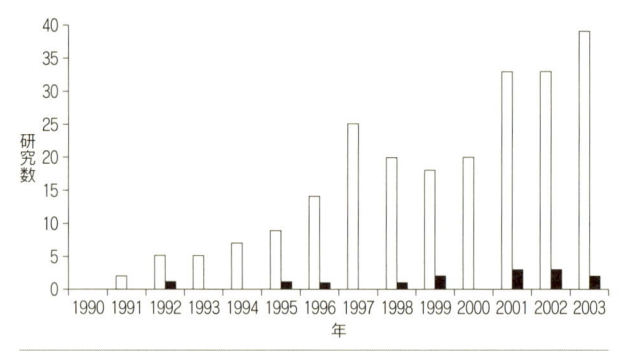

◯図13.1 イメージング／薬物療法（□）とイメージング／心理療法（■）の毎年の研究数。方法：1966～2003年までの脳イメージングと薬物療法の両方に関連する論文を見つけるために，脳イメージング（例，Pet, fMRI, SPECT）と薬物療法（例，向精神薬）に関連するキーワードを用いて Ovid MEDLIE の検索を実施した。この検索に引っかかったアブストラクトをもとに，1990～2003年の間に，英語で発表され，人間を被験者とし，神経学的障害（パーキンソン病など）ではなく精神医学的障害（うつなど）を調べているという4つの基準を満たす研究を選択した。同様の検索を，脳イメージングと心理療法に関連するキーワード（例，心理療法，対人関係療法，認知行動療法，精神力動的治療）を用いて行なった。図はロフマン（Roffman）ら[11]（©：Cambridge University Press）より許可を得て転載。

に類を見ないほど難易度の高い挑戦の歴史（uniquely challenging enterprise）であったし，現在もそうであるし，将来もそうであろう。特に，精神力動的治療の研究では，医学において（しばしば精神医学の他の領域においても）あたりまえとなっている研究方法が常に適しているわけではない[12]。脳イメージングの研究もこの法則の例外ではない。例えば，現在，たいていの脳機能イメージング技術は，意味のある脳の活動パターンを個々の被験者で検出するのには使えず，統計的に妥当な結果を得るためには，被験者をグループにしてまとめなければならない[13]。しかし，精神力動的心理療法は，数か月から数年つづく高度に個別化された治療であり，それゆえに研究コホートの被験者に対して標準化された治療プロトコールを開発することは難しい。しかし，期限つきのマニュアル化された心理療法にとってさえ，脳イメージング研究に対する重大な障害が残っている。イメージング研究にはかなりの費用がかかり，そのことが，国家予算からの限られた支援のみでは手が出せない阻害要因になっている。さらに，薬物療法の神経メカニズム研究に偏った姿勢もあるかもしれない。それは，薬物療法が「生物学的」「医学的」介入と考えられているからである。一方，心理社会的介入は比較的「ソフト（事実に基づかない）」と考える人がいる[10]。

　こうした複雑な状況があるにもかかわらず，脳イメージングの利用は今や心理療法研究においてもかなりの勢いを得てきており，現在では，医学的，神経科学的，社会文化的な認知度は広がりつつある。さらに，これらの研究が重要な臨床的意義をもつことも明らかになってきている。心理療法が脳機能をどのように修正するかを理解することは，治療の選択肢の1つとして心理療法を検討する際の，患者の新たな判断材料になる。さらに，他の生理的マーカーとともに，いつか脳機能イメージング研究が個々の患者の治療の方針を決めるために利用されると想像するのは，それほど大胆なことではない。これにより，心理療法は多くの人が患者のケアの次なる革新と考えている新領域の個別化医療（individualized medicine）の中にしっかりと位置づけられるであろう[14]。

心理療法研究における脳機能イメージングの方法とその活用

　もちろん，この種の進歩は，厳密な科学的方法と揺るぎない知見をもつ脳イメージングの研究に基礎を置いている。本章の後半で議論されるが，脳イメージングと心理療法の初期の研究の中には，この種の研究に内在するいくつかの挑戦的課題を浮き彫りにしたものもある。本節では，脳機能イメージングを理解するうえで必要不可欠ないくつかの基礎概念，心理療法の研究における利用の可能性，その限界について紹介する。

　脳の構造の静止画像を作成する伝統的な脳画像とは異なり，脳機能イメージングは脳活動の1つの指標を提供する。最もよく用いられる脳機能イメージングの技術は，陽電子放射断層撮影法（positron emission tomography：PET），単一光子放射断層撮

影法(single photon emission computed tomography：SPECT)，機能的核磁気共鳴画像法（functional magnetic resonance imaging：fMRI）である[13]。PETとSPECTは両方とも，イメージングの直前に血流中に注射される放射性トレーサーに依存している。これらのトレーサーは中枢に供給される血液に入り，患者の頭の近くに置かれたカメラで検出可能なシグナルを放射する。脳領域で活動が増加したり減少したりすると，それによってこれらの領域の血流が上昇したり低下したりする。放射性トレーサーのシグナルもこのように変化するので，この理由により，放射性トレーサーのシグナルは神経活動のレベルに近似すると考えられている。言い換えれば，PETとSPECTはニューロン発火の信頼できる指標を提供するが，それはいまだに非直接的な指標なのである[15]。これらの技術は静止（ベースライン）活動か，課題（単純な指のタッピングから複雑な認知的，感情的パラダイムにまで及ぶ）に関連した活動変化を測定するために用いることができる。PETはSPECTよりも費用がかかるが，空間解像度はずっと高い。その被爆量は有害とは考えられていないが，被爆があることによりPETやSPECTでスキャンを行なえる回数が制限される。たとえば，医療センターは一般に，個人が1年間にPETスキャンを行なえるのは最大2回までとしている。

対照的に，fMRIスキャンは電離放射線を用いないが，そのかわり脳活動を測定するために強い磁場を用いる。実際，fMRIの研究は臨床診療で用いるのと同じMRI装置を使用するが，異なるプログラミングを用いて実施される。PETやSPECTのように，fMRIのシグナルもまた中枢の血流を推定している（中枢の血流は，所定の時間に脳のどの部位が活動していたかによって局所的な変動を示す）。この場合，非酸素化された血液と酸素負荷された血液の相対濃度を測定することによって，シグナルが生成される。磁石に曝されること（exposure to the magnet）は安全であるが，体にペースメーカーやインプラント用金属をつけている人はそうではないので，これらの人でスキャンを行なうことはできない。fMRIの測定環境はPETやSPECTよりも制限されており，長い筒状構造内で仰臥位にて完全静止状態でいなければならない。しかし，fMRIは時間的解像度に優れており，数秒ごとに脳の活動を繰り返し測定することができるので，より汎用性が高い。

これらの技術によって測定される脳の活動は，被験者の現在の状況に関係するいくつかの重複する神経過程を反映している旨を認識しておくことは重要である。これらの過程は注意深く同定されなければならないし，脳機能イメージングの分析を行なう際には，最大限可能な限り曖昧さを排除しなければならない。第1に考慮すべき事項は，被験者の一般的状態であり，被験者は無病なのか，疾患（illness）と診断されているが現在無症状なのか，さらには疾患と診断されていてかつ症状が活発な状態なのか，といったことである。これまでの知見では，ベースラインの脳の活動特性（profile）は，精神疾患があるかないかによって実質的に異なりうるのである。第2に，もし患者がスキャンされるのだとすれば，そのスキャンが治療的介入に関連して，どの時点

で行なわれるのかということである。たとえば，ほとんどの心理療法の研究はこれまでのところ，治療プロセスの直前に1回，治療プロセスが完了した直後に1回，患者のイメージングを計2回行なってきている。これらのスキャンを比較することによって，治療効果の指標を観察できる。しかし，第1の考慮事項を踏まえると，治療それ自体に関連して脳の活動が変化したのか，患者の疾患（願わくば，疾患の改善）に関連して脳の活動が変化したのかを識別することは難しい。最後に，スキャナーの中で患者が何をしていたのか，静かに休んでいたのか，課題を行なっていたのかを考えなければならない。しばしば，課題に関連した「賦活（activation）」の指標となるように，脳領域の活動は2つの条件間で比較される。他の実験計画は，脳の活動特性と症状を容易に関連づけられるように，被験者がスキャンされている間に症状を引き起こすように計画されている。

治療に関連した変化を生理手法で測定するための他の方法

脳機能イメージングは脳機能の詳しい指標を提供するが，イメージング技術は費用的にも手続き的にも使いこなすのが難しい。イメージングの分析は，未処理のシグナルを解釈可能なデータに変換するために，複雑な（そしてしばしば時間のかかる）統計の使用を必要とする。その代わりに，末梢神経生理の指標は脳の賦活からずっと下流にあるにもかかわらず，神経活動の有効な測定器となる。精神生理学の技術は，皮膚コンダクタンス，心拍，血圧の刻一刻の変動をきめこまかく，比較的安価に，非侵襲的に測定することができる。これらの技術の最大の利点はやはり，治療のプロセスを通して繰り返し実施できる点にあり，治療セッション中でさえ実施することが可能である。何人かの研究者は，患者と治療者の相互作用の客観的指標として，両者から同時に得た精神生理学的指標を比較してきた。たとえば，マーシ（Marci）らは，治療者が共感しているという患者の評価と治療セッション中の2者間の皮膚コンダクタンスの一致度の間に有意な関係があることを報告した[16]。

これらの技術が有用であったとしても，なぜ心理療法が（特に精神力動的心理療法が）脳機能を変化させるのかを問うことは，科学的，哲学的な理由で重要である。この問いに対する1つの「ボトムアップな」アプローチは，心理療法が基盤とする構成要素の神経相関を検討することである。それゆえ，脳機能に及ぼす心理療法の実質的な影響を考える前に，まずは，精神分析的構成概念（psychoanalytic construct）が脳活動の意味のある変化と関連しているというエビデンス（科学的根拠）についてレビューする。

2．精神力動的構成概念の実験方法とエビデンス

精神分析の同僚たち，あるいは精神分析を敵視する人たちも一様に，そもそも精神

力動的構成概念は行動的にも神経生物学的にも根拠など見出せないものであると公言し，そのことを当然のこととして受け入れてきた。一方，認知心理学者はそのことを端から見て楽しんできたのである。このことは，ある者からは精神分析学的仮説に内在する「検証不能性（untestability）」とされ，しばしば精神分析の理論と治療の中核となる現象の無意識的，主観的，対人関係的性質によるものとされた[17-19]。他の者は，エビデンスの欠如は精神分析的な考えが虚偽であること，あるいは少なくとも実験に基づく脳と心の科学とは無関係であることを証明していると主張している[20]。実際のところ，物議を醸している文脈は両サイドの主張よりも，もっと複雑なのである。この10年の目覚ましい発展に伴い，プロセス，表象，関係といった基本的な精神力動的仮説を支持し，精緻化する研究が積み上げられてきた[21,22]。これらの研究は目下，治療場面での活動とは対照的に，実験的な状況下の健常な被験者における現象に焦点をあてている。しかし，研究と治療活動との関連性は徐々に説得力を増しつつあり，実験的研究と精神分析的実践とのギャップはこれからいっそう埋まっていくものと思われる。

精神力動学的現象の神経学的研究は，かなり重複した4つの分野，①記憶と学習，②情動，③社会的認知と関係性，④意識と無意識の接点を反映する自由連想や防衛機制のような過程，に大きく分けられる。実験的方法論が進歩するにつれ，意識の外側で多くの重要な心的機能が起こっているというエビデンスがもたらされ，これらの分野はそれぞれ認知神経科学者の注目を集めるようになった。こうして潜在的に「精神力動的」として着手されなかった研究が，無意識的，表象的，関係的な心といったまさに精神力動的観点に立ち返って研究されるようになってきた。それと同時に，多くの精神力動的立場にいる著者たちによって，これまでに蓄積してきたデータを心理療法について考察する材料として使う方法が提案されてきたのである[21-26]。

記憶と学習

科学者，哲学者，作家は，我々が知っていたり覚えていることの多くは，あるときには意識にないか，意識にアクセスすることさえできないと長く考えてきた。我々が知識や記憶の主観的報告に依存していることを考えると，これらの現象を体系的に研究することは困難であった。フロイトは，過去の研究と彼自身の臨床観察に基づいて，潜在的な思考のかなりの部分が意識から積極的に排除されていると主張した[27]。その内容に不快な性質があると，これらの思考は「力動的特質をもつ無意識（以下，力動的無意識）」に追いやられる。しかし，力動的無意識に追いやられた思考は，心理療法や精神分析の分野で使われる意味としての行動や意識過程に明確な影響を及ぼし続ける。ところで，精神力動的な文献でもそれ以外でも，力動的無意識の概念はしばしば混乱している。「無意識という用語（descriptive unconscious）」に関して言えば，無意識とは，力動的な無意識だけではなく，前意識（preconscious；その人が注意を

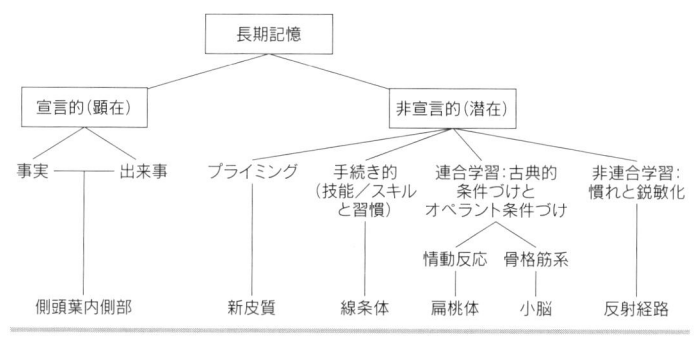

```
                        ┌─────────┐
                        │ 長期記憶 │
                        └────┬────┘
                 ┌───────────┴───────────┐
            ┌────┴─────┐            ┌────┴─────┐
            │宣言的(顕在)│            │非宣言的(潜在)│
            └────┬─────┘            └────┬─────┘
           ┌────┴────┐         ┌────┬────┴──┬──────────┐
         事実──出来事    プライミング  手続き的  連合学習:古典的  非連合学習:
                                  (技能/スキル  条件づけと    慣れと鋭敏化
                                   と習慣)    オペラント条件づけ
                                          ┌──┴──┐
                                        情動反応 骨格筋系
         側頭葉内側部      新皮質      線条体   扁桃体  小脳   反射経路
```

❶図13.2 長期記憶の形態と関連する脳部位。図はカンデル（Kandel）ら[29]（ⓒ：McGraw-Hill）より許可を得て転載。

集中すれば意識によって簡単にアクセスできる）やいわゆる無意識（nonconscious；象徴化されていないので意識にアクセスできない，例えば，バイクの乗り方のような手続き的な知識）をも含む包括的なカテゴリーである[28]。

　過去数十年にわたり，認知神経心理学者は意識と複雑な関係にある記憶や学習のさまざまなシステムを取り出す（測定する）ための方法を開発してきた（図13.2）[30-32]（図13.1参照）。特に精神力動的心理療法に関して，長期記憶の研究者は，潜在記憶（「非宣言的」記憶ともよばれる）システムを記述してきた。潜在記憶とは簡単には意識にアクセスできない記憶のことである。潜在記憶の存在は，短かすぎて意識的には知覚できない（すなわち，閾値下）が，それにもかかわらず後の課題に影響を及ぼすような刺激に被験者をさらすことによって確認された。この記憶はしばしば「連合的」と記述されるが，部分的には宣言的記憶と定義される意味的特性との関連は不明である[33-36]。さらに，研究者たちは，被験者が，後になっても，意識的に知覚した情報によって刺激されうることを見出した。しかも，以前に教えられた情報を特異的に再生しようとしていないときでも，問題に対する答えは被験者が以前に情報にさらされたことに影響されていたのである[37]。

　潜在的な手続き記憶システムの存在を証明するために，他の実験的な課題が開発された。その課題において，被験者は自分が学んだことを言葉で説明せず，自分が何かを学んだことさえ時々意識しないようにして，運動または行動課題を学習した。たとえば，広く使用されている天候課題（Weather task）において，被験者は4つで1セットの記号を1つかそれ以上見せられ，事前の情報なしに，それらの記号を使用しながら雨か晴れかを推測するよう求められた[38,39]。反応した後，それが正しかったかまちがっていたかを告げられ，何試行もその課題が繰り返された。被験者はすべての回答は推測であり，その課題が進行する間に何かを学習したことはないという主観的経験を報告している。実際には，被験者に気づかれないように，各試行での正答率を記号に割り当てられた固定確率の組み合わせに基づいて計算しておいた。被験者は自分

が推測していると感じているが，成績は課題が進行する間に確実に向上する。このことは，彼らが意識の外で学習していることを証明している。

近年の脳機能イメージングの実験は，顕在記憶と潜在記憶の符号化（すなわち，形成）および検索を補助する脳領域が完全には重なっていないことを証明した。作動記憶（working memory）は前頭葉の活動，主として前頭前野背外側部の活動に大きく依存しているようである。長期の宣言的記憶の形成は，側頭葉内側部の構造に依存している。最も顕著なのは海馬で，重要な情動が関係するときには扁桃体や辺縁系からの関与を伴う。プライミングにおける潜在記憶の形成は前頭葉に大きく依存しているようで，一方，潜在的な連合記憶の形成は，記憶の性質によっては，辺縁系または運動系と関連しているかもしれない。手続き記憶の形成は，天候課題のように，その課題が主に認知的であれば，大脳基底核の構成要素である尾状核と被殻が関連し，課題が運動であれば小脳や脳幹が関連する。証拠はまだ不明確なままであるが，「自伝的記憶」とよばれるその人の個人史に関する記憶はいくらか異なったシステムを使用しているかもしれないことを示唆する研究者もいる[40]。

これら複数の記憶システムの性質は，精神力動論と実践に重要な意味をもつ。第1に，多くの学習と記憶が意識の外側で起こるという実質的な証拠があり，精神病理学と心的生活（mental life）においてそれが重要である可能性を提起している。それゆえ，機能的，解剖学的な違いを仮定すると，特定の学習された思考や行動がどの記憶システムに属するかが重要となる。例えば，ある人が世話をしてくれる人や重要な他者（significant other；力動的心理療法においてしばしば強調される）からある反応を期待することは，顕在記憶，潜在的な連合記憶かプライミング記憶，手続き記憶として符号化されるかもしれない。最近の理論家の何人かは，手続き記憶による説明が最も可能性が高いとの説を打ち出している[24]。しかし，より興味深い知見は，3つのシステムすべてが多かれ少なかれ関係しているというものかもしれない。各記憶システムには，機能，特性，制約（記憶容量や変化の方法を含む）の明確なモードがあるので，精神力動的作用（work）におけるさまざまな記憶システムの役割の同定がきわめて重要である。たとえば，対人関係のパターンと人生の最初の2～3年間に学習した感情制御は，より手続き的な（象徴化されていない）方法で符号化されており，それゆえに，変化が起きにくく，言語作用にはほとんど従わないようである（おそらく，精神力動論家の一部が「前エディプス期」の内容として記述していることに近い）。その一方で，成長してから生じる神経症的な葛藤に基づく症状は，無意識であるにもかかわらず，象徴的に表象されているかもしれない。そのような症状は，正確で適切な精神力動の解釈によって簡単に変化するかもしれない（いわゆるエディプス期の内容に近い）。

感情

　精神力動的な思想家は感情の重要性をずっと強調してきたが，認知神経学者は最初この領域を無視してきた。感情の測定のみならず，感情とは何かを定義することさえ難しいことが主な理由である（すなわち，精神科医は今日に至るまで気分と感情の定義や，主観的または外的なサインによって気分や情動をどの程度定義しうるかについて議論している）。ここで，我々は，広い意味で，情動（emotion）の同義語として感情という言葉を用いる。すなわち，生理的，心理的な要素を伴う内的状態のことを指す。近年，感情は精神病理と正常な機能との関連についての主な研究トピックになりつつある[41]。動物における行動の相互関係を観察することにより，恐怖の研究が可能となった。この研究により，感情処理における重要な領域として，辺縁系，特に扁桃体，帯状回前部，前頭葉眼窩部，前頭前野内側部が同定された[42]。恐怖以外の情動の研究や関連部位の特定はもっと困難であるが，少なくともヒトでは，感情処理が各感情状態の独立したシステムに依存しているというよりはむしろ，すべての情動の連続的な性質によって管理されているというエビデンスがそろってきている。

　感情の円環モデル（circumplex model of affects）[43,44]は，感情価（valence；どのくらい肯定的か否定的か）と覚醒度（arousal；どのくらい刺激的，覚醒的とみなされるか，図13.3）という2つの独立した特性によって，各情動が脳内に表象されていると推測する。脳幹のドーパミン領域のように報酬メカニズムに関連する脳のシステムは，感情価を符号化・処理する役割を果たし，網様体，視床，前頭前野背外側部のように注意と覚醒を司るシステムは，覚醒度を管理すると考えられている[45]。両特

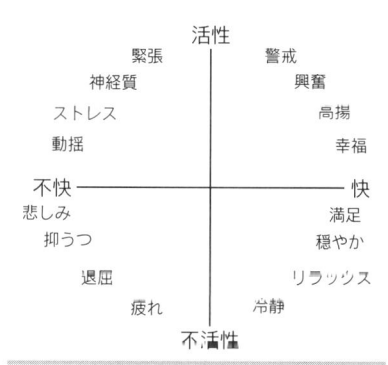

○図13.3 感情の円環モデルは，活性―不活性（y軸），不快―快（x軸）という連続的で無関係な2つの尺度に位置づけることで，様々な情動状態をどのように表現できるかを示している。図はピーターソン（Peterson）[22]（ⓒ：Elsevier，2005）より許可を得て転載。

神経解剖学的　　　　　心理学的

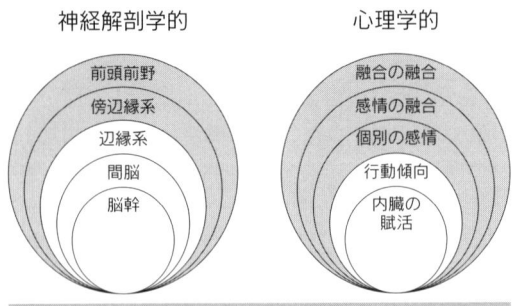

前頭前野／傍辺縁系／辺縁系／間脳／脳幹

融合の融合／感情の融合／個別の感情／行動傾向／内臓の賦活

◯図13.4 レーン（Lane）とガーフィールド（Garfield）は情動体験とその神経基質の階層構造を図示している。高次レベル（より大きい円）は低次レベルを深め操作するメカニズムを示しているが，高次レベルは低次レベルと置き換えることができない。白い背景（より低次の過程）は，潜在的なプロセスを示しており，灰色の背景（より高次のプロセス）は顕在的なプロセスを示している。図はレーンとガーフィールド[25]（ⓒ：Karnac, London, UK）より許可を得て転載。

性ともにヒトにとって重要である可能性があり，したがってこれらの特性は扁桃体や帯状回前部のように共通した構造（common structure）で処理される。しかし，イメージング技術の空間解像度の向上に伴い，異なった感情刺激に関連する扁桃体や帯状回前部のもっとこまかい部位（subdivision of these region）がわかるかもしれない[46]。

　精神力動的モデルは，感情がどのように生成，制御，表出されるかに関心をもっている。言わば，脳イメージングの知見は，意識内外の情動を測定する可能性をもつ方法である。オクスナー（Ochsner）らは，第一印象と逆になるように視覚映像（visual image）を再評価することによって自分自身の感情を意識的に操作する際に，特定の脳領域が関係することを示した[47]。レーン（Lane）は，これらの感情制御過程への取り組みは，思考やそれに関連する感情を意識下（conscious awareness）におくことによって初めてなされるのであり，心理療法場面における患者や治療者のふるまいのメカニズムを解く鍵がそこにあると考えている。彼は情動体験の心理学的側面の階層構造とその神経基盤の間の対応関係を描き，高次のシステムに従事することがよりよい心理的健康を導くことを示唆している[25]（図13.4）。エトキン（Etkin）らは，恐怖の表情に対する扁桃体基底外側部の賦活を研究することによって，感情への意識的，無意識的な気づきをさらに区別した[48]。彼らは，刺激が閾値下で呈示されると，扁桃体基底外側部の活動は被験者が本来もっている特性不安のレベルと関連するが，刺激が被験者の意識的な気づきを伴って呈示されると，この領域の活動は不安と関連しないことを見出した。このパターンは，感情の意識的な表象を理解するために，我々

は自動的な反応だけでなく，感情がどれだけ意識的か，無意識的かによって決まる補償（compensatory）的反応も評価しなければならないことを示唆している。たとえば，健常者と精神医学的診断を受けた患者を区別するためにイメージングを用いる際，観察された違いがその疾患の中心となる病理学的な特徴であるだけではなく，単に疾患をもつ人の補償（compensation）を反映している可能性があることをいつも心に止めておかなければならない。臨床家は，生活に問題を抱え何らかの対処を要する患者に対して並外れた関心を寄せる場合は，この「補償」という概念に考えが及ぶが，あまりストレスフルな状況にない，したがって「補償」能力を高める必要が全くなかった健常者に対する場合は，心理学的に気にすることも少ないため，この概念に考えが及ばない。

　レーンの感情の類型学（図13.4参照）は，精神病理学と治療において潜在的に重要な情動現象の範囲を評価するのに有益である。彼は以下の4つの重複する感情プロセスの行動的，神経科学的根拠について言及している。①背景となる感情（feeling），②潜在的な感情，③注意の焦点化，④反射的気づき（reflective awareness）[25]。背景となる感情は，普段意識されていないが必要に応じて利用可能である。潜在的な感情は，無意識的である。注意の焦点化は，感情に意識というスポットライトを当てることであり，オクスナーによって研究された「再評価」と関係している。反射的気づきは，自己表象と他者表象の関係性において生起する感情を認識することによって成立し，たぶん精神力動論の最も中心となるものである。おそらくすべてが精神病理学と変化のメカニズムに関係している。ほとんどの心理療法技法において，問題のある思考（problematic thoughts）や不適応なネガティブ感情に対して特別な注意を払うことは，それらに対するよりよいコントロールの獲得を助け，こうした思考や感情の影響を改善する。レーンの類型学は，臨床的な作業（clinical work）と神経生物学の両方に関連する一般的な言葉で，こうした思考と感情の「認知的修正」に関する枠組みをつくった最初の試みである。

社会的認知と関係性

　精神力動的な理論家は，心の基本的機能における，各機能間の関係性と対人過程という内的表象の役割について長い間議論してきた。初期の認知神経科学と実験的なアプローチは社会的なプロセスを無視したが，それはこの視点に固有の複雑さと測定の困難さのためである。しかし，無意識的な過程と感情に対する注意が集まってきたことによって，認知科学者も社会脳（social brain）により興味をもつようになり，「社会的認知神経科学（social cognitive neuroscience）」と名づけられた新しい下位領域さえつくられている。これは，一夫一妻と一夫多妻の齧歯類の比較に関するインセル（Insel）の研究[49,50]のような動物モデルの成功によってもたらされたのと同様に，複雑な生体内のプロセスや関係認知（associated cognition）を研究する能力をもつ脳機

能イメージングによっても確立されたといえよう[51]。

　増加しつつある社会的認知神経科学の文献のすべてではないとしても，多くの側面が精神力動論と治療に関連している。最も基本的なレベルでいえば，そのような研究は，分析とは異なる一般的概念化を進めてきたが，同時に，自己表象と他者表象の神経学的測定法の開発をももたらしてきた。人（精神分析の用語では「対象」）の表象が脳の異なった領域（前頭前野内側部）で処理されることを示唆するいくつかの証拠がある[52]。自己表象と他者表象の処理に関連する脳部位が異なっていることを示す証拠さえある[53,54]。別の意見では，内的な状態に関するデータの処理に関連する脳部位（典型的には前頭葉の内側部）と，外的な行動や特性に関連する脳部位（典型的には前頭葉の外側部）の神経解剖学的な区分に関するものもある[55]。こうしたプロセスの正確な部位がわかることは，精神分析的治療の理論と実践にはほとんど影響を与えないかもしれないが，そのような研究は自己と対象の処理の違いを明確にすることにつながり，精神病理学と治療に関係する非常に重要なシステムを研究するためのツールを提供するかもしれない。

　転移は，多くの臨床現象の中核と仮定されている関係過程であり，精神力動的治療における変化の主要なメカニズムである[56]。治療同盟と治療成果に及ぼす効果に関する研究があるが[57,58]，転移過程の神経学的メカニズムを研究することは不可能ではないとしても，困難であると考えられた(他のよく知られた認知現象とは対照的に)。

　しかし，1990年代の初頭にスーザン・アンダーセン（Susan Andersen）はある行動学的方法を開発し，健康な大学生の集団において，転移のある側面を証明・調査するためにそれを適用した。このパラダイムにおいて，被験者は2つのセッションに参加し，それぞれのセッションは無関係と信じるよう仕向けられる。最初のセッションで被験者は，自分の人生における1人か2人の重要な人々（「重要な他者」とよぶ）について，肯定と否定が同数になるよう短い記述文を作成するよう依頼される。被験者はまた，それぞれの重要な他者とは「無関係な」（「重要な他者」とはいっさい関係しないような）形容詞のセットを選び，一連の有名人についての記述を行なう。2番目のセッションでは（被験者が2つのセッションを関連づけることを防ぐために少なくとも1か月後），被験者は見知らぬ人に会うよう命じられ，出会う前にその人についての記述文をあらかじめ前もって記憶しておくように言われる。記述されている人（いくつかの実験では複数）は，実際には架空の人物であり，彼らの記述文は次の3つのうちの1つで構成されていた。①被験者自身の重要人物の1人の記述文をほぼランダムに並べ替えてつくったもの（無関係な記述も含む），②別の被験者の重要人物の記述文をほぼランダムに並べ替えてつくったもの（無関係な記述も含む），③有名人について被験者が記述したものをほぼランダムに並べ替えてつくったもの。

　アンダーセンによると，被験者は見知らぬ人と自分自身の重要な人物を意識的には関連づけていないが，これらの記述に関する記憶，感情反応(意識的，意識的でない)，

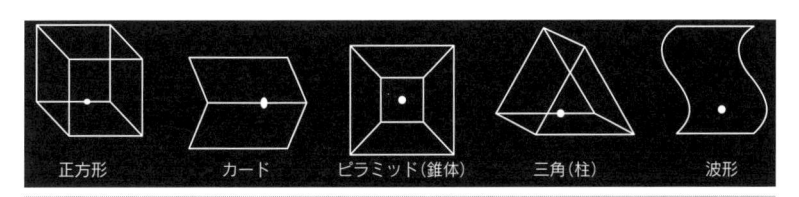

| 正方形 | カード | ピラミッド（錐体） | 三角(柱) | 波形 |

◐図13.5 知覚交替の神経基盤を調べるためにピーターソン（Peterson）[22]によって用いられた幾何学的反転図形．それぞれの図は，点がページから飛び出しているようにも，引っ込んでいるようにも知覚できる．どちらのイメージを意識的に選択するかに関する神経基質は，心理療法で起こっていることのように，我々の心的生活に影響する別の視点の意識的選択をも補助しているかもしれない．図はピーターソン[22]（ⓒ：Elsevier, 2005）より許可を得て転載．

　見知らぬ人と思った理由など，すべてが，見知らぬ人と自分自身の重要な人物が似ていると感じたかどうかによって有意に影響されることを証明した[59-63]．この研究は，アンダーセンとの共同研究のもと，ゲーバーとピーターソン（Gerber & Peterson）によって現在進行中であり，転移の神経基盤を研究するために，fMRIの測定環境に適した修正版パラダイムを用いて実施されている．

　転移に関する別の視点は，人が未来について予測するために，曖昧な刺激をどのように利用するかに関する例に示されている[64,65]．ある人についての不完全な情報のセットは，人に（たいてい意識の外側で）対象と最も似た表象を選択させ，欠けたデータを埋める自動的なシステムを駆動させるのかもしれない．ピーターソン（Peterson）らはネッカーキューブのような知覚交替（bistable percept）を見るための神経基盤を研究してきた（ネッカーキューブでは，3次元の立方体の頂点がそのページから出っ張って見えるか，ページの奥にあるように見えるが，同時に両方を見ることはできない．図13.5参照）[66]．イメージが交替するときに，前頭葉-線条体の回路が賦活する．このことは転移のように曖昧な刺激の別の解釈を行なう際の，この回路の監督的な役割を示唆している．

　ウエステンとギャバード（Westen & Gabbard）[67,68]は，転移の神経基盤の研究は精神分析的治療の研究に役立つようだと述べている．特に彼らは，①ある臨床局面に1回だけ転移が起こるのか，それとも何度も起こるのか，②現実世界における分析家や精神分析セッティングの特性によって，転移は有意に変化させられるのか，といったような長年の精神分析の議論をあげ，ここに実証的なエビデンスが重要な影響をもちうると考えたのである．彼らは，転移は主に手続き記憶の1形態であると主張している．ゲーバーとピーターソンは，転移的な過程は手続き的，連合的な非宣言的記憶を含む複数の記憶システムの要素をもっているかもしれないと推測している．アンダーセンのパラダイムを用いた脳イメージングの知見は，これらの疑問を解明する手段になるかもしれない．さらに，これらの疑問を解明していく中で，理論化や臨床技術への応用に関する転移システムの特質や限界がみえてくるかもしれない．たとえば，

我々は，大脳基底核における活動との関連に気づくことによって，転移のある側面が手続き記憶に根ざしていることを知るかもしれない。転移のこれらの要素は，人生の初期に学習され，よりゆっくりと変化し，高次の解釈よりも支持的な介入を受けやすいかもしれない。反対に，我々は転移の他の側面が潜在的な連合記憶に根ざしているが，前頭葉と海馬の活動とも関係していることを知るかもしれない。これらの要素は後の葛藤に起因しており，防衛解釈に反応して，よりすばやく変化するかもしれない。アンダーセンのような脳イメージングのパラダイムは，実験室における転移のさまざまな側面を明らかにする助けとなることで，最終的には，臨床技術に直接応用できるようになるかもしれない。

ジョン・ボウルビィ（John Bowlby）によって考案され，アインスワース（Aisworth）やマイン（Main）らによって注意深く運用されてきた愛着理論は，精神力動的な理論化や臨床実践に影響を与えている[69,70]。人間と動物の両方における実証的研究は，愛着システムが我々の社会的過程の基本であり，確かな神経メカニズムによって補助されているようであることを示唆してきた[71,72]。最近の脳イメージングの研究は，自分の子どもの写真のように愛着に関連した刺激を用いて，これらの過程に関連する脳部位を特定しようと試みている[73,74]。この領域の進歩は，治療環境の中で愛着がどのような影響を与え，変化するかについての我々の理解と関連しているようである。そのような研究は，愛着の不安定さや混乱が，治療では変化しないような（有益な補償が生じるかもしれないが）神経生物学的に固定した障害にどの程度起因しているのか，治療によって根本的に変化しうる高次の過程の問題なのかを解明する助けとなる。愛着と精神力動的な理論家は，まさにこれらの点について議論してきており，神経生物学的な方法がその議論を前進させることが期待される。

共感は本質的な対人過程であり，認知神経科学の文献でかなりの注目を集めている[75-77]。研究者たちは，自分の苦痛に関する個人の経験と他の誰かの苦痛の両方に関係して，特定の脳領域，特に，島と帯状回前部で賦活がみられることを示してきた。行動的に評価した被験者の共感能力は，これらの脳領域の賦活と密接に相関している[75,76]。関連する研究においてマーシ（Marci）は，治療者への共感と皮膚コンダクタンスを指標として，患者と治療者の間の生理的相関の関係性を示した[16,78]。マーシとリース（Marci & Riess）は，生理的な測度で患者と治療者が一致していないことに気づくことは，治療者が以前にはみられなかった患者の不安をみるのを助け，臨床的な介入における明らかな改善へと導くことを示した[79]。患者と治療者の治療同盟（共感と重なる構成概念）が治療の成果と密接に関連しているという再現性の高い知見を考えると，共感の神経生物学的研究は，分析的治療を理解することにつながる非常に重要な分野であるといえよう。

「心の理論」（他の人々の心の内容とはたらきに関する個人の理解）の概念化と実証的な研究は，発達心理学の文献から始まったが，精神病理学（特に，自閉症，境界性

パーソナリティ障害（BPD），統合失調症において）と治療的変化（しばしば「心理化（mentalization）」とよばれる）の研究の重要な部分となった[80-82]。何人かの脳イメージングの研究者は，心の理論に関係する機能局在のエビデンスを前頭前野内側部に見出している。この部位は，興味深いことに自己表象に関連する領域に近い[83-86]。心の理論の性質，その特性，そして治療の間にそれを修正する能力に関するさらなる研究は，ふるまいの精神力動的メカニズム解明への重要な窓口となるかもしれない。たとえば，自閉症のようなある種の障害では，心の理論にかなり固定的な障害があると広く仮定されている。しかし，高機能自閉症やアスペルガー障害の人の能力を治療によって有意に改善できると主張する者もおり，これらの変化は障害の原因となっているのと同じ領域に影響を与えるのか，あるいは補償メカニズムの方により影響するのかを理解することは有益であろう。フォナギー（Fonagy）らは，BPDにおける心の理論の損傷について議論している。脳イメージングは，これが不変の障害というべきものなのか，基本的な能力の抑制で治療によって改善できるのかを明らかにするのに役立つだろう[80]。

「ミラーニューロン」という用語は，マカクザルの脳の運動前野と頭頂葉の細胞に関してつくられたものである。それらの細胞は，動物が特定の動作を行なったとき（例えば，バナナに手を伸ばす）と，人間の実験者がその動作を行なっているのを動物が観察したときの両方で賦活したのである[87]。この概念の人間への置き換えは，主に脳機能イメージングの実験によって行なわれたが，精神力動的な文献において多大なる注目を受けた[88-90]。力動的な理論家は，ミラーニューロンの文献の中に，「一次的同一化（primary identification）」（他者の心の中核を経験する概念）という精神力動的な概念の神経生物学的な基質と，それを正当化するものを見た。しかし，この議論は多くの点でまちがった方向に進む可能性がある。第1に，共感と同一化の過程は，どういうわけか「神経生物学的に原初的」とされており，臨床やエビデンスとして立証されているような高次の神経認知的過程によって媒介されていないというニュアンスになっている。第2に，人間では現在のところ，マクロな神経細胞の賦活を測定することしかできないが，これらの結論は，単一細胞の記録が可能なヒト以外の霊長類での発見からの推定に基づいている。最後に，すべての概念（期待した動作や情動と同様に，自己表象/対象表象も含んでいる）が分散した神経表象に貯蔵されており，同様にその神経表象は，自分または他者の両方によって実行された行動の表象と連結しているという広範な理論に，ミラーニューロンの文献をどのように加えるのかが不明確である。精神力動的心理療法に対するミラーニューロンの文献の有用性を明らかにするためには，もっと実証的で理論的な研究が必要である。

■ 注意，自由連想，防衛

注意過程の研究は，無意識や臨床に関連するメカニズムの研究にとっても重要であ

る。意識はもっぱら，何かが気づきとしてアクセス可能かどうかという2値の現象と考えられるが，注意の研究は，さまざまな要因を特定の文脈において材料にアクセスしやすいか，しにくいかという広い連続体上に位置づけようとする[91,92]。多くの研究は，基本的な精神力動的原理に従って，不愉快ではない心の内容に対して優先的に注意が向くことを証明している[93-95]。すべての防衛機制の最も基本的なものの1つである抑圧は，行動学的，神経生物学的視点から注意深く研究されてきた[64,96]。実証研究では，防衛的な忘却の促進（motivated forgetting）が前頭前野背外側部の活動の増加と海馬の活動の減少（記憶の符号化を失敗させる）によって起こるという考えを支持している[97]。

催眠は，フロイトや精神分析としばしば関連する意識変容（altered consciousness）の極端な例であるが，長い間，不明確な経験的見地に基づいていた。最近，脳イメージングの研究者は，MRIスキャナーで催眠を研究することができるようになり，催眠が脳の活動という点で測定可能な効果をもち，それが行動上の知見と密接に対応することを示した[98,99]。特に，ラズ（Raz）らは催眠を用いることにより，高い信頼性をもち広く認められている認知的測度であるストループ課題の効果を有意に減少させることができることを示している。ストループ課題において，被験者は一連の色に関する単語（「あか」「あお」「みどり」など）を呈示されるが，その単語は単語の意味と同じ色で書かれている（一致試行）か，異なった色で書かれている（不一致試行）。被験者は各単語について，単語それ自体の意味は無視して，単語が書かれている色を示すよう求められる。読むことは自動的なので，いかに一生懸命課題に取り組み訓練したとしても，被験者は一致試行より不一致試行での反応に時間がかかる。「その単語は意味のない綴りだ」という後催眠暗示を与えると，ストループ効果の程度は効果的に減少する。帯状回前部は注意喚起する2つの刺激間の対立のコントロール（managing conflict）に関係する構造であるが，この減少は，帯状回前部の活動の減少と密接に相関している[98]。

精神力動的（特に精神分析的）治療家は，夢に興味をもってきた。彼らは，夢の内容が意識的な心ではアクセスすることが難しい関係性や力動的な心の構図を反映しているかもしれないという理論を立ててきた。最近の脳イメージングの知見は，レム（急速眼球運動）睡眠の間（ほとんどの夢はそのときに起こる）に非常に活発になる脳領域が，この材料へのアクセスに関係しているかもしれないことを示唆している[100,101]。これらの領域は，脳幹，大脳辺縁系，傍辺縁系（paralimbic）を含んでいる。前頭前野背外側部の沈静化はレム睡眠の間にも観察されるのであるが，辺縁系や皮質下の過程の脱抑制を通じて，この材料の検索を促進するのかもしれない。起きている間の経験は，後の夢見活動（dreaming activity）に影響を及ぼすようである[102]。この線に沿うと，精神力動的心理療法のある側面は，夢を見ている間にも賦活（または沈静化）される神経回路と連動し，深く内に秘めた精神内部の葛藤の同定と解消を促進してい

るのかもしれない。フロイトの無意識への「王道」の神経メカニズムを理解するためには，夢見と精神力動的心理療法の過程に共通する神経生物学を明らかにするさらなる研究が求められる。

特に，意識的にはコントロールされていないときの心のふるまい（自由連想）が単なる雑音以上のものから構成されているという最も古い精神力動的考えを支持する，初期のエビデンスが集まっている。研究者は，心が別の手段で休息したりぼんやりしている際に賦活される，皮質領域における「初期設定モード」のネットワークについて指摘しはじめている[103,104]。初期設定モードの回路は，精神力動的過程と治療に関連する無意識のメカニズムを理解するうえで，きわめて重要である。

結論

広い範囲の領域において，精神力動的過程に関連する実証的データが明らかに蓄積されつつある。ある時点において，精神力動的心理学とは，無意識，感情，対人過程，夢，防衛機制，自由連想を研究する言葉の学問であったが，今や，認知神経科学がこうした概念を研究するための方法論を提供している。この文脈における精神力動論の今後有益となる課題は，自身の臨床データの大規模データベースと理論的構成概念を新たな実証的知見とともに統合することである。何人かの著述家はそれを始めているが，研究の急増が，有望な神経学的知見を見つけだし，さらに応用までもっていくことを難しくしているのも確かである[105-110]。ここ何年かに来るべき進歩は，うまくいけば臨床実践への直接的な利益を伴いつつ，これらの2つの領域がどのように組み合わさるかを示すであろう。

精神力動論と実践の神経科学的な研究に対して向けられる主な批判の1つは，神経科学が，「力動的な」方法による患者理解や治療者自身の技術の選択という点において，臨床家にほとんど何も提供しないことである[119,111]。今日，神経科学の文献による知見が職場における分析的な臨床家の思考や行動に直接的な影響をほとんど及ぼしていないというのは事実のようである。しかし，このことは，そう遠くない未来に多くの点で変化が起こることを期待させる。第1に，力動的な臨床家は，力動的葛藤と関係しているが同じではない認知的機能，情動制御，愛着といった特定の障害を理解する方向に移行してきている。そして，このことが病理の概念化（特に発達的文脈において）や患者との話し方に影響している。この動きは，精神医学，心理学，精神分析学における完全な文化の変容によって引き起こされたが，神経科学は障害をより客観化可能でかつ，現実的に操作可能なものにする役割を果たしてきた。

第2に，対象関係アプローチに対する力動的思考に重要な動きが起こってきている。これは多くの要因によって刺激されたものであるが，中でも，神経科学が社会的機能をいっそう重視したことと，愛着システムに関するエビデンスが増えてきていることの影響が大きい。最後に，力動的な臨床家の多くは，BPDの患者の治療プロセスと

効果に関する研究が，より純粋に解釈的な古典的分析アプローチに対し，治療における支持・表出モデル（supportive-expressive model）の適切性を明確化したと感じている。カーンバーグ（Kernberg）と他の研究者たちは，患者のパーソナリティ構造に合わせた治療構造と深さの重要性を論じている[80,112,113]。BPDとその治療に関連するメカニズム（心理化，心の理論，感情制御）の神経科学的研究は，比較的最近のものであるが，治療と患者をマッチングさせるこのアプローチへの注目と改良がすでに始まっている。

3．脳イメージング時代の心理療法

　神経イメージングの技術は，心理療法の要素についてのよりよい理解だけでなく，脳機能に及ぼす心理療法の全体的な効果についての情報も提供しはじめている。心理療法がどのようにして脳に影響を及ぼすかについての研究は，最大限の可能性をもっており，患者，治療者，心理療法という領域全体にとってきわめて大きな価値がある。心理療法がどのように脳機能を変化させるのかに関する情報を患者に提供することは，治療が意味のある変化を引き起こすという考えを強化する。患者と治療者の対話において，脳イメージングの結果をもち出すことは心理療法プロセスに関する説明言語を増やし，治療目標の具体化を助けることができる。あるケースにおいては，ベースラインと比較した患者の脳活動のパターンに基づき，特定の治療的アプローチが特定の患者にどの程度有効であるかを予測することが可能になりさえするかもしれない。最後に，心理療法が生物学的な実体をもつということは，生理学，生化学，形態学における測定可能な変化を引き起こす他の「医学的」治療と同様のカテゴリーに心理療法的介入（intervention）が位置づくことを意味している。この考えは，心理療法（そして一般的な精神医学的な治療）に関して残存している烙印と闘う際の，強力な味方となる。その烙印が多くの潜在的な患者の受診をためらわせ，他の医学的治療と同等の成果をあげることを妨げ，文化や社会のさまざまな要素の中で事実に基づかない懐疑的な態度と不信を助長してきたのである。

　健常者を対象とした研究がかなり集まることで，心理療法の理論と実践にとって明らかに意味のある発見が出始めている[10,114]。とはいえ，心理療法がどのようにして脳機能を変化させるのかというストーリーの完成にはほど遠い。特に，これを書いている時点においては，精神力動的心理療法が脳活動に及ぼす効果はまだ明確には研究されていない（「明確には」が意味するものについては，後でもう少し述べる）。しかし，他の心理療法の方法（modality）を検討している現存の研究は，明らかに，力動的心理療法がどのようにして脳を変化させるかを理解するのに必要不可欠ないくつかの問題をはっきりと浮き彫りにしてきた。この節では，これらの予備的な研究が心理療法と脳機能に関する以下の3つの基本的問題にどのように取り組んできたかに焦点

をあてる。①心理療法は対象となる疾患の精神病理に関連することが知られている脳領域の活動に影響を与えるか，②この点において，心理療法は精神医学的治療のもう1つの中心である精神薬理学とどう異なるのか，③同じような効果があるさまざまな心理療法は，脳の同じ領域を同じような方法で標的としているのか。

不安障害における失調した神経機構の修復

　神経イメージングの研究は，精神疾患が正常な脳のはたらきをどこでどのように混乱させるのかについて，以前には想像もできなかったような洞察を提供している。脳構造の変化があまりにも大規模で形態的にも劇的変化を伴うようなケースは，以前は精神疾患の研究からは排除されてきたが，機能的異常，すなわち特定の神経領域と神経回路の不適切な賦活と沈静化は，多くの疾患で明確に証明されてきた[115]。どのようにして心理療法が脳機能に意味のある変化を引き起こすのかについての最初のテストは，同様に，これらの変化が関連する脳領域で起こるのか，そしてこれらの変化が正常なレベルの活動を復活させるのかである。

　おそらく精神疾患における脳の局所的な機能不全の最も明確な例は，強迫性障害（obsessive-compulsive disorder：OCD）である。精神疾患の脳イメージング研究において最も一貫して再現している知見は，OCDにおける皮質－線条体－視床回路の異常である。前頭葉眼窩部，帯状回前部，線条体，視床におけるベースラインの活動は，OCDでは増加しており，このパターンは症状の誘発によって増幅される[116,117]。さらに，過活動の程度はこれらの領域間で相関している[118]。線条体では，特に尾状核がOCDの症状に貢献しており，認知的，感情的な衝動を不適切に処理することによって，表出の調節異常が生じると考えられている[119]。

　心理療法の神経学的な効果について最初に発表された研究において，バクスター（Baxter）ら[118]は，行動療法がOCDに及ぼす効果を研究した。2つのコホートにおいて研究者たちは，行動療法の成功が尾状核の活動の有意な減少および，尾状核，前頭葉眼窩部，視床における過活動が同時には発生しなくなることと関係していることを見出した。行動療法は明確には精神力動的公式や技術によるものではないが，それにもかかわらず，バクスターらは，彼らの研究の少なくとも1か所には力動的意味があることに気づいた。

> 　大脳基底核のもう1つの機能は「ゲーティング（開閉すること）」であり，それによって特定の運動，感覚，そしておそらく認知的な衝動は知覚や行動に進むことを許されるか，差し戻されて（フィルターをかけられる）消されるのだが，これは精神力動的概念である「抑圧」がOCDで障害されているということのようである[118]。

　彼らは，ハンチントン病の患者の中にみられる感情制御の不全が患者の尾状核の活動の減少と相関していること[120]を記し，再度，尾状核が感情的な衝動をゲートする

役割を果たすことを述べている。

　恐怖症の基盤となる神経回路もよくわかっており，辺縁系，傍辺縁系，前頭前野腹側部の領域における活動の上昇と関連している。このパターンは，扁桃体と隣接領域を条件性恐怖反応に，前頭前野腹側部を条件性恐怖の保持・再生や脅威刺激に対する反応の計画に関連づける研究と完全に一致している[121]。例えば，特定の恐怖症をもつ人では，恐怖を引き起こす刺激に曝されると，認知および恐怖反応の生成と関連して扁桃体の活動上昇が，対決方法（または避難方法）の計画と関連して前頭前野の活動上昇が起こると推測される。

　最近の脳イメージングの2つの研究は，特定の恐怖症の心理療法がこれらと同様の領域を標的とすることを示唆している。社会恐怖をもつ人の研究において，ファーマーク（Furmark）ら[122]は，認知行動療法（CBT）が症状誘発後の脳賦活に及ぼす影響を検討した。治療前，複数の立会人の前で個人的な経験についてのスピーチを読むよう求められると，被験者において扁桃体と他の辺縁系の構造における活動の増大が示された。8回の集団CBTセッションの後，以前と同様の課題を行なっているときに同じ人でこれらの領域の活動が有意に低下することが証明された。パケット（Paquette）ら[123]は別の誘発デザインにより，クモ恐怖の集団CBTと関連する脳賦活の変化を検討した。成功した治療では，患者において，クモの写真を見せられたときの海馬傍回と前頭前野の賦活に低下がみられた。また，これらの研究は精神力動的相互作用が脳機能に及ぼす効果を測定したものではないが，過去の（通常発達上の）外傷経験による恐怖反応の生成と治療関係による恐怖症の解消を仮定すると，恐怖症のCBTにおいてさえ力動的要因が潜在的な役割を果たしている可能性は高い[124]。CBTの結果として起こる，前頭，辺縁系領域の変化がどの程度力動的過程を判定しているのかはまだ不明である。

心理療法と精神薬理学が脳機能に及ぼす対照的な効果

　多くの精神疾患では，心理療法と精神薬理学は同等の効果をもつ（あるいは，場合によって相乗的に有益な効果をもつ）。しかし，それらの類似した臨床効果は脳活動の同等の変化を反映しているのだろうか。医学の他領域からの証拠は，この考えに異議を唱えているようである。たとえば，βアドレナリン受容体遮断薬，アンジオテンシン変換酵素（ACE）阻害薬，抗利尿剤はすべて高血圧の治療に効果があるが，それぞれ独自のメカニズム（すなわち，交感神経系，血管緊張，循環量）で作用している。うつ病の神経病態生理学は複雑なので，さまざまな治療法がその疾患のさまざまな要素を標的としているようにみえるのは驚くべきことではない。脳機能イメージングは，心理療法と精神薬理学の作用の神経メカニズムを直接的に比較することができる。後で議論するがもっと重要なのは，特定の患者の脳の感受性パターンに対し，どのタイプの治療が最も適合するかを予測する際に，この情報がいつか役に立つかもし

れないことである。それはちょうど，個人のリスクパターン（糖尿病，心疾患，腎疾患の合併）によって，高血圧の最適な治療を選択できるようなものである[125]。

バクスターらの最初のOCD研究以来，脳イメージングの研究者は，心理療法と精神薬理学の脳機能への影響をどうやって比較するかという問題に関心をもってきた。実際その研究では，行動療法が，治療に関連した脳活動の変化をフルオキセチンと対比された[118]。わかっていたように，両方の治療は尾状核の活動を低下させ，皮質－線状－視床で同時に発生する過活動のパターンを混乱させていた。しかし，ブロディ（Brody）ら[126]によって行なわれた後の研究において，OCDと関係する他の領域，前頭葉眼窩部の活動に関して，明らかに異なったパターンがみられた。少し異なったアプローチをとり，ブロディらはベースラインの脳活動のみで，行動療法とフルオキセチンに対する反応を予測できるかどうかを検討した。行動療法で効果がみられた人では，左眼窩前頭皮質のベースライン活動のレベルと治療への反応性の間に正の相関がみられた。しかし，フルオキセチンで効果がみられた人では，反対のパターンがみられた。すなわち，左前頭葉眼窩部のベースライン活動が̇ほ̇と̇ん̇ど̇な̇い̇人の方が，治療に反応する可能性が高かったのである。このパターンを説明するために，研究者たちは「治療前の前頭葉眼窩部の代謝が高い被験者は，ふりかかった刺激の感情価を変化させる能力が高いのかもしれない」との説を出した。すなわち，こうした能力は，精神薬理学よりも心理療法に明確に基づく過程であるということである。

心理療法と薬物療法に対する脳の反応の比較は，うつ病を研究する研究者の興味を引く。CBTとパロキセチンのFDG（フルオロデオキシグルコース；fluorodeoxyglucose）－PET研究において，ゴールドアップル（Goldapple）ら[127]は，これらそれぞれの治療が脳機能をどのように変化させたのかに焦点をあてた。彼らの報告は，以前からうつ病の病態生理学と関連づけられてきた前頭前野，辺縁系，傍辺縁系の構造に焦点をあてたものである。再度，2つの治療の間に驚くべき差異が生じた（効果は同様にあるにもかかわらず）。パロキセチンのグループでは，治療は前頭前野の活動を増加させ，海馬と帯状回膝部（subgenual cingulate cortex）の活動を低下させた。しかし，CBTを受けた患者では，治療反応は前頭前野の活動減少，海馬と帯状回背側部の活動上昇と関連しており，これはパロキセチンのグループとはほとんど完全に反対であった。刺激の評価，戦略の計画，注意資源の管理といった前頭前野のよく確立された役割を考えると，この知見もいくぶん直感に反している。これらすべての要素は，CBTの間に積極的に再訓練されるものだからである。むしろ，著者らが推測しているように，

CBTに伴う海馬と帯状回中央部および前部の活動増加は前頭前野内側前部（medial frontal），背外側部，腹内側部の活動減少と結びついているが，それにもかかわらず，これはCBTによる注意の増加と関連したものとして解釈されるかもしれない。こうした注意の増加とは，無関係な情報の反芻と過剰処理によって不適応的記憶が減少するのと同じように，不適応的な連合記

対人関係療法（IPT）　　　　　　　認知行動療法（CBT）

Brody et al., 2001　　　　　　　Goldapple et al., 2004

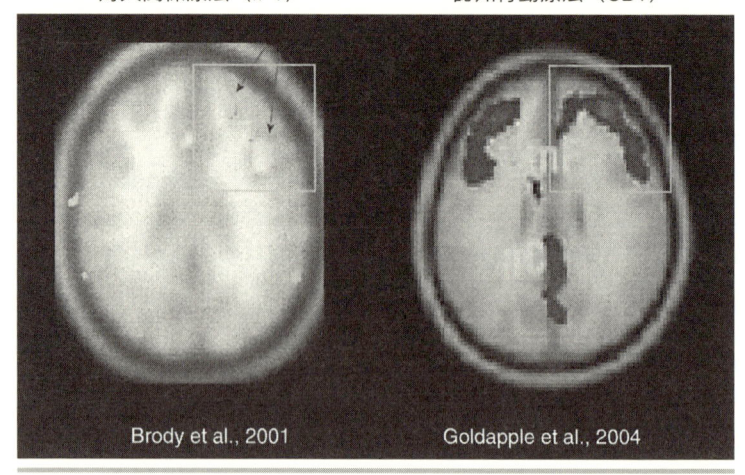

◯図13.6　対人関係療法（IPT）と認知行動療法（CBT）の施行後に見られた前頭前野（白枠）の活動の減少。ⒸAmerican Medical Association より許可を得て転載。

憶の符号化や検索レベルのオンラインにかかわる皮質プロセスを抑制させる能力を学習したにもかかわらず感情や環境刺激への注意を再度増大させてしまうというものである[127]。

　この説明は確かに最もらしいが，理論上のものでしかなく，後で考えるように，この明らかな矛盾を説明する他の重要な要因の説明に失敗している。しかし，すばらしいことに，ケネディ（Kennedy）らは，以前に報告した前頭前野の領域よりもっと内側ではあったが，CBTの効果がある人における前頭前野の沈静化に関する自らの知見を再現した。ケネディらはまた，帯状回前部において，CBTに対する反応（活動増加）とベンラファキシン（venlafaxine）による薬理学的治療介入（活動減少）で反対の変化が起こるという以前の発見を再現した[128]。

　うつ病に対する心理療法とパロキセチンを比較する第2の研究において，今回ブロディ（Brody）らは対人関係療法（IPT）に焦点をあてた[129]。しかし，パロキセチンと心理療法を比較したゴールドアップルの研究[127]とは異なり，この場合，2つの治療は同じように前頭前野に影響し（活動減少），辺縁系，傍辺縁系領域でも同様であった（島と左側頭葉下部における活動増加）。このパターンは，2つの面で注目に値する。1つは，同じ薬物（パロキセチン）による薬理学的治療介入は，ゴールドアップルとブロディの研究では，心理療法と反対方向に作用するようであったが，異なる心理療法的アプローチは薬理学的介入と同様の変化を引き起こすようであった（図13.6）。

　このパターンは，心理療法と精神薬理学が脳の活動に同様の変化を引き起こすかど

うかについての結論を導くことを難しくしているが，心理療法家にとってはもっと身震いするような意味をもっている。というのは，心理療法家は時々1つの治療的アプローチを他の治療的アプローチよりも強く好むからである。理論と実践が異なっているにもかかわらず，さまざまな種類の心理療法が究極的には同じような方法で脳を変化させるということがありうるのだろうか？

さまざまな心理療法的アプローチが脳機能に及ぼす対照的な効果

発表された研究でこの重要な問題を検討したものはごく少数しかなく，脳機能に及ぼすさまざまな心理療法の効果を直接的に検討した研究は1つもないので，決定的な答えを述べることはできない。実際，答えを得るには，異なった心理療法のグループで治療前と治療後の患者の脳スキャンを対比するよりももっと複雑な実験計画が必要となるだろう。しかし，最初に1歩戻って，脳活動に異なった効果が期待される理由についての議論を注意深く考察させてほしい。

これまでに述べた研究は，うつ病の治療のためにCBTまたはIPTのいずれかを用いていた。豊かな臨床経験や妥当性と一致して，両方の介入はうつ病の症状を改善し，抗うつ薬治療に匹敵する効果をあげることに成功した。IPTとCBTは，両方とも時間を限定し，マニュアルに基づいた治療であるという点で類似しているが，理論上，心理療法の作用機序は実質的に異なっている。CBTと異なり，IPTは主として対人関係の改善に焦点をあて，しばしば治療者・患者関係から直接的に材料を引き出すこともある。転移に焦点をあてる可能性も高いので，IPTには，精神力動的要素がより明瞭である[訳注1]。さらに，認知的，力動的指向の心理療法は，さまざまな記憶システム（「記憶と学習」のセクションで述べた）を利用しており，認知療法は宣言的記憶に，力動的心理療法は潜在記憶により強く依存しているかもしれない。

そのような違いはCBTとIPTの治療成果に影響しないかもしれないが，プロセスには確実に影響するはずである。この意味において，心理療法に焦点をあてた現在発表されている脳イメージングの研究のほとんどは，プロセスの測定と治療の一貫性の測定を盛り込むことに失敗している。そのような測定がなくても，異なる「ブランド名」にもかかわらず，IPTの要素がCBTのセッションにも貢献しており，その逆もある可能性が残っている。同様の線にそって，症状の改善は別の療法のアプローチによっても有意に影響される可能性がある。

このリスクは，単に理論上のものではない。厳密な基準で心理療法のプロセスを研

[訳注1] ここではIPTはあたかも転移を扱うかのように記述されているが，IPTの創始者であるクラーマン（Klerman）ら（1984：水島ら訳，1997）やワイスマン（Weissman）ら（2000：水島訳，2009）は，IPTにおける「患者の期待は現実的なものとみなされ，患者と治療者の関係もまた現実的なものとなる。…治療関係は患者と（あるいは治療者と）他人との以前の関係のファンタジックな再演とはみなされない」とし，力動的治療における治療関係とは一線を画している点に注意してほしい。詳細は，IPT関連の代表的著作でもある『Weissman, et al., 2000, *Comprehensive Guide to Interpersonal Psychotherapy*.（水島広子訳，2009，対人関係療法総合ガイド　岩崎学術出版社）』を参照のこと。

究している他の研究者たちは，心理療法的アプローチがしばしば意図している以上に折衷的であることを示唆している。マニュアル化された IPT と CBT の 1 回の試行では[130]，両方の治療グループにおいて，プロセスと治療成果は CBT テクニックとより密接に関連していた。反対に，うつ病の CBT の他の研究では[131]，精神力動的要素が治療プロセスと効果の両方に影響を与えていた[132]。多くは，援助者が精神力動的な技術を採用していなかったとしても，精神薬理学[133,134]，一般的な医学的治療場面(general medical setting) においてさえ[135]，力動的要因が治療プロセスと治療成果に影響を及ぼすと論じるだろう。同様に，たとえ精神力動的心理療法が脳イメージングで「明確には」研究されてこなかったとしても，前に記述した研究において IPT か CBT を受けた患者であっても，ほとんど確実に，力動的要素が治療成果と脳活動の両方に影響したといえよう。にもかかわらず，治療的な一貫性またはプロセス測定なしで，さまざまな心理療法が脳機能に及ぼす効果を確実に解きほぐすことは不可能である。

　同じように，しばしば採用される心理療法を始める前と終えた後の脳活動を比較する「前後」モデルは，治療プロセスよりも治療成果により直接的に関連している。前に記述した研究において，CBT と IPT は治療の結果として脳機能に非常に類似した効果を及ぼすようであるが，それに対応した変化が治療中に起こるのかどうかはわからない。心理療法の進行にそって連続的に脳の賦活パターンを記録する技術（心理療法セッションの間にできればなおよいのであるが）は，心理療法のプロセス測定に関する分野で並行して取り上げられれば，貴重な戦力となるであろう。

　このように，「心理療法が脳機能を変化させるのか」という問題はある程度納得のいくように解答されるが，「心理療法はどのようにして脳機能を変化させるのか」という問題，より厳密に言うと「異なった心理療法はどのようにして脳機能を変化させるのか」という問題は，ほとんど研究されずに残っている。次の節で，我々は将来の研究においてどうやったら最もよくこれらの問題に取り組むことができるのか，またこれらの研究を精神力動的心理療法の実践に生かすことができるかについての独自の考えを示したい。

まとめと将来の方向

　本章でレビューされた広範囲の知見を前提として，信頼できる一連の結果をまとめることは意味のある課題である。しかし，精神力動的治療それ自体の方法が類似しているので，おそらく詳しい内容よりも総括の過程についてコメントする方が有益であろう（その両方を行なってみるつもりであるが）。文献によって確実に支持されていると感じたいくつかのことから始めよう[17,19]。

　心理療法，感情，社会的プロセス，そして無意識のメカニズム（夢，催眠，自由連想，防衛機制以外も含む）に関する科学的に洗練された莫大な量の研究を前提として，神経生物学的な研究が精神力動的概念や治療と関連していることはしだいに明らかに

なっていると，我々は考えている。とは言っても，こうした知見が，精神力動的立場にいる理論家や臨床家たちの日々の思索に即応用可能であるのかどうかという点については，論争は依然として活発に続くであろう。研究の方法が非常に異なっている知見が他の分野に適用可能であるのか疑問をもつことは有益なことであり，責任のある姿勢である。しかし，だからといって逆に，文献に直接触れようとせず，すべての神経生理学的知見を無益とする批判を極端に一般化してしまうことは，無責任であると同時に，この研究領域のさらなる発展可能性に対する阻害要素になると思う。

今日，脳の多くの重要なシステムや関連領域が精神力動に関連する仮説にとって重要と推測されている。これらは辺縁系と傍辺縁の構造(扁桃体，島，前頭葉眼窩部)，記憶システム（前頭葉背外側部，海馬），葛藤の管理と感情制御のシステム（前頭葉，帯状回，頭頂葉），計画と手続き記憶システム（大脳基底核）を含んでいる。

精神力動的考えに関して，神経生物学の文献が明らかにしていないこと，あるいは，今後決して明らかになることはないであろうことに対して，我々自身が開かれており，自覚的であることが同じ程度に重要だと思われる。第1に，精神力動的な考えと治療が基本的に「本物である」と「証明する」ものとして神経生物学のみをあてにすることは，基本的な誤りであると思う。なぜなら，精神力動と臨床実践の数があまりにも莫大で不均一なため証明が難しいのである。とは言え，精神力動的概念の大半が歴史的にみて実証的方法から隔絶されてきたという安易な理由づけをすべきではないし，概念の本体に修正が必要ないと考えることは合理的でもない。この試みは，実証的な研究が精神分析には科学的基礎のないことを「証明」してきたという同様に誤った議論の単なる裏返しとなる[20]。これらの方法のいずれかで議論を言い表わすことは，反対意見への極端な不寛容やデータの偏った解釈を助長し，複雑な理論を注意深く科学的に綿密に仕上げ，複数の視点からの情報を統合することに反するので，非生産的である。

神経生物学的な文献は精神力動的原理に従った「無意識の心」の存在には同意していないこともまた，だんだん明確になってきている。一方，重要な心的機能が意識（awareness）の外側で起こっているということは，今や認知神経科学者によって広く受け入れられている[136]。しかし，無意識システムの特性と制約（無意識，潜在的，手続き的，あるいは別の名前で呼ばれるかもしれない）自体が，複雑であり，もっとうまく精緻化されるべきである。無意識の過程に関連する複数の脳システムがあり，それらは潜在的な連合記憶，潜在的な手続き記憶を含んでいる。さらに，これらのシステムは，精神力動論における無意識の過程（例えば「エディプス的」対「前エディプス的」機能）ともつながるかもしれない。

次に，実証的な研究者と精神力動論の専門家や臨床家が新しい実験パラダイムと方法論で臨床的な現象のある面（すべてではない）をとらえる方法に開かれていることが重要である。まず，有益な研究とするためには，複雑な現実世界の現象を1セット

の要素部分に削る必要があるというのが,すべての科学的研究の中心的な事実である。このことをもって,実験的なモデルは,臨床的な状況について我々に何も教えてくれないと早計してはならない[22]。

最後に,我々は,特に脳イメージング時代においては,特定の脳部位に注目し,個人の精神力動的過程に関係する部位を探すという誘惑に気づかなければならない。脳の過程が分散していることや,認知的,感情的,社会的プロセスを引き起こす機構の複雑な噛み合わせを考えると,それが無意識的な心,抑圧,転移,構造的な変化のいずれであったにせよ,特定の概念が完全に分離し,はっきりと局在していると想像することは難しい。したがって,これまでに述べてきたことが実現する可能性は限定されるかもしれない。

これらの警告にもかかわらず,本章でレビューした研究が示しているような多くの興味深い方向性がでてきている。実験パラダイムが改善されるにつれ,蓄積されたデータによって,精神力動論と実践に関係する神経生物学に基づいたシステムの特性と限界を特定しやすくなるだろう。こうした測定技法がより解明されてくると,正常および病理的な機能についての精神力動的概念と理論を繰り返しテストし,洗練することが可能になってくるだろう。究極的には,これらの測定技法はまた臨床研究に組み込まれ,臨床理論と技術を繰り返しテストし,洗練するようにもなるだろう。臨床に関連した神経生物学的研究の進展はまた,治療者のオフィスで脳機能の測定を可能にするような最先端の技術の将来的な発展に依存しているようである。精神生理学(皮膚コンダクタンス,心拍変化)や近赤外線イメージング(MRIやPETのように重い機械を必要とせずに,大脳皮質の賦活を測定する)はこの点で重要だが,さらに新たな技術も現われるかもしれない[16,137]。

現在実証的な研究を行なっている領域はほとんどないけれども,実験的な精神医学で現在流行している他の実証的な方法は,精神力動的な実践においても有効になるだろう。特に,遺伝と気質は２つの重要な(そして関連した)研究領域である。これらは,まちがいなく精神力動的治療における治療成果の個人差変動に関連しており,究極的には精神病理と治療による変化のメカニズムに関連してくると思われる。興味深いことに,フロイトと他の精神力動的な理論家は,患者を理解する際の遺伝や気質的な要因の重要性に反対しなかったが,広範な精神分析の文献での受け入れられ方はさまざまであった[138,139]。一方,気質の神経生物学と遺伝は急速に拡大している領域であり,種々の神経系の活動を通じ,感情,損害回避,新奇性追求などの特性に対する特定の遺伝的変異がどのようにして素因となるかを確立する多数の研究がある[140,141]。

まだいくぶん現実的ではないが,精神力動論と治療において,神経生物学的研究の計画が成功した場合の有益な結果について,あれこれと想像をめぐらすことは難しくない。理論家と臨床家は長い間,どの患者にどのような治療や援助を薦めるべきか,

患者の反応をもっとよく予測できればと願ってきた。精神医学の他の治療に関して現在探求されているように，洗練された研究は，心理療法の結果を予測する特定の課題に対する反応における，神経生物学的活動パターンを発見するかもしれない。

心理療法的介入に関する2つの研究は，この点において非常に期待できる予備的な結果を提供してきた。OCDに対する行動療法とフルオキセチンの効果を比較した研究において，ブロディら[142]は，ベースラインのスキャンにより2つの治療に対して反応する者と反応しない者を別々に分類できることを見出した。フルオキセチンによる治療を受けた患者は，左前頭葉眼窩部におけるベースライン活動が低ければ，最終的には最もよい反応を示したが，行動療法を受けた患者は同じ領域における活動が高ければ，よりよい反応を示した。うつ病の患者のベースラインスキャンを行なった後，シーゲル（Siegle）ら[143]は扁桃体の活動増大，帯状回膝下部の活動減少がCBTに対する有意に高い反応性を予測することを見出した。これらの結果は，明らかに重要な臨床的意味をもつ。彼らはベースラインの脳スキャンは客観的な生理的マーカーを提供し，もし信頼できることが示されるのであれば，特定の個人がよい治療反応を示す可能性を決定するのに用いられるかもしれない。ロフマン（Roffman）らによる進行中の研究は，ベースラインスキャンが同様に精神力動的心理療法に対する反応も予測できるかどうかを検討している。

同じように興味をそそられるのは，セッション内の神経生物学的技術を用いて，個々の治療介入（例えば，「支持的」対「転移の解釈」）の効果を研究できる可能性がでてきた点である。さらに，我々はいずれ，どの程度強固な治療同盟が最適な深さの解釈を可能にするのかより洗練された手段をも手にするときが来るであろう[16,57]。すべての医学は個別化治療に向かっているので，精神力動的心理療法も遅れをとらないと思われる[14]。

わずかな前進ながら，我々がこれまでに学んできた神経生物学的知見を通して臨床家たちは，患者の問題，さらには患者への説明責任にこれらの知見が関与してくることを強く期待している。現代の臨床家は，今のところは，患者にどのように話しかけるかにおいて，アタッチメント，心理化，共感といった精神力動的概念によって大きく影響されているが，今後，新しい研究が患者に対する説明言語にも有益な変化を導き出すであろうことは想像に難くない。

他の実務レベルでは，精神力動的・神経生物学的研究は精神科医，心理学者，治療者，そして他のメンタルヘルスのプロの教育に直接的な関連をもつ。精神科医の研究機関や心理学の大学院課程における精神力動的な教育は，最近明確な危機に瀕している。なぜなら，批判者が精神力動的な教育が科学的な文献と結びついていないことについて苦情を申し立ててきたからである[144]。しかし，急速に拡張している神経科学のカリキュラムにおいてさえ，大部分のプログラムの管理者は依然として心理療法の訓練に熱心に取り組んでいる[145]。新しい研究はそうした古い体質に挑戦し，教育が

教師のカリスマ性や説得力により依存していた状況から，より新しい考えの利点を応用する方向へと進歩する手助けとなるであろう．さらに，精神力動的－実証的研究の注意深い議論に含まれる考えは，多くの種類の訓練生に有用なようである．カッパス（Cappas）らは7つの「脳に基づく心理療法の原理」を提案しており，それについては（原理5の可能性を除いて）我々の意見と相当一致している[146]．

1. 個人を形成する際に遺伝と環境は脳の中で相互作用すること
2. 経験は脳へ移送されること
3. 脳内の記憶システムは相互作用的であること（すなわち，記憶の貯蔵と検索は文脈に依存しており，起こったことを完全に説明するものとして取り扱われるべきではないこと）
4. 認知的プロセスと感情的プロセスはパートナーとして作用すること
5. 絆と愛着が変化の基盤を提供すること
6. イメージは現実と一致した脳システムを賦活し刺激すること
7. 脳は非言語的で無意識的な情報を処理できること

　研究が進展するにつれて，我々は原理をさらに洗練・追加するに違いなく，実証的な基盤とともに訓練生に役立つ原理を教えることができるであろう．
　良質の科学，あるいは良質の精神力動的考えを特徴づけている中心的なポイントに対して，相互がかたくなに懐疑的にならなければ，実証的な研究者と精神力動的な理論家，臨床家の間の緊密な連携の未来は明るいと我々は信じている．お互いを尊重し合う対話が生じている限り，この領域の進歩は我々の理論と患者に対する臨床実践の改善を推し進めるであろう．

第14章

精神力動的心理療法研究における生理的モニタリング

1. はじめに

　半世紀以上にわたり精神力動的心理療法研究の発展に寄与してきた患者と臨床家の生理的反応の測定には豊かな歴史がある。それらの知見は，生理的，感情的，心理的状態との重要な関連をますます立証するものとなっており，心理療法の外側から研究を補完している[1]。実際，心理療法のセッション中の生理的変化に関する研究は，臨床実践に有益な情報を提供するまたとない機会となり，臨床家のトレーニングをよりよいものにし，さらに二者関係に特有のプロセスをはっきりと浮かび上がらせる[2]。本章の目的は，精神力動的心理療法のセッション中に行なわれた生理的モニタリングの歴史と神経イメージングの研究成果を補完し，近年の対人関係神経生物学（interpersonal neurobiology）と社会神経科学（social neuroscience）の発展に貢献している新しい知見をレビューすることである。研究計画に基づき実施した臨床ケース報告では，生理的測定から導き出される洞察の効果を証明し，さらに精神力動的心理療法のプロセスに生じる無意識の防衛を打破するための課題についてもふれている。

　種々の方法論的アプローチを通じて，精神生理学と心理療法に関する初期の研究は2つの重要な課題に取り組んでいる。1つめは，心理療法のセッション中の患者と治療者の生理的反応によって生じる測定可能な生物学的影響というものは果たしてあるのか，である。2つめはさまざまな生理的反応間の特徴的な関連性とは何か，そしてそれらが心理療法の実践，トレーニング，研究に示唆することは何か，である。この2つの問いについて検討することが本章の中核となっている。精神生理学と心理療法に関する先行研究では，ほぼ例外なく心拍（heart rate：HR）と皮膚伝導（skin conductivity：SC）を生理的反応の測度として使用している。そこで本章ではまずこれら2

つの測度の起源とメカニズムについて簡単なレビューを行なう。それから精神力動的心理療法に精神生理学を導入した歴史と、それに関する研究のレビューを近年の最新の研究知見とともに提示する。その後に示した臨床ケースでは、今後の方向性について盛んに議論が行なわれている近年の神経生物学と神経科学の文脈にそのレビューを位置づけながら考察した。

2. 心理療法研究における精神生理学

中枢神経系活動の末梢神経系の測度は、精神力動的心理療法研究にそれらが使用されてきた歴史をみるとじつにさまざまな方法で用いられている。1981年に発表されたレビューでは、心理療法の中に導入された精神生理学は以下の3つのカテゴリーに分類されている。①生理的反応、精神病理、精神力動的概念の関連を検証したもの、②患者―治療者の相互作用と生理的反応との相関を調べたもの、③治療セッション内、あるいは一連のセッションにおいて現われる生理的反応パターンをモニタリングしたもの[3]。このレビューではまた、心理療法研究に精神生理学を導入することの利点についても詳しく述べられている。例えば、比較的費用がかからないということ、多くの測定機器は非侵襲的であるということ、さらに携帯性・可搬性に優れているため、実験室とは異なる臨床場面の"実地的（naturalistic）"あるいは生態学的に妥当なモニターが可能となるなどをあげている。心理療法研究に精神生理学を導入することについては、近年メンタルヘルスの領域で生物学が重視されていることからもわかるように、その意義が裏づけられているといえる[4]。これらの測度は生物学に基づくものであるため、多くの自己報告式のツールにつきものの被験者や観察者のバイアスとも無縁である[5]。心理療法中に発生する個人内そして個人間の刺激に対する意識的・無意識的反応をリアルタイムかつ客観的に測定することのできる他の技術はほとんどない。つまり、薬理学的治療介入や神経イメージング技術と同様の、確固たる基礎をもった生物学のもとに心理療法研究を行なうことには多くの利点があるといえる[6]。

心理療法研究に使用される最も一般的な生理的パラメーターはHRとSCの2つであり、心理療法以外に種々の感情状態や認知課題の間のHRとSCが広く研究されてきた[1]。また、健常者と精神疾患者のSCやHR反応のさまざまなパターンが観測され比較されてきた[7]。そして研究の初期段階のうちから、多くの研究が生理的反応を神経イメージング研究に統合し、中枢神経系と末梢神経系の活動の関係に関する新たな理解を導いてきた[8,9]。神経系の活動をよりよく理解することは、一般的な社会的相互作用の研究を発展させるための機会だけでなく、とりわけ心理療法に関わる対人関係神経生物学のモデルを進展させるための興味深い機会となる。患者の示すわずかな生理的反応でも、臨床家にとっては重要である。したがって、将来的にも、社会的相互作用の生物学モデルは心理療法の実戦や訓練における貴重な情報源となると同

時に実戦や訓練の改善・進歩に大きく貢献することになるであろう。

■ 心拍（HR）の測定

　数百年もの間，医師は聴診器を使い，体内で活動する心臓の音を聞き，心拍のリズムで病気や精神状態を知ろうとしてきた[10]。もともとは伝統的中医学の中心的な要素として行なわれはじめ，比較的初期のキモグラフやインク表記のポリグラフから始まり，近代のデジタル信号処理システムに至る科学技術の発展に伴い，心拍モニタリングの科学的研究は増大した[11]。世紀の変わり目のころに心電図(electrocardiogram：ECG) が開発された。これは通常，両腕と片方の足の3か所に非侵襲性の電極を装着し心拍をモニタする。携帯可能な単極誘導の機器の進歩は，連続的なモニタリングを可能にした。現在ECGは一般的に12誘導の機器形態になっており，詳細かつ重要な心臓病理の評価が可能である[12]。

　近年の神経解剖学と神経生理学の研究は，HRの中枢制御は脳幹，大脳皮質下部，大脳皮質内の構造にあることを明らかにしている[8,13,14]。脳幹回路は主に恒常性制御 (homeostatic regulation) を行なう器官であるが，大脳皮質と大脳皮質下部のネットワークは，感情制御を含む，心臓の恒常性制御以外の機能（non homeostatic regulation）にも影響を及ぼす。主に感情制御に関与している大脳皮質下部と辺縁系の構造，特に扁桃体と島皮質 (insula) は感情反応を刺激と組み合わせるはたらきをしており，さらに脳幹の活動にも影響を与える[8]。これらの構造は，自律神経系の交感神経系と副交感神経系を通じて心臓の活動を直接的にコントロールする。HR制御の中枢メカニズムに関するさらに詳しい説明はその他の文献に譲る[10]。精神生理学の研究の大部分はストレス刺激に対するHRの反応性を検証したものであり，特に心臓病や高血圧への影響に焦点をあてている。しかしながら近年ではHRのわずかな変化や変動性を測定する機器の発達によって，HRは行動，感情，認知機能の指標として用いられるようになった[15,16]。

■ 皮膚伝導率（SC）の測定

　今から100年以上前，最初に使用されて以来，人間の皮膚の電気的変化の測定は全般的な生理的覚醒 (physiological arousal) や反応性の指標として広く利用されてきた。シャルコー (Charcot) とヴィグロー (Vigouroux) の精力的な研究に先立つこと10年，1888年にフェレ (Féré) は，指に装着した2つの電極に電気を通すことによってさまざまな刺激に対して瞬時に反応するSCを発見した[17]。初期の研究で明らかになったSC信号の持続性 (tonic) 要素と一過性 (phasic) 要素という重要な特性は今日でも使用されている。持続性とは一過性の反応を除いたSCの絶対レベルのことである。一過性とはSCレベルの瞬間的な変化であり，さらにピーク振幅，立ちあがり時間，傾き，1/2回復時間などで説明される。手のひらはエクリン汗腺(eccrine sweat glands）が集中しており，質・感度ともによい信号が得られるため，SCは手のひらの表面で測定するのが最もよいとされる[18]。いまだモニタリング機器のほとんどは，利き手ではない方の手に2本のリード線を装着するタイプのものであるが，近年の機器の中には携帯性に優れ毎日の活動を連続的にモニタリングすることが可能なものもある[19]。

SCで測定する人間のエクリン汗腺の活動は主に交感神経系がコントロールしている[20]。SCに影響する興奮効果と抑制効果の中心的メカニズムはどちらも脳幹，大脳皮質下部，大脳皮質の3つの主要な経路にわかれる[9,21-24]。具体的には，脳幹網様体，運動前野，大脳皮質下部の大脳基底核が関与し，また前頭前野と大脳皮質下部の辺縁系も関連する。その構造の多様性は，体温調節，筋緊張，粗大運動コントロールと微細運動コントロール，感情処理，注意，その他の高次の処理機能など種々の影響因によって決定される[25]。SCの測定は，注意，学習，感情の研究に用いられるだけでなく，治療に対する反応の指標や精神病理との関連の指標として用いられるなど，幅広く活用されている[15]。

心理療法研究における精神生理学の歴史

1950年代半ばの初頭から，心理療法セッション中の患者と治療者の感情状態や生理的反応を調べる研究がなされはじめた。心理療法研究に精神生理学を導入するという試みは，患者と治療者の二者関係における一連のHRの分析から始まった[26]。二者関係については，患者と治療者間に生じる社会的－感情的プロセスを，観察者がベールス相互作用分類システム（Bales Interaction Coding System：BICS）を用いて3つの領域に分類し分析された[27]。3つの領域は，社会的－感情的にポジティブ（連帯（solidarity），緊張解消，一致（agreement）），ニュートラル（忠告するあるいは提案を求める，意見，オリエンテーション），ネガティブ（不一致（disagreement），緊張，対立（antagonism））である。研究者らはBICSで分類された社会的－感情的状態と生理的反応とを関連づけようと意図していたものの，カテゴリー間での相違は小さく，有意なレベルの差異はみられなかった。ただ，発表されたデータは，3人の患者のそれぞれに対し別々の3人の治療者が1回ずつ行なった面接を比較したものであり，加えてある1人の治療者との面接では患者のHRは3人ともBICS分類に関係なく一貫して低いなど，特殊な条件であった。この結果は，各治療者の個性が患者の生理的状態に大きく影響する可能性を示唆した最初のものであり，近年では患者－治療者関係を扱う"社会生理学"の流行に関するすべての理論的研究にこの考えが応用されている[28]。

一方，この研究者らは，ある1組の患者と治療者の38セッションにわたる面接データについても論じている。研究初期においては異例となる縦断的ケーススタディであったが，この研究から，患者のネガティブなBICS分類の状態が高頻度に現われる

治療セッションは，低いHR平均値と相関を示す傾向があったのに対し，ポジティブなBICS分類の状態が高頻度に現われる治療セッションでは，高いHR平均値と相関を示す傾向があったのである。興味深いことに，彼らはまた，このケーススタディで分析された患者と治療者のHRデータには，患者と治療者のHRの増大と減少が"一致"する瞬間があったことを指摘した。この一致は"治療的ラポール"の指標として有効ではないかと推察されている。他のデータや統計学的分析なしに，また，より掘り下げた仮説の記述なしには，これらの発見や見解の重要性を評価することは難しい。しかしながら統計学的分析がないとはいえ，この初期の発見は，心理療法的関係における情動状態と生理的反応との関連を明確にするうえでの基礎データとなった。

その後，44回のセラピーセッションの詳細な分析を行なった追跡的ケース報告がなされ，患者と治療者の生理学的関連についてエビデンスが示された[29]。この研究者らは，治療者と患者のHRを調べ，そしてBICSを応用し患者の不安，敵意，落ち込みの感情状態を評価した。患者の感情状態については，独立した分析も行なわれた。彼らは，患者が不安を呈しているときは患者のHRは有意に高く，敵意を示しているときHRは中程度であり，落ち込んでいるときはHRが最も低くなることを見出した。興味深いことに，これらの相互作用が生じている間の治療者のHRはそれほど高くはないものの，統計的に有意な類似のパターンがみられた。患者が不安を呈しているとき治療者のHRは最も高く，患者が敵意を示しているときは中程度のHRであり，患者が落ち込んでいるときは治療者のHRは最も低かったのである。

彼らはまた"生理的"共感を定義しようと試みている。まず，患者と治療者の生理学的兆候と治療者のセッションの記録に基づいてそれぞれのセッションに順位づけを行なった。生理学的兆候に関しては，次の2つの要素に基づいて順位づけがなされた。①患者の敵意に伴って増加した治療者のHRの程度と，患者の落ち込みに伴って減少した治療者のHRの程度，②それぞれのカテゴリーにおける治療者と患者のHR反応の類似性。治療者の記録については，セッション後の治療者の記録の中にみられる心の動揺を示す言葉の数によって順位づけがなされた（例えば，治療者の"未解決の葛藤"を示す記述など）。驚くことに，セッション内での患者と治療者の生理的関係の程度は，治療者の記録の中にみられた心の動揺を示す言葉の数と反比例していた。つまり，患者の心理状態が動揺している（disturbance）とか注意散漫（distraction）のために治療者か患者と理解しあえていないと感じるときには，患者と治療者の生理学的兆候の一致も低くなるということが起きていたのである。彼らは，治療者と患者の生理的関係は心理的関係を反映したものであり，ひいては生理的"一致"は心理的共感の予測因子となりうるのではないかと推察した[29]。興味深いことであるが，共感している間の"鏡"メカニズム（mirror mechanism）の役割を検証する最近の神経イメージング技術の領域から収束的なエビデンス（convergent evidence）が報告されている（以下参照）のと同時に，心理療法セッション中の共感に関する"生理学的"

基礎研究のエビデンスは近年報告されてきている。

1957年、上に述べた同じ研究者らは BICS を新たに応用し、患者と治療者の HR と感情的内容との関連を検証した[30]。この研究では、ある１組の患者—治療者のセッションごとの HR 平均値を12セッションにわたって測定した。患者と治療者の HR 平均値が高いセッションは、修正版 BICS で設定された"緊張関係（tension unit）"として測定され、それが患者の示したネガティブな感情の頻度と相関があるという先の研究と一致した結果が得られた。また、"緊張解消（tension release）"に分類される患者のポジティブな感情反応が多くみられたセッションでは、患者の HR 平均値は有意に減少しており、治療者の HR 平均値も有意ではなかったもののわずかに減少していた。一方、患者が治療者と対立したときのセッションでは、治療者の HR の平均値は有意に増加していたが、患者の HR の平均値は減少傾向にあり、有意ではないが低いという結果になった。つまり、患者の治療者に対する"対立"の顕在化は患者と治療者に対して正反対の方向に影響する傾向があるということである。彼らはこの現象に関してほとんど説明を行なっていないが、患者が対立的な発言をすることは患者には緊張解消として機能するが、治療者にとっては緊張を生む原因となり、結果的に HR は正反対の結果となるという仮説が立てられよう。

1957年にはまた、女性の神経症患者19人に主題統覚検査（thematic apperception test：TAT）を行ない、そこでつくられた物語を用いて行なわれた研究が発表された[31]。彼女らがつくった物語に対し、面接者が準備された台本通りの言葉かけを行ない、その内容が"称賛"されたものであったか"批判"されたものであったかという基準で患者は無作為に２つのグループに分けられた。称賛または批判は第２面接者が質問や安心を促した後になされた。この研究は他の研究のように心理療法中の相互作用を扱ったものではなく、あくまで台本など計画的に準備されたものからなる実験的研究だという点に留意しておくことは重要である。それでもなお、この研究は対人間に起こる感情反応と心理療法に関連する生理的現象との関連に興味深い洞察を提供している。先行研究に一致する結果であるが、称賛（ポジティブな感情）を経験した直後に比べ、患者が批判（ネガティブな感情）を経験した直後やその後しばらくの間、彼女らの HR 反応は有意に高くなった。

また、この研究者らは、患者の HR に影響する面接者自身の感情状態のベースラインの重要性についても指摘している。実験の手続きの１つとしてそれぞれの面接の直前に第１面接者に自分自身の感情状態を評価するよう求めている（つまり、気分の良い日であるか良くない日であるか）。"良くない"日だと答えた面接者は"良い"日だと答えた面接者と比べると、有意に患者の HR の上昇と相関があったのである。興味深いことに、患者の HR の変化は最初の指示の間にのみ示され、その他の実験的変数（実験者の HR など）とは独立していた。声の質や高さといった微妙な違いがこの結果を生じさせたのだろうと推察された。どちらにせよ、治療セッション前の治療者の

感情状態が，患者の生理的状態や心理的状態に影響する有意な媒介要因であるかもしれないということは非常に興味深いことである。結論として言えることは，これらの初期のデータによって患者－治療者関係における双方向性の影響が実証されたわけであり，そのことにより批判や緊張，あるいはその他のネガティブな情動が患者のHRを増加させる傾向にある一方で，称賛や緊張解消，あるいはその他のポジティブな感情は患者のHRを減少させる傾向にあるという認識が強まったのである。

　患者と治療者両方のSCを検証した最初の研究は1971年に発表された。この研究では，12組の患者と治療者の精神力動的心理療法の最初のセッションが分析対象となった[32]。治療者のうち6人は経験豊かな精神科医であり，残りの6人は経験の浅い医学生であった。研究者らは治療者の言語表現を，その内容がどの程度対決（confrontational）しているかという対決レベルの大小に着目し，以下のように評定分類した。①反映，②質問，③解釈，④直面化。その結果，SC反応の振幅で示される患者と治療者の覚醒は，治療者の言語による対決の程度と連動して変化することが示唆された。

　また，興味深いことにこの研究では，経験豊かな精神科医と経験の浅い医学生との違いについても示されている。経験の浅い医学生は経験豊かな精神科医と比べSC反応の振幅は高い傾向にあった。先に述べた個別心理療法研究において示された，治療者の"沈静"効果が患者に与える影響と同様の傾向であるが[26]，この研究の結果はそれ以上に治療者が患者に及ぼす特定の生理的影響を示唆しているといえる。さらに，経験の浅い医学生は，直面化を促す発言をしたときの興奮の指標が，経験豊かな治療者と比較すると低いことが明らかになった。この結果は，経験の浅い治療者は直面化を促す言葉にさほど神経をとがらせていないか，あるいはそれらが与える影響をあまり意識していないため，直面化の状況下でも自律神経の反応が出なかったと考えられている。これらのデータにより，心理療法的相互作用における患者と治療者の感情反応と自律神経の活動との強い関連が明らかとなった。

　この発表の後，次に行なわれた研究では，1人の患者における感情強度の評定と交感神経活性化の4種の生理的測度との関連が検証された[33]。4種の生理的反応とはHR，SC，呼吸，そしてプレチスモグラフィ（パルス波の強度の測定）である。この研究では治療者はモニタされておらず，患者の感情強度が複数回の心理療法セッションの最初と最後の10分間，ベテランの治療者によって評価された。そして感情強度の得点とそれぞれの生理的パラメーターの平均値との相関が検証された。その結果，すべての面接において感情強度の得点といくつかの生理的変数との有意な相関が示された。つまりこのデータによって，心理療法的関係性の中では感情強度が自律神経活動に影響を及ぼすということが明らかとなった。

　1980年代までは心理療法研究における精神生理学的分析や方法論的考察は，患者や治療者の感情・情動反応の観察者評価または治療者評価によるものであった。1982年には，研究の視点は感情状態と生理的変数との関連を検討することから離れていき，

再び二者関係における生理的現象の一致のパターンや，そのパターンと主観的に評価された共感との関連に焦点があてられるようになった[34]。具体的には，学生ボランティアらの"クライエント"役と，大学院レベルの治療者らによる21回のセッションが行なわれ，治療者の共感が共感理解下位尺度（Empathic Understanding Subscale：EUS）であるバレットーレナード関係性尺度（Barret-Lennard Relationship Inventory）を用いてクライエント役の観点から測定された[35]。生理的反応の解析を行ない，SCの一致と治療者の共感の知覚とは相関があるか，そしてそれはどの程度であるかを明らかにしようと試みたのである。その結果，SC反応の一致，即応性（rapid；7秒以内），大きな振幅，そして主観的共感得点はそれぞれ統計的に非常に強い相関があるということが明らかとなった。SC反応の遅さ（slow；40秒以内）あるいは小さな振幅と知覚された共感得点とは有意な相関がみられなかった。つまり，短い時間枠内における主観的共感得点は，即応的で大きな振幅の反応においてのみ相関があるといえる。この研究の対象は臨床サンプルではないものの，ここでの結果はこれまでの生理的一致研究の見解を支持するだけでなく，研究の発見を患者の主観的体験に関連づける必要性があることを示している。さらに加えて，この結果は，力動を把握するために時系列アプローチを用いることの重要性や，心理療法セッション全体を通じて生じる生理的反応の経時的変動に注目することの意義を強調している。

精神生理学と心理療法研究の近年の発展

これまで概観した研究の主な欠点は，生理的または非生理的変数の信号処理や統計解析は十分に洗練されたものとは言いがたいことである。しかしながら，最新の計算能力（computing power）やより洗練された統計学理論の発展とともに，これまで以上に正確な統計的アプローチが可能になってきている[36]。近年のいくつかの論文では，初期の歴史的な研究をより詳しく解説したり，付加的な信号処理や最新の統計処理を加えたりしている。以下にあげる3つの研究は，精神力動的心理療法のセッション中に患者－治療者のSCを測定したものであり，先行研究の成果をもとにした新たな方法やアプローチを適用している。

1つ目の研究は2004年に発表されたもので，心理療法セッション中の対人間で起こる笑いの役割を立証したものである[37]。この研究は過去10年間に行なわれた心理療法場面以外での笑いの研究をもとに行なわれたものであり，これまでの研究では，笑いの大半は一次的にユーモア，冗談，あざけりといったものと関連するというよりも，むしろ社会的関係性やコミュニケーションを円滑にさせるものとしてはたらいていることを明らかにしてきた[38]。この研究では10組の患者－治療者の心理療法が解析された。観察者は厳密に定義された"笑いエピソード"をビデオ録画の中から抽出してコード化し，その直前と直後5秒間のSCの変化量を算出した。データは2要因分散分析を用いて解析された。患者と治療者の間に覚醒パターンの違いはみられなかった

ものの，生理的に笑いの伝染（contagion of laughter）が生じたと捉えられるような患者と治療者がともに笑った場面では，全体的な興奮のレベルに有意な違いがみられた。興味深いことであるが，患者が笑った場面では治療者のSCは有意に上昇していたのである。その際，患者の笑いが，治療者の笑いによって誘発されたものであったのか，さらには，治療者が患者に対して身体レベルの共感反応を暗にしたために誘発されたものであったのか，そうしたことはいっさい関係なかったのである。この反応は概して無意識のものであり，共感は自動的に起こる感情反応であると捉えられている近年の見解と一致するものである[39]。

次の研究は，先に概観した先行研究[26,29,34]が提唱する生理的反応の一致を検証したものであり，アルゴリズムの新たな算出法，行動操作，そして患者側の共感の知覚に着目した。ここでは，精神科クリニックから紹介された気分障害や不安障害を抱える患者に対し，1人の精神科医があらかじめ準備されたニュートラルな話（天気の話など）を簡単に行ない，その間患者と面接者の両方のSCを同時に測定した[40]。また，2つのSC信号の変化量の連続的な相関（running correlation）によって示される生理的一致を検証するため，独自の時系列アプローチが導入された。さらに面接者が患者に向ける注視の量を調節することにより感情的な距離に関する2つの条件群が設定された。その結果，面接者の共感に関する患者の自己報告と，患者と面接者間の生理的一致の程度の両方に関して，感情的ニュートラル条件（通常の注視）と感情的隔たり有り条件（少ない注視）との間に有意な差異がみられた。患者と面接者の両方の全体的な覚醒曲線の特徴を時系列アプローチによって明らかにしたことは手法こそこの研究独自のものながら，結果は生理的反応の一致を確認した先行研究の知見と矛盾しないものである。

3番目にあげる最新の研究はこれまでの知見を臨床サンプルに広げて検証したものであり，20組の患者－治療者の精神力動的心理療法を検討している[41]。この研究は部分的にロビンソン（Robinson）ら[34]の研究をモデルとし，彼らと同様の時系列アプローチと注視によって測定する共感尺度を用いたが，それらを実際の臨床場面の患者と治療者に適用したのである。その結果，患者の報告したセッション中の治療者の共感の程度は，そのセッション内における生理的反応の一致の程度と有意な相関があることが明らかとなった。さらにビデオ録画されたそれぞれの患者―治療者ペアにおける最も高い一致と最も低い一致を示した瞬間の分析が行なわれた。観察者はBICS評価を行なう訓練を受けている者たちである。また，研究目的は彼らには伏せられたうえで，最も高い一致と最も低い一致を示した1分間の患者と治療者の観察を行なうよう指示された。その結果，最も高い生理的反応の一致を示した瞬間は，最も低い瞬間と比べ有意に連帯のレベルが高く，さらに患者と治療者の両方からのポジティブな注視が生じているということが明らかになった。

精神生理学の臨床上の関連

この後に紹介するケース報告は，心理療法のセッション中にSCの同時測定を行なうという設定の心理療法研究に参加した患者と治療者のものである[41]。報告では，患者と臨床家の生理的反応と知覚された共感との関連性の検証を計画し，こうした手続きに基づいて行なわれたセッションの文脈を描写した。そこでは，治療者がより豊かに，そしてより深く患者の症状を理解・評価するための臨床的・診断的補助として精神生理学が用いられているようすが記述されている。これまでに述べてきた研究とは対照的に，ここでは研究計画に基づき，得られた生理的データは臨床上の見地から患者へ報告されており，そのことがケースの心理療法プロセスと治療成果に多大な影響を与えている。さらに，精神力動的心理療法プロセスの種々の局面を理解するための精神生理学的測度の臨床的活用が描写されており，使用された技術を今後より有効に活用していくことの可能性について議論が広げられている。

先に述べたように，多くの精神病理学研究で精神生理学の知見が導入されている[7]。うつ病性障害と不安障害においては共通認識されている2つの見解がある。うつ病患者は非うつ病患者と比較すると，SCレベルの全般的な低下を始め，反応頻度は少なく，さらに反応の振幅も減少する傾向にある[42,43,44]。一方，不安患者は自律神経系の活性化がみられ，高いSCレベルを示し，さらに大きな振幅反応を特徴とすることが十分に立証されている[45]。

提示したケースは別の文献ですべての内容が発表されており[2]，心理療法の臨床実践における複雑で微妙なやりとりや，社会的相互作用の精神生物学については十分に描写されている。通常の心理療法場面では得られない生理的データを臨床家が把握することによって，治療的プロセスや治療成果が促進されている。具体的には，患者の心理療法のセッション中の生理的反応を治療者が把握することにより，患者のうつ病歴と外面的にはそのことに無関心であるということの食い違い，そして表面的には統制のきいた態度がある一方で，不安から生じる交感神経の興奮によって示される激しく混沌とした内的状況との食い違いについてより深い共感的理解が促進されたのである。患者の中にある母親イメージの役割を含む精神力動的フォーミュレーションの文脈の中で，隠れた内的な不安状態を共感的に認めていくことは治療的にも臨床的にも大きな利益となったのである。

臨床ケース報告

ジェーンは専門職（professional）に就いている40歳白人の既婚女性である。彼女は体重を減らさねばならない状況にあり，栄養士カウンセラー（a nutritional counselor）の紹介で心理療法を受けにやってきた。ジェーンは標準体重よりも30キログラム以上オーバーしており，そのことで自意識が過剰となり自分のことを恥ずかしく感じていた。栄養士カウンセラーとの相談時，彼女はこれまでの人生の大半において

母親に食事をコントロールされてきたことを想起してしまったため混乱が生じ，自分の食事摂取量をすべて明らかにすることができなかった。栄養士カウンセラーはジェーンが母親のコントロールに対して生じた怒りとうつを克服するまでは，食事の問題は続くだろうと感じていた。ジェーンは精神力動的心理療法を開始し，最初の2年半は，これまで絶え間なく続いた母親の言葉による虐待から距離をとること，そして体重に関する強迫観念を切り離すことに焦点があてられた。しかしながら，ジェーンと母親は日常的に電話で接触していたためこの作業は非常に困難であった。食べ物に関してコミュニケーションにズレがあったにもかかわらず，彼女は母親の最も親密な話し相手であり実際の援助も行なってきた。彼女は母親の人生すべてを把握している人物としての役割をとってきたのであった。

　ジェーンは母親に対して常に"完璧"でなければならないと感じていたため，母親の負担を増やすことは決してせず，さらに自分自身を落ちつかせるための方法として不健康な食習慣とあまり動かないというライフスタイルを身につけた。ジェーンと母親の関係の重要な要素として，ジェーンの母親は他の4人の子どもに振り回されていたという状況があった。その4人の子どもたちはみな特別支援教育を受けており，また，そのうち1人は亡くなっていた。彼女が心理療法を通じ，母親への依存と言葉による虐待という関係から，相互に尊重しあう関係へと変化をみせたその大きな進展の後，ジェーンは心理療法の中で身体的に健康になることを話題にし，そしてついに体重を減らしたいと訴えはじめた。これらの話題はこれまでの心理療法の中では全く避けられていたものであった。彼女はコーチのもとで個別のトレーニングプログラムを開始したが，その6か月後には2キログラムほど増えてしまった。ジェーンはフラストレーションを感じ，進展がみられないことをコーチに責められたときはコーチを変えることも考えた。この力動はジェーンの中で強力な反応（powerful reaction）を活性化させた。

　このころにジェーンは，患者と治療者のSCの同時測定によって共感を検証する心理療法と精神生理学の研究に参加しないかと誘われた。この研究の結果，患者と治療者の間には生理的反応の一致がかなりの程度認められることが明らかになった。さらにこの結果は，モニターセッションにおいて質問紙で測定された患者の知覚した治療者の共感と関連があった[41]。しかしながら，ジェーンのSC分析を行なった結果，驚くべきことが明らかになった。ジェーンの全体的なSCの記録は治療者のものとほとんど一致した形状であったものの，彼女のSCの振幅と反応性は非常に高い持続性の覚醒（tonic arousal）と非特異的な変動の頻発，そして振幅は概して大きいという特徴があることを示していたのである。特に重要なことは，全体的な一致度は比較的高いにも関わらず，彼女の覚醒レベルは治療者のそれと比べるとほぼ2～3倍もあったということである。また，彼女は落ちついて見え，冷静で，そして客観的に観察される不安の指標や表現はほとんどなく，逆に抑うつ的な表現をする傾向にあったという

ことも驚くべきことであった。

この実験の研究者とともに精神生理学的データを確認した後，治療者はジェーンにこの結果をどう思うか尋ねた。興味深いことに，ジェーンは自分が非常に高い不安状態にあるという事実には驚かなかった。彼女は「私の辛さをわかる人なんて誰もいない。私は毎日この苦しみを抱えて生きているの…だからもう慣れてしまったわ…人の心配を慰めることはもう私の仕事みたいなものだわ。自分のことなんて気が回るはずもないわ」と語った。その後のセッションでジェーンは，研究で示された生理的データを治療者が知ったことで，自分のことを非常によく理解してもらえたように感じたと述べた。実際，治療者はジェーンが示すとてもわずかな不安のサインをしだいに汲み取れるようになった。そして治療者は，ジェーンの母親がまさにそうであったように，ジェーンの患者としての内的なニーズのすべてが微妙に汲み取られてこなかったことを意識するようになった。治療者が，生理的な心の"レントゲン写真"によってジェーンの奥深くにある不安を共感するにつれ，ジェーンは自分が不健康な食事をしてきたこと，そして人生全体に横たわる不安に対処するために運動する習慣が必要なことを理解するようになった。

治療者が彼女の中にある不安を認めてから，ジェーンは自己破壊的ではない新しい対処方法を考えるようになった。ジェーンは生まれてからずっと，依存対象のニーズを満たそうとすることで，自分自身の感情的ニーズをコントロールするという人生を歩んできた。それゆえ，皮肉なことであるが，彼女が甘えたいと切に願う相手の評価を得るため，そして依存を得るため，彼女はまるで自給自足をするかのように意識的にも無意識的にも一生懸命に尽くしてきたのである。彼女の不安は，自分の欲求を他者に知られてしまえばその人の負担になってしまうのではないかという罪悪感と恥の感覚に加え，彼女の養育者は自分に何の評価もしてくれないという恐怖と怒りで満ちていた。一方で彼女の心の一部では，愛着と関心が保証されるには，自分のニーズを犠牲にしてでも自分の養育者に対して責任を負いそして敏感であらねばならないと信じていた。

自分自身に対する憐れみと治療者による深い共感を支えに，ジェーンは心理療法のセッションで現在のコーチとの関係性を分析し，その精神力動的な本質を見出し，そしてついに彼女に改善がみられないことに対する責任をとろうとしないコーチを解雇しようという気持ちになった。ジェーンは精力的に調べ上げ，以前よりもはるかに共感的で，ジェーンのニーズにしっかりと応えてくれる新しいコーチを見つけ，そのコーチを雇うことができた。彼女の最初のコーチを解雇することは，心理療法のセッションの中で何度も辛く苦しいテーマとして取り扱われた。その中でジェーンは権威的な人物，つまりジェーンのお金に興味があるのであって，ジェーンとの協力によって達成することのできる目標には興味がないような人，そのような人物に対して彼女のニーズを主張するだけでなく，コーチに対する怒りが駆り立てられる恐怖に直面しな

ければならなかった。多くの苦難を体験しながらジェーンは今以上の自己受容と自己愛（self-love）を必要としていることを理解することができ，そしてそれらをコーチのニーズよりも優先させることができるようになった。ジェーンは身体的に元気かつ健康で，そして魅力的になりたいという願望やクライエントとして扱い続けたコーチのニーズよりも自分自身のニーズを優先させる力を身につけた。しかしながらジェーンはこの結果に満足はしていなかった。ジェーンは最終的にコーチを解雇し新しいコーチと契約した。興味深いことに，ジェーンは新しいコーチのもとでは難なく食事日記——以前の栄養士カウンセラーとの治療では彼女は仕上げることができなかった課題である——をつけることができたのである。

　心理療法はジェーンのニーズに注目し継続されていたが，1年後に精神生理学研究のフォローアップが行なわれ，ジェーンは驚くべき結果を示したのである。彼女は20キログラム近く痩せていた！　これは彼女の人生において初めての体重の減少であった。ライフスタイルも，あまり動かない生活様式から週に3回運動するパターンに変わっていた。彼女が面倒をみる人たちのニーズというよりはむしろ，自分自身のニーズを重要視することによって，ジェーンは自己破壊的な他者への依存心を自分の権利を主張する力へと置き換えていったのである。目標を達成したことに加え，ジェーンは地域のリーダーとしても活躍するようになり（これまでの人生では意図的に集団を避けていた），そしてさらに，彼女は以前よりもはるかに健康になり，また母親ともより良好な関係を築いていた。

　ジェーンはその後も運動を続け減量し，彼女の全般的な満足感と主体感は劇的に改善された。精神力動的心理療法の文脈の中で，生理的モニタリングを行ない内面の感情状態を把握し，それを客観的に評価していくことにより，ジェーンは言葉で自分の満たすべきニーズを伝える力を身につけ，そしてもはや自分の感情に対処する手段としての過食という自己破壊的行動をとらなくなったのである。ジェーンは自分の感情に対処するために食べるという行動からみえてくる先の展望について深く検討し，彼女のニーズに適切に応えてくれる人たちとの誠実な関係をもつというより豊かな世界を考えるようになった。彼女はずいぶんと不安が軽減され，満たすべき自分のニーズを明確にし，それを要求する力が身についたことに自信をもつようになった。そして彼女は自分に返ってくる反応に対し，驚きとともに喜ぶようになったのである。

　ジェーンのケースは治療プロセスの複雑性に加え，たとえ良好な治療同盟を築いている熟練した治療者でさえ，共感的理解には限界があることを明らかにしている。研究手続きの開始に先立ち，この治療者の精神力動的ケースフォーミュレーションでは，特別支援が必要な子どもを抱えた母親の計り知れないほどの困難な経験に対する患者自身の気づきを重要視していた。ジェーンはもし自分の身体的そして感情的ニーズを表に出したら相手から拒絶されるのではないかと恐れていた。それゆえ，彼女は母親にこれ以上子どもの"問題（defects）"という負担をかけさせまいとしたのである。

その結果，彼女は養育者からの反応や愛情のこもった世話という年齢相応のニーズに蓋をしてしまうことを身につけ，自給自足の偽りの自己の空想をつくり出すようになったのである。この心理的な妥協にたどり着いたのち，精神力動的心理療法に救いを求めた彼女は，愛情のこもったケアがほしいという無意識の願望に長期にわたって苦しむことから脱出するきっかけを得たのである。つまり，養育者の失敗によって引き起こされた自己に対する「無価値感」や「無意味感」によって生じた抑うつ状態から，愛され信頼関係をもちたいという願望を十分に認めることができる状態へと変化していった。彼女は治療者を自分の感情状態のニュアンスと調和するよう仕向けることができた。それにより徐々に他者に対する自分のニーズや願望を意識化し，適切な感情表現を行なうことによって，自分の望む関係性に調和したり関心を払ったりすることができるようになった。いまやジェーンの内なる友人や家族の輪から生じる彼女に対する反応性（responsiveness）は治療者の反応性（responsiveness）に影響を与えているのである。

　このケースは，基礎的科学研究と臨床実践との間のギャップをつなぐ架け橋となる精神力動的介入に精神生理学的モニタリングを援用する方法によって心理療法家の十分な共感的調和の重要性を立証している。言い換えれば臨床的に関連のある有意義な観点から，心理療法のセッション中に治療者の患者理解に役立つ独自の情報を提供しているのである。

3．現代的観点，今後の方向性，そして結論

　「はじめに」で述べたように，本章に投げかけられた問いの1つは，心理療法研究において精神生理学が果たしうる役割はあるのか？　であった。初期の研究にはサンプルのサイズや統計手法の未熟さという限界はあるものの，これまでレビューしてきた研究はすべて，精神力動的心理療法セッションにおける患者と治療者の個人内，あるいは対人関係の心理を検討するうえで，客観的で生物学に基づいた橋渡しとなるような精神生理学の導入を推奨している。心理療法における二者心理学のより深い理解により，これまで患者もしくは治療者単独の変数に焦点をあててきた伝統的手法から離れて，患者と治療者のコミュニケーションから独自に生じる相互作用の変数に焦点をあてるという説明モデルへ移行していくのである[46]。

　現在に至るこれまでの研究結果は総じて，心理療法セッションにみる患者－治療者間プロセスに対し生物学的モデルの適用を支持しているといえる。治療者の生理的反応は患者の感情反応に規定されるというエビデンスにより，セッション中における対人的反応の内容を推測することができる[30,32]。また，治療者らの受けたトレーニングが同程度であっても患者は治療者ごとに異なる反応を示すというエビデンスや[26]，トレーニングや経験のレベルによって患者も反応結果が変わるというエビデンスも報

告されている[32]。さらに，患者は治療者の心理状態に加え，治療者のフィードバックがポジティブなものかネガティブなものかということにも非常に敏感な生理的反応を示すこともわかっている[31]。そして最後に，心理療法のセッション中の患者と治療者間の感情反応に関連する生理的一致の重要性や，一致の瞬間が共感やラポートの形成といった重要な向社会的構成概念の基底にあるとする研究が数多くあるということも述べておきたい[26,29,34,40,41,47]。

　これまでレビューした研究は，近年の神経イメージング研究（以下参照）を補完するものであり，心理療法セッション中の患者と治療者の対人相互作用における生物学モデルが臨床的な事柄の新たな理解へとつながる可能性を示している。このモデルは，生理的反応の神経生物学的メカニズムと人間の社会的現象に対する神経イメージング研究の知見が重なって成立している。生理的反応の神経生理学に関しては，いくつかの研究でSCとHR反応のコントロールには前頭前野（prefrontal cortex）と帯状回前部（anterior cingulated cortex）が関与しているということが明らかになっている[8,9,23,24,48]。さらに，感情反応の神経生物学に関する神経イメージング研究[49-51]，共感そのものや共感と関連する心理事象[52-54]，そして社会的相互作用[55-58]もまたそれらの部位に関与していることが報告されている。感情状態や態度が，生理学そして神経生物学に基礎をおく[49,59,60]ことを考えれば，翻って感情状態や態度の共通部分には，生理学・神経生物学の共通する基礎部分があるということは驚くことではない。例えば近年の研究で，重要な他者が電気ショックを受ける場面を見るという設定の女性の被験者においては，たとえ観察する対象が電気ショックを受けていない状態のときですら，これまで詳細にされてきた「ペインマトリックス（pain matrix）」[訳注1]の感情的成分の活性化が明らかにされている[54]。この研究者らはまた，実験観察者の帯状回前部の活動と自己報告による共感性のレベルとの間の直接的な相関も報告している。他の研究では，何らかの感情を示した写真に対する反応性を検証し同様の結果を確認したが，同時に，比較のためにある感情のふりをしている写真を単に眺めている間は，脳のネットワーク（前頭葉下部，島皮質，運動前野など）の活動は減弱化していることを見出した[53]。

　これらの結果より，近年そのはたらきの解明が進んでいる他者の気持ちを理解する能力にかかわる"ミラー（mirror）"メカニズムによって説明される神経回路網の存在が示唆される[61-63]。そのメカニズムは，人が行動を観察するかあるいは行動を起こすかというときに，抑制様式（attenuated manner）ではあるものの似たような様式で反応するニューロンの能力に影響することがわかっている。このように，"共通の表象ネットワーク（shared representational network）"に作用する感情反応性の定義に関するエビデンスが蓄積されてきているのである。そしてそのネットワークは"自

[訳注1] ペインマトリックスとは痛みの感覚的成分，感情的成分，認知的成分に関連する脳内機構のこと。

己"や"他者"の精神状態に関する共通の表象を生み出す[64]。この能力は，そのような認知的表象を統合したり対比させたりする場面で重要な役割を果たす島皮質と前頭前野によって決まる[65]。それゆえ，この文脈において，心理療法のセッション中の患者－治療者二者間の SC の一致は，患者の知覚する治療者の共感レベルや共通するポジティブな社会的状態や感情状態と関連性があるということについても驚くに値しない。もし類似の脳内ネットワークが何らかの形で共感性や自律神経の反応と関連があるならば，感情反応や共感経験は，表象ネットワークに関連する共通したあるいは調和した神経精神生物学的要素を経由して制御されると思われる。

共感に関与する神経生物学を描き出す神経イメージングに加え，神経生物学によって特徴づけられる近年の二者モデルは，内的な生理的プロセスの相互作用に媒介される脳内および脳間のバーバルまたはノンバーバルな流動のパターンによって，人間の対人関係の経験が生じるということを提唱している[66]。この生理は，遺伝的にプログラムされた自然に成熟していく神経系と人生早期の対人経験との組み合わせなど，多面的な要素から決定される。そしてこの考え方は，動物や人間の縦断モデルを用いた発達研究によって近年ますます支持されるようになってきている[67,68]。カンデル（Kandel）は，非常に影響力の大きい自らの論文「精神分析の未来と生物学（Biology and the Future of Psychoanalysis）」の中で，神経生物学は心理療法研究の将来に重要なものであり，行動の社会的決定因と生物学的決定因の両者に対してこれまで以上の注目を向けるべきであると述べている[4]。それと同時に，発達的にも説明されうる心理療法における変化のプロセスモデルが対人関係の視点を踏まえて発展しつつある[69,70]。本章でのレビューからも明らかなように，心理療法のセッション中の生理的モニタリングは，患者－治療者の相互作用の対人関係モデルに影響する生物学的基礎を証明する収束的な結果を明らかにしてきた長い歴史があり，心理療法研究には基礎科学的アプローチが必要であるという結論に至っている[71,72]。

本章のはじめに２つの問いを提示した。研究レビューによって，心理療法のセッション中には，患者と治療者の生理的反応によって生じる測定可能な生物学的影響過程の存在が示唆された。また，それらの変数は，ネガティブな強い感情（例えば敵意など）やポジティブな強い感情（例えばポジティブな再保証など）と相関があることも頻繁に示されていた。しかしながらいくつかの重要な課題も残っている。今後の研究は，種々のタイプの心理療法（例えば認知行動療法など）や，種々の生理的測度（例えば呼吸数や表情のコード化など），精神病理のタイプ別による違いの考察，さらに治療同盟といった心理療法の重要な構成概念を組み込みつつ，性別を統制したうえでの前方視研究などを検討していく必要がある。重要なことは，患者と治療者間の生理的影響は時間経過とともに変化するものであるかどうかを判断することに研究の焦点が向けられていることと，もし存在するとすれば，心理療法における生理的影響性と治療成果との関連は何かということである。今後の研究はまた，研修生が共感的傾聴といっ

た複雑なソーシャルスキルを学んだり，そのことにより患者とのコミュニケーションを改善したりすることが可能であるかを明らかにするモデルの検証も行なうべきであろう。後述するが，ねらいを定めたトレーニングによって共感感覚が進歩する可能性を示すいくつかの研究があるものの[73,74]，共感トレーニングそのもの，あるいはそうしたトレーニングの体系的な適用法はまだ開発されていない。それゆえ，生理的測度を用いる神経科学に位置づけられるような生物学モデル，つまり，生理的影響を最大限利用するための対人スキルに関する臨床家トレーニングを，患者の利益となるように，講義と併用することも可能であろう。

　心理社会的介入がいっそう有効な方法として進歩するためには，急激に進展している神経科学を日々の実践に応用することを可能にする研究がますます必要である。患者と治療者の微妙ながらも強力な相互作用の測定を行なう精神生理学は，実証的に検証可能な仮説を生み出すことと，研究と臨床実践のギャップを埋めることの両方に役立つ可能性がある。さらに，心理療法のセッション中の生理的モニタリングは，基礎研究が応用研究に及ぶ（translational research）機会となり，心理療法研究で使用されるプロセス尺度を補完するものである。精神生理的変数の測定に使用される科学技術は，神経イメージングの機器と比べても比較的安価であり，侵襲性を最小限にした最新のセンサーテクノロジーは，種々の臨床場面における社会的相互作用の継続的測定をますます可能にしている[12]。生理的反応をコントロールする神経生物学的メカニズムの理解や進歩，また，社会的な相互作用のより適切な理解の必要性を考慮すると，本章で述べたように，心理療法セッション中の生理的モニタリングは，感情的影響性や心理療法プロセスを視野に入れた臨床的に応用可能なモデル構築に絶好の機会を与えるものである。

謝辞　本章にケースの提示を承諾してくれた患者に感謝の意を表する。なお，匿名性を守るため，ケースの内容を損ねない程度に，いくつかの点は修正を加えていることをお断りしておく。

序

[1] Smith, M. L., Glass, G.V., & Miller, T. I. (1980). *The benefits of psychotherapy*. Baltimore, MD: John Hopkins University Press.
[2] Fonagy, P., Roth, A., & Higgitt, A. (2005). Psychodynamic psychotherapies: Evidence-based practice and clinical wisdom. *Bulletin of the Menninger Clinic*, 69(1), 1-58.
[3] Westen, D., Morrison, K., & Thompson-Brenner, H. (2004). The empirical status of empirically supported psychotherapies: Assumptions, findings, and reporting in controlled clinical trials. *Psychological Bulletin*, 130(4), 631-663.
[4] Kessler, R. C., McGonagle, K. A., Zhao, S., Nelson, C. B., Hughes, M., Eshleman, S., Wittchen, H. U., & Kendler, K. S. (1994). Lifetime and 12-month prevalence of DSM-III-R psychiatric disorders in the United States. *Archives of General Psychiatry*, 51, 8-19.
[5] Leichsenring, F. (2004). Randomized controlled versus naturalistic studies: A new research agenda. *Bulletin of the Menninger Clinic*, 68(2), 137-151.
[6] Ablon, J. S. & Jones, E. E. (1998). How expert clinicians' prototypes of an ideal treatment correlate with outcome in psychodynamic and cognitive-behavioral therapy. *Psychotherapy Research*, 8, 71-83.
[7] Ablon, J. S. & Jones, E. E. (2002). Validity of controlled clinical trials of psychotherapy: Findings from the NIMH Treatment of Depression Collaborative Research Program. *American Journal of Psychiatry*, 159, 775-783.
[8] Ablon, J. S., Levy, R. A., & Katzenstein, T. (2006). Beyond brand names of psychotherapy: identifying empirically supported change processes. *Psychotherapy: Theory, Research, Practice, Training*, 43(2), 216-231.
[9] Levant, R. F., et al. (2006). Evidence-based practice in psychology. *American Psychologist*, 61(4), 271-285.
[10] Seligman, M. E. P. (1995). The effectiveness of psychotherapy. The Consumer Reports study. *American Psychologist*, 50, 965-974.
[11] Beutler, L. E. (1998). Identifying empirically supported treatments: What if we didn't? *Journal of Consulting and Clinical Psychology*, 66, 113-20.
[12] Roth, A. D. & Parry, G. (1997). The implications of psychotherapy research for clinical practice and service development: Lessons and limitations. *Journal of Mental Health*, 6, 367-380.
[13] Krupnick, J. L., Sotsk, S. M., Simmens, S., Moyer, J., Ein, I., Watkins, J., & Pilkonis, P. (1996). The role of the therapeutic alliance in psychotherapy and pharmacotherapy outcome: Findings in the National Institute of Mental Health Treatment of Depression Collaborative Research Program. *Journal of Consulting and Clinical Psychology*, 64, 532-539.
[14] Chambless, D. L. & Hollon, S. (1998). Defining empirically supported therapies. *Journal of Consulting and Clinical Psychology*, 66, 7-18.
[15] Chambless, D. L., Sanderson, W. C., Shoham, V., Johnson, S. B., Pope, K. S., Crits-Christoph, P., et al. (1996). An update on clinically validated therapies. *Clinical Psychologist*, 49, 5-18.
[16] Sackett, D. L., Strauss, S. E., Richardson, W. S., Rosenberg, W., & Hayes, R. B. (2000). *Evidence-based medicine: How to practice and teach EBM* (2nd ed.). New York: Churchill Livingstone.
[17] Orlinsky, D. E. (1994). Research-based knowledge as the emergent foundation for clinical practice in psychotherapy. In P. F. Talley, H. H. Strupp, & S. F. Butler (Eds.), *Psychotherapy Research and practice: Bridging the gap*. New York: Basic Books. pp.99-123.
[18] Safron, J. D. & Muran, J. C. (1994). Toward a working alliance between research and practice. In P. F. Talley, H. H. Strupp, & S. F. Butler (Eds.), *Psychotherapy research and practice: Bridging the gap*. New York: Basic Books. pp. 206-226.
[19] Miller, N. E., Luborsky, L., Barber, J. P., & Docherty, J. P.(1993). *Psychodynamic treatment research: A handbook for clinical practice*. New York: Basic Books. p.577.
[20] Jiménez, J. P. (2007). Can research influence clinical practice? *International Journal of Psychoanalysis*, 88, 661-679.
[21] Thoma, H. & Kachele, H. (1987). *Psychoanalytic practice, Vol. 1: Principles*, M. Wilson & D. Roseveare (Trans.), New York: Springer. p.421.

第1章

[1] Clarke, M. & Oxman, A. D. (2003). Cochrane reviewer's handbook 4.1.6 (updated January 2003). Oxford: Update Software; Updated quarterly.
[2] Cook, D., Guyatt, G. H., Laupacis, A., Sacket, D. L., & Goldberg, R. J. (1995). Clinical recommendations using levels of evidence for antithrombotic agents. *Chest*, 108 (4 Suppl), 227–230.
[3] Guyatt, G., Sacket, D. L., Sinclair, J. C., Hayward, R., Cook, D. J., & Cook, R. (1995). User's guides to the medical literature, IX. A method for grading health care recommendations. *Journal of the American Medical Association*, 274, 1800–1804.
[4] Nathan, P. E. & Gorman, J. M. (Eds.). (2002). *A guide to treatments that work* (2nd ed.), New York: Oxford University Press
[5] National Institute for Clinical Excellence. (2002). Schizophrenia. Core interventions in the treatment and management of schizophrenia in primary and secondary care. *Clinical Guideline*, 1, London.
[6] Shadish, W. R., Cook, T. D., & Campbell, D. T. (2002). *Experimental and quasi-experimental designs for generalized causal inference*. Boston: Houghton Mifflin Company.
[7] Beutler, L. (1998). Identifying empirically supported treatments: What if we didn't? *Journal of Consulting and Clinical Psychology*, 66, 113–120.
[8] Fonagy, P. (1999). Process and outcome in mental health care delivery: A model approach to treatment evaluation. *Bulletin of the Menninger Clinic*, 63, 288–304.
[9] Leichsenring, F. (2004). Randomized controlled vs. naturalistic studies: A new research agenda. *Bulletin of the Menninger Clinic*, 68, 115–129.
[10] Persons, J. & Silberschatz, G. (1998). Are results of randomized trials useful to psychotherapists? *Journal of Consulting and Clinical Psychology*, 66, 126–135.
[11] Roth. A. D. & Parry, G. (1997). The implications of psychotherapy research for clinical practice and service development: Lessons and limitations. *Journal of Mental Health*, 6, 367–380.
[12] Seligman, M. (1995). The effectiveness of psychotherapy: The Consumer Reports study. *American Psychologist*, 50, 965–974.
[13] Westen, D., Novotny, C., & Thompson-Brenner, H. (2004). The empirical status of empirically supported psychotherapies: Assumptions, findings, and reporting in controlled clinical trials. *Psychological Bulletin*, 130, 631–663.
[14] Rothwell, P. (2005). External validity of randomized controlled trials. To whom do the results of this trial apply? *Lancet*, 365, 2–92.
[15] Wallerstein, R. (1999). Comment on Gunderson and Gabbard. *Journal of the American Psychoanalytic Association*, 7, 728–734.
[16] Shadish, W. R., Matt, G., Navarro, A., & Phillips, G. (2000). The effects of psychological therapies under clinically representative conditions: A meta-analysis. *Journal of Consulting and Clinical Psychology*, 126, 512–29.
[17] Benson, K. & Hartz, A. J. (2000). A comparison of observational studies and randomized, controlled trials. *New England Journal of Medicine*, 342, 1878–1886.
[18] Concato, J., Shah, N., & Horwitz, R. I. (2000). Randomized, controlled trials, observational studies, and the hierarchy of research designs. *New England Journal of Medicine*, 342, 1887–1892.
[19] Task Force on Promotion and Dissemination of Psychological Procedures. (1995). Training and Dissemination of empirically-validated psychological treatments: Report and recommendations. *Clinical Psychologist*, 48, 3–23.
[20] Chambless, D. L. & Hollon, S. D. (1998). Defining empirically supported treatments. *Journal of Consulting and Clinical Psychology*, 66, 7–18.
[21] Fonagy, P. & Target, M. (2005). The psychological treatment of child and adolescent psychiatric disorders. In A Roth & P. Fonagy (Eds.), *What works for whom?: A critical review of psychotherapy research*. New York: Guilford Press. pp.385–424.
[22] Leichsenring, F. (2005). Are psychoanalytic and psychodynamic psychotherapies effective?: A review. *International Journal of Psychoanalysis*, 86, 841–868.
[23] Gabbard, G. (2004). *Long-term psychodynamic psychotherapy*. Washington, DC: American Psychiatric Publishing.
[24] Gunderson, J. G. & Gabbard, G. (1999). Making the case for psychoanalytic therapies in the current psychiatric environment. *Journal of the American Psychoanalytic Association*, 47, 679–704.
[25] Wallerstein, R. (1989). The psychotherapy research project of the Menninger Foundation: An overview. *Journal of Consulting and Clinical Psychology*, 57, 195–205.
[26] Messer, S. B. & Warren, C. S. (1995). *Models of brief psychodynamic therapy: A comparative approach*. New York: Guilford Press.

[27] Shapiro, D. A. & Firth, J. A. (1985). *Exploratory therapy manual for the Sheffield Psychotherapy Project* (*SAPU Memo 733*). Sheffield, England: University of Sheffield.
[28] Luborsky, L., Mark, D., Hole, A. V., Popp, C., Goldsmith, B., & Cacciola, J. (1995). Supportive-expressive therapy of depression, a time-limited version. In J. P. Barber & P. Crits-Christoph (Eds.), *Dynamic therapies for psychiatric disorders* (Axis I). New York: Basic Books. pp.13-42.
[29] Shapiro, D. A., Barkham, M., Rees, A., Hardy, G. E., Reynolds, S., & Startup, M. (1994). Effects of treatment duration and severity of depression on the effectiveness of cognitive-behavioral and psychodynamic-interpersonal psychotherapy. *Journal of Consulting and Clinical Psychology*, 62, 522-534.
[30] Mark, D. G., Barber, J. P., & Crits-Christoph, P. (2003). Supportive-expressive therapy for chronic depression. *Journal of Clinical Psychology*, 59, 859-872.
[31] Crits-Christoph, P., Wolf-Palacio, D., Ficher, M., & Rudick, D. (1995). Brief supportive-expressive psychodynamic therapy for generalized anxiety disorder. In J. P. Barber & P. Crits-Christoph (Eds.), *Dynamic therapies for psychiatric disorders* (Axis I). New York: Basic Books.
[32] Leichsenring, F., Beutel, M., & Leibing, E. (2007). Psychodynamic psychotherapy for social phobia: A treatment manual based on supportive-expressive therapy. *Bulletin of the Menninger Clinic*, 71, 56-84.
[33] Milrod, B., Busch, F., Cooper, A., & Shapiro, T. (1997). *Manual of panic-focused psychodynamic psychotherapy*. Washington D. C.: American Psychiatric Press.
[34] Horowitz, M. (1976). *Stress response syndromes*. New York: Aronson.
[35] Horowitz, M. & Kaltreider, N. (1979). Brief therapy of the stress response syndrome. *Psychiatric Clinics of North America*, 2, 365-77.
[36] Piper, W. E., McCallum, M., Joyce, A. S., & Ogrodniczuk, J. (2001). Patient personality and time-limited group psychotherapy for complicated grief. *International Journal of Group Psychotherapy*, 51, 525-552.
[37] Garner, D., Rockert, W., Davis, R., Garner, M. V., Olmsted, M. P., & Eagle, M. (1993). Comparison of cognitive-behavioral and supportive-expressive therapy for bulimia nervosa. *American Journal of Psychiatry*, 150, 37-46.
[38] Guthrie, E., Creed. F., Dawson, D., & Tomenson, B. (1991). A controlled trial of psychological treatment for the irritable bowel syndrome. *Gastroenterology*, 100, 450-457.
[39] Hamilton, J., Guthrie, E., Creed, F., Thompson, D., Tomenson, B., Bennett, R., Moriarty, K., Stephens, W., & Liston, R. (2000). A randomized controlled trial of psychotherapy in patients with chronic functional dyspepsia. *Gastroenterology*, 119, 661-669
[40] Bateman, A. & Fonagy, P. (2004). Mentalization-based treatment of BPD. *Journal of Personality Disorders*, 18, 36-51.
[41] Clarkin, J., Kernberg, O. F., & Yeomans, F. (1999). *Transference-focused psychotherapy for borderline personality disorder patients*. New York: Guilford Press.
[42] Barber, P., Morse, J. Q., Krakauer, I. D., Chitams. J., & Crits-Christoph, K. (1997). Change in obsessive compulsive and avoidant personality disorders following time-limited supportive-expressive therapy. *Psychotherapy*, 34, 133-143.
[43] Luborsky, L., Woody, G. E., Hole, A. V., & Velleco, A. (1995). Supportive-expressive dynamic psychotherapy for treatment of opiate drug dependence. In J. P. Barber & P. Crits-Christoph (Eds.), *Dynamic therapies for psychiatric disorders* (Axis I). New York: Basic Books. pp.131-160.
[44] Mark, D. & Faude, J. (1995). Supportive-expressive therapy for cocaine abuse. In J. P. Barber & P. Crits-Christoph (Eds.), *Dynamic therapies for psychiatric disorders* (Axis I). New York: Basic Books. pp.294-331.
[45] Gabbard, G. O. (2000). *Psychodynamic psychiatry in clinical practice* (3rd ed.). Washington, DC: American Psychiatric Press.
[46] Luborsky, L. (1984). *Principles of psychoanalytic psychotherapy: Manual for supportive-expressive treatment*. New York: Basic Books.
[47] Kernberg, O. (1996). A psychoanalytic model for the classification of personality disorders. In M. Achenheil, B. Bondy, R. Engel, M. Ermann, & N. Nedopil (Eds.), *Implications of psychopharmacology to psychiatry*. New York: Springer.
[48] Barkham, M., Rees, A., Shapiro, D. A., Stiles, W. B., Agnew, R. M., Halstead, J., Culverwell, A, I., & Harrington, V. (1996). Outcomes of time-limited psychotherapy in applied settings: Replication of the second Sheffield Psychotherapy Project. *Journal of Consulting and Clinical Psychology*, 64, 1079-1085.
[49] Gallagher-Thompson, D. & Steffen, A. M. (1994). Comparative effects of cognitive-behavioral and brief psychodynamic psychotherapies for depressed family caregivers. *Journal of Consulting and Clinical Psychology*, 62, 543-549.
[50] Thompson, L., Gallagher, D., & Breckenridge, J. S. (1987). Comparative effectiveness of psychotherapies for depressed elders. *Journal of Consulting and Clinical Psychology*, 55, 385-90.
[51] Leichsenring, F. (2001). Comparative effects of short-term psychodynamic psychotherapy and cognitive-behavioral therapy in depression. A meta-analytic approach. *Clinical Psychology Review*, 21, 401-419.

[52] Leichsenring, F. (2006). A review of meta-analyses of outcome studies of psychodynamic therapy. *Psychodynamic Diagnostic Manual Work Groups of APsaA, IPA, Division 39-APA, AAPDP, NMCOP psychodynamic diagnostic manual (PDM)*. Bethesda, MD: Alliance of Psychodynamic Organizations. pp.819-837.
[53] Gallagher-Thompson, D., Hanley-Peterson, P., & Thompson, L. W. (1990). Maintenance of gains versus relapse following brief psychotherapy for depression. *Journal of Consulting and Clinical Psychology*, **58**, 371-374.
[54] Shapiro, D. A., Rees, A., Barkham, M., & Hardy, G. E. (1995). Effects of treatment duration and severity of depression on the maintenance of gains after cognitive-behavioral and psychodynamic-interpersonal psychotherapy. *Journal of Consulting and Clinical Psychology*, **63**, 378-387.
[55] Wampold, B., Minami, T., Baskin, T. W., & Tierney, S. C. (2002). A meta- (re) analysis of the effects of cognitive therapy versus 'other therapies' for depression. *Journal of Affective Disorders*, **68**, 159-165.
[56] Maina, G., Forner, F., & Bogetto, F. (2005). Randomized controlled trial comparing brief dynamic and supportive therapy with waiting list condition in minor depressive disorders. *Psychotherapy and Psychosomatics*, **74**, 3-50.
[57] Burnand, Y., Andreoli, A., Kolatte, E., Venturini, A., & Rosset, N. (2002). Psychodynamic psychotherapy and clomipramine in the treatment of major depression. *Psychiatric Services*, **53**(5), 585-590.
[58] de Jonghe, F., Kool, S., van Aalst, G., Dekker, J., & Peen, J. (2001) Combining psychotherapy and antidepressants in the treatment of depression. *Journal of Affective Disorders*, **64**, 217-229.
[59] Thase, M. & Jindal, R. (2004). Combining psychotherapy and psychopharmacology for treatment of mental disorders. In M. Lambert (Ed.), *Bergin and Garfields handbook of psychotherapy and behavior change* (5th ed.). New York: Wiley. pp.743-766.
[60] Thase, M. E., Greenhouse, J. B., Frank, E., Reynolds, C. F. 3rd., Pilkonis, P. A., Hurley, K., Grochocinski, V., & Kupfer, D. J. (1997). Treatment of major depression with psychotherapy or psychotherapy-pharmacotherapy combinations. *Archives of General Psychiatry*, **154**, 1009-1015.
[61] Scott, J. (2000). Treatment of chronic depression. *New England Journal of Medicine*, **342**, 1518-1520.
[62] McCallum, M. & Piper, D. E. (1990). A controlled study of effectiveness and patient suitability for short-term group psychotherapy. *International Journal of Group Psychotherapy*, **40**, 431-452.
[63] Milrod, B., Leon, A. C., Busch, F., Rudden, M., Schwalberg, M., Clarkin, J., Aronson, A., Singer, M., Turchin, W., Klass, E. T., Graf, E., Teres, J. J., & Shear, M. K. (2007). A randomized controlled clinical trial of psychoanalytic psychotherapy for panic disorder. *American Journal of Psychiatry*, **164**, 265-272.
[64] Knijnik, D. Z., Kapczinski, F., Chachamovich, E., Margis, R., & Eizirik, C. L. (2004). Psychodynamic group treatment for generalized social phobia. *Revista Brasileira de Psiquiatria*, **26**, 77-81.
[65] Bögels, S., Wijts, P., & Sallaerts, S. (2003). Analytic psychotherapy versus cognitive-behavioral therapy for social phobia. Paper presented at European Congress for Cognitive and Behavioural Therapies. September, Prague.
[66] Crits-Christoph, P., Connolly Gibbons, M. B., Narducci, J., Schamberger, M., & Gallop, R. (2005). Interpersonal problems and the outcome of interpersonally oriented psychodynamic treatment of GAD. *Psychotherapy: Theory, Research, Practice, Training*, **42**, 211-224.
[67] Leichsenring, F., Winkelbach, C., & Leibing, E. (2008). Short-term psychodynamic psychotherapy and cognitive-behavioral therapy in generalized anxiety disorder: A randomized controlled study (unpublished manuscript).
[68] Wiborg, I. M. & Dahl, A. A. (1996). Does brief dynamic psychotherapy reduce the relapse rate of panic disorder? *Archives of General Psychiatry*, **53**, 689-694.
[69] Jenike, M. A. (2004). Obsessive-compulsive disorder. *New England Journal of Medicine*, **350**(3), 259-265.
[70] Kuzmam, J. M. & Black, D. W. (2004). Integrating pharmacotherapy and psychotherapy in the management of anxiety disorders. *Current Psychiatry Reports*, **6**, 268-273.
[71] Brom, D., Kleber, R. J., & Defares, P. B. (1989). Brief psychotherapy for posttraumatic stress disorders. *Journal of Consulting and Clinical Psychology*, **57**, 607-612.
[72] Creed, F., Fernandes, L., Guthrie, E., Palmer, S., Ratcliffe, J., Read, N., Rigby, C., Thompson, D., Tomenson, B., & North of England IBS Research Group. (2003). The cost-effectiveness of psychotherapy and paroxetine for severe irritable bowel syndrome. *Gastroenterology*, **124**, 303-317.
[73] Monsen, K. & Monsen, T. J. (2000). Chronic pain and psychodynamic body therapy. *Psychotherapy*, **37**, 257-269.
[74] Fairburn, C., Kirk, J., O'Connor, M., & Cooper, P. J. (1986). A comparison of two psychological treatments for bulimia nervosa. *Behaviour Research and Therapy*, **24**, 629-643.
[75] Fairburn, C., Norman, P. A., Welch, S. L., O'Connor, M. E., Doll, H. A., & Peveler, R. C. (1995). A prospective study of outcome in bulimia nervosa and the long-term effects of three psychological treatments. *Archives of General Psychiatry*, **52**, 304-312.
[76] Bachar, E., Latzer, Y., Kreitler, S., & Berry, E. M. (1999). Empirical comparison of two psychological therapies. Self psychology and cognitive orientation in the treatment of anorexia and bulimia. *Journal of Psychotherapy Practice and*

Research, **8**, 15-128.
[77] Fairburn, C. G. (2005). Evidence-based treatment of anorexia nervosa. *International Journal of Eating Disorders*, **37** (Suppl), 26-30.
[78] Gowers, D., Norton, K., Halek, C., & Vrisp, A. H. (1994). Outcome of outpatient psychotherapy in a random allocation treatment study of anorexia nervosa. *International Journal of Eating Disorders*, **15**, 165-177.
[79] Dare, C. (1995). Psychoanalytic psychotherapy (of eating disorders). In G. O. Gabbard (Ed.), *Treatment of psychiatric disorders*. Washington, DC: American Psychiatric Press. pp.2129-2151.
[80] Munroe-Blum, H. & Marziali, E. (1995). A controlled trial of short-term group treatment for borderline personality disorder. *Journal of Personality Disorders*, **9**, 190-198.
[81] Bateman, A. & Fonagy, P. (1999). The effectiveness of partial hospitalization in the treatment of borderline personality disorder: A randomized controlled trial. *American Journal of Psychiatry*, **156**, 1563-1569.
[82] Bateman, A. & Fonagy, P. (2001). Treatment of borderline personality disorder with psycho-analytically oriented partial hospitalization: An 18-month follow-up. *American Journal of Psychiatry*, **158**, 36-42.
[83] Giesen-Bloo, J., van Dyck, R., Spinhoven, P., van Tilburg, W., Dirksen, C., van Asselt, T., Kremers, I., Nadort, M., & Arntz, A. (2006). Outpatient psychotherapy for borderline personality disorder: Randomized trial of schema-focused therapy vs. transference-focused psychotherapy. *Archives of General Psychiatry*, **63**, 649-658.
[84] Luborsky, L., Diguer, L., Seligman, D. A., Rosenthal, R., Krause, E. D., Johnson, S., Halperin, G., Bishop, M., Berman, J. S., Schweizer, E. (1999). The researcher's own allegiances: A 'wild' card in comparison of treatment efficacy. *Clinical Psychology: Science and Practice*, **6**, 95-106.
[85] Clarkin, J. F., Levy, K. N., Lenzenweger, M. F., & Kernberg, O. F. (2004). The Personality Disorders Institute/Borderline Personality Disorder Research Foundation randomized control trial for borderline personality disorder: Rationale, methods, and patient characteristics. *Journal of Personality Disorders*, **18**, 52-72.
[86] Clarkin, J. F., Levy, K. N., Lenzenweger, M. F., & Kernberg, O. F. (2007). The Personality Disorders Institute/Borderline Personality Disorder Research Foundation randomized control trial for borderline personality disorder. *American Journal of Psychiatry*, **164**, 922-928.
[87] Levy, K. N., Meehan, K. B., Kelly, K. M., Reynoso, J. S., Weber, M., Clarkin, J. F., & Kernberg, O. F. (2006). Change in attachment patterns and reflective functioning in a randomized controlled trial of transference-focused psychotherapy for borderline personality disorder. *Journal of Consulting and Clinical Psychology*, **74**, 1027-1040.
[88] Leichsenring, F. & Leibing, E. (2003). The effectiveness of psychodynamic psychotherapy and cognitive-behavioral therapy in personality disorders: A meta-analysis. *American Journal of Psychiatry*, **160**, 1223-1232.
[89] Svartberg, M., Stiles, T., & Seltzer, M. H. (2004). Randomized, controlled trial of the effectiveness of short-term dynamic psychotherapy and cognitive therapy for Cluster C personality disorders. *American Journal of Psychiatry*, **161**, 810-817.
[90] Muran, J. C., Safran, J. D., Samstag, L. W., & Winston, A. (2005). Evaluating an alliance-focused treatment for personality disorders. *Psychotherapy: Theory, Research, Practice, Training*, **42**, 532-545.
[91] Horowitz, L. M., Aiden, L., Wiggins, J. S., & Pincus, A. L. (2000). *Inventory of interpersonal problems*. New York: The Psychological Cooperation.
[92] Emmelkamp, P., Benner, A., Kuipers, A., Feiertag, G. A., Koster, H. C, & van Appelddorn, F. J. (2006). Comparison of brief dynamic and cognitive-behavioral therapies in avoidant personality disorder. *British Journal of Psychiatry*, **189**, 60-64.
[93] Leichsenring, F. & Leibing, E. (2007). Fair play, please! *British Journal of Psychiatry*, **190**, 80.
[94] Woody, G., Luborsky, L., McLellan, A. T., O'Brien, C. P., Beck, A. T., Blaine, J., Herman, I., & Hole, A. (1983). Psychotherapy for opiate addicts: Does it help? *Archives of General Psychiatry*, **40**, 639-645.
[95] Woody, G., Luborsky, L., McLellan, A. T., & O'Brien, C. P. (1990) Corrections and revised analyses for psychotherapy in methadone maintenance patients. *Archives of General Psychiatry*, **47**, 788-789.
[96] Woody, G., Luborsky, L., McLellan, A. T., & O'Brien, C. P. (1995). Psychotherapy in community methadone programs: A validation study. *American Journal of Psychiatry*, **152**, 1302-1308.
[97] Crits-Christoph, P., Siqueland, L., McCalmont, E., Weiss, R. D., Gastfriend, D. R., Frank, A., Moras, K., Barber, J. P., Blaine, J., & Thase, M. E. (2001). Impact of psychosocial treatments on associated problems of cocaine-dependent patients. *Journal of Consulting and Clinical Psychology*, **69**, 825-830.
[98] Crits-Christoph, P., Siqueland, L., Blaine, J., Frank, A., Luborsky, L., Onken, L. S., Muenz, L. R., Thase, M.E., Weiss, R. D., Gastfriend, D. R., Woody, G. E., Barber, J. P., Butler, S. F., Daley, D., Salloum, I., Bishop, S., Najavits, L. M., Lis, J., Mercer, D., Griffin, M. L., Moras, K., & Beck. A. T. (1999). Psychosocial treatments for cocaine dependence: National Institute on Drug Abuse Collaborative Cocaine Treatment Study. *Archives of General Psychiatry*, **56**, 493-502.

[99] Sandahl, C., Herlitz. K., Ahlin, G., & Rönnberg, S. (1998). Time-limited group psychotherapy for moderately alcohol dependent patients: A randomized controlled clinical trial. *Psychotherapy Research*, **8**, 361-378.
[100] de Maat, S., Dekker, J., Schoevers, R., & de Jonghe, F. (2006). The effectiveness of long-term psychotherapy: Methodological research issues. *Psychotherapy Research*, **17**, 59-65.
[101] Krupnick, J., Sotsky, S. M., Simmens, S., Moyer, J., Elkin, I., Watkins, J., & Pilkonis, P. (1996). The role of the therapeutic alliance in psychotherapy and pharmacotherapy outcome: Findings in the National Institute of Mental Health Treatment of Depression Collaborative Research Program. *Journal of Consulting and Clinical Psychology*, **64**, 532-539.
[102] Cohen, J. (1988). *Statistical power analysis for the behavioral sciences*. Hillsdale, NJ: Lawrence Erlbaum.
[103] Kazis, L. E., Anderson, J. J., & Meenan. R. F. (1989). Effect sizes for interpreting changes in health status. *Medical Care*, **27** (3 Suppl.), 178-189.
[104] Dührssen, A. & Jorswieck, E. (1965). Eine empirisch-statistische Untersuchung zur Leistungs-fähigkeit psychoanalytischer Behandlung [An empirical-statistical study of the effectiveness of psychoanalytic treatment]. *Nervenarzt*, **36**, 166-169.
[105] Rudolf, G., Dilg, R., Grande, T., Jakobsen, T. h., Keller, W., Krawietz, B., Langer, M., Stehle, S., & Oberbracht, C. (2004). Effektivität und Effizienz psychoanalytischer Langzeittherapie: Die Praxisstudie Analytische Langzeitpsychotherapie [Effectiveness and efficiency of long-term psychoanalytic therapy: The practice study of long-term psychoanalytic therapy]. In A. Gerlach, A. Springer, & A. Schlösser (Eds.), *Psychoanalyse des Glaubens*. GieBen: Psychosozial Verlag.
[106] Leichsenring, F., Biskup, J., Kreische, R., & Staats, H. (2005). The effectiveness of psychoanalytic therapy. First results of the "Göttingen study of psychoanalytic and psychodynamic therapy". *International Journal of Psychoanalysis*, **86**, 433-455.
[107] Luborsky, L., Stuart, J., Friedman, S., Diguer, L., Seligman, D. A., Bucci, W., Pulver, S., Krause, E. D., Ermold, J., Davison, W. T., Woody, G., & Mergenthaler, E. (2001). The Penn Psychoanalytic Treatment Collection: A set of complete and recorded psychoanalyses as a research resource. *Journal of the American Psychoanalytic Association*, **49**, 217-234.
[108] Rudolf, G., Manz, R., & Öri, C. (1994). Ergebnisse psychoanalytischer Therapie [Outcome of psychoanalytic therapy]. *Psychosomatic Medicine and Psychotherapy*, **40**, 25-40.
[109] Sandell, R., Blomberg, J., Lazar, A., Carlsson, J., Broberg, J., & Schubert, J. (2000). Varieties of long-term outcome among patients in psychoanalysis and long-term psychotherapy. A review of findings in the Stockholm Outcome of Psychoanalysis and Psychotherapy Project (STOPP). *International Journal of Psychoanalysis*, **81**, 921-942.
[110] Brockmann, J., Schlüter, T., & Eckert, J. (2001). Die Frankfurt-Hamburg Langzeit-Psychotherapiestudie–Ergebnisse der Untersuchung psychoanalytisch orientierter und verhal-tenstherapeutischer Langzeit-Psychotherapien in der Praxis niedergelassener Psychotherapeuten [The Frankfurt-Hamburg study of psychotherapy–results of the study of psychoanalytically oriented and behavioral long-term therapy]. In U. Stuhr, M. Leuzinger-Bohleber, & M. Beutel (Eds.), *Langzeit-Psychotherapie Perspektiven für Therapeuten und Wissenschaftler*. Stuttgart, Germany: Kohlhammer. pp.271-276.
[111] Sandell, R., Blomberg, J., & Lazar, A. (1999). Wiederholte Langzeitkatamnesen von Langzeitpsychotherapien und Psychoanalysen. *Psychosomatic Medicine and Psychotherapy*, **45**, 43-56.
[112] Jakobsen, T., Brockmann, J., Grande, T., Huber, D., Klug, G., Keller, W., Rudolf, G., Schlüter, T., Staats, H., & Leichsenring, F. (2007). Ergebnisse analytischer Langzeitpsychotherapien: Verbesserungen in Symptomatik und interpersonellen Beziehungen bei spezifischen Störungen [Results of psychoanalytic therapy: Improvements in symptoms and interpersonal relations in specific mental disorders]. *Psychosomatic Medicine and Psychotherapy*, **53**, 87-110.
[113] Sandell, R., Blomberg, J., Lazar, A., Carlsson, J., Broberg, J., & Schubert, J. (2001). Vnterschie-dliche Langzeitergebnisse von Psychoanalysen und Langzeitpsychotherapien. Aus der Forschung des Stockholmer Psychoanalyse- und Psychotherapieprojekts. *Psyche*, **55**, 273-310.
[114] Grande, T., Dilg, R., Jakobsen, T., Keller, W., Krawietz, B., Langer, M., Oberbracht, C., Stehle, S., Stennes, M., & Rudolf, G. (2006). Differential effects of two forms of psychoanalytic therapy: results of the Heidelberg-Berlin study. *Psychotherapy Research*, **16**, 470-485.
[115] Huber, D., Klug, G., & von Rad, M. (2001). Die Münchner-Prozess-Outcome Studie: Ein Vergleich zwischen Psychoanalysen und psychodynamischen Psychotherapien unter besonderer Berücksichtigung therapiespezifischer Ergebnisse [The München process-outcome study. A comparison between psychoanalyses and psychotherapy]. In U. Stuhr, M. Leuzinger-Bohleber, & M. Beutel (Eds.), *Langzeit- Psychotherapie Perspektiven für Therapeuten und Wissenschaftler*. Stuttgart, Germany: Kohlhammer. pp.260-270.
[116] Knekt, P. & Lindfors, O (Eds.). (2004). A randomized trial of the effect of four forms of psychotherapy on depressive and anxiety disorders. *Studies in social security and health*, **77**, Helsinki: Edita Prima.

[117] Crits-Christoph, P. & Connolly, M. B. (1999). Alliance and technique in short-term dynamic therapy. *Clinical Psychology Review*, 6, 687–704.
[118] Messer, S. B. (2001). What makes brief psychodynamic therapy time efficient. *Clinical Psychologist*, 8, 5–22.
[119] Messer, S. B., Tishby, O., & Spillman, A. (1992). Taking context seriously in psychotherapy research : Relating therapist interventions to patient progress in brief psychodynamic therapy. *Journal of Consulting and Clinical Psychology*, 60, 678–688.
[120] Barber, J. P., Crits-Christoph, P., & Luborsky, L. (1996). Effects of therapist adherence and competence on patient outcome in brief dynamic therapy. *Journal of Consulting and Clinical Psychology*, 64, 619–622.
[121] Connolly, M. B., Crits-Christoph, P., Shappell, S., Barber, J. P., Luborsky, L., & Shaffer, C. (1999). Relation of transference interpretation to outcome in the early sessions of brief supportive-expressive psychotherapy. *Psychotherapy Research*, 9, 485–495
[122] Hoglend, P. & Piper, W. E. (1995). Focal adherence in brief dynamic psychotherapy : A comparison of findings from two independent studies. *Psychotherapy Research*, 32, 618–628.
[123] Ogrodniczuk, J. S., Piper, W. E., Joyce, A. S., & McCallum, M. (1999). Transference interpretations in short-term dynamic psychotherapy. *Journal of Nervous and Mental Disease*, 187, 572–579.
[124] Ogrodniczuk, J. S. & Piper, W. E. (1999). Use of transference interpretations in dynamically oriented individual psychotherapy for patients with personality disorders. *Journal of Personality Disorders*, 13, 297–311.
[125] Piper, W. E., Azim, H. F. A., Joyce, A. S., & McCallum, M.(1991). Transference Interpretations, therapeutic alliance, and outcome in short-term individual psychotherapy. *Archives of General Psychiatry*, 48, 946–953.
[126] Piper, W. E., Azim, H. F. A., Joyce, A. S., McCallum, M., Nixon, G. W. H., & Segal, P. S. (1991). Quality of object relations versus interpersonal functioning as predictors of therapeutic alliance and psychotherapy outcome. *Journal of Nervous and Mental Disease*, 179, 432–438.
[127] Barber, J. P., Connolly, M. B., Crits-Christoph, P., Gladis, L., & Siqueland, L. (2000). Alliance predicts patients outcome beyond in-treatment change in symptoms. *Journal of Consulting and Clinical Psychology*, 68, 1027–1032.
[128] Stiles, W. B., Agnew-Davies, R., Hardy, G. E., Barkham, M., & Shapiro, D. A. (1998). Relations of the alliance with psychotherapy outcome : Findings in the second Sheffield Psychotherapy Project. *Journal of Consulting and Clinical Psychology*, 66, 791–802.
[129] Beutler, L., Malik, M., Alomohamed, S., Harwood, T. M., Talebi, H., Noble, S., & Wong, E. (2004). Therapist variables. In M. Lambert (Ed.), *Bergin and Garfield's handbook of psychotherapy and behavior change* (5th ed.). New York : Wiley. pp.227–306.
[130] Horvath, A. O. (2005). The therapeutic relationship, research and theory : An introduction to the special issue. *Psychotherapy Research*, 15, 3–7.
[131] Crits-Christoph, P., Barber, J. P., & Kurcias, J. (1993). The accuracy of therapists interpretations and the development of the therapeutic alliance. The therapeutic relationship, research and theory : An introduction to the special issue. *Psychotherapy Research*, 3, 25–35.
[132] Crits-Christoph, P. & Luborsky, L. (1990). Changes in CCRT pervasiveness during psychotherapy. In L. Luborsky & P. Crits-Christoph (Eds.), *Understanding transference : The CCRT method*. New York : Basic Books. pp.133–146.
[133] Piper, W. E., Ogrodniczuk, J. S., McCallum, M., Joyce, A. S., Rosie, J. S. (2003). Expression of affect as a mediator of the relationship between quality of object relations and group therapy outcome for patients with complicated grief. *Journal of Consulting and Clinical Psychology*, 71, 664–671.
[134] Hoglend, P. (1993). Suitability for brief dynamic psychotherapy : Psychodynamic variables as predictors of outcome. *Acta Psychiatrica Scandinavica*, 88, 104–110.
[135] Barber, J. P., Luborsky, L., Gallop, R., Crits-Christoph. P., Frank, A., Weiss, R. D., Thase, M. E., Connolly, M. B., Gladis, M., Foltz, C., & Siqueland, L. (2001). Therapeutic alliance as a predictor of outcome and retention in the National Institute on Drug Abuse Collaborative Cocaine Treatment Study. *Journal of Consulting and Clinical Psychology*, 69, 119–124.
[136] Ablon, S. & Jones, E. (2002). Validity of controlled clinical trials of psychotherapy : Findings from the NIMH Treatment of Depression Collaborative Research Program. *American Journal of Psychiatry*, 159, 775–783.
[137] Blagys, M. & Hilsenroth, M. J. (2000). Distinctive features of short-term psychodynamic-interpersonal psychotherapy : A review of the comparative psychotherapy process literature. *Clinical Psychology : Science and Practice*, 7, 167–188.
[138] Task Force on Promotion and Dissemination of Psychological Procedures. (1995). Training and dissemination of empirically-validated psychological treatments : Report and recommendations. *Clinical Psychologist*, 48, 3–23.
[139] Leichsenring, F., Rabung, S., & Leibing, E.(2004). The efficacy of short-term psychodynamic therapy in specific psychiatric disorders : A meta-analysis. *Archives of General Psychiatry*, 61, 1208–1216.
[140] Siefert, C. J., Defife, J. A., Baity, M. R. (2008). Process measures for psychodynamic psychotherapy. In R. A. Levy

& J. S. Ablon（Eds.）, *A handbook of evidence-based psychodynamic psychotherapy*. Totowa, NJ : Humana Press.

第2章

[1] Otto, M. W., Tuby, K. S., Gould, R. A., McLean, R. Y., & Pollack, M. H.（2001）. An effect-size analysis of the relative efficacy and tolerability of serotonin selective reuptake inhibitors for panic disorder. *American Journal of Psychiatry*, 158(12), 1989-1992.
[2] Bakker, A., van Balkom, A. J., & Spinhoven, P.（2002）. SSRIs vs. TCA's in the treatment of panic disorder : a meta-analysis. *Acta Psychiatrica Scandinavica*, 106(3), 163-167.
[3] Wilkinson, G., Balestrieri, M., Ruggeri, M., & Bellantuono, C.（1991）. Meta-analysis of double-blind placebo-controlled trials of antidepressants and benzodiazepines for patients with panic disorder. *Psychological Medicine*, 21(4), 991-998.
[4] Barlow, D. H., Gorman, J. M., Shear, M. K., et al.（2000）. Cognitive-behavioral therapy, imipramine, or their combination for panic disorder. *Journal of the American Medical Association*, 283, 2529-2536.
[5] Craske, M. G., Brown, T. A., & Barlow, D. H.（1991）. Behavioral treatment of panic : a two-year follow-up. *Behavior Therapy*, 22, 289-304.
[6] Craske, M. G., DeCola, J. P., Sachs, A. D., et al.（2003）. Panic control treatment for agoraphobia. *Journal of Anxiety Disorders*, 17, 321-333.
[7] Marks, I. M., Swinson, R. P., Basoglu, M., et al.（1993）. Alprazolam and exposure alone and combined in panic disorder with agoraphobia. *British Journal of Psychiatry*, 162, 776-787.
[8] Shear, M. K. & Maser, J. D.（1994）. Standardized assessment for panic disorder research : a conference report. *Archives of General Psychiatry*, 51, 346-354.
[9] Mavissakalian, M. & Michelson, L.（1986）. Two year follow-up of exposure and imipramine treatment of agoraphobia. *American Journal of Psychiatry*, 143, 1106-1112.
[10] Nagy, L. M., Krystal, J. H., Woods, S. W., et al.（1989）. Clinical and medication outcome after short-term alprasolam and behavioral group treatment in panic disorder : 2.5 year naturalistic follow-up study. *Archives of General Psychiatry*, 46, 993-999.
[11] Noyes, R. Jr., Garvey, M. J., & Cook, B. L.（1989）. Follow-up study of patients with panic disorder and agoraphobia with panic attacks treated with tricyclic antidepressants. *Journal of Affective Disorders*, 16, 249-257.
[12] Pollack, M. H., Otto, M. W., Tesar, G. E., et al.（1993）. Long-term outcome after acute treatment with alprasolam and clonazepam for panic disorder. *Journal of Clinical Psychopharmacology*, 13, 257-263.
[13] Milrod, B. & Busch, F.（1996）The long-term outcome of treatments for panic disorder : a review of the literature. *Journal of Nervous and Mental Disease*, 184, 723-730.
[14] Vanelli, M.（2005）. Improving treatment response in panic disorder. *Primary Psychiatry*, 12(11), 68-73.
[15] Markowitz, J. S., Weissman, M. M., Ouellette, R., et al.（1989）. Quality of life in panic disorder. *Archives of General Psychiatry*, 46, 984-992.
[16] Rubin, H. C., Rapaport, M. H., Levine, B., et al.（2000）. Quality of well-being in panic disorder : the assessment of psychiatric and general disability. *Journal of Affective Disorders*, 57, 217-221.
[17] Katon, W.（1996）. Panic disorder : relationship to high medical utilization, unexplained physical symptoms, and medical costs. *Journal of Clinical Psychology*, 57 (Suppl. 10), 11-18.
[18] Swenson, R. P., Cox, B. J., & Woszezy, C. B.（1992）. Use of medical services and treatment for panic disorder with agoraphobia and for social phobia. *Canadian Medical Association Journal*, 147, 878-883.
[19] Fyer, A. J., Liebowitz, M. R., Gorman, J. M., et al.（1987）. Discontinuation of alprazolam in panic patients. *American Journal of Psychiatry*, 144, 303-308.
[20] O'Sullivan, G. & Marks, I.（1991）. Follow-up studies of behavioral treatment of phobic and obsessive compulsive neurosis. *Psychiatric Annals*, 21, 368-373.
[21] Busch, F. N., Cooper, A. M., Klerman, G. L., Shapiro, T., & Shear, M. K.（1991）. Neurophysiological, cognitive-behavioral and psychoanalytic approaches to panic disorder : toward an integration. *Psychoanalytic Inquiry*, 11, 316-332.
[22] Shear, M. K., Cooper, A. M., Klerman, G. L., Busch, F. N., & Shapiro, T.（1993）. A psychodynamic model of panic disorder. *American Journal of Psychiatry*, 150, 859-866.
[23] Milrod, B. L., Busch, F. N., Cooper, A. M., & Shapiro, T.（1997）. *Manual of Panic-focused Psychodynamic Psychotherapy*. Washington, DC : American Psychiatric Press.
[24] Breuer, J. & Freud, S.（1895）. Studies on hysteria. In J. Strachey (Ed. & Trans.),（1959）. *The Standard Edition of the Complete Psychological Works of Sigmund Freud* (vol. 2). London : Hogarth Press. pp.1-183.
[25] Kleiner, L. & Marshall, W. L.（1987）. The role of interpersonal problems in the development of agoraphobia with panic attacks. *Journal of Anxiety Disorders*, 1, 313-323.

[26] Freud, S. (1984). The neuropsychoses of defence (1894). In J. Strachey (Ed. & Trans.), (1959). *The Standard Edition of the Complete Psychologic Works of Sigmund Freud* (vol. 3). London : Hogarth Press. pp.45–61.
[27] Busch, F. N., Shear, M. K., Cooper, A. M., Shapiro, T., & Leon, A. (1995). An empirical study of defense mechanisms in panic disorder. *Journal of Nervous and Mental Disease*, **183**, 299–303.
[28] Busch, F. N., Milrod, B. L., & Singer, M. B. (1999). Theory and technique in the psychodynamic treatment of panic disorder. *Journal of Psychotherapy Practice and Research*, **8**, 234–242.
[29] Parker, G. (1979). Reported parental characteristics of agoraphobics and social phobics. *British Journal of Psychiatry*, **135**, 555–560.
[30] Arrindell, W., Emmelkamp, P. M. G., Monsma, A., et al. (1983). The role of perceived parental rearing Practices in the etiology of phobic disorders : a controlled study. *British Journal of Psychiatry*, **143**, 183–187.
[31] Freud, S. (1926). Inhibitions, symptoms and anxiety. In J. Strachey (Ed. & Trans.), (1959). *The Standard Edition of the Complete Psychological Works of Sigmund Freud* (vol. 20). London : Hogarth Press. pp.77–174.
[32] Kagan, J., Reznick, J. S., Snidman, N., et al. (1990). Origins of panic disorder. In J. Ballenger (Ed.), *Neurobiology of Panic Disorder*. New York : Wiley. pp.71–87.
[33] Gorman, J. M., Kent, J. M., Sullivan, G. M., & Coplan, J. D. (2000). Neuroanatomical hypothesis of panic disorder, revised. *American Journal of Psychiatry*, **157**, 493–505.
[34] Busch, F. N. & Milrod, B. L. (2003). The nature and treatment of panic disorder. In J. Panksepp (Ed.), *Textbook of Biological Psychiatry*. Hoboken, NJ : Wiley. pp.367–392.
[35] Panksepp, J. (1998). *Affective Neuroscience*. New York : Oxford.
[36] Neumeister, A., Bain, E., Nugent, A. C., Carson, R. E., Bonne, O., Luckenbaugh, D. A., Eckelman, W., Herscovitch, P., Charney, D. S., & Drevets, W. C. (2004). Reduced serotonin type 1A receptor binding in panic disorder. *Journal of Neuroscience*, **24**(3), 589–591.
[37] Hogg, S., Michan, L., & Jessa, M. (2006). Prediction of anti-panic properties of escitalopram in the dorsal periaqueductal grey model of panic anxiety. *Neuropharmacology*, **51**, 141–145.
[38] El-Khodor, B. F., Dimmler, M. H., Amara, D. A., Hofer, M., Hen, R., & Brunner, D. (2004). Juvenile 5HT (1B) receptor knockout mice exhibit reduced pharmacological sensitivity to 5HT (1A) receptor activation. *International Journal of Developmental Neuroscience*, **22**(5–6), 405–413.
[39] Rauch, S. L., Shin, L. M., & Wright, C. I. (2003). Neuroimaging studies of amygdala function in anxiety disorders. *Annals of the New York Academy of Sciences*, **985**, 389–410.
[40] Fonagy, P. (1991). Thinking about thinking : Some clinical and theoretical considerations in the treatment of a borderline patient. *International Journal of Psychoanalysis*, **72**, 1–18.
[41] Rudden, M. G., Milrod, B., Aronson, A., & Target, M. (2008). Reflective functioning in panic disorder patients : clinical observations and research design. *Mentalization : Theoretical Considerations, Research Findings, and Clinical Implications*. New York : The Analytic Press. pp.185–206.
[42] Milrod, B., Busch, F., Leon, A. C., et al. (2007). A randomized controlled clinical trial of psychoanalytic psychotherapy for panic disorder. *American Journal of Psychiatry*, **164**(2), 265–272.
[43] Busch, F. N., Milrod, B. L., & Singer, M. (1999). Theory and technique in psychodynamic treatment of panic disorder. *Journal of Psychotherapy Practice and Research*, **8**, 234–242.
[44] Milrod, B., Busch, F., Leon, A. C., et al. (2001). A pilot open trial of brief psychodynamic psychotherapy for panic disorder. *Journal of Psychotherapy Practice and Research*, **10**, 1–7.
[45] Milrod, B., Busch, F., Leon, A., et al. (2000). An open trial of psychodynamic psychotherapy for panic disorder–a pilot study. *American Journal of Psychiatry*, **157**, 1878–1880.
[46] Wiborg, I. M. & Dahl, A. A. (1996). Does brief dynamic psychotherapy reduce the relapse rate of panic disorder? *Archives of General Psychiatry*, **53**, 689–694.
[47] Barlow, D. H., Gorman, J. M., Shear, M. K., & Woods, S. W. (2000). Cognitive-behavioral therapy, imipramine, or their combination for panic disorder. *Journal of the American Medical Association*, **283**, 2529–2536.
[48] Cerny, J. A., Vermilyea, B. B., Barlow, D. H., et al. (1984). Anxiety treatment project relaxation treatment manual. Available from the authors.
[49] Craske, M. G., Brown, T. A., & Barlow, D. H. (1991). Behavioral treatment of panic disorder : a two-year follow-up. *Behavior Therapy*, **22**, 289–304.
[50] Shear, M. K., Brown, T. A., Barlow, D. H., et al. (1997). Multicenter collaborative Panic Disorder Severity Scale. *American Journal of Psychiatry*, **154**, 1571–1575.
[51] Sheehan, D. V. (1983). The Sheehan disability scales. *The Anxiety Disease*. New York : Charles Scribner and Sons. p.151.
[52] Hamilton, M. (1960). A rating scale for depression. *Journal of Neurology, Neurosurgery & Psychiatry*, **23**, 56–62.

[53] Hamilton, M. (1959). The assessment of anxiety states by rating. *British Journal of Medical Psychology*, **32**, 50-55.
[54] Otto, M. W. & Pollack, M. H. Adherence ratings for ART. Available from the authors.
[55] Marks, I. M., Swinson, R. P., Basoglu, M., Kuch, K., Noshirvani, H., O'Sullivan, G., Lelliott, P. T., Kirby, M., McNamee, G., Sengun, S., & Wickwire, K. (1993). Alprazolam and exposure alone and combined in panic disorder with agoraphobia: a controlled study in London and Toronto. *British Journal of Psychology*, **162**, 776-787.
[56] Clark, D. M., Salkovskis, P. M., Hackman, A., Middleton, H., Anastasiades, P., & Gelder, M. (1994). A comparison of cognitive therapy, applied relaxation, and imipramine in the treatment of panic disorder. *British Journal of Psychiatry*, **164**, 759-769.
[57] Fava, G. A., Zielezny, M., Savron, G., & Grandi, S. (1995). Long-term effects of behavioral treatment for panic disorder with agoraphobia. *British Journal of Psychiatry*, **166**, 87-92.

第3章

[1] Barlow, D. H., Gorman, J. M., Shear, M. K., & Woods, S. W. (2000). Cognitive-behavioral therapy, imipramine, or their combination for panic disorder: A randomized controlled trial. *Journal of the American Medical Association*, **283**, 2529-2536.
[2] Craske, M. G. & Barlow, D. H.(2001). Panic Disorder and Agoraphobia. D. H. Barlow(Ed.), *Clinical Handbook of Psychological Disorders: A Step-by-Step Treatment Manual*. New York: The Guilford Press. pp.1-60.
[3] Milrod, B., Busch, F., Leon, A. C., Aronson, A., Roiphe, J., Rudden, M., et al. (2001). A pilot open trial of brief psychodynamic psychotherapy for panic disorder. *Journal of Psychotherapy Practice Research*, **10**, 239-244.
[4] Busch, F. N. (2008). Psychodynamic Treatment of Panic Disorder: Clinical and Research Perspectives. In R. A. Levy & J. S. Ablon (Eds.), *A Handbook of Evidence-Based Psychodynamic Psychotherapy*. Totowa, NJ: Humana Press.
[5] Milrod, B. & Busch, F. (1996). Long-term outcome of panic disorder treatment: A review of the literature. *Journal of Nervous and Mental Diseases*, **184**, 723-730.
[6] Milrod, B., Busch, F., Cooper, A., & Shapiro, T. (1997). *Manual of Panic-Focused Psychodynamic Psychotherapy*. Arlington, VA: Psychiatric Publishing.
[7] Markowitz, J. S., Weissman, M. M., & Ouellette, R. (1989). Quality of life in panic disorder. *Archives of General Psychiatry*, **46**, 984-992.
[8] Swenson, R. P., Cox, B. J., & Woszezy, C. B. (1992). Use of medical services and treatment for panic disorder with agoraphobia and for social phobia. *Canadian Medical Journal*, **147**, 878-883.
[9] Milrod, B., Leon, A. C., Busch, F., Rudden, M., Schwalberg, M., Clarkin, J., et al. (2006). A randomized controlled clinical trial of psychoanalytic psychotherapy for panic disorder. *American Journal of Psychiatry*, **164**, 265-272.
[10] Westen, D., Novotny, C. M., & Thompson-Brenner, H. (2004). The empirical status of empirically supported psychotherapies: Assumptions, findings, and reporting in controlled clinical trials. *Psychological Bulletin*, **130**, 631-663.
[11] Ablon, J. S. & Jones, E. E. (2002). Validity of controlled clinical trials of psychotherapy: Findings from the NIMH treatment of depression collaborative research program. *American Journal of Psychiatry*, **159**, 775-783.
[12] Garfield, S. L.(1998). Some comments on empirically supported treatments. *Journal of Consulting and Clinical Psychology*, **66**, 121-125.
[13] Goldfried, M. R. & Wolfe, B. E.(1996). Psychotherapy practice and research: Repairing a strained alliance. *American Psychologist*, **51**, 1007-1016.
[14] Howard, K. I., Moras, K., Brill, P. B., Martinovich, Z., & Lutz, W. (1996). Evaluation of psychotherapy: Efficacy, effectiveness, and patient progress. *American Psychologist*, **51**, 1059-1064.
[15] Ablon, J. S. & Jones, E. E. (1998). How expert clinicians' prototypes of an ideal treatment correlate with outcome in psychodynamic and cognitive-behavioral therapy. *Psychotherapy Research*, **8**, 71-83.
[16] Barlow, D. H., Craske, N. G., Cerny, J. A. & Klosko, J. S., (1989). Behavioral treatment of panic disorder. *Behavior Therapy*, **20**, 261-282.
[17] American Psychiatric Association (1998). Practice Guideline for the Treatment of Patients with Panic Disorder. *American Journal of Psychiatry*, **155**, 945-1002.
[18] Jones, E. E. (2000). *Therapeutic Action*. Northvale, NJ: Jason Aronson, Inc.
[19] Shear, M. K. & Maser, J. D. (1994). Standardized assessment for panic disorder research: A conference report. *Archives of General Psychiatry*, **51**, 346-354.
[20] Reiss, S., Peterson, R. A., Gursky, D. M., & McNally, R. J.(1986). Anxiety sensitivity, anxiety frequency and the prediction of fearfulness. *Behavior Research and Therapy*, **24**, 1-8.
[21] Shear, M. K., Brown, T. A., Barlow, D. H., Money, R., Sholomskas, D. E., Woods, S. W., et al. (1997). Multicenter collaborative panic disorder severity scale. *American Journal of Psychiatry*, **154**, 1571-1575.

[22] Derogatis, L. R., Lipman, R. S., Rickels, K., Uhlenhuth, E. H., & Covi, L. (1974). The Hopkins symptom checklist: A self-report symptom inventory. *Behavioral Science*, 19, 1–15.
[23] Endicott, J., Nee, J., Harrison, W., & Blumenthal, R. (1993). Quality of life enjoyment and satisfaction questionnaire: A new measure. *Psychopharmacology Bulletin*, 29, 321–326.
[24] Guy, W. (1976). *Assessment Manual for Psychopharmacology*. Washington, DC: US Government Printing Office.
[25] Endicott, J., Spitzer, R. L., Fleiss, J. L., & Cohen, J. (1976). The global assessment scale: A procedure for measuring general severity of psychiatric disturbance. *Archives of General Psychiatry*, 33, 761–777.
[26] Barlow, D. H., Gorman, J. M., & Shear, M. K. (1997). *Results from the Multi-Center Comparative Treatment Study of Panic Disorder: Acute and Maintenance Outcome*. Canterbury, England: British Association of Behavioral and Cognitive Psychotherapy.
[27] Ablon, J. S. & Jones, E. E. (1999). Psychotherapy process in the NIMH collaborative research program. *Journal of Consulting and Clinical Psychology*, 67, 64–75.
[28] Jones, E. E., Cumming, J. D., & Horowitz, M. J. (1988). Another look at the nonspecific hypothesis of therapeutic effectiveness. *Journal of Consulting and Clinical Psychology*, 56, 48–55.
[29] Jones, E. E., Hall, S., & Parke, L. A. (1991). The Process of Change: The Berkeley Psychotherapy Research Group. In L. Beutler & M. Crago (Eds.). *Psychotherapy Research: An International Review of Programmatic Studies*. Washington, DC: American Psychological Association.
[30] Jones, E. E. & Pulos, S. M.(1993). Comparing the process in psychodynamic and cognitive-behavioral therapies. *Journal of Consulting and Clinical Psychology*, 61, 306–316.
[31] Orlinsky, D. E. & Howard, K. I. (1986). Process and Outcome in Psychotherapy. In A. E. Garfield & A. E. Bergin (Eds.), *Handbook of Psychotherapy and Behavior Change* (3rd ed.). New York: Wiley.
[32] Lambert, M. J. & Hill. C. E.(1994). Assessing Psychotherapy Outcomes and Processes. In A. E. Bergin & S. L. Garfield (Eds.), *Handbook of Psychotherapy and Behavior Change*. New York: Wiley. pp.72–113.
[33] Otto, M. W., Pollack, M. H., Penava, S. J., & Zucker, B. G. (1999). Group cognitive-behavior therapy for patients failing to respond to pharmacotherapy for panic disorder: A clinical case series. *Behavior Research and Therapy*, 37, 763–770.
[34] Jacobson, N. S. & Truax, P. (1991). Clinical significance: A statistical approach to defining meaningful change in psychotherapy research. *Journal of Consulting and Clinical Psychology*, 59, 12–19.
[35] Cohen, J. (1988). *Statistical Power Analysis for the Behavioral Sciences*. Hillsdale, NJ: Erlbaum.
[36] Zeitlin, S. B. & McNally, R. J. (1993). Alexithymia and anxiety sensitivity in panic disorder and obsessive-compulsive disorder. *American Journal of Psychiatry*, 150, 658–660.
[37] Shear, M. K., Cloitre, M., & Heckelman, L. (1995). Emotion-focused treatment for panic disorder: A brief, dynamically informed therapy. In J. P. Barber & P. Crits-Christoph (Eds.). *Dynamic Therapies for Psychiatric Disorders*. New York: Basic Books. p.460.
[38] Markowitz, J. C. (2003). Letter to the Ed.: Controlled trials of psychotherapy. *American Journal of Psychiatry*, 160, 186–187.
[39] Wiborg, I. M. & Dahl, A. A. (1996). Does brief dynamic psychotherapy reduce the relapse rate of panic disorder? *Archives of General Psychiatry*, 53, 689–694.
[40] Blagys, M. D. & Hilsenroth, M. J. (2000). Distinctive features of short-term psychodynamic-interpersonal psychotherapy: A review of the comparative psychotherapy process literature. *Clinical Psychology: Science and Practice*, 7, 167–188.
[41] Blagys, M. D. & Hilsenroth, M. J. (2002). Distinctive features of short-term psychodynamic-interpersonal psychotherapy: An empirical review of the comparative psychotherapy process literature. *Clinical Psychology Review*, 22, 671–706.
[42] Foscha, D. (2002). The activation of affective changes processes in Accelerated Experiential Dynamic Psychotherapy (AEDP). In F. W. Kaslow (Editor-In-Chief) & J. J. Magnavita (Volume Editor), *Comprehensive Handbook of Psychotherapy: Vol. 1, Psychodynamic/Object Relations*. New York: John Wiley & Sons. pp.309–343.
[43] McCullough, L., Kuhn, N., Andrews, S., Kaplan. A., Wolf, J., & Hurley, C. L. (2003). *Treating Affect Phobia: A Manual for Short-term Dynamic Psychotherapy*. New York: Guilford Press.

第4章

[1] Bulik, C. M. (2005). Exploring the gene-environment nexus in eating disorders. *Journal of Psychiatry & Neuroscience*, 30, 335–339.
[2] Cassin, S. E. & von Ranson, K. M. (2005). Personality and eating disorders: a decade in review. *Clinical Psychology Review*, 25, 895–916.

[3] Gowers, S. G. & Shore, A. (2001). Development of weight and shape concerns in the aetiology of eating disorders. *British Journal of Psychiatry*, **179**, 236-242.
[4] Polivy, J. & Herman, C. P. (2002). Causes of eating disorders. *Annual Review of Psychology*, **53**, 187-213.
[5] Westen, D., Thompson-Brenner, H., & Peart, J. (2006). Personality and eating disorders. *Annual Review of Eating Disorders*, **2**, 97-112.
[6] Agras, W. S., Brandt, H. A., Bulik, C. M., et al. (2004). Report of the National Institutes of Health workshop on overcoming barriers to treatment research in anorexia nervosa. *International Journal of Eating Disorders*, **35**, 509-521.
[7] Troop, N. A., Schmidt, U. H., & Treasure, J. L. (1995). Feelings and fantasy in eating disorders: a factor analysis of the Toronto Alexithymia Scale. *International Journal of Eating Disorders*, **18**, 151-157.
[8] Thompson-Brenner, H. & Westen, D. (2005). A naturalistic study of psychotherapy for bulimia nervosa, Part 2: therapeutic interventions in the community. *Journal of Nervous and Mental Disease*, **193**, 585-595.
[9] Blagys, M. D. & Hilsenroth, M. J. (2000). Distinctive features of short-term psychodynamic interpersonal psychotherapy: a review of the comparative psychotherapy process literature. *Clinical Psychology: Science and Practice*, **7**, 167-188.
[10] Thompson-Brenner, H., Glass, S., & Westen, D. (2003). A multidimensional meta-analysis of psychotherapy for bulimia nervosa. *Clinical Psychology: Science and Practice*, **10**, 269-287.
[11] Compas, B. E., Haaga, D. A. F., Keefe, F. J., Leitenberg, H., & Williams, D. A. (1998). Sampling of empirically supported psychological treatments from health psychology: smoking, chronic pain, cancer, and bulimia nervosa. *Journal of Consulting and Clinical Psychology*, **66**, 89-112.
[12] Wilson, G. T. & Fairburn, C. G. (1998). Treatments for eating disorders. In P. E. Nathan & J. M. Gorman (Eds.), *A guide to treatments that work*. New York: Oxford University Press. pp.501-530.
[13] Westen, D., Novotny, C. M., & Thompson-Brenner, H. (2004). The empirical status of empirically supported psychotherapies: assumptions, findings, and reporting in controlled clinical trials. *Psychological Bulletin*, **130**, 631-663.
[14] Thompson-Brenner, H., & Westen, D. (2005). A naturalistic study of psychotherapy for bulimia nervosa, Part 1: comorbidity and therapeutic outcome. *Journal of Nervous and Mental Disease*, **193**, 573-584.
[15] Thompson-Brenner, H., & Westen, D.(2005). Personality subtypes in eating disorders: validation of a classification in a naturalistic sample. *British Journal of Psychiatry*, **186**, 516-524.
[16] Haas, H. L. & Clopton, J. R. (2003). Comparing clinical and research treatments for eating disorders. *International Journal of Eating Disorders*, **33**, 412-420.
[17] Bachar, E., Latzer, Y., Kreitler, S., & Berry, E. M. (1999). Empirical comparison of two psychological therapies self psychology and cognitive orientation in the treatment of anorexia and bulimia. *Journal of Psychotherapy Practice and Research*, **8**, 115-128.
[18] Dare, C., Eisler, I., Russell, G., Treasure, J., & Dodge, L. (2001). Psychological therapies for adults with anorexia nervosa randomised controlled trial of out-patient treatments. *British Journal of Psychiatry*, **178**, 216-221.
[19] Murphy, S., Russell, L., & Waller, G. (2005). Integrated psychodynamic therapy for bulimia nervosa and binge eating disorder: theory, practice and preliminary findings. *European Eating Disorders Review*, **13**, 383-391.
[20] Treasure, J., Todd, G., Brolly, M., Tiller, J., Nehmed, A., & Denman, F. (1995). A pilot study of a randomised trial of cognitive analytical therapy vs. educational behavioral therapy for adult anorexia nervosa. *Behaviour Research and Therapy*, **33**, 363-367.
[21] Thompson-Brenner, H., Boisseau, C. L., Satir, D. A., Eddy, K. T., Weingeroff, J., & Westen, D. (2007). Treatment approach and outcome for adolescent EDs. Presentation at the International Conference for the Academy of Eating Disorders, Baltimore.
[22] American Psychiatric Association.(1994). *Diagnostic and Statistical Manual of Mental Disorders* (4th ed.), Washington, DC: American Psychiatric Association.
[23] National Institute for Clinical Excellence (2004), *Eating Disorders: core interventions in the treatment and management of anorexia nervosa, bulimia nervosa, and related eating disorders*. Retrieved 10/21/2004 from http://www.nice.org/uk/cg009NICEguideline.
[24] Treasure, J., Schmidt, U., & Troop, N. (2000). Cognitive analytical therapy and the transtheoretical framework. In K. J. Miller & J. S. Mizes (Eds.), *Comparative treatments for eating disorders*. New York: Springer Publishing Company. pp.283-308.
[25] Malan, D. H. (1976). *Toward the validation of dynamic psychotherapy*. New York: Plenum.
[26] Tasca, G. A., Ritchie, K., Conrad, G., Balfour, L., Gayton, J., Lybanon, V., et al. (2006). Attachment scales predict outcome in a randomized controlled trial of binge eating disorder: an aptitude by treatment interaction. *Psychotherapy Research*, **16**, 106-121.
[27] Strupp. H. H. & Binder, J. L. (1984). *Psychotherapy in a new key: a guide to time-limited dynamic psychotherapy*. New

York : Basic Books.
[28] Tasca, G. A., Mikai, S. F., & Hewitt, P. L. (2005). Group psychodynamic interpersonal psychotherapy : summary of a treatment model and outcomes for depressive symptoms. In M. E. Abelian (Ed.), *Focus on psychotherapy research*. Hauppauge, New York : Nova Science Publishers. pp.159-188.
[29] Johnson, C. L., Connors, M. E., & Tobin, D. L. (1987). Symptom management of bulimia. *Journal of Consulting and Clinical Psychology*, **55**, 668-676.
[30] Steiger, H. (1989). An integrated psychotherapy for eating-disordered patients. *American Journal of Psychotherapy*, **43**, 229-237.
[31] Tobin, D. L. & Johnson, C. L. (1991). The integration of psychodynamic and behaviour therapy in the treatment of eating disorders : clinical issues versus theoretical mystique. In C. L. Johnson (Ed.), *Psychodynamic treatment of anorexia nervosa and bulimia*. New York : Guilford Press.
[32] Agras, W. S., Walsh, B. T., Fairburn, C. B., Wilson, G. T., & Kraemer, H. C. (2000). A multicenter comparison of cognitive-behavioral therapy and interpersonal psychotherapy for bulimia nervosa. *Archives of General Psychiatry*, **57**, 459-466.
[33] Fairburn, C. G., Jones, R., Peveler, R. C., Carr, S. J., Solomon, R. A., O'Connor, M. E., Burton, J., & Hope, R. A. (1991). Three psychological treatments for bulimia nervosa : a comparative trial. *Archives of General Psychiatry*, **48**, 463-469.
[34] Fairburn, C. G., Marcus, M. D., & Wilson, G. T. (1993). Cognitive behavioral therapy for binge eating and bulimia nervosa : a comprehensive treatment manual. In C. G. Fairburn & G. T. Wilson (Eds.), *Binge eating : nature, assessment, and treatment*. New York : Guilford Press. pp.361-404.
[35] Shafran, R., Fairburn, C. G., Robinson, P., & Lask, B. (2004). Body checking and its avoidance in eating disorders. *International Journal of Eating Disorders*, **35**, 93-101.
[36] Fairburn, C. G., Cooper, Z., & Shafran, R. (2003). Cognitive behaviour therapy for eating disorders : a "transdiagnostic" theory and treatment. *Behaviour Research and Therapy*, **41**, 509-528.
[37] Shafran, R., Lee, M., Payne, E., & Fairburn, C. G. (2006). An experimental analysis of body checking. *Behaviour Research and Therapy*, **45**, 113-121.
[38] Marino, M. F. & Zanarini, M. C. (2001). Relationship between EDNOS and its subtypes and borderline personality disorder. *International Journal of Eating Disorders*, **29**, 349-353.
[39] Fairburn, C. G. (2007). Transdiagnostic cognitive behavior therapy : effects and significance. Presentation at the International Conference for the Academy of Eating Disorders, Baltimore.
[40] Fairburn, C. G., Bohn, K., & Hutt, M. (2004). EDNOS (Eating Disorder not otherwise specified) : why it is important, and how to treat it using cognitive behavior therapy. Workshop Session at the Academy for Eating Disorders Annual Conference, Orlando, FL.
[41] Hilsenroth, M. J, Ackerman, S. J., Blagys, M. D., Bonge, D. R., & Blais, M. A. (2005). Measuring psychodynamic-interpersonal and cognitive-behavioral techniques : development of the Comparative Psychotherapy Process Scale. *Psychotherapy : Theory, Research, Practice, Training*, **42**, 340-356.
[42] Jacobi, C., Hayward, C., de Zwaan, M., Kraemer, H. C., & Agras, W. S. (2004). Coming to terms with risk factors for eating disorders : application of risk terminology and suggestions for a general taxonomy. *Psychological Bulletin*, **130**, 19-65.
[43] Stice, E. (2002). Risk and maintenance factors for eating pathology : a meta-analytic review. *Psychological Bulletin*, **128**, 825-848.
[44] Wonderlich, S. A., Connelley, K. M., & Stice, E. (2004). Impulsivity as a risk factor for eating disorder behavior : assessment implications with adolescents. *International Journal of Eating Disorders*, **36**, 172-182.
[45] Bruce, K. R. & Steiger, H. (2005). Treatment implications of axis-II comorbidity in eating disorders. *Eating Disorders*, **13**, 93-108.
[46] Espelage, D. L., Mazzeo, S. E., Sherman, R., & Thompson, R. (2002). MCMI-II profiles of women with eating disorders : a cluster analytic investigation. *Journal of Personality Disorders*, **16**, 453-463.
[47] Goldner, E. M., Srikameswaran, S., Schroeder, M. L., Livesley, W. J., & Birmingham, C. L. (1999). Dimensional assessment of personality pathology in patients with eating disorders. *Psychiatry Research*, **85**, 151-159.
[48] Thompson-Brenner, H., Eddy, K. T., Satir, D., Boisseau, C. L., & Westen, D. (2008). Personality subtypes in adolescents with eating disorders : validation of a classification approach. *Journal of Child Psychology and Psychiatry*, **49**(2), 170-180.
[49] Westen, D. & Harnden-Fischer, J. (2001). Personality profiles in eating disorders : rethinking the distinction between axis I and axis II. *American Journal of Psychiatry*, **158**, 547-562.
[50] Wonderlich, S. A., Crosby, R. D., Joiner, T., et al. (2005). Personality subtyping and bulimia nervosa : psychopa-

thological and genetic correlates. *Psychological Medicine*, 35, 649-657.
[51] Thompson-Brenner, H., Eddy, K., Franko, D. L., Dorer, D., Vaschenko, M., & Herzog, D. B. (2007). A personality classification system for eating disorders: a longitudinal study. Paper presentation at the International Conference for the Academy of Eating Disorders, Baltimore.
[52] Tantleff-Dunn, S., Gokee-LaRose, J., & Peterson, R. (2004). Interpersonal psychotherapy for the treatment of anorexia nervosa, bulimia nervosa, and binge eating disorder. In J. K. Thompson (Ed.), *Handbook of eating disorders and obesity*. New Jersey: John Wiley and Sons. pp.163-185.
[53] Frank, E. & Spanier, C. (1995). Interpersonal psychotherapy for depression: overview, clinical efficacy, and future directions. *Clinical Psychology: Science and Practice*, 2, 349-369.
[54] Fairburn, C. G. (1997). Interpersonal psychotherapy for bulimia nervosa. In D. M. Garner, & P. E. Garfinkel (Eds.), *Handbook for the treatment of eating disorders* (2nd ed.). New York: Guilford Press. pp.278-294.
[55] Wilfley, D. E., Dounchis, J. Z., & Welch, R. R. (2000). Interpersonal Psychotherapy. In K. J. Miller & J. D. Mizes (Eds.), *Comparative treatments for eating disorders*. New York: Springer. pp.128-282.
[56] Fairburn, C. G., Kirk, J., O'Connor, M., Anastasiades, P., & Cooper, P. J. (1987). Prognostic factors in bulimia nervosa. *British Journal of Clinical Psychology*, 26, 223-224.
[57] McIntosh, V. V., Bulik, C. M., McKenzie, J. M., Luty, S. E., & Jordan, J. (2000). Interpersonal psychotherapy for anorexia nervosa. *International Journal of Eating Disorders*, 27, 125-139.
[58] Ablon, J. S. & Jones, E. E. (1999). Psychotherapy process in the national institute of mental health treatment of depression collaborative research program. *Journal of Consulting and Clinical Psychology*, 67, 64-75.
[59] McIntosh, V. V., Jordan, J., Carter, F. A., McKenzie, J. M., Bulik, C. M., Frampton, C. M. A., et al. (2005). Three psychotherapies for anorexia nervosa: a randomized, controlled trial. *American Journal of Psychiatry*, 162, 741-747.
[60] Garner, D. M., Rockert, W., Davis, R., Garner, M. V., Olmsted, M. P., & Eagle, M. (1993). Comparison of cognitive-behavioral and supportive-expressive therapy for bulimia nervosa. *American Journal of Psychiatry*, 150, 37-46.
[61] Linehan, M. M. (1993). *Dialectical-behavioral treatment of borderline personality disorder*. New York: Guilford Press.
[62] Safer, D. L., Telch, C. F., & Agras, W. S. (2001). Dialectical behavior therapy for bulimia nervosa. *American Journal of Psychiatry*, 158, 632-634.
[63] Telch, C. F., Agras, W. S., & Linehan, M. M. (2000). Group dialectical behavior therapy for binge-eating disorder: a preliminary, uncontrolled trial. *Behavior Therapy*, 31, 569-582.
[64] Telch, C. F., Agras, W. S., & Linehan, M. M. (2001). Dialectical behavior therapy for binge eating disorder. *Journal of Consulting and Clinical Psychology*, 69, 1061-1065.
[65] Wisniewski, L. & Kelly, E.(2003). The application of dialectical behavior therapy to the treatment of eating disorders. *Cognitive and Behavioral Practice*, 10, 131-138.
[66] Wiser, S. & Telch, C. F. (1999). Dialectical behavior therapy for binge-eating disorder. *Journal of Clinical Psychology*, 55, 755-768.
[67] Sansone, R. A., Levitt, J. L., & Sansone, L. A. (2005). The prevalence of personality disorders among those with eating disorders. *Eating Disorders*, 13, 7-21.
[68] Zanarini, M. C., Frankenburg, F. R., Dubo, E. D., Sickel, A. E., Trikha, A., Levin, A., et al. (1998). Axis I comorbidity of borderline personality disorder. *American Journal of Psychiatry*, 155, 1733-1739.
[69] Leichsenring, F. & Leibing, E. (2003). The effectiveness of psychodynamic therapy and cognitive behavioral therapy in the treatment of personality disorders: a meta-analysis. *American Journal of Psychiatry*, 160, 1223-1232.
[70] Bateman, A. W. & Fonagy, P. (2000). Effectiveness of psychotherapeutic treatment of personality disorder. *British Journal of Psychiatry*, 177, 138-143.
[71] Johnson, C. L., Stuckey, M. K., Lewis, L. D., & Schwartz, D. M. (1982). Bulimia: a descriptive survey of 316 cases. *International Journal of Eating Disorders*, 2, 3-16.
[72] Norman, D. K. & Herzog, D. B.(1984). Persistent social maladjustment in bulimia: a 1-yearfollow-up. *American Journal of Psychiatry*, 141, 444-446.
[73] Telch, C. F. & Agras, W. S. (1994). Obesity, binge-eating, and psychopathology: are they related? *International Journal of Eating Disorders*, 15, 53-61.
[74] Wilfley, D. E., Agras, W. S., Telch, C. F., Rossiter, E. M., Schneider, J. A., Cole, A. G., et al. (1993). Group cognitive-behavioral therapy and group interpersonal psychotherapy for the nonpurging bulimic individual: a controlled comparison. *Journal of Consulting and Clinical Psychology*, 61, 296-305.
[75] Steiger, H., Gauvin, L., Jabalpurwala, S., Seguin, J. R., & Stotland, S. (1999). Hypersensitivity to social interactions in bulimic syndromes: relationship to binge eating. *Journal of Consulting and Clinical Psychology*, 67, 765-775.
[76] Greenberg, J. R. & Mitchell, S. A. (1983). *Object relations in psychoanalytic theory*. Cambridge: Harvard University Press.

［77］Bateman, A. & Fonagy, P.（1999）. The effectiveness of partial hospitalization in the treatment of borderline personality disorder: a randomized controlled trial. *American Journal of Psychiatry*, **156**, 1563–1569.
［78］Bateman, A. & Fonagy, P.（2001）. Treatment of borderline personality disorder with psychoanalytically oriented partial hospitalization: an 18-month follow-up. *American Journal of Psychiatry*, **158**, 36–42.
［79］Bateman, A. W. & Fonagy, P.（2003）. Health service utilization costs for borderline personality disorder patients treated with psychoanalytically oriented partial hospitalization versus general psychiatric care. *American Journal of Psychiatry*, **160**, 169–171.
［80］Fonagy, P. & Bateman, A. W.（2006）. Mechanisms of change in mentalization-based treatment of BPO. *Journal of Clinical Psychology*, **62**, 411–430.
［81］Clarkin, J. F., Foelsch, P. A., Levy, K. N., Hull, J. W., Delaney, J. C., & Kernberg, O. F.（2001）. The development of a psychodynamic treatment for patients with borderline personality disorder: a preliminary study of behavioral change. *Journal of Personality Disorders*, **15**, 487–495.
［82］Clarkin, J. F., Levy, K. N., Lenzenweger, M. F., & Kernberg, O. F.（2004）. The personality disorders institute/borderline personality disorder research foundation randomized control trial for borderline personality disorder: rationale, methods, and patient characteristics. *Journal of Personality Disorders*, **18**, 52–72.
［83］Carano, A., De Berardis, D., Gambi, F., Di Paolo, C., Campanella, D., Pelusi, L., et al.（2006）. Alexithymia and body image in adult outpatients with binge eating disorder. *International Journal of Eating Disorders*, **39**, 332–340.
［84］Gilboa-Schechtman, E., Avnon, L., Zubery, E., & Jeczmien, P.（2006）. Emotional processing in eating disorders: specific impairment or general distress related deficiency? *Depress Anxiety*, **23**, 331–339.
［85］Strober, M.（2004）. Managing the chronic, treatment-resistant patient with anorexia nervosa. *International Journal of Eating Disorders*, **36**, 245–255.
［86］Garner, D. M., Garfinkel, P. E., & Bemis, K. M.（1982）. A multidimensional psychotherapy for anorexia nervosa. *International Journal of Eating Disorders*, **1**, 3–46.
［87］Gaston, L., Marmar, C. R., Thompson, L. W., & Gallagher, D.（1988）. Relation of patient pretreatment characteristics to the therapeutic alliance in diverse psychotherapies. *Journal of Consulting and Clinical Psychology*, **56**, 483–489.
［88］Foreman, S. A. & Marmar, C. R.（1985）. Therapist actions that address initially poor therapeutic alliances in psychotherapy. *American Journal of Psychiatry*, **142**, 922–926.

第5章

［1］Hopko, D. R., Sanchez, L., Hopko, S. D., Dvir, S., & Lejuez, C. W.（2003）. Behavioral activation and the prevention of suicidal behaviours in patients with borderline personality disorders. *Journal of Personality Disorders*, **17**, 460–478.
［2］Brown, G. K., Newman, C. F., Charlesworth, S. E., Crits-Christoph, P., & Beck, A. T.（2004）. An open clinical trial of cognitive therapy for borderline personality disorder. *Journal of Personality Disorders*, **18**(3), 257–271.
［3］Davidson, K., Norrie, J., Tyrer, P., Gumley, A., Tata, P., Murray, H., & Palmer, S.（2006）. The effectiveness of cognitive behavior therapy for borderline personality disorder: Results from the borderline personality disorder study of cognitive therapy (BOSCOT) trial. *Journal of Personality Disorders*, **20**, 450–465.
［4］Kellogg, S. & Young, J.（2006）. Schema therapy for borderline personality disorder. *Journal of Clinical Psychology*, **62**, 445–458.
［5］Benjamin, L. S.（1993）. *Interpersonal Diagnosis and Treatment of Personality Disorders*. New York: Guilford Press. p.11.
［6］Linehan, M. M.（1993）. *Cognitive-Behavioral Treatment of Borderline Personality Disorder*. New York: Guilford Press.
［7］Parron, R.（2006）. How to do research? Reply to Otto Kernberg. *International Journal of Psychoanalysis*, **87**, 927–932.
［8］Kernberg, O. F.（2006）. The pressing need to increase research in and on psychoanalysis. *International Journal of Psychoanalysis*, **87**, 919–926.
［9］Kernberg, O. F.（2006）. Research anxiety: A response to Roger Perron's comments. *International Journal of Psychoanalysis*, **87**, 933–937.
［10］Alexander, F.（1937）. *Five Year Report of the Chicago Institute for Psychoanalysis 1932–1937*.
［11］Bordin, E. S.（1948）. Dimensions of the counseling process. *Journal of clinical Psychology*, **4**, 240–244.
［12］Fenichel, O.（1930）. *Ten Years of the Berlin Psychoanalytic Institute 1920–1930*. Berlin: Berlin Psychoanalytic Institute.
［13］Holt, R. R. & Luborsky, L. B.（1958）. *Personality Patterns of Psychiatrists: A Study in Selection Techniques*（Vol. 2）. Topeka: The Menninger Foundation.
［14］Jones, E.（1936）. *Decennial Report of the London Clinic of Psychoanalysis*, 1926–1936.
［15］Knight, R. O.（1941）. Evaluation of the results of psychoanalytic therapy. *American Journal of Psychiatry*, **98**, 434–446.
［16］Luborsky, L. B.（1953）. Self-interpretation of the TAT as a clinical technique. *Journal of Projective Techniques*, **17**, 217–223.

[17] Strupp, H. H. (1955). Psychotherapeutic technique, professional affiliation, and experience level. *Journal of Consulting Psychology*, 19(2), 97-102.

[18] Wallerstein, R., Robbins, L., Sargent, H., & Luborsky, L. (1956). The psychotherapy research project of the Menninger foundation. *Bulletin Menninger Clinic*. pp.221-280.

[19] Blatt, S. J. (2001). The effort to identify empirical supported psychological treatments and its implications for clinical research, practice, and training. *Psychoanalytic Dialogues*, 11, 633-644.

[20] Bornstein, R. F. (2001). The impending death of psychoanalysis. *Psychoanalytic Psychology*, 18, 3-20.

[21] Fonagy, P. (2000). Grasping the nettle : Or why psychoanalytic research is such an irritant. *The British Psycho-Analytic Society*, 36, 28-36.

[22] Fonagy, P., Jones, E. E., Kächele, H., Krause, R., Clarkin, J., Perron, R., Gerber, A., & Allison, E. (2001). *An Open Door Review of Outcome Studies in Psychoanalysis*. (2nd ed.), London : International Psychoanalytic Association.

[23] Gerber, A. J. (2001). A proposal for the integration of psychoanalysis and research. *Psychologist-Psychoanalyst*, 21(3), 14-17.

[24] Westen, D. & Morrison, K. (2001). A multidimensional meta-analysis of treatments for depression, panic, and generalized anxiety disorder : An empirical examination of the status of empirically supported therapies. *Journal of Consulting & Clinical Psychology*, 69(6), 875-899.

[25] Yeomans, F. E. & Clarkin, J. F. (2001). New developments in the investigation of psychodynamic psychotherapy. *Current Opinions in Psychiatry*, 14, 591-595.

[26] Clarkin, J. F., Yeomans, F. E., & Kernberg, O. F. (1999). *Psychotherapy for Borderline Personality*. New York : John Wiley & Sons.

[27] Clarkin, J. F., Yeomans, F., & Kernberg, O. F. (2006). *Psychotherapy of Borderline Personality*. New York : Wiley.

[28] Stevenson, J. & Meares, R. (1992). An outcome study of psychotherapy for patients with borderline personality disorder. *American Journal of Psychiatry*, 149(3), 358-362.

[29] Bateman, A. & Fonagy, P.(1999). Effectiveness of partial hospitalization in the treatment of borderline personality disorder : A randomized controlled trial. *American Journal of Psychiatry*, 156(10), 1563-1569.

[30] Borkovec, T. D. & Castonguay, L. G.(1998). What is the scientific meaning of empirically supported therapy? *Journal of Consulting and Clinical Psychology*, 66(1), 136-142.

[31] Ablon, J. S. & Jones, E. E. (2002). Validity of controlled clinical trials of psychotherapy : Findings from the NIMH treatment of depression collaborative research program. *American Journal of Psychiatry*, 159, 775-783.

[32] Blatt, S. J. & Zuroff, D. C. (2005). Empirical evaluation of the assumptions in identifying evidence based treatments in mental health. *Clinical Psychology Review*, 25(4), 459-486.

[33] Howard, K. I., Orlinsky, D. E., & Lueger, R. J. (1995). The design of clinically relevant outcome research : Some considerations and an example. In M. Aveline & D. A. Shapiro (Eds.), *Research Foundations for Psychotherapy Practice*. New York : Wiley. pp.3-47.

[34] Levy, K. N. & Scott, L. N. (2007). The 'art' of interpreting the 'science' and the science of interpreting the 'art' of treatment of borderline personality disorder. In S. Hoffman & J. Weinburger (Eds.), *The Art and Science of Psychotherapy*. London : Brunner-Routledge.

[35] Castonguay, L. G. & Beutler, L. E. (2005). Principles of therapeutic change : A task force on participants, relationships, and techniques factors. *Journal of Clinical Psychology*, 62(6), 631-638.

[36] National Institute of Mental Health. (2002, December 9-10). Psychotherapeutic interventions : How and why they work. Retrieved April 1, 2003, from : http://www.nimh.nih.gov/scientificmeetings.interventions.cfm

[37] Rosen, G. M. & Davison, G. R. (2003). Psychology should list empirically supported principles of change (ESPs) and not credential trademarked therapies or other treatment packages. *Behavior Modification*, 27, 300-312.

[38] Gabbard, G. O., Gunderson, J. G., & Fonagy, P. (2002). The place of psychoanalytic treatments within psychiatry. *Archives of General Psychiatry* 59(6), 505-510.

[39] Clarke, M. & Oxman, A. (1999). Cochrane reviews will be in Medline. *BMJ*, 319(7222), 1435.

[40] Clarkin, J. F. & Levy, K. N. (2006). Psychotherapy for patients with borderline personality disorder : Focusing on the mechanisms of change. *Journal of Clinical Psychology*, 62(4), 405-410.

[41] Levy, K. N., Clarkin, J. F., Yeomans, F. E., Scott, L. N., Wasserman, R. H., & Kernberg, O. F. (2006). The mechanisms of change in the treatment of transference focused psychotherapy. *Journal of Clinical Psychology*, 62, 481-501.

[42] Morrison, K. H., Bradley, R., & Westen, D. (2003). The external validity of controlled clinical trials of psychotherapy for depression and anxiety : A naturalistic study. *Psychology & Psychotherapy : Theory, Research & Practice*, 76(2), 109-132.

[43] Seligman, M. E. P. (1995). The effectiveness of psychotherapy : The consumer reports study. *American Psychologist*, 50(12), 965-974.

[44] Wallerstein, R. (1986). *Forty-Two Lives In Treatment-A Study of Psychoanalysis and Psychotherapy*. New York : Guilford Press.
[45] Kernberg, O. F., Burnstein, E., Coyne, L., Appelbaum, A., Horowitz, L., & Voth, H. (1972). Psychotherapy and psychoanalysis : Final report of the Menninger foundation's psychotherapy research project. *Bulletin of Menninger Clinic*, 36, 1–275.
[46] Luborsky, L. B., McLellan, A. T., Woody, G. E., O'Brien, C. P., & Auerbach, A. (1985). Therapist success and its determinants. *Archives of General Psychiatry*, 42(6), 602–611.
[47] Rockland, L. H. (1992). *Supportive Therapy for Borderline Patients : A Psychodynamic Approach*. New York : Guilford Press.
[48] Gabbard, G. O., Allen, J. G., Frieswyk, S. H., Colson, D. B., Newsom, G. E., & Coyne, L. (1996). *Borderline Personality Disorder Tailoring Psychotherapy to the Patient*. Washington, DC : American Psychiatric Press.
[49] Kazdin, A. (2001). Progression of therapy research and clinical application of treatment require better understanding of the change process. *Clinical Psychology : Science and Practice*, 8, 143–151.
[50] Hobson, R. F. (1985). *Forms of Feeling : The Heart of Psychotherapy*. London : Tavistock.
[51] James, W. (1890). *The Principles of Psychology*. New York : Holt.
[52] Kohut, H. (1971). *The Analysis of the Self*. New York : International University Press.
[53] Ornstein, P. H.(1998). Hidden and overt rage : their interpretation in the psychoanalytic treatment process. *Canadian Journal of Psychoanalysis*, 6, 1–14.
[54] Meares, R., Stevenson, J., & Comerford, A. (1999). Psychotherapy with borderline patients : I. A comparison between treated and untreated cohorts. *Australian and New Zealand Journal of Psychiatry*, 33(4), 467–472 ; discussion 478–481.
[55] American Psychiatric Association. (1980). *Diagnostic and Statistical Manual of Mental Disorders* (3rd ed.). Washington, DC : Author.
[56] Stevenson, J., Meares, R., & D'Angelo, R. (2005). Five-year outcome of outpatient psychotherapy with borderline patients. *Psychological Medicine*, 35(1), 79–87.
[57] Korner, A., Gerull, F., Meares, R., & Stevenson, J. (2006). Borderline personality disorder treated with the conversational model : A replication study. *Comprehensive psychiatry*, 47, 406–411.
[58] Bateman, A. W. & Fonagy, P. (2006). *Mentalization-Based Treatment for Borderline Personality Disorder : A Practical Guide*. Oxford : Oxford University Press.
[59] Bateman, A. W. & Fonagy, P. (2004). Mentalization-based treatment of BPD. *Journal of Personality Disorders*, 18(1), 36–51.
[60] Bateman, A. & Fonagy, P.(2001). Treatment of borderline personality disorder with psychoanalytically oriented partial hospitalization : An 18-month follow-up. *American Journal of Psychiatry*, 158(1), 36–42.
[61] Linehan, M. M., Heard, H. L., & Armstrong, H. E. (1993). Naturalistic follow-up of a behavioral treatment for chronically suicidal borderline patients. *Archives of General Psychiatry*, 50(12), 971–974.
[62] Yeomans, F. E., Clarkin, J. F., & Kernberg, O. F. (2002). *A Primer of Transference Focused Psychotherapy for the Borderline Patient*. Northvale, NJ : Jason Aronson.
[63] Kernberg, O. F. (1984). *Severe Personality Disorders : Psychotherapeutic Strategies*. New Haven, CT : Yale University Press.
[64] Steiner, J. (1993). *Psychic Retreats-Pathological Organisations in Psychotic, Neurotic and Borderline Patients*. London : Routledge.
[65] Yeomans, F. E. (1993). When a therapist overindulges a demanding borderline patient. *Hospital and Community Psychiatry*, 44, 334–336.
[66] Clarkin, J. (1996). The utility of a treatment contract. *Journal of Practical Psychiatry and Behavioral Health*, 2, 368–369.
[67] Sanderson, C., Swenson, C., & Bohus, M. (2002). A critique of the American Psychiatric Practice Guideline for the treatment of patients with borderline personality disorder. *Journal of Personality Disorder*, 16, 122–129.
[68] Kroll, J. (2000). Use of no-suicide contracts by psychiatrists in Minnesota. *American Journal of Psychiatry*, 157, 1684–1686.
[69] Yeomans, F. E., Gutfreund, J., Selzer, M. A., & Clarkin, J. F. (1994). Factors related to drop-outs by borderline patients : Treatment contract and therapeutic alliance. *Journal of Psychotherapy Practice & Research*, 3(1), 16–24.
[70] Smith, T. E., Koenigsberg, H. W., Yeomans, F. E., & Clarkin, J. F. (1995). Predictors of dropout in psychodynamic psychotherapy of borderline personality disorder. *Journal of Psychotherapy Practice & Research*, 4(3), 205–213.
[71] Clarkin, J. F., Foelsch, P. A., Levy, K. N., Hull, J. W., Delaney, J. C., & Kernberg. O. F. (2001). The development of a psychodynamic treatment for patients with borderline personality disorders : A preliminary study of behavioral change. *Journal of Personality Disorders*, 16(6), 487–495.

[72] Levy, K. N., Clarkin, J. F., Schiavi, J., Foelsch, P. A., & Kernberg, O. F. (in review). *Transference Focused Psychotherapy for Patients Diagnosed with Borderline Personality Disorder: A Comparison with a Treatment-As-Usual Cohort.*
[73] Clarkin, J. F., Levy, K. N., Lenzenweger, M. F., & Kernberg, O. F. (2005). The Personality Disorders Institute/Borderline Personality Disorder Research Foundation randomized control trial for borderline personality disorder: rationale, methods, and patient characteristics. *Journal of Personality Disorders,* **18**(1), 52-72.
[74] Levy, K. N., Clarkin, J. F., & Kernberg, O. F. (2006). Change in attachment and reflective function in the treatment of borderline personality disorder with transference focused psychotherapy. *Journal of Consulting and Clinical Psychology,* **74**, 1027-1040.
[75] Clarkin, J. F., Levy, K. N., Lenzenweger, M. F., & Kernberg, O. F. (2007). A multiwave RCT Evaluating three treatments for borderline personality disorder. *American Journal Psychiatry,* **164**, 922-928.
[76] Levy, K. N., Meehan, K. B., Kelly, K. M., Reynoso, J. S., Weber, M., Clarkin, J. F., & Kernberg, O. F. (2006). Change in attachment and reflective function in the treatment of borderline personality disorder with transference focused psychotherapy. *Journal of Consulting and Clinical Psychology,* **74**, 1027-1040.
[77] Linehan, M. M., Armstrong, H. E., Suarez. A., Allmon, D., & Heard, H. L. (1991). Cognitive-behavioral treatment of chronically parasuicidal borderline patients. *Archives of General Psychiatry,* **48**(12), 1060-1064.
[78] Clarkin, J. F. & Levy, K. N. (2003). Influence of client variables on psychotherapy. In M. Lambert (Ed.), *Handbook of Psychotherapy and Behavior Change* (5th ed.). New York: Wiley & Sons. pp.194-226.
[79] Cohen, J. (1988). *Statistical Power Analysis for the Behavioral Sciences.* Mahwah, NJ: Erlbaum.
[80] Lynch, T. R., Chapman, A. L., Rosenthal, M. Z., Kuo, J. R., & Linehan, M. M. (2006). Mechanisms of change in dialectical behavior therapy: Theoretical and empirical observations. *Journal of Clinical Psychology,* **62**(4), 459-480.
[81] Applebaum, S. A. (1981). *Effecting Change in Psychotherapy.* London: Aronson.
[82] Applebaum, S. A. (2005). Supportive Psychotherapy. In J. M. Oldham, A. E. Skodol, & D. S. Bender (Eds.), *Textbook of Personality Disorders.* Arlington, VA: The American Psychiatric Publishing, Inc.
[83] Ablon, J. S., Levy, R. A., & Katzenstein, T. (2002). Beyond brand names of psychotherapy: Identifying empirically supported change processes. *Psychotherapy: Theory, Research, Practice, Training,* **43**(2), 216-231.
[84] Ablon, J. S. & Jones, E. E. (1998). How expert clinicians' prototypes of an ideal treatment correlate with outcome in psychodynamic and cognitive-behavioral therapy. *Psychotherapy Research,* **8**, 71-83.
[85] Castonguay, L. G., Goldfried, M. R., Wiser, S., & Raue, P. J.(1996). Predicting the effect of cognitive therapy for depression: a study of unique and common factors. *Journal of Consulting and Clinical Psychology,* **64**(3), 497-504.
[86] DeRubeis, R. J. & Feeley, S. (1990). Determinants of change in cognitive therapy for depression. *Cognitive Therapy and Research,* **14**(5), 469-482.
[87] DeRubeis, R. J., Evans. M. D., Hollon, S. D., Garvey, M. J., Grove, W. M., & Tuason, V. B., (1990). How does cognitive behavioral therapy work? Cognitive change and symptom change in cognitive therapy and pharmacotherapy for depression. *Journal of Consulting and Clinical Psychology,* **58**, 862-869.
[88] Ilardi, S. S. & Craighead, W. E. (1994). The role of nonspecific factors in cognitive therapy for depression. *Clinical Psychology: Science and Practice,* **1**(2), 138-156.
[89] Jones, E. E. & Pulos, S. M.(1993). Comparing the process in psychodynamic and cognitive-behavioral therapies. *Journal of Consulting and Clinical Psychology,* **61**, 306-316.
[90] Shaw, B. F., Elkin, I., Yamaguchi, J., Olmstead, M., Vallis, T. M., Dobson, K. S., Lowery, A., Sotsky, S. M., Watkins, J. T., & Imber, S. D. (1999). Therapist competence ratings in relation to clinical outcome in cognitive therapy of depression. *Journal of Consulting and Clinical Psychology,* **67**(6), 837-846.
[91] Trepka, C., Rees, A., Shapiro, D. A., & Hardy, G. E. (2004). Therapist competence and outcome of cognitive therapy for depression. *Cognitive Therapy and Research,* **28**, 143-157.
[92] Giesen-Bloo, J., Van Dyck, R., Spinhoven, P., Van Tilburg, W., Dirksen, C., Van Asselt., et al. (2006). Outpatient psychotherapy for borderline personality disorder: A randomized clinical trial of schema focused therapy versus transference focused psychotherapy. *Archives of General Psychiatry,* **63**, 649-658.
[93] Young, J. E., Klosko, J., & Weishaar, M. E. (2003). *Schema Therapy: A Practitioner's Guide.* New York: The Guildford Press.
[94] Oldham, J. M. (2006). Borderline personality disorder and suicidality. *American Journal of Psychiatry,* **163**, 20-26.
[95] Howard, K. I., Krause, M. S., & Orlinsky, D. E. (1986). The attrition dilemma: Towards a new strategy for psychotherapy research. *Journal of Consulting and Clinical Psychology,* **54**, 106-110.
[96] Arntz, A. (2004). Borderline personality disorder. In T. A. Beck, A. Freeman, D. D. Davis & X. Associates (Eds.), *Cognitive Therapy of Personality Disorders* (2nd ed.). New York: The Guilford Press. pp.187-215.
[97] Luborsky, L., Diguer, L., Seligman. D. A., Rosenthal, R., Krause, E. D., Johnson, S., et al. (1999). The researcher's own therapy allegiances: A "wild card" in comparisons of treatment efficacy. *Clinical Psychology: Science and Prac-*

tice, **6**, 95–106.
[98] Clarkin, J., Levy, K., Lenzenweger, M., & Kernberg, O. (2004). The Personality Disorders Institute/Borderline Personality Disorder Research Foundation randomized control trial for borderline personality disorder : rationale, methods, and patient characteristics. *Journal of Personality Disorders*, **18**(1), 52–72.
[99] Yeomans, F. E. (2006). Questions concerning the randomized trial of schema focused therapy vs. transference focused psychotherapy. *Archives of General Psychiatry*, **64**(5), 609–610.
[100] Giesen-Bloo, J. H., Arntz, A., van Dyck, R., Spinhoven, P., & van Tilburg, W. (2001). Outpatient treatment of borderline personality disorder : Analytical psychotherapy versus cognitive behavior therapy. Paper presented at the World Congress of Behavioral and Cognitive Therapies, July 17–21, Vancouver, Canada.
[101] Giesen-Bloo, J. H., Arntz, A., van Dyck, R., Spinhoven, P., & van Tilburg, W. (2002). Outpatient treatment of borderline personality disorder : Analytical psychotherapy versus cognitive behavior therapy. Paper presented at the Transference Focused Psychotherapy for Borderline Personality Symposium. November 16–17, New York, USA.
[102] Chalmers, T., Smith, H., Blackburn, B., Silverman, B., Schroeder, B., Reitman, D., & Ambroz, A. (1981). A method for assessing the quality of a randomized control trial. *Controlled Clinical Trials*, **2**, 31–49.
[103] Waldinger, R. & Gunderson, J. (1984). Completed psychotherapies with borderline patients. *American Journal of Psychotherapy*, **38**, 190–202.
[104] Hoglend, P., Amlo, S., Marble, A., Bogwald, K. P., Sorbye, O., Sjaastad, M. C., & Heyerdahl, O. (2006). Analysis of the patient-therapist relationship in dynamic psychotherapy : An experimental study of transference interpretations. *American Journal of Psychiatry*, **163**, 1739–1746.
[105] Linehan, M. M., Comtois, K. A., Murray, A. M., Brown, M. Z., Gallop, R. J., Heard, H. L., et al. (2006). Two-year randomized controlled trial and follow-up of dialectical behavior therapy vs. therapy by experts for suicidal behaviors and borderline personality disorder. *Archives of General Psychiatry*, **63**(7), 757–766.
[106] Levy, K. N. (2006, June 11). RE : New Publication in the Archives on a comparison of Schema (Young) focus. Message posted to psychodynamic research, archived at psychodynamicresearch@yahoogroups.com
[107] Garfield, S .L. (1990). Issues and methods in psychotherapy process research. *Journal of Consulting and Clinical Psychology*, **58**(3), 273–280.
[108] Weinberger, J. (1995). Common factors aren't so common : The common factors dilemma. *Clinical Psychology : Science and Practice*, **2**, 45–69.
[109] Coccaro, E. F., Harvey, P. H., Kupshaw-Lawrence, E., Herbert, J. L., & Bernstein, D. P. (1991). Development of neuropharmacologically based behavioral assessments of impulsive aggressive behavior. *Journal of Neuropsychiatry and Clinical Neuroscience*, **3** (supp.2), 44–51.
[110] Patton, J. H.. Stanford. M. S., & Barratt, E. S. (1995). Factor Structure of the Barratt Impulsiveness Scale. *Journal of Clinical Psychology*, **51**(6), 768–774.
[111] Spielberger, C. D. & Gorsuch, R. L. (1983). *Manual for the state-trait anxiety inventory (form Y) : self-evaluation questionnaire*. Consulting Psychologists Press, Palo Alto, CA.
[112] Beck, A. T., Ward. C. H., Mendelson, M., Mock, J., & Erbaugh, J. (1961). An inventory for measuring depression. *Archives of General Psychiatry*, **4**, 561–571.
[113] Weissman, M. M. & Bothwell, S. (1976). Assessment of social adjustment by patient self-report. *Archives of General Psychiatry*, **33**, 1111–1115.
[114] Levy, K. N., Meehan, K. B., Kelly, K. M., Reynoso, J. S., Clarkin, J. F., & Kernberg, O. F. (2006). Change in Attachment Patterns and Reflective Function in a Randomized Control Trial of Transference-Focused Psychotherapy for Borderline Personality Disorder. *Journal of Consulting and Clinical Psychology*, **74**, 1027–1040.
[115] Fonagy, P., Steele, M., Steele, H., & Target, M. (1997). *Reflective-functioning manual. Version 4.1 : For application to the Adult Attachment Interviews*. Unpublished manuscript, University College London.
[116] Main, M. & Goldwyn, R. (1984). Predicting rejection of her infant from mother's representation of her own experience : implications for the abused-abusing intergenerational cycle. *Child Abuse and Neglect*, **8**(2), 203–217.

第6章

[1] Freud, S. (1894). The neuro-psychoses of defence. In J. Strachey (Ed. & Trans.), (1962). *The Standard Edition of The Complete Works of Sigmund Freud* (vol. 2). London : Hogarth Press.
[2] Freud, A. (1937/1966). *The Ego and the Mechanisms of Defense* (Revised Edition). New York. International Universities Press, 1966.
[3] Waelder, R. (1976). The principle of multiple function. In S. A. Guttman (Ed.), *Psycho-analysis : Observation, Theory, Application*. New York : International Universities Press. pp.68–83.

[4] Schafer, R. (1968). Mechanisms of defense. *International Journal of Psychoanalysis*, **49**, 49–62.
[5] Hartmann, H., Kris, A., Lowenstein, R. M.(1964). *Essays on Ego Psychology: Selected Problems in Psychoanalytic Theory*. New York: International Universities Press.
[6] Haan, N. (1963). Proposed model of ego functioning: coping and defense mechanisms in relationship to IQ change. *Psychological Monographs*, **77**, 1–23.
[7] Lazarus, R. & Folkman, S. (1984). *Stress, Appraisal and Coping*. New York: Springer.
[8] Skinner, E. A., Edge, K., Altman, J., & Sherwood, H. (2003). Searching for the structure of coping: a review and critique of category systems for classifying ways of coping. *Psychological Bulletin*, **12**, 216–269.
[9] Perry, J. C. & Ianni, F. (1998). Observer-rated measures of defense mechanisms. *Journal of Personality*, **66**, 993–1024.
[10] Kernberg, O. F.(1967). Borderline personality organization. *Journal of the American Psychoanalytic Association*, **15**, 641–685.
[11] American Psychiatric Association (1994). *Diagnostic and Statistical Manual of Mental Disorders* (4th ed.). Washington, DC, American Psychiatric Press. pp.751–757.
[12] Perry, J. C. (1993). The study of defense mechanisms and their effects. In N. Miller, L. Luborsky, J. Barber, & J. Docherty (Eds.), *Psychodynamic Treatment Research: A Hand-book for Clinical Practice*. New York, Basic Books. pp.276–308.
[13] Perry, J. C. & Bond, M. (2005). Defensive functioning [in personality disorders]. In J. Oldham, A. E. Skodol, & D. Bender, (Eds.), *The American Psychiatric Publishing Textbook of Personality Disorders*. Washington, DC: American Psychiatric Press, Inc. pp.589–609.
[14] Vaillant, G. E. (1993). *The Wisdom of the Ego*. Cambridge, MA: Harvard University Press.
[15] Freud, S. (1926/1959). *Inhibitions, symptoms and anxiety: Standard Edition of the Complete Psychological Works of Sigmund Freud* (vol. 20). London: Hogarth Press.
[16] Perry, J. C. (2001). A pilot study of defenses in psychotherapy of personality disorders entering psychotherapy. *Journal of Nervous and Mental Disease*, **189**, 651–660.
[17] Perry, J. C. & Cooper, S. H. (1987). Empirical studies of psychological defense mechanism. In R. Michels, & J. O. Cavenar (Eds.), *Psychiatry, Vol. I*. Chapter 30. New York: J. B. Lippincott and Basic Books. pp.1–19.
[18] Vaillant, G. E. (1976). Natural history of male psychological health: the relation of choice of ego mechanisms of defense to adult adjustment. *Archives of General Psychiatry*, **33**, 535–545.
[19] Bader, M. & Perry, J. C. (2001). Mécanismes de défense et épisodes relationnels lors de deux psychothérapies brèves mère-enfant. (Eng. trans.: Defense mechanisms and relationship episodes among two brief mother-Infant psychotherapies). *Psychothérapies*, **21**, 123–131.
[20] Kernberg, O. F. (1975). *Borderline Conditions and Pathological Narcissism*. New York: Jason Aronson.
[21] Perry, J. C. & Cooper, S. H. (1986). A Preliminary report on defenses and conflicts associated with borderline personality disorder. *Journal of the American Psychoanalytic Association*, **34**, 863–893.
[22] Perry, J. D. & Perry, J. C. (2004). Conflicts, defenses and the stability of narcissistic personality features. *Psychiatry: Interpersonal and Biological Processes*, **67**, 310–330.
[23] Bond, M., Gardner, S. T., Christian, J., & Sigal, J. J. (1983). Empirical study of self-rated defense styles. *Archives of General Psychiatry*, **40**, 333–338.
[24] Perry, J. C. & Cooper, S. H. (1989). An empirical study of defense mechanisms: I. Clinical interview and life vignette ratings. *Archives of General Psychiatry*, **46**, 444–452.
[25] Skodol, A. & Perry, J. C.(1993). Should an axis for defense mechanisms be included in DSM-IV? *Comprehensive Psychiatry*, **34**, 108–119.
[26] Perry, J. C. (1990). *Defense Mechanism Rating Scales (DMRS)* (5th ed.). Cambridge, MA: published by author.
[27] Perry, J. C. & Hoglend, P. (1998). Convergent and discriminant validity of overall defensive functioning. *Journal of Nervous and Mental Disease*, **186**, 529–535.
[28] Blais, M. A., Conboy, C. A., Wilcox, N., & Norman, D. K. (1996). An empirical study of the DSM-IV Defensive Functioning Scale in personality disordered patients. *Comprehensive Psychiatry*, **37**, 435–440.
[29] Hilsenroth, M. J., Callahan, K. L., & Eudell, E. M. (2003). Further reliability, convergent and discriminant validity of overall defensive functioning. *Journal of Nervous and Mental Disease*, **191**, 730–737.
[30] Perry, J. C. & Henry, M. (2004). Studying defense mechanisms in psychotherapy using the Defense Mechanism Rating Scales. In U. Hentschel, G. Smith, J. Draguns, & W. Ehlers (Eds.), *Defense Mechanisms: Theoretical, Research and Clinical Perspectives*. Chapter 9. Amsterdam: Elsevier. pp.165–192.
[31] Hoglend, P. & Perry, J. C. (1998). Defensive functioning predicts improvement in major depressive episodes. *Journal of Nervous and Mental Disease*, **186**(4), 1–7.
[32] Waldron, S., Helm, F., & the APS Research Group (2004). Psychodynamic features of two cognitive-behavioral and

one psychodynamic treatments compared using the Analytic Process Scales. *Canadian Journal of Psychoanalysis*, 12(2), 346-368.
[33] Beck, S. & Perry, J. C. (2008). An empirical assessment of interview structure in five types of psychiatric and psychotherapeutic interviews. *Psychiatry: Journal of Biological and Interpersonal Processes*, 71, 219-233.
[34] Perry, J. C. (2007). Cluster C personality disorders: Avoidant, obsessive-compulsive, and dependent. In G. O. Gabbard (Ed.), *Glen Gabbard's Treatment of Psychiatric Disorders* (4th ed.). Washington, DC: American Psychiatric Press. pp.835-854.
[35] Milbrath, C., Bond, M., Cooper, S., Znoj, H. J., Horowitz, M. J., & Perry, J. C. (1999). Sequential consequences of therapists' interventions. *Journal of Psychotherapy Practice and Research*, 8, 40-54.
[36] Trijsburg, R. W., Semeniuk, T. T., & Perry, J. C. (2004). An empirical study of the differences in interventions between dynamic psychotherapy and cognitive-behavioral therapy for recurrent major depression. *Canadian Journal of Psychoanalysis*, 12, 325-345.
[37] Despland, J. N., Despars, J., de Roten, Y., Stiglar, M., & Perry, J. C. (2001). Contribution of patient defense mechanisms and therapist interventions to the development of early therapeutic alliance in a Brief Psychodynamic Investigation. *Journal of Psychotherapy Practice and Research*, 10, 155-164.

第7章

[1] Fonagy, P., Kächele, H. H., Krause, R., Jones, E., & Perron, R. (1999). *IPA: An open door Review of Outcome Studies in Psychoanalysis*. London: University College.
[2] Ablon J, S. & Jones, E. E. (1998). How expert clinicians' prototypes of an ideal treatment correlate with outcome in psychodynamic and cognitive-behavioral therapy. *Psychotherapy Research*, 8, 71-83.
[3] Ablon, J. S. & Jones, E. E. (2002). Validity of controlled clinical trials of psychotherapy: Findings from the NIMH treatment of depression collaborative research program. *American Journal of Psychiatry*, 159, 775-783.
[4] Ablon, J. S., Levy, R. A., & Katzenstein, T. (2006). Beyond brand names of psychotherapy: Identifying empirically supported change processes. *Psychotherapy Theory, Research, Practice, Training*, 43, 216-231.
[5] Garfield, S. L. (1998). Some comments on empirically supported treatments. *Journal of Consulting and Clinical Psychology*, 66, 121-125.
[6] McCullough, L., Kuhn, N., Andrews, S., Valen, J., Hatch, D., & Osimo, F. (2004). The reliability of the achievement of therapeutic objectives scale. (ATOS): A research and teaching tool for psychotherapy. *Journal of Brief Therapy*, 2, 2-18.
[7] Waltz, J., Addis, M. E., Koerner, K., & Jacobson, N. (1993). Testing the integrity of a psychotherapy protocol: Assessment of adherence and competence. *Journal of Consulting and Clinical Psychology*, 61, 620-630.
[8] Jones, E. E. (2000). *Therapeutic action: A guide to psychoanalytic therapy*. Northvale, NJ: Jason Aronson. pp.316-361.
[9] Coombs, M. M., Coleman, D., & Jones, E. E. (2002). Working with feelings: The importance of emotion in both cognitive-behavioral and interpersonal therapy in the NIMH treatment of depression collaborative research program. *Psychotherapy Theory, Research, Practice, Training*, 39, 233-244.
[10] Jones, E. E., Cumming, J. D., & Horowitz, M. J. (1988). Another look at the nonspecific hypothesis of therapeutic effectiveness. *Journal of Consulting and Clinical Psychology*, 56, 48-55.
[11] Jones, E. E. & Pulos, S. M. (1993). Comparing the process in psychodynamic and cognitive-behavioral therapies. *Journal of Consulting and Clinical Psychology*, 61, 306-316.
[12] Block, J. (1961). *The Q-sort method in personality assessment and psychiatric research*. Springfield, IL: Charles C Thomas.
[13] Ablon, J. S. & Jones, E. E. (1999). Psychotherapy process in the NIMH Collaborative Research Program. *Journal of Consulting and Clinical Psychology*, 67, 64-75.
[14] Hilsenroth, M. J., Blagys, M. D., Ackerman, S. J., Bonge, D. R., & Blais, M. A. (2005). Measuring psychody-namic-interpersonal and cognitive-behavioral techniques: Development of the comparative psychotherapy process scale. *Psychotherapy Theory, Research, Practice, Training*, 42, 340-356.
[15] Blagys, M. D. & Hilsenroth, M. J. (2000). Distinctive features of short-term psychodynamic-interpersonal psychotherapy: A review of the comparative psychotherapy process literature. *Clinical Psychology: Science and Practice*, 7, 167-188.
[16] Blagys, M. D. & Hilsenroth, M, J. (2002). Distinctive features of short-term cognitive-behavioral psychotherapy: A review of the comparative psychotherapy process literature. *Clinical Psychology Review*, 22, 671-706.
[17] Shrout, P. E. & Fleiss, J. L. (1979). Intraclass correlations: Uses in assessing rater reliability. *Psychological Bulletin*, 86, 420-428.

[18] Siefert, C. J., Hilsenroth, M. J., Weinberger, J., Blagys, M. D., & Ackerman, S. J. (2006). The Relationship of patient defensive functioning and alliance with therapist technique during short-term psychodynamic psychotherapy. *Clinical Psychology & Psychotherapy*, 13, 20–33.
[19] Goldfried, M. R., Raue, P. J., & Castonguay, L. G. (1998). The therapeutic focus in significant sessions of master therapists: A comparison of cognitive-behavioral and psychodynamic interpersonal interventions. *Journal of Consulting and Clinical Psychology*, 66, 803–810.
[20] Goldfried, M. R., Castonguay, L. G., Hayes, A. M., Drozd, J. F., & Shapiro, D. A. (1997). A comparative analysis of the therapeutic focus in cognitive-behavioral and psychodynamic-interpersonal sessions. *Journal of Consulting and Clinical Psychology*, 65, 740–748.
[21] Goldsamt, L. A, Goldfried, M. R., Hayes, A. M., & Kerr, S. (1992). Beck, Meichenbaum, and Strupp: A comparison of three therapies on the dimension of therapist feedback. *Psychotherapy*, 29, 167–176.
[22] Kerr, S., Goldfried, M.R., Hayes, A. M., Castonguay, L. G., & Goldsamt, L. (1992). Interpersonal and intrapersonal focus in cognitive-behavioral and psychodynamic-interpersonal therapies: A preliminary analysis of the Sheffield Project. *Psychotherapy Research*, 2, 266–276.
[23] Stiles, W. B. (1986). Development of a taxonomy of verbal response modes. In Greenberg, L. S. & Pinsof, W. M. (Eds.), *The Psychotherapy Process: A Research Handbook*. New York: Guilford Press, 161–199.
[24] Castonguay, L. G., Goldfried, M. R., Wiser, S., Raue, P. J., & Hayes, A. M. (1996). Predicting the effect of cognitive therapy for depression: A study of unique and common factors. *Journal of Consulting and Clinical Psychology*, 64, 497–504.
[25] Hayes, A. M., Castonguay, L. G., & Goldfried, M. R. (1996). Effectiveness of targeting the vulnerability factors of depression in cognitive therapy. *Journal of Consulting and Clinical Psychology*, 64, 623–627.
[26] Samoilov, A., Goldfried, M. R., & Shapiro, D. A. (2000). Coding system of therapeutic focus on action and insight. *Journal of Consulting and Clinical Psychology*, 68, 513–514.
[27] Ogrodniczuk, J. S. & Piper, W. E. (1999). Measuring therapist technique in psychodynamic psychotherapies. *Journal of Psychotherapy Practice and Research*, 8, 142–154.
[28] Piper, W. E., Joyce, A. S., McCallum, M., Azim, H. F., & Ogrodniczuk, J. S. (2002). *Interpretive and supportive psychotherapies: Matching therapy and patient personality*. Washington, DC: American Psychological Association.
[29] Piper, W. E., McCallum, M., Joyce, A. S., Rosie, J. S., & Ogrodniczuk, J. S. (2001). Patient personality and time-limited group psychotherapy for complicated grief. *International Journal of Group Psychotherapy*, 51, 525–552.
[30] Piper, W. E., Debbane, E.G., de Carufel, F. L., et al. (1987). A system for differentiating therapist interpretations and other interventions. *Bulletin of the Menninger Clinic*, 51, 532–550.
[31] O'Malley, S. S., Suh, C. S., & Strupp, H. H. (1983). The Vanderbilt Psychotherapy Process Scale: A report on the scale development and a process-outcome study. *Journal of Consulting and Clinical Psychology*, 51, 581–586.
[32] Smith, S. R., Hilsenroth, M. J., Baity, M. R., & Knowles, E. S. (2003). Assessment of patient and therapist perspectives on process: A revision of the Vanderbilt psychotherapy process scale. *American Journal of Psychotherapy*, 57, 195–205.
[33] Suh, C. S., O'Malley, S. S., & Strupp, H. H. (1989). The Vanderbilt Psychotherapy Process Scale (VPPS). *Journal of Cognitive Psychotherapy*, 3, 123–154.
[34] Piper, W. E., Ogrodniczuk, J. S., Joyce, A. S., McCallum, M., Rosie, J. S., O'Kelly, J. G., & Steinberg, P. I. (1999). Prediction of dropping out in time-limited interpretive individual psychotherapy. *Psychotherapy*, 36, 114–122.
[35] Smith, M. F., Tobin, S. S., & Toseland, R. W. (1992). Therapeutic processes in professional vs. peer counseling, adult daughter or daughter-in-law caregivers of frail elderly. *Journal of Social Work*, 37, 345–351.
[36] Gomes-Schwartz, B. (1978). Effective ingredients in psychotherapy: Prediction of outcome from process variables. *Journal of Consulting and Clinical Psychology*, 46, 1023–1035.
[37] Windholz, M. J. & Silberschatz, G. (1988). Vanderbilt Psychotherapy Process Scale: A replication with adult outpatients. *Journal of Consulting and Clinical Psychology*, 56, 56–60.
[38] Bond, M., Bannon, E., & Grenier, M. (1998). Differential effects of interventions on the therapeutic alliance with patients with personality disorders. *Journal of Psychotherapy Practice and Research*, 7, 301–318.
[39] Milbrath, C., Bond, M., Cooper, S., Znoj, H., Horowitz, M. J., & Perry, J. C. (1999). Sequential consequences of therapist interventions. *Journal of Psychotherapy Practice and Research*, 8, 40–54.
[40] Despland, J. N., de Roten, Y., Despars, J., Stigler, M., & Perry, J. C. (2001). Contribution of patient defense mechanisms and therapists interventions to the development of early therapeutic alliance in brief psychodynamic psychotherapy. *Journal of Psychotherapy Practice and Research*, 10, 155–164.
[41] Banon, E., Evan-Grenier, M., & Bond, M. (2001). Early transference interventions with male patients in psychotherapy. *Journal of Psychotherapy Practice and Research*, 10, 79–92.

[42] Hersoug, A. G., Bogwald, K. P., & Hoglend, P. (2003). Are patient and therapist characteristics associated with the use of defence interpretation in brief dynamic psychotherapy? *Clinical Psychology & Psychotherapy*, 10, 209–219.
[43] Hersoug, A. G., Hoglend, P., & Bogwald, K. P. (2004). Is there an optimai adjustment of interpretation to patient's level of functioning. *American Journal of Psychotherapy*, 58, 349–361.
[44] Hersoug, A. G., Bogwald, K. P., & Hoglend, P. (2005). Changes of defensive functioning: Does interpretation contribute to change. *Clinical Psychology & Psychotherapy*, 12, 288–296.
[45] Waldron, S. & Helm, F. L. (2004). Psychodynamic features of two cognitive-behavioural and one psychodynamic treatment compared using the analytic process scales. *Canadian Journal of Psychoanalysis*, 12, 346–368.
[46] Waldron, S., Scharf, R., Crouse, J., Firestein, S. K., Burton, A., & Hurst, D. (2004). Saying the right thing at the right time: A view through the lens of the analytic process scales (APS). *Psychoanalytic Quarterly*, 74, 1079–1125.
[47] Waldron, S., Scharf, R., Hurst, D., Firestein, S. K., & Burton, A. (2004). What happens in psychoanalysis: A view through the lens of the Analytic Process Scales (APS). *International Journal of Psychoanalysis*, 85, 443–466.
[48] Blatt, S. J. & Auerbach, J. S. (2003). Psychodynamic measures of therapeutic change. *Psychoanalytic Inquiry*, 23, 268–307.
[49] Wallerstein, R. S. (1988). Assessment of structural change in psychoanaiytic therapy and research. *Journal of the American Psychoanalytic Association*, 36, 241–261.
[50] Crits-Christoph, P., Gladis, M., & Connoley, M. B. (2002). Outcome Measurement in Patient's Receiving Psychosocial Treatments. In W. W. IsHak, T. Burt, & L. I. Sederer (Eds.), *Outcome measurement in psychiatry: A critical review*. Washington, DC: American Psychiatric Publishing. pp.121–138.
[51] McCullough, L. (1993). Standard and Individualized Psychotherapy Outcome Measures: A Core Battery. In N. Miller, L. Luborsky, J. P. Barber, & J. P. Docherty (Eds.), *Psychodynamic treatment research: A handbook for clinical practice*. New York: Basic Books. pp.469–496.
[52] Hill, C. E., Nutt, E. A., & Jackson, S. (1994). Trends in psychotherapy process research: Samples, measures, researchers, and classic publications. *Journal of Counseling Psychology*, 41, 364–377.
[53] Hill, C. E. (1992). An overview of four measures developed to test the hill process model: Therapists intentions, therapist response modes, client reactions, and clients behaviors. *Journal of Counseling and Development*, 70, 728–739.

第8章

[1] Freud S. (1988). The Future Prospects of psychoanalytic Therapy. In B. Wolstein (Ed.), *Essential papers on countertransference*. New York: New York University Press. pp.16–24.
[2] Heimann, P. (1950). On counter-transference. *International Journal of Psychoanalysis*, 31, 81–84.
[3] Kernberg, O. (1965). Notes on countertransferences. *Journal of the American Psychoanalytic Association*, 13(1), 38–56.
[4] Racker, H. (1957). The meanings and uses of countertransference. *Psychoanalytic Quarterly*, 26, 303–57.
[5] Sandler, J., Holder, A., & Dare, C. (1970). Basic psychoanalytic concepts: IV. Countertransference. *British Journal of Psychiatry*, 117(536), 83–88.
[6] Winnicott, D. W. (1949). Hate in the counter-transference. *International Journal of Psychoanalysis*, 30, 69–74.
[7] Klein, M. (1946). Notes on some schizoid mechanisms. *International Journal of Psychoanalysis*, 27, 99–110.
[8] Bion, W. (1962). *Learning from experience*. London: Heinemann.
[9] Gabbard, G. O. (2001). A contemporary psychoanalytic model of countertransference. *Journal of Clinical Psychology*, 57(88), 983–981.
[10] Ogden, T. H. (1982). *Projective identification and psychotherapeutic technique*. New York: Jason Aronson.
[11] Sandler, J. (1976). Countertransference and role-responsiveness. *International Review of Psycho-Analysis*, 3(1), 43–47.
[12] Wachtel, P. (1977). *Psychoanaiysis and behavior therapy*. New York: Basic Books.
[13] Wachtel, P. L. (1999). Resistance as a problem for practice and theory. *Journal of Psychotherapy Integration*, 9(1), 103–117.
[14] Brody, F. & Farber, B. (1996). The effects of therapist experience and patient diagnosis on counter-transference. *Psychotherapy*, 33, 372–380.
[15] Colson, D. B., Allen, J. G., Coyne, L. & Dexter, N. (1986). An anatomy of countertransference: Staff reactions to difficult psychiatric hospital patients. *Hospital & Community Psychiatry*, 37(9), 923–928.
[16] Holmqvist, R. & Armelius, B. (1996). The patient's contribution to the therapist's countertransference feelings. *Journal of Nervous and Mental Disease*, 184(11), 660–666.
[17] Mclntyre, S. M. & Schwartz, R. C. (1998). Therapists' differential countertransference reactions toward clients with major depression or borderline personality disorder. *Journal of Clinical Psychology*, 54, 923–931.
[18] Dubé, J. É. & Normandin, L. (1999). The mental activities of trainee therapists of children and adolescents: The im-

pact of personal psychotherapy on the listening process. *Psychotherapy : Theory, Research, Practice, Training*, **36**(3), 216-228.
[19] Coyne, J. C. (1976). Depression and the response of others. *Journal of Abnormal Psychology*, **85**, 186-193.
[20] Gotlib, I. H. & Beatty, M. E. (1985). Negative responses to depression : The role of attributional style. *Cognitive Therapy and Research*, **9**(1), 91-103.
[21] Gurtman, M. B. (1987). Depressive affect and disclosures as factors in interpersonal rejection. *Cognitive Therapy and Research*, **11**, 87-99.
[22] Hokanson, J. E., Sacco, W. P., Blumberg, S. R., & Landrum, G. C. (1980). Interpersonal behavior of depressive individuals in a mixed-motive game. *Journal of Abnormal Psychology*, **89**, 320-332.
[23] Pettit, J. W. & Joiner, T. E. (2006). Negative Feedback-Seeking. In J. W. Pettit & T. E. Joiner (Eds.), *Chronic depression : Interpersonal sources, therapeutic solutions*. Washington, DC : American Psychological Association. pp.41-53.
[24] Swann, W. B.(1997). The trouble with change : Self-verification and allegiance to the self. *Psychological Science*, **8**(3), 177-180.
[25] Downey, G., Freitas, A. L., Michaelis, B., & Khouri, H. (1998). The self-fulfilling prophecy in close relationships : Rejection sensitivity and rejection by romantic partners. *Journal of Personality and Social Psychology*, **75**(2), 545-560.
[26] Giesler, R., Josephs, R. A., & Swann, W. B. (1996). Self-verification in clinical depression : The desire for negative evaluation. *Journal of Abnormal Psychology*, **105**(3), 358-368.
[27] Hayes, J. A. & Gelso, C. J.(1991). Effects of therapist-trainees' anxiety and empathy on counter-transference behavior. *Journal of Clinical Psychology*, **47**(2), 284-290.
[28] Hayes, J. A. & Gelso, C. J. (1993). Male counselors' discomfort with gay and HIV-infected clients. *Journal of Counseling Psychology*, **40**(1), 86-93.
[29] Rosenberger, E. W. & Hayes, J.A. (2002). Origins, consequences, and management of countertransference : A case study. *Journal of Counseling Psychology*, **49**, 221-232.
[30] Sharkin, B. S. & Gelso, C. J. (1993). The influence of counselor trainee anger-proneness and anger discomfort on reactions to an angry client. *Journal of Counseling and Development*, **71**(5), 483-487.
[31] Yulis, S. & Kiesler, D. J. (1968). Countertransference response as a function of therapist anxiety and content of patient talk. *Journal of Consulting and Clinical Psychology*, **32**, 413-419.
[32] Robbins, S. B. & Jolkovski, M. P. (1987). Managing countertransference feelings : An interactional model using awareness of feeling and theoretical framework. *Journal of Counseling Psychology*, **34**, 276-282.
[33] Betan, E., Heim, A. K., Conklin, C. Z., & Westen, D. (2005). Countertransference phenomena and personality pathology in clinical practice : An empirical investigation. *American Journal of Psychiatry*, **162**, 890-898.
[34] Najavits, L. M., Griffin, M. L., Luborsky, L., Frank, A., Weiss, R. D., Liese, B. L., Thompson, H., Nakayama, E., Siqueland, L., Daley, D., & Onken, L. S. (1995). Therapists' emotional reactions to substance abusers : A new questionnaire and initial findings. *Psychotherapy : Theory, Research, Practice, Training*, **32**(4), 669-677.
[35] Westen, D. & Harnden-Fischer, J. (2001). Personality profiles in eating disorders : Rethinking the distinction between Axis I and Axis II. *American Journal of Psychiatry*, **165**, 547-562.
[36] Morey, L. C. (1988). Personality disorders in DSM-III and DSM-III-R : Convergence, coverage, and internal consistency. *American Journal of Psychiatry*, **145**, 573-577.
[37] Shedler, J. & Westen, D.(2004). Dimensions of personality pathology : An alternative to the five factor model. *American Journal of Psychiatry*, **161**, 1743-1754.
[38] Westen, D. & Shedler, J. (1999). Revising and assessing axis II, part I : Developing a clinically and empirically valid assessment method. *American Journal of Psychiatry*, **156**, 258-272.
[39] Westen, D, & Shedler, J. (1999). Revising and assessing axis II, part II : Toward an empirically based and clinically useful classification of personality disorders. *American Journal of Psychiatry*, **156**, 273-285.
[40] Wilkinson-Ryan, T. & Westen, D. (2000). Identity disturbance in borderline personality disorder : An empirical investigation. *American Journal of Psychiatry*, **157**, 528-541.
[41] Garb, H. N. (1998). Clinical Judgment. In H. N. Garb (Ed.), *Studying the clinician : Judgment research and psychological assessment*.Washington, DC : American Psychological Association, pp.173-206.
[42] Achenbach, T. M. (2006). As others see us : Clinical and research implications of cross-informant correlations for psychopathology. *Current Directions in Psychological Science*, **15**, 94-98.
[43] Hilsenroth, M. J., Ackerman, S. J., Blagys, M. D., et al. (2000). Reliability and validity of DSM-IV axis V. *American Journal of Psychiatry*, **157**, 1858-1863.
[44] Nakash-Eisikovits, O., Dieberger, A., & Western, D. (2002). A multidimensional meta-analysis of pharmacotherapy for bulimia nervosa : Summarizing the range of outcomes in controlled clinical trials. *Harvard Review of Psychiatry*, **10**, 193.

[45] Westen, D. & Rosenthal, R. (2003). Quantifying construct validity: Two simple measures. *Journal of Personality and Social Psychology*, **84**, 608–618.
[46] Westen, D. & Muderrisoglu, S. (2003). Reliability and validity of personality disorder assessment using a systematic clinical interview: Evaluating an alternative to structured interviews. *Journal of Personality Disorders*, **17**, 350–368.
[47] Westen, D., Muderrisoglu, S., Fowler, C., Shedler, J. & Koren, D. (1997). Affect regulation and affective experience: Individual differences, group differences, and measurement using a Q-sort procedure. *Journal of Consulting and Clinical Psychology*, **65**, 429–439.
[48] Fabregar, L. R., Wegener, D. T., MacCallum, R. C. & Strahan, E. J. (1999). Evaluating the use of exploratory factor analysis in psychological research. *Psychological Methods*, **4**, 272–299.
[49] Adler, G. (1985). *Borderline psychopathology and its treatment*. New York: Aronson.
[50] Cassidy, J. & Mohr, J. J. (2002). Unsolvable fear, trauma, and psychopathology: Theory, research, and clinical considerations related to disorganized attachment across the life span. *Clinical Psychology: Science and Practice*, **8**, 275–298.
[51] Main, M., Kaplan, N. & Cassidy, J. (1985). Security in infancy, childhood, and adulthood: A move to the level of representation. *Monographs of the Society for Research in Child Development*, **50** (1-2), 66–104.
[52] Altshul, V. A. (1977). The so-called boring patient. *American Journal of Psychotherapy*, **31**, 533.
[53] Blieberg, E. (1987). Stages in the treatment of narcissistic children and adolescents. *Bulletin of the Menninger Clinic*, **51**, 296–313.
[54] Kernberg, O. (1974). Further contributions to the treatment of narcissistic personalities. *International Journal of Psychoanalysis*, **55**, 215–240.
[55] Walker, M. (2004). Supervising practitioners working with survivors of childhood abuse: Countertransference, secondary traumatization and terror. *Psychodynamic Practice, Groups and Organisations*, **10**(2), 173–193.
[56] Gabbard, G. O. (1996). Lessons to be learned from the study of sexual boundary violations. *American Journal of Psychotherapy*, **50**(3), 311–322.
[57] Gutheil, T. G. (2005). Boundary issues and personality disorders. *Journal of Psychiatric Practice*, **11**(2), 88–96.
[58] Gabbard, G. O. (2006). Psychiatrists In-Practice Examination (PIPE). *Journal of Psychiatric Practice*, **12**(6), 406–408.
[59] Kohut, H. (1968). The psychoanalytic treatment of narcissistic personality disorders: Outline of a systematic approach. *Psychoanalytic Study of the Child*, **23**, 86–113.
[60] Blieberg, E. (1987). Stages in the treatment of narcissistic children and adolescents. *Bulletin of the Menninger Clinic*, **51**, 296–313.
[61] Segal, H. (1997). Phantasy and Reality. In R. Schafer (Ed.), *The contemporary Kleinians of London*. Madison, CT: International Universities Press, Inc. pp.75-95.
[62] Gabbard, G. O. (1989). Two subtypes of narcissistic personality disorder. *Bulletin of the Menninger Clinic*, **53**(6), 527–532.
[63] Fonagy, P., Target, M., & Gergely, G. (2003). The developmental roots of borderline personality disorder in early attachment relationships: A theory and some evidence. *Psychoanalytic Inquiry*, **23**, 412–459.
[64] Ogden, T. (1989). *Primitive edge of experience*. Lanham, MD: Jason Aronson.
[65] Geltner, P. (2006). The concept of objective countertransference and its role in a two-person psychology. *American Journal of Psychoanalysis*, **66**(1), 25–42.
[66] Jones, E. (2001). Therapeutic action: A new theory. *American Journal of Psychotherapy*, **55**, 460–474.

第9章

[1] Norcross, J. C. (2002). Empirically supported therapy relationships. In J. C. Norcross (Ed.), *Psychotherapy relationships that work*. New York: Oxford University Press. pp.3-16.
[2] Safran, J. D. & Muran, J. C. (2000). *Negotiating the therapeutic alliance: A relational treatment guide*. New York: Guilford Press.
[3] Lambert, M. J. & Okiishi, J. C. (1997). The effects of the individual psychotherapist and implications for future research. *Clinical Psychology: Science and Practice*, **17**, 364–366.
[4] Horvath, A. O. & Bedi, R. P. (2002). The alliance. In J. C. Norcross (Ed.), *Psychotherapy relationships that work*. New York: Oxford University Press.
[5] Safran, J. D., Muran, J. C., Samstag, L. W., & Stevens, C. (2002). Repairing alliance ruptures. In J. C. Norcross (Ed.), *Psychotherapy relationships that work*. New York: Oxford University.
[6] Kohut, H. (1984). *How does analysis cure?* Chicago: University of Chicago Press.
[7] Garfield, S. L. & Bergin, A. E. (1994). Introduction and historical overview. In A. E. Bergin & S. L. Garfield (Eds.),

Handbook of psychotherapy and behavior change (4th ed.). New York : Wiley. pp.3–18.
[8] Bergin, A. E. & Lambert, M. J. (1978). The evaluation of therapeutic outcomes. In S. L. Garfield, & A. E. Bergin (Eds.), *Handbook of psychotherapy and behavior change* (2nd ed.). New York : Wiley. pp.217–270.
[9] Hoglend, P. (1999). Psychotherapy research : New findings and implications for training and practice. *Journal of Psychotherapy Practice and Research*, 8, 257–263.
[10] Lambert, M. J. & Barley, D. E. (2002). Research summary on the therapeutic relationship and psychotherapy outcome. In J. C. Norcross (Ed.), *Psychotherapy relationships that work*. New York : Oxford University Press. pp.17–32.
[11] Lambert, M. J. & Bergin, A. E. (1994). The effectiveness of psychotherapy. In A. E. Bergin & S. L. Garfield (Eds.), *Handbook of psychotherapy and behavior change* (4th ed.). New York : Wiley. pp.143–189.
[12] Luborsky, L., Singer, B., & Luborsky, L. (1975). Comparative studies of psychotherapies : Is it true that "everyone has won and all must have prizes"? *Archives of General Psychiatry*, 32(8), 995–1008.
[13] Dobson, K. S. (1989). A meta-analysis of the efficacy of cognitive therapy for depression. *Journal of Consulting and Clinical Psychology*, 57, 414–419.
[14] Shapiro, D. A. & Shapiro, D. (1982). Meta-analysis of comparative therapy outcome research : A replication and refinement. *Psychological Bulletin*, 92, 581–614.
[15] Svartberg, M. & Stiles, T. C. (1994). Therapeutic alliance, therapist competence and client change in short-term anxiety-provoking psychotherapy. *Psychotherapy Research*, 4, 20–33.
[16] Lambert, M. J. (1992). Implications of outcome research for psychotherapy integration. In J. C. Norcross & M. R. Goldstein (Eds.), *Handbook of psychotherapy integration*. New York : Basic Books.
[17] Butler, S. F. & Strupp, H. H. (1986). Specific and nonspecific factors in psychotherapy : A problematic paradigm for psychotherapy research. *Psychotherapy*, 23, 30–39.
[18] Safran, J. D. (2003). The relational turn, the therapeutic alliance and psychotherapy research : Strange bedfellows or postmodern marriage? *Contemporary Psychoanalysis*, 39, 449–475.
[19] Breuer, J. & Freud, S. (1893-1895/1995). *The standard edition of the complete psychological works of Sigmund Freud*. London : Hogarth Press.
[20] Freud, S. (1940/1964). *An outline of psycho-analysis* (Standard Edition). London : Hogarth Press.
[21] Freud, S. (1912/1958). *The dynamics of transference* (Standard Edition). London : Hogarth Press.
[22] Sterba, R. (1934). The fate of the ego in analytic therapy. *International Journal of Psychoanalysis*, 15, 117–126.
[23] Zetzel, E. (1956). Current concepts of transference. *International Journal of Psychoanalysis*, 37, 369–375.
[24] Zetzel, E. (1966). The analytic situation. In R. E. Litman (Ed.), *Psychoanalysis in America*. New York : International Universities Press. pp.86–106.
[25] Greenson, R. (1967). *The technique and practice of psychoanalysis*. New York : International Universities Press.
[26] Rogers, C. R. (1951). *Client-centered therapy*. Boston : Houghton Mifflin.
[27] Rogers, C. R. (1957). The necessary and sufficient conditions of therapeutic personality change. *Journal of Counseling Psychology*, 21, 95–103.
[28] Luborsky, L. (1976). Helping alliances in psychotherapy. In J. L. Clanghorn (Ed.), *Successful psychotherapy*. New York : Brunner/Mazel.
[29] Bordin, E. (1979). The generalizability of the psychoanalytic concept of the working alliance. *Psychotherapy : Theory Research and Practice*, 16, 252–260.
[30] Bordin, E. (1994). Theory and research on the therapeutic working alliance : New directions. In A. O. Hovarth & L. S. Greenberg (Ed.), *The working alliance : Theory, research and practice*. New York : John Wiley & Sons. pp.13–37.
[31] Constantino, M. J., Castonguay, L. G, & Schut, A. J. (2002). The working alliance : A flagship for the "scientist-practitioner" model in psychotherapy. In G. S. Tryon (Ed.), *Counseling based on process research : Applying what we know*. Boston : Allyn and Bacon.
[32] Horvath, A. O. & Luborsky, L. (1993). The role of the therapeutic alliance in psychotherapy. *Journal of Consulting and Clinical Psychology*, 61(4), 561–573.
[33] Wolfe, B. E. & Goldfried, M. R. (1988). Research on psychotherapy integration : Recommendations and conclusions from an NIMH workshop. *Journal of Consulting and Clinical Psychology*, 56, 448–451.
[34] Watson, J. & Greenberg, L. S. (1995). Alliance ruptures and repairs in experiential therapy. *In Session : Psychotherapy in Practice*, 1, 19–32.
[35] Arnkoff, D. (1995). Two Examples of Strains in the Therapeutic Alliance in an Integrative Cognitive Therapy. *In Session : Psychotherapy in Practice*, 1, 33–46.
[36] Goldfried, M. R. & Castonguay, L. G. (1993). Behavior therapy : Redefining strengths and limitations. *Behavior Therapy*, 24, 505–526.
[37] Newman, C. (1998). The therapeutic relationship and alliance in short-term cognitive therapy. In J. D. Safran & J. C.

Muran (Eds.), *The therapeutic alliance in brief psychotherapy*. Washington, DC : American Psychological Association Press. pp.95-122.

[38] Raue, P. J. & Goldfried, M. R. (1994). The therapeutic alliance in cognitive behavioral therapy. In A. O. Horvath (Ed.), *The working alliance : Theory, research and practice*. New York : John Wiley & Sons. pp.131-152.

[39] Rait, D. S. (1995). The therapeutic alliance in couples and family therapy : Theory in practice. *In Session : Psychotherapy in Practice*, 1(1), 59-72.

[40] Rait, D. (1998). Perspectives on the therapeutic alliance in brief couple and family therapy. In J. D. Safran & J. C. Muran (Eds.), *The therapeutic alliance in brief psychotherapy*. Washington DC : American Psychological Association Books. pp.171-191.

[41] MacKenzie, K. R. (1988). The alliance in time-limited group psychotherapy. In J. D. Safran & J. C. Muran (Eds.), *The therapeutic alliance in brief psychotherapy*. Washington, DC : American Psychological Association Books. pp.193-216.

[42] Safran, J. D. & Muran, J. C. (1996). The resolution of ruptures in the therapeutic alliance. *Journal of Counseling and Clinical Psychology*, 64, 447-458.

[43] Martin, D. J., Garske, J. P., & Davis, M. K. (2000). Relation of the therapeutic alliance with outcome and other variables : A meta-analytic review. *Journal of Counseling and Clinical Psychology*, 68(3), 438-450.

[44] Horvath, A. O. (1994). Research on the alliance. In A. O. Horvath & L. S. Greenberg (Eds.), *The working alliance : Theory, research, and practice*. New York : Wiley. pp.259-286.

[45] Luborsky, L., Crits-Cristoph, P., Alexander, L., Margolis, M., & Cohen, M. (1983). Two helping alliance methods for predicting outcomes of psychotherapy : A counting signs vs. a global rating method. *Journal of Nervous and Mental Disease*, 171, 480-491.

[46] Luborsky, L., McLellan, A. T., Woody, G. E., O'Brien, C. P., & Auerback, A. (1985). Therapist success and its determinants. *Archives of General Psychiatry*, 42, 602-611.

[47] O'Malley, S. S., Suh, C. S., & Strupp, H. H. (1983). The Vanderbilt Psychotherapy Process Scale : A report on the scale development and a process-outcome study. *Journal of Consulting and Clinical Psychology*, 51(4), 581-586.

[48] Gomes-Schwartz, B. (1978). Effective ingredients in psychotherapy : Prediction of outcome from process variables. *Journal of Consulting and Clinical Psychology*, 46(5), 1023-1035.

[49] Hartley, D. E. & Strupp, H. H. (1983). The therapeutic alliance : Its relationship to outcome in brief psychotherapy. In J. Masling (Ed.), *Empirical studies in analytic theories*. New Jersey : Erlbaum. pp.1-37.

[50] Marziali, E. (1984). Three viewpoints on the therapeutic alliance : Similarities, differences, and associations with psychotherapy outcome. *The Journal of Nervous and Mental Disease*, 172, 417-423.

[51] Marziali, E., Marmar, C., & Krupnick, J. (1981). Therapeutic alliance scales : Development and relationship to psychotherapy outcome. *American Journal of Psychiatry*, 138(3), 361-364.

[52] Marmar, C. R., Weiss, D. S. & Gaston L. (1989). Toward the validation of the California Therapeutic Alliance Rating System. *Psychological Assessment*, 1(1), 46-52.

[53] Gaston, L., & Marmar, C. (1994). The California Psychotherapy Alliance Scales. In A. O. Horvath & L. S. Greenberg (Eds.), *The working alliance : Theory, research, and practice*. New York : Wiley. pp.85-108.

[54] Gaston, L. (1990). The concept of the alliance and its role in psychotherapy ; theoretical and empirical considerations. *Psychotherapy*, 27, 143-153.

[55] Horvath, A. O. & Greenberg, L. S. (1989). Development and validation of the Working Alliance Inventory. *Journal of Consulting and Clinical Psychology*, 36(2), 223-233.

[56] Tracey, T. J. & Kokotovic, A. M. (1989). Factor structure of the Working Alliance Inventory. *Psychological Assessment*, 1(3), 207-210.

[57] Hatcher, R. L. & Barends, A. W. (1996). Patient's view of the alliance in psychotherapy : Exploratory factor analysis of three alliance measures. *Journal of Consulting and Clinical Psychology*, 64, 1326-1336.

[58] Kivlighan, D. M. & Shaughnessy, P. (1995). Analysis of the development of the working alliance using hierarchical linear modeling. *Journal of Counseling and Clinical Psychology*, 42(3), 338-349.

[59] Tichenor, V. & Hill, C. E. (1989). A comparison of six measures of working alliance. *Psychotherapy : Theory, Research, Practice and Training*, 26(2), 195-199.

[60] Fenton, L. R., Cecero, J., Nich, C., Frankforter, T., & Carroll, K. M. (2001). Perspective is everything : the predictive validity of working alliance instruments. *Journal of Psychotherapy Practice and Research*, 10(4), 262-268.

[61] Horvath, A. O. & Symonds, B. D. (1991). Relation between working alliance and outcome in psychotherapy : A meta-analysis. *Journal of Consulting and Clinical Psychology*, 38, 139-149.

[62] Hatcher, R. L., Barends, A., Hansell, J., & Gutfreund, M. J. (1995). Patient's and therapist's shared and unique views of the therapeutic alliance : An investigation using confirmatory factor analysis in a nested design. *Psychoanalysis Quarterly*, 63, 636-643.

[63] Marmar, C. R., Horowitz, M. J., Weiss, D. S., & Marziali, E. (1986). The development of the Therapeutic Alliance Rating System. In L. S. Greenberg & W. M. Pinsof (Eds.), *The psychotherapeutic process: A research handbook*. New York: Guilford Press.
[64] Kokotovic, A. M. & Tracey, T. J.(1990). Working alliance in the early phase of counseling. *Journal of Counseling Psychology*, **37**(1), 16–21.
[65] Tryon, G. S. & Kane, A. S. (1995). Client involvement, working alliance, and type of therapy termination. *Psychotherapy Research*, **5**(3), 189–198.
[66] Gelso, C. J. & Carter, J. A. (1994). Components of the psychotherapy relationship: Their interaction and unfolding during treatment. *Journal of Counseling Psychology*, **41**(3), 296–306.
[67] Bachelor, A. & Salame, R. (2000). Participants' perceptions of dimensions of the therapeutic alliance over the course of therapy. *Journal of psychotherapy Practice and Research*, **9**, 39–53.
[68] Krupnick, J., Sotsky, S. M., Simmens, A., Moyer, J., Elkin, I., Watkins, J., et al. (1996). The role of the alliance in psychotherapy and pharmacotherapy outcome: Findings in the National Institute of Mental Health treatment of depression collaborative research program. *Journal of Consulting and Clinical Psychology*, **64**, 532–539.
[69] Kivlighan, D. M. & Shaughnessy, P.(2000). Patterns of working alliance development: A typology of client's working alliance ratings. *Journal of Counseling Psychology*, **47**(3), 362–371.
[70] Tracey, T. J. & Ray, P. B. (1984). The stages of successful time-limited counseling: An interactional examination. *Journal of Counseling Psychology*, **31**, 13–27.
[71] Golden, B. R. & Robbins, S. B. (1990). The working alliance within time-limited therapy. *Professional Psychology: Research and Practice*, **21**(6), 476–481.
[72] Horvath, A. O. & Marx, R. W. (1991). The development and decay of the working alliance during time-limited counseling. *Canadian Journal of Counseling*, **24**(4), 240–260.
[73] Stiles, W. B., Glick, M. J., Osatuke, K., Hardy, G. E., Shapiro, D. A., Agnew-Davies, R., et al. (2004). Patterns of alliance development and the rupture-repair hypothesis: Are productive relationships U-shaped or V-shaped? *Journal of Counseling Psychology*, **51**(1), 81–92.
[74] Strauss, J. L., Hayes, A. M., Johnson, S. L., Newman, C. F., Brown, G. K., Barber, J. P., et al. (2006). Early alliance, alliance ruptures, and symptom change in a nonrandomized trial of cognitive therapy for avoidant and obsessive-compulsive personality disorders. *Journal of Consulting and Clinical Psychology*, **74**(2), 337–345.
[75] Wallner Samstag, L., Muran, J. C., & Safran, J. D. (2004). Defining and identifying ruptures in psychotherapy. In D. Charman (Ed.), *Core concepts in brief dynamic therapy: Training for effectiveness*. Hillsdale: Lawrence Erlbaum Associates. pp.187–214.
[76] Alexander, F. & French, T. M. (1946). *Psychoanalytic therapy: Principles and application*. New York: Ronald Press.
[77] Weiss, J., Sampson, H., & Group. TMZPR. (1986). *The psychoanalytic process: Theory, clinical observations, and empirical research*. New York: Guilford Press.
[78] Safran, J. D. & Muran, J. C. (1996). The resolution of ruptures in the therapeutic alliance. *Journal of Consulting and Clinical Psychology*, **64**(3), 447–458.
[79] Safran, J. D. (1993). Breaches in the therapeutic alliance: An area for negotiating authentic relatedness. *Psychotherapy: Theory, Research and Practice*, **30**, 11–24.
[80] Safran, J. D. & Muran, J. C. (2006). Has the concept of the alliance outlived its usefulness. *Psychotherapy*, **43**, 286–291.
[81] Jones, E. (2000). *Therapeutic action: A guide to psychoanalytic therapy*. Northvale, NJ: Jason Aronson.
[82] Safran, J. D. (1993). The therapeutic alliance rupture as a transtheoretical phenomenon: Definitional and conceptual issues. *Journal of Psychotherapy Integration*, **3**, 33–49.
[83] Safran, J. D., Crocker, P., McMain, S., & Murray, P. (1990). The therapeutic alliance rupture as a therapy event for empirical investigation. *Psychotherapy: Theory, Research and Practice*, **27**, 154–165.
[84] Safran, J. D. (1993). Breaches in the therapeutic alliance: An area for negotiating authentic relatedness. *Psychotherapy: Theory, Research and Practice*, **30**, 11–24.
[85] Strupp, H. H. (1980). Success and failure in time-limited psychotherapy. Further evidence (Comparison 4). *Archives of General Psychiatry*, **37**, 947–954.
[86] Rennie, D. L. (1994). Clients' deference in psychotherapy. *Journal of Counseling Psychology*, **41**(4), 427–437.
[87] Regan, A. M. & Hill, C. E. (1992). Investigation of what clients and counselors do not say in brief therapy. *Journal of Counseling Psychology*, **39**, 168–174.
[88] Hill, C. E., Thompson, B. J., Cogar, M. C., & Denman, D. W. (1993). Beneath the surface of long-term therapy: Therapist and client report of their own and each other's covert processes. *Journal of Counseling Psychology*, **40**(3), 278–287.

[89] Rhodes, R., Hill, C. E., Thompson, B., & Elliot, R. (1994). Client retrospective recall of resolved and unresolved misunderstanding events. *Counseling Psychology*, 41, 473-483.
[90] Hill, C. E., Nutt-Williams, E., Heaton, K. J., Thompson, B. J., & Rhodes, R. H. (1996). Therapist retrospective recall impasses in long-term psychotherapy: A qualitative analysis. *Journal of Counseling Psychology*, 43(2), 207-217.
[91] Castonguay, L. G., Goldfried, M. R., Wiser, S., Raue, P. J., & Hayes, A. M. (1996). Predicting the effect of cognitive therapy for depression: A study of unique and common factors. *Journal of Counseling and Clinical Psychology*, 64(3), 497-504.
[92] Piper, W. E., Azim, H., Joyce, A. S., & McCallum, M. (1991). Transference interpretations, therapeutic alliance, and outcome in short term individual psychotherapy. *Archives of General Psychiatry*, 48, 946-953.
[93] Piper, W. E., Ogrodniczuk, J. S., Joyce, A. S., McCallum, M., Rosie, J. S., O'Kelly, J. G., et al. (1999). Prediction of dropping out in time-limited, interpretive individual psychotherapy. *Psychotherapy*, 36(2), 114-122.
[94] Critchfield, K. L., Henry, W. P., Castonguay, L. G., & Borcovec, T. D. (1999). Interpersonal process and outcome in variants of cognitive-behavioral psychotherapy. *Journal of Clinical Psychology*, 63(2), 31-35.
[95] Henry, W. P. & Strupp, H. H. (1994). The therapeutic alliance as interpersonal process. In A. O. H. L. S. Greenberg & A. O. Horvath (Eds.), *The working alliance: Theory, research and practice*. New York: Wiley. pp.51-84.
[96] Strupp, H. H. (1993). The Vanderbuilt Psychotherapy Studies: Synopsis. *Journal of Consulting and Clinical Psychology*, 61, 431-433.
[97] Foreman, S. A. & Marmar, C. R. (1985). Therapist actions that address initially poor therapeutic alliances in psychotherapy. *American Journal of Psychiatry*, 142, 922-926.
[98] Lansford, E. (1986). Weakenings and repairs of the working alliance in short-term psychotherapy. *Professional Psychology: Research and Practice*, 17(4) 364-366.
[99] Muran, J. C. (2002). A relational approach to understanding change: Multiplicity and contextualism in a psychotherapy research program. *Psychotherapy Research*, 12(2), 113-138.
[100] Rice, L. N. & Greenberg, L. S. (1984). *Patterns of change: Intensive analysis of psychotherapy process*. New York: Guilford Press.
[101] Safran, J. D., Greenberg, L. S., & Rice, L. N. (1988). Integrating psychotherapy research and practice: Modeling the change process. *Psychotherapy: Theory, Research and Practice*, 25, 1-17.
[102] Safran, J. D., Muran, J. C., & Samstag, L. W. (1994). Resolving therapeutic alliance ruptures: A task analytic investigation. In A. O. Horvath & L. S. Greenberg (Eds.), *The working alliance: Theory, research, and practice*. New York: Wiley. pp.225-255.
[103] Muran, J. C., Safran, J. D., Samstag, L. W., & Winston, A. (2005). Evaluating an alliance-focused treatment for personality disorders. *Psychotherapy: Theory, Research, Practice, Training*, 42(4), 532-545.
[104] Samstag, L. W., Muran, J. C., Samstag, L. W., & Winston, A. (2005). Evaluating alliance-focused intervention for potential treatment failures: A feasibility study and descriptive analysis. *Psychotherapy: Theory, Research, Practice, Training*, 42(4), 512-531.
[105] Benjamin, J. (1988). *The bonds of love*. New York: Pantheon Books.
[106] Mitchell, S. A. (1988). *Relational concepts in psychoanalysis: An integration*. Cambridge, MA: Harvard Universities Press.
[107] Winkelman, E., Safran, J. D., & Muran, J. C. (1998). *The development and validation of the rupture resolution questionnaire (RRQ)*. New York: Beth Israel Medical Center.
[108] Proskurov, B. (2006). *Psychometric properties of the Rupture Resolution Questionnaire (RRQ)*. New York: The New School for Social Research.

第10章

[1] Blagys, M. D. & Hilsenroth, M. J. (2000). Distinctive features of short-term psychodynamic-interpersonal psychotherapy: A review of the comparative psychotherapy process literature. *Clinical Psychology: Science and Practice*, 7, 167-188.
[2] Blagys, M. D. & Hilsenroth, M. J. (2002). Distinctive features of short-term cognitive-behavioral psychotherapy: An empirical review of the comparative psychotherapy process literature. *Clinical Psychology Review*, 22, 671-706.
[3] Arlow, J. A. (1990). Emotion, Time, and the Self. In R. Plutchik & H. Kellerman (Eds.), *Emotion: Theory, research, and experience: Vol. 5. Emotion, psychopathology, and psychotherapy*. New York: Academic Press, Inc. pp.209-229.
[4] Basch, M. F. (1976). The concept of affect: A re-examination. *Journal of the American Psychoanalytic Association*, 24, 759-777.
[5] Kellerman, H. (1990). Emotion and The Organization of Primary Process. In R. Plutchik & H. Kellerman (Eds.), *Emo-

tion: *Theory, research, and experience*: *Vol. 5. Emotion, psychopathology, and psychotherapy*. New York: Academic Press, Ins. pp.89-113.

[6] Kernberg, O. F.(1990). New Perspectives in Psychoanalytic Affect Theory. In R. Plutchik & H. Kellerman(Eds.), *Emotion*: *Theory, research, and experience*: *Vol. 5. Emotion, psychopathology, and psychotherapy*. New York: Academic Press, Ins. pp.115-131.

[7] Plutchik, R. (2000). *Emotions in the practice of psychotherapy: Clinical implications of affect theories*. Washington DC: American Psychological Association.

[8] Sandler, J. (1983). On the psychoanalytic theory of affects: A historical and developmental review. *Israel Journal of Psychiatry and Related Sciences*, 20, 81-94.

[9] Spezzano, C. (1993). *Affect in psychoanalysis: A clinical synthesis*. Hillsdale, NJ: The Analytic Press.

[10] Stein, R. (1991). *Psychoanalytic theories of affect*. New York: Praeger.

[11] Breuer, J. & Freud, S. (n.d.). On the psychical mechanism of hysterical phenomena: Preliminary communication. *Studies on Hysteria*. New York: Basic Books. pp.3-17. (Original work published 1893).

[12] Moore, B. & Fine, B (Eds.). (1990). *Psychoanalytic terms and concepts*. New Haven: The American Psychoanalytic Association and Yale University Press.

[13] Butler, S. F. & Strupp, H. H. (1991). The Role of Affect in Time-Limited Dynamic Psychotherapy. In J. D. Safran & L. S. Greenberg (Eds.), *Emotion, psychotherapy and change*. New York: The Guilford Press. pp.83-112.

[14] Strupp, H. H. (1967). *An introduction to Freud and modern psychoanalysis*. New York: Barron's Educational Series, Inc.

[15] Strachey, J. (1966). Editor's Introduction. In J. Breuer & S. Freud (1893-1895). *Studies on hysteria: The standard edition of the complete psychological works of Sigmund Freud* (Vol. 2). London: Hogarth Press. pp.ix-xxviii.

[16] Freud, S. (1958). The dynamics of transference. In J. Strachey (Ed. & Trans.), *The standard edition of the complete psychological works of Sigmund Freud* (Vol. 12). London: Hogarth Press. pp.97-108. (Original work published 1912).

[17] Freud, S. (1964). Constructions in analysis. In J. Strachey (Ed. & Trans.), *The standard edition of the complete psychological works of Sigmund Freud* (Vol. 13). London: Hogarth Press. pp.257-269. (Original work published 1937).

[18] Freud, S.(1958). Remembering, repeating and working through(Further recommendations on the technique of psychoanalysis II). In J. Strachey (Ed. & Trans.), *The standard edition of the complete psychological works of Sigmund Freud* (Vol.12). London: Hogarth Press. pp.145-156. (Original work published 1914).

[19] Alexander, F. & French, T. M. (1946). *Psychoanalytic therapy: Principles and applications*. New York: The Ronald Press Company.

[20] Wolf, E. S. (1988). *Treating the self: Elements of clinical self psychology*. New York: The Guilford Press.

[21] Wachtel, P. L. (1993). *Therapeutic communication: Knowing what to say when*. New York: The Guilford Press.

[22] McCullough, L. & Andrews, S. (2001). Assimilative integration: Short-term dynamic psychotherapy for treating affect phobias. *Clinical Psychology: Science and Practice*, 8, 82-97.

[23] Fosha, D. (2002). The activation of affective change processes in Accelerated Experiential-Dynamic Psychotherapy (AEDP). In F. W. Kaslow (Editor-In-Chief) & J. J. Magnavita (Vol. Ed.), *Comprehensive handbook of psychotherapy: Vol. 1. Psychodynamic/object relations*. New York: John Wiley and Sons. pp.309-343.

[24] Shear, M. K., Cloitre, M., & Heckelman, L. (1995). Emotion-focused treatment for panic disorder: A brief, dynamically informed therapy. In J. P. Barber. & P. Crits-Christoph (Eds.), *Dynamic therapies for psychiatric disorders* (Axis I). New York: Basic Books. pp.267-293.

[25] Shear, M. K., Houck, P., Greeno, C., & Masters, S. (2001). Emotion-focused psychotherapy for patients with panic disorder. *American Journal of Psychiatry*, 158, 1993-1998. Washington, DC: American Psychological Association Press. pp.101-121.

[26] McCullough, L., Winston, A., Farber, D. A., Porter, F., Pollack, J., Laikin, M., Vingiano, W., & Trujillo, M. (1991). The relationship of patient-therapist interaction to outcome in brief psychotherapy. *Psychotherapy*, 28, 525-533.

[27] McCullough, L. (2000). The cross pollination of research and practice: The honeybee, the unicorn and the search for meaning. In S. Soldz & L. McCullough (Eds.), *Reconciling empirical knowledge and clinical experience: The art and science of psychotherapy*. Washington DC: American Psychological Association Press. pp.101-121.

[28] Hill, C. E., Helms, J. E., Spiegel, S. B., & Tichenor, V. (1988). Development of a system for categorizing client reactions to therapist interventions. *Journal of Counseling Psychology*, 35, 27-36.

[29] Hiisenroth, M. J., Ackerman, S. J., Blagys, M. D., Baity, M. R., & Mooney, M. A. (2003). Short term psychodynamic psychotherapy for depression: An examination of statistical, clinically-significant, and technique specific change. *Journal of Nervous and Mental Disease*, 191, 349-357.

[30] Book, H. E. (1998). *How to practice brief psychodynamic psychotherapy: The core conflictual relationship theme method*. Washington, DC: American Psychological Association.

[31] Luborsky, L. (1984). *Principles of psychoanalytic psychotherapy: A manual for supportive-expressive treatment.* New York: Basic Books.
[32] Strupp, H. H. & Binder, J. (1984). *Psychotherapy in a new key: A guide to Time-Limited Dynamic Psychotherapy.* New York: Basic Books.
[33] Hilsenroth, M. J., Blagys, M. D., Ackerman, S. J., Bonge, D. R., & Blais, M. A. (2005). Measuring psychodynamic-interpersonal and cognitive-behavioral techniques: Development of the Comparative Psychotherapy Process Scale. *Psychotherapy: Theory, Research, Practice, Training*, 42, 340–356.
[34] Jones, E. E., Parke, L. A., & Pulos, S. (1992). How therapy is conducted in the private consulting room: A multivariate description of brief psychodynamic treatments. *Psychotherapy Research*, 2, 16–30.
[35] Caspar, F., Pessier, J., Stuart. J., Safran, J. D., Samstag, L. W., & Guirguis, M. (2000). One step further in assessing how interpretations influence the process of psychotherapy. *Psychotherapy Research*, 10, 309–320.
[36] Silberschatz, G., Fretter, P. B., & Curtis, J. T. (1986). How do interpretations influence the process of psychotherapy? *Journal of Consulting and Clinical Psychology*, 54, 646–652.
[37] Strupp, H. H. (1980a). Success and failure in time-limited psychotherapy: A systematic comparison of two cases: Comparison 2. *Archives of General Psychiatry*, 37, 708–716.
[38] Strupp, H. H. (1980b). Success and failure in time-limited psychotherapy: Further evidence: Comparison 4. *Archives of General Psychiatry*, 37, 947–954.
[39] Gravetter, F. J. & Wallnau, L. B. (2000). *Statistics for the behavioral sciences.* Stamford, CT: Wadsworth.
[40] Cohen, J. (1988). *Statistical power analysis for the behavioral sciences* (2nd ed.). Hillsdale, NJ: Lawrence Erlbaum Associates.
[41] Coady, N. F. (1991). The association between complex types of therapist interventions and outcomes in psychodynamic psychotherapy. *Research on Social Work Practice*, 1, 257–277.
[42] Marziali, E. (1984). Three viewpoints on the therapeutic alliance: Similarities, differences, and associations with psychotherapy outcome. *Journal of Nervous and Mental Disease*, 172, 417–423.
[43] Coady, N. F. (1991). The association between client and therapist interpersonal processes and outcomes in psychodynamic psychotherapy. *Research on Social Work Practice*, 1, 122–138.
[44] Ablon, J. S., Levy, R. A., & Katzenstein, T. (2006). Beyond brand names of psychotherapy: Identifying empirically supported change processes. *Psychotherapy: Theory, Research, Practice, Training*, 43, 216–231.
[45] Jones, E. E. (2000). *Therapeutic action: A guide to psychoanalytic therapy.* Northvale, NJ: Jason Aronson, Inc.
[46] Gaston, L. & Ring, J. M. (1992). Preliminary results on the Inventory of Therapeutic Strategies. *Journal of Psychotherapy Practice and Research*, 1, 135–146.
[47] Thompson, L. W., Gallagher, D., & Steinmetz Breckenridge, J. (1987). Comparative effectiveness of psychotherapies for depressed elders. *Journal of Consulting and Clinical Psychology*, 55, 385–390.
[48] Horowitz, M. J., Marmar, C., Krupnick, J., Wilner, N., Kaltreider, N., & Wallerstein, R. (1984). *Personality Styles and Brief Psychotherapy.* New York: Basic Books.
[49] DeFife, J. (2008). Effect Size Calculator [Computer software].
[50] Horowitz, M. J., Marmar, C., Weiss, D. S., DeWitt, K. N., & Rosenbaum, R. (1984). Brief psychotherapy of bereavement reactions: The relationship of process to outcome. *Archives of General Psychiatry*, 41, 438–448.
[51] Foreman, S. A. & Marmar, C. R. (1985). Therapist actions that address initially poor therapeutic alliances in psychotherapy. *American Journal of Psychiatry*, 142, 922–926.
[52] Anderson, T., Bein, E., Pinnell, B., & Strupp, H. H. (1999). Linguistic analysis of affective speech in psychotherapy: A case grammar approach. *Psychotherapy Research*, 9, 88–99.
[53] Strupp, H. H. (1993). The Vanderbilt Psychotherapy Studies: Synopsis. *Journal of Consulting and Clinical Psychology*, 61, 431–433.
[54] Henry, W. P., Strupp, H. H., Butler, S. F., Schacht, T. E., & Binder, J. L. (1993). Effects of training in time-limited dynamic psychotherapy: Changes in therapist behavior. *Journal of Consulting and Clinical Psychology*, 61, 434–440.
[55] Mintz, J. (1981). Measuring outcome in psychodynamic psychotherapy: Psychodynamic vs. symptomatic assessment. *Archives of General Psychiatry*, 38, 503–506.
[56] Piper, W. E., Debbane, E. G., deCarufel, F. L., et al. (1987). A system for differentiating therapist interpretations from other interventions. *Bulletin of the Menninger Clinic*, 51, 532–550.
[57] Malan, D. H. (1975). *A study of brief psychotherapy.* New York: Plenum Press.
[58] Malan, D. H. (1976). *Toward the validation of dynamic psychotherapy: A replication.* New York: Plenum Press.
[59] Piper, W. E., Debbane, E. G., Bienvenu, J. P., & Garant, J. (1984). A comparative study of four forms of psychotherapy. *Journal of Consulting and Clinical Psychology*, 52, 268–279.
[60] Diener, M. J., Hilsenroth, M. J., & Weinberger, J. (2007). Therapist Affect Focus and Patient Outcomes in Psychody-

namic Psychotherapy: A Meta-Analysis. *American Journal of Psychiatry*, **164**, 936–941.
[61] Safran, J. D. & Muran, J. C. (2000). *Negotiating the therapeutic alliance: A relational treatment guide*. New York: The Guilford Press.

第11章

[1] Wampold, B. (2001). *The great psychotherapy debate*. New Jersey: Lawrence Erlbaum.
[2] Lambert, M. J. & Ogles, B. M. (2004). Chapter 5. The efficacy and effectiveness of psychotherapy. In M. Lambert (Ed.). *Begin and Garfield's handbook of psychotherapy and behavior change* (5th ed.). New York: John Wiley & Sons. Inc. pp.139–193.
[3] Malan, D. M. (1979). *Individual psychotherapy and the science of psychodynamics*. London: Heineman-Butterworth Press.
[4] Davanloo, H. (Ed.) (1980). *Short-term dynamic psychotherapy*. New York: Jason Aronson.
[5] Davanloo, H. (1988). The technique of unlocking of the unconscious: Part I. *International Journal of Short-Term Psychotherapy*, **3**(2), 99–121.
[6] McCullough, L. (1991). Davanloo's short-term dynamic psychotherapy: A cross-theoretical analysis of change mechanisms. In R. Curtis & G. Stricker (Eds.), *How people change: Inside and outside of psychotherapy*. New York: Plenum Press. pp.59–79.
[7] McCullough, L. (1999). Short-term psychodynamic therapy as a form of desensitization: Treating affect phobias. *In Session: Psychotherapy in Practice*, **4**(4), 35–53.
[8] McCullough, L., Kuhn, N., Andrews, S., Kaplan, A., Wolf, J., & Hurley, C. L. (2003). *Treating affect phobia: A manual for short-term dynamic psychotherapy*. New York: Guilford Press.
[9] Foa, E. & Kozak, M. J. (1986). Emotional processing of fear: Exposure to corrective information. *Psychological Bulletin*, **99**(1), 20–35.
[10] Freud, S. (1956). Turnings in the ways of psychoanalytic therapy. In E. Jones (Ed.), *Collected Papers* (Vol. 2). London: Hogarth Press. pp.392–402.
[11] Alexander, F. & French, T. M. (1946). *Psychoanalytic therapy: Principles and applications*. New York: Ronald Press.
[12] Malan, D. M. (1963). *A study of brief psychotherapy*. New York: Plenum Press.
[13] Stern, D. N. (1995). *The motherhood constellation*. New York: Basic Books.
[14] Stern, D. N. (1985). *The interpersonal world of the infant: A view from psychoanalysis and developmental psychology*. New York: Basic Books.
[15] Stern, D. N. (1977). *The first relationship: mother and infant*. Cambridge, MA: Harvard University Press.
[16] Tomkins, S. S. (1962). *Affect, imagery, and consciousness: Vol. I. Positive affects*. New York: Springer.
[17] Tomkins, S. S. (1963). *Affect, imagery, and consciousness: Vol. II. Negative affects*. New York: Springer.
[18] Ekman, P. & Davidson, R. (1994). *The nature of emotion*. New York: Oxford University Press.
[19] Eagle, M. (1984). *Recent developments in psychoanalysis. A critical analysis*. New York: McGraw Hill.
[20] Cautela. J. R. (1977). Covert conditioning: Assumptions and procedures. *Journal of Mental Imagery*, **3**, 53–64.
[21] Cautela, J. R. & McCullough, L. (1977). Covert conditioning: A learning theory perspective on imagery. In J. L. Singer & K. S. Pope (Eds.), *The power of the human imagination*. New York: Plenum Press. pp.227–254.
[22] Dollard, J. & Miller, N. E. (1950). *Personality and psychotherapy: An analysis in terms of learning, thinking, and culture*. New York: McGraw-Hill.
[23] Stampfl, T. G. & Levis, D. J. (1967). Essentials of implosive therapy: A learning-theory based psychodynamic behavioral therapy. *Journal of Abnormal Psychology*, **72**, 496–503.
[24] Feather, B. W. & Rhoads, J. M. (1972). Psychodynamic behavior therapy. II: Clinical aspects. *Archives of General Psychiatry*, **26**, 503–511.
[25] Freud, S. (1923). The Ego and the Id. *Standard Edition*, **19**, 2–66.
[26] Wachtel, P. L. (1977). *Psychoanalysis and behavior therapy: Toward an integration*. New York: Basic Books.
[27] Orlinsky, D. E., Ronnestad, M. H. & Willutzki, U. (2004). Fifty Years of Psychotherapy Process-Outcome Research: Continuity and Change. In M. Lambert (Ed.), *Bergin and Garfield's handbook of psychotherapy and behavior change* (5th ed.). New York: John Wiley & Sons. pp.307–390.
[28] Orlinsky, D. E., Grawe, K., & Parks, B. K. (1994). Process and outcome in psychotherapy–noch einmal. In S. L. Garfield & A. E. Bergin (Eds.), *Handbook of psychotherapy and behavior change* (4th ed.). New York: John Wiley & Sons.
[29] Gray, J. A. (1975). *Elements of a two-process theory of learning*. New York: Academic Press, Inc.
[30] Fowles, D. C. (1980). The three arousal model. Implications of Gray's two-factor learning theory for heart rate, electrodermal activity, and psychopathy. *Psychophysiology*, **17**(2), 87–104.
[31] Fowles, D. C. (1988). Psychophysiology and psychopathology. A motivational approach. *Psychophysiology*, **25**(4), 373–

391.
[32] Wilhelm, F. H. & Roth, W. T. (1998). Taking the laboratory to the skies: Ambulatory assessment of self-report, autonomic, and respiratory responses in flying phobia. *Psychophysiology*, **35**(5), 596–606.
[33] Konorski, J. (1967). *Integrative activity of the brain: An interdisciplinary approach*. Chicago: University of Chicago Press.
[34] Dickinson, A. & Dearing, M. F. (1979). Appetitive-aversive interactions and inhibitory processes. In A. Dickinson & R. A. Boakes (Eds.), *Mechanisms of learning and motivation*. Hillsdale, NJ: Erlbaum. pp.203–231.
[35] Lang, P. J., Bradley, M. M., & Cuthbert, B. N. (1998). Emotion, motivation, and anxiety: Brain mechanisms and psychophysiology. *Biological Psychiatry*, **44**, 1248–1263.
[36] Sutton, S. K. & Davidson, R. (1997). Prefrontal Brain Asymmetry: A biological substrated of the behavioral approach and inhibition systems. *Psychological Science*, **8**, 204.
[37] Foa, E. & McNally, R. J. (1996). Mechanisms of change in exposure therapy. In R. M. Rapee (Ed.), *Current controversies in the anxiety disorders*. New York: The Guilford Press, 229–343.
[38] Barlow, D. H. (Ed.) (2002). *Anxiety and its disorders: The nature and treatment of anxiety and panic*. New York: The Guilford Press.
[39] Winston, A., McCullough, L., Trujillo, M., Pollack, J., Laikin, M., Flegenheimer, W., & Kestenbaum, R. (1991). Brief psychotherapy of personality disorders. *Journal of Nervous and Mental Disease*, **179**(4), 188–193.
[40] Winston, A., Laikin, M., Pollack, J., Samstag, L. W., McCullough, L., & Muran, J. C. (1994). Short-term psychotherapy of personality disorders. *American Journal of Psychiatry*, **151**(2), 190–194.
[41] Svartberg, M., Stiles, T., & Seltzer, M. (2004). A randomized controlled trial of the effectiveness of short term dynamic psychotherapy and cognitive therapy for cluster C personality disorders. *Journal of Consulting and Clinical Psychology*, **161**, 810–817.
[42] Derogatis, L. R. (1983). *SCL–90–R: Administration, scoring & procedures manual-II for the revised version and other instruments of the psychopathology rating scale series* (2nd ed.). Towson, MD: Clinic Psychometric Research.
[43] Horowitz, L. M., Rosenberg, S. E., Baer, B. A., Ureno, G., & Villasenor, V. S. (1988). Inventory of interpersonal problems: psychometric properties and clinical applications. *Journal of Clinical and Consulting Psychology*, **56**, 885–892.
[44] Millon, T. (1984). *Millon clinical multiaxial inventory* (3rd ed.). Minneapolis, MN: National Computer Services.
[45] McCullough, L., Larsen, A. E., Schanche, E., Andrews, S., Kuhn, N., Hurley, C. L., et al, (2004). *Achievement of therapeutic objectives scale*. Short-Term Psychotherapy Research Program at Harvard Medical School. Can be downloaded from www.affectphobia.com.
[46] Carley, M. (2006). The validity of the achievement of therapeutic objectives scale. Dissertation. Fielding Institute. Boston, MA, 2006.
[47] Cohen, J. (1988). *Statistical power analysis for the behavioral sciences*. Hillsdale, NJ: Lawrence Erlbaum.
[48] Leichsenring, F., Rabung, S., & Leibing, E. (2004). The Efficacy of Short-term psychodynamic psychotherapy in specific psychiatric disorders: A meta-analysis. *Archives of General Psychiatry*, **61**, 1208–1216.
[49] Salerno, M., Farber, B., McCullough, L., Winston, A., & Trujillo, M. (1992). The effects of confrontation and clarification on patient affective and defensive responding. *Psychotherapy Research*, **2**(3), 181–192.
[50] Makynen, A. (1992). The effects of continued confrontation on patient affective and defensive response. Columbia University Teachers College, May, 1992. *Dissertation Abstracts International*, 54–01B.
[51] Foote, J. (1989). Interpersonal context and patient change episodes. New York University, May, 1989. *Dissertation Abstracts International*, 51–12B.
[52] Joseph, C. (1988). Antecedents to transference Interpretation in short-term psychodynamic psychotherapy (doctoral dissertation, Rutgers University). *Dissertation Abstracts International*, May, 1988, 50–04B.
[53] Porter, F. (1988). The immediate effects of interpretation on patient in-session response in brief dynamic psychotherapy. Columbia University Teachers College, May, 1987, *Dissertation Abstracts International*, **48**, 87–24076.
[54] McCullough, L., Winston, A., Farber, B., Porter, F., Pollack, J., Laikin, M., Vingiano, W., & Trujillo, M. (1991). The relationship of patient-therapist interaction to outcome in brief psychotherapy. *Psychotherapy*, **28**(4), 525–533.
[55] Taurke, E., McCullough, L., Winston, A., Pollack, J., & Flegenheimer, W. (1990). Change in affect-defense ratio from early to late sessions in relation to outcome. *Journal of Clinical Psychology*, **46**(5), 657–668.
[56] Coombs, M. M., Coleman, D., & Jones, E. E. (2002). Working with feelings: The importance of emotion in both cognitive-behavioral and interpersonal therapy in the NIMH Treatment of Depression Collaborative Research program. *Psychotherapy: Theory, Research, Practice, Training*, **39**(3), 233–244.
[57] Goldfried, M. R., Raue, P. J., & Castonguay, L. G. (1998). The therapeutic focus in significant sessions of master therapists: A comparison of cognitive behavioral and psychodynamic-interpersonal interventions. *Journal of Consulting and Clinical Psychology*, **66**, 803–810.

[58] Ablon, J. S. & Jones, E. E. (1998). How expert clinicians' prototypes of an ideal treatment correlate with outcome in psychodynamic and cognitive behavioral therapy. *Psychotherapy Research*, 8, 71-83.
[59] Ablon, J. S. & Jones, E. E. (1999). Psychotherapy process in the National Institute of Mental Health Treatment of Depression Collaborative Research Program. *Journal of Consulting and Clinical Psychology*, 67, 64-75.
[60] Ablon, J. S. & Jones, E. E. (2002). Validity of Controlled Trials of Psychotherapy: Findings from the NIMH Treatment of Depression Collaborative Research Program. *American Journal Psychology*, 159, 775-783.
[61] Diener, M. J., Hilsenroth, M. J., & Weinberger, J. (2007). Therapist affect focus and patient outcomes in psychodynamic psychotherapy: A meta-analysis. *American Journal of Psychiatry*, 164, 936-941.
[62] Ferenczi, S. & Rank, O. (1925). *The Development of Psychoanalysis*. New York: Nervous and Mental Disease Publishing Company.
[63] Carver, C. S. & White, T. L. (1994). Behavioral inhibition, Behavioral Activation, and Affective Responses to Impending Reward and Punishment: The BIS/BAS Scales. *Journal of Personality and Social Psychology*, 67, 319-333.
[64] Horvath, A. O. & Greenberg, L. S. (1989). Development and validation of the Working Alliance Inventory. *Journal of Counseling Psychology*, 36, 223-233.

第12章

[1] Luyten, P. & Blatt, S. J. (2007). Looking back towards the future: Is it a time to change the DSM approach to psychiatric disorders? *Psychiatry: Interpersonal and Biological Processes*, 70, 85-99.
[2] Blatt, S. J. & Zuroff, D. C. (2005). Empirical evaluation of the assumptions in identifying evidence based treatments in mental health. *Clinical Psychology Review*, 25, 459-486.
[3] Barber, J. P., Connolly, M. B., Crits-Christoph, P., Gladis, L., & Sigueland, L. (2000). Alliance predicts patients' outcome beyond in-treatment change in symptoms. *Journal of Consulting and Clinical Psychology*, 68, 1027-1032.
[4] Klein, D. N., Schwartz, J. E., Santiago, N. J., Vivan, D., Vocisano, C., & Catonguay, L. G. (2003) Therapeutic alliance in depression treatment: Controlling for prior change and patient characterisitics. *Journal of Consulting and Clinical Psychology*, 71, 997-1006.
[5] Wampold, B. E. (2001). *The great psychotherapy debate: Models, methods, and findings*. Mahwah, NJ: Erlbaum.
[6] Zuroff, D. C. & Blatt, S. J. (2006). The therapeutic relationship in the brief treatment of depression: Contributions to clinical improvement and enhanced adaptive capacities. *Journal of Consulting and Clinical Psychology*, 47, 130-140.
[7] American Psychiatric Association Commission on Psychotherapies (1982). *Psychotherapy reseach: Methodological and efficacy issues*. Washington, DC: American Psychiatric Association.
[8] Luyten, P., Blatt, S. J., van Houdenhove, B., & Corveleyn, J.(2006). Depression research and treatment: Are we skating to where the puck is going to be? *Clinical Psychology Review*, 26, 985-999.
[9] Elkin, I. (1994). The NIMH Treatment of Depression Collaborative Research Program: Where we began and where we are now. In A. E. Bergin & S. L. Garfield (Eds.), *Handbook of psychotherapy and behavior change* (4th edition). New York: Wiley. pp.114-135.
[10] Shea, M. T., Elkin, I., Imber, S. D., Sotsky, S. M., Watkins, J. T., Collins, J. F., Pilkonis, P. A., Beckham, E., Glass, D. R., Dolan, R. T., & Parloff, M. B. (1992). Course of depressive symptoms over follow-up: Findings from the National Institute of Mental Health treatment of depression collaborative research program. *Archives of General Psychiatry*, 49, 782-787.
[11] Westen, D., Novotny, C. M., & Thompson-Brenner. H. (2004). The empirical status of empirically supported psychotherapies: Assumptions, findings, and reporting in controlled clinical trials. *Psychological Bulletin*, 130, 631-663.
[12] Ingram, R. E. & Price, J. M (Eds.) (2002). *Vulnerability to psychopathology: Risk across the lifespan* New York: Lippincott, Williams & Wilkins.
[13] Luyten, P., Corveleyn, J., & Blatt, S. J. (2005). The convergence among psychodynamic and cognitive-behavioral theories of depression: A critical review of empirical research. In J. Corveleyn, P. Luyten, & S. J. Blatt (Eds.), *The theory and treatment of depression: Towards a dynamic interactionism model*. Leuven: University of Leuven: Press. pp.95-136.
[14] Luyten, P., Blatt, S. J., & Corveleyn, J. (2005). Introduction. In J. Corveleyn, P. Luyten, & S. J. Blatt (Eds.), *The theory and treatment of depression: Towards a dynamic interactionism model*. Leuven: University of Leuven Press. pp.5-15.
[15] Beck, A. T.(1983). Cognitive therapy of depression: New perspectives. In P. J. Clayton & J. E. Barrett(Eds.), *Treatment of depression: Old controversies and new approaches*. New York: Raven. pp.265-290.
[16] Beck, A. T. (1999). Cognitive aspects of personality disorders and their relation to syndromal disorders: A psychoevolutionary approach. In C. R. Cloninger (Ed.), *Personality and psychopathology*. Washington. DC: American Psychiat-

ric Press. pp.411-429.
[17] Blatt, S. J. (1974). Levels of object representation in anaclitic and introjective depression. *Psychoanalytic Study of the Child*, 29, 107-157.
[18] Blatt, S. J. (1998). Contributions of psychoanalysis to the understanding and treatment of depression. *Journal of the American Psychoanalytic Association*, 46, 723-752.
[19] Blatt, S. J. (2004). *Experiences of depression : Theoretical, clinical and research perspectives*. Washington, DC : American Psychological Association.
[20] Blatt, S. J. & Auerbach, J. S. (2001). Mental representation, severe psychopathology and the therapeutic process. *Journal of the American Psychoanalytic Association*, 49, 113-159.
[21] Blatt, S. J., Auerbach. J. S., & Levy, K. N. (1997). Mental representation in personality development, psychopathology and the therapeutic process. *Review of General Psychology*, 1, 351-374.
[22] McCullough, J. P. (2003). *Treatment for chronic depression : Cognitive Behavioral Analysis System of Psychotherapy* (CBASP). London : Guilford Press.
[23] Linehan, M. M. (1993). *Cognitive-behavior treatment of borderline personality disorder*. New York : Guilford Press.
[24] Segal, Z. V., Williams. M. G., & Teasdale. J. D. (2002). *Mindfulness-based cognitive therapy for depression : A new approach to prevention relapse*. New York : Guilford Press.
[25] Young, J. E. (1999). *Cognitive therapy for personality disorders : A schema focused approach* (3rd ed.). Sarasota. FL : Professional Resource Exchange.
[26] Blatt, S. J. & Zuroff, D. C. (1992). Interpersonal relatedness and self-definition : Two prototypes for depression. *Clinical Psychology Review*, 12, 527-562.
[27] Blatt, S. J., D'Afflitti, J. P., & Quinlan, D. M. (1976). Experiences of depression in normal young adults. *Journal of Abnormal Psychology*, 85, 383-389.
[28] Blatt, S. J., Quinlan, D. M., Chevron, E. S., McDonald. C., & Zuroff, D. (1982). Dependency and self-criticism : Psychological dimensions of depression. *Journal of Consulting and Clinical Psychology*, 50, 113-124.
[29] Zuroff, D. C. & Fitzpatrick, D. (1995). Depressive personality styles : Implications for adult attachment. *Personality and Individual Differences*, 18, 253-265.
[30] Zuroff, D. C., Mongrain, M., & Santor, D. A. (2004). Conceptualizing and measuring personality vulnerability to depression : Revisiting issues raised by Coyne and Whiffen (1995). *Psychological Bulletin*, 130, 489-511.
[31] Hammen, C., Marks, T., Mayol, A., & deMayo, R. (1985). Depressive self-schemas, life stress, and vulnerability to depression. *Journal of Abnormal Psychology*, 94, 308-319.
[32] Blatt, S. J., Shahar, G., & Zuroff, D. C. (2002). Anaclitic (sociotropic) and introjective (autonomous) dimensions. In J. C. Norcross (Ed.), *Psychotherapy relationships that work Therapist contributions and responsiveness to patients*. New York : Oxford University Press. pp.306-324.
[33] Widiger, T. A. & Anderson, K .G. (2003). Personality and depression in women. *Journal of affect Disorder*, 74, 59-66.
[34] Ablon, J. S. & Jones, E. E. (1999). Psychotherapy process in the National Institute of Mental Health Treatment of Depression Collaborative Research Program. *Journal of Consulting and Clinical Psychology*, 67, 61-75.
[35] Ablon, J. S. & Jones, E. E. (2002). Validity of controlled clinical trials of psychotherapy : Findings from the NIMH Treatment of Depression Collaborative Research Program. *American Journal of Psychiatry*, 159, 775-783.
[36] Shaw, B. F., Elkin, I., Yamaguchi, J., Olmsted, M., Vallis, T. M., Dobseon, K. S., Lowery, A., & Sotsky, S. M., Watkins, J. T, & Imber, S. D. (1999). Therapist competence ratings in relation to clinical outcome in cognitive therapy for depression. *Journal of Consulting and Clinical Psychology*, 67, 837-846.
[37] Waddington, L. (2002). The therapy relationship in cognitive therapy : A review. *Behavioural and Cognitive Psychotherapy*, 30, 179-191.
[38] Blatt, S. J., Auerbach, J. S., & Behrends, R. (in press). Changes in the representation of self and significant others in the treatment process : Links among representation, internalization, and mentalization. In A. Slade and E. Jurist (Eds.), *Representation and mentalization in the treatment process*. New York : Other Press.
[39] Behrends, R. S. & Blatt, S. J. (1985). Internalization and psychological development throughout the life cycle. *Psychoanalytic Study of the Child*, 40, 11-39. (Translated and reprinted in Arbeitshefte Kinderanalyse.)
[40] Blatt, S. J. & Behrends, R. S. (1987). Internalization, separation-individuation, and the nature of therapeutic action. *International Journal of Psychoanalysis*, 68, 279-297.
[41] Loewald, H. W. (1962). Internalization, separation, mourning, and the superego. *Psychoanalytic Quarterly*, 31, 483-504.
[42] Schafer, R. (1967). *Projective testing and psychoanalysis*. New York : International Universities Press.
[43] Blatt, S. J. (1995a). Representational structures in psychopathology. In D. Cicchetti & S. Toth (Eds.), *Rochester symposium on developmental psychopathology : Vol.6. Emotion, cognition, and, representation*. Rochester, NY : University of Rochester Press. pp.1-33.

[44] Blatt, S. J., Stayner, D., Auerbach, J., & Behrends, R. S. (1996). Change in object and self representations in long-term, intensive, inpatient treatment of seriously disturbed adolescents and young adults. *Psychiatry: Interpersonal and Biological Processes*, 59, 82–107.
[45] Luyten, P., Blatt, S. J., & Corveleyn, J. (2005). The convergence among psychodynamic and cognitive-behavioral theories of depression: Theoretical overview. In J. Corveleyn, P. Luyten, & S. J. Blatt (Eds.), *The theory and treatment of depression: Towards a dynamic interactionism model*. Leuven: University of Leuven Press. pp.67–94.
[46] Clarkin, J. F., Levy, K. N., Lenzenweger, M. F., & Kernberg, O. F. (2004). The Personality Disorders Institute/Borderline Personality Disorder Research Foundation randomized control trial for borderline personality disorder: Rationale, methods, and patient characteristics. *Journal of Personality Disorders*, 18, 52–72.
[47] Blatt, S. J., Sanislow, C. A., Zuroff, D. C., & Pilkonis, P. A. (1996). Characteristics of effective therapists: Further analyses of data from the NIMH TDCRP. *Journal of Consulting and Clinical Psychology*, 64, 1276–1284.
[48] Krupnick, J. L., Sotsky, S. M., Simmens, S., Moyer, J., Elkin, I., Watkins, J., & Pilkonis, P. A. (1996). The role of the therapeutic alliance in psychotherapy and pharmacotherapy outcome: Findings in the NIMH Treatment of Depression Collaborative Research Program. *Journal of Consulting and Clinical Psychology*, 64, 532–539.
[49] Zuroff, D. C. & Blatt, S. J.(2006). The therapeutic relationship in the brief treatment of depression: Contributions to clinical improvement and enhanced adaptive capabilities. *Journal of Consulting and Clinical Psychology*, 74, 130–140.
[50] Rogers, C. R. (1951). *Client-centered therapy*. Boston: Houghton Mifflin.
[51] Rogers, C. R. (1957). The necessary and sufficient conditions of therapeutic personality change. *Journal of Consulting Psychology*, 21, 95–103.
[52] Rogers, C. R. (1959). A theory of therapy, personality, and interpersonal relationships as developed in the client-centered framework in psychology: A study of science. In S. Koch (Es.), *Formulations of the person and the social context*. New York: McGraw-Hill. pp.181–256.
[53] Hartley, D. E. & Strupp, H. H. (1983). The therapeutic alliance: Its relationship to outcome in brief psychotherapy. In J. Masling (Ed.), *Empirical studies of psychoanalytic theories* (Vol. 1). Hillsdale, NJ: Analytic Press. pp.1–27.
[54] Paykel, E. S., Weissman, M. M., & Prusoff, B. A. (1978). Social maladjustment and severity of depression. *Comprehensive Psychiatry*, 19, 121–128.
[55] Watkins, J. T., Leber, W. R., Imber, S. D., Collins, J. R., Elkin, I., Pilkonis, P. A., Sotsky, S. M., Shea, M. T., & Glass, D. R. (1993). NIMH Treatment of Depression Collaborative Research Program: Temporal course of change of depression. *Journal of Consulting and Clinical Psychology*, 61, 858–864.
[56] Blatt, S. J., Zuroff, D. C., Quinlan, D. M., & Pilkonis, P. A. (1996). Interpersonal factors in brief treatment of depression: Further analyses of the National Institute of Mental Health Treatment of Depression Collaborative Research Program. *Journal of Consulting and Clinical Psychology*, 64, 162–171.
[57] Weissman, A. N. & Beck. A. T. (1978, August-September). Development and validation of the Dysfunctional Attitudes Scale: A preliminary investigation. Paper presented at the 86th Annual Convention of the American Psychological Association, Toronto.
[58] Segal, Z. V., Shaw. B. F., & Vella, D. D. (1987, August). Life stress and depression: A test of the congruence hypothesis for life event content and depressive subtypes. Paper presented at the Annual Convention of the American Psychological Association, Toronto, Canada.
[59] Elkin, I., Gibbons, R. D., Shea, M. T., Sotsky, S. M., Watkins, J. T., Pilkonis, P. A., & Hedeker, D.(1995). Initial severity and differential treatment outcome in the National Institute of Mental Health Treatment of Depression Collaborative Research Program. *Journal of Consulting and Clinical Psychology*, 63, 841–847.
[60] Arieti, S. & Bemporad, J. R. (1978). *Severe and mild depression: The therapeutic approach*. New York: Basic Books.
[61] Arieti, S. & Bemporad, J. R. (1980).The psychological organization of depression. *American Journal of Psychiatry*, 137, 1360–1365.
[62] Blatt. S. J., Quinlan, D. M., & Chevron, E. (1990). Empirical investigations of a psychoanalytic theory of depression. In J. Masling (Ed.), *Empirical studies of psychoanalytic theories*, (Vol. 3). Hillsdale, NJ: Analytic Press. pp.89–147
[63] Bowlby, J. (1988). Developmental psychology comes of age. *American Journal of Psychiatry*, 145, 1–10.
[64] Bowlby, J. (1988). *A secure base: Clinical applications of attachment theory*. London: Routledge & Kegan Paul.
[65] Blatt, S. J. & Maroudas, C. (1992). Convergence of psychoanalytic and cognitive behavioral theories of depression. *Psychoanalytic Psychology* 9, 157–190.
[66] Bowlby, J. (1980). *Attachment and loss: Vol. 3, Loss, sadness and depression*. New York: Basic Books.
[67] Robins, C. J. & Luten, A. G. (1991). Sociotropy and autonomy: Differential patterns of clinical presentation in unipolar depression. *Journal of Abnormal Psychology*, 100, 71–77.
[68] Blatt, S. J., Quinlan, D. M., Chevron, E. S., McDonald. C., & Zuroff, D. (1982). Dependency and self-criticism: Psychological dimensions of depression. *Journal of Consulting and Clinical Psychology*, 50, 113–124.

[69] Blatt. S. J. & Homann, E. (1992). Parent-child interaction in the etiology of dependent and self-critical depression. *Clinical Psychology Review*, 12, 47–91.
[70] Blatt, S. J. (1992). The differential effect of psychotherapy and psychoanalysis on anaclitic and introjective patients: The Menninger Psychotherapy Research Project revisited. *Journal of the American Psychoanalytic Association*, 40, 691–724.
[71] Blatt, S. J. & Felsen, I. (1993). "Different kinds of folks may need different kinds of strokes": The effect of patients' characteristics on therapeutic process and outcome. *Psychotherapy Research*, 3, 245–259.
[72] Blatt, S. J. & Ford, C. (1994). *Therapeutic change: An object relations perspective*. New York: Plenum.
[73] Blatt, S. J. & Shahar, G.(2004). Psychoanalysis: For what, with whom, and how: A comparison with psychotherapy. *Journal of the American Psychoanalytic Association*, 52, 393–447.
[74] Imber, S. D., Pilkonis, P. A., Sotsky, S. M., Elkin, I., Watkins, J. T., Collins, J. F., Shea, M. T., Leber, W. R., & Glass, D. R. (1990). Mode-specific effects among three treatments for depression. *Journal of Consulting and Clinical Psychology*, 58, 352–359.
[75] Cane, D. B., Olinger, L. J., Gotlib, I. H., & Kuiper, N. A. (1986). Factor structure of the Dysfunctional Attitude Scale in a student population. *Journal of Clinical Psychology*, 42, 307–309.
[76] Oliver, J. M. & Baumgart, B. P, (1985). The Dysfunctional Attitude Scale: Psychometric properties in an unselected adult population. *Cognitive Theory and Research*, 9, 161–169.
[77] Rude, S. S. & Burnham, B. L. (1995). Connectedness and neediness: Factors of the DEQ and SAS dependency scales. *Cognitive Therapy and Research*, 19, 323–340.
[78] Blaney, P. H. & Kutcher, G. S. (1991). Measures of depressive dimensions: Are they interchangeable? *Journal of Personality Assessment*, 56, 502–512.
[79] Dunkley, D. M. & Blankstein, K. R. (2000). Self-critical perfectionism, coping, hassles, and current distress: A structural equation modeling approach. *Cognitive Therapy and Research*, 24, 713–730.
[80] Enns, M. W. & Cox, B. J. (1999). Perfectionism and depressive symptom severity in major depressive disorder. *Behavioral Research and Therapy*, 37, 783–794.
[81] Blatt, S. J., Quinlan, D. M., Pilkonis, P. A., & Shea, T. (1995). Impact of perfectionism and need for approval on the brief treatment of depression: The National Institute of Mental Health Treatment of Depression Collaborative Research Program revisited. *Journal of Consulting and Clinical Psychology*, 63, 125–132.
[82] Blatt, S. J.(1999). Personality factors in the brief treatment of depression: Further Analyses of the NIMH Sponsored Treatment for Depression Collaborative Research Program. In D. S. Janowsky (Ed.), *Psychotherapy indications and outcomes*. Washington, DC: American Psychiatric Press. pp.23–45.
[83] Blatt, S. J., Zuroff, D. C., Bondi, C. M., Sanislow, C., & Pilkonis, P. A.(1998). When and how perfectionism impedes the brief treatment of depression: Further analyses of the NIMH TDCRP. *Journal of Consulting and Clinical Psychology*, 66, 423–428.
[84] Blatt, S. J. (1995). The destructiveness of perfectionism: Implications for the treatment of depression. *American Psychologist*, 50, 1003–1020.
[85] Blatt, S. J. (2006). A fundamental polarity in psychoanalysis: Implications for personality development, psychopathology, and the therapeutic process. *Psychoanalytic Inquiry*, 26, 492–518.
[86] Zuroff, D. C., Blatt, S. J., Sotsky, S. M., Krupnick, J. L., Martin, D. J., Sanislow, C. A., & Simmens, S. (2000). Relation of therapeutic alliance and perfectionism to outcome in brief outpatient treatment of depression. *Journal of Consulting and Clinical Psychology*, 68, 114–124.
[87] Shahar, G., Blatt, S. J., Zuroff, D. C., Krupnick, J., & Sotsky, S. M. (2004). Perfectionism impedes social relations and response to brief treatment of depression. *Journal of Social and Clinical Psychology*, 23, 140–154.
[88] Elkin, I., Parloff, M. B., Hadley, S. W., & Autry, J. H. (1985). NIMH treatment of Depression Collaborative Research Program: Background and research plan. *Archives of General Psychiatry*, 42, 305–316.
[89] Zuroff, D. C. & Blatt, S. J. (2002). Vicissitudes of life after the short-term treatment of depression: Role of stress, social support, and personality. *Journal of Social and Clinical Psychology*, 21, 473–496.
[90] Vermote, R. (2005). Touching inner change. Psychoanalytically informed hospitalization-based treatment of personality disorders. A process-outcome study. Dissertation.
[91] Fonagy, P., Leigh, T., Steele, M., Steele, H., Kennedy, R., Mattoon, G., Target, M., & Gerber, A.(1996). The relation of attachment status, psychiatric classification, response to psychotherapy. *Journal of Consulting and Clinical Psychology*, 64, 22–31.
[92] Gabbard, G. O., Horowitz, L., Allen, J. G., Frieswyk, S., Newson, G., Colson, D. B., & Coyne, L. (1994). Transference interpretation in the psychotherapy of borderline patients: A high-risk, high-gain phenomenon. *Harvard Review of Psychiatry*, 2, 59–69.

[93] Barrett-Lennard, G. T. (1962). Dimensions of therapist responses as causal factors in therapeutic change. *Psychological Monographs*, 76, (43, Whole No. 562).
[94] Barrett-Lennard, G. T. (1985). The Relationship Inventory now: Issues and advances in theory, method, and use. In L. S. Greenberg & W. M. Pinsof (Eds.), *The psychoanalytic process: handbook*. New York: Guilford Press. pp.439–476.
[95] Gurman, A. S.(1977). The patient's perception of the therapeutic relationship. In A. S. Gurman & A. M. Razin (Eds.), *Psychotherapy: A handbook of research*. New York: Pergamon. pp.503–543.
[96] Gurman, A. S.(1977). Therapist and patient factors influencing the patient's perception of facilitative therapeutic conditions. *Psychiatry*, 40, 218–231.
[97] Burns. D. D. & Nolen-Hoeksema, S. (1992). Therapeutic empathy and recovery from depression in cognitive-behavioral therapy: A structural equation model. *Journal of Consulting and Clinical Psychology*, 60, 441–449.
[98] Horvath, A. O. & Symonds, B. D. (1991). Relation between working alliance and outcome in psychology: A meta-analysis. *Journal of Couselling*, 24, 240–260.
[99] Lambert, M. J. & Barley, D. E. (2002). Research Summary on the Therapeutic Relationship and Psychotherapy Outcome. In J. D. Norcross (Ed.), *Psychotherapy relationship that work: Therapist contributions and responsiveness to patients*. London: Oxford University Press. pp.17–32.
[100] Luylen, P., Blatt, S. J., van Houdenhove, B., & Corveleyn, J. (2006). Depression research and treatment: Are we skating to where the puck is going to be? *Clinical Psychology Review*, 26, 985–999.
[101] Norcross, J. (2002). *Psychotherapy relationships that work: Therapist contributions and responsiveness to patients*. New York: Oxford University Press.
[102] Soffer, N. & Shahar, G. (2007). Evidence-based psychiatric practice? Long-live the (Individual) difference. *Israel Journal of Psychiatry*, 44, 301–308.
[103] Dunkley, D. M., Zuroff, D. C., & Blankstein, K. R. (2005). Specific perfectionism components versus self-criticism in predicting maladjustment. *Personality and Individual Differences*, 40, 665–676.
[104] Hawley, L. L., Moon-Ho, R. H., Zuroff, D. C., & Blatt, S. J. (2006). The relationship of perfectionism, depression, and therapeutic alliance during treatment for depression: Latent difference, score analysis. *Journal of Consulting and Clinical Psychology*, 74, 930–942.
[105] Hawley, L. L., Moon-Ho, R. H., Zuroff, D. C., & Blatt, S. J. (2007). Stress reactivity following brief treatment for depression: Differential effects of psychotherapy and medication. *Journal of Consulting and Clinical Psychology*, 75, 241–256.
[106] Zuroff, D. C., Blatt, S. J., Krupnick, J. L., & Sotsky. S. M. (2003). Enhanced adaptive capacities after brief treatment for depression. *Psychotherapy Research*, 13, 99–115.
[107] Peselow, E. D., Robins, C. J., Sanfilipo, M. P., Block, P., & Fieve, R. R. (1992). Sociotropy and autonomy relationship to antidepressants drug treatment response and endogenous-onendogenous dichotomy. *Journal of Abnormal Psychology*, 101, 479–486.
[108] Rector, N. A., Bagby, R. M., Segal, Z. V., Joffe, R. T., & Levitt, A. (2000). Self-criticism and dependency in depressed patients treated with cognitive therapy or pharmacotherapy. *Cognitive Therapy and Research*, 24, 571–584.
[109] Zettle, R. D., Haflich, J. L., & Reynolds, R. (1992). Responsivity to cognitive therapy as a function of treatment format and client personality dimensions. *Journal of Clinical Psychology*, 48, 787–797.
[110] Zettle. D. D. & Herring, E. L. (1995). Treatment utility of the sociotropy-autonomy distinction: Implications for cognitive therapy. *Journal of Clinical Psychology*, 51, 280–289.
[111] Cox, B. J., Walker, J. R., Enns, M. W., & Karpinski, D. C. (2002). Self-criticism in generalized social phobia and response to cognitive-behavioral treatment. *Behavior Therapy*, 33, 479–491.

第13章

[1] Freud, S. (1954). Sigmund Freud: The Origins of Psychoanalysis. In (1985). *Project for a scientific psychology*. New York: Basic Books.
[2] Masson, J. M.(Ed.)(1995). *The Complete Letters of Sigmund Freud to Wilhelm Fliess 1887–1904*. (3rd ed.). Cambridge, MA: The Belknap Press of Harvard University Press.
[3] Kandel, E. R. (1999). Biology and the future of psychoanalysis: a new intellectual framework for psychiatry revisited. *American Journal of Psychiatry*, 156(4), 505–24.
[4] Alexander, F. (1950). *Psychosomatic Medicine: Its Principles and Applications*. New York: WW Norton.
[5] Kandel, E. R. (1998). A new intellectual framework for psychiatry. *American Journal of Psychiatry*, 155(4), 457–69.
[6] Price, B.H., Adams, R.D., & Coyle, J.T. (2000). Neurology and psychiatry: closing the great divide. *Neurology*, 54(1), 8–14.

[7] Antonuccio, D.O., Danton, W.G., & DeNelsky, G.Y. (1995). Psychotherapy versus medication for depression : challenging the conventional wisdom with data. *Professional Psychology: Res Pract*, **26**, 574–85.
[8] Goldman, W., McCulloch, J., Cuffel, B., Zarin, D. A., Suarez, A., & Burns, B. J. (1998). Outpatient utilization patterns of integrated and split psychotherapy and pharmacotherapy for depression. *Psychiatric Services*, **49**(4), 477–82.
[9] U.S. Department of Health and Human Services. (1999). *Mental Health : A Report of the Surgeon General–Executive Summary*. Rockville, MD : U.S. Department of Health and Human Services, Substance Abuse and Mental Health Services Administration. Center for Mental Health Services, National Institutes of Health. National Institute of Mental Health.
[10] Roffman, J. L., Marci, C. D., Glick, D. M., Dougherty, D. D., & Rauch, S. L. (2005). Neuroimaging and the functional neuroanatomy of psychotherapy. *Psychological Medicine*, **35**, 1–14.
[11] Roffman, J. L., Marci, C. D., Glick, D. M., Dougherty, D. D., & Rauch, S. L. (2005). Neuroimaging and the functional neuroanatomy of psychotherapy. *Psychological Medicine*, **35**(10), 1385–98.
[12] Westen, D., Novotny, C. M., & Thompson-Brenner, H. (2004). The empirical status of empirically supported psychotherapies : assumptions, findings, and reporting in controlled clinical trials. *Psychological bulletin*, **130**(4), 631–63.
[13] Dougherty, D. D., Rauch, S. L., & Rosenbaum, J. F. (2004). *Essentials of Neuroimaging for Clinical Practice*. Washington : American Psychiatric Association.
[14] Jones, D. S. & Perlis, R. H. (2006). Pharmacogenetics, race, and psychiatry : prospects and challenges. *Harvard Review of Psychiatry*, **14**(2), 92–108.
[15] Giove, F., Mangia, S., Bianciardi, M., et al. (2003). The physiology and metabolism of neuronal activation : in vivo studies by NMR and other methods. *Journal of Magnetic Resonance Imaging*, **21**(10), 1283–93.
[16] Marci, C. D., Ham, J., Moran, E., & Orr, S. P. (2007). Physiologic correlates of perceived therapist empathy and social-emotional process during psychotherapy. *Journal of Nervous and Mental Disease*, **195**(2), 103–11.
[17] Green, A. (2000) What kind of research for psychoanalysis? In J. Sandler, A. M. Sandler, & R. Davies (Eds.), *Clinical and Observational Psychoanalytic Research : Roots of a Controversy*. Madison, CT : International Universities Press. pp. 21–26.
[18] Perron, R. (1999). Reflections on psychoanalytic research problems–the French speaking view. In IPA (Ed.), *An Open Door Review of Outcome Studies in Psychoanalysis*. London : Research Committee of the International Psychoanalytic Association. pp.8–19.
[19] Hoffman, I. Z. (2007). "Doublethinking" our way to scientific legitimacy : the desiccation of human experience. In Winter Meeting of the American Psychoanalytic Association, New York.
[20] Torrey, E. F. (2005). Does psychoanalysis have a future? No. *Canadian Journal of Psychiatry*, **50**(12), 743–4.
[21] Westen, D. (1999). The scientific status of unconscious processes : Is Freud really dead? *Journal of the American Psychoanalytic Association*, **47**(4), 1061–106.
[22] Peterson, B. S. (2005). Clinical neuroscience and imaging studies of core psychoanalytic constructs. *Clinical Neuroscience Research*, **4**(5), 349–65.
[23] Westen, D. (2002). Implications of developments in cognitive neuroscience for psychoanalytic psychotherapy. *Harvard Review of Psychiatry*, **10**(6), 369–73.
[24] Westen, D. & Gabbard, G. O. (2002). Developments in cognitive neuroscience : I. Conflict, compromise, and connectionism. *Journal of the American Psychoanalytic Association*, **50**(1), 53–98.
[25] Lane, R. D. & Garfield, D. A. S.(2005). Becoming aware of feelings : integration of cognitive-developmental, neuroscientific, and psychoanalytic perspectives. *Neuro-Psychoanalysis*, **7**(1), 5–30.
[26] Beutel, M. E., Stern, E., & Silberswig, D. A. (2003). The emerging dialogue between psychoanalysis and neuroscience : neuroimaging perspectives. *Journal of the American Psychoanalytic Association*, **51**(3), 773–801.
[27] Ellenberger, H. F. (1970). *The Discovery of the Unconscious : the History and Evolution of Dynamic Psychiatry*. New York : Basic Books.
[28] Sandler, J., Holder, A., Dare, C., & Dreher, A. U. (1997). *Freud's Models of the Mind : An Introduction*. Madison. Connecticut : International Universities Press, Inc.
[29] Kandel, E. R., Kupferman, O., & Iverson, S. (2000). Learning and memory. In E. R. Kandel, J. H. Schwartz, & T. M. Jessell (Eds.), *Principles of Neural Science*. New York : McGraw-Hill. pp.1227–1246.
[30] Baddeley, A. (2003). Working memory : looking back and looking forward. *Nature Reviews Neuroscience*, **4**(10), 829–39.
[31] Schacter, D. L. & Slotnick, S. D. (2004). The cognitive neuroscience of memory distortion. *Neuron*, **44**(1), 149–60.
[32] Smith, E. E. & Kosslyn, S. M. (2007). Encoding and retrieval from long-term memory. *Cognitive Psychology : Mind and Brain*. Upper Saddler River, NJ : Prentice Hall, pp.195–246.
[33] Kihlstrom, J. F. (1987). The cognitive unconscious. *Science*, **237**(4821), 1445–52.

[34] Kihlstrom, J. F. (2004). Availability, accessibility, and subliminal perception. *Consciousness and Cognition*, 13(1), 92–100.
[35] Wong, P. S., Bernat, E., Snodgrass, M., & Shevrin, H. (2004). Event-related brain correlates of associative learning without awareness. *International Journal of Psychophysiology*, 53(3), 217–31.
[36] Wong, P. S.(1999). Anxiety, signal anxiety, and unconscious anticipation : neuroscientific evidence for an unconscious signal function in humans. *Journal of the American Psychoanalytic Association*, 47(3), 817–41.
[37] Ochsner, K. N., Chiu, C. Y., & Schacter, D. L. (1994). Varieties of priming. *Current Opinion in Neurobiology*, 4(2), 189–94.
[38] Knowlton, B. J., Squire, L. R., & Gluck, M. A. (1994). Probabilistic classification learning in amnesia. *Learning & Memory*, 1(2), 106–20.
[39] Knowlton, B. J., Mangels, J.A., & Squire, L. R. (1996). A neostriatal habit learning system in humans. *Science*, 273(5280), 1399–402.
[40] Svoboda, E., McKinnon, M. C., & Levine, B. (2006). The functional neuroanatomy of autobiographical memory : a meta-analysis. *Neuropsychologia*, 44(12), 2189–208.
[41] Barrett, L. F., Mesquita, B., Ochsner, K. N., & Gross, J. J.(2007). The experience of emotion. *Annual Review of Psychology*, 58, 373–403.
[42] LeDoux, J. (2003). The emotional brain, fear, and the amygdala. *Cellular and Molecular Neurobiology*, 23 (4–5), 727–38.
[43] Russell, J. A. (2003). Core affect and the psychological construction of emotion. *Psychological Review*, 110(1), 145–72.
[44] Posner, J., Russell, J., & Peterson, B. S. (2005). The circumplex model of affect : an integrative approach to affective neuroscience, cognitive development, and psychopathology. *Development and Psychopathology*, 17(3), 715–34.
[45] Gerber, A. J., Posner, J., Gorman, D., et al. (2008). An affective circumplex model of neural systems subserving valence, arousal, and cognitive overlay during the appraisal of emotional faces. *Neuropsychologia*, 46, 2129–39.
[46] Paton, J. J., Belova, M. A., Morrison, S. E., & Salzman, C. D. (2006). The primate amygdala represents the positive and negative value of visual stimuli during learning. *Nature*, 439(7078), 865–70.
[47] Ochsner, K. N., Bunge, S. A., Gross, J. J., & Gabrieli, J. D. (2002). Rethinking feelings : an FMRI study of the cognitive regulation of emotion. *Journal of Cognitive Neuroscience*, 14(8), 1215–29.
[48] Etkin, A., Klemenhagen, K. C., Dudman, J. T., et al. (2004). Individual differences in trait anxiety predict the response of the basolateral amygdala to unconsciously processed fearful faces. *Neuron*, 44(6), 1043–55.
[49] Insel, T. R. (1997). A neurobiological basis of social attachment. *American Journal of Psychiatry*, 154(6), 726–35.
[50] Insel, T. R. & Young, L. J. (2001). The neurobiology of attachment. *Nature Reviews Neuroscience*, 2(2), 129–36.
[51] Ochsner, K. N. & Lieberman, M. D. (2001). The emergence of social cognitive neuroscience. *American Psychologist*, 56(9), 717–34.
[52] Mitchell, J. P., Heatherton, T. F., & Macrae, C. N.(2002). Distinct neural systems subserve person and object knowledge. *Proceedings of the National Academy of Sciences of the United States of America*, 99(23), 15238–43.
[53] Kelley, W. M., Macrae, C. N., Wyland, C. L., Caglar, S., Inati, S., & Heatherton, T. F. (2002). Finding the self? An event-related fMRI study. *Journal of Cognitive Neuroscience*, 14(5), 785–94.
[54] Northoff, G., Heinzel, A., de Greck, M., Bermpohl, F., Dobrowolny, H., & Panksepp, J. (2006). Self-referential processing in our brain - a meta-analysis of imaging studies on the self. *Neuroimage*, 31(1), 440–57.
[55] Lieberman, M. D. (2007). Social cognitive neuroscience : a review of core processes. *Annual Review of Psychology*, 58, 259–89.
[56] Cooper, A. (1987). Changes in psychoanalytic ideas : transference interpretation. *Journal of the American Psychoanalytic Association*, 35, 77–98.
[57] Hoglend, P., Amlo, S., Marble, A., et al. (2006). Analysis of the patient-therapist relationship in dynamic psychotherapy ; an experimental study of transference interpretations. *American Journal of Psychiatry*, 163(10), 1739–46.
[58] Luborsky, L. & Crits-Christoph, P. (1998). *Understanding Transference : The Core Conflictual Relationship Theme Method*. (2nd ed.). Washington, DC. American Psychological Association.
[59] Andersen, S. M. & Baum, A. (1994). Transference in interpersonal relations : inferences and affect based on significant-other representations. *Journal of Personality*, 62(4), 459–97.
[60] Andersen, S. M., Glassman, N. S., Chen, S., & Cole, S. W. (1995). Transference in social perception : the role of chronic accessibility in significant-other representations. *Journal of Personality and Social Psychology*, 69(1), 41–57.
[61] Andersen, S. M., Reznik, I., & Manzella, L. M. (1996). Eliciting facial affect, motivation, and expectancies in transference : significant-other representations in social relations. *Journal of Personality and Social Psychology*, 71(6), 1108–29.
[62] Berk, M. S. & Andersen, S. M. (2000). The impact of past relationships on interpersonal behavior : behavioral confirmation in the social-cognitive process of transference. *Journal of Personality and Social Psychology*, 79(4), 546–62.

[63] Glassman, N. S. & Andersen, S. M. (1999). Activating transference without consciousness: using significant-other representations to go beyond what is subliminally given. *Journal of Personality and Social Psychology*, **77**(6), 1146-62.
[64] Erdelyi, M. H. (2006). The unified theory of repression. *Behavioral and Brain Sciences*, **29**(5), 499-511.
[65] Peterson, B. S. (2002). Indeterminacy & compromise formation: implications for a psychoanalytic theory of mind. *International Journal of Psychoanalysis*, **83** (5), 1017-35.
[66] Raz, A., Lamar, M., Buhle, J. T., Kane, M. J., & Peterson, B. S. (2007). Selective biasing of a specific bistable-figure percept involves fMRI signal changes in frontostriatal circuits: A step toward unlocking the neural correlates of top-down control and self-regulation. *American Journal of Clinical Hypnosis*, **50**, 137-56.
[67] Westen, D. & Gabbard, G. O. (2002). Developments in cognitive neuroscience: II. Implications for theories of transference. *Journal of the American Psychoanalytic Association*, **50**(1), 99-134.
[68] Gabbard, G. O. (2000). What can neuroscience teach us about transference? *Canadian Journal of Psychoanalysis*, **9**, 1-18.
[69] Cassidy, J. & Shaver, P. R (Eds.), (1999). *Handbook of Attachment: Theory, Research, and Clinical Applications*. New York: Guilford Press.
[70] Fonagy, P., Leigh, T., Steele, M., et al. (1996). The relation of attachment status, psychiatric classification, and response to psychotherapy. *Journal of Consulting and Clinical Psychology*, **64**, 22-31.
[71] Leckman, J. F. & Herman, A. E. (2002). Maternal behavior and developmental psychopathology. *Biological Psychiatry*, **51**(1), 27-13.
[72] Insel, T. R. (2003). Is social attachment an addictive disorder? *Physiology & Behavior*, **79**(3), 351-7.
[73] Bartels, A. & Zeki, S. (2004). The neural correlates of maternal and romantic love. *Neuroimage*, **21**(3), 1155-66.
[74] Buchheim, A., George, C., Kachele, H., Erk, S., & Walter, H. (2006). Measuring adult attachment representation in an fMRI environment: concepts and assessment. *Psychopathology*, **39**(3), 136-43.
[75] Lamm, C., Batson, C. D., & Decety, J. (2007). The neural substrate of human empathy: effects of perspective-taking and cognitive appraisal. *Journal of Cognitive Neuroscience*, **19**(1), 42-58.
[76] Singer, T. (2006). The neuronal basis and ontogeny of empathy and mind reading: review of literature and implications for future research. *Neuroscience & Biobehavioral Reviews*, **30**(6), 855-63.
[77] Shamay-Tsoory, S. G., Lester, H., Chisin, R., et al. (2005). The neural correlates of understanding the other's distress: a positron emission tomography investigation of accurate empathy. *Neuroimage*, **27**(2), 468-72.
[78] Marci, C. D. & Orr, S. P. (2006). The effect of emotional distance on psychophysiologic concordance and perceived empathy between patient and interviewer. *Applied Psychophysiology and Biofeedback*, **31**(2), 115-28.
[79] Marci, C. & Reiss, H. (2005). The clinical relevance of psychophysiology: support for the psychobiology of empathy and psychodynamic process. *American Journal of Psychotherapy*, **59**, 213-26.
[80] Fonagy, P., Target, M., Gergely, G., & Jurist, E. L. (2002). *Affect Regulation. Mentalization, and the Development of Self*. London: Other Press.
[81] Corcoran, R. & Frith, C. D. (2003). Autobiographical memory and theory of mind: evidence of a relationship in schizophrenia. *Psychological Medicine*, **33**, 897-905.
[82] Baron-Cohen, S., Leslie, A. M., & Frith, U. (1985). Does the autistic child have a 'theory of mind'? *Cognition*, **21**, 37-46.
[83] Saxe, R., Moran, J. M., Scholz, J., & Gabrieli, J. (2006). Overlapping and non-overlapping brain regions for theory of mind and self reflection in individual subjects. *Social cognitive and affective neuroscience*, **1**(3), 229-34.
[84] Mitchell, J. P., Banaji, M. R., & Macrae, C. N. (2005). General and specific contributions of the medial prefrontal cortex to knowledge about mental states. *Neuroimage*, **28**(4), 757-62.
[85] Happe, F. (2003). Theory of mind and the self. *Annals of the New York Academy of Sciences*, **1001**, 134-44.
[86] Gallagher, H. L. & Frith, C. D. (2003). Functional imaging of 'theory of mind'. *Trends in Cognitive Sciences*, **7**(2), 77-83.
[87] Iacoboni, M. & Dapretto, M. (2006). The mirror neuron system and the consequences of its dysfunction. *Nature Reviews Neuroscience*, **7**(12), 942-51.
[88] Olds, D. D. (2006). Identification: psychoanalytic and biological perspectives. *Journal of the American Psychoanalytic Association*, **54**(1), 17-46.
[89] Gallese, V. (2006). Mirror neurons and intentional attunement: commentary on Olds. *Journal of the American Psychoanalytic Association*, **54**(1) 47-57.
[90] Rizzolatti, G., Fadiga, L., Fogassi, L., & Gallese, V. (1999). Resonance behaviors and mirror neurons. *Archives Italiennes de Biologie*, **137** (2-3), 85-100.
[91] Posner, M. I. & Rothbart, M. K. (2007). Research on attention networks as a model for the integration of psychological science. *Annual Review of Psychology*, **58**, 1-23.

[92] Raz, A. & Buhle, J. (2006). Typologies of attentional networks. *Nature Reviews Neuroscience*, **7**(5), 367–79.
[93] McGinnies, E. & Bowles, W. (1949). Personal values as determinates of perceptual fixation. *Journal of Personality*, **18**(2), 224–35.
[94] Blum, G. S. (1954). An experimental reunion of psychoanaiytic theory with perceptual vigilance and defense. *Journal of Abnormal Psychology*, **49**(1), 94–8.
[95] Silverman, L. H. & Weinberger, J. (1985). Mommy and I are one. Implications for psychotherapy. *American Psychologist*, **40**(12), 1296–308.
[96] Shevrin, H., Ghannam, J. H., & Libet, B. (2002). A neural correlate of consciousness related to repression. *Consciousness and Cognition*, **11**(2), 334–41, discussion 42–46.
[97] Anderson, M. C., Ochsner, K. N., Kuhl, B., et al. (2004). Neural systems underlying the suppression of unwanted memories. *Science*, **303**(5655), 232–5.
[98] Raz, A., Fan, J., & Posner, M. I. (2005). Hypnotic suggestion reduces conflict in the human brain. *Proceedings of the National Academy of Sciences of the United States of America*, **102** (28), 9978–83.
[99] Raz, A. & Shapiro, T. (2002). Hypnosis and neuroscience: a cross talk between clinical and cognitive research. *Archives of General Psychiatry*, **59**(1), 85–90.
[100] Maquet, P. (2000). Functional neuroimaging of normal human sleep by positron emission tomography. *Journal of Sleep Research*, **9**(3), 207–31.
[101] Maquet, P., Peters, J., Aerts, J., et al. (1996). Functional neuroanatomy of human rapid-eye-movement sleep and dreaming. *Nature*, **383**(6596), 163–6.
[102] Maquet, P., Laureys, S., Peigneux, P., et al. (2000). Experience-dependent changes in cerebral activation during human REM sleep. *Nature Neuroscience*, **3**(8), 831–6.
[103] Andreasen, N. C., O'Leary, D. S., Cizadlo, T., et al. (1995). Remembering the past: two facets of episodic memory explored with positron emission tomography. *American Journal of Psychiatry*, **152** (11), 1576–85.
[104] Mason, M. F., Norton, M. I., Van Horn, J. D., Wegner, D. M., Grafton, S. T., & Macrae, C. N. (2007). Wandering minds: the default network and stimulus-independent thought. *Science*, **315**(5810), 393–5.
[105] Gabbard, G. O. & Westen, D. (2003). Rethinking therapeutic action. *International Journal of Psychoanalysis*, **84** (4), 823–41.
[106] Liggan, D. Y. & Kay, J. (1999). Some neurobiologiocal aspects of psychotherapy. *Journal of Psychotherapy Practice and Research*, **8**(2), 103–14.
[107] Gabbard, G. O. (2000). A neurobiologically informed perspective on psychotherapy. *British Journal of Psychiatry*, **177**, 117–22.
[108] Peled, A. & Geva, A. B. (1999). Brain organization and psychodynamics. *Journal of Psychotherapy Practice and Research*, **8**(1), 24–39.
[109] Olds, D. D. (1994). Connectionism and psychoanalysis. *Journal of the American Psychoanalytic Association*, **42**, 581–611.
[110] Westen, D. (1998). The scientific legacy of Sigmund Freud: toward a psychodynamically informed psychological science. *Psychological Bulletin*, **124**(3), 333–71.
[111] Blass, R. B. & Carmeli, Z. (2007). The case against neuropsychoanalysis: on fallacies underlying psychoanalysis' latest scientific trend and its negative impact on psychoanalytic discourse. *International Journal of Psychoanalysis*, **88**(1), 19–40.
[112] Gabbard, G. O., Gunderson, J. G., & Fonagy, P. (2002). The place of psychoanalytic treatments within psychiatry. *Archives of General Psychiatry*, **59**(6), 505–10.
[113] Kernberg, O. (1999). Psychoanalysis, psychoanalytic psychotherapy and supportive psychotherapy: contemporary controversies. *International Journal of Psychoanalysis*, **80**, 1075–91.
[114] Linden, D. E. J. (2006). How psychotherapy changes the brain - the contribution of functional neuroimaging. *Molecular Psychiatry*, **11**, 528–30.
[115] Mitterschiffthaler, M. T., Ettinger, U., Mehta, M. A., Mataix-Cols, D., & Williams, S. C. (2006). Applications of functional magnetic resonance imaging in psychiatry. *Journal of Magnetic Resonance Imaging*, **23**(6), 851–61.
[116] McGuire, P. K., Bench, C. J., Frith, C. D., Marks, I. M., Frackowiak, R. S., & Dolan, R. J. (1994). Functional anatomy of obsessive-compulsive phenomena. *British Journal of Psychiatry*, **164**(5), 459–68.
[117] Rauch, S. L., Jenike, M. A., Alpert, N. M., et al. (1994). Regional cerebral blood flow measured during symptom provocation in obsessive-compulsive disorder using oxygen 15-labeled carbon dioxide and positron emission tomography. *Archives of General Psychiatry*, **51**(1), 62–70.
[118] Baxter, L. R., Schwartz, J. M., Bergman, K. S., et al. (1992). Caudate glucose metabolic rate changes with both drug and behavior therapy for obsessive-compulsive disorder. *Archives of General Psychiatry*, **49**, 681–9.

[119] Baxter, L. R., Schwartz, J. M., Guze, B. H., Bergman, K., & Szuba, M. P. (1990). Neuroimaging in obsessive-compulsive disorder : seeking the mediating neuroanatomy. In M. A. Jenike, L. Baer, W. E. Minichiello (Eds.), *Obsessive-Compulsive Disorders : Theory and Management* (2nd ed.). St. Louis : Mosby-Year Book. pp.167-88.

[120] Baxter, L. R. Jr., Mazziotta, J. C., Pahl, J. J., et al. (1992). Psychiatric, genetic, and positron emission tomographic evaluation of persons at risk for Huntington's disease. *Archives of General Psychiatry*, 49(2), 148-54.

[121] Milad, M. R., Rauch, S. L., Pitman, R. K., & Quirk, G. J. (2006). Fear extinction in rats : implications for human brain imaging and anxiety disorders. *Biological Psychology*, 73(1), 61-71.

[122] Furmark, T., Tillfors, M., Marteinsdottir, I., et al. (2002). Common changes in cerebral blood flow in patients with social phobia treated with citalopram or cognitive-behavioral therapy. *Archives of General Psychiatry*, 59(5), 425-33.

[123] Paquette, V., Levesque, J., Mensour, B., et al. (2003). "Change the mind and you change the brain": effects of cognitive-behavioral therapy on the neural correlates of spider phobia. *Neuroimage*, 18(2), 401-9.

[124] Menninger, W. W. (1992). Integrated treatment of panic disorder and social phobia. *Bulletin of the Menninger Clinic*, 56 (2 Suppl A), A61-70.

[125] Chobanian, A. V., Bakris, G. L., Black, H. R., et al. (2003). The Seventh Report of the Joint National Committee on Prevention, Detection, Evaluation, and Treatment of High Blood Pressure : the JNC 7 report. *JAMA*, 289(19), 2560-72.

[126] Brody, A. L., Saxena, S., Schwartz, J. M., et al. (1998). FDG-PET predictors of response to behavioral therapy and pharmacotherapy in obsessive compulsive disorder. *Psychiatry Research*, 84(1), 1-6.

[127] Goldapple, K., Segal, Z., Garson, C., et al. (2004). Modulation of cortical-limbic pathways in major depression : treatment-specific effects of cognitive behavior therapy. *Archives of General Psychiatry*, 61(1), 34-41.

[128] Kennedy, S. H., Konarski, J. Z., Segal, Z. V., et al. (2007). Differences in brain glucose metabolism between responders to CBT and venlafaxine in a 16-week randomized controlled trial. *American Journal of Psychiatry*, 164(5), 778-88.

[129] Brody, A. L., Saxena, S., Stoessel, P., et al. (2001). Regional brain metabolic changes in patients with major depression treated with either paroxetine or interpersonal therapy : preliminary findings. *Archives of General Psychiatry*, 58(7), 631-40.

[130] Ablon, J. S. & Jones, E. E. (2002). Validity of controlled clinical trials of psychotherapy : findings from the NIMH Treatment of Depression Collaborative Research Program. *American Journal of Psychiatry*, 159(5), 775-83.

[131] Hollon, S. D., DeRubeis, R. J., Evans, M. D., et al. (1992). Cognitive therapy and pharmacotherapy for depression. Singly and in combination. *Archives of General Psychiatry*, 49(10), 774-81.

[132] Jones, E. E. & Pulos, S. M. (1993). Comparing the process in psychodynamic and cognitive-behavioral therapies. *Journal of Consulting and Clinical Psychology*, 61(2), 306-16.

[133] Knobel, M. (1961). Psychodynamics of psychopharmacology. *Journal of Nervous and Mental Disease*, 133, 309-15.

[134] Mintz, D. (2006). Psychodynamic Trojan horses : using psychopharmacology to teach psychodynamics. *Journal of the American Academy of Psychoanalysis and Dynamic Psychiatry*, 34(1), 151-61.

[135] Weyrauch, K. F. (1994). The personal knowledge of family physicians for their patients. *Family Medicine*, 26(7), 452-5.

[136] Hassin, R. R., Uleman, J. S., & Bargh, J. A. (2005). *The New Unconscious*. New York, NY : Oxford University Press.

[137] Izzetoglu, K., Bunce, S., Izzetoglu, M., Onaral, B., & Pourrezaei, K. (2004). Functional near-infrared neuroimaging. *Conference Proceedings IEEE Engineering in Medicine and Biology Society*, 7, 5333-6.

[138] Gay, P. (1998). *Freud : a Life for Our Time*. New York : Norton.

[139] Hartmann, H. (1958). *Ego Psychology and the Problem of Adaptation*. New York : International Universities Press.

[140] Hariri, A. R., Drabant, E. M., & Weinberger, D. R. (2006). Imaging genetics : perspectives from studies of genetically driven variation in serotonin function and corticolimbic affective processing. *Biological Psychiatry*, 59(10), 888-97.

[141] Ebstein, R, P. (2006). The molecular genetic architecture of human personality : beyond self-report questionnaires. *Molecular Psychiatry*, 11(5), 427-45.

[142] Brody, A. L., Saxena, S., Schwartz, J. M., et al. (1998). FDG-PET predictors of response to behavioral therapy and pharmacotherapy in obsessive compulsive disorder. *Psychiatry Research*, 84(1), 1-6.

[143] Siegle, G. J., Carter, C. S., & Thase, M. E. (2006). Use of FMRI to predict recovery from unipolar depression with cognitive behavior therapy. *American Journal of Psychiatry*, 163(4), 735-8.

[144] Weissman, M. M., Verdeli, H., Gameroff, M. J., et al. (2006). National survey of psychotherapy training in psychiatry, psychology, and social work. *Archives of General Psychiatry*, 63(8), 925-34.

[145] Roffman, J. L., Simon, A. B., Prasad, K. M., Truman, C. J., Morrison, J., & Ernst, C. L. (2006). Neuroscience in psychiatry training : how much do residents need to know? *American Journal of Psychiatry*, 163(5), 919-26.

[146] Cappas, N. M., Andres-Hyman, R., & Davidson, L. (2005). What psychotherapists can begin to learn from neurosci-

ence: seven principles of a brain-based psychotherapy. *Psychotherapy Theory, Research, Practice, Training*, **42**(3), 374-83.

第14章

[1] Cacioppo, J. T. & Tassinary, L. G. (2000). *Handbook of psychophysiology* (2nd ed.). New York: Cambridge University Press.
[2] Marci, C. D. & Riess, H. (2005). The clinical relevance of psychophysiology: Support for the psychobiology of empathy and psychodynamic process. *American Journal of Psychotherapy*, **59**, 213-226.
[3] Glucksman, M. L. (1981). Physiological measures and feedback during psychotherapy. *Psychotherapy and Psychosomatics*, **36**, 185-199.
[4] Kandel, E. R. (1999). Biology and the future of psychoanalysis: A new intellectual framework for psychiatry revisited. *American Journal of Psychiatry*, **156**(4), 505-524.
[5] Benbassat, J. & Baumal, R. (2004). What is empathy and how can it be promoted during clinical clerkships? *Academic Medicine*, **79**(9), 832-839.
[6] Roffman, J. L., Marci, C. D., Glick, D. M., Dougherty, D. D., & Rauch, S. L. (2005). Neuroimaging and the functional neuroanatomy of psychotherapy. *Psychological Medicine*, **35**, 1-14.
[7] Keller, J., Hicks, B., & Miller, G. (2000). Psychophysiology in the study of psychopathology. In J. T. Cacioppo, L. G. Tassinary, & G. G. Berntson (Eds.), *Handbook of psychophysiology* (2nd ed.). Cambridge: Cambridge University Press.
[8] Critchley, H. D., Corfield, D. R., Chandler, M. P., Mathias, C. J., & Dolan, R. J. (2000). Cerebral correlates of autonomic cardiovascular arousal: A functional neuroimaging investigation in humans. *Journal of Psysiology*, **523**(1), 259-270.
[9] Critchley, H. D., Elliott, R., Mathias, C. J., & Dolan, R. J. (2000). Neural activity relating to generation and representation of galvanic skin conductance responses: A functional magnetic resonance imaging study. *Journal of Neuroscience*, **20**(8), 3033-3040.
[10] Berntson, G. G., Bigger, T., Eckberg, D. L., Grossman, P., Kaufmann, P. G., Malik, M., Nagaraja, H. N., Porges, S. W., Saul, J. P., Stone. P. H., & Van Der Molen, M. W. (1997). Heart rate variability: Origins, methods, and interpretive caveats. *Psychphysiology*, **34**, 623-648.
[11] Cooper, J. (1986). Electrocardiography 100 years ago: Origins, pioneers, and contributors. *New England Journal of Medicine*, **315**(7), 461-464.
[12] Sung, M., Marci, C. D., & Pentland, A. (2005). Wearable feedback systems for rehabilitation. *Journal of NeuroEngineering and Rehabilitation*, **2**(2), 2-17.
[13] Buchanan, S. L., Valentine, J., & Powell, D. A. (1985). Autonomic responses are elicited by electrical stimulation of the medial but not lateral frontal cortex in rabbits. *Behavioural Brain Research*, **18**(1), 51-62.
[14] Oppenheimer, S. M., Gelb, A., Girvin, J. P., & Hachinski, V. C. (1992). Cardiovascular effects of human insular cortex stimulation. *Neurology*, **42**, 1727-1732.
[15] Fraguas, R., Marci, C. D., Fava, M., Iosifesco, D. V., Bankier, D., Loh, R., & Dougherty, D. D.(2007). Autonomic reactivity to induced emotion as a potential predictor of response to antidepressant treatment. *Psychiatry Research*, **151**, 169-172.
[16] Marci, C. D., Glick, D. M., Loh, R., & Dougherty, D. D. (2007). Autonomic and prefrontal cortex responses to autobiographical recall of emotions. *Cognitive, Affective, & Behavioral Neuroscience*, **7**(3), 243-250.
[17] Boucsein, W. (1992). *Electrodermal response*. New York: Plenum.
[18] Hugdahl, K. (1995). Electrodermal activity. In K. Hugdahl (Ed.), *Psychophysiology. The mind-body perspective*. Cambridge, MA: Harvard University Press, pp.101-130.
[19] Bell, G. & Gemmell, J. (2007). A digital life. *Scientific American*, **296**(3), 58-55.
[20] Lidberg, L. & Wallin, B. G. (1981). Sympathetic nerve discharges in relation to amplitude of skin resistance responses. *Psychophysiology*, **18**, 268-270.
[21] Tranel, D. & Damasio, A. R. (1994). Neuroanatomical correlates of electrodermal skin conductance responses. *Psychophysiology*, **31**, 427-438.
[22] Mangina, C. A. & Beuzeron-Mangina, J. H.(1996). Direct electrical stimulation of specific human brain structures and bilateral electrodermal activity. *International Journal of Psychophysiology*, **22**, 1-8.
[23] Fredrickson, M., Furmark, T., Olsson, M. T., Fischer, H., Andersson, J., & Langstrom. B. (1998). Functional neuranatomical correlates of electrodermal activity: A positron emission tomographic study. *Psychophysiology*, **35**(2), 179-185.
[24] Patterson, J. C., Ungerleider, L. G., & Bandettini, P. A, (2002). Task-independent functional brain activity correlation

with skin conductance changes: An fMRI study. *Neuroimage*, 17(4), 1797-1806.
[25] Venables, P. H. (1991). Autonomic activity. *Annals of the New York Academy of Sciences*, 620, 191-207.
[26] Di Mascio, A., Boyd, R. W., Greenblatt, M., & Solomon, H. C. (1955). The psychiatric interview: A sociophysiologic study. *Diseases of the Nervous System*, 16, 4-9.
[27] Bales, R. F. (1951). *Interaction process analysis. A method for the study of small groups*. Cambridge, MA: Addison-Wesley Press, Inc.
[28] Adler, H. M.(2002). The sociophysiology of caring in the doctor-patient relationship. *Journal of General Internal Medicine*, 17, 883-890.
[29] Coleman, R., Greenblatt. M., & Solomon, H. C. (1956). Physiological evidence of rapport during psychotherapeutic interviews. *Diseases of the Nervous System*, 17, 71-77.
[30] Di Mascio, A., Boyd, R. W., & Greenblatt. M. (1957). Physiological correlates of tension and antagonism during psychotherapy: A study of "interpersonal change". *Psychosomatic Medicine*, 19(2), 99-104.
[31] Malmo, R. B., Boag, T. J., & Smith, A. A. (1957). Physiological study of personal interaction. *Psychosomatic Medicine*, 19(2), 105-119.
[32] McCarron, L. T. & Appel, V. H. (1971). Categories of therapist verbalizations and patient-therapist autonomic response. *Journal of Consulting and Clinical Psychology*, 37(1), 123-134.
[33] Roessler, R., Bruch, H., Thum, L., & Collins, F. (1975). Physiologic correlates of affect during psychotherapy. *American Journal of Psychotherapy*, 29, 26-36.
[34] Robinson, J. W., Herman, A., & Kaplan, B. J. (1982). Autonomic responses correlate with counselor-client empathy. *Journal of Counseling Psychology*, 29(2), 195-198,
[35] Barrett-Lennard, G. T. (1962). Dimensions of therapist response as causal factors in therapeutic change. *Psychological Monographs: General and Applied*, 76(43), 1-36.
[36] Gottman, J. M. (1981). *Time-series analysis, A comprehensive introduction .for social scientists* (Vol. 1). Cambridge: Cambridge University Press.
[37] Marci, C. D., Moran, E. K., & Orr, S. P. (2004). Physiologic evidence for the interpersonal role of laughter during psychotherapy. *Journal of Nervous and Mental Disease*, 192, 689-695.
[38] Provine, R. B. (2000). Natural history of laughter. In *Laughter: A scientific investigation*. New York, NY: Viking. pp. 23-53.
[39] Preston, S. D. & De Waal, F. B. M. (2002). Empathy: Its ultimate and proximate bases. *Bellavior and Brain Sciences*, 25, 1-72.
[40] Marci, C. D. & Orr, S. P. (2006). The effects of emotional distance on psychophysiologic concordance and perceived empathy between patient and interviewer. *Applied Psychophysiology and Biofeedback*, 31, 115-128.
[41] Marci, C. D., Ham. J., Moran, E. K., & Orr, S. P. (2007). Physiologic correlates of empathy and social-emotional process during psychotherapy. *Journal of Nervous and Mental Disease*, 195(2), 103-111.
[42] Iacono, W. G., Lykken, D. T., Peloquin, L. J., Lumry, A. E., Valentine, R. H., & Tuason, V. B. (1983). Electrodermal activity in euthymic unipolar and bipolar affective disorders. *Archives of General Psychiatry*, 40, 557-565.
[43] Ward, N. G., Doerr, H. O., & Storrie, M. C. (1983). Skin conductance: A potentially sensitive test for depression. *Psychiatry Research*, 10(4), 295-302.
[44] Thorell, L. H., Kjellman, B., & D'Elia, G. (1987). Electrodermal activity in relation to diagnostic subgroups and symptoms of depressive patients. *Acta Psychiatrica Scandinavica*, 76(6), 693-701.
[45] Ashcroft, K. R., Guimaraes, F. S., Wang, M., & Deakin, J. F. (1991). Evaluation of a psychophysiological model of classical fear conditioning in anxious patients. *Psychopharmacology*, 104, 215-219.
[46] Ablon, J. S. & Marci, C. D. (2004). Psychotherapy process: The missing link: Comment on Westen, Novotny, and Thompson-Brenner (2004). *Psychological Bulletin*, 130(4), 664-668.
[47] Stanek, B., Hahn, P., & Mayer, H. (1973). Biometric findings on cardiac neurosis: Changes in ECG and heart rate in cardiopathic patients and their doctor during psychoanalytical initial interviews. *Psychotherapy and Psychosomatics*, 22, 289-299.
[48] Critchley, H. D., Mathias, C. J., Josephs, O., O'Doherty, J., Zanini, S., Dewar, B., Cipolotti, L., Shallice, T., & Dolan, R. J. (2003). Human cingulate cortex and autonomic control: Converging neuroimaging and clinical evidence. *Brain*, 126, 2139-2152.
[49] Cacioppo, J. T. & Gardner, W. L. (1999). Emotion. *Annual Review of Psychology*, 50, 191-214.
[50] Phan, K. L., Wager, T., Taylor, S. F., & Liberzon, I. (2002). Functional neuroanatomy of emotion: A meta-analysis of emotion activation studies in PET and fMRI. *Neuroimage*, 16(2), 331-348.
[51] Murphy, F. C., Nimmo-Smith, I., & Lawrence, A. D. (2003). Functional neuroanatomy of emotion: A meta-analysis. *Cognitive, Affective, & Behavioral Neuroscience*, 3(3), 207-233.

[52] Farrow, T., Zheng, Y., Wilkinson, I., Spence, S., Deakin, J., Tarrier, N., Griffiths, P., & Woodruff, P. (2001). Investigating the functional anatomy of empathy and forgiveness. *Neuroreport*, **12**, 2433-2438.
[53] Carr, L., Iacoboni, M., Dubeau, M., Mazziotta, J. C., & Lenzi, G. L. (2003), Neural mechanisms of empathy in humans: A relay from neural systems for imitation to limbic areas. *Proceedings of the National Academy of Science*, **100** (9), 5497-5502.
[54] Singer, T., Seymour, B., O'Doherty, J., Kaube, H., Dolan, R. J., & Frith, C. D. (2004). Empathy for pain involves the affective but not the sensory components of pain. *Science*, **303**, 1157-1161.
[55] Berthoz, S., Armony, J. L., Blair, R. J., & Dolan, R. J. (2002). An fMRI study of intentional and unintentional (embarrassing) violations of social norms. *Brain*, **125**, 1696-1708.
[56] Eisenberger, N. I., Lieberman, M. D., & Williams. K. D. (2003). Does rejection hurt? An fMRI study of social exclusion. *Science*, **302**, 290-292.
[57] Iacoboni, M., Lierberman, M. D., Knowlton, B. J., Molnar-Szakacs, I., Moritz, M., Throop, C. J., & Fiske, A. P. (2004). Watching social interactions produces dorsomedial prefrontal and medial parietal bold fMRI signal increases compared to a resting baseline. *NeuroImage*, **21**, 1167-1173.
[58] Ruby, P. & Decety, J. (2004). How would you feel versus how do you think she would feel? A neuroimaging study of perspective-taking with social emotions. *Journal of Cognitive Neuroscience*, **16**, 988-999.
[59] Cacioppo, J. T. & Petty, R. E. (1981). Attitudes and cognitive response: An electrophy-siologic approach. *Journal of Personality and Social Psychology*, **37**, 2181-2199.
[60] Ochsner, K. N. & Feldman Barrett, L. (2001). A multiprocess perspective on the neuroscience of emotion. In G. A. Bonanno (Ed.), *Emotions: Current issues and future directions*. New York, NY: Guilford Press. pp.38-81.
[61] Kohler, E. (2002). Hearing sounds, understanding actions: Action representation in mirror neurons. *Science*, **297**, 846-848.
[62] Iacoboni, M., Molnar-Szakacs, I., Gallese, V., Buccino, G., Mazziotta, J. C., & Rizzolatti, G.(2005). Grasping the intentions of others with one's own mirror neuron system. *PLoS Biology*, **3**, 529-535.
[63] Miller, G. (2005). Reflecting on another's mind: Mirror mechanisms built into the brain may help us understand each other. *Science*, **308**, 945-947.
[64] Decety, J. & Sommerville, J. A. (2003). Shared representations between self and other: A social cognitive neuroscience view. *Trends in Cognitive Sciences*, **7**(12), 527-533.
[65] Lamm, C., Batson, C. D., & Decety, J. (2007). The neural substrate of human empathy: Effects of perspective-taking and cognitive appraisal. *Journal of Cognitive Neuroscience*, **19**(1), 42-58.
[66] Siegel, D. J. (1999). *The developing mind*. New York: Guilford Press.
[67] Schore, A. N. (1994). Orbitofrontal influences on the autonomic nervous system. *Affect regulation and the origin of the self*. Hillsdale, NJ: Lawrence Erlbaum Associates, Inc. pp.320-336.
[68] Lyons Ruth, K. (2003). Dissociation and the parent-infant dialogue: A longitudinal perspective from attachment research. *Journal of the American Psychoanalytic Association*, **51**(3), 883-991.
[69] Fonagy, P. (1998). Moments of change in psychoanalytic theory: Discussion of a new theory of psychic change. *Infant Mental Health Journal*, **19**(3), 346-353.
[70] Tronick, E. Z., Bruschweiler-Stern, N., Harrison, A. M., Lyons-Ruth. K., Morgan, A. C., Nahum, J. P., Sander. L., & Stern, D. N. (1998). Dyadically expanded states of consciousness and the process of therapeutic change. *Infant Mental Health Journal*, **19**(3), 290-299.
[71] Borkovec, T. D. (1997). On the need for a basic science approach to psychotherapy research. *Psychological Science*, **8**(3), 145-147.
[72] Mayes, L. C. (2003). Partnering with the neurosciences. *Journal of the American Psychoanalytic Association*, **51**(3), 745-753.
[73] Nerdrum, P. (1997). Maintenance of the effect of training in communication skills: A controlled follow-up study of level of communicated empathy. *British Journal of Social Work*, **27**(5), 705-722.
[74] Hammond, D. C., Hepworth, D. H., & Smith, V. G. (2002). *Improving therapeutic communication: A guide for developing effective techniques*. San Francisco: Jossey-Bass.

■人名索引■

● A

アブロン（Ablon, J. S.） 131, 202, 206
アブロン（Ablon, S.） 16
アインスワース（Aisworth, M.） 270
アレクサンダー（Alexander, F.） 214
アンダーセン（Andersen, S. M.） 268
アンダーソン（Anderson, T.） 204
アーンツ（Arntz, A.） 90

● B

ベイチャー（Bachar, E.） 56
バチェラー（Bachelor, A.） 180
バリント（Balint, E.） 214
バリント（Balint, M.） 214
バーバー（Barber, J. P.） 16
バーリー（Barley, D. E.） 173
バーロウ（Barlow, D. H.） 47, 218
ベイトマン（Bateman, A. W.） 11, 66, 75, 78
バクスター（Baxter, L. R.） 275
ベディ（Bedi, R. P.） 176
ベンジャミン（Benjamin, J.） 56
バーギン（Bergin, A. E.） 173
ビブリング（Bibling, E.） 175
ブレイギーズ（Blagys, M.） 16
ブレイジス（Blagys, M. D.） 193
ブラット（Blatt, S. J.） 242
ブライバーグ（Bleiberg, E.） 164
ボンド（Bond, M.） 140
ボーディン（Bordin, E.） 176, 182, 189
ボウルビィ（Bowlby, J.） 56, 270
ブロイアー（Breuer, J.） 194
ブロディ（Brody, A. L.） 278
バーナンド（Burnand, Y.） 8
ブッシュ（Busch, F. N.） 21, 33
バトラー（Butler, S. F.） 174

● C

カッパス（Cappas, N. M.） 284
カーター（Carter, J. A.） 180
キャスパー（Caspar, F.） 200
コーテラ（Cautela, J. R.） 215
チャンブレス（Chambless, D. L.） 3
クラーキン（Clarkin, J. F.） 67, 79
コーディ（Coady, N. F.） 201
コーエン（Cohen, J.） 14
クーパー（Cooper, S.） 140
クリッチフェルド（Critchfield, K. L.） 182
クリッツークリストフ（Crits-Christoph, P.） 13

● D

ダール（Dahl, A. A.） 9, 28
デア（Dare, C.） 56
ディバンルー（Davanloo, H.） 214, 223
デビッドソン（Davidson, R.） 214
ディアリング（Dearing, M. F.） 217
ディキンソン（Dickinson, A.） 217
ディーナー（Diener, M. J.） 217
ドラード（Dollard, J.） 215, 216

● E

エクマン（Ekman, P.） 214
エンメルカンプ（Emmelkamp, P.） 13
エトキン（Etkin, A.） 266
アイゼンク（Eysenk, H. J.） 173

● F

フェアバーン（Fairburn, C.） 10
フェザー（Feather, B. W.） 215
フェレンチ（Ferenczi, S.） 214
ファース（Firth, J. A.） 5
フォークマン（Folkman, S.） 96
フォナギー（Fonagy, P.） 4, 66, 75, 78, 165, 166, 271

フォアマン（Foreman, S. A.）68, 183, 204
フォシャ（Fosha, D.）197
フォウルズ（Fowles, D. C.）217
フレンチ（French, T. M.）214
フロイト（Freud, A.）96
フロイト（Freud, S.）96, 151, 174, 194, 214, 216

●G
ギャバード（Gabbard, G. O.）4, 75, 163, 164
ガーナー（Garner, D.）10
ガストン（Gaston. L.）203
ジェルソ（Gelso, C. J.）180
ゴールドアップル（Goldapple, K.）277
ゴールドフリード（Goldfried, M. R.）134
グランデ（Grande, T.）15
グレイ（Gray, J. A.）217
グリーンソン（Greenson, R.）175
ガスリー（Guthrie, E.）10

●H
ハーン（Haan, N.）96
ハミルトン（Hamilton, J.）10
ハルトマン（Hartmann, H.）96
ホーリィ（Hawley, L. L.）250
ハイマン（Heimann, P.）151
ハーソフ（Hersoug, A. G.）141
ヒル（Hill. C. E.）198
ヒルセンロス（Hilsenroth, M. J.）16, 132, 193, 199, 200, 217
ホブソン（Hobson, R. F.）77
ホグレンド（Hoglend, P.）100
ホロン（Hollon, S. D.）3
ホロビッツ（Horowitz, M. J.）5, 202-204, 209
ホーヴァス（Horvath, A. O.）176, 225

●I
イングラム（Ingram, R. E.）239

●J
ジェイコブソン（Jacobson, N. S.）40
ヤコブセン（Jakobsen, T.）14
ジョーンズ（Jones, E. E.）16, 129, 131, 200
ジョセフ（Joseph, C.）223

●K
ケーガン（Kagan, J.）22
カンデル（Kandel, E. R.）258, 300
カーンバーグ（Kernberg, O. F.）75, 79, 84, 97, 162
キヴリガン（Kivlighan, D. M.）180
クライン（Klein, M.）151
コフート（Kohut, H.）56
コルノスキー（Konorski, J.）217
クロール（Kroll, J.）84

●L
ランバート（Lambert, M. J.）173
レーン（Lane, R. D.）266
ラング（Lang, P.）217
ランスフォード（Lansford, E.）183
ラザラス（Lazarus, R.）96
ライビング（Leibing, E.）65
ライヒゼンリング（Leichsenring, F.）4, 12, 65
リーヴァイス（Levis, D. J.）215
レヴィ（Levy, K. N.）75
リネハン（Linehan, M.）77
ルボルスキー（Luborsky, L.）5, 173, 177

●M
マイナ（Maina, G.）5
マキネン（Makynen, A.）223
マラン（Malan, D. H.）56, 198, 203, 205
マラン（Malan, D. M.）214
マン（Mann, J.）198, 203
マーマー（Marmar, C. R.）68, 183, 204
マッカラム（McCallum, M.）8
マックロー（McCullough, L.）145, 196-198, 200, 201, 215
マクナリー（McNally, R. J.）218
メアーズ（Meares, R.）75, 77
メッサー（Messer, S. B.）4
ミルブレイス（Milbrath, C.）141
ミラー（Miller, N. E.）215, 216
ミルロッド（Milrod, B.）9, 33
ミンツ（Mintz, J.）205
ムーラン（Muran, J. C.）12, 176, 189, 190

索引 349

●N
ナヤビッツ（Najavits, L. M.）152

●O
オクスナー（Ochsner, K. N.）266
オグロニチャック（Ogrodniczuk, J. S.）136
オーリンスキー（Orlinsky, D. E.）216, 217

●P
ペリー（Perry, J. C.）100
ピーターソン（Peterson, B. S.）269
パイパー（Piper, D. E.）8
パイパー（Piper, W. E.）16, 136, 205
ポーター（Porter, F.）198, 201
プライス（Price, J. M.）239

●R
ラッカー（Racker, H.）151
ランク（Rank, O.）214
ラズ（Raz, A.）272
ローズ（Rhoads, J. M.）215
リング（Ring, J. M.）203
ロジャーズ（Rogers, C. R.）175
ロス（Roth, W. T.）217
ルデン（Rudden, M. G.）23
ルドルフ（Rudolf, G.）15

●S
サフラン（Safran, J. D.）176, 182, 185, 189, 190
サロメ（Salame, R.）180
サラーノ（Salerno, M.）222, 223
サンプソン（Sampson, H.）181
サンダール（Sandahl, C.）14
サンドラー（Sandler, J.）151
サンソン（Sansone, R. A.）65
シェイファー（Schafer, R.）96
シャーフ（Scharf, R. D.）143
スコット（Scott, L. N.）75
シーガル（Segal, H.）164
シャハール（Shahar, G.）249
シャピロ（Shapiro, D. A.）5
シャウネシー（Shaughnessy, P.）180
シェア（Shear, M. K.）22, 47, 197
シフニオス（Sifneos, P. E.）198, 203

ゾッファー（Soffer, N.）249
スタンプル（Stampfl, T. G.）215
ステルバ（Sterba, R.）175
スタイルズ（Stiles, W. B.）135, 180
ストラウス（Strauss, J. L.）180
ストラップ（Strupp, H. H.）174, 201
スヴァートバーグ（Svartberg, M.）219
スワン（Swann, W. B.）152
シモンズ（Symonds, B. D.）179

●T
トムキンズ（Tomkins, S. S.）214
トレジャー（Treasure, J.）55
トラウクス（Truax, P.）40

●V
ヴァイヤン（Vaillant, G. E.）100

●W
ワハテル（Wachtel, P. L.）152, 216
ウェルダー（Waelder, R.）96
バルドロン（Waldron, S.）144
ワーラーシュタイン（Wallerstein, R.）76
ワムポルド（Wampold, B.）5
ワレン（Warren, C. S.）4
ワインバーガー（Weinberger, J.）217
ウェイス（Weiss, J.）181
ウィボーグ（Wiborg, I. M.）28, 9
ウィルヘルム（Wilhelm, F. H.）217
ウィンクルマン（Winkelman, E.）190
ウィニコット（Winnicott, D. W.）151
ウッディ（Woody, G.）13

●Y
ヨーマンズ（Yeomans, F. E.）84

●Z
ザナリニ（Zanarini, M. C.）65
ゼッテル（Zetzel, E.）175
ズロフ（Zuroff, D. C.）245

■事項索引■

●あ
RCT（効果性研究） 2, 3
愛着 12, 270
愛着理論 78
アメリカ国立精神保健研究所（NIMH） 14

●い
依託抑うつ 243
Ⅰ軸診断 154

●う
ヴァンダービルト（Vanderbuilt） 183
ヴァンダービルト心理療法プロジェクト 121
ヴァンダービルト心理療法プロセス尺度（VPPS） 139, 177, 201
ウェイル・コーネル医療センター（Weill Cornell Medical Center） 79
うつ病 4
うつ病者の脆弱性 239
うつ病治療共同研究計画（National Institute of Mental Health Treatment of Depression Collaborative Research Program） 131
うつ病治療共同研究プログラム（TDCRP） 241

●え
APAガイドライン 84
エナクトメント 181
エビデンス（科学的根拠） 2
MRIスキャナーによる催眠研究 272
LTPP 11

●お
応用リラクセーション療法（applied relaxation training・ART） 29
OCDにおける皮膚－線条体－視床回路 275

●か
解釈・支持技法尺度（ISTS） 136
外傷後ストレス障害（posttraumatic stress disorder：PTSD） 4
外的妥当性 3
回避性パーソナリティ障害 4
回避－不安定タイプ 60
家族療法 11, 176
活性的（な）感情群 214, 225
カリフォルニア心理療法同盟尺度（California Psychotherapy Alliance Scale：CALPAS） 177, 202
カリフォルニア治療同盟評価尺度（CALTARS） 177
カリフォルニアートロント尺度群（California-Toronto scale） 177
感情恐怖（affect phobia） 212, 213, 216
情動焦点型短期精神力動的心理療法 216
情動調整困難タイプ 60
完全主義（perfectionism：PFT） 244

●き
機能的核磁気共鳴画像法（fMRI） 260
機能の全体的評定（Global Assessment of Functioning Scale：GAF） 38, 90
逆転移質問票 155
級内相関係数（intraclass correlation coefficients：ICC） 133
境界性パーソナリティ障害（borderline personality disorder：BPD） 4, 74
共感 212-237, 270
強迫性パーソナリティ障害 4
恐怖症の基盤となる神経回路 276
緊張－強迫タイプ 60

●く
クライン学派 80
クライン理論 78
クロミプラミン 8, 28

●け
ゲシュタルト療法 176
血圧 261
決裂（rupture）と（の）修復（repairs） 180, 184
決裂の修復質問紙（Rupture Resolution Questionnaire：RRQ） 185

●こ
効果量 12
高機能タイプ 60

行動調整困難タイプ 60
行動療法 10
コーピングメカニズム (coping mechanism) 97, 98
心の理論 270
コンテイン 80, 83

● さ
催眠療法 10
作業同盟尺度 (Working Alliance Inventory : WAI) 178

● し
C 群パーソナリティ障害 12
自我心理学 78
自記式 8
自己愛性パーソナリティ障害 (narcissistic personality disorder : NPD) 99
自己感 227
自己心理学 55
自己批判的 PFT 244, 245
自己モニタリング 59
支持的心理療法 (supportive psychotherapy : SPT) 64, 76
自他イメージの再構築 197
実証的に支持された心理療法 (empirically supported psychotherapy) 33
実証的に支持された治療 (empirically supported therapy : EST) 3
実地研究 (実用性研究) 3
社会恐怖 (社交不安性障害) 9
社会的認知神経科学 267
修正感情体験 181, 182, 195
純度 (integrity) 91
症状チェックリスト90項目改訂版 (Symptom Checklist-90-Revised : SCL-90-R) 38, 199
情動焦点型技法 193, 203
感情の円環モデル 265
情動の再構築 196
承認への欲求 (need for approval : NFA) 244
初期設定モード 273
神経性食欲不振症 (anorexia nervosa : AN) 54

神経性大食症 4
神経性無食欲症 11
身体表現性障害 4
心拍 (HR) 261, 287
心理化 (mentalization/mentalize) 23, 78, 165
心理学的技法の促進・普及に関する特別委員会 3
心理化心理療法 (mentalization-based psychotherapy : MBT) 75
心理化療法 (mentalization-based therapy : MBT) 67, 78
心理療法相互作用の分類 (Psychotherapy Interaction Coding : PIC) 219
心理療法プロセス Q 分類 (Psychotherapy Process Q-set : PQS) 36, 129
心理療法プロセス比較尺度 (Comparative Psychotherapy Process Scale : CPPS) 132, 199

● せ
成果測定尺度 45
制限型 54
精神疾患の分類と診断の手引き (DSM-Ⅳ) 65
精神障害の診断と統計の手引き (DSM) 5
精神生理学 286
精神薬理学的治療 8
精神力動的現象の神経学的研究 262
精神力動的介入評価尺度 (PIRS) 140
精神力動的心理療法 2, 12
"生理的"一致 289
"生理的"共感 289
摂食障害 (eating disorder : ED) 52
漸進的筋弛緩法 (progressive muscle relaxation : PMR) 29
全般性不安障害 9

● た
対象関係単位 (object relation dyads) 81
対象関係論 79
対人関係療法 (interpersonal psychotherapy : IPT) 36, 53, 63
妥協形成 21
脱価値化 85, 162
単一光子放射断層撮影 (SPECT) 259

短期関係性療法（brief relational therapy：BRT）　13, 185
短期精神力動的心理療法（shot-term psychodynamic psychotherapy：STPP）　3

●ち
長期記憶　261
長期精神力動的心理療法（long-term psychodynamic psychotherapy：LTPP）　3
直面化　212-237
治療成果　15
治療同盟　36, 172, 174
治療同盟評価尺度（Therapeutic Alliance Rating Scale：TARS）　177
治療における焦点づけ分類システム（CSTF）　134
治療待ち患者　8
治療目標達成尺度（Achievement of Therapeutic Objectives Scale：ATOS）　145, 220

●つ
通常医療（treatment as usual：TAU）　10

●て
TRRP　230
DMRSの階層　99
転移　22
転移焦点型心理療法（transference-focused psychotherapy：TFP）　11, 67, 75, 87

●と
投影性同一化　151
特定不能の摂食障害（eating disorder not otherwise specified：EDNOS）　54
「トラウマ」不安　22
取り入れ抑うつ　243
トロンドハイム　219
トロンドハイムでの心理療法研究プログラム　224
トロンドハイムのRCT　222

●な
内省機能（reflective functioning）　12, 165
内省機能（reflective function：RF）尺度　78

内的妥当性　2

●に
Ⅱ軸障害　85, 154
認知行動療法（cognitive-behavioral therapy：CBT）　5

●ぬ
ヌーレンベルク精神分析会議（Nuremberg Psychoanalytic Congress）　151

●の
脳イメージング　258
脳機能イメージング　257
脳に基づく心理療法の原理　284

●は
パーソナリティ障害（personality disorder：PD）　53, 95
曝露　33, 216, 218, 219, 223, 234
はたらきかけ・洞察に対する治療的焦点化尺度（TFAI）　147
パニック障害（広場恐怖を伴うものと伴わないもの）　8, 19
パニック焦点型精神力動的心理療法（panic-focused psychodynamic psychotherapy：PFPP）　20, 34
ハミルトンうつ病評価尺度（Hamilton Depression Rating Scale：HAM-D）　29
バレット-レナード関係性尺度（Barrett-Lennard Relationship Inventory：B-L RI）　241
パロキセチン（SSRI）　10
反応制止　216

●ひ
BMI → 肥満指数
皮膚コンダクタンス　261
皮膚伝導率（SC）　287
肥満指数（body mass index：BMI）　11, 55
病的悲嘆　4

●ふ
不安障害　4

索引　353

物質関連性障害　4
プレチスモグラフィ　291
プロセス　15
プロセス研究　128
プロセス測定尺度　128
分析プロセス尺度（APS）　143
分裂（split）　81

●へ
ベス・イスラエル医療センター（The Beth Israel Medical Center：BIMC）　220
変化の必要十分条件　175
弁証法的行動療法（dialectical behavior therapy：DBT）　12, 64
ペン心理療法プロジェクト（Penn Psychotherapy Project）　177
変容性内在化（transmuting internalization）　196

●ほ
防衛機制（defence mechanism）　20, 95
防衛機制評価尺度（Defense Mechanism Rating Scale：DMRS）　97
防衛の再構築　196
包括的防衛機能（overall defensive functioning：ODF）　95
補足型同一視　151

●ま
マウント・ザイオン（Mt. Zion）研究プロジェクト　200
マウント・ザイオン（Mt. Zion）心理療法研究グループ　181, 200
マサチューセッツ総合病院（Massachusetts General Hospital：MGH）　36

●み
ミラーニューロン　271
"ミラー（mirror）"メカニズム　299

●む
無作為統制試験（randomized controlled trials：RCT）　2
むちゃ食い／排出型　54

●め
明確化　212-237
メニンガー財団心理療法研究プロジェクト（Menninger Foundation Psychotherapy Research Project：MFPRP）　75

●や
役割共鳴　152

●ゆ
融和型同一視　151

●よ
陽電子放射断層撮影（PET）　259
「予期」不安　22
抑制的（な）感情群　215, 226

●わ
笑いの伝染　293

読者諸氏へ

　わが国に精神分析の考えが導入されておよそ90年の歳月が流れた。西欧圏では，精神分析の考えは，様々な立場の心理療法を産み出す土台となり，また自らも独自の発展を遂げてきた。こうした，西欧の趨勢と同じく，わが国においても精神分析の影響を受けた様々な心理療法の考え方が輸入され，現在に至っている。もちろん，その間，わが国独自の心理療法も開発されてきたが，わが国における心理療法の歴史を語るうえで，このことの意義は非常に大きい。臨床心理学の分野では，1988年（20数年前）に公的資格としての「臨床心理士」が誕生し，以来，医療，教育，産業，矯正，福祉など様々な分野に進出するようになってきた。しかも，ほぼどの分野においても，精神分析的考えの影響は大きく，研究法も事例研究が主流をなしてきた。

　さて，こうした心理療法の源流とも言える精神分析理論（精神力動論）ではあるが，本書「発刊に寄せて」「序」で詳述されているように，西欧では今や精神保健の分野で周辺領域に追いやられつつあるのが現状である。「認知行動療法」「対人関係療法」は，アメリカにおいてエビデンスベイストな（科学的根拠のある）治療法として保険適用が可能となっており，ますますその需要は高まる一方であるのとは対照的である。その辺りの理由を，本書は，精神分析理論（精神力動論）が実証研究の流れに乗り遅れてしまったことにあるとして大きく取りあげている。つまり，効果があるのかないのか，分からないのである。

　実際，我々が心に悩みを抱え，前にも後にも進めなくなったときに，効果があるのかないのか，よく分からない援助を自ら進んで受けるであろうか？　逆に，藁をもすがる思いのクライエントに，我々**臨床家**が，効果の程が明らかでない技法を積極的に勧めることができるであろうか？

　確かに，長い臨床実践の経験と血のにじむような訓練を経て，クライエントにとって有益な援助を実践する**臨床家**がおられる。しかし，私の印象ではそんな**臨床家**はむしろ少数派で，私のような，自分なりに自己研鑽には頑張ってきたが今ひとつ自信の持てない**臨床家**の方が多数派なのではないかと思う。こうした平凡な**臨床家**は，クライエントに対して真に役立つ援助ができているのかよく不安になるものである。

　本書でも触れてあるように，エビデンスの確立という取り組みは，こうしたよく分からない現象を，現代科学の方法論をもってできるだけ明らかにしようとする試みなのである。例えば，こういうタイプの悩み（疾患）を持っているクライエントには，こういう方法を，どの程度の期間実施すれば，どの程度の割合で，どの程度の効果が

出るという具体的な目安を明らかにしようというのである。何も100％のクライエントに効果がある方法を見つけるとか，全く効果がない（効果０％）ことを証明するなどといった大それたことを目論んでいるわけではない。科学というものの性質を少しでもかじったことのある人であれば，そんなことなどできるわけがないことぐらいすぐに分かる。無論，論争のための材料や足を引っ張るためのネタ作りが目的でもないのである。

　本書を読んでいただければ，心理療法の世界において，こうしたエビデンスを確立する方法が豊富に存在することに驚かされるであろうし，また，精神力動的心理療法は，エビデンスが着実に蓄積されつつあることを目の当たりにすることにもなるであろう。

　心理学出身の心理療法家は，一定のエビデンスを持った薬物治療は行なえない。しかし，本書にあるようなエビデンスのある面接技法をできるだけ多く学んでおけば，クライエントに対してある程度の説明責任を果たすことができる。クライエントにとっても，また**臨床家**である自分達にとっても安心材料の一つになりはしないだろうか。若干，統計学や実験法，調査法についての知識が必要な章もあるが，是非，一度目を通していただきたい。

　本書の訳出は，30〜40歳代という若手〜中堅クラスの臨床家や研究者9名が携わった。専門も，臨床心理学，発達心理学，神経心理学，障害児心理学などまちまちである。精神分析を本格的に学んでいる（学んでいた）訳者は3名である。

　今さらではあるが，現代心理学は，1879年，ブント（Wundt）がライプチッヒ大学に心理学実験室を作った時をもってその始まりとされる。それ以来心理学は，主として，再現可能な方法でデータを収集しそこから得られた知見の積み重ねを学問的基盤としてきた。臨床心理学も心理学の一分野であることを考慮すれば，心理学の様々な分野の人が，本書の訳出に携わる方が，やはり自然である。こうした趣旨にご賛同いただき，難解な本書の訳出にご協力いただいた皆さんに心から感謝申し上げたい。

　ただし，本書の訳出に不備があれば，その原因はひとえに代表編訳者である私にある。ご指摘，ご叱責いただければ幸いである。

　　　2012年4月　　　　　　　　　六甲中腹から春霞のかかる海を眺めて
　　　　　　　　　　　　　　　　　　　　　代表編訳者　安達圭一郎

【 訳者一覧 】 *は編訳者

安達　圭一郎* …………………………… 発刊に寄せて，序文，謝辞，序，
　（神戸松蔭女子学院大学人間科学部）　　　第1章，第3章，第7章，第8章

高野　美雪 ……………………………… 第2章
　（九州ルーテル学院大学人文学部）

石山　貴章* ……………………………… 第4章
　（就実大学教育学部）

久崎　孝浩* ……………………………… 第5章，第6章，第11章
　（九州ルーテル学院大学人文学部）

奥村　弥生 ……………………………… 第9章
　（山梨英和大学人間文化学部）

児玉　恵美 ……………………………… 第10章
　（九州ルーテル学院大学人文学部）

河田　将一 ……………………………… 第12章
　（九州ルーテル学院大学人文学部）

和田　由美子 …………………………… 第13章
　（九州ルーテル学院大学人文学部）

高岸　幸弘 ……………………………… 第14章
　（関西国際大学学生相談室）

【 編訳者紹介 】

安達圭一郎（あだち・けいいちろう）＜ 編訳者代表 ＞

1962年　大分県に生まれる
1986年　兵庫教育大学大学院修士課程修了
2008年　大分大学大学院医学系研究科博士課程修了
　　　　その間，病院臨床，別府大学文学部，九州ルーテル学院大学人文学部等での勤務を経て，
現　在　神戸松蔭女子学院大学人間科学部教授（博士（医学），臨床心理士）
主著・論文　現場に生きるスクールカウンセリング（共著）　金剛出版　2004年
　　　　Psychosocial factors affecting to the therapeutic decision-making and post operative mood states in Japanese breast cancer patients who underwent various types of surgery: body image and sexuality（共著）*Japanese Journal of Clinical Oncology*, 412-418. 2007年
　　　　MBSS（Miller Behavioral Style Scale）日本語版の信頼性及び妥当性の検討（共著）　行動医学研究, 25-32. 2011年
　　　　Psychometric properties of the Japanese version of the Clinical Outcomes in Routine Evaluation-Outcome Measure（共著）*Comprehensive Psychiatry*, オンラインサービス. 2011年
　　　　マンモグラフィ検診への受診意図に影響する心理社会的要因の検討：女子大学生を対象とした探索的研究（共著）　行動医学研究, 印刷中. 2012年

石山貴章（いしやま・たかあき）

1964年　高知県に生まれる
2000年　高知大学大学院教育学研究科修士課程修了
2007年　高知女子大学（現高知県立大学）大学院健康生活科学研究科博士課程修了
　　　　その間，高知大学教育学部附属特別支援学校，埼玉純真短期大学子ども学科，九州ルーテル学院大学人文学部での勤務を経て，
現　在　就実大学教育学部教育心理学科教授（社会福祉学博士）
主著・論文　知的障害者の就労に関する雇用者の問題意識の構造（単著）　風間書房　2010年
　　　　特別支援教育における理論と実践の展望（共著）　倍風館　2007年
　　　　キーワードで学ぶ障害児保育入門（共著）　保育出版社　2008年
　　　　養護学校「ものづくり」活動における意義と実際（単著）　障害者問題研究, 32（3）, 248-255. 2004年
　　　　ADHDを伴うLD児に対する母子支援の過程に関する分析（単著）　VISIO, 39, 1-14. 2009年
　　　　ジュニアスポーツはいかにして実践されていくべきか（1）（共著）　応用障害心理学研究, 11, 31-43. 2012年

久崎孝浩（ひさざき・たかひろ）

1974年　山口県に生まれる
1996年　筑波大学第一学群自然学類卒業
2005年　九州大学大学院人間環境学府博士課程単位取得退学
現　在　九州ルーテル学院大学人文学部准教授（臨床心理士）
主著・論文　幼児の恥と罪悪感に関連する行動に及ぼす発達的要因の検討（単著）　心理学研究，327
　　　　　　-335．2005年
　　　　　　恥の個人差の発達的要因を探る（単著）　心理学評論，62-76．2010年
　　　　　　社会化の心理学ハンドブック（共著）　川島書店　2010年

エビデンスベイスト精神力動的心理療法ハンドブック
── 科学と臨床実践をつなぐ試み ──

2012年 8 月 20 日　初版第 1 刷印刷	定価はカバーに表示
2012年 8 月 30 日　初版第 1 刷発行	してあります。

編　著　者	R．A．レヴィ	
	J．S．アブロン	
編　訳　者	安　達　圭一郎	
	石　山　貴　章	
	久　崎　孝　浩	
発　行　所	㈱北大路書房	

〒 603-8303　京都市北区紫野十二坊町 12-8
　　　　　　　電　話　(075) 431-0361 ㈹
　　　　　　　F A X　(075) 431-9393
　　　　　　　振　替　01050-4-2083

Ⓒ 2012　　　　　　　　　　印刷・製本／亜細亜印刷㈱
　　　　　　検印省略　落丁・乱丁本はお取り換えいたします。
ISBN978-4-7628-2783-9　　　　Printed in Japan

・JCOPY 〈(社)出版者著作権管理機構 委託出版物〉
本書の無断複写は著作権法上での例外を除き禁じられています。
複写される場合は，そのつど事前に，(社)出版者著作権管理機構
(電話 03-3513-6969,FAX 03-3513-6979,e-mail: info@jcopy.or.jp)
の許諾を得てください。